U0869813

黄卫伟　洪天峰

胡其仁　彭剑锋

施炜

肖兆光

田涛

文跃然

胡赛雄

吴春波　[illegible]

吴晓求

[illegible]

Overturn
Managerial Imagination in the Silicon-Based Era

颠覆：
硅基时代的管理想象

"华夏基石 e 洞察" 2023 年度管理名家文选

彭剑锋　黄卫伟　吴春波　田涛　洪天峰　施炜　杨杜　孙健敏　苗兆光　胡赛雄　等 著
宋劲松　选编

中国出版集团
東方出版中心

图书在版编目（CIP）数据

颠覆：硅基时代的管理想象："华夏基石 e 洞察"
2023 年度管理名家文选 / 彭剑锋等著；宋劲松选编. --
上海：东方出版中心，2023.10
ISBN 978-7-5473-2305-2

Ⅰ. ①颠… Ⅱ. ①彭… ②宋… Ⅲ. ①企业管理－中国－文集 Ⅳ. ① F279.23-53

中国国家版本馆 CIP 数据核字（2023）第 222612 号

颠覆：硅基时代的管理想象——"华夏基石 e 洞察"2023 年度管理名家文选

著　　者　彭剑锋 黄卫伟 吴春波 田涛 洪天峰 施炜 杨杜 孙健敏 苗兆光 胡赛雄 等
选　　编　宋劲松
责任编辑　肖春茂
装帧设计　于　祎

出 版 人　陈义望
出版发行　东方出版中心
地　　址　上海市仙霞路 345 号
邮政编码　200336
电　　话　021- 62417400
印 刷 者　涿州汇美亿浓印刷有限公司

开　　本　710mm×1000mm　1/16
印　　张　35.75
字　　数　700 千字
版　　次　2023 年 10 月第 1 版
印　　次　2023 年 10 月第 1 次印刷
定　　价　120.00 元

版权所有　侵权必究
如图书有印装质量问题，请寄回本社出版部调换或拨打021–62597596 联系。

编委会

主　　编：彭剑锋　宋劲松

编委理事：邵来民　毛丽艳　何绍茂　袁　刚　李顺军

专家顾问：彭剑锋　周其仁　吴晓求　陈春花　黄卫伟　杨　杜
吴春波　孙健敏　施　炜　田　涛　朱武祥　肖知兴
廖建文　杨伟国　魏　杰　洪天峰　葛定昆　祝宝良
陈珠芳　文跃然　张　维　饶　征　孙　波　宋杼宸
苗兆光　王祥伍　黄健江　夏惊鸣　张百舸　郭　星
宋劲松　陈　明　郭　伟　单　敏　李志华　陶　旭
全怀周　曹朝霞　张文锋　陆学彬　周　禹　刘松博
邢　雷　欧阳杰　高正贤　何绍茂　马魁泉　何　屹
伍　婷　王智敏　张小峰　荆小娟　刘善超　李顺军

管理思想　洞见未来

中国顶尖管理智库·原创中国管理思想策源地——“华夏基石e洞察”微信公众号（ID：chnstonewx），聚焦彭剑锋、吴春波、施炜、黄卫伟、杨杜、孙健敏、周其仁、吴晓求等管理学界权威专家最新管理研究，同时兼顾他们早期经典思想成果。有思想的高度，有温暖的深度，敬请关注！

序

一、越是经济低迷越要挖掘企业家精神

中国经济要走出低迷的状态、要保持持续繁荣，中国企业要突破成长瓶颈、要实现基于数智化的转型升级，靠什么？我认为最终还是要靠企业家精神，最终还是要回归到企业家的本位以及企业家的核心本质——企业家精神。

那么什么是企业家精神？它的核心内涵是什么？

目前有关企业家精神论述的文章很多，但我个人认为企业家精神最终是归结为三个核心要素，这三个核心要素就是创新、冒险、坚韧。

企业家精神第一个要素就是创新精神。创新是企业家的魂，企业家的本质就是创新，没有创新就没有企业家精神，也就没有企业家。但是我们所讲的企业家的创新精神并不仅仅体现在产品、技术或者商业模式的创新，企业家的创新精神最重要的是体现在企业家独特的个性、与众不同的商业天赋与直觉等方面。也就是企业家首先要有先知先觉，能够洞见和把握别人看不到的机会。在机会面前他又敢于选择，一旦选择了，他就能够突破已有资源和能力的局限，能够创造条件去把这事干成，最终成就一番伟业。

其次，什么叫企业家的创新精神？就是企业家需要整合各种创新资源，有能力将创新落实到产品、技术和商业模式等方面，最终创新客户的价值，实现客户的价值成长，从而实现企业的成长和发展。

再次，我认为企业家的创新精神体现在企业家自我批判和自我超越上。如果一个企业家没有自我批判精神、没有自我超越精神，那么企业家就会过于自大，从自大走向自我膨胀，最后控制不住内心的欲望。所以优秀的企业家必须具备不断突破自我的素质，有超越常人的格局和胸怀，能够突破小我，能够成就他人最后成就大我，只有这样才能够真正率领一批人才去从事伟大的事业，去打造组织能力。

企业家精神第二个要素我认为就是冒险精神。冒险意味着什么？意味着你敢于承担你的选择所带来的风险与后果。我们很多专家教授也有知识，也懂得很多，但是最缺乏的就是冒险精神，不敢承担选择的风险与后果，所以懂得选择、勇于舍弃是企业家成功的关键。再一个，企业家都有一定的赌性，他敢冒险、敢拍板、敢承担决策的风险与后果、敢赌未来。所谓敢赌未来就是对决定未来长期发展的要素与人才、技术、管理等方面他舍得投入、敢投入。

企业家精神第三个要素就是坚韧精神。做企业家要有一定的偏执、执着和任性，做企业不可能不遭受挫折，不可能不经受失败的痛苦和煎熬，我们经常讲伟大都是煎熬出来的，面临困难和挫折，若没有一根筋的偏执、没有超出常人的坚定的意志与执着，就很难在逆境之中奋发图强。再一个，企业家都具有坚强的生命力，具有求活求胜的内在欲望。没有坚强的生命力和求胜求活的欲望，就很难在经济下行时期、在企业遇到挫折和困难的时候逆势成长。

尤其中国企业发展到今天，需提高企业的抗逆周期能力，这种能力的背后就是需要企业家有战略定力和坚韧不拔的意志力。

所以创新、冒险和坚韧是优秀企业家的特质，这些特质往往是在大学课堂里面学不到的，它们跟一个人的天赋、内在潜质密切相关，需要有机会和平台，能够不断地去挖掘和弘扬。

二、发挥企业家独特禀赋，推动经济发展

中国经济要真正实现创新驱动，最大的瓶颈就是企业家和企业家精神。如果企业家不能实现自我超越，企业家精神不能得到弘扬，企业家得不到社会的尊重，企业家不能真正去激发内在的潜能、奋斗的精神、价值创造的能量，那么中国经济就很难转型。

毫无疑问，企业家和企业家精神是整个社会经济发展的源动力，是一个社会经济发展的价值创造的源动力。所以，企业家才是整个社会最稀缺的资源，是最大的战略性人力资本，也是整个社会财富的卓越的创造者和重构者。

（一）使命驱动、拥抱变化、自我超越

从企业家人生价值追求的角度看，要从做生意、赚钱的机会导向转向责任、使命的驱动，做一个基业长青的企业。企业家的内在层次需要提高。我们学过组织行为学，马斯洛认为人的最高层次需求是自我实现，他在辞世前对此进行了反思：如果把人的最高层次需求定义为自我实现，会导致精致的利己主义。他写了一篇文章，文中谈到人最高的追求不是自我实现，而是自我超越，追求心灵的成长。按照禅宗文化来讲，心灵的成长就是回到清净的本心，回到人性中的大善、大爱。

把成为中国首富作为人生目标是不可靠的，大家可以看到，凡是成为中国首富的人，最后都不富了，往往都出问题了。原因在哪儿？你发了财，但并没有实现心灵的成长，你缺乏道德和人品的力量，缺乏价值观的力量，没有最深层次的大善和大爱，没有承担起社会责任，无法成就人生最高层次的辉煌。从这个角度来讲，中国要出现伟大的企业，企业家就要提升内心的追求。做企业最终是做人品，要回归到“好人品、好产品、好组织”，这是我提出的“新三好”！

企业家都是奋斗不止的人。以使命为驱动，向一切优秀的人学习，与高手过招，拥抱变化，自我批判，这是伟大的企业家最核心的精神品质。

（二）企业家精神的两个“魂”

企业家精神有两个魂：一是持续创新奋斗；二是敢拍板、担风险的魄力。很多企业家把企业做到中间状态，做到百亿元级的时候，做到一个上不上、下不下的时候，最需要的就是持续的激情与斗志。

企业家不缺理想，他们的理想都很大，都想做成千亿元级企业。那为什么做不成呢？就是当企业做到不大不小、已经小有财富和社会声望时，反而缺少了创业时面对困难的勇气，即缺乏面对困难、解决问题、风险承担的意识，以及敢于直面问题、迎难而上的意志。

无论联想、华为，这些世界级企业其实都曾经经历过很大的波折，都曾经经历过生死磨

难，但是它们为什么能够起死回生？原因就在于企业家具有老鹰般自我革命的勇气。以华为为例，2001 年李一男出走，拉走了华为将近三分之一以上的研发骨干。华为 2002 年出现业绩下滑，任正非得了抑郁症，他母亲又出车祸，可谓真正的内外交困！但任正非敢于自我批判，敢于进一步变革，敢于与思科叫板、掰手腕，2003 年企业终于走出困境。

真正的企业家具备两种禀赋：

一是创新精神，天生是个不安现状、不断折腾的人；

二是有责任担当，敢于承受决策后果的人。

企业家的创新与责任担当体现在两个方面：一是企业在最顺利的时候，敢于担当。一般来说，人在最顺利的时候不愿意经受痛苦、不愿意给自己增加压力。二是绝地反击，遇到活不下去的时候，能够愈战愈勇，这种叫逆境情商。但是我认为企业家最重要的还是顺境情商，而不是逆境情商。逆境时大家都没有办法，只能是赌一把，以求绝处逢生。而最难的是顺境情商，就是要在发展最顺利的时候，不狂躁，有危机意识，有自我批判精神。

（三）刻进骨子里的危机意识与奋斗精神

选择了老板这一终生职业，就选择了一种对股东、客户，对员工的终生责任，责任大于天，你无法逃避！这时你会发现，等待你的不再是梦想中的贵族生活，而是战战兢兢、如履薄冰的恐惧生活，所以企业家的天性之一就是强烈的危机意识，我认为自我否定是企业家最深层次的卓越品质。

中国改革开放以来，凡是那些出事的企业家，基本都是因为成功之后过于张狂，不知自己是谁，自我膨胀到不把政府和客户放在眼里，厉害到只会批判别人，不会批判自己。其实企业再大，大不过政府；企业家再伟大，大不过客户与员工，一旦这个企业家不把政府放在眼里，不将客户与员工当回事，并只会批判别人不会批判自己，满眼看到的都是别人的问题而看不到自身问题的时候，那么他就开始出事了。

企业能否持续成长和发展，很重要的企业家精神，我认为就是自我批判，自我超越。比如任正非，他之所以 70 多岁还能够引领华为持续成长和发展，就因为在他身上具有非常强的自我超越精神。企业家的需求层次是不断地自我批判，不断地自我超越，这种自我批判和超越，使得企业家奋斗不息。

三、企业家精神八条

以优秀企业家精神之高标准、严要求，才能实现自我超越，引领企业健康持续发展。

为此，中国企业家要做的是：

（1）树立崇高的理想和信念，具有超越利润之上的更高使命与追求；目标高远，意志坚定，不安于现状，勇于创新，持续艰苦奋斗。

（2）愿景领导，确立百年基业思维。从追求做生意挣钱转向做事业，以事业愿景凝聚人才；从赌机会、捞浮财思维转向战略导向、打造百年基业思维；从野蛮生长，转型成为有质量的战略成长。

（3）要将企业的发展融入实现中国梦的进程，以专注品质、持续创新精神为社会提供稳定、可靠、安全、环保的产品与服务。

（4）要以全球视野进行全球人才与资源整合，致力于提升全球竞争力与全球化领导力。

（5）要从习惯找政府靠山、投机取巧转向培育核心能力，确立全新的政商“亲”“清”关系，守法经营，付出规则成本，创造阳光利润，承担社会责任。

（6）要从凭借个人能力转向靠机制、靠制度、靠组织去经营企业，去提升组织整体运营效率。

（7）提出并践行引领产业健康发展的价值主张。开放合作，整合资源，致力于构建多赢产业生态，不断提升产业领袖领导力。

（8）要拥抱变化、敢于承担创新与变革风险，向一切优秀的人学习，自我批判，自我超越。

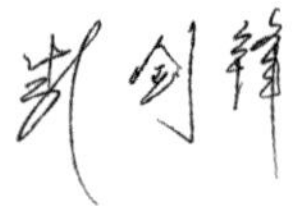

目录
Contents

第八辑 打胜仗的高管团队（苗兆光）

第九辑 带痛前行（合辑）

彭剑锋

著名管理学家，华夏基石管理咨询集团首席合伙人兼董事长，中国人民大学教授、博导，中国人力资源开发企业人才研究会会长，中国企业联合会管理咨询业委会副主任，北京企业家协会副会长。曾任中国人民大学劳动人事学院副院长。曾担任《华为基本法》起草组组长。其许多观点、文章和专著对我国人力资源及营销的理论与实践产生了重大影响，被誉为“中国人力资源管理第一人”“中国管理咨询界标杆人物”。

第一辑

守常守，变应变

彭剑锋

中国企业家如何从“新”出发

企业家精神是经济发展的原动力，企业家对未来是否充满信心、企业家精神能否被激发、民营经济是否重获信心，是中国经济能否持续增长的决定要素。信心比黄金重要，只有中国企业家，尤其是民营企业家对未来有信心，中国经济的持续繁荣才有希望。但近来与我喝茶交流的许多民营企业家，似乎普遍弥漫着一种消极悲观情绪，信心不足、躺平心态溢于言表，让人颇感忧虑。我总结他们主要有三大困惑与焦虑。

一、民营企业家陷入三大困惑与焦虑

一是对未来信心不足，缺乏安全感。许多企业家对未来发展趋势感到看不懂、迷茫，对政策导向与营商环境表示忧虑，没有安全感。民营企业未来是否有成长和发展空间？民营企业要不要做大？能否做大？做大以后是否可以善终？这些疑问是许多民营企业家脑子里挥之不去的，所以干与不干，骑虎难下。继续干下去，动力不足，也不知道会面临什么样的风险；就此躺平，抱着一堆钱去享受生活，又心有不甘。总之，进退两难，焦虑万分。

二是面对疫情反复、经济下行，企业普遍经营困难，现金流紧张，正经受从来没有遇到的经营痛苦。许多企业过惯了顺风顺水、随大流、挣容易的和来得快的钱的日子。一旦经济出现波折，要逆水行舟，钱很难挣就不知所措，对企业现在如何走出经营困境没底气。同时，对基于数字化的转型升级力不从心。现在企业的生存环境确实比以往任何时候都更加复杂、更加不确定，特别是疫情反复三年，企业日常经营活动时时被打断，许多企业真感到熬不下去了。企业家对自己的企业能不能活下来、新的活法是什么，感到心里没底，越来越多的企业已将数字化作为核心战略，但基于数字化的转型升级一方面要大量花钱投入，另一方面实际推进不力，投入效果不佳，对企业要不要继续加大投入，如何投入，如何有效推进，忧心忡忡。

三是对企业交接班问题感到焦虑、忧心。目前中国的民营企业家普遍面临着从一代到二代交接班的问题。二代接班人大部分是独生子女，绝大多数独生子女要么没有意愿接班，要么没有能力接班，这是一种情况。还有一种情况是，二代接班人大多接受过西方教育，对父辈以往的成功经验难以理解和继承，与父辈在价值观与经营理念方面常常出现冲突，而且二代接班人大多没有经历一线历练和摔打，让企业家不敢全然放手，又不能不放手，垂帘听政让二代接班人放不开手脚，难以在实战付出失败成本中成长。所以接班人问题是一代企业家目前面临的既迫切又没有最优解决方案的问题。与世界上的家族企业传承优秀做法对比，中国民营企业几乎没有家族传承计划，而且家族企业又较为缺乏优秀的治理模式。

这是当前中国民营企业家和企业面临的三大问题，怎么破解？在党的二十大之后如何描画新地图，探索新征途，谋求新发展？

二、解除迷茫、困惑的两大核心原则

（一）保持信心和理性乐观

我这个人天性属于乐观主义者，虽然未来越来越复杂而不确定，但在茫茫的迷雾中前行，更需要保持良好的乐观心态，更需要看到远处的明灯，更需要有信念和信心，不能躺平，躺平没希望，做好当下，奋力前行才有未来。我也建议大家保持理性乐观。为什么？

第一，没有比保持理性乐观更好的选择。悲观只会带来消极和痛苦，而用乐观的心态去看待未来，这样的结果就是起码我现在快乐了，而不是把未来的痛苦拿到现在来消受，人的痛苦，很多时候是因为在提前透支痛苦。

第二，希望会带来希望，相信相信的力量。我相信时代总是在前进的、在进步的，即使一时遇到了问题，也一定是在自我调节中前进的。我一直说一句话，要相信中国共产党，中国共产党能够走过百年就证明其有智慧，并具有自我批判和自我调整能力。所以我经常送企业家三句话：不要为过去所纠结，不要为未来所烦恼，不要为现实所困顿，迎难而上，做好自己，做好每一个当下，就有未来。

读了党的二十大报告后，我的几个忧虑被解除了，在几个重大是非问题上，党的二十大报告的精神还是让人感到放心。我认为，中国的经济未来只要坚持这几点就没有大问题。

第一，保持开放。强调独立自主是对的，但是独立自主并不等于闭关锁国，如果把独立自主、自力更生理解成闭关锁国就大错特错了。党的二十大报告进一步强调了要高水平改革开放，“让开放为全球发展带来新的光明前程”，从这一点上看，坚定推动高水平开放是第一个定心丸。不是要搞闭关锁国，不是要搞硬脱钩，不是要搞所谓的封闭式的独立自主、自力更生，而是开放式的独立自主、自力更生，在开放过程中形成自己的特点与核心能力。

第二，坚持市场经济主导，不要用“人民经济”替代市场经济。“人民经济”是20世纪50年代的概念，不能用它来替代市场经济。学者可以提出自己的观点，学术界也需要有不同的声音，但是我认为“人民经济”这个概念是落后的。中国共产党奉行人民至上，全心全意为人民服务的宗旨，但人民至上并不等于“人民经济”或回到

“计划经济”，党的二十大报告提出坚持市场经济主导原则，让市场配置资源起主导作用，提出高水平的市场调节机制。党的基本经济政策没有倒退，而是进化了，这一点没有问题，整个市场机制的主体还是市场经济，仍强调坚持“两个毫不动摇”，要相信市场经济的力量而不是计划经济的力量，这是第二颗定心丸。

第三，坚持按劳分配，不要“杀富济贫”。党的二十大报告还是强调坚持按劳分配，承认财富积累，只是现在的发财一定要建立在规则的基础之上，一定要建立在有序的基础之上。过去那种赚快钱、赚热钱、赚容易的钱、赚体制漏洞的钱，享受政策红利的时代过去了。换句话说，未来企业要靠效能红利、靠能力红利谋发展，而不再是靠垄断资源、特殊关系等外在的东西。

企业回归到要真正做好自己，做“三好企业”，即未来企业是拼人品、拼产品、拼组织的时代，企业家要回归到有情怀，要有好的人品，做企业就是做人品，要为社会提供安全可靠的好产品。未来是产品制胜与客户经营的时代，只要把产品做好，将客户价值经营好，企业的生存就没有问题，产品做好，服务做好，经营好客户，你能不赚钱吗？即使遇到疫情，那些关注产品、关注服务、致力于客户经营的企业不照样也能活下来吗？再一个，要有好的组织。这是我说的“三好企业”，还是要回归到做“三好企业”。

一个靠规则致富的时代开启了，你要赚能够承受得了规则成本的红利，换句话说，你要付出规则成本。过去那种不按规则、不按牌理出牌，享受破坏规则、“钻空子”、投机的红利的时代过去了。未来你要能够付出规则成本和依法成本，企业要靠效能制胜，要靠能力制胜，真正回归到效能制胜、能力制胜时代。这是企业永续发展、持续经营成长永恒不变的真理。即：

第一，赚正确而干净的钱；

第二，赚难挣的，需要技术、人才等长期投入的钱；

第三，赚需要战略耐性与时间积累的钱；

第四，赚有长板和能量聚合优势的钱。党的二十大也是指明了这个发展方向，这是第三颗定心丸。

中美现在真正进入战略竞争时代，这是不以人的意志为转移的，遏制中国发展这是美国共和党和民主党两党的共识。与美国直接竞争不可怕，可怕的是我们自己折腾自己，自己搞乱自己。我们虽然现在存在很多问题，但我一直认为竞争对手比我们存在的问题或许更多。我的不少美国朋友也认为，美国走到今天，也病了，问题很多，它的深层次矛盾美国现在也解决不了。美国也需要来一次自我批评、自我革命才能持续称霸世界。盛极必衰，美国这么多年一直是世界霸主，做霸主习惯了以后，走到顶峰以后，就妄自尊大，就开始自己带头破坏规则，自己不讲信用，变成了规则与信用的破坏者。

无论中美竞争激烈到哪种程度，我认为，中国仍然需要虚心向美国学习，学习美国先进的技术与体制的某些优势，同时走一条中国式现代化道路。只要敢于斗争，善于学习，中国的发展是遏制不住的，而且在竞争中不断提高抗摔打能力。所以在产业互联网时代，我赞成“用新地图寻找新大陆”的观点。

（二）激活企业家创新与冒险精神

有人说，我们知道时代变了，不能用旧地图去寻找新大陆，问题是新地图在哪儿？用新地图寻找新大陆，新地图是什么？

这恰恰就是需要焕发企业家精神的地方。企业家精神最核心的就是冒险精神、创新探索精神、敢于追求梦想的精神。

党的二十大报告提出了一个很重要的概念——“中国式现代化”，强调坚持推动高质量发展，构建高水平的市场经济体制，把发展经济的重点放在实体经济上。强调教育科技、人才驱动、绿色发展，这些理念是代表先进生产力的，包括强调的人类命运共同体理念，这些都是代表先进生产力的。在理念和价值观上，在对未来的世界价值观的引领上，在对未来的世界经济格局判断上，我认为美国恰恰在理念上落后了，因为美国还是用二元对立思维在看待整个世界，中国恰恰是在用人类命运共同体的新思维来看待整个世界。

为什么我对未来相对乐观呢？我们现在理念上是领先的，在看待这个世界的发展上，比如说高质量发展问题、新型能源体系问题、绿色发展问题、教育科技人才驱动问题、实体经济的发展问题等等，以及人类命运共同体的问题，是要更加开放地融入世界。这些理念与认知，恰恰突破了传统的二元对立思维。所谓超竞争就是超越传统的二元对立思维的竞争，这种竞争是你中有我、我中有你的竞争，不是你死我活，有我没他的竞争。美国人现在恐怕也要进行认知与思维的革命，美国人的思维代表了工业文明时期先进的生产力，但是代表不了产业互联网时代的先进生产力，中国在看待世界的思维上恰恰是领先的。

所以我们主张高水平开放并虚心向美国等西方发达国家学习，融入世界文明，并不一定要照单全抄或重走美国等西方工业文明之路。美国才两三百年的历史，中华文化具有五千多年的悠久历史。中华文化之所以五千年不衰而历久弥新，根源在于其开放、融合、包容。儒家为表，法家为里，道家为骨，释家为心，外儒内法，济之以道，心修以释，相互融合，兼容并包，形成一个我中有你、你中有我，又相互独立的有机整体，真正是博大精深，浑然一体。对此，我们还是要有文化自信，在中华文化背景下完全照抄欧美的民主制度在中国无疑是行不通的，还是要将民主与威权，市场与有为政府有机融合起来。过去的思维是将民主与威权（集中）、市场与有为政府完全对立起来，但在数智化时代，这两者有可能实现有机统一。从这个角度来讲，我们现在要用量子态叠加的思维替代二元对立思维，换句话说，还是要善用中国禅宗的不二法则，灰度思维来看待这个世界和中国的发展方式选择。中国式现代化将努力吸收世界各国优秀的成果，同时又独具自己的特色与优势，这本身就是一个态叠加的量子思维，是你中有我、我中有你的共生生态思维，其本身就是超越了二元对立思维。

我认为，新地图现在很难描绘未来是什么样子，因为新地图还没有画出来，还处于探索阶段。这不像过去，过去是把世界全弄清楚了，把地图画出来了。未来的世界是啥样？未来测不准，地图没画出来，所以第一要有创新精神，第二要有冒险精神，要敢于探索，去画这张新地图，去探索新的未知的东西。

三、拥抱量子时代，确信生态“光明”

（一）用量子思维描画新战略地图，走出新路子

五六年前，我写了几篇关于量子思维与经营战略、量子思维与组织管理的文章，今年，量子纠缠光子实验获得了诺贝尔奖，为此，许多企业家朋友都问我为何能够在五六年前就有先见之明，将量子理论应用于数智化时代的管理认知，并提出要用量子思维重构企业的战略、组织与人才思维。其实，这并不是我有先知先觉，而是实践已经走在理论研究的前面。光启科技的创始人刘若鹏、海尔创始人张瑞敏等企业家在实践中很早就在用量子思维思考企业的基本管理命题，我对量子理论的学习及实践的探索，是被企业家们倒逼出来的。

2015年，我们在为光启科技做企业顶层设计时，光启创始人刘若鹏就提出，光启作为一家以“改变世界的创新”为使命的高科技企业，在对企业进行顶层设计时，一定要走出《华为基本法》的成功模式和套路，一定要用创新的思维来认知企业的经营与管理，这就是量子思维。所以光启的顶层设计定名为《光启颠覆式创新操作系统1.0》，首次用量子的测不准原理、态叠加原理、量子纠缠原理、量子波粒二象性原理、量子跃迁原理、量子最低能级原理等量子思维全面定义和诠释了光启的战略、发展路径、组织与人才。这是一个让人烧脑并脑洞大开的思想冲撞与认知革命的学习与交流体验。《光启颠覆式创新操作系统1.0》里面提出的新思想、新思维都是超前而闻所未闻的，今天看来，既具超前引领性，又有现实可操作价值。如果说1998年我们起草《华为基本法》所奉行的思想，是工业文明的智慧结晶，而“光启操作系统1.0版本”则是对产业互联网时代、数字时代的文明时代企业经营管理模式的想象与洞见。虽然目前光启科技和我们共同制订的“光启操作系统1.0版本”还处于实践探索期，光启还不算是一家很成功的企业，还没有取得像华为一样的成就，但是《光启颠覆式创新系统1.0》里面所提出的对企业战略、组织、人才的新认知与新思维，对量子思维在企业实践中应用的探索与创新，是有价值的。这种创新探索无论是否成功，

也是具有未来意义和价值的，是可以代表未来几十年的管理思维革命的方向的。

数智化与产业互联网时代，为什么我坚持主张要进行管理的认知与思维的革命，要用量子思维重构企业的战略、组织、人？如果我们还用原来确定性、线性的思维去描画通往不确定未知时代的“新地图”，那是无论如何找不到正确方向和出路的。只有率先进行认知革命、思维创新、观念转型、能力更新，才能描绘、探索通往“新大陆”，新发展之路的“新地图”。

个人认为，量子思维有几个理论可指导我们描绘新发展之路的新战略地图。

1. 方向最重要、信念和信心最确定

量子的一个重要原理首先就是测不准原理。未来的世界就是一个测不准的世界，就是一个高度复杂的世界。如果我们从局部和细节观察这个世界，就会发现“乌卡”（VUCA），易变性是这个世界的主旋律。然而就像量子力学的“宇宙波函数”，价值、意义、使命、愿景、信念这些看起来最虚拟和抽象的概念，又是这个时代最有稳定性、确定性、实在性的要素，而它们正是一个企业在不确定时代所需要坚持的，应对外部不确定性的内在最大确定性。所以企业应对外部不确定性的不二法门就是回归初心，回归价值观与战略共识，回归组织内在的价值创造活力应对外部不确定性。面对一个外部的不确定的世界的时候，面对测不准的时候，对企业来说方向最重要，信念和信心最确定，长期的目标追求与保持组织活力是最核心命题。这就是量子强调的精神的力量、信念的力量，长期主义与内在活力的力量。

同时，长期主义的目标追求不在别处，就在我们脚下。我们并不是在消极等待天上掉馅饼砸中自己或等待发现一个大的战略机会，而是既朝向远方的“虚点”（愿景），又做好当下的“实点”，将当下该做的事努力做好。哪怕是做失败了，也为未来的成功奠定了基础，将当下的一件件小事做好并整合贯通起来，在行动中催生那件大事，最终聚合成涌流和势能成就心中念想的大事。正如华为任正非提出的“方向保持大致正确，组织始终充满活力”，褚时健提出的“做好当下的工作，就有未来，功夫到了，事就成了”。对于众多陷入经营困难的企业而言，当下最重要的事是什么？

第一，活下来，坚定活下来的信念。伟大的企业都是煎熬出来的，想想任正非、褚时健所经历的苦难和痛苦，我们众多企业家所经历的困难就算不上什么了。处于困境时企业家要向员工讲好未来美好的故事，让员工看到希望，对未来有信心，信心不能丧失，人心不能散。

第二，捂紧口袋，关注经营现金流。不盲目投资，只有规模没有利润的生意不做，只增应收账款不增现金收入的单不接，靠烧钱烧出来的商业模式不干，靠打价格战打出的市场份额不要。

第三，降本增效，减人增效。削减开支，不该花费的成本要降下来，不创造价值的人、冗余的人要裁下来。该留的人才一定要尽力留住，对核心人才收入不能减，给

不了当期收入，至少要给足预期收入。

第四，做好产品是当下重中之重。褚时健干过的六家企业之所以都成功，就是将功夫用在好产品上。褚时健做好产品的经营信条可归纳为十个方面：① 做企业就是要盈利；② 企业盈利要靠好产品；③ 好产品是高质量和低成本的集成；④ 技术是创造好产品的关键力量；⑤ 好产品一定要有好原料；⑥ 标准化才能持续造就大量好产品；⑦ 好产品要让产业链各环节都有利可图；⑧ 好产品来自好员工；⑨ 要让员工做好产品，就要有好的人才机制与好领导，就要敢于放权，领导要内行，发挥优势，多劳多得，搞好员工生活；⑩ 好产品源自良好的社会环境，企业既要主动承担社会责任，又要积极争取政府支持。企业只要按褚时健提出的好产品策略——做好当下的工作，就会有未来。

第五，做好当下，就是抓好当下干部队伍，带好当下的团队，激活当下的组织。应对不确定性的内部最大的确定性就是激活干部，让组织充满活力。

2. 以量子战略思维定义未来

什么叫战略？战略首先是对未来不确定性去寻求确定性的选择，这种基于不确定性的选择往往是方向性、探索性的，甚至是试错性的，而不是来自预先精确的计算与连续性趋势的把握。某种意义上，战略不是一种预先的计划设计过程，战略的原点不是来自战略专家或战略职能部门，而是来自企业家，来自企业家对未来发展趋势与发展机会的洞见与感知，来自企业家的发心动念，是一种企业家精神的勃发，是一种面向未来的企业家信念、追求与意识流。所谓意识流就是企业家对发展趋势、机会的先知先觉与共同认知，这种共同的认知聚合成一种意识流，这种意识流引领和聚合了各种资源和能量，最终汇成涌流而不可阻挡。

如互联网及许多新兴产业和商业模式的发育和发展，并不是来自预先的设计，而是来自企业家与投资人的超前眼光、意识与共同认知。大家都坚信未来的世界是互联网的世界，都坚信基于互联网商业模式的创新是有未来的，坚信这么做是正确的，而非因为正确才去做。有了这种前瞻性的意识与信念，大家都相信它，而且一大批企业家敢于冒险去尝试，一大批投资人愿意为未来而投资买单，资金和优秀人才都往互联网里涌，一旦能量聚合到一定程度和量级，就会找到商业模式成功的突破口。商业模式一旦成功，更多的资金和人才就会往互联网里涌入，最终会形成各种涌流，当无数涌流开始海量连接、汇集、交互以后，就会聚合成波涛汹涌、不可阻挡的洪流与大势，互联网就形成了一个全新的产业。而那些先知先觉者如阿里巴巴的马云、腾讯的马化腾、京东的刘强东及投资人孙正义、徐新、张磊等，便共同创造了中国互联网企业成长的奇迹。

所以，在不确定时代，企业家精神与投资人眼光是一种稀缺资源，企业家的洞见力、方向的引领是企业战略成长永不衰竭的源泉，企业员工对未来的共同期望与对战略方向的认可是企业战略执行与战略目标的实现的内在动力与可靠保障。面对不确定、测不准，要确定正确方向，坚定信念，相信相信的力量，以足够的战略耐心，做好当下，积蓄能量，不断创新探索。正如任正非所提出的“面对不确定性，方向保持大致正确，组织始终充满活力”，这也是一种量子思维。作为一个企业，最重要的是把握大致的方向正确，不要精准，因为你测不准。方向是什么？方向是你要看到10年、20年以后整个的方向是正确的就可以了，而且是在探索之中聚焦。

所以，第一要把握方向，要洞见方向；第二要有信心，因为面对不确定性，信心最重要，否则就举步不前。而当你相信了，所有的资源能量都往你确定的方向去涌现、去聚集，当能量聚集到一定量级，就有了商业模式，最后就做成了，我把它比喻为企业家精神、企业家洞见力，是一种意识流理论。就像任正非说的，做企业就是“画大饼”，让大家信这个“大饼”。但是你把阶段性的“饼”在探索的过程聚焦做成，然后分好“饼”，再画一个更大的“饼”，这种思维就是量子思维、迭代思维。

3. 动态聚焦，迭代中进化

战略是一种动态选择与动态聚焦，要先开枪再瞄准。量子战略思维的第二个特点是动态选择，战略也是一种动态选择，就像OKR（目标与关键成果法）一样，首先内心要呼喊，你的内心渴望的目标是什么，然后要有阶段性的目标，再不断地调整。所以它是先开枪再瞄准，不是先瞄准再开枪。这种战略思维跟过去就不一样，经典的战略思维是非对称性资源配置原则，叫聚焦。将鸡蛋放一个篮子里，选定一个业务领域死磕，而面对不确定性，则要遵循对称性资源配置原则，将鸡蛋放五个篮子里，可能同时选三四个领域去探索，一旦发现其中冒出一个代表未来发展方向的，就把其他项目关了，然后再把资源集中在一个方向上。所以它是动态聚焦，不是不要聚焦，而是迭代中进化升级。

4. 找到自己的能量场

量子战略思维的第三个特征是在整个社会协同体系中找到自己的定位，找到能级场。面对不确定性，企业的成长不完全是基于已有资源能力，它的成长曲线不是连续性曲线，会出现断点，会出现突变。过去的思维是连续性思维，就是你有多大资源，有多大能力干多少事儿。现在面对不确定性，在某种意义上需要突破资源能力的局限。所以要大胆去探索，大胆去试错，去整合资源，去链接资源。假如我没有资源，那我也可以去整合，可以去链接。通过整合资源、链接资源就可以形成新的能量场。

在这个时代，企业的战略定位不是你有多大资源、多大能力，就定位自己干什么，而是要突破资源与能力，需要在整个社会产业生态协同体系中不断探索，不断寻找自己的定位，不断链接资源，不断突破资源与能力的局限。这跟传统的战略思维是不一样的。链接能量的聚集变得更加重要，能量场变得更加重要，未来不是基于资源能力选定一个什么样的领域，而是聚集了多少资源，在一个什么样的能量场中，这是量子的能量场思维。

重要的战略选择是找到自己的能量场。企业的成长一个叫裂变，一个叫聚变。我们过去的思维是裂变，一定要分蘖出去。未来是聚变。当我的能量积聚到一定程度以后会爆发，就像核聚变一样。聚变的能量比裂变要大得多，所以它强调能量场。原子跟原子的特点是一碰就弹开了，而量子一旦找到了纠缠会迅速聚集而形成能量场产生聚变，因此，企业不仅要取得裂变式成长，更重要的是未来的聚变式成长，这么多资源聚集在一起，形成一个新的大的能量场。这种能量场所产生的核聚变能量是超越所有的成长模式的。生态战略思维本质上也是量子思维，生态就是各种产业要素跨界聚合，你中有我、我中有你的共生系统，就是一个相互链接与纠缠的能量与能级场。

企业的生态定位主要是三类。一是产业生态构建者，如华为、小米、平安、阿里巴巴、京东等巨型企业；二是被生态者，依附于如华为、小米生态而共生，绝大多数中小企业都将依附大生态系统而共生；三是超生态者，基于独特的技术与产品优势与所有生态都合作，都相融，如宁德时代等行业冠军等。

总之，企业的战略蓝图不是预先设计出来的，除了大胆想象，认准大致方向，就是快速行动，做好当下，在成功与失败的持续创新与迭代中干出来的。干得好与坏，成功大与小，取决于你的变革领导力，决定于你的组织与人。

（二）用量子组织思维和管理范式激活组织与人

数智时代，组织也是一个变形虫，是一个能量场，是一个生态+平台+自主经营体系统，是一个能量聚散、涌流汇集的自我解构、自我进化的生命有机体，往往呈现为一个有形又无形、现实和虚拟的态叠加的混沌与混序状态。

过去的组织要么是直线职能制，要么是分权事业部制或矩阵结构；而未来的组织是混合制，是跨界融合的立体组织。它也不是单一的扁平化状的，而是立体网状交织结构。数字化时代，打仗都是基于信息化、数字化的海陆空一体化，既有空军、陆军、海军的专业化分工，又是跨界融合混成的组织结构，所以有混成旅、混成营、铁三角这种新组织结构，同时养兵、用兵分离，构建养兵、用兵两大流程。总部平台养兵，一线作战单元用兵，养兵、用兵基于一线敌情与作战规模授权，一线作战单元按流程呼唤总部平台炮火，集成资源作战， 形成各兵种生态+平台化+铁三角+特种兵组织体系。未来的组织就是一个开放式的生命生态有机体，就是一个“变形虫”。未来的组织用量子思维来认知，就是波粒整合与平台管理，也可称之为粒型组织与波型组织的混合体。

所谓粒型组织也被称为牛顿式组织。组织基于专业分工，组织整体被切分为若干个专业功能模块，每个模块之间都有清晰的界限、明确的职责定位和鲜明的功能区分，工作流程也被精确地计算、分析和切割。金字塔式官僚结构、专业分工以及流水线生产是这种组织的标准配置，决策方式是典型的威权领导决策，一线与基层员工只能机械被动地服从上级命令，下级绝对服从上级指令而行事；控制方式是依据明文规定的流程、制度、规章、集中管理，照章办事；以岗位与职务为核心构建人员选、用、育、留、出等人事系统。

粒子型的牛顿组织具有结构严谨、分工明确、等级秩序分明、规范稳定、单一中心、集中管控、便于监督等种种优点。在工业文明时期，组织处于外部环境相对稳定，内部目标任务相对明确而简单，不需要太多跨部门、跨职能协作工作时，这种组织管理模式是非常有效的。然而，随着知识经济与数字化时代的到来，外部环境日益不确定和复杂，强调个体独立，分割治理的粒子型组织不仅难以适应环境与客户需求变化，还面临内部僵化、熵增、热寂，协同性缺失，业务守成，创新乏力等一系列难以克服的问题。如果粒子型牛顿组织是与工业文明时代专业化分工和流水线生产相匹配的组织模式，在知识经济与数智化时代，面对不确定性，面对客户需求变化，面对技术创新突飞猛进，创新组织模式与组织管理思维以匹配新的时代背景和环境要求的组织管理模式就变得迫在眉睫、势在必行。

与粒子型的牛顿组织形成鲜明对比，波型组织强调关系和人际网络，它的这一特点又与倡导集体主义、忠诚与和谐的东方文化密切相关。

第二次世界大战后的日本式组织就是波型组织的典型代表。著名管理学家、日裔美国学者威廉·大内（William Ouchi）曾经指出，无论是X 理论还是Y 理论，它们建立的基础都是西方和美国社会的个人主义，因而并不适用于集体主义的日本式组织。他在分析比较日美两国管理经验的基础上，进一步提出与日本式组织相互契合的Z型管理方式，其基本内容体现在以下几个方面：

他认为信任以及员工之间紧密的人际关系对组织具有积极影响；关怀员工，让员工一进入公司就像进入一个家庭，员工普遍对组织有很强的认同感和归属感；鼓励员工积极参与公司的管理工作，决策方式是集体决策，寻求共识；采用集体主义之下具有“礼治”特色的含蓄性、暗示性管理方式，用一套默认的规则和方法，而不是依靠法规律令来强制性地管控组织；倡导长期性的雇佣制度，终身雇佣制是其典型模式，认为只有给予员工充分的职业保障，才能促使他们积极关心企业的利益和前途；考核方式以缓慢的评价和晋升为主，对员工进行长期而全面的考察，不以“一时一事”为根据对员工的表现下结论。

在日本的社会关系中，“和文化”具有和谐、宽恕、容忍、接受、认可以及顺从等多重意味，它支配着日本人的物质生活和精神生活。不少带有日本特色的事物被冠以“和”字。常见的有“和歌”“和服”“和食”以及“和扇”等。作为日本文化的灵魂，“和”所强调的关系、和谐、归属和忠诚等构成了日本式组织的精神内核及其奉行的基本原则。这些原则强化了日本式组织的波型机制。

在量子理论的基本观点中，事物的真实状态既不是“波”也不是“粒子”，甚至不是“波粒二象性”，而是整合了“波”和“粒子”（的特性），又完全超越它们的一个全新状态，即“波函数”状态。“波粒二象性”只是我们用传统思维和经典语言理解和解释量子状态时的一个折中性、权益性表述。所以说，要想更为准确地理解物质的根本状态，不是在“波”和“粒子”之间作一个选择，左右摇摆，而是继续向前走一步，找到融合并超越它们的一个全新概念和现实，即“波函数”。正如以研究量子霍尔效应而闻名的著名物理学家罗伯特·劳克林（Robert Laughlin）所说，“在量子力学里，用位置和速度来刻画一个物体的牛顿概念是不正确的，它们必须代之以波函数概念，一种空气压强的微弱变化引起声波传播抽象模型”。正如事物的真实状态是“波函数”，真实的思维系统既不是左脑（思维）也不是右脑（思维），既不是串行也不是并行，既不是波也不是粒子，而且也不是任何两种具有矛盾属性的思维方式的连接和叠加，而是一个整合并超越它们的全新的思维方式，即第三种思维，也就是量子思维。

著名理论物理学家加来道雄就曾打比方说，“我们的一生就像没有离开池水的鱼一样，认为宇宙之中只包含有熟悉可见的东西。我们只有跳出池水，跳出自己的世界，愿意从更高的维度来看待世界，才能化解很多看似无法解决的问题。就像一旦升到高空俯视云层，就可以轻而易举地预测风向变化”。

相对于传统的牛顿思维，量子思维就是一个“跳出池水”的超思维和超视角，它立足于一个全新的坐标和维度，重新定义了我们所面对的一切问题。

量子思维所构建的量子组织也充分实现了对粒子型的牛顿组织以及波型的日本式组织的整合与超越，其组织特征和运行机制充分地体现出量子思维的理念观点。在量子的世界里，关系、信息、能量（场）是构成事物的基础形态，只有与别的事物进行交互作用，建立关系时，物质的实物粒子状态才能生成并显现。构成世界的一切事物之间都相互关联，相互定义；任何事物都是它所在的、流动变化关系网络上的一个关系的凝聚点和交汇点。正如组织管理大师玛格丽特·惠特利所说，“我们就像世上所有的事物一样，无法定义、无法分析，而只是有若干种潜能。我们谁都不能脱离与他人的关系而独立存在，不同的环境和人将使我们的某些特性显现出来，而另一些特性则处于休眠状态。从某种意义上来说，我们在每一种关系里面都是不同的、全新的”。

在量子理论整体性、关系性的思维观点中，任何一个组织以及组织中的成员也都是它所在的关系网络中的一个节点，是基于与其他主体的相互作用，所生成的一个关系的交汇点。这里所说的“关系”，既包含组织内部各成员、各部门、各层级之间的交流与互动（关系），也包含组织与用户、供应商、各利益相关者以及组织与环境之间的沟通和协作（关系），而且在最广泛的意义上，任何与组织相关的因素，无论是直接的还是间接的，都可以被纳入组织的关系网络中来。

1. 量子组织建立在促进关系构建，增强信息沟通的基础上，它脱离了传统牛顿组织模块化、机械化的基本形态，呈现出扁平化、网络化、去中心化、无边界的特征

（1）所谓"扁平化"是指压缩、简化传统牛顿式组织的金字塔式多层级结构，让组织决策者近距离接触一线、接触用户，以实现信息的高效传递和流通。

（2）"网络化"是指对内打破部门与部门、层级与层级之间的界限，对外突破组织与组织之间的壁垒，让组织中的每一个人、价值链上的每一个组织都成为信息传递和协作网络中的一个节点，最终实现组织内外主体之间的资源共享、价值共生。

（3）"去中心化"并不是指一个组织没有中心，不要中心，而是指组织中的任何单元和个人都可能成为中心，组织的中心已经分布到各个单元和节点中，具有多个中心，而且任何中心都不是固定和永久的，而是阶段性的，是随着任务和环境的变化而持续变化调整的。

（4）"无边界"则是指组织边界的开放性和"可渗透性"，即通过边界的开放与可渗透，让组织可以展开深入和广泛的外部协同，对内外部资源进行整合利用，实现组织的虚拟化和开源化。而无论是扁平化、网络化、去中心还是无边界，本质上都是通过建立个体与个体、部门与部门以及组织与组织之间的广泛沟通和连接，将组织要素都纳入一个相互融合、彼此包含的网络整体中，最终达到凯文·凯利在《失控》中所描述的一种理想组织形态。

2. 没有强制性的中心控制，次级单位之间充分连接，高度自治，点对点之间的影响通过网络形成了非线性的因果关系

与牛顿思维形成鲜明对比，量子思维整体性、关联性、兼容并包等观点理念不仅与知识经济时代的组织发展方向紧密契合，而且也为我们提供了组织发展的全新思路，在应对处理复杂的组织管理问题时具有巨大优势。与牛顿组织的管理范式存在鲜明对比，量子组织所倡导的核心观点和理念具体体现在以下几个方面：

（1）组织是生命共同体，而不是利益共同体。量子思维强调万物紧密相连、密切相关，我们都在一个共同的关系网络中，你中有我，我中有你；认为每个人都是世界的创造者，都要为他人和世界的发展进步负责。量子组织注重的不仅是单一个体，而且还有个体之间交互作用的关联关系，员工、客户、各利益相关者都被看作组织建设的参与者、建设者和创造者，各方主体之间不再是单纯的竞争和利益关系，而是平等互补的参与和协作关系。基于与员工、客户、各利益相关者之间的深度协作与紧密协作，量子组织的建设目标就是将自身打造为一个共担、共享、共赢、共创的"生命共同体"。

（2）尊重个体价值，鼓励员工参与，强调群体智慧的力量。量子组织将每一个个体都视为一个量子，一个“能量球”，同时强调个体的能量蕴含在与他人的关联互动中，个体在相互碰撞中产生聚合效应，不同的能量也因此产生超乎想象的组合变化，衍生出各种各样的创新事物。与牛顿组织强调企业家个人智慧、个人驱动形成明显对比，量子组织尊重每个微小个体的话语权和参与权，在鼓励员工充分发挥个体力量的基础上，通过激发员工之间的相互协作和紧密互动，促进聚变效应和集体智慧的涌现。

（3）机制大于管理，激活就是价值。在强调规则、秩序和结构的牛顿组织中，员工往往被看作一个追求安逸、逃避责任、缺乏进取心的“经济人”，只能在一个固定的岗位中，按照明确的规则指令被动工作。量子组织则将员工看作有充分主动性和创造力，自我驱动、追求超越的“自我实现人”，通过培养员工的创业者心态和企业家精神，鼓励他们发散思维，自由创新，尽情发挥潜能与创意。量子组织强调机制大于管理，将管理的核心定义为激活人的价值、释放个体能量；“权威”的内涵不再是企业所有者或者是塔尖上的最高领导，而是指通过组织内各个“量子”的自由碰撞，能量激发，所形成的一种“众望所归”的发展势能。

（4）突出精神的力量，自我管理、使命驱动。传统的牛顿组织崇尚权威，决策自上而下，管理者和员工之间的关系就是控制与被控制、命令与被命令的关系，同时强调物质的力量大于一切。量子组织倡导放弃权威，打破官兵边界，将员工的自我驱动、自我约束与管理看作组织发展的核心。另一方面，量子组织虽然不排除物质激励对人的积极影响，但更强调精神和意义的作用，认为它们不仅是激发员工潜能、加快员工成长的动力源泉，而且也是建立组织一致性，化解“不确定性”的有效力量。

（5）兼容并包，将“矛盾整合”作为组织进步的桥梁。与牛顿组织所强调的“非黑即白”“唯一（正确）路径”相反，量子组织认为并不存在解决问题的“唯一答案”，不同的甚至相反的观点都有其适用的场景，而多方观点的存在也意味着更多的选择以及更多的问题解决思路。在积极保持愿景与效率、竞争和协同、探索和利用、个人需要与组织目标协调平衡的基础上，量子组织更侧重于探索发现能有效整合组织矛盾的创新思路和变革力量，将矛盾以及对矛盾问题解决看作组织进步的路标和桥梁。

（6）利他商业模式与共生文化构建。量子组织倡导的理念与东方智慧非常接近，认为万物紧密相连，每个人都是世界的创造者，己欲立而立人，己欲达而达人——想要成就自己首先就要成就他人，成就客户，成就员工；组织与员工、与用户之间是共创双赢的竞合关系而不是单纯的竞争与“非零和博弈”。牛顿组织所强调的竞争文化，由利己主义主导的商业模式在当今世界已经难以维系，量子组织与人为善、利他共生的观点理念才符合现代社会的整体发展趋势。

（7）拥抱不确定性，促进自组织和创新涌现。牛顿组织的严格管控模式在尝试控制物质不确定性的同时也摧毁了员工的潜力以及组织发展的种种可能性。量子组织认为，只有积极拥抱不确定性，才能保持自身的动态性以及灵活应变的敏捷性，才能在充满变化的环境中实现生存和发展。量子组织将自身看作一个动态演化的生命体，通过展开与组织内外各种要素协同互动，以实现自组织、自驱动、自适应；通过进一步扩大互动范围，加深互动程度，来促进组织潜力的充分释放，激发创新创造活力。

（8）持续创新变革，构建动态有序的聚变式成长组织。与牛顿组织有序可控的管理模式相对，量子组织在不断的创新、转型和变革中寻求新的结构，以实现更大的价值创造力和聚变式成长为目标，其核心竞争力来源于动态有序，而不是静态叠加。这里的"动态有序"不是指对组织秩序的彻底抛弃，而是一种建设性的破坏，是在打破僵化秩序的基础上，依靠网络化和自组织的形式来实现的一个更高层次的有序；是从有序到混序，再到有序的一个循环往复的螺旋上升过程；也是通过持续地创新创造，不断打破原有平衡并建立新平衡的动态机制。在这个过程中，组织的发展轨迹也不是一条平滑的曲线，而是呈现为一种跳跃性、聚变性、间断平衡性的"量子跃迁式"成长。

（9）将管理活动看作一个不断生成、无限展开的过程。与牛顿组织倡导缜密计划与严格控制完全不同，量子组织将自身看作一个不断生长的生命体，将自身的发展看作一个持续展开的过程，认为未来的路是走出来的，而不能靠预测和计划得来——在瞬息万变的现代世界里，预测远没有行动重要，正是你现在的行动造就了环境。量子组织将持续的行动和探索看作竞争力的来源，认为只有从组织发展的实际出发，在对当下问题的持续改进和迭代中，才能洞察未来趋势，发现前进方向。

3. 未来用新地图寻找新大陆，关键还是要回归你的初心，回归你的价值观

因为你的初心、你的价值观会影响到最终整个事物的发展走向，会影响事物的形态，会让量子态产生坍塌。所以我们看待这个世界永远要有正能量思维，永远是以积极的态度去拥抱这个社会，同时，企业家需要的是认知与思维革命，用认知与思维革命去画万物互联时代企业发展的新地图，去探索和创新发展新路径，然后去寻找新大陆。

最近，我在广东的"二代班"上课，跟那些年轻人交流，我发现还是一代比一代强，要相信年轻一代。第一，他们认知与思维新，大部分在国内外名校读过书，受过东西方文化和教育洗礼；第二，他们对东西方体制的利弊有深刻认识，政治上不偏执；第三，有开放、容错的心态，有时他们真的"不左不右"，不"非黑即白"，我倒是看重这一点，"不左不右"，不"非黑即白"，恰恰是态叠加，恰恰是灰度，这种思维是符合这个混沌而复杂时代要求的。所以要超越过去的竞合思维，超越传统的

二元对立思维，要让所有人都有出路和活路，实现适度差异化的共同富裕。

高质量发展与数智化时代是真正的能力时代、效能时代，是长期价值主义与创新向善的时代，所以华夏基石提出中国企业要确立“战略生态化、组织平台化、人才合伙化、领导赋能化、要素社会化、运营数智化”六化新思维，抓住基于数智化转型升级的六大核心要点：“登科技高山、下数字蓝海、聚天下英才、与资本共舞、创世界品牌、做三好企业（好人品、好产品、好组织）”，创新思维，迎难而上，做好当下，以足够的战略耐性，学会慢下来，沉下去，挣正确的、干净的、难的、需要长期投入、需要时间积累、需要长板及能量聚合优势的钱。

总之，要走出现实的困惑与烦恼，企业家要目光放长远，延迟即时满足感，以积极而乐观的心态朝向未来的光荣与梦想，拒绝躺平，做好每一个当下，勇于变革创新，摆脱过去成功的路径依赖，用新思维理解新时代，捕捉新机会、谋求新发展。

（华夏基石e洞察公众号2022年11月22日发布）

以华为为例，看中国企业转型升级的方向

中国经济、中国企业发展到今天，应该说来到了一个新的起点。在这样一个新的起点，为什么要重新启动学华为、复盘华为的课程？华为的成长历程，华为本身的成功以及任正非是不可复制的，但是任正非的管理智慧，华为从全球引进的33个咨询公司所提供的各种先进的工具方法，经过华为的最优实践，我认为是可以学习的。

一、做好自己的事，是应对外部世界变化的唯一选择

首先，我们学华为，要学华为的长期主义。

所谓长期主义就是真正摒弃投机主义与短视主义，真正确立长远的目标追求。一旦确定这种奋斗目标，就能够放弃即时的欲望与满足感，真正以战略定力去坚持做好心中所认定的事业。换句话说，就是要从过去的追求赚容易的、来得快的钱，真正转向去赚难的、需要时间积累的、正确的钱。我们把它称为乌龟精神，不赚快钱。按照字节跳动的老板所提出来的，长期主义就是目光放长远，延迟满足感。复星实业的转型升级提出来，要做对的事、难的事、需要时间积累的事。过去我们是追求最容易的、来得快的钱，未来如何真正去赚正确的、难的、需要时间积累的钱，这就是所谓的长期价值主义。

我们学华为，应该真正去确立长期价值主义的理念。根据华为的实践，我们把长期价值主义归结为十大特征。

（1）有坚定的目标追求与坚定的战略定力。

（2）真正贯彻客户第一的文化价值取向，真正能够打造为客户创造长期价值的能力，真正去致力于赢得客户的忠诚，去追求品牌长期的价值增长。就像华为那样，真正围绕客户做有价值的事情，去构建以客户为中心的组织流程，培育客户创造长期价值的核心能力。一个企业长青的基点是什么？是为客户创造长期价值的能力，这是长期价值主义的本质。

（3）真正的长期价值主义，应该摒弃投机主义。一旦选择了赛道，就能够在赛道之中生根，能够聚焦主航道，能够抵御与战略不相关的投机机会的诱惑。

（4）真正的长期价值主义，舍得为未来去投入，尤其注重软实力、人才、技术、品牌、管理这些看不见、摸不着的软实力投入。这些软实力能够舍得投，连续投，长期投。像华为是引进了全球三十多家外网公司，引进全球最优的管理工具方法，每年

按销售收入10%进行研发的投入。高强度的投入是真正长期价值主义的根基。

（5）长期价值都是产品主义。产品主义注重技术创新，能够实现产品领先，能够弘扬工匠精神，去打造精益的运营体系。

（6）能够在创新与稳定、短期跟长期之间，找到一个平衡点，把握一个度。

（7）能够创造阳光利润。

（8）能够追求相关利益的平衡。

（9）长期价值主义具有艰苦奋斗的精神。

（10）长期价值主义具有不断自我批判的精神。

长期价值主义的重要体现是什么？就是产品主义。

所以，我们学华为，是要回归到企业经营的本质——长期价值主义，要回归到企业竞争的核心，最终是回归到把产品做好。尤其是中国企业走到今天，如何从一种投机走向长期价值，如何从低端的、低质劣造的，真正走向高端的、具有品牌价值的好产品。所以，不管学什么样的企业，都必须回归到两个最基础的价值观，一个叫长期价值主义，一个叫产品主义。只有这样，才能真正去打造具有全球竞争力的世界级企业。

当然，中国企业现在所面临的环境不一样了，我们学华为也要与时俱进，不仅要把华为过去一些赢的道理，要理解透，但同时又要进行转型升级。所以我们提出“三大转型、六大新思维、八大要点：登科技高山、下数字蓝海、聚天下英才、与资本共舞、强科学管理、做伟大产品、构生态优势、创全球品牌”，最终转型的目的就是像华为那样，真正去打造具有全球竞争力的世界级的领先企业。

其次，向华为学习，激活组织，做好自己。

按任正非的说法，以内在的确定性应对外部的不确定性。内在的确定性就是回归初心，坚定信念，持续激活干部与组织，防止组织惰怠。任正非认为企业最怕的就是面对环境的变化，你不去拥抱变化，面对环境的变化，你不能做好自己，尤其是我们干部队伍，最怕的就是惰怠，不思进取。所以，做好我们自己的事情是应对外部世界变化的唯一的选择。

我个人认为，华为之所以跟其他企业不一样，最大的一个特点就是任正非打造了一个不依赖于个人的伟大的组织。另外，进入华为这个系统，就不能懈怠，必须要持续奋斗，不持续奋斗，前面有人引，后面有人追，再不行就被淘汰掉。这种激活的人才机制，我们叫持续奋斗的人才机制，使得每一个进入华为的人，都必须要持续奋斗；只有持续奋斗，在组织中才能找到位置，才能有成就感；只有持续打胜仗，才能在组织中得到成长和发展。

所以，华为赢在哪儿？华为赢在组织与人。

即把能力建在组织上，每个人借助于组织系统，可以放大他的能力。而个体进入这个系统，他会变得富有激情、富有奋斗精神，能够持续奋斗不懈怠。有了组织能力，有了持续激活的人才机制，就能够打胜仗，持续去攻山头。大家要正确理解任正非的这句话，“方向大致正确，组织始终充满活力”。因为在不确定的时代，方向有时候不一定看得很清楚，只要保持大致正确就可以了。但只要组织始终充满活力，充满战斗力，就能够不断抓住外部环境所给予的各种机遇，企业就能够持续去攻山头，持续去打胜仗。

华为怎么去激发活力？就是践行“以客户为中心，以奋斗为本”的核心价值观，用熵减和开放持续激发个体价值创造活力，用充满活力的干部队伍应对外部的不确定性。

按照任正非的说法，人才的活力来自干部队伍。干部的活力来自什么呢？来自使命驱动，责任担当体系，能力发展系统；来自对人的灰度的认知；来自企业内部待遇拉开差距，打破平衡；来自干部的“四能”机制：能上能下，能左能右；来自内部人才的加速流动；来自整个干部的梯队建设。

所以，一个组织最重要的是什么？第一，方向大致正确；第二，组织充满活力。

什么叫组织充满活力？就是组织有旺盛的生命力，充满激情，能够自我进化，能够与外部能量之间进行交换，具有敏捷的反应能力和抗逆周期能力。所谓抗逆周期能力，就是我们经常讲的中国企业现在所需要提高的是抗逆周期的成长力，不论经济怎么变化，都能够保持持续成长。组织内部知识与人才能够无障碍地流动，知识能够共享，人与人之间能够实现有效的协同，激发人的价值创造活力和创造力，主动积极，工作不懈怠，进取奋斗，人处于一种高绩效、高效能的状态，这个我们称之为组织与人都充满活力。

二、为什么很多企业走到一定程度以后就没有战斗力，没有活力

华为的组织人才机制里最重要的是什么？按照任正非的说法，就是抵御惰怠。为什么很多企业走到一定程度以后就没有战斗力，没有活力？这是因为任何一个组织成长到一定程度以后，内部都会产生走向死亡的四大自发趋势。

第一，组织未老先衰，对市场反应速度越来越慢，离市场和客户越来越远的自发趋势。

企业做到一定规模以后，组织经常会未老先衰。很多企业规模不大，但是就像一个老态龙钟的大企业一样，对市场反应速度越来越慢，离市场与客户越来越远，只要这个企业离市场越来越远、离客户越来越远，一定没有市场战斗力。因为你决策重心越来越高，高层听不到来自市场和客户的声音，决策就迟缓，脱离实际；中层干部

不到一线和前沿阵地去指挥打仗，就愿意待在办公室；基层干部也不愿意带兵打仗去攻山头。所以，企业就出现官僚主义、形式主义，脑袋对着领导，屁股对着客户，总部就开始出现官僚文化，一线得不到服务，各级干部不担责、怯担责，责任层层往上推，最后老板一个人担责，老板一个人扛压力。责任下沉不了，压力没法往下传递，这是华为始终要警惕的。所以，华为强调一定要屁股对着老板、脑袋对着客户，提高市场的反应速度。

第二，组织日益封闭和保守，不开放，中高层干部认知与思维滞后于时代，员工普遍感受不到外部急剧变化与企业生存压力，危机意识日趋淡薄，“温水煮青蛙”，不学习，不愿走出舒适区。

我们现在企业所面临的问题是什么？老板都能够感受到变化，但是员工感觉太好；中高层干部不愿意走出舒适区，你让他到更艰苦的地方去开拓新业务，开拓新市场，他不愿意去，大家都愿意做老业务。一个企业一旦所有的干部都不愿意走出舒适区，就没法去拥抱变化，企业就懒于变革。很多的干部尤其老干部就不思进取，占着位置不作为、懒作为，有能力的新人就很难有机会破格提拔和成长，这个组织就出现熵增。企业一定要防止封闭，要有自我变革的精神，让大家主动走出舒适区。

第三，组织活力、动力不足，干部激情衰竭，日益惰怠，不愿持续奋斗，许多干部占着位子不作为或假作为、乱作为，新业务与新事业难以发育成长，员工敬业度下降，工作懒散，“躺平”与“内卷”并存，组织“熵增”加速的趋势。

华为人力资源管理最核心的，就是防止熵增。所谓熵增就是流程僵化，技术创新乏力，业务守成，老业务维持，新业务、新事业很难发育成长。组织内部日益松懈，人浮于事，缺乏临战的紧张感和打胜仗的渴望。干部激情衰竭，激励无效，大家都不愿意提出挑战性的目标，不乱担责，不愿意持续奋斗。

第四，企业大了之后，组织山头林立，各自为政不协同；利出多孔，领导干部追求安逸与享乐，力出多孔，干部出现腐败，组织溃烂，堡垒有可能逐步从内部被攻破的自发趋势。

堡垒从内部攻破第一个就是诸侯主义、本位主义，山头主义；第二个就是形式主义、官僚主义；第三个就是腐败；第四个就是惰怠。如果一个组织领导干部不再勇于带队伍去攻山头、打山头，而是热衷于守山头、立山头，整个组织出现“诸侯”，企业内部干部惰怠，腐败现象日趋严重，组织出现溃烂就出现黑洞。

所以，组织要防止和警惕走向死亡的四大趋势。华为对干部专门有一个“干部惰怠18项负面行为检讨清单”，要求干部不断去检讨，通过这种检讨去对照，防止组织的山头主义、形式主义、官僚主义，防止组织的惰怠。

三、如何持续激活组织机制、人才机制

像华为这种企业，很重要的一条就是持续把组织机制、人才机制激活。那作为一个企业，到底如何去激活组织？华为有一些什么样的做法？

（一）高远而明确的目标追求，让打胜仗成为一种信念

任正非从一开始就认为，一个组织能不能始终充满激情，富有活力，凝聚成战斗能力，首先是要有明确坚定的使命与高远的目标追求。有坚定的目标使命，高远的目标追求，让员工对未来有方向：不迷茫，就能够让打胜仗成为一种信仰。一个组织活力不足，战斗力下降，首先源于干部使命感缺失，心中没有远大的目标追求，尤其是有了一定的财富以后，必须要重新找到工作、生活的意义和价值，否则就会失去打胜仗的意愿和勇气。

1.如何重塑一个组织的激情，重塑组织的目标追求

华为特别强调高层一定要有使命感，中层强调危机感，干不好就可能被淘汰掉，基层要有饥饿感。

对于干部，使命感不是一个简单的口号，使命感是落实到如何认同文化，如何对待组织平台，如何对待部门关系，如何对待自己，如何对待上级，如何对待客户价值，如何对待合作伙伴，如何对待你手中的权力，如何对待贡献回报，如何对待下属等十个方面。使命感背后是有标准的，它体现在对待事业发展，对待组织平台，对待部门关系，对待自己，对待上级，对待客户，对待合作伙伴等等各个方面，它都是有标准的。华为的每个价值观背后一定是有标准、有规范，让大家能够去做，不是一个虚的东西，不是一个挂在墙上的口号。

干部时刻要检讨，就是把使命感真正能够落实到干部的行为上，落实到现在干部的问题上。同时有一套标准经常可以进行检讨，给自己进行价值观的评分。价值观它不是个虚的东西，价值观的背后要有评价标准，评价标准的背后则要有案例；是否愿意接受新事物、新知识，对自己提出更高要求；当个人利益和组织利益发生冲突时，是否能以组织利益为主，不以权谋私，一心为公。背后都要用事实来进行负面清单的检讨，对照这些标准，不断给干部激发使命感。

任正非经常引用美军邓普西上将的话，“没有退路就是胜利之路，要让打胜仗成为思想、成为一种信仰，向军队学习打胜仗”。要向军队学习打胜仗，首先要让战士知道为谁打仗，为什么打仗，使命驱动下的战士是不顾一切的。第二个，打胜仗有必胜的信念，打胜仗打的是勇气和气势。越是别人打压的时候，华为的士气越高，现在受到美国的全面打压，华为人比任何时候都更加团结。

2. 如何构建把打胜仗作为一种信仰

第一，企业家的自我超越与高层领导团队的自我批判机制。

任正非之所以不膨胀，之所以能够有节奏地控制住整个企业的战略发展，我认为最重要的是任正非身上有非常强的自我批判精神。中国很多企业出问题，都是出在老板太牛，老板太自我膨胀，缺乏自我批判精神。华为整个高层领导团队定期都有自我批评机制，干部的自我批评成为一种常态，包括任正非自己也经常检讨，高层经常在自我批评会议上批评到痛哭流涕，这是华为在胜利面前始终保持清醒的一个重要机制，就是企业家的自我超越与高层领导团队的自我批判机制。通过这种自我批判机制，真正使得一个企业从老板个人成功到团队成功，从企业家的企业到企业的企业家。所以，任正非说写《华为基本法》不是做别的，《华为基本法》的核心的目的就是管住我的欲望，管住我自己。

第二，顶层设计：企业家与高层领导团队，重塑使命愿景与事业理论，完成面向未来的系统思考。

华为最重要的就是顶层设计，要打造一个基于价值观与共同目标追求的这种团队的话，必须高层要在一起不断地去对未来的发展完成系统思考，去达成共识。

第三，打造基于文化价值观的领导力，将核心价值观融入干部的队伍建设，植入干部的领导方式与工作作风。也就是说，价值观一定要落实到机制制度建设上。

第四，战略解码。

华为的战略目标一旦确定下来，通过战略解码层层去传递战略，传递责任，真正把公司的目标能够落实到所有人的责任上，真正构建起以战略目标为核心的战略绩效责任体系。

3. 构建价值管理循环系统——价值创造、价值评价、价值分配三位一体

任正非说华夏基石在华为最大的贡献是《华为基本法》，但是我个人认为，我们在华为最大的贡献是人力资源体系。

华为发展到今天，从过去3 000人到现在20万人，它的业务领域、产业领域组织都发生了巨大的变化，而没有变的系统是什么呢？没有变的就两个系统。

第一套体系，价值管理循环系统，所谓的价值创造、价值评价、价值分配三位一体。

1995年，我们做项目的时候，我问任正非，你现在最头疼的是什么？他说分钱，分钱、分权没依据，升官发财没依据，他说你先得给我解决这个问题。我们当年在华为花了很多的一个时间去做的一个系统——人力资源的体系，就是价值管理循环体系。所谓升官发财有依据，就是整个企业的价值分配体系一定要以价值评价为依据。

价值管理循环系统有四个底层工具方法。

一是岗位价值评估。发工资随着岗位价值走，所以要对一个企业的所有的岗位

进行价值评估，换了岗位工资就变了，工资随着岗位价值走，所以要进行岗位价值评估。

二是引入英国的NVQ——任职资格能力评价体系。你要想升职，先得接受任职资格的评价，证明你的能力达到这一类岗位的要求，就可以参加公司的岗位竞聘。在引进英国的NVQ以及胜任能力模型的基础上，形成了华为基于职业发展通道的任职资格体系。适合做专家的走专家热线，适合走管理的走管理热线，让不同的职业通道、不同的层级都有任职资格体系。这套任职资格体系真正构建了华为以能力为核心的人力资源体系。

三是绩效评价体系。你要想奖金必须超额完成绩效，奖金是超额完成KPI的一种回报。

四是劳动态度评价。你想拿股权，除了依据岗位价值职务外，还要依据你的价值观评价，叫劳动态度评价。

这就形成工资随着岗位价值走，升职随着任职资格走，奖金随着KPI走，股权随着价值观走、随着文化走，用这四套评价工具构建起企业的人力资源底层逻辑，真正使得整个企业的人力资源体系有了根基。

第二套体系，人才激活小熵理论。这是华为从20世纪90年代到现在没有变的人力资源体系、组织体系，叫激活机制。核心是激活干部，打破平衡，拉开差距，干部轮岗，人才内部流动，就是所谓的“四能机制”：干部能上能下、工作能左能右、人员能进能出、待遇能升能降。从1996年开始，华为搞市场部集体辞职，搞末位淘汰机制，一直到现在都没有变。

2018年，华为《人力资源管理纲要》里人力资源有两大体系，一个是人力资源的底层基础——价值管理循环，一个是人力资源管理的核心——以小熵理论持续激活个体的价值创造活力。一个价值观的循环，一个组织激活，这是构建华为组织能力建设两个最基础的东西。

4. 高层统一思想达成共识

任正非追求的人力资源管理，除了建立价值评价体系、持续激活机制，还要高层统一思想，达成共识。

当年之所以要写《华为基本法》，核心是企业家那时候对企业未来的发展没有完成细致思考，对未来看不准，老板的思想又是珍珠状的，亟需用一根线把老板的思想能够串起来。那么，高层怎么去达成共识？当年任正非是带着所有的华为核心层管理人员，围绕《华为基本法》一共讨论了九稿，追求的是什么？追求的是过程。任正非说基本上讨论第九稿的时候，华为的所有高层说话都是一个声音，都是一种语言系统，大家都能把《华为基本法》背出来，这时任正非说基本法的使命完成了，可以锁进抽屉里面。

企业里最怕的是高层人员目标追求各异、同床异梦，老板有老板的想法，高层有高层的思想，资源配置不到关键的成功要素上，企业就出现山头主义、本位主义、官僚主义、形式主义，一旦出现这些东西，整个组织就开始出现溃烂。所以，高层首先是要统一思想，达成共识。

在华为的发展史上，所谓的统一思想、达成共识，企业高层至少在六个方面要完成系统思考的，我称之为持续成功的六大顶层设计思考：① 共同的目标追求是什么？事业理论是什么？高层一定要有共同的目标追求，要有梦想；② 任何时候我们不变的价值立场是什么？我们要坚守什么样的价值观，要有什么样的经营宗旨，要有什么样的底线思维；③ 我们选择一个什么样的赛道，在赛道之中如何成长？在这赛道之中如何去发现我们的核心能力，如何去找到未来的成功关键？④ 打造一个什么样的组织；⑤ 构建一支什么样的队伍；⑥ 形成一个什么样的有效的运营体系。

高层始终要围绕六个命题不断去完成系统思考，不断去达成共识。使命、愿景、价值观、战略思维、组织、运营、人才，在这六个要素上都有系统思考，都有规则体系，整个高层内部交流成本就低，大家执行能力就强。我们称之为顶层设计。

有人问《华为基本法》到底现在有用没用？我说《华为基本法》一些本源的思想，底层的思想是没有变的，实际上它还在发挥着作用。但一个企业的使命、愿景、价值观是与时俱进的，不是说一个《华为基本法》就能解决所有的问题，《华为基本法》也是阶段性的，是一个企业在一个阶段里的系统的思考。华为的顶层设计是一个持续的过程，从到1998年的《华为基本法》到2005年的四大战略，到2009年的价值观大讨论，到2010年的提出“以客户为中心，以奋斗者为本，持续艰苦奋斗”，到2012年形成三大管理纲要——“人力资源管理纲要”“业务管理纲要”“财经管理纲要”，2012年、2015年全员学习三大管理纲要，2018年又提出了“以人为核心”的顶层设计，华为又提出了新的使命。所以，这是一个持续的过程，企业就是在这个过程中不断去转型升级。

（二）以熵减与开放，持续激发组织价值创造活力

华为人力资源管理机制最核心的是什么？就是熵减，防止熵增。企业要防止熵增，持续熵减靠什么机制？华为2018年“人力资源管理纲要”提出，除了价值管理循环，就是用熵减与开放持续激发个体价值创造的活力，提出活力引擎模型。

活力引擎模型最核心的是什么？在操作层面上有十个做法。

第一，建立开放的组织架构，保持组织开放与外部能量的交换。

任正非不断提出，企业就是要炸开人才金字塔，构建开放式人力资源系统，以全球能力中心的人才布局去吸收宇宙能量，链接世界智慧。

组织要保持熵减，防止熵增，所以组织必须是个开放式系统，不能是个封闭式系

统，熵增就是在一个封闭式系统里面，高温向低温去过渡，实现热平衡，最后出现热寂。要防止熵增的话，组织必须要开放，除了自己要培养人才以外，一定要大量引入人才，注入新鲜血液。一方面是引入人才，优化空降部队存活的土壤，让文化实现空降部队、地面部队文化融合与工作合作。另一方面，不断优化人才结构，大量提拔年轻人，不迁就有功、凭资历吃饭的人。

企业的人才必须是两种。一种是资质型人才，要想升职，必须在一个岗位上干够多少年，必须在艰苦地方干够多少年。这是华为1990年代建立起来的任职资格评价体系。但对于那些顶尖的技术创新人才和经营人才一定要破格，一定要是火箭型，一定要让他们连升三级。90%的人才都是资质型，但是5%—10%的人才一定要破格，一定要坐火箭，绝对不是靠任职资格。任职资格有时候会扼杀人的个性，会扼杀人的创新性，但它可以实现职业化。而顶尖的技术创新人才和顶尖的精英人才，必须要有个性，必须要破格提拔。

第二，企业一定要有一种机制，让大家能够主动走出舒适区，打破平衡，实现组织远离平衡的平衡状态。

一个企业最怕的就是什么东西？第一封闭，第二平衡，每个人都固化在一个岗位上，每个人都按部就班地工作和生活。企业内部没有差距，就没有势能，就没有活力。企业最重要的是要拉开差距，打破平衡，获得能量和持续的动态平衡。亚马逊创始人贝索斯认为，企业最根本的就是你要让公司始终保持创业第一天的热情和状态，以此来消除惰怠，抵抗熵增，否则组织就自动会产生熵增。贝索斯强调节俭文化，要求领导者走出舒适区，逼迫自己进入消耗能量的不平衡和不舒适的状态，换句话说，组织不能让人太舒服。如果一个组织让所有人都觉得很舒服，不愿走出舒适区，这个组织就一定会出问题。这里面所谓不舒服，就是给自己提出更高的标准、更高的目标，使组织保持创业的初心。

企业一定要引入竞争淘汰机制，发挥鲶鱼的效应，干不好就要下来，以无形的压力去激发活力，实现四能机制：干部能上能下，工作能左能右，人员能升能降、能进能出。

华为通过“高管集体辞职”事件，让那些下岗的人也能够很快乐地走向下岗的岗位，拉开差距，差异化，共同富裕，干部今天再来干，明天再来干，必须要有周边工作的经验。廉洁自律宣言、企业内部的自我批判、组织变革等等，其实就是让你不舒服，一定要打破舒服圈。整个组织如果所有人都觉得太舒服，这个组织一定没有战斗力。

所以，人力资源管理很重要的一个机制，就是让大家一定要走出舒适区，打破平衡，远离平衡态，让大家不舒服。这种不舒服来自保持创业的激情和状态。

第三，华为强调以奋斗者为本，倡导持续艰苦奋斗精神。

现在很多企业也用华为这一点。我们说绝不让雷锋吃亏，只要员工创造高绩效就会有高回报，所以华为有虚拟股权制度，有获取分享制度，有激励计划设计，只要持续在华为作出贡献。华为强调是要增量分享，而不是说去分存量。这就是将持续奋斗者文化融入华为的制度之中，机制之中，干部选拔之中。

我们不仅要建立奋斗的标准，更重要的是搞清楚奋斗的机制是什么？这种机制就是营造艰苦奋斗的组织氛围，倡导艰苦奋斗精神。如果懒人、庸人占着位置，不作为，奋斗者得不到尊重，得不到好的评价，这个企业就不可能造就奋斗者。所以，一个企业首先要营造艰苦奋斗文化与组织的氛围，创造艰苦奋斗的精神。第二个，要以价值创造者和贡献者为本。企业的价值分配体系，一定要让奋斗者得到回报。你的待遇和好的机会一定向奋斗者去倾斜，同时建立科学准确评价体系，去激励奋斗者，用竞争淘汰机制使奋斗者脱颖而出。这就是机制设计。另外一个要找到抓手，干部队伍叫责、权、利、任、廉，即责任体系、权力分配、利益关系、能力标准、廉洁机制。然后，整个小熵激活价值管理循环机制形成一个系统，从文化到内部选拔到绩效承诺、责任担当、授权赋能、价值评价、价值分配、竞争淘汰退出机制、能力发展、自我批判机制到事业合伙机制。

第四，强调人才的灰管理。

要激活人才，整个人力资源管理就不是以控制为主，要包容那些有个性的歪瓜裂枣，包容创新性的失败，用人就不能求全责备。从《华为基本法》开始到现在，华为《人力资源管理纲要》都是强调用人不求全责备。所以任正非提出“有洁癖的人不能当领袖，从泥坑里爬出来的才是圣人”，就是强调干部既要有情怀，又要懂江湖，更要通人性，要包容那些歪瓜裂枣的人。

第五，在干部队伍中实施定期的批评与自我批评机制与干部的监督机制。

华为对干部既充分信任，同时又严加监督，一个很重要的机制就是自我批判。强化干部的监督，通过自我批评使得干部不断走出舒适区，避免干部利用职权与地位去获取福利和享乐，占着位置惰怠，失去奋斗精神。任正非说我不懂管理，但我善于自我批判。只有自我批判，干部才能不膨胀，才能时刻保持一个清醒的头脑。

第六，尊重个性，释放人的天性，激发人的内在潜能与成就感。

任正非虽然看上去有点集权，但在很多重大的技术决策权、财权等各个方面，他是充分放权的，让人有相对创新创造空间，让人有尊严、有价值地工作。

第七，强调选人比培养人更重要。

选人一定要选积极向上、主动自发、充满活力和奋斗精神的人。过去工业文明时期强调企业就是一台复印机，人要拷贝出来，但现在不是，现在强调发挥人的个性，发挥人的创造性，要激发人的潜能，首先要选对人。选定那些自动自发、充满活力和奋斗精神的人才，倡导正向积极的组织心理，营造组织正面积极向上、比学赶帮超的组织氛围，这是组织激活很重要的机制。

第八，优化业务流程。

华为经常提出以客户为中心的流程化组织，但实际上这个流程化组织是需要不断去打造的，建流程又拆流程，不断去简化流程。

第九，抓好“关键少数”，激活大多数。

这就是树立典型，树标杆，激发斗志和活力。

第十，构建授权赋能信任承诺机制。

企业既要授权，又要赋能；既要信任，又要让对方作出承诺。授权赋能，信任承诺，是对人才最大的激励和约束。

华为通过熵减与开放持续激发价值创造的活力，就是通过这些机制激活整个组织。

（三）让组织紧张而不松懈，始终处于临战状态

华为能够让整个组织紧张而不松弛，始终处于临战状态。企业最怕的就是大家懒散，真到打仗的时候紧张不起来，尤其是这次疫情以后，很多企业都反映很多员工习惯了在家办公，紧张不起来。我这次到上海去，上海企业现在所面临很大的一个问题，就是员工习惯在家里面办公，连家里面老婆孩子都习惯了跟丈夫在一块，不愿意出差。

如果整个组织呈现松松垮垮的状态，是不可能持续打胜仗的。任何一个组织，一定要有高绩效目标的提出与承诺，要有危机意识与危机感的传递，要让所有的员工能够感受来自市场的压力。

第一，危机感来自组织的生存危机意识。

华为干得最好的时候，一定是传递危机感，华为面临挫折的时候，一定是坚定信心。所以，紧张一定来自组织生存危机意识，来自企业生存和市场竞争的压力。任总为什么提出脑袋要对着客户，屁股要对着领导？只有脑袋对着客户，才能时刻感受来自市场的压力、客户的压力，是客户逼着你，不是领导压着你。所以，组织的紧张感来自市场与客户，而不是领导，这就要求我们的中、基层干部深入一线，感受制造组织的紧张感。

第二，紧张感来自挑战性绩效目标设定。

工作任务的饱满，目标高远，激动人心，就可以催生组织的激情。组织绩效为什么一定要让大家喊出来，而不是根据连续性曲线每年保持15%的增长？有时候是喊出你心中的目标，使得组织成员必须要竭尽全力使劲跳才能够到这个目标。

第三，紧张感来自内部的竞争淘汰机制。

能力达不到要求不能上岗，业绩达不到标准要下岗，没能力、没业绩随时有人替

代你，随时丢位子，被淘汰出局。这种竞争淘汰机制使得每个人不可能懈怠。

第四，紧张感来自组织内部比学赶帮、树优秀典型，立先进标杆。为什么要找标杆，要找对手？华为就是不断去找标杆，不断找对手，让落后者紧张，以优秀分子倒逼和牵引团队成员共同奋斗。所以，一定要树典型，要把企业内部那些最优秀的人才、最典型的案例树立起来，一定要树立外部学习的标杆。

第五，紧张来自客观公正的评价体系，来自惩罚分明，来自高标准严要求，来自说到做到，来自严格的问责机制，来自违反制度的高成本付出。

第六，紧张感不是一味让员工在紧张中工作，而是来自员工的使命驱动，自我激发。员工自己给自己施压，能够心甘情愿地加班。

（四）构建价值管理循环系统，回报贡献者，激励奉献者

一个企业要激活组织的话，人力资源管理的底层逻辑还是构建价值观的循环，回报贡献者、激励奋斗者、激励奉献者。华为从20世纪90年代到现在没有变的人力资源管理的一个系统，叫价值管理循环，即权力创造价值、科学评价价值、合理分配价值三位一体的价值管理循环。

第一，分好钱、授好权，让组织有持续打胜仗的活力。

要分好钱，首先是老板不自私，舍得分钱，承认劳动是价值创造主体，应该获得优先分配权，构建全面价值链贡献分享机制，让更多、更好的资源参与公司的价值创造。华为一直采用高薪+利润分享，同时基于不同业务人群的不同责任贡献，构建差异化的分配机制，整个机会和薪酬向促进公司有效增长新业务与作出突出贡献的超优人才去倾斜。

华为的利润分享有三种股权激励：一是饱和虚拟受限股，本质上是一种分红权；二是虚拟股权对应的公司净资产增值部分，虽然没有表决权也不能出售，但是你离开的时候公司可以回购股票，获得的是一种利润分享权；三是TUP，基于绩效的长期奖金激励计划，每年根据岗位级别绩效配一定数量的期权，期权5年为一个周期，5年后进行结算清零。TUP计划本质上是个利润分享计划。

第二，分钱有依据：岗位价值决定工资，能力价值决定升职，绩效价值决定奖金，价值观与态度决定股权。

第三，分钱是分增量，不是分存量：多打粮食，才能多分粮食。

华为是增量绩效，只要有增量就有奖金。现在很多企业奖金成了常态，没超额完成绩效目标，还要给他发奖金。华为不是通过管人员编制办法来分钱，而是通过薪酬总包的弹性管理机制来解决业绩增长上不去、薪酬成本下不来的问题。薪酬方式跟销售收入和贡献利润共同生存，当收入和利润同步增长时，就可以获得更多的薪酬包；当收入和利润减少，薪酬也相应减少。然后再根据公司想要牵引的方向，配上战略粮

食包。这个项目可能现在产生不了多少利润，但是决定公司长远目标追求的，我给你一个战略粮食包，你的比例可以多分一点。所以，各个业务单元必须做大收入和利润来获得自己的薪酬包，不需要去跟公司博弈，也不能指望公司发空饷。所以它的利益分配就是坚持团队优先的基础上兼顾个人的奋斗，然后根据公司整体的业绩达成情况，确定公司总的奖金池；根据部门绩效，把工资奖金包分配到各个部门，生成部门的奖金包；再由每个部门根据个人业绩和岗位职能把奖金分配到个人，使员工能够分工协作。

第四，设计前中后台利益联动机制，实现前中后台利益分配的联动与协同。

华为是将整个组织分成作战单元、作战平台，比如营销、研发、管理部门。人力资源财务叫作战平台的奖金，是它服务的作战单元奖金的一定比例，再乘上内部客户满意度。比如销售部门整体奖金是1 000万元，中后台的奖金联动比例60%，就是600万元。而管理平台奖金是所有作战单元和作战平台的平均奖金，再乘上一个分配系数，再乘上一个满意度。所以，华为的所有的奖金都是联动的，前中后台必须要大家一起做到了增量，才能参与分享。

第五，多种分配形式，不光是给钱，还要给“面子”，特别注重物质激励与精神激励的结合。

华为专门成立荣誉部，对员工的进步和特殊贡献进行奖励。不光是给钱，给“里子”，还要给“面子”。

（五）将能力建在组织上，上升平台赋能能力，下沉一线集成综合作战能力

第一，组织成员具有共享的使命与目标追求，具有共同的学习机制与方法论。

整个高层具有共同的学习机制与方法论，组织的执行能力就能够保持一致，就能够使得员工凝聚在共同目标下，力出一孔，利出一孔。怎么样才能“力出一孔，利出一孔”？首先有共享的价值观，第二有共同的学习机制与方法论。为什么我们强调高层的团队学习、行动学习？就是让所有的人从老板到高层，有共同的学习机制，掌握了共同的方法论，这样就能够在目标追求上做到“力出一孔，利出一孔”。

第二，组织资源的整合与组织结构的优化。

组织的资源包括人才、技术、品牌、资金、信息、支持客户公共关系，这是一个组织最重要的资源。那么，哪些资源应该配置在集团总部，哪些配置在各个事业群里面，哪些是要配置在精英作战单元里面？因为组织资源决定着一个组织能力大小与成长的边界，组织结构决定了人与资源的组合方式与劳动方式。

另外，如何进行组织结构的调整，不断改变人与资源的组织方式与协同方式。这是组织能力建设的核心。从企业的角度，一要加大投入，尤其对于未来的战略性资

源，发育资源、整合资源、获取资源。二要通过有效的管理，提高人才、技术、品牌等资源投入的效能。组织结构的优化包括六个方面的内容：① 到底是采用事业部，还是采用矩阵方式，还是网络方式；② 组织如何进行简化与扁平化；③ 组织的功能如何来升级，提高中后台的赋能能力与一线的综合作战能力；④ 组织的权责体系如何来重构；⑤ 组织劳动方式与协同方式如何来进行创新；⑥ 组织的知识与经验如何来共享，如何加速组织内部的知识信息的共享与交流。这些都是组织能力建设很重要的方面。

第三，最核心的，华为特别强调“构建以胜利为目标的授权体系”。

责任的背后是授权，一切为了前线，一切为了胜利，让听见炮声的作决策，赋予最基层作战单元最大、最多的决定权。华为根据不同的客户等级、客户信任，授予不同一线销售负责人差异化的授权体系，有将军班长，有时候在一线直接带兵打仗的班长或者叫铁三角的客户经理，级别可以达到18级甚至20级的将军。

第四，以持续胜利为目的，构建不依赖于人的组织与管理体系，将能力建在组织上，组织平台成为个人能力的放大器。

这里面最重要的是组织结构的调整、组织机制的建设，一个总的趋势就是要上升能力和下沉能力。所谓上升能力，一是资源高效集中配置能力，二是专业化组织赋能能力，三是风险管控能力。往下沉的是什么？一线集成综合作战能力。这是未来组织变革的两大趋势。

四、未来组织变革，谁是我们的标杆

那么，未来组织变革该向谁学习？我认为组织变革在全世界有两个标杆。

一是向中国共产党与毛泽东学习。我专门写过一篇文章——《赢在组织：中国共产党百年不衰的奥秘》。

二是商场如战场，向美军学习组织变革。其实现在所有企业的组织模式，最有效的都来自美军。美军在1980年代末就作了重大的改革，一共是八项变革：

（1）信息化、数字化升级，实现海陆空一体化、立体化集成作战，在立体化集成作战基础上形成单兵作战系统。美军在20世纪80年代末90年代初作了信息化数字化的升级，互联网的技术不是来自企业，而是来自美军。美军先做完了互联网，然后才运用到经济社会领域。

（2）压缩层级，组织扁平化。美军搞了信息化以后，然后组织扁平化，就把师团、连、排都撤掉，直接搞混成旅，混成旅下面叫混成营，混成营下面混成班。IBM提出铁三角，华为提出铁三角，所谓的“铁三角”其实是美军最早搞的，相当于混成班，叫班长的战争。

（3）跨界混成、立体综合作战。过去海军是海军，空军是空军，陆军是陆军，美军最早把海陆空一体化，打破海军、陆军、空军的专业分工局限，形成混成立体协同作战单元。所以一个混成军里面既有空军，又有海军，又有陆军，是整体作战、混成作战，叫跨界。

（4）美军最早搞了养兵用兵分离，构建军政养兵。军政相当于总部，就是养兵专业化、资源配置、技术创新。然后军令用兵，一线就是用兵。但是养兵用兵靠什么来协同？靠什么来指挥？不是靠金字塔式的组织结构，是靠流程。以市场和客户为中心的流程化体系建设，首先是来自美军养兵用兵分离，明确建立了养兵用兵两大流程，明确各流程的范围、定位、职责、边界、关联协同机制，实现根据战场规模和战场形势有效结合，配置一线集成作战的多专、多能团队“班长”或“铁三角”的战争，然后再提供一个班长，应对不同作战场景的平台和武器装备。这个作战场景是消灭敌人一个连的兵力，还是消灭一个班的兵力，还是消灭一个营的兵力，根据这种作战场景配置武器装备。班长就是深入一线，可以根据战场形势及时向后呼唤，呼唤炮火资源，支撑其现场作战，自我决策，打赢战争。所以，“班长的战争”，“让听见炮声的人去作决策”，是依据流程来作决定。我们现在很多企业还是官本位，还是金字塔式的组织结构，不是以客户为中心的流程化组织，整个组织的协同不是养兵用兵。组织平台跟一线之间，靠什么来协同？就是靠流程来调动资源。

为什么说企业组织变革最核心的一定是构建以客户为中心，去打通组织与流程？如果整个组织不能以客户为中心拉动组织和流程，企业还是官本位，还是谁官大谁能调动资源，那就没法去调动，只有构建流程化组织。

（5）过去我们的组织是金字塔式结构，是单一中心制，现在是要依据市场、依据客户去调动资源，去拉动组织与流程的话，组织就不是单一中心制，是多中心制，去中心化，权力就要下放，要打破官兵界限。

我们要将战略决策权要集中到总部，但是其余中心职能要分散到各个流程之中。我们过去是按照组织结构实行职能化分工下的职责体系，现在是基于流程的职责体系，同时从单一中心集权转变为流程集权；我们过去是层层往下分权，现在是按照流程来进行不断分解和传递权力，最终以最小作战单元“铁三角”或者任务小组来承载，让一线在作战时获得更大的自主权来呼唤炮火。“呼唤炮火”是按照流程来集权，一线可以按照平行的流程集权，集中配置资源，所以就必须要去中心化，权力就要下放，要打破官兵界限。战略决策要集中，但是一线的指挥作战权，资源调配权，要放到一线，放到“铁三角”。

（6）提升一线的团队集成作战能力，打造敏捷强前端。最优秀的人才一定在一线，最重要的资源一定在前端，这就要求作战团队之中，这些在一线指挥打仗的班长，就不再是一个过去的班长，可能是个少校、中校，甚至是个将军。而且团队成员的技能各不相同，完全依据军事目标去组建，形成优势互补。所以，这个团队之中可能有信息情报专家，有火力炸弹专家，有作战专家，形成组合，分工协同作战。所以团队之中现在甚至出现军犬、机器人、无人机，尤其现代战争，一定是有机器人，有无人机的配合，团队就把各兵种的优势有效地集中在一起，把作战能力发挥到极致。

作战任务结束以后，又解散了，团队专家又回到总部。总部是一定要养兵，专业能力集中配置资源一定是总部的责任，绝对不是一线的责任，一线没有培养人才的责任。所以，这些人是依据工作任务去组建小的团队，一旦完成了任务，消灭了敌人，又回到总部去养兵，这些人又听候一线的调遣去用兵，那么，调动这些人靠什么？靠流程来调动，不是靠官本位来调动，这是最重要的。

（7）分权制衡：“权分身”取代“权瘦身”。过去分权，从总部权力分到副总裁，副总裁分到业务经理，业务经理再到部门，部门再到岗位，叫“权瘦身”，在放权、分权时只能沿着垂直链条不断往下分与放，分工越细，基层单位的权力就越单一，越碎片化。权力到了基层，不但不会增加协作效果，导致基层无权实现集成能力作战。

流程“权分身”不是这样，权力沿着流程不断放与分，每一个环节可能出现相同的权力，甚至权力之间可以互相选择，形成权力协同。当权力放到基层时，容易形成集成。所以，我们讲提高一线的集成作战能力，首先权力必须要集成，而不是权瘦身。

（8）打造多专、多能的复合式军事人才，人才结构跨界融合与组合。过去海军是海军，空军是空军，陆军是陆军，现在混成旅长就要在海军干过，又在空军干过，又在陆军干过，人才成为流程型组织成败的关键。这个时候，前提是大量的多专多能军事人才的培养，所以美国先改革军事教育体系。113所军校之中首先合并，3/4的教学内容、教材都要改，过去教材讲的都是空军怎么打，海军怎么打，陆军怎么专业化，现在不是。现在的教材内容，美军讲的内容都是涉及如何联合作战，如何海陆空一体化，同时要打造多专多能军事型人才，人才一定要跨界，那么，这时候干部就一定要轮岗。岗位轮岗就成为普遍，包括跨国别、跨部门、跨军种的学习。

那么，整个人才的培养机制，人才的标准都要发生变化。比如说未来的首席信息官既要做过营销，又要做过高层管理，又要懂信息化，必须是一个多专多能的人才；一个混成旅长就必须在海军干过，在空军干过，在陆军干过。所以，整个教育体系、教学内容、人才培养机制都要变。

我们今天学习IBM、华为的平台化组织+项目制，最重要的是什么？第一，要基于数字化信息化升级，海陆空要一体化，前中后台要一体化；第二，组织要扁平化，不能还是多管理层级，组织必须要学美军的扁平化；第三，要跨界，要立体作战；第四，最重要的，一定要以客户为中心，构建以客户为中心的流程化组织。我们在进行组织变革的时候，离不开以客户为中心的流程化再造。而很多企业只是变组织结构，变组织分工体系，但是没有变流程，没有真正去基于流程来构建军政养兵、军令用兵的体系，这是我们现在所面临的最大的问题。

企业未来一方面要上升能力，总部的资源高效配置能力，组织的专业化赋能能力，风险管控能力，要牢牢掌握在总部，这样才能提高你的战略决策。一线就是要下沉，提高一线的集成综合作战能力。这是我们进行组织能力建设的核心。

五、中国企业转型升级的发展方向：生态战略思维下的系统思考

我们学习华为整个机制，最重要的有三条：

第一，企业家要有情怀，要有长期价值主义，不要有机会主义，不投机。

第二，真正要靠产品主义。未来的企业一定靠产品技术的领先，依靠硬核科技。

第三，真正打造强有力的组织与人，将能力建在组织上，真正打造以客户为中心的组织，以奋斗者为本的人才机制，然后持续激活组织。

当然，我个人认为，除了这些以外，中国企业还要实现三大转型、六大思维。

三大转型：在产业互联网时代，要从经营产品到经营用户，如何去提升客户的价值，提升客户的全面价值与终生价值；从经营市场到经营数据，企业要提高算力、算法；从经营企业到经营生态。

六大新思维：战略生态化、组织平台化、人才合伙化、领导赋能化、产业要素社会化、运营数字化。这是我们华夏基石提出的新六化。

同时，中国企业未来转型升级要抓八个方面：

（1）登科技高山。中国企业发展到今天，必须像华为那样，真正加大硬技术与技术创新的投入，提高产品科技的含量与差异化的体验，尤其是美国现在全面卡中国脖子，我们如何去攻关，不能完全靠所谓的国家去攻关，创新还是靠市场机制。

（2）下数字蓝海。未来的企业就是两个国家的企业最具有竞争力，一个是美国，一个是中国。因为只有中美才有产业互联网的应用场景和最丰富的大数据，能够真正形成数字化和产业互联网的优势。日本企业、德国企业没有数字化，没有产业互联网。而美国的技术也离不开中国的产业互联网应用场景，从这一点讲，两国之间肯定是打打停停，停停打打，搂搂抱抱。

（3）聚天下英才。我们现在建人才高地，建技术创新高地，就是要贯彻人才这一主题，全球人才为我所用。我们希望引优秀人才：第一，不走；第二，全球的优秀人才愿意到中国来，尤其是支撑战略业务增长的技术创新天才、战略科学家、牛人、能人。

如何优化人才结构？第一个，我们现在的人才结构、知识结构、能力结构太单

一，尤其是国有企业，学农的都是学农的，学石油的都是学石油的，学化工全是学化工的，未来的企业一定是混合作战、立体作战，它的一个前提条件，人才必须要跨界。第二个，人才结构一定要年轻化，一定要大胆用85后、90后。我们现在提出领导班子里面85后、90后至少占到1/3甚至1/2。中国企业发展到今天，最大的问题就是年龄结构太老化，尤其国有企业。

（4）要与资本共舞。

（5）强科学管理。最近研究褚橙，中国的企业如果都能像褚时健用科学管理去做好一个橙子，企业的产品竞争能力、上升空间一定是很大的。我认为未来是一个效能制胜时代，管理就是竞争力，中国企业要补科学管理课，要向日本和德国企业去学习精益管理，降本增效，提高人均效能与运营效能。

（6）做伟大产品，奉行产品主义，真正把产品做好，把产品做到极致。我们在全球化竞争的过程中，之所以被人卡脖子，之所以别人不买我们东西，还是因为产品可替代、技术可替代，真正把产品做到不可替代，技术不可替代，同样可以卡别人的脖子。为什么我们被人卡脖子？就是产品技术还是不行。

（7）构生态优势：以开放、利他共生的思维，围绕战略、架构、政策、运营体系等四个层面去构建生态体系。

（8）创全球品牌，要走出去，开拓全球市场，全球资源为我所用，进行人才、技术、资本、资源的整合，全球化经营，打造自主的全球知名品牌，提升中国企业与产业品牌的全球影响力。

我们向华为学习这八个方面，代表着中国企业转型升级的发展方向。

我觉得华为不可复制，任正非也不可复制，但是任正非的管理智慧可以学习，可以借鉴。

我相信，只要我们本着一种学习的态度，同时又坚守自己独特的经营思维和方法论，在未来中国是一定能打造一批真正具有全球竞争力的、世界级的领先企业。中国企业的使命未来就是两个：一个是打造真正具有全球竞争的世界级的企业；另一个是真正在一些细分领域里面，真正去打造行业领袖与隐形冠军。但是我个人认为，在产业互联网时代，隐形冠军跟工业文明时期隐形冠军完全不一样，工业文明时期隐形冠军是把一个零部件做好，绑定一个大客户就可以了。但是在产业互联网时代，专精特新应该具有全新的含义，而不是简单去做一个零部件，简单去绑定一个大款，一定要有产业生态思维，要么参与生态，要么构建生态，要么用技术和产品去超生态生存。所以，一定要在整个社会生态协同体系之中，重新找准定位。

我们学华为，既要去学习华为赢的道理，同时又要有创新，要走出过去华为成功的模式。

（华夏基石e洞察公众号2023年5月28日发布）

为什么我们缺少真正优秀的CHO?

我想讲些基本的、本质的东西，从专业的视角与CEO的视角看待人力资源管理。

我的基本观点是，人力资源管理者首先要坚守专业，确立专业自信，换句话说，人力资源管理是科学，是一门专业，要以专业能力赢得尊重，并为企业创造价值。这是人力资源管理者的职责基点。

同时，我们要跳出人力资源的专业职能的认知局限。中国企业发展到今天，人才已经成为企业的核心竞争要素，尤其到了产业互联网时代，人力资源管理不能局限于人力资源专业职能这一亩三分地，要有更宽广的视野，更宏大的价值创造空间，所以我们说要跳出专业看专业，要有经营者思维。

这次课程的主题是“CHO的经营者思维”，首席人才官要像企业家、CEO一样思考组织中的人力资源问题，所谓冠以“首席”二字，意味着首席人才官既要从人力资源专业职能视角，又要从CEO的视角，从经营与战略角度、从公司治理角度去思考人力资源问题。

我们说，人力资源是企业的第一经营资源、第一战略要素、第一驱动力。怎么才能变成企业商业成功与持续成长的第一要素/第一驱动力？这需要我们通过人力资源系统解决方案，作出三大贡献：第一，支撑战略；第二，推动业务增长，帮助业务经理解决人的难题；第三，实现组织和人才的发展。

作为首席人才官，更重要的是，要有系统思维，而不是局限于某一方面的工具、方法。最终是要提升组织打胜仗的能力。

人力资源本身是门专业，是门科学，同时也是职业。“学有专长，术有专攻，以此为生，精于此道。”这是我们对职业化的16字基本定义。

大家一定要明确，人力资源管理跟其他学科不一样的地方在于，它是一个交叉应用学科，它的管理对象是有思想、有情感的人，是生命有机物，不能像对待物一样，对人不能拆开来、掰碎来，脱离人文环境和工作群体进行管理和研究。从事人力资源管理的人知识面一定要广，管理学、心理学、社会学、经济学、法学等都是人力资源管理的理论基础。同时，人力资源管理者要有人文精神和情怀，要通人情。为什么人重要？美国管理学家弗雷德里克·温斯洛·泰勒是个效率工程师，当年他提出“科学管理”，就是源于研究机床前的工人怎么提高工作效率，他选拔最优秀的员工，研究他们最优的时间与动作，总结、提炼、简化、规范化、标准化，然后用这一套标准化的动作培训工人，一下子提高了效率。这就是“科学管理”的来源。所以“科学管理”本质上是对人的研究，是对人的价值的尊重。所以泰勒说，科学管理是一场心理的革命。不是我们现在许多教科书上讲的认为科学管理是基于经济人的假设，科学管理不把人当人看待，科学管理泯灭人性，这是对科学管理的误解。

一、中国人力资源专业体系的形成

人力资源专业是什么时候建立起来的？

中国真正建立人力资源专业，始于1993年，教育部正式批准，人力资源开始有了本科；2003年批准了我们可以有博士。我们讲一个学科完整与否，你就看有没有本科、硕士和博士。1993—2003年，以中国人民大学劳动人事学院为核心，中国构建起了完整的人力资源学科体系。

大家可能会问，彭老师，你是怎么进入人力资源管理领域的？

我读本科时没有人力资源专业。我1979年上大学，本科学的是国民经济计划专业。当年我是我们宜春市的文科高考状元。大家问我报考什么学校，那时候我抱着当官的心态，询问哪个学校能当官。据说中国人民大学培养了不少地委书记。我再问，哪个专业能当官、“权力”最大？别人回答我说，国民经济计划。当时一心想当官，所以我就这么作了决策。

学了四年，我对计划经济不感兴趣，但当官的愿望始终有。所以本科毕业时我就到劳动部实习，当时计划劳动局的领导说，你毕业后可以到综合处当秘书。正在我考虑工作还是读硕士的时候，碰见了我们国家劳动经济学的泰斗——赵履宽教授。那时候他在我们计统系下设的“劳动经济研究室”，正将“劳动经济研究室”扩展到与系平级的独立的劳动经济研究所，要扩招硕士研究生，那时鲜有人知道什么叫“劳动经济”。不像现在考研竞争很激烈，那时候是老师求学生——“你当我的学生吧”。

赵老师找到我，“别去政府部门工作了，你读我的硕士吧！”

我说：“读什么硕士？”

“劳动经济，比你计划经济好。”

“劳动经济干什么？”

“决定中国未来社会经济发展的两大问题，一个是就业问题，一个是收入分配问题。”

1979年，赵老师在《人民日报》整版发表了一篇文章，在中国第一个提出“按劳分配”；他还是国务院政策研究室工资组的组长。

我听赵老师这么一“忽悠”，就问这个专业怎么考。

赵老师说：“你只要报考就行，其他不用管。”

结果我发现就两个人报考，专业课给了我89分，就这么“稀里糊涂”读了劳动经济硕士。

劳动经济本来属于应用经济学，研究宏观问题，我为什么搞微观人力资源研究和教学呢？

1985年，中国人民大学劳动人事学院开始招生，缺老师。赵老师就“忽悠”我，“上海有个老师陆红军，在北京开人员功能测评培训班，讲怎么科学选拔人才，有一套工具方法。我推荐你给陆老师做个助教，免费听一周课，回来你开一门课，讲怎么评价人，现在干部专修生和本科生都需要开这门课。”

搞测评，得强化一些基础知识。所以赵老师又推荐我去北京师范大学旁听了普通心理学和心理测量学，到北京大学旁听了袁方老师的劳动社会学。这样，我把北师大油印的心理测量学教材和陆红军老师的人员功能测评作为范本，在劳人院干部专修生开了一门课叫“人员素质测评”，并独立编写了第一本《人员素质测评》教材。那是1985年，我还在读研究生，就走上了讲台，从宏观转到了微观，1986年硕士毕业后自然留校当了老师。

那时候我国学科体系中只有劳动经济专业，没有人力资源管理专业。我就负责筹建了“人事行政管理教研室”。1988年，我刚评上讲师，经赵老师及董克用老师强烈推荐，学校就任命我为劳动人事系副主任，那时在中国人民大学，对外称劳动人事学院，对内称劳动人事系，学校任命赵老师为劳动人事学院院长兼劳动人事系系主任，董克用老师和我则被任命为劳动人事系副主任；后来董克用老师接任院长，我则由劳动人事系副主任改称为劳动人事学院副院长。为什么我特别强调要敢用年轻人，提拔年轻干部？那时候我还是讲师，我们人事行政系有德高望重的于祖尧教授、全志敏教授、孙彤教授、张德信教授、陆国泰教授等一批职称、资历、学问都比我们高的教授，但他们都不恋官位，甘当人梯，全力支持年轻人担任行政管理工作。

于是我与大家开始组建人力资源系，没有专业，就打着括弧“人力资源专业”开始招生，招的是劳动经济，教的是人力资源管理，在引进西方人力资源教材及学科体系的基础上不断完善，形成自成一体的教材与学科体系，从1988年开始不断升级，到1993年教育部本科目录中正式有了人力资源这个专业。

我一直没离开中国人民大学。虽然我创办了华夏基石管理咨询公司，但我们的定位始终是研究咨询公司。

二、战略性人力资源管理是趋势

作为首席人才官，我们一定要认识到人力资源管理是个系统工程。无论在国外还是在中国，战略性人力资源管理是个大趋势。

从模块上讲，人力资源有四大经典功能：

图1-1 战略性人力资源运行系统功能模块

（1）吸纳功能。你的组织是否具有人才吸纳能力，把真正优秀的人才吸纳进来。

（2）维系功能。人才进来之后，你能不能维系。

（3）激励功能。激发人的内在潜力。

（4）开发功能。

围绕这四大功能，人力资源有十大职能活动：

——一大牵引与前瞻顶层设计系统：人力资源战略规划。

——两大基础系统：职位系统与胜任能力系统。虽然现在很多高科技企业强调职位不重要，其实职位和能力是永恒的，人与事是构建人力资源管理的两大基础。

——一大基础平台：知识与数字化平台。这里的“数字化”最重要的是实现知识的流动、人与人的沟通和协同。

——六大专业职能：招募与配置、考核与绩效管理、薪酬激励管理、再配置与退出管理、沟通与劳资关系管理、培训发展管理。企业不论大小，都会涉及这六个职能。

当然，现在还有“10+1”，“1”就是外包管理。但外包不是人力资源常设的职能。

首席人才官必须认识到，一个企业要构建体系，应该包含什么样的专业职能。

把专业职能进一步合并，后面我们会讲腾讯的“三支柱”，它把人力资源分成了三个模块：一是COE中心，承接战略，落地文化；二是SSC，专业化与平台化管理；三是HRBP，支撑业务。

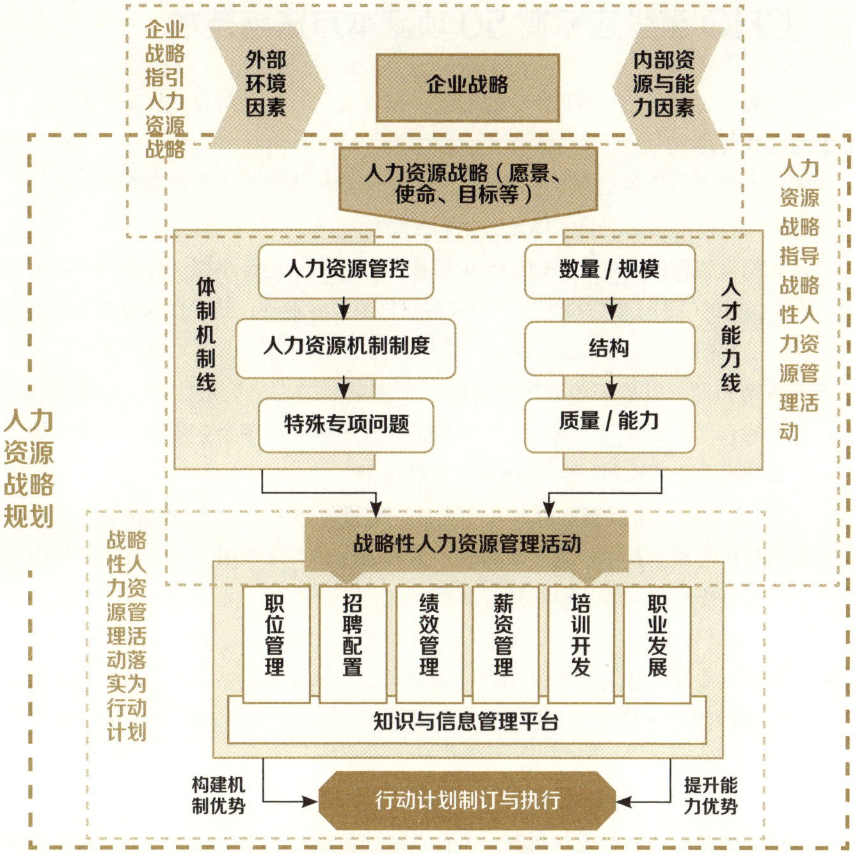

图1-2 人力资源战略规划

现在腾讯提高了人力资源平台化的力量，把SSC升级成了SDC中心，不只做日常化的平台工作，还开始开发人力资源产品和服务，打造人才供应链，打造员工服务链，提高人力资源的专业化、技术含量。

SDC为用户创造价值。人才也是“客户”，如何为客户提供产品和服务？人力资源管理也是一个产品、服务机构。HRBP推动业务发展，COE连接战略，牵引组织发展。

上述十大职能是经典的人力资源管理系统，现在很多企业用“三支柱”体系，一个对接战略，一个推动业务，一个平台化服务。这是华为、腾讯等国内很多大型企业都在用的系统。阿里巴巴在“三支柱”的框架里面加了“政委制”，HRBP变成了政委。但是“三支柱”在国内中小企业成功率不高。

简要总结：人力资源第一是门专业，第二是机制与制度系统，第三是技术与方法体系。

三、CHO 至少应掌握 50 项基本方法与技术

“思想红、根子正、嘴巴严、没专业、搞人事”，这是对我们传统组织人事干部形象的经典表述。

实际上，人力资源是有专业的。除了完整的学科体系，人力资源管理有技术、有工具方法、有技术含量。技术体现在什么方面？

从我们做咨询的角度讲，CHO至少应该了解（不一定要掌握）50项基本技术与方法，真正优秀的CHO还要掌握它。人力资源管理要以专业性、技术性赢得专业自信。

（1）首先要掌握人才盘点技术，首席人才官首先要知道人才的“家底”，跟企业未来战略和经营发展需要有多大差距，人才盘点的方法论是什么，从哪些维度开展：常用的有“五定法”，阿里巴巴用的是九宫图法，很多企业用的是人才地图，现有人才如何提升要用IDP计划、DDI人才发展模型。

（2）人力资源是战略资源，人才要打提前量，你要有人才战略规划技术，涉及人才需求分析与预测技术、基于战略成功关键的核心人才地图、人才战略规划模型、人才战略五星模型、人才战略标杆基准法。

（3）刚才我们提到了，三支柱人力资源管理体系设计、HRBP体系设计五步法与阿里巴巴政委制。作为首席人才官，你起码要了解三支柱是什么，企业应该用传统人力资源管理体系还是引入“三支柱”体系，什么是HRBP，阿里巴巴的“政委”跟HRBP是什么关系。

（4）人才机制与制度系统设计。组织最重要的是人才，激活人才靠什么？靠机制。这里面涉及文化价值引领机制、内外市场选拔任用机制、绩效承诺与责任担当机制、授权赋能机制、价值评价与监督机制、价值分配与激励机制、竞争淘汰与退出机制、持续奋斗者机制、能力发展与自我批判机制。

（5）事业合伙人机制与制度设计方案。现在对知识型员工越来越强调共创共享，事业合伙。你就要清楚合伙人标准，合伙人治理与决策，合伙人责、权、利机制设计，我们华夏基石提出了合伙人机制的32字方针，等等。

（6）人力资本价值与价值实现。现在很多企业都在制定人力资本定价模型，为什么要定价？因为我们对高管到底应该分多少钱，现在只是凭借双方之间的感觉，那么人力资本到底创造了多少价值，该分享多少，是有模型的，比如济南人力资源研究院提出的人才有价四CAI模型等。

（7）职业规划与人员编制技术。作为首席人才官，你得了解按照企业现有规模、利润到底需要多少人，职位类别、职务设计、人员编制与合理性检验六步法。企业高质量发展的核心是人均效能提升。企业做大以后，怎么判断人均效能，用多少人合适，这就是老板现在关心的东西。

不同企业的职位、职级不一样，职位类别和级别的设计非常有学问。华为当年为什么设计“资深副总裁”？因为要让一批老员工退出，让他们有感觉，让出位置，给足荣誉和待遇。这就是艺术。

（8）职务分析评价技术与职位（角色）说明书。他的角色是什么，如何对工作任务进行定义，他的工作任务跟公司战略是什么关系，如何确定任务的边界。

（9）职务价值评价技术。怎么评价这个岗位价值有多大，国际上是有方法的，一个叫海氏法，一个叫IPE法。作为人力资源总监，你得清楚海氏法适合什么企业，IPE法适合什么企业。

（10）员工职业通道、任职资格与管理体系设计。一个企业要设计多少职业通道，升职随着能力走，能力的标准是什么，怎么设计、认定，这里面也是有专业的。

（11）战略解码与绩效管理体系构建（BEM战略执行力模型、BLM业务战略领先模型、GROW模型与绩效辅导）。

（12）PDCA循环与有效管理者技能基本功（目标与计划、辅导与方案、指导与纠偏、反馈与改进、管理者十二项基本功）。

（13）KPI绩效指标体系与绩效管理（KPI设计与量化技术、成功关键图与KPI指标、QQTC四维度指标提炼模型）。

（14）平衡计分卡与绩效体系设计（平衡计分卡与企业战略、战略地图法、基于平衡计分卡的指标框架），要注意，一个高速成长的企业、创业企业不能搞平衡计分卡，否则就搞死了。

（15）OKR设计与应用工作坊（谷歌OKR经典五步法、字节跳动OKR法）。我一直在跟踪OKR，字节跳动正在逐步抛弃OKR，因为OKR带来很多问题，现在OKR和人力资源部的绩效管理是两回事，OKR只是目标管理，不再是企业绩效管理的核心方法。OKR到底是什么？适用于什么企业？OKR的操作技术是什么？作为首席人才官，你得了解。

（16）EVA绩效考核体系设计（EVA核算与EVA激励计划）。国有企业的CHO应该了解什么叫EVA。EVA叫价值增值法，考核时不只考核所谓的利润，还要考核超过股东投资平均成本以上的增值部分。国际上对高管的激励主要是EVA激励，利润分享主要建立在EVA之上。

（17）360度评价与周边绩效评价（内部客户满意度评价）。

（18）面向流程的绩效评价（流程绩效与里程碑绩效标准）。很多工程型项目、服务企业的考核是面向流程的，不是结果导向。

（19）6S绩效管理模型（宁高宁模型）。

（20）企业全面薪酬体系框架与薪酬策略。

（21）企业薪酬体系构建模型与技术（八步法、3P+1M模型：基于职务、能力、市场、绩效薪酬设计、宽带薪酬设计）。

（22）国有企业强调比较多的，薪酬总额确定与薪酬总额核算方法。

（23）薪酬结构优化、调整方法与技术。

（24）薪酬结构设计技术，比如长期薪酬与短期薪酬、固定薪酬与浮动薪酬到底保持什么样的比例最恰当。

（25）员工满意度与敬业度调查（盖洛普Q12测评）、最佳雇主评价指标及模型。

（26）市场薪酬调查四步法与分析技术。

（27）企业中长期激励计划（股权激励计划、利润分享与虚拟股权设计、TUP计划）。

（28）企业高管激励模型。

（29）全面认可激励体系设计与积分制管理。

（30）针对90后、00后的游戏化激励与管理。

（31）企业招聘录用计划与招聘录用方案设计（社会招聘、校园招聘、内部选聘与竞聘）。

（32）人员测评方案设计与工具方法应用（笔试、面试、心理测试方法综合应用：九型人格测试、DISC模型、IDP测试）。

（33）评价中心技术与情景模拟测评技术（公文处理、无领导小组、角色扮演）。

（34）华为最时髦的“小熵理论”、人才激活模型与方案设计（四能机制、竞聘上岗与末位淘汰、干部轮岗）。

（35）领导力与干部管理技术（拉姆查兰领导力模型、左哈尔量子领导力、干部管理铁三角与干部管理建设七连环）。

（36）HR管理健康报表与人才发展成熟度模型，这是国际通用的，定期对人力资源进行“体检”，了解我们的人力资源处于什么水平、面临什么问题。

（37）数字化与人才决策，数字化人才画像。

（38）OD与组织发展（OD三板斧：组织诊断、组织变革、组织效能评估、麦肯锡7S组织诊断、华夏基石ETA诊断模型、韦斯伯德六合模型、系统变革模型、Lewin变革模型）。有时候大家搞不懂OD跟人力资源到底什么关系，有的企业把OD并到人力资源部，有的企业OD跟人力资源部平行。

（39）知识管理模型与知识地图（知识优化与知识更新闭环、内容营销、信息沟通与共享循环）。

（40）人才辈出方法论与人才梯队建设模型、之字形与火箭型人才。

（41）学习地图制作步骤与方法、沙盘模拟培训、行动学习法。

（42）家族传承与企业接班人计划。

（43）企业人才退出与再配置设计（员工退出途径、员工劝退方法）。

（44）组织能力建设与组织效能提升。

（45）企业人才优化提升与人才效能提升方案（人效指标量化、人效评估技术、人效监测仪表盘）。

（46）企业高层治理机制设计与领导力发展计划（轮值CEO、EMT团队、基于价值观的领导力）。

（47）对标管理与世界一流企业人力资源对标。

（48）企业领导共识工作坊与团队行动学习。

（49）企业价值管理循环体系设计（价值创造、价值评价、价值分配）。

（50）顶层设计技术与价值观评价（华夏基石六维模型、丹尼森企业文化模型、奎因企业文化模型、沙因企业文化模型、阿里巴巴六脉神剑文化评价、华为劳动态度评价）。

以上每个技术都是一门课，都需要培训半天到一天，我就不展开了。

作为首席人才官，你面对老板需要解决的战略问题、业务问题时，一定要体现你的专业性，除了思想、意识跟得上老板，你还要善用工具方法。

四、数字化时代，人力资源管理要回归两个价值观

大家特别关心的，当前人工智能替代体力劳动与重复性的知识劳动的趋势正在加剧，在这种条件下，人力资源部门怎么定位？

有两派观点：一派认为应该取消人力资源部，一派认为HR部门永远不可替代。

我认为，传统人力资源管理的模块、专业知识技能可能真会被替代，但基于战略与经营层面，深入业务与员工心理体验层面的人力资源管理，人力资源如何支撑战略、贴近业务、走进员工心里，这些是人工智能机器人永远替代不了的。

中国企业发展到今天，人力资源管理正在走向“客户化”与“产品化”，把人才当客户，为人才提供人力资源的产品和服务，经营人才价值。做好产品的前提是技术与内容的创新，你的人力资源产品一定要有技术与内容创新的含量。

前面我们谈到，人力资源管理是门专业，要有技术，要掌握科学的工具方法。但光靠技术行不行？肯定不行。做人的工作，正确的价值观和思维方式可能比知识技能更重要。

做人力资源管理，首先要回归价值观，要有正确的价值观，如果你的三观不正，你跟老板的是非判断标准不一致，你再有技术，也不是一个好的首席人才官。

中国企业发展至今，我认为有两个基本价值观必须要回归：

第一，长期价值主义。过去中国企业过于投机主义、短期主义，而人才需要持续投资，长期培养。当年华为确立了对人才要舍得投、优先投、连续投。从20世纪90年

代开始，我一直倡导一个理念：一流待遇，一流人才，一流贡献，对有价值和贡献的人才，要舍得给，并优先投资。经济学的思维是用最小的投入获得最大的劳动成果，试图用最便宜的工资获取最优秀的人才。管理学则是你有多大投入才有多大产出，你有多大贡献，才有多大回报。

有老板问我：如何才能用最差的待遇吸纳到一流人才，并让他们作出一流贡献？

我直接回答说：这是白日做梦，不可能。别把人才当傻瓜，人才算账比你算得清楚。

所以人才管理一定是长期价值主义，用人、培养人不能短视，尤其是培养经营人才和顶尖专业人才，一定要有足够的战略定力和耐心。

第二，创新向善。创新要基于对人性的尊重，弘扬人性善之美，满足人的美好生活需求，体现人文关怀。创新要有利于提质增效，为消费者提供质优、安全、健康、可靠、环保的好产品。技术创新不作恶，让人们享受创新的正面成果，规避负面效应，有益人类文明、进步、公平与幸福。

在数字化时代，一定要创新向善。如果利用大数据形成垄断，用算力、算法剥夺消费者的选择权，利用大数据作恶，那对人类就是一场灾难。

为什么很多互联网企业要转型升级？因为它的产品和服务本身就是作恶的，不利于弘扬人性善之美。马化腾为什么睡不着？因为腾讯公司大部分的利润还是来自游戏，你赚的钱越多，受到的社会谴责越大。所以腾讯现在倡导“科技向善”的价值观。这个理念很好，但要做到难度非常大。真要基于科技向善进行企业的转型升级，就要走出靠游戏挣钱的业务模式，如果人力资源部门现在还在热衷于招一批心理学家，专门研究怎么让人对游戏上瘾，考核指标还是单一利润导向，企业是很难转型升级的。

再比如刷抖音，为什么许多人整夜不停地刷，因为会上瘾，利用人性弱点及算力算法不断推给你内容。你想什么，它就给你什么。我认为这种产品和服务某种意义上也不是向善而是作恶。

所以，一个企业要转型升级，就要在底层逻辑和价值观上转，然后通过变革考核激励导向才能推动转型落地。

五、孙亚芳是真正优秀 CHO 的代表

人力资源管理是个成就他人的事业。一个好的首席人才官，应该怎么做？

第一，做人比做事重要，情商比智商重要。

我带过上百个人力资源专业的硕士、博士——不少学生本硕博都读人力资源专业，专业功底没有问题，但往往专业性强，一旦形成了所谓的专家思维，就难以成为

好的CHO或好的咨询师，因为过度专业导向，往往形成专家自我导向，缺乏客户意识与服务精神，比如作为咨询项目总监，很难跟老板有效沟通，因为他一谈就是专业，站位就是专业职能部门，还不能用通俗的语言让老板听懂，更不能理解和悟透企业家的意图和想要解决的问题，所以只能从专业职能层面出方案，难以在经营与战略层面提出系统解决方案。

做HR，要有同理心，换位思考，站在对方的角度思考问题，不能自我导向。

华为的发展史上，华为真正的优秀首席人才官，我认为是孙亚芳。一般的人事总监影响不了老板，但孙亚芳在用人方面可以影响老板，帮助老板打造团队，同时老板也充分信任她。

为什么孙亚芳跟任正非配合得很好呢？我认为孙亚芳不仅有专业、理性，更重要的是她情商很高：

首先，在价值观与目标追求上，她高度认同任正非，能读懂老板的意图，然后通过专业方案坚定不移地执行，把老板飘在空中的思想用专业的工具方法落地。

其次，尊重老板，但绝对不会当奴才。这是一个职业人最重要的素质。什么叫奴才？你明知道老板错了，还鼓掌，不能提出自己的专业意见。孙亚芳能把老板过于偏激的思想在操作层面上悄悄修正，修正完了之后，还能让老板看不出来，不伤老板的面子。有些人老是用专业公开证明老板是错的，但不会用专业去修正老板的偏执。真正优秀的CHO知道老板可能偏激，会在操作上以专业解决方案悄悄修正老板的不足与缺陷，这样既弘扬了企业家的创新精神又给老板留足了面子，维护了老板的权威。

第二，有情怀、懂江湖、通人性。

所谓有情怀，就是站得高、看得远、走得正。① CHO跟企业家一样，要有家国情怀、心怀天下的使命感，认同老板立意高远、“胆大包天”的长远事业追求。② 有高尚的情操和人品，有所坚持的核心价值观，做事有底线和职业操守。③ 有宏大的格局和宽广的胸襟，有自我批判、自我超越和终生学习的精神。

在中国这个市场环境下，CHO还要懂江湖。光有情怀，不懂江湖，你搞不定事和人；只懂江湖，没有情怀，你走不远。所以懂江湖就是让人脚踏实地，弯而不折，成得了事。专家思维是宁折不弯，CEO思维是弯而不折。

懂江湖包含：① 了解江湖规则。任何一个企业都有“政治”，你不能否认，但企业70%是阳光规则，30%要靠潜规则。潜规则是润滑油。很多人和事要搞定摆平，主要靠阳光规则，有时还得靠潜规则，完全靠阳光规则，你就搞不定人和事。所以我们既要尊重阳光规则、守规矩，同时懂潜规则，善用潜规则处理一些难题，但不会被潜规则所绑架。② 懂人情世故。对人之常情要有一定理解和尊重，把握好人情世故的度，处理好人情世故的关系。你不能所有事情都讲规则、讲制度，要有一定灰度。③ 做事要务实，接地气，既要理想又不理想化，既要仰望星空，又要脚踏实地。

人力资源管理者还要通人性、聚人气、得人心、抱团打天下。① 尊重人，重视人的价值，人是目的，不是工具。② 要有善、爱之心，对人情冷暖有感知。③ 洞悉人的需求，有同理心，换位思考。④ 尊重人的个性，善于发现人的优势，挖掘人的内在潜能。有个性的人，才有创造力。⑤ 对人才有包容之心、利他之心。优点特别突出的人，缺点也一定特别突出。所以任正非说，企业家人才一定是“歪瓜裂枣”。

第三，人力资源管理是科学与艺术的有机融合。

所谓科学是指：① 尊重事实、尊重数据、理性、严谨；② 有成熟的工具方法；③ 有模型，有理论假设；④ 关注边界和规则；⑤ 可复制，别人按照你的实践方法，会做出同样的结果。

真正到应用层面，我们面临不同的人、企业和文化，要让这些工具方法发挥作用，就需要“艺术”：① 直觉思维、感知力和洞察力；② 需要经验积累，通过经历来探索；③ 关注关系，在互动中产生情感和默契，等等。

所以做人事总监，既要有工程师的理性与严谨，又要有销售员的激情与敏锐。

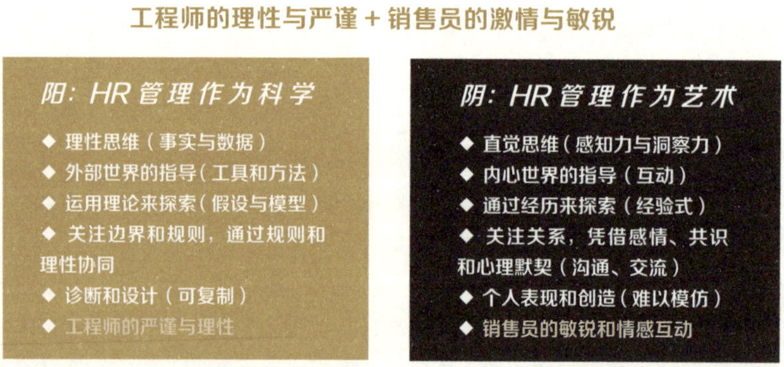

图1-3 人力资源管理的科学与艺术

虽然我不断强调专业，但客观来讲，中国Top 100的CHO没有几个是人力资源专业培养出来的。如果要在中国选100个公认最优秀的CHO，恐怕没几个是专业出身，而是搞业务出身，后来补了专业的课。

你懂业务，做到企业中高层，再接受人力资源专业训练，知道哪些是好东西，能够驾驭专业人才。如果你一开始就是专业出身，思维往往就局限在一个专业笼子里面，对战略和业务有天然的封闭感。

六、理解经营与管理一体两面：激情与理性的力量

我们很多首席人才官只从管理与管控的角度来看人力资源管理，而没有从经营与

激活的角度来看人力资源管理，我认为经营和管理是一体两面。

什么是经营？经营的核心是发展与价值增值，更强调开源与机会的获取、人才的激活。作为首席人才官，你得考虑如何为人才提供机会和平台，让人才在组织平台上超水平发挥，通过什么样的人才机制制度持续激活人才，如何通过组织赋能去放大人才的价值创造能量与效能，实现公司业务增长，这是经营者思维。管理的核心是秩序与规则，是管控与节流，是尽量省人省钱，越便宜越好。管理的终极目的是追求高效率。

当年我们在华为讨论：到底是人才牵引机会，还是机会牵引人才？

我们都认为人才牵引机会，有人才才有机会。

任正非说：错，是机会牵引人才。人才来了，一定要有活干，要有事业发展空间、机会和平台，否则钱给再多，他没成就感，人才就憋死了。

所以最后得出结论：是机会牵引人才。这就是企业家思维、经营者思维。

经营一定是开源求发展，加大投入实现增量成长，抓机会、顺大势、抓关键人关键事、多投入、多花钱，把钱砸在最重要的点上。管理关注的是降本增效，讲究工具方法，在存量上提升效率，堵住“跑冒滴漏”。

作为首席人才官，你要判断公司在哪些领域要加大投入、不惜成本，在哪些领域要减员增效，帮老板挤泡沫。这对我们首席人才官是巨大的挑战。

经营和管理是一体两面，既要管理又要经营，两者之间不可偏颇，关键是度的把握，经营过度要加管理，管控过度要加经营。

七、CHO 要有整体观、系统观和灰度思维

第一，从管理学的角度，强调黑白思维，好就是好，坏就是坏，一切按标准做事情。但到了经营层面，我们要从灰度认识人性。人性不是简单的好与坏，也不是经济人与社会人的假设。人性是善恶交加的，好与坏是一体两面。

第二，灰度思维下人力资源管理的核心目标是激活人的价值创造，奋斗、创新，让每个人成为价值创造者并有价值地工作。

第三，灰度思维中金无足赤、人无完人，优点突出的人缺点也突出，要发挥优势，短板不是自补，而是互补，没有完美的个人，只有互补性的完美团队；对人要包容，不求全责备。

第四，自我批判与自我超越驱动人才灰度成长。华为有两句话：“从泥坑里爬出来的人才是圣人”，“有洁癖的人不能当领袖”。

第五，首席人才官要有整体和系统观，帮老板建立系统。人力资源管理的对象是有情感和思想的人，不是物。人是一个生命有机整体，是群体智慧活动与工作动物，

对人不能拆开来、掰碎来，脱离人文环境和工作群体进行管理。人的最高层次的经营是“心”的经营，需要整体感、一体化的体验。

推进人力资源的系统建设是CHO的首要责任。

怎么建系统？需要三层思维、三个打通：

第一，打通“社会—组织—人”。

第二，打通“战略—组织—人”。

第三，打通“过去—现在—未来”。

我给HR博士开了两门课，一门课叫“禅宗与现代管理”，讲禅宗智慧，中国文化博大精深，HR离不开对中国文化的理解和继承，我认为，中华优秀传统文化里面真正能跟世界对话，并被全球企业家所接受的是禅宗思想与智慧。禅宗来源于印度佛教，只是借了佛教的壳装了中国优秀文化的酒，集中华优秀文化之大成，而备受乔布斯、稻盛和夫等世界卓越企业家的推崇。

站在未来的角度，我给博士生上的另一门课叫“量子力学与现代管理”，量子力学的很多理论和禅宗理论是相通的。量子力学证明了我们老祖宗的很多智慧是有科学依据的。尤其是数字化时代，更需要用量子的不确定性原理、量子态叠加原理、量子波粒二象性原理、量子纠缠原理、量子跃迁原理等重新思考组织与人的关系及对人的激活。

八、离开战略与组织治理，领导力就是空谈

作为首席人才官，一是要补经营战略的课，二是要补公司治理的课，三是要补组织结构与业务流程的课。其中，最重要的是战略与组织治理，然后才是人力资源专业职能。因为我们真正缺的是战略与组织治理视角。

（一）人才战略

要确立人才战略思维，首先要了解什么是战略。战略是一门专业，门类、书籍很多。我把战略归结为六句话，依据这六句话就可以从战略的角度思考人力资源了。

第一句话：战略是一种选择，选择干什么、不干什么？探寻企业未来在哪儿成长。

比如老板提出100亿元目标，现在企业是50亿元，未来50亿元在哪儿增长，这就是战略。比如要进入新领域，CHO必须找到新领域业务成功领军人才，企业内部有没有？内部没有，外部挖谁？中国很多企业战略很好，最后做不成，因为领军人才不行，你找的人不是准企业家人才。就像华为手机一样，前面两任CEO都没做成，最后选了余承东，余承东有个性、有缺陷，但他对市场和产品有天然的洞察力，是个企业家人才。

再比如人才退出计划，老的创业者不适合新事业发展要求，怎么退出？退出机制怎么安排？如何让退出合情合理，做到无情淘汰、有情退出、不给老板惹麻烦？作为首席人才官，你必须了解。有时候老板一发火就把人裁了，人家两块钱邮票就把你告了，你得给老板擦屁股啊。

还有高成长业务怎么布局，人才怎么组合？公司进入什么领域、退出什么领域、哪些业务要整合，背后人才解决方案是什么？这就是战略思维。

美的方洪波认为“要善用减法，减法最难”。美的非常重要的一个战略思维就是做减法，做“减肥”。美的产品品类不知不觉发展到六十多个品类，方洪波接班后一是战略做减法，组织做减肥；品类从64个减到32个，减掉一半，剩下的据方总说还要再减。聚焦做精品、做好东西、做行业数一数二的。要聚焦，你一定先减。美的退还7 000亩地，地退掉，钱拿回来做研发，研发的口子收窄，打造最有比较优势的竞争品。美的的经验就要为功能做“减法”，为管理层级做减法（从八个层级减到四个）、为平台化赋能做加法（增加七大平台），为体验做“加法”。要做减法，最难的是人怎么减，减下来的人怎么退出，首席人才官需要有可行的解决方案。

第二句话：战略是一种发展模式，是企业对未来成长与发展方式的选择。

企业的增长无非三种模式：

（1）产品、技术创新，开拓新市场。这就涉及人才的量级，我是找顶尖人才还是找追随的技术创新人才呢？首席人才官要给老板提供方案。老板要挖一流人才，准备花多大代价？

（2）业务与商业模式创新。企业业务模式与商业模式创新的背后是人才的量级与人才结构调整与优化问题。在产业互联网时代，一定要对干部队伍、人才队伍进行结构的优化，尤其要重用一批年轻人。如果领导班子全是60后、70后，我认为这个企业没希望。不是说“老家伙”不能用，而是说，既要发挥老一代的余热，同时让一批年轻人脱颖而出。现在是数字化、智能化时代，老一代人连游戏都没玩过，怎么可能应对未来的发展变化。所以大家理解不了任正非提出的管理干部45岁强制退休、技术管理人才35岁就不能提拔，这似乎违背了人力资源管理理论，造成人力资源的巨大浪费。作为CHO，你得理解老板的忧虑，他关注的是五年、十年后华为怎么办。华为如果不把这批45岁的人干掉，让他们一直干到60岁，就整整把85后、90后这批诞生于数字化时代的人才给埋没掉了。你能想象华为有未来吗？肯定没有。

未来要用的人才就是玩互联网与游戏的一代。未来的战争全是立体战，海陆空一体化，人与无人机，机器人协同作战，没有数字化与游戏思维，你怎么进入未来的社会？所以也不能完全批判腾讯的游戏产品。

说实话，我们这代人是被互联网绑架着走的，只有85后、90后、00后是顺应互联网趋势走的。

所以我们提出，领导班子里面85后、90后要占1/3以上。否则，你不可能了解人与人之间怎么进行连接，私域流量怎么进行管理、怎么做直播、怎么进行内容创新。互联网时代，不仅是产品、技术创新，更重要的是内容创新，在这点上，你的人才结构要跨界混序、人才结构必须优化。

还有，不同的产业人才结构不一样。比如通信行业，研发人员基本上5—10年换一波，超过5年，就要他们转岗做营销。华为优秀的营销人才，全是学技术出身的，他就变成了工程师+销售员，具有双重能力。

（3）运用资本力量整合产业、并购重组。收购兼并后，哪些人才要保留？哪些人才要退出？作为首席人才官，你得提出财务并购背后的人才并购整合方案。

公司的发展就靠三条道路：产品技术创新、商业模式创新、收购兼并。沿着这三条道路，我的人力资源解决方案是什么？这就是我们讲的第二句话，战略是对企业未来发展方式的选择。

我们研究巴奴火锅和海底捞，为什么他们的用人策略不一样。巴奴是产品主义，海底捞是服务主义。十几年前，专家们都在宣传海底捞模式，我的同学黄铁鹰写了本书《海底捞你学不会》，风靡全国。但是当年，我在参加中国餐饮业大会时提出一个理念：餐饮行业永远是产品主义，不是服务主义。巴奴创始人杜中兵、西贝创始人贾国龙都是典型的产品主义者。

我认为未来一定是产品主义制胜。但做产品是很难的，餐饮要做到安全、可靠，需要投入很大，需要长期主义。所以你就要了解公司的业务结构，不能跟风，你的人才结构就得根据战略、业务模式构建。

巴奴是产品主义，就要选一批长得很帅、职业化的服务人员；海底捞都是村里面来的“七大姑八大姨”，不看颜值，不问专业，只要服务好就行。

不同的战略模式、业务结构背后，你的人才结构和培养方式就不一样。

第三句话：战略是一种资源与能力，是企业未来战略成长所需形成的资源优势与所需培育的核心能力。换句话说，战略就是你靠什么赢，凭什么超越别人？

作为人力资源管理者，你就要培育这种核心能力，要了解战略成功的关键要素是什么，背后需要什么样的人才。

我最早到歌尔做顾问的时候，这家企业年销售收入是4亿元，现在年销售收入700多亿元。当年歌尔是做耳麦的，市场空间有限，做到4个亿上市的时候就是全球第一。歌尔面临一个战略调整问题：继续做OEM，还是自主创新、自创品牌？

当时歌尔企业内部有两派，一派主张做自主品牌，说我们OEM做到4个亿就是全球第一，不可能再做大了，不可能成为百亿元级企业，那么就得做自主品牌。

按照宏碁集团创始人施正荣提出的“微笑曲线”，企业的商业模式创新，必须走自主创新和品牌，做加工没有出路。但是我们经过研究认为，做加工制造也有出路，从OEM（原厂委托制造模式）业务模式走向ODM（原厂委托设计模式）、JDM（授权方与代工方共同设计开发模式），不光给你做加工，还帮你做设计、做研发，给你一体化解决方案，这时候我赚的钱不只是加工的钱，还有设计、技术创新的钱。

从OEM升级到ODM、JDM的成功关键是什么？

经过高层研讨，认为未来歌尔从OEM工厂走向ODM、JDM必须有八项能力：

（1）与大客户共同研发的能力。过去不需要研发，你给我什么图纸、原材料，我照着做就可以，现在你必须在声学这个领域给苹果、三星提供系统解决方案，必须有顶端的技术研发人才，能跟苹果、三星对话。

（2）模具开发与自动化工程能力，你要快速响应客户需求。像苹果、三星这样的客户对生产的快速响应要求非常高。你除了模具厉害，还要自动化工程厉害，客户提什么需求，你都有自动化工程能力。这就需要培养和造就一大批模具开发技工与自动化工程师。

（3）系统产品检测能力。像苹果、三星这些客户，要求你产品质量稳定。

（4）弹性制造能力。

（5）可靠的技能型工人队伍。

（6）稳定的质量保障体系。

（7）全球资源整合能力。

（8）按期交付。

这八个成功要素找到了，人力资源部就要寻找相应的人才。比如提升研发能力，企业内部没有，就要从外部挖，从三星挖，从苹果挖，或者全世界挖；自动化工程人才哪里来？收购一家信息工程学院，才能保证搭建几百人、上千人的自动化工程队伍；提高产品检测能力，要从日本、德国挖生产作业管理人才；熟练工人不稳定，他们的痛点是什么？是孩子的教育问题、老婆孩子的居住问题。所以歌尔当年在山东潍坊跟政府谈，拿一块地（盖房），你只要在歌尔干满三到五年，就分你一套房子，还有自建的幼儿园和小学，解决孩子的读书问题。这样，技能工人队伍就稳定下来了。这叫“恒产恒心”计划。内部购房，成本价给你，比商品房便宜得多。再比如国际化营销人才。你过去的营销人才在国内主要是喝酒、酒量要大，天天上歌厅、泡桑拿，现在苹果公司要求你懂英语、懂技术，还要有国际化背景，人才要求不一样了。

所以你要基于战略研究企业需要什么人才，如果自己培养需要多长时间，那就要知道哪些人才需要从外部挖。歌尔发展到今天，歌尔的成功某种意义上是人才的成功，它有跟苹果公司对话的高端研发人才，有三千多人的工程技术人才，这就使得它跟所有其他的OEM加工厂都不一样。所以歌尔从一个代工厂起家，现在做到了700多亿元，再过两年就是千亿元企业。

第四句话：战略是一种共识，是实现企业未来战略成长的共同信念与经营意志。

战略首先是一种企业家精神，有没有执行能力，关键是高层有没有达成战略共识，形成统一的战略意志。

企业的战略传递靠什么？比如战略解码系统、战略绩效管理体系，还要关注文化问题。人力资源很重要的一项工作是让高层团队，达成战略共识，构建统一文化系统。

第五句话：战略是一种变革与创新，是实现企业战略成长要素的重构与系统变革。

人力资源管理如何推动变革？如何通过人才机制的创新推动变革？如何改变人的行为习惯？背后都需要人力资源部门做工作。

第六句话：战略是一种执行，是实现企业战略成长的绩效承诺与执行系统。

这件事更跟人力资源有关系。像现在华为用的业务战略领先模型叫BLM系统，战略执行模式叫BEM系统。通过战略解码、分解，把企业战略目标落实下去，人力资源配套“责权利能廉”——绩效责任体系、分权、分配、能力标准、廉洁。

我总结战略就是这六句话，战略的六要素要落地，是落在人力资源上，落在人才结构上，落在人才机制上。没有人才的配合，企业的战略就落不了地。作为首席人才官，就必须有战略思维。确立战略意识不是空话，背后要用你的专业工具、方案支撑企业的战略，帮助企业战略落地。

（二）公司治理

首席人才官要补的第二门课是公司治理，包括六大要素：

（1）产权结构的优化：企业归谁所有？首席人才官要基于产权结构，深知公司谁说了算，如何维护相关利益者平衡。

（2）有效的决策与权力制衡：企业由谁控制最有效？（股东、董事会、经营团队的权益性制度安排，公司谁来实际控制，AB股结构，控制权、决策权、经营权、管理权的制度安排与决策组织形式、程序公平与决策责任担当。）中国企业走到最后都是控制权之争，或者人力资本与货币资本之间打得一塌糊涂，资本的力量与职业经理人的力量博弈。公司治理的核心问题是人力资本与货币资本的矛盾，作为首席人才官你怎么平衡，这是要解决的问题。很多企业搞领导力胜任模型，为什么没用？领导力一定跟产权、决策机制、授权体系有关，离开产权和公司治理谈领导力，领导力就是空话。

（3）信任承诺的所有者与经营者关系：老板与职业经理人关系。中国企业最难处理的关系就是老板和职业经理人的关系。是委托代理关系，是雇佣关系，还是事业合伙关系？作为学者，我们不断强调是合伙关系，但本质上老板和职业经理人还是雇佣关系。说实话，职业经理人还是打工的。真到了生死存亡时刻，还是老板一个人说了算。

（4）信息对称与风险控制：如何防止内部人控制？企业最怕高管“四大毒瘤”：① 诸侯、本位主义，企业尾大不掉，CHO要帮老板“杀诸侯”，而且要“杀人不见血”。② 官僚主义、形式主义，企业大了以后，干部高高在上，到车站接他都得五六个人，最后企业养了一大批不创造价值的人。为什么任正非带头打出租车，他就是为了起一个示范作用。③ 腐败、关联交易、任人唯亲。④ 干部惰怠，占着位子不作为、乱作为。

如何防止内部人控制、防止职业经理人腐败、反官僚主义和形式主义，作为首席人才官，你得出招。

（5）领导力发展与核心人才的激励，包括年薪、股权、利润分享、福利、安全退休金、高管行为规范等。为什么华为设立荣誉部？就是让很多作出贡献的人“有感觉”，你得在荣誉堂给人家挂张照片——华为最高荣誉。

（6）相关利益者价值平衡与良性生态。作为人事总监，你既要站在老板的角度，又要站在员工、政府的角度，去平衡各种关系。

我认为人事总监，一是要补战略的课，二是要补公司治理的课，三是要补组织流程的课。

我们考虑一个企业的接班人计划、公司治理时，光靠设置领导力素质模型没有用，领导力的背后是权力、利益、责任，这些都跟公司治理有关系。

做CHO，格局要大，要有利他思维、同理心、有人文情怀，同时要有专业，打通战略、组织与人，读懂老板、通透人性。同时，这个职业需要终生学习，将学习作为一种生活方式。

（华夏基石e洞察公众号2023年3月26、27日发布）

硅基时代组织和人才最大的挑战

一、新一代人工智能开启深刻的科技革命

毫无疑问，ChatGPT的出现与应用成效令人震撼、超出想象，它意味着新一代人工智能时代真的来临了，它将实实在在改变人类社会生活，同时改变整个商业模式、组织形态，以及人们的工作与协同方式。以ChatGPT为标志的内容生成式人工智能（Artificial Intelligence Generated Content，AIGC）的诞生与加速应用，是一场颠覆式的AI技术革命，开启了第三波科技革命浪潮，将彻底改变人的生活方式、生产方式、工作方式以及人与物的融合方式，某种意义上它是一场不可阻挡的智能革命。

对于ChatGPT的出现，国际、国内有不同声音，既有悲观的看法，也有乐观的看法。对于这样一场科技革命，我们只有拥抱，而不可能去躲避它，更不要去封杀它。尤其是，作为人力资源管理的实践者与研究者，我们更是要正确认识科技革命对组织和人力资源所带来的巨大影响，要去积极拥抱和应对。否则，未来我们的企业、我们的人可能都会被边缘化。身处这场科技革命浪潮中的我们，还要利用好智能人，获取智能人对人类的赋能，享受智能人时代的红利。

ChatGPT作为一种人工智能技术驱动的自然语言处理工具，具有“自寻规律”的自主学习能力，它可以理解人类的语言，生成相应的回复并能够与人类进行互动、无障碍地对话，使得机器能够像人一样去聊天、去交流，甚至能够完成撰写邮件、视频、脚本、文案、翻译、代码、写论文等一系列任务。新一代人工智能的出现，瞬间将人脑远远地抛在身后。例如，ChatGPT可以在医学院考试、律师资格考试和任何它学习过的专业考试中拿到顶尖的成绩。ChatGPT编辑和写作的东西可以在任何行业达到前20%的水平，前不久，莫言在一次接受采访说，有个活动，让他给余华颁个奖，他就觉得给余华颁奖，该说什么呢?大家这么熟，不太好意思，最后用AI给余华写了一个颁奖词，输入几个关键词，“活着”“拔牙”“文城”等，瞬间生成了一篇莎士比亚风格的一千多字的赞语。

对于这种新技术的产生，国际上主要企业家们较为一致地认为这是一场深刻的智能革命。微软创始人比尔·盖茨讲，ChatGPT的出现与发展不亚于互联网和个人电脑的诞生，可以提高员工效率，增加员工生活时间；微软CEO萨提亚·纳德拉说，新一代人工智能堪比工业革命；谷歌CE0桑达尔·皮查伊认为，人工智能意义之深远，远远大于人类历史上火和电等发明，因为它触碰到了智慧的本质，触及了人类

的本质；相对悲观的推特CEO、OpenAI联合创始人马斯克说，ChatGPT很惊人，我们离强大到危险的人工智能不远了；如果不加以有效的控制，我们人类正在自掘坟墓。OpenAI CEO 、图灵奖得主Geoffery Hinton 在内的数百名人工智能顶尖人士，联名签署了一封关于AI对人类灭绝存在威胁的简短声明，这个声明只有一句话："减轻人工智能的灭绝风险应该与流行病和核战争等其他社会规模风险一起成为全球优先事项。"正如苹果CEO库克所言，AIGC几乎可以影响我们所做的一切，影响我们拥有的每一款产品和每一项服务；也就是说，ChatGPT正在改变商业模式、业务模式以及产品服务模式。

从上述这些代表性企业家的前瞻性预判和观点表达来看，以ChatGPT为标志的新一代人工智能作为一场深刻的科技革命，具有广泛的应用领域、巨大的商业机会和不可预知、不可控的风险。有媒体画了一张ChatGPT的树形图来表达其未来的应用领域与前景，显示它不仅仅是一种聊天机器人，而是能够在智能决策、音乐创作、媒体创作、自动机器学习、知识发现、数据挖掘、自动程序设计、诗歌创作、艺术创造、教育、智能控制等各个方面都能够发挥相应的作用。一方面，新一代人工智能可以提供赋能与替代，另一方面则可能会带来整个业务机会与模式的再创造。它的应用领域非常广泛，具有无限的想象力和发展空间。由此，它既可以产生巨大的商业机会，同时也隐含着很大的未知风险。

二、企业数智化转型的三个阶段

ChatGPT的问世，代表新一代人工智能时代的来临，也意味着企业数智化转型与发展迈上了一个新的台阶。从企业数智化应用的角度来看，企业数智化转型可以分成如下三个阶段：

第一阶段，商业智能阶段（Business Intelligence，BI），即商业数字化，以信息化和数据报表为主要特征。具体来说，就是整个商业活动实现了信息化，经营与业务活动实现了数据报表化。应该说，绝大多数中国企业的数智化转型升级还处于第一个阶段。

第二阶段，数据智能阶段（Data Intelligence，DI），以大数据、算力和算法为主要特征。具体来说，就是利用大数据、通过算力与算法来实现生产者和消费者的精准对接与资源配置，从"先生产再消费"真正转向"先消费再生产"或"生产与消费同步进行"。真正通过大数据、算力与算法，来提高客户的一体化体验，提高对企业客户的全生命周期的管理能力，提高一个企业的系统效率和全面的内外系统创新。从我们走访调研的情况来看，绝大部分企业现在还拿不出真正有说服力的业绩数据来支撑数字化转型升级的成效，还没有达到第二阶段数据智能的水平。

第三阶段，人工智能（Artificial Intelligence， AI），以AIGC、人机交互、人智自我进化、智慧学习为特征。随着ChatGPT的问世，企业数智化的转型升级真正进入了AIGC时代。这个阶段能够实现人、机、物智慧融合与交互、人工智能的自我学习与进化，真正做到从数智赋能到人智、数智的共生。

从上面三个阶段的分析来看，中国企业数智化转型现在所面临的挑战是“三步同时”。我们众多企业还没有真正实现商业智能（BI），还没有真正利用算力、算法、大数据经营客户（数据智能，DI）。然而，随着新一代人工智能的推出与发展，中国企业数智化转型就需要直接来面向人工智能（AI）这第三个阶段。从某种意义上来讲，中国企业数字化的转型升级比世界任何一个地区面临的挑战更大，因为我们是三步同时进行、三个台阶同时跳，这对中国企业来讲是一个全新的挑战。

三、新一代人工智能对组织与人力资源管理的影响

（一）硅基劳动力成为新的组织资源和元素

在过往的管理体系中，人是组织最重要的核心资源和组织元素，人是最富有创造性的、战略性的资源。然而，现在进入新的人工智能阶段以后，人工智能与数字智能化也将成为组织最重要的资产和生产要素。人工智能和数字资产也是具有自寻规律、自学习、自进化、自我增值的一种新的组织资本。从广义的人力资本这个概念上来讲，人工智能与数字人也是一种具有自学习、自进化、自我增值特征的新的人力资本。这就将使得人与组织的关系更加复杂多变、混序化、个性化，人与智能人形成新智能灵魂伙伴关系。智能人与数字人为人类工作者腾出时间，让他们得以将精力花在重要的、创造性强的责任和事情上，使人类工作者更加高效而有力量。

随着硅基劳动力正式登场，数字人全面崛起，碳基人（人类）与硅基人（智能人、数字人）共同成为组织中最核心的资产与生产要素。硅基人（智能人、数字人）作为新劳动力，成为组织新生产力。过去，组织资本更多侧重于具有生命力的人；未来，智能人的出现则会对整个组织人力资源管理体系带来全新的挑战。未来3—5年，或者10年左右的时间，数字人与智能人将全面进入我们的工作、家庭、生活；如最近深圳今日人才公司与夸夸菁领智能科技公司联合推出基于大模型的创新用工模式“DinTal数智员工”，向企业输送咨询顾问、招聘助理和法务助理等岗位的数字员工，可无缝对接企业的数字化行政和业务平台，根据要求输出其专属的“数智员工”，与“碳基员工”一样入职成为企业正式员工，提供更加智能、个性、高效、精准的任务执行和交付。“数智员工”具备的优势包括但不限于：按需配置，随时到岗；高效工作，24小时响应，绝对服从，毫无怨言。可以想象，不久的将来，我们将会面临数字人同事、数字人上司或下级、数字人家人、数字人朋友、数字人合作伙

伴，等等。如何认识数字人与人类之间的关系？如何协调数字人和人类的生产要素协同？这将成为人类自身和组织管理面临的重要课题。

与碳基劳动力不同，硅基劳动力具有以下五大特性。

第一，与受生理性质局限的碳基人相比，硅基劳动力的工作环境和场景无边界、无限制、可以跨越时空，硅基人可在更广阔、更复杂、更恶劣的工作场景与环境中工作。

第二，硅基劳动力大脑反应敏捷，行动快速，协作高效，尤其在知识储存、检索、归纳等方面，其速度和效率是人类劳动者没法比拟的。

第三，硅基人是一种全能型复合式人才，它了解所有领域，什么都懂，服从意识强，什么都愿干、什么都可干。一个人的知识再广、再全面而系统，也比不过全能型的硅基人，同时，它可以帮助你去做一般人不愿意去做的，或者受情绪影响大的工作。

第四，硅基人是没有时间、生命和年龄局限的。人类就算活120岁，也有生命和时间的局限；人类再怎么辛勤工作也不可能一直24小时不停，也得睡觉休息。然而，硅基人可以实现24小时全天候的劳动，不知疲倦连续工作，是可以全天候劳动的全能型复合式人才。

第五，硅基人整合知识、跨界融合能力强，自寻规律、自我学习、自我进化、快速迭代的能力非常强，学习成长速度快。

结合对于硅基人上述特征的分析，我们应该如何来看待这种新劳动力？如何看待这种新生产力要素？如何认知硅基全能复合型人才对碳基人才的替代性挑战？

未来，组织可能要把硅基人纳入整个人力资源的管理体系当中来。当智能人也成为新劳动力、成为新的价值创造主导要素，组织的管理对象变成了二元，硅基人可能会变成我们整个人力资源的管理对象之一。尤其是硅基人和碳基人的协同合作，可能会成为组织能力与团队建设中最重要的核心要素。伴随着材料技术的革命与发展，未来硅基人的外表基本上跟碳基人是差不多的，其感知力也会随着触摸技术和感知技术的进一步发展而实现与真人差不多。长期的趋势是，硅基人未来的外表、行为、交互水平、肢体反应等方方面面都会跟人类越来越接近。

与此同时，数字人和硅基人的应用范围将会非常广泛。很多行业将来都会出现大量服务型的数字人，例如虚拟的评价助理、心理咨询顾问、管理咨询、导游、新闻发言人、主播等等。这些岗位目前已经有一些数字人在发挥作用，而未来则可能会有更大的比例与可能变成数字人。人类自身也可能有第二重身份，既有现实的身份，也有虚拟的身份。在元宇宙和虚拟世界之中，人类可能会有虚拟的家庭成员、虚拟的朋友和兄弟姐妹。

（二）组织内的人、机、物关系更为复杂

随着硅基人、数字人也成为组织人力资源管理的对象，未来组织与人的关系、人与物的关系、人与人的关系将会更加复杂、多元、多变。尤其是，碳基人和硅基人的团队组合、合作协同、相互驱动、相互赋能与协同成为组织发展新命题。碳基人和硅基人之间的关系，在现在看来可能是一种相互学习、相互驱动。就像ChatGPT一样，当它熟悉了互动对象之后，它的回答也会越来越贴近提问者所需要或偏好的风格，这是相互驱动、相互赋能、相互进化的过程。换言之，数字人、数智人已经超出了传统工具（如机器、物件）的范畴，而是有可能成为具有灵魂的人类价值创造伙伴。随着数字人、数智人助理成为组织中的新元素、新物种、有智慧的智能人伙伴，这就使得人工智能和人力资源进入了共生合作伙伴关系的新时代。人与智能人共创价值、共同学习、相互赋能、共治共决、共同成长。这对于整个人力资源管理确确实实会带来全新的挑战，并主要体现在如下三个方面：

第一，物与机不再是死的、不再是简单的工具，而是具有灵魂的组织价值创作伙伴。某种程度上，人与人工智能进入共生合作伙伴关系的新时代，组织中新型关系的建立包括虚实同构的关系、治理与管控关系、分工协同关系、价值评价与分配关系等。

第二，人类工作者如何从心理上接受智能人对人类生活与工作的参与，如何尽快学习和掌握利用数智人提升工作效率，并与数智人合作共同创造价值的新技能。这对于碳基人来说也是前所未有的挑战。

第三，智能人的学习、进化速度比人类工作者快，人类工作者如何快速学习与适应并保持自身的优势将成为一大挑战。如果因为人类工作者的进化速度不如智能人，智能人将会逐步地全面超越人，最后人类工作者会被边缘化乃至淘汰。因此，如果人类工作者不能保持自身的优势，不能够自我进化，或者是自我进化能力赶不上智能人的速度，人类工作者就有可能被替代、被边缘化掉，这是我们面临的新问题。

（三）组织形态与组织机制上的挑战

新一代人工智能对组织形态与组织机制也提出了新的挑战。伴随着人、机、物高度融合互动，人机关系从对抗走向共生，共生共创的组织新生态和新工作场景逐步形成。在此背景下，以客户和工作任务为核心的跨职能、跨组织、跨企业的生态智能型平台化组织、自组织模式将成为主流组织模式，组织文化更加透明、开放、包容和创新。

未来的组织既复杂又简单，未来的组织既大又小，既有波的特质又有粒的性质。具体来说，未来组织将呈现出如下六种发展趋势：一是去中介化（强调扁平、平台）。组织将打破金字塔式的科层结构，减少和去除中间层，组织日益扁平化、平台化。二是去边界化（强调跨界、生态）。组织打破基于严格分工的条块边界，以目标

和工作任务为核心，跨界融合协同，形成你中有我、我中有你、彼此深度连接与融合的组织生态。三是去戒律化（强调自主、创新）。组织中的人不再是工具，而是自我驱动、自我管理的价值创造者，人人都是创新者。四是去威权化（强调平权、赋能）。领导者不再是高高在上的威权领导，而是基于平权的流程化权力集中，领导最重要的职能是愿景牵引与赋能。五是去中心化（强调多元、平行）。组织不再是单一中心，而是多中心、网状平行。六是去黑箱化（强调透明、阳光）。基于信息化与数字化的发展与建设，组织内部不再是黑箱，而是变得透明、开放。

基于上述分析，未来生态平台化组织+自组织自主经营体组织模式会成为一种主流的组织模式。我们在《量子组织》（彭剑锋、马晓苗，2023）这本书里面专门提到，未来的组织就是波粒二象限：组织既简单又复杂、既大又小、既有序又混序，像一团混沌的云。人、机、物三元融合所形成的全新连接关系、数智平台、算法算力、能量聚合，构成组织模式的基本形态与新的核心能力。任何与组织相关的生态要素，无论是直接的还是间接的，都可以被纳入组织的人智生态网络协同体系之中。在这个网络协同体系之中，组织文化将更加透明、开放、包容和创新。

四、新一代人工智能的替代效应与创造效应

无论是学者还是实践者，大家非常关心的一个问题就是人工智能的替代效应和创造效应未来到底如何（陈文晶等，2022；汪昕宇等，2022）？哪些岗位人工智能将比人干得更好、成本更低？哪些岗位将被替代？哪些岗位将被创造？如果大多数人的技能与工作可能被无情替代，被替代的人如何退出？其技能如何转型升级？碳基人类如何保持优势？

对于众多领域、众多工作岗位而言，人工智能一定会比人类更有效能，将会产生巨大的替代效应，对人类工作者将会产生巨大的冲击和造成巨大的就业危机，这是毫无疑问的。我们可以看到，从ChatGPT的底层逻辑技术与潜在的工作技能优势上来讲，在很多方面完全是超越人类的，像归纳性的文字类工作、代码开发相关工作、图像生成领域、新闻传播与教育工作、法律、会计、咨询类工作、影视、医疗、娱乐类工作、分析类、客服类工作，还有不适应人类的特殊工作场景下的工作等等，可能人工智能都比人干得更好、更有效率、更快、更敏捷。我们预测，第一波受人工智能影响的工作可能包括软件技术类工作、新闻媒体类工作、法律类工作、市场研究分析师、教师、金融分析师、交易员、平面设计师、会计师、客服人员等。因为在这些工作上，ChatGPT都比人类做得更快、更准确。美国新闻聚合网站Buzzfeed因引入ChatGPT协作工作，直接裁员12%；亚马逊和苹果等科技巨头也开始利用ChatGPT来编写代码、制作PPT。美国一位大学的ChatGPT写出了全班最高分的论文；有人还在做

实验能否用ChatGPT写博士论文，我相信未来那些没有思想和原创、仅仅基于特定方法和技术的博士论文都可能会被ChatGPT被替代。甚至，美国一所大学现在在做实验探讨企业家精神能否被ChatGPT替代：他们完全用ChatGPT给出的创业方案去做，据说第一年创业也是成功的。这一发现很恐怖，ChatGPT从去年出现以后到现在才几个月，按照人类成长历程来讲还属于婴儿期，就已经具备如此强大能力；如果长到10岁以后，它的能力可能是超乎想象的。如表1-1所示，预计在未来，很多领域和工作岗位可能都要被替代掉。

表1-1 新一代人工智能技术可能替代的领域与工作

涉及领域	可能被 AI 替代的岗位与工作
AIGC+ 传媒	写稿机器人、采访助手、视频字幕生成、语音播报、视频集锦、人工智能合成主播
AIGC+ 电商	商品 3D 模型、虚拟主播、虚拟货场
AIGC+ 影视	AI 剧本创作、AI 合成人脸和声音、AI 创作角色和场景、AI 自动生成影视预告片
AIGC+ 娱乐	AI 换脸应用、AI 作曲、AI 合成音视频动画
AIGC+ 教育	AI 合成虚拟教室、AI 根据课本制作历史人物形象、AI 将 2D 课本转换为 3D
AIGC+ 金融	通过 AIGC 实现金融资讯、产品介绍视频内容的自动化生产
AIGC+ 医疗	AI 体检、检验诊断、辅助治疗、精准手术；例外之处可能在于老中医诊断难以被替代
AIGC+ 工业	工业设计

对个体来说，人们也可以借助ChatGPT实现赋能、实现自身梦想。热爱绘画的人，借助于人工智能想画什么就画什么，想要张大千的艺术风格就是张大千风格，想要齐白石风格就是齐白石风格。人们想编程就可以借助AI实现编程；想实现跨行跨岗，可以配上万能的高级老师，数学、语文、物理、化学全精通，配上万能的高级助理等等。这些可能的变化，都将对职场带来巨大的挑战和冲击。

之前，常规观点一直认为ChatGPT可能替代的是一些重复性、知识性的工作。然而，从全球应用实践和趋势来看，ChatGPT替代的首先是需要广博知识的职业（比如律师、会计师、内科医师等），是创意性职业（如广告创意设计、艺术设计、动漫设计、服装设计、品牌推广与营销设计、管理咨询设计等）。例如，管理咨询师也面临前所未有的挑战：ChatGPT可以为企业给出多种专业问题解决方案，比人类咨询师出得快、出得专业而系统；只要用户提出要求和问题，它都可以快速出方案。这充分说明，AIGC最先取代的可能是很多需要广博知识及创意型的工作。

在AI的替代效应之外，我们也乐观地看到AI也具有创造与赋能的效应。一方面，AI将颠覆一切行业、替代过去的很多工作，但技术进步也会将人类从平庸的工作当中解放出来，为人类赋能，使人类能够将精力投入更具创造力、更有意义和更有价值的工作当中。另一方面，AI技术的进步也将创造出新需求与新工作岗位。同时，人工智能的替代效应与创造效应也存在一定的时空差。在我看来，短期内替代效应很明显；但是从长期来看，技术的进步与AI的革命最终可以创新商业模式、业务模式和产品服务方式，为人类文明创造新的模式，从而可以创造出更多更高质量的就业岗位，尤其是那些具有从0到1特征、体现原创创新的工作岗位。例如，我认为企业家精神与领导力是AI永远无法超越的，AI对人性的感知以及在人文、美学、哲学、伦理层面上是难以超越和替代人类的。

以我个人的观点来看，人是智能人的主宰、是智能人的造物主；人类永远是主人，而不会被智能人控制；能毁灭人类的只有人类自己，而不是AI。我们要相信人类的智慧，而不会像马斯克所讲的那样“人类在自掘坟墓”。当然，这需要创新向善、需要有底线地利用智能人发挥其长项与优势为人类服务。只要人类保持灵活性，保持内在的善爱之心，不断自我批判和自我超越，就可以应对这种不确定性，就可以应对智能人带来的挑战，就可以借助AI的赋能，使人类不再为生计而奔忙、生活压力更小。AI也将有助于消弭贫富差距、走向共同富裕。所以，我们还是要视智能人为伙伴，而不是风险，要充分发挥各自的长板与优势；同时，人类要有自信，我们是智能人的造物主，人类要相信人类自身的独特智慧。

五、新一代人工智能对人力资源管理与 HR 专业人士的影响

新一代人工智能时代，人力资源管理的专业性会消失吗？人力资源管理部门还有存在必要吗？专业化的人力资源管理者会被替代吗？这些问题同样值得每一位人力资源管理从业者深思。

众多人力资源专业职能模块将会被智能人所替代，但人力资源管理的专业性、人性化、创新性与个性化服务不可能完全被替代。人力资源管理者更要确立基于数智化的专业自信与经营者思维。管理对象既有人，也有智能人，其管理对象更多元，场景更复杂、层次更高。作为专业的人力资源管理者，既要提供管理人的解决方案，还要有人与智能人如何相处的解决方案。

首先，人力资源管理者要进行认知与思维革命，要有基于数智人的人智管理新技能。尤其是，要学会善用智能工具，为人力资源管理赋能提效。其次，着重打造碳基人与硅基人的人才协同团队，学会组建、培养、考核、激励、优化“碳基+硅基”混成团队，来应对不确定性，去实现组织目标。再次，人才管理要从所有权思维转向使用权思维、人才共享思维。数字技能与数字人可能会成为一种组织的新货币。共享人

才与数字人的出现，确实对我们提出了全新的挑战。人才在数字化社会协同体系中流动加速、人机协同合作、需求匹配要求更加透明精准。最后，要推进数智化人力资源管理平台建设，构建新型数智共治共决的组织与人力资源新的治理系统。

在这一变化趋势中，我们更加要确立人力资源管理者的数智化专业与经营者思维。人力资源管理者不能再埋头种自己的基于专业职能的“一亩三分地”，要跳出专业看专业，要有人才经营者思维与数智化人才管理新技能。首席人才官要像企业家一样去思考组织中人的问题和人工智能问题，要有经营人的人感，有数字化分析和洞察力、人智匹配与协作能力。人力资源管理者要能够以经营战略与组织治理的视角，以数智化人力资源管理新技能，提供能够支撑战略落地、推动业务增长、实现人机物三元智慧融合的人力资源系统解决方案，为人才、智能数字人与业务赋能。特别值得一提的是，将来我们的赋能不仅要给人才赋能，还要为数字人去赋能，激发组织活力，提升打胜仗的能力，使人才真正成为企业成功、持续成长和发展的第一经营资源、第一战略要素、第一发展驱动能力。总体来说，首席人才官既要有专业，又要懂经营，又要通人性，还要善数智，就是要善用新智能来提升人的效能。

未来，新一代企业的高层管理者与CHO的核心技能是什么？

第一，保持方向正确，激发组织活力，应对一切不确定性，这是华为任正非所提出的理念。因为在不确定性时代，企业和个人无法看清未来，没法清楚规划未来。我们只能看清方向，也就是未来的组织随着新时代人工智能的兴起、在碳基人与硅基人共舞的新时代会向什么样的方向发展？我们只有看清楚这个方向，以内在的活力应对一切不确定性。

第二，学会组建和领导“碳基人”+“硅基人”跨界人才团队，协同立体作战。

（华夏基石e洞察公众号2023年7月20日发布）

华夏基石·管理思想文库
CHINA STONE
华夏基石
管理思想
洞见未来
SEEKING TRUTH MANAGEM

黄卫伟

华夏基石管理咨询集团领衔专家，中国人民大学教授、博导，著名经济学家和管理学家，华为首席管理科学家、华为蓝血十杰之一，《华为基本法》起草人之一。曾潜心研究哈佛经典案例，精通哈佛的案例教学法，并将原汁原味的哈佛案例教学法用于中国商学院EMBA的教育中，是目前国内商学院中极少数能精通哈佛案例、使用全英文来作教学分析与指导的教授之一。

第二辑

从创业精神中汲取力量

黄卫伟

管理的七对基本矛盾

1995年的夏天，我第一次在华为讲课，从此开始接触任总、孙总、郑总这批创业团队。1996年，我又以执笔人的身份，参与了《华为基本法》的起草。《华为基本法》通过以后，任总把我留下，我以顾问的角色，又参与了华为整个管理体系的建设和变革。

我当时主要是针对华为产品线、地区部、制造、采购、供应和财经、人力资源等一级部门的高级管理者做绩效考核和奖金计划。因为企业不能光有考核，没有利益驱动机制。对员工来说，不和自身利益挂钩，他就只有压力，没有动力。

除了考核，还要有奖金计划。有奖金计划就要有核算，因为要考核他的收入，考核毛利、利润和现金流，就要有核算。这样，我和他们的财经体系，和他们的预算管理部、成本管理部都有很深的交流。

这件事情从2003年开始，到2008年，我前后做了5年。然后，任总又把我调出来编写华为公司管理纲要。因此，直到2016年，第三本管理纲要正式出版，我用了三年多的时间，为华为编写了《以奋斗者为本：华为公司人力资源管理纲要》《以客户为中心：华为公司业务管理纲要》《价值为纲：华为公司财经管理纲要》三本书。2017年，在我和华为翻译中心的反复推敲下，这三本书又被字斟句酌地翻译成了英文版，全部出版了，做到了概念和关键术语的准确无误。

我个人也出版了一些自己的著作，包括《管理政策：矛盾、辩证法与实践》《不对称竞争》《走出混沌》，等等。其中，《管理政策：矛盾、辩证法与实践》论述的是我对管理，特别是高层管理的认识和理解，是用唯物辩证法分析企业矛盾的一部理论书籍。

所以，无论我讲人力资源管理还是财经管理，主要还是从政策假设的视角来展开。为什么是政策假设呢？因为回过头来审视这三部管理纲要，尤其是人力资源管理这部分，经验的成分比较多，理论的成分比较弱。但是在《价值为纲：华为公司财经管理纲要》这部书中，因为要构建好财经管理的框架体系，我们必须要学习金融专业的知识，包括基本的金融理论、宏观经济学、微观经济学、企业财务管理，甚至是会计学。因此，我们花费了大量的精力，为这部书奠定了深厚的理论基础。

一、什么是管理政策

我们先来看看管理政策的概念。什么是管理政策？我的看法是，企业是一个矛盾的综合体，矛盾的对立统一和向对立面的转化是推动企业发展的根源。唯物辩证法是企业高层管理制定管理政策的方法论。所以，我们将管理政策定义为：管理政策是企业最高管理层对管理基本矛盾和内外利益关系的平衡与取舍。最高管理层管理基本矛盾和内外利益关系的平衡取舍，是管理决策的指南。

我在我的书里专门讨论了管理政策和管理决策之间的关系。我们都知道一个命题：管理就是决策——这当然是一个很简单的提法，它最初是由1978年诺贝尔经济学奖获得者赫伯特·西蒙（Herbert Alexander Simon）确立的。我从1980年代开始接触西蒙的管理理论，那个时候，中国社会科学院翻译了一系列的国外管理学名著，其中就有西蒙的《管理决策的新科学》。我在看到西蒙的观点以后，有醍醐灌顶之感——他抓住了管理或者管理者最核心的要义。

比如，关于管理政策，西蒙的观点是，"特别是在私营企业管理文献中，'政策'往往有两种意思：（1）组织规定的限制下属自由裁量权的一般规则；（2）它至少指由最高管理层颁布的比较重要的规定……管理的道德前提可以称为'法定政策'，最高管理层制定的广泛的非道德规章可以称为'管理政策'，而其他规章就成为'工作政策'"。这是他在《管理行为》（第4版）一书中提出来的。

其实，早在1980年代之前，我就在农村做过基层的管理者——生产队长、大队主任、县委常委，我都做过，但那时候完全是经验形态的管理，好在它为我带来了第一手的实践，这其实也是很重要的。

如今，三四十年过去了，我又通过教学、研究和咨询，增加了对管理的参与，并得出了一个结论，即决策之前还有政策。决策的依据什么？是以政策和原则为指导的。我们不能依靠没有依据的临时决定来左右管理，而是一定要有一个指导性的政策体系。所以，我研究管理政策，就是要解决这个问题，它的视角是辩证法和矛盾论。我认为，企业高层制定管理政策就要对管理的基本矛盾和内外利益关系进行平衡、取舍。

二、管理的七对基本矛盾

（一）短期利益与长期利益的矛盾

管理的基本矛盾，首先是短期利益和长期利益的取舍。短期利益是要生存，长期利益决定发展。但是我们看到，许多企业过多地关注短期利益，对长期利益的投入不够，这是中国企业普遍存在的缺点。

华为恰恰相反，克服了生存威胁以后，任正非主要关注长期发展和长期利益，比如扩大规模和核心能力的矛盾。现在有许多企业，尤其是房地产企业，都是以扩大规模作为基本目的和战略基本目标的。但华为始终能以增强核心能力作为企业的主要目标，认为规模的扩张是企业能力增强以后的自然结果。哪怕今天，华为处于美国的打压之下，仍然在扩张，在发展。

美国的打压特别伤害了华为的手机业务，首先是美国拒绝供应5G芯片，不提供安卓的操作系统。这样一来，安卓所有的APP应用我们都不能用了。在这种情况下，2020年，华为手机依然实现了2亿3千万部的销售量，超过了苹果和三星。同期，苹果的销量是2亿1千万部，三星是2亿8千万部。如果按照这样的发展势头，再有两年，华为就是世界第一。但是，恰恰就在这个关口，最重要的一些技术断供了，包括涉美技术的工厂及其零部件等。

任正非说，美国第一棒打来，华为就开始内部自查，看看是不是有违规的地方。但当它的第二棒、第三棒……第五棒接连打下来，华为才想清楚，这是美国有意识地发难，是要把华为逼上绝路。美国为什么要这样打压华为呢？真实的目的就是要打压中国的高技术企业，而华为明显是中国高技术领域的代表。华为的竞争对手几乎都是美国和世界上顶级的一些ICT公司。华为是从通信业务起家的，其竞争对手是欧洲的爱立信、诺基亚。企业业务的竞争对手是美国的思科，也是该领域的顶尖企业。现在，华为还有车必优，即智能驾驶，竞争对手是特斯拉，另外，谷歌和苹果也在做自动驾驶。再有就是消费者业务，在华为称为终端业务。其中，手机原来直接的竞争对手就是苹果和三星，这两家都是世界级的企业。华为数字能源的竞争对手是国外一些能源领域的巨头。这些企业在传统的化石能源优势的基础上，正大规模地投入新能源。所以，华为在这个体系或者说这方面的业务上，竞争对手都是一些世界能源的巨头，像美国的雪佛龙、美孚，法国的道达尔等。华为的芯片竞争对手首先是高通、英伟达，两者也都是世界巨头。

作为一家直面西方顶尖ICT企业竞争的中国高技术企业，华为一旦倒下，中国的高技术企业将遭受沉重打击。美国看准了这一点，在华为之前率先打击了中兴，一举让中兴赔进去几十亿元。后来发现，没打准，那点儿钱对于美国来说不算什么，因此，转身开始针对华为。但它恰恰碰上了中国的硬骨头。任总是军人出身，其性格特点恰恰是不认输、不服软。任总说，美国等于设立了一条马其诺防线，但是马其诺防线的特征是，只要突破一点，整个防线立刻瓦解。所以，华为现在的整体战略就是要打破美国的技术封锁。

因此，在这里，我们不妨讨论一下，华为是如何从规模和核心能力方面打破美国封锁的。

华为的扩张是核心能力驱动、多元化和聚焦的共同作用。华为之所以能走到全国乃至世界前列，正是长期聚焦的结果。但是，许多企业，特别是一些著名的中国企业往往喜欢资本运作，这是一种赢家通吃的策略，但实际上是走上了一条不相关多元化的发展路径。因为进入了一些自己不擅长的领域，所以难免陷入困境，这其中最典型的例子就是海航集团。从体制内跳出去的陈峰创立了海航集团，但是当他的航空业务形成一定规模以后，海航集团就开始了多元化的扩张。

先是从航空运输的需要发展了机场服务，又因为旅客的需要扩张到宾馆、酒店、餐饮业务，再进一步扩张到了房地产，从酒店商务又延伸到了民用住宅。航空呢，因为飞机都是一样的，海航集团又从旅客运输自然而然地深入到了物流领域，进而又延伸到了电子产品的购销……多元化的扩张，使得分销业务成了海航集团营业额的重要贡献者。这一系列的操作离不开资本运作，资本从哪里来？海航集团开始向金融领域扩张，抵押资产、借贷发债，如企业债、公司债。发债、贷款以后，它又开始收购企业，并用这个企业的资产作为抵押，继续贷款发展，滚动得非常快。海航集团的金融部门还收购了一些国外金融、证券公司的股权，甚至控制了德国一家大银行的股权，成为控股股东……

展开了这么长的链条，结果可想而知。海航集团从2010年开始资本运作和扩张，2015年进入世界500强，2017年达到世界500强的第170多位。2018年，总资产规模扩张到10 700多亿元人民币，贷款的刚性负债超过了5 600亿元。可能是因为运气不好吧，新冠疫情发生了，世界航空业都面临着严重的亏损，海航集团也难逃衰落的命运，业务收入从750多亿元降到了290亿元，年度亏损640多亿元。不仅如此，海航集团收购企业，有的是参股，有的是全资收购。收购的价格虽然便宜，但管理能力远远跟不上收购的脚步。尤其是愿意低价卖出的企业，往往是遇到了问题的企业，海航集团将如何整顿它们呢？也是需要能力的。在这种情况下，海航集团陷入了一种借贷、发债及其担保，还有收购企业并以企业资产作为抵押的借贷、发债的恶性循环当中，到最后，身不由己地陷入了庞氏骗局的网套当中，并一发不可收拾，既停不住，也退不出来。2021年初，海南法院宣布海航集团破产，陈峰被拘留甚至收监。

这原本是一个非常有希望的企业，陈峰本人也是一个非常有前途的企业家。因为受资本驱动，盲目地多元化，最终走到这个地步，我们认为非常可惜，教训也是极其深刻的。这说明了什么？就是美国所谓的“大而不能倒”，针对一些情形，政府会施以援手。比如通用汽车公司，政府要救助、兜底。不久前，在硅谷银行危机中，美国政府也有兜底行动……

中国也有很多企业遇到了这种问题，比如恒大。按照市场规律，它早就该破产了，但是在政府的干预下，它仍然生存。美国的法律规定，只要有两个债权人起诉你支付不了到期的贷款、债务，你就得破产。但是在中国，大企业和政府是互相支撑的，所以企业有时候的步子迈得过大，甚至从一定程度上打破了市场规律。但在矛盾未能解决的情况下选择盲目地扩张，显然是非常危险的。

机会和风险是并存的，但许多企业往往只看得到机会，对待风险却有不一样的态度和策略。华为在做国际化经营的前几年，汇率大幅波动，许多与其有业务往来的国家，比如阿根廷、中亚的哈萨克斯坦都出现了货币严重贬值的情况。国际投行认为，买金融衍生品可以规避汇率波动和贬值的风险，因此，建议华为购买信用违约掉期（credit default swap，CDS，即信用违约互换，又称信贷违约掉期，是进行场外交易的最主要的信用风险缓释工具之一），但是任总坚决不同意。

任总的经营哲学是，坚决不做不懂、不擅长的事情。因为商业是有风险的，这个风险甚至有可能在一天之内就把长期积累起来的事业摧毁。就金融衍生品来说，成也萧何，败也萧何。2008年，雷曼兄弟公司不就是因为滥用金融衍生品而倒闭的吗？因为它把次级按揭贷款打包卖给了欧洲，卖给了世界，从而触发了全球性金融危机的按键。

华为在财经方面有自己内在的理论，即富贵险中求。企业如果不能正面应对、规避和控制风险，就不可能发展起来。华为不会用信用违约互换、信贷违约掉期的方式来控制金融风险，而是以合同的质量为保证，从整个业务的起源和发端上控制风险。这说明，在签订合同的时候，要把未来可能发生的风险列入，并把风险准备金打入合同中去。因为要用这种方式来控制风险，所以，华为的合同质量一直控制得非常严格。

大概是在2017年，哈萨克斯坦政府突然宣布，货币贬值24%。当时，华为财经的负责人，也是华为的副总致电哈萨克斯坦代表处，问：在合同受到冲击的情况下，你们是怎么办的？在以前，当用本币签订的合同突然贬值了24%，企业的亏损将是不可估量的。但是哈萨克斯坦的代表答复说，他们在合同条款中对此早有规避，因此，这次货币的大幅度贬值对华为的合同基本上没有影响——唯有如此控制风险的能力，才能让华为敢于大胆做生意。而这些问题的实质就是扩张与控制，也是企业经营的基本矛盾。

我编写的《价值为纲：华为公司财经管理纲要》一书中，上篇讲的是“扩张与控制”，下篇是“价值管理”，重点介绍的就是财经领域的专业化管理。

在编写“扩张与控制”的过程中，我遵循的是任总的一个基本原则，即财经是企业的价值创造，是以业务为主导、会计为监督的。任总早年说的会计，现在实际上是华为的财经，它支撑、服务、监督业务去创造价值。IBM在为华为做顾问的时候，对任总的指导思想是不认可、不同意的。他们认为，财经对业务不是服务，而是监督和控制。同时，财经本身也是创造财富价值的重要来源，尤其上市公司的并购是公司创造价值的重要来源。但事实证明，任正非所确定的以业务为主导，以会计为监督的基本原则，保障了华为在内外风险并存的情况下稳健地发展与增长。

任总说企业的核心矛盾，一个是短期利益和长期利益的矛盾，这实际就是扩张与控制的矛盾。控制是为了扩张。假如控制不住，宁愿不扩张。另一个是技术导向和客户导向，这是华为研发方面的一个基本矛盾。

华为现在的研发工程师有10.5万人，整个公司的员工是20.5万人，可以看出，有一半以上是研发工程师。华为2022年研发投入已经接近200亿美元，如果按照去年的平均汇率来看，华为的研发投入是1 300多亿元人民币。这样一个庞大的技术体系最可能出现的问题是什么？是以技术导向为主，而不是以客户导向为主，即脱离客户需求去追踪那些世界上最先进的技术。这个矛盾实际上在华为早期创业阶段就已经发生了。当时，华为的研发队伍规模还不大，我们为做《华为基本法》去调研的时候，中央研究部只有四百多名研发人员。但是他们个个都身怀“绝技”，其中有十几个是中国科技大学和华中科技大学少年班毕业的天才。他们没有客户需求的概念，满脑子都是技术，因此，最擅长应用最先进的技术开发新产品。从商业的角度看，新产品中应用了过多的先进技术，可能会造成产品不稳定。而华为开发的是网络设备，一旦运行不稳定，甚至发生宕机，会使整个网络陷入瘫痪。网络瘫痪不仅会带来巨大的经济损失，还会给企业的声誉造成损害。进而，谁还敢来买你的产品来装备网络？从那个时候起任总就反复强调，客户导向优先于技术导向。

（二）竞争与合作的矛盾

只有在势均力敌的竞争者或者合作者之间才有可能形成真正的合作，否则就是替别人做嫁衣。

中国的许多合作包括合资，实际上都是在为跨国企业开拓市场，最典型的就是我们的汽车行业。我们加入了WTO，要保护汽车行业，因为这是一个相对幼稚的行业。保护的是谁的车呢？那时候，中国只有合资车，保护汽车行业，就相当于保护合资企业在中国的利益。这几年，国家在新能源车领域的政策比过去有着比较大的松动，于是一些新能源的车企开始崭露头角。但我们也不能过于乐观，口口声声讲弯道超车、变道超车。实事求是地看，我们新能源汽车的质量、设计还是很幼稚的，还有很长的路要走。

因此，这里面就存在竞争与合作。竞争的目的是打败竞争对手，最终形成自己的独家垄断。但是华为竞争的最终目标不是要取得垄断地位，而是要实现领先。华为知道，独家垄断的格局是不能持久的。并且，对于中国的高技术企业来说，独家垄断也并不安全。所以，华为的竞争是要达到这样一种状态：你中有我，我中有你，你离不开我，我也离不开你。因此，华为要在这种状态下建立合作的体制，建立一个持续生存的体制。

（三）集权与分权的矛盾

中国企业比较喜欢分权，因此，分权的体制比较多。其实，我们的老祖宗传下来的是一个集权的体制，从秦始皇开始，中央集权体制一直延续了两千多年。我们看柳宗元的《封建论》，认为周朝的灭亡在于制而不在于政。这是什么意思呢？就是说，周朝分封诸侯的制度最终导致了自身的灭亡。强诸侯、弱天子的格局，导致国家成了一盘散沙，因此，才有了春秋、战国，直到周朝的灭亡。秦只存在了15年，到秦二世这一代就迅速衰落了。但是，尽管秦朝存在的时间那么短，在柳宗元看来，秦的灭亡“失在于政而不在于制”——政就是行政管理，制就是制度。秦朝的制度是没有问题的，但行政苛刻，用力过猛，又要修栈道又要筑长城，导致民不聊生，引发了陈胜、吴广和整个六朝旧部的起义。项羽不就是楚国的旧部吗？其他的，还有战国七雄，他们虽然灭了国，但是贵族的势力还在。正是这些力量颠覆了秦朝这样一个明星朝代。汉朝初年，刘邦四处奔走“灭火”。灭什么火？灭诸侯造反、夺天下的“火”。柳宗元说，汉朝初期30年间的混乱是“有叛侯无叛臣”，因为整个中央集权的系统没有乱，乱的只是那些分封的诸侯。

周朝的失“在于制不在于政”，秦朝的失“在于政不在于制”，汉朝的失是“有叛侯而无叛臣”，柳宗元的总结很透彻。我认为，他就是把集权、分权提炼成了制度和管理的基本矛盾。我们今天讲的企业管理，其实也存在这个问题。所以，刚才所说的并不是中国的文化，而是集权的体制、集权的文化。

任正非来自军队，他1960年代末参军，70年代末改革开放以后退伍，当了十几年的工程兵。军队的历练给任总的管理思想打下了烙印，使他更加倾向于集权体制。但是，随着企业规模的扩张，最终一定是会走向分权的，华为也不例外。华为运营商在通信设备这个领域依靠竞争，依靠研发一直突进，突进到前沿，“三分天下有其一”以后，就开始受制于行业的天花板了。

2010年一整年，全世界通信设备行业的总投资也就是1 200多亿美元，其中包括华为的200多亿美元，爱立信的280亿美元，诺基亚收购了阿尔卡特的200多亿美元，另外还收购了加拿大北电、卢森。这几家加起来，占了这1 200亿美元的绝大部分。所以，当时华为的高层普遍认为，华为的发展已经快到天花板了。也就是说，大家一致认为，华为最终还是要受到行业市场的空间限制的。

在这种情况下，华为要走多元化发展的路子，要探索多元化的领域，寻求多元化的发展。2011年，华为从原来的运营商业务里分出了企业业务、消费者业务和包括芯片在内的其他业务（当时，华为还准备做互联网，但试验了一年，就把业务单位撤掉了，决定专注于基础设施领域）。这样，华为开始了从集权到分权的转折。

分权可能会带来的问题是什么？是离心。原来，在一个集权的体制下，控制是自然的，下属部门的扩张不是业务规模的独立和自主运作，只是行使其职能，比如销售部门的扩张是集体收入的扩张。一旦分权，造成离心的问题怎么解决？所以，分权本身对集权提出了很高的要求。

华为是如何解决集权和分权的矛盾的？他怎么控制分权？华为的多元化和分权有一条共同的主线，即以ICT核心技术，包括其基本理论、基本能力上的研究成果以及六大产品线（无线产品线、光网络产品线、数据通信产品线、智能计算产品线等）均受集团的直接控制。华为分出的子公司或者事业部所依据的核心技术都是华为整体的核心技术，这和其他许多企业的集权、分权是不一样的。许多企业的分权没有根，特别是互联网赢家通吃的分权，导致了一些分权单位的集体跳槽——自己拉出一支队伍，带走客户关系和技术，成立公司自己单干。这种跳槽出去的公司继续做那种分权的体制，管理过程中又会遇到类似的问题，因为它的文化根基就是跳槽。华为不是这样的，在我编写的《价值为纲：华为公司财经管理纲要》一书中，有《华为在公司风险投资》一章，其中有一条重要的原则就是：华为不支持、不资助、不鼓励内部创业。华为的创业活动都是在公司的战略指导下，不鼓励员工自发的创业活动。在公司战略指导下的创业活动是公司行为，不属于内部的个人创业。而内部的个人创业，公司是不支持、不鼓励的。这是为什么呢？因为个人创业的产品不在公司的战略体系当中，公司不会发展或者商业化个人产品。而个人产品因无法商业化，就会导致整建制地跳槽。个人创业者利用公司的平台和资金，利用公司的文化队伍，可以克服创业中的风险，但出来的产品却不是公司的战略产品。公司不会支持这种产品的商业化运作，创业者就会带着产品和整个团队跳槽，另寻出路。华为经历过这样的事情，在2002年，有许多中、高层主管就是这么离开的，其中最典型的例子就是港湾公司的李一男。

李一男从华为出走以后，成立了港湾公司，销售的却是华为的设备。华为给了他很优惠的价格，他却要从华为挖人，要跟华为开发同类产品，进入相同领域，而且还吸收了私募股权准备上市。这样一来，他就成了华为的直接竞争对手，这让人如何容忍呢？在华为的几次打压下，港湾公司三次上市不成功，最后又被华为收购回来了。华为正是从这种教训中得出了一个原则：不支持、不鼓励、不投资内部创业。这个原则和西方公司的管理理念是完全相悖的。

在2017—2018年间，为了扩大自己的影响，华为的公关部组织出访美国、欧洲的著名大学，其中由我在哈佛商学院负责进行有关风险投资的交流。于是我把《价值为纲：华为公司财经管理纲要》里面总结的华为的风险投资原则进行了介绍，其中一条就包括刚才所说的，不支持、不鼓励、不投资内部创业。还有一条是，华为的对外投资不以财务回报为目的，而是要弥补公司的技术短板、战略短板。在我的陈述之前，哈佛的一位教授和一名企业家分别上台发了言，所持有的都是西方企业管理的通行原则，显然，我与他们的观点正好相反。因此，在我发言之后，在场的学生和教师纷纷提问。

试想一下，除了华为，在西方世界，有哪个公司的风险投资是不以财务回报为目的的？风险投资最后都是要上市，要退出，是要8倍、10倍赚钱的，否则就不叫风险投资。为什么？因为风险投资的成功率大概平均只有1/10，是以一项投资的成功来弥补其他投资亏损的，这是整个风险投资运作的逻辑。

所以，华为《价值为纲：华为公司财经管理纲要》的几条原则和西方的理论是完全相反的，这就不免令哈佛商学院的师生大为好奇。如果不是活动的组织方有时间的限制，针对这一课题的讨论可能将会一直进行下去。

但这就是华为集权和分权的矛盾，其处理方式独具特色，与其他企业是完全不一样的。

（四）规范与灵活的矛盾

任正非在1996年年初提出起草《华为基本法》，于是聘请了中国人民大学的教授团队。所以，彭剑峰、包政、吴春波、孙健敏、杨杜和我等六名教授来到了华为，后来被称为“人大六君子”。

任正非请我们来做《华为基本法》，在这之前，他还考察过清华大学的经管学院和北京大学的光华管理学院，跟他们的院长和主要教授都接触过。最后找到中国人民大学，是与我们几个人的语言、思想产生了共鸣——任总的话我们能够理解，我们的思想任总能够接受，对他又有启发。当时清华经管学院的底子来自机械系、自动化系、计算机系，都是搞工程的，转到管理领域，都是一些工程思维。北京大学是以经济学领先的，他们都共同缺乏一个底层的管理实践基础。

因为我们之间有共同的语言，所以，作为华为的政策和文化纲领，《华为基本法》就交给我们几人来起草了。1998年，《华为基本法》通过以后，任总带领高管团队开启了赴美寻找咨询公司之路，最后选中了IBM公司为华为建设流程。因为《华为基本法》只是解决了What的问题，但是没有解决How的问题。也就是说，要解决在《华为基本法》中确立的核心价值观如何落地的问题，就要引进西方最先进的管理体系。最终，由IBM做顾问，华为开始了流程的建设，并因此形成了IPD集成产品开发、ISC集成的供应链管理、IFS集成财经服务、CRM客户关系管理，做IT和SNP，做战略规划与经营计划，等等。许多企业，包括华为自身，至今仍然存在这样的问题，即战略规划每年滚动，经营计划与预算每年编制，但两者结合得并不好。战略规划是按照自己的路子不断滚动的，却没有形成战略规划指导经营计划、经营计划实现战略计划这样一个一体化的机制。

事实证明，华为的流程做得非常成功，尤其是IPD、IFS。其中，IFS从2007年启动，到2014年，历经7年时间最后成功关闭。它不仅使华为的财经管理进入了世界领先的水平，而且培养出了400多位CFO。在西方，只有财经的第一把手才是CFO，而华为不是这样。华为有公司的CFO，还有大部门的CFO，每条产品线上都有一个CFO，每一个地区部的财务主管也叫CFO。后来，每个代表处的财务主管也叫CFO，甚至到后来，跨年度大项目的财经经理也叫CFO……IFS流程为华为做出了成绩，做出了理念，也贡献了人才。

大家可能不知道，某世界级的咨询公司曾经提出，愿意免费为华为财经提供咨询。为什么要免费提供？实际上，它知道华为财经体系经过变革以后，已经达到了世界领先水平。它知道没有华为这个案例，它就不能被称为完全称职的世界级的咨询公司。所以，这家公司实际上是要来研究学习的，但是华为没有接受，因为华为通过西方著名的顾问公司IBM的指导，已经能够自主进行变革了。现在，华为只需要邀请一些西方退休的著名高级管理顾问，不再请西方大公司来整体介入其内部运作了。

华为现在应用的大概还是前10年的流程。它的操作指导书很规范，共有1.4万多个文件。公司的运作走向了规范以后，带来的问题可能是什么？走向反面——太规矩了，创业期间的灵活性、主动性发生了减退，把遵守流程作为自己的职责，而忘记了遵守、执行流程的目的是要抓住机会、创造业绩、服务于客户并创造收入。因此，从灵活到规范以后，还要从规范中处理好哪些该灵活，哪些该集权，哪些该放权，应该放权到什么程度的问题——这也是规范和灵活的一个基本矛盾。

中国企业的特点就是从灵活到灵活。许多企业没有摆脱创业阶段的灵活性：同样的事情，张三当主管时有一套做法，到了李四当主管，又是另一套做法。这样做，企业的效率很低，而且会带来一个严重的问题——企业成功的经验不是积累在组织层面，而是积累在个人层面，这就变成了个人的人力资本。个人一旦跳槽，就会把人力资本带走。新上来的人，也不得不使用自己的一套……企业什么时候能够搞好？什么时候能够成熟起来？所以，规范和灵活本身是一个基本矛盾。

（五）资本与劳动的矛盾

按照过去西方的理论，谁投资谁所有。而到了近代，价值创造的要素、劳动在价值创造中的贡献作用已经不是100年前企业的格局了。比如说，早期工厂的、流水线上的工人，他们价值创造的贡献是很有限的，而且很容易被替代。但是现在，比如研发领域顶尖的技术人才就不是轻易能够招聘、培养并留下来的。而仅靠工资和奖金无法满足这些人贡献之后所要求的回报，他们要求的是所有权，是股权。这样，就使得企业的资本结构、所有权结构必须跟着改变，否则就留不住优秀的人才。

怎么改呢？要形成什么样的格局？今天，资本和劳动之间的矛盾，是所有发展到一定规模的企业必须要处理好的主要矛盾。华为怎么处理这种矛盾？用员工持股的方式。华为的员工持股现在超过了10万人，超过了公司50%的股份比例。华为的员工持股是得到了深圳市体改委红头文件批准的，但是竞争对手总是挑毛病，认为华为此举是内部集资——华为的股票是员工花钱买的。

但华为的股票不是上市公司的股票，它只是企业内部的一种契约。这个企业内部契约执行得很严格，包括员工退休以后可以把自己的股票都带走，只是有一定的竞业限制。如果这些退休员工要到竞争对手那里去工作的话，公司要回购他的股票，回购价格就是每股净资产的价格。所以，华为股票的价格很低，到现在每股也只有7元多钱。

为此，竞争对手指责华为股票的实质是内部集资，但是这个机制确实起到了非常关键的作用。如果员工花钱买股，那么企业就存在风险。要是企业经营得不好，到你退休离开公司的时候，你买的股票可以退出来，否则这个股票就是不流动的——不可以转让（横向转让），不可以筹资，不可以自己退回来，退回来就是离职。

从投资的角度来说，华为内部股票也存在风险，因为它是高回报的，比国家的贷款利率还要高。但唯其如此，才有激励作用。

有些企业给员工分股，员工不用花钱，便没有风险意识。而且，如果公司用法定的上市股票分给员工，这个股票是收不回来的，员工有权利持有、继承股票，这就使得企业的股权越来越分散，而且是分散到那些不再为企业创造价值的人手里了。这样，企业一开始只是和员工分享价值贡献的结果，但到最后却催生了一个实力阶层。因此，资本和劳动到底怎样分享剩余价值？这很值得研究和探索。

我的一个博士学生在北京市也做公司员工持股研究。它的员工持股实际上是一种利润的分享，即员工持有的股票不是真正上市流通的，但是有分红的权利，只有骨干层的股票才能上市流通。它的这种方式与华为的机制相比，差别在哪里？差别在于，我学生研究的这家公司，员工拿到的股票相当于除夕夜里打了只兔子——有它也过年，没它也过年。就是说，没有风险意识的股票激励，作用其实非常有限。而骨干员工持股，使之成为公司的所有者，当然会产生凝聚力。但是谁能保证这些骨干会始终在你的企业中效力？他要跳槽怎么办？离职怎么办？我们今天不讨论这个问题，我只是说，这个矛盾是企业必须面对、必须解决的，解决不好就会给企业带来一系列的后续问题。

（六）经营治理与员工参与的矛盾

现在，许多民营企业从合资企业或者领先的优秀民营企业挖高管，指望通过这种方式，把对方先进的管理体系、管理流程甚至客户关系都带过来。就我接触的许多企业来看，出现这个结果有两种情况。一种情况是，这位高管在企业里被架空了，他不是这个企业成长过程中自然形成的高管，没有文化基础，他分管的人或者整个企业的人对他实际上并不认可，所以，他说话没人听。另一种情况是，这些高管折腾几年，没有后劲了，所以不得不跳槽。在这种情况下，我们吸引其他的高管，希望由他来着手经营治理，现实吗？

指望经营治理、指望拿来主义是有问题的。我接触过一个案例。重庆有一家很优秀的企业，它的老板从华为挖了一个地区副总裁级别的销售负责人为他们做销售，结果人家只待了半年就跳槽了。原因是什么呢？是华为的这套理念和机制在他那里推不开，他说话也没人听。老板跟我说到这个事情，认为那个销售在华为只是一个“打酱油的”。我一问名字就知道了，他是一个非常优秀的人。我在华为的高级干部研讨班某一期讲课的时候，他是我的学员之一。他原本是在华为埃塞俄比亚市场做出了优秀业绩的干部。埃塞俄比亚的运营商是一个垄断的国有运营商，原来一直是爱立信的客户。为此，华为连续四任客户经理在那里做客户关系，想尽了一切办法把华为的产品打进去，结果都不理想，这个市场始终没有被攻破。但是，这种独家供应商的局面，在这位销售干部的任上被彻底打破了。他不仅把这家国有运营商拿了下来，而且把华为做成了这家运营商的独家供应商，把华为的通信设备、基站产品、数据通信、光网络等全部打进了埃塞俄比亚市场。因此，埃塞俄比亚一家运营商做出来的利润，就相当于北非地区部十几个国家利润总额的1/3——这业绩多优秀！于是，这个人就被提拔起来了，不但出任了埃塞俄比亚代表处的代表，后来又被提拔为北非地区部的副总裁。再后来，因为各种原因，他被重庆这家企业高薪高职给挖走，结果他遵照老板的意见，到那里推行华为的理念、机制，却遭遇了溃败。因此，我对这个老板说，华为的干部不是打酱油的，是你的企业文化跟华为的文化差异太大，体现在管理体系、管理方式、管理政策上都不一样。由于文化不同，他的理念在你这里贯彻不了。

关于经营管理，我的思想比较倾向于员工参与管理。在华为，主要是一种团队的管理，员工是参与团队管理的。美国在1930年代就有了员工参与管理非常成功的案例，即斯坎伦计划。关于斯坎伦计划，在我的《管理政策》一书中有专门的案例翻译，大家有兴趣可以去看看。其中员工参与分享的机制，劳动成本的标准是按照业界通行的工资总额占销售收入的比例定下来的，在收入增长的情况下，劳动占薪酬的比例也会随着劳动的收入而增长。通过这种方式，员工就会关心企业的收入，关心企业的利润。员工要想增加收入，就要把产品做好，就会关心产品的质量，就要履约，要及时交货。由于员工的广泛参与，其产品的交货期也会大大缩短。

斯坎伦计划中有一个例子。一位客户来谈一个大合同，这个大合同对于收入的增加非常有利，但是销售那边却不肯接，为什么呢？因为客户承诺的价格无利可图。当合同信息放到员工分享制的生产委员会和管理委员会上讨论的时候，员工认为合同可以接，理由有两个：一个是合同增加了收入——员工的劳动成本增加了，其收入也会有相应的增加，员工有直接的利益。另一个，员工知道这个合同有利润，因为在整个生产环节中通过一定的方式是可以降低成本的。但是，对于这一点，委员会的人却不知道。最终，这个大合同被接了下来，实现了按期交付，并且为企业赚了一大笔钱，员工的工资也通过合同收入的增长而增加了许多。

这个案例说明了什么？对我们传统的制造业和服务业来说，企业运作的能耗诀窍是真正掌握在员工手里的，而企业的领导者对此却不清楚。如果能把员工积极性充分调动起来，企业的创造力就会无穷大。何况，现在员工的素质已经不是20年前的员工可比的了。最新的数据显示，2023年的大学毕业生将达到1 158万，也就是说，现在的普通员工大多拥有大学学历。虽然不一定是名牌大学，但大学基础课的教育和训练都是一样的。上过大学和没上过大学对员工潜质的塑造和开发区别很大。所以，企业员工队伍的整体素质已经有了确确实实的提高。那么，用怎样的管理机制才能把员工的潜能释放出来并引导到为企业实现目标作出贡献呢？这是目前管理的一个核心的问题。

许多企业还在套用过去的老办法，主管怎样要求，下面就怎样执行。这套办法已经严重过时，它不能发挥出被管理员工的智慧。现在的员工已经不同于当年了，表面看起来，他们好像不太好管。这是因为他们获取信息的渠道太多，员工获得的信息甚至比主管要快得多。再者，员工里面虽然有许多的“刺儿头”，但是他们的潜质很高，用好了，就能把他们的积极性调动起来。这对于企业来说是一个不可估量的价值创造来源。

（七）物质与文化的矛盾

华为的高薪政策大体上是在2010年以后明确的，对员工的入职成本、平均工资不再像以前那样控制得比较严格。以前，华为的工资与社会平均工资水平相当，大概是业界劳动力市场的75%左右。这是因为，华为还有分红，而分红是不列入咨询公司统计的。仅从工资这个角度来看，华为包括奖金在内，大概只相当于业界的75%，但加上分红就超过了业界的平均水平。但是，我们在招聘的时候，对分红这部分，应聘人员往往并不认可，他主要是看工资或者是起薪点。

大概是从2010年以后，华为的业绩在增长，公司的整体规模在扩大，支付能力也大大增加了，因此，坚持了高薪政策不动摇。所谓不动摇，就是在美国打压之下，在业绩大幅下滑的情况下，华为不仅没有减薪、降薪，而且对优秀员工的起薪还在提高，一些天才员工的起薪可以超过200万元/年。网上说，华为员工的平均年薪超过了70万元，这不是捏造而是事实。华为的分配政策是资本的分红和员工的薪酬不低于1：3的比例，就是员工薪酬占三成、分红占一成，包括工资、奖金、福利等津贴在内。这样就可以从华为每年实现的整体利润中算出员工大体的工资总额，再除以员工的人数，就是平均工资。事实上，包括“五险一金”等福利在内，华为的实际平均年薪比70万元还要高。高工资代表了高纳税，但最终到员工手里的薪酬还是很高，高于业界的平均水平。

为什么要实行高薪政策？一是方便招聘到更优秀的员工。高薪加上高声望以及高的发展前景，华为每年在985、211等院校招聘计算机、通信、自动化相关专业的毕业生时，所向披靡，任何公司无法与其竞争。二是高薪政策使得员工更加珍惜工作机会和他的岗位，这就为严格的管理提供了基础。只有高薪企业才能够这样管理，否则，薪酬达不到平均水平，管理还那么严格，员工就会产生许多不平衡感，更不会为公司着想。

所以，华为的高薪政策与严格的管理是相辅相成的。没有高薪，不可能有严格的管理，反之，没有严格的管理就不会有高效率，没有高效率就没有高竞争力和高收益。高薪不仅是一个成本，实际上它还是一种对人力资本的投资。在美国的制裁与打压之下，华为的业绩从2020年的8 900多亿元人民币下滑到了6 300多亿元人民币，当年就下降了29%。在这种情况下，华为仍然维持高薪不变，预计，这一政策至少要再坚持两年，因为华为的现金流很好。有了这种物质条件的保证，它的文化才能真正得到员工的认同，否则文化就是空中楼阁。

以上是企业面临的七大主要矛盾。但企业内外要面对的矛盾还有多种，我在《管理政策：矛盾、辩证法与实践》的第14章讨论了14对矛盾，可供大家借鉴、参考。

三、小结

最后，我还想引用西蒙的几个观点。西蒙认为，特别是在私营企业管理文献中，政策往往有两种意思：第一，组织规定限制下属自由裁量权的一般规则，政策本身是要对下属的自由裁量权加以限制。至于限制到什么程度，是政策尺度的问题。第二，由最高管理层颁布比较重要的规定。管理的道德前提可以称为法定政策，最高管理层制定的广泛的非道德规章可以称为管理政策，而其他规章则称为工作政策。

我的《管理政策：矛盾、辩证法与实践》实际上也是由西蒙的观点支撑的，不知道能不能得到认可，但至少这是我个人几十年从事基层管理以及管理教育、管理研究、管理咨询的思想集成。

（华夏基石e洞察公众号2023年6月10日发布）

追求组织平衡，必然是死路一条

在华为的管理哲学中不断涌现出诸如“混沌”“耗散结构”“场”“热力学第二定律”“熵”等大量的科学术语。

这一现象的产生至少反映了一个困境，即现行的组织和管理理论难以解释和解决企业管理面临的新问题、新挑战。然而，这些科学术语在为我们的组织和管理提供理论解释的同时，也使我们产生疑问：社会组织的活动能否用自然科学理论来解释？玛格丽特·惠特利（以下简称作者）的《领导力与新科学》一书，对上述问题给出了富有启发性的思考。

一、耗散结构理论告诉了我们什么

耗散结构理论在华为的语境中是任正非（以下简称任总）最先提出的，他有很多形象的说法，比如一个人要通过运动把多余的脂肪耗散掉，组织也是这样。当你的能量积累在不恰当的地方的时候，可能成为组织进一步优化发展的障碍，必须耗散掉。否则，组织可能被颠覆，这是任总的一个重要思想。

这个理论最早是普利高津提出来的，它实际上是解释有序状态和非平衡状态的联系，其基本问题是，到哪里寻找秩序的源头。在普利高津看来，无序可以成为新秩序的源头，他把这个新发现的系统称为耗散结构，以说明它们自相矛盾的特性，耗散意味着损失，是能量逐渐衰减的过程，结构则表示实际的秩序。普利高津发现能量衰减的耗散过程是建立新秩序所必不可少的。他的结论是：“无序可以成为新秩序的源头，成长往往起源于不均衡，而不是平衡。”

作者据此认为，实际上，组织管理中我们担心的大多数事情，如解体、纠纷、混乱等，都无需视为将给我们带来灾难的消极因素；相反，它们可以更有效地激发人们的创造性。从新的视角来看，科学家们认为，无序和秩序的关系是“秩序源于混沌”或者“变化产生秩序”。

当一个系统处于人们无法知道其下一步将做什么的状态时，我们称之为混沌系统。这样的系统绝不会重复过去的行为。但混沌理论还告诉我们，如果进行长期的观察的话，混沌系统仍存在固有的秩序。作者指出，世界上的万事万物都是无序中包含着秩序，秩序中也包含着无序……我们已习惯以不同的状态来看待事物：要么是正常状态，要么就是例外。但在全新的世界里，自相矛盾是最为突出的特征，我们看到的景象是交替变化的：混沌与秩序，变化与稳定。

二、量子理论能帮助人们更清楚地认识世界

量子理论认为，在量子世界里，关系不仅是有趣的，而且是关于现实的“全部内容”。

作者进一步指出：“关系世界内涵丰富且复杂。应将关系作为一切的基础。有了关系，我们就不再指望预测性，而是转向潜在的可能性。”

这句话的意义很重大，我们往往通过预测性来确定未来会发生什么以及发生的概率，我们试图把未来的可能性看清楚。而作者在这里强调：将关系作为一切的基础，有了关系我们就不再指望预测性，而是转向潜在的可能性，我们更关注甚至是无法预测的可能性，它可能在一定条件下变成现实。

这样对于未来的行为可以分成两类，一类是基于可预测性的理性选择和理性的决策和判断，另一类是基于可能性的探索和渐进选择。比如我们的IPD，追溯IPD最初的理论体系应该是迈克尔·E.麦克格雷斯的《在产品开发中设定PACE》那本书。这本书所定义的IPD管理体系以及跨部门的决策体系，吸收包括财务在内的跨部门代表进入产品投资决策团队，比如进入IRB（投资评审委员会）或者是IPMT（集成的产品组合管理团队）。财务是讲究可预测性的，如果要上一个新项目，财务要求将未来的市场机会转换成市场空间以及收入、成本、利润、投资回报率和投资回收期的数据，这是财务决策所依据的基本指标。如果这个项目未来市场是可预见的，我们的市场份额是可估计的，投资回报是可计算的，那么，这就属于可预测的决策，换句话说，就是带有确定性的特征。这是财务在投资决策中最能够发挥作用的领域。而华为现在面临的最大问题是，我们走到前沿以后，要从追随者转变为领导者，面临的最大挑战是直面不确定性。那用IPD这种机制，基于数据、预测、投资回报的这种决策机制能不能应对不确定性的挑战呢？对此，我想强调的是，如果确立了关系这个概念，我们不再只关注可预测性，而是转向潜在的可能性，我们就能够建立起应对不确定性的思维方式。这也是任总要求在研究领域把喇叭口张开的意义。任总提出在探索不确定的未来时要多路径、多梯次、饱和攻击；强调大公司在研究上不能采取赌一种选择的方式，那是小公司资源不足的方法，而是对多种可能性分别投入一定的资源进行探索性的研究，蓝军要实体化，希望蓝军不仅仅是挑红军的毛病，而且在挑毛病的同时，也要立项，按你的假设把它做出来。

其实IPD在它的管理体系中也是要张开喇叭口的，当时IBM给出的最佳业界实践是，如果在张开喇叭口时的研究立项数目是100%的话，经过概念阶段、计划阶段，进入开发阶段，项目淘汰率的业界最佳实践是43%，所以IPD在它的整个机制里实际

上也包含了对不确定性项目的立项、预研和淘汰的机制，这是我们今天在IPD管理体系中要更加重视的机制。

其实财务在面对不确定性进行选择时，也是有理论和方法论的。这就是近二十多年来不断完善的实物期权的理论和方法。实物期权理论认为在面临不确定性时，保持灵活性是有价值的。在研究上的投入，可以视同为购买了一种期权，如果这种期权在未来是看涨的，就会继续投入；如果是看跌的，就终止这个项目，损失的只是初期探索性的投入；如果时机尚不成熟，可以放缓投入，放缓产业化、商业化的节奏，这类似可延展性期权；如果是可以转换的，这个项目虽然不成功，但在这个项目上积累的能力和技术是可以用在其他项目上的，可以用转换期权的思路来操作。所以我们强调有了关系这个基础，我们就不再拘泥于预测性，而是转向潜在的可能性。当然强调关系、重视不确定性，不是要否定可预测的事情。这也是任总强调的，开发应当是确定性的，是商业成功导向的；研究是探索性的，是不确定的，即使证明此路不通，也是有价值的。

接下来，作者讲道：“我们谁都不能脱离与他人的关系而独立，不同的环境和人将使我们的某些特性显现出来，而另一些特性将处于休眠状态。从某种意义上说，我们在每一种关系里面都是不同的、全新的。”

实际上关系的结构和网络，使得我们呈现出一些独特性，这些独特性实际上是受个体所处的关系网络所决定的，上述观点要求我们不应当孤立地看待个体及其表现。

甚至组织权力也完全依赖于关系的建立。“组织中的权力是由关系生成的能力。”这是一种依赖关系而存在的能量。

这与伯恩斯的观点是不谋而合的，伯恩斯认为权力是一种关系，权力资源的拥有者运用他的权力资源使得对象的行为能够达到权力拥有者的目的，他也强调权力是建立在关系基础上的。

还有一个值得注意的现象。在关系网络中，局部作用的潜在影响与其本身的大小没有关系……小范围的变化也可能影响到整个系统，这是由于每一个小系统都属于不可分的整体。由于这些看不见的关系，系统中任何一处的行动都有可能对别处产生影响。

这种现象就是混沌理论中E.洛仑兹的著名假设——蝴蝶效应，巴西的蝴蝶扇动翅膀有可能在得克萨斯州引发一场龙卷风。现在从华为的实践中我们也看出这个问题，公司的规模越大，越可能受到不知来自什么地方的、很微小的一个事件的严重影响，它可能给公司造成很大的损害。像P10手机，有段时间一度在网络上闹得沸沸扬扬的FLASH，说华为的FLASH来自多家供应商，性能存在很大差异，华为作了虚假宣传。其实即使像苹果公司的FLASH也不可能依赖单独的供应商，何况华为这样在产业链中还处于支配地位的企业。这些事件使P10的宣传效应、推出来的轰动效应打了很大的折扣。这充分说明，在关系网络中，你不可能对潜在的影响机制全部清楚，因此，一个看似微不足道的事件有可能对整体造成很大的伤害，这种现象太普遍了。这促使我们必须高度关注质量，必须认真做好每一个细节。

三、无形的“场”的概念与组织价值观

作者认为，对于组织中一些难以理解的事物，用场的理论来解释好像是个不错的主意。

场已经成为解释“超距作用”的一个非常有用的工具。所谓超距作用就是物体之间没有直接接触，但是它的影响发生了。场的理论告诉我们，场可以产生无形的影响，这一点有助于我们对组织生活中某些难以规范化的方面进行管理。例如，愿景是指组织的目标和方向，把它当作场来看待再恰当不过了。

场的理论在组织和领导这个范畴，很适合来解释文化的作用，包括使命、愿景、价值观这些无形的东西的作用。当然，场不管是电磁场还是重力场，都是可以用科学的、严谨的公式来描述的。我记得我在大学的时候学普通物理，老师把麦克斯韦方程组在黑板上列出来之后，发了一通感慨：多么对称、多么漂亮!当然，现实中的电磁场虽然无处不在，但既看不见也摸不着。不过从管理角度来看，场的理论特别适合解释企业文化和价值观在企业中的作用。

作者讲道：“如果愿景是一个场，设想一下我们会拿出怎样不同寻常的行动来发挥它的影响力。首先，我们要认识到建立愿景是在创造影响，而不仅仅是设定一个目标。其次，从场的角度进行思考，我们就会知道，我们需要高度的一致性，既要有一致的信息，更要有一致的行为。再次，我们要认识到，愿景必须渗透到组织的各个角落，以达到影响所有员工的行为的目的。”

我们解读这段话，如果把文化在企业中的作用比喻为“场”，包括使命、愿景和价值观，那这个场应当是无处不在的，但文化能否渗透到这种程度？如果不能，问题到底出在什么地方？所以企业文化能否像场一样发挥作用，渗透到每一个环节，并且达到认识上和行为上的高度一致性，如何达到这一境界是十分挑战人的。企业文化只有转化为政策，转换为制度，并且一以贯之地落实，才可能真正像场一般地发挥作用。

四、薛定谔的“猫问题”与观察行为的两面性

作者讲道：“在量子力学领域，薛定谔的‘猫问题’是一个经典的思考问题。”

“在量子世界里，你看到了什么，它就是什么。量子波函数呈现出的多种可能性，我们一旦观测，它就呈现出唯一的形态。最终呈现出哪种形态，取决于我们的观

测意向。”

谈一点个人的浅显理解。“猫问题”和“测不准”原理都是一类的问题，就是波和粒子的二重性。量子世界里，你看到的是什么，它就是什么，观察一个事物的时候，它就变成了所观察的一个事物，而在观察它以前，它就是以概率的形态存在的。量子波函数呈现多种可能性，我们一旦观测它，它就呈现唯一的形态，最终呈现出的哪种形态，取决于我们的观测意向。这个“猫问题”，是一个简单的实验，一个假设性的实验，有一个封闭的箱子，里面有一只猫，箱子里还有一个机制，可以释放食物或者有毒的药物，但是箱子里的猫是得到释放的食物活着还是被释放的毒药毒死了，在观察之前是不知道的，可能知道它的概率，但是不能准确判断这个问题，一旦打开这个箱子观察它的时候，它是活着还是死的，只有一个唯一的概率，也就变成了确定性的东西了。

这个理论在管理上有多大的解释力呢？对领导和组织问题有多大的解释力呢？作者认为，我们在组织里工作或生活，与生活在薛定谔的猫问题世界里很类似，每个组织都有很多箱子，每个箱子都是组织的一个部门，根据作者的经历，每个箱子里都有一只猫，猫就是员工，他们可能很有潜力，但他们的命运往往是由观察行为决定的，而且无法改变。这个事情就有现实意义了，也就是说上级的观察或者行政管理团队的观察或判断可能就决定了一个下属员工的命运，但判断是不是准确有待商榷。本来这个人具有多种可能性，每种可能性有一定的概率，但一旦观察并给其定性后，他就只有一种性质了。在管理理论上一直有这么一种说法，一个人你怎么对待他，他就是什么样的人。把员工的人性假设成善的，他就是善的，把他假设成恶的，他就是恶的。这里的“恶”指的是逐利的本性，没有其他的含义，他是逐利的，这都和观察者或者上级的观察和判断有关系。我没想到对薛定谔的“猫问题”作者居然提出了这样的组织和管理解释，应该说，这是有大量的实践支撑的，因此，作者讲道：“对领导者来说，深刻理解观察行为的两面性是非常重要的。”

我们可以这样来理解。对于领导来说，对下属仅凭有限的观察就形成了成见和判断，这种思维模式是应该受到挑战的，这种类似薛定谔的“猫问题”，把一个含有多种可能性的问题变成了一个确定性的问题。而且对于华为来说，我们还有强制评级制度，这个制度要贯彻下去，不得不给它赋予强制分布的特征，A是多少比例，B+是多少比例，B是多少比例……

那么，怎么在对下属和员工的评价中尽量避免主观性和片面性呢？作者给出的建议是：“因此，我们似乎可以得出这样的结论：对于世界上的事物，如果参与的人越多，能获得的信息就越多，我们也就越会因此而变得更有智慧。”

实际上需要从多个不同的视角来对人进行判断，这也就是任总一直主张的，也是公司一直推行的，一定要“集体地讨论干部，集体地使用干部”的评价程序的宗旨，用程序的公正性保证结果的公正性。

作者进一步讲道："离开关系网络和支持人们把工作做好的资源，谈组织中的角色是毫无意义的。"

如果我们仅从角色这个角度讨论，我们更看重的是个人的表现，如果我们把他放到一个关系或资源网络中去看，脱离开这些关系网络和资源，脱开支撑他表现的行为的资源，仅仅从角色来说是毫无意义的。

作者认为，我们应建立"能量流动模式"这样一个概念，它们是人们完成工作所必不可少的。我们应将个人的角色理解为能量交汇的相互作用区域，为了使独立的个体取得良好的工作成果，我们必须做好支撑支持工作。另外建立好关系网络，以便他们密切合作，共同把工作做好。"建立层级结构并进行权力分配并不重要，关键是有没有进行能量交换的区域。"

我对作者上述观点的理解是，这个能量交换区域的概念是指个人的能量实际上要和来自关系网络或其他个体的能量交汇，然后才可能让这个角色充分发挥作用，因此，应该把角色看成一个能量交汇的区域，而不仅仅是个体的一个孤立的现象。

作者实际上对领导到底应该做些什么事情提出了她自己的看法，重要的是要帮助下属建立好关系网络和支撑网络，建立好资源和协作的网络，而不是直接给个人或者岗位下达命令或施加压力。

五、平衡与非平衡、稳定与不稳定对组织发展的意义

作者指出，从美国传统词典（America Heritage Dictionary）上找到了对"平衡"（equilibrium)的解释:

（1）表现一种情形，所有起作用的影响互相抵消，因而产生稳定、平衡或不再发生改变的系统。

（2）物理学上所指的一种情形，系统内所有起作用的力的合力为零。

（3）精神上或情绪上的平衡。

前两个定义都是消极的，让我很惊讶。所有行为的结果为零？那么，我们为什么如此渴望平衡，甚至还用这个词来描述良好的情绪和精神状态？对组织来说，平衡也不是一种令人满意的状态，甚至恰恰相反。

我的经验告诉我：追求组织平衡，必然是死路一条。

平衡是热力学第二定律作用的结果，热力学第二定律只适用于封闭系统。平衡不是生命系统的终极目标，因为生命系统是开放系统，它们要与环境共生存，它们不追求平衡，恰恰相反，开放系统维持着一种非平衡状态。只有远离平衡，开放系统才能够变化和成长。开放系统是利用不平衡状态而避免自身退化的。

事物发展是在趋向平衡又打破平衡的过程中才能发展的，成长的趋势实际上是趋向平衡，成长一旦达到平衡状态就终止了，要继续成长，就必须打破平衡，这其实是一个悖论。在任总的管理思想中，“平衡与非平衡，稳定与非稳定”是一对基本矛盾，也是他基本的管理理念。从外界看华为，华为似乎是一个从管理上追求“平衡、灰度、妥协”的企业，但是从我们内部的感受来说，华为又是一个动态的、不平衡的、政策不是很稳定的组织，怎么去理解这个矛盾？包括从2016年10月份开始的，研发系统2 000名中层主管和专家向市场和服务体系转岗，这个大的动作在其他企业是看不到的，企业可能有制度化的人员流动，但这种带有运动式的转岗，在其他企业很难看到，而且事前员工不知道有这种转岗，问题就在这里，当它突然出现的时候，你如何应对？对员工之前自己的职业生涯设计可能形成很大的冲击。有些人把它看作机会，有人却觉得这个事情使自己陷入不确定性的状态中。因此，心声社区上也有关于此事的帖子，提出转岗员工是炮弹还是炮灰的问题。当然，每个人都有自己的判断，因为这个事情是自愿的，每个人是在打破自己的平衡，是在追求自己新的平衡状态，这里面肯定是有风险的，是要打破过去的稳定追求一种不稳定的状态，也可能在这种不稳定的状态中更有利于他的继续成长。

作者接着讲道：“自组织系统的另一个特征是长期稳定性。说它们是‘稳定’的，科学家指的是整个系统的稳定性。整个系统的稳定性是通过另外一个自相矛盾的过程实现的，若干局部的变化和不稳定性遍布整个系统。”

稳定本身是由不稳定造成的一种宏观现象，这个问题如何解释，如何把它用到管理上来解释这个问题？包括我刚才提到的转岗，华为其实在2001—2002年期间，就有过一次大规模的转岗，当时的规模是300人。那次誓师大会我不在现场，但在北京研究所看了视频。公司为什么要动员研发的主管300人转岗到市场体系？当时的背景是，中国市场在2G到3G的过渡时期，由于中国政府迟迟不发放3G牌照，中国市场的增长空间和发展速度大幅度下降，公司在2002年的业绩压力很大，这就逼着公司到海外去拓展市场，公司选择的不是业务多元化而是业务聚焦、市场多元化。通过市场多元化来解决业务聚焦以后带来的风险，应对外部产业波动导致内部的业绩波动。当时是300人，我的现场感觉，当时的基调其实是有些悲壮的，一个是与我说的背景有关系，一个是之前没有先例。研发体系有一些项目经理、中层干部转到市场上去了。今天我们回过头来看，后来有一些当时转岗的员工走掉了，但毕竟还是有一些员工成长起来，重新回到研发的一些产品线做高管。比如，我听说陶景文就是在那次转岗的，现在已经进入公司的高层。当然，公司的政策设计应该有连续性，政策本身应该是确定的，应该是可预见的，这样才能对员工行为产生稳定的、持久的影响。不过，市场和环境是变化的，是我们不可控的，我们只有适应，从来都是适者生存。

作者接着讲道：“我们一直认为，自主和秩序这两种力量是彼此对立的。实际上，它们是建立健康、有序系统的好伙伴。有效的组织离不开两个关键要素的支持——清晰的同一性意识和自主性。在组织里，如果人们在清晰组织同一性的指引下，通过自参照过程实现自主决策，整个系统就会有很好的一致性和力量。这样的组织虽然不太注重控制，却更有秩序。”

我对这段论述的理解是，公司现在强调公司未来的组织模式是大平台支撑的前端精兵作战模式，公司整个变革的理想目标是，大平台的运作是程序化的、确定性的，同时在确定性的基础上实现自动化和简化，而前端是充分授权的、主动的、灵活的、受到监控的，这是公司的理想状态，既有前端的灵活性，又有平台的高效性。从财务的机制上来看，前端的灵活组织应该是利润中心，只对结果承担责任，而且对过程自己有很大的自主权来决定。公司目前在试点合同在代表处审结，这是一个很大的授权，如果合同都要上报到公司总部来批准，效率太低。另外，合同在代表处审结，本身既增加了代表处自己决策的能量，增加了代表处快速响应市场需求的能力，也给代表处增加了责任，自主决策就要对决策的后果和风险承担责任，当然基于利润、现金流的激励机制要跟上。

这项改革在华为的机制里是要解决什么问题呢？华为的市场覆盖了一百七十多个国家和地区，这种内部的差异性是很大的。我们看未来，这些新的技术，比如云计算、人工智能、物联网、大数据、5G等，未来的机会会从哪里冒出来？未来的商业模式是怎样的？单纯靠上面设计很难。举个例子，云计算的商业模式在哪里？亚马逊的AWS已经走出了一个模式，AWS去年的销售收入是122亿美元，盈利是31亿美元，已经越过了盈亏平衡点，成为亚马逊利润的一个重要来源。中国的腾讯、阿里巴巴，也在推云计算商业模式。这三家企业有个共同的特点：有资本市场的支撑，有直接融资的渠道，我们把它们称之为“取之于民，还之于民”，钱是从股东那里来的，再还给社会。它们搞公有云，搞重资产模式的云计算商业模式是有资本市场支撑的。华为没有直接融资的渠道，是用内部创造的现金流，以及来自未分配利润和员工持股的所有者权利通过财务杠杆撬动的贷款来支撑公有云，这个力量是有限的。任总在最近提出来，一定要追求有利润的收入，有现金流的利润，不重资产化。那么云计算的商业模式如何设计？类似这样的问题还有很多。在我来看，越是在这种情况下越要授权，用一线的探索来找到可行的商业模式。从上面设计来说，它只能是理性的，或者参考外面的模式。但外部的成功模式就那几家，不完全适合华为，因而我们面临非常大的挑战。这方面我们可以借鉴《领导力与新科学》中的思想，增大一线的自主性，让他们去大胆探索和创造。如果能够在这种不确定性和资金紧的约束情况下，给一线充分授权，是很有可能探索出一些成功模式出来的。但模式如何探索？仅靠上面的设计是不够的，即使上面设计出来，下面如何做也是想象不出来的，因此，要有鼓励下面创造的机制，而这种创造的机制要求给下面自主性和灵活性。研发也面临未来的不确定性，开发可以是确定性的，研究是探索性的，也需要下面的自主性，如果仅靠上面设计，把研究的方向控制住、把业务的领域控制住是可以的，但是具体的项目、具体的模式恐怕还需要下面有更大的主动性和自主性去创造。所以我觉得关于平衡与非平衡、稳定与非稳定的讨论，在公司还是有非常大的指导意义的，公司的文化是支持这些观点的。

最后，作为本章节的结束语，我想再引用作者的一段话，她说：“对于如何看待由新科学而产生的丰富联想，我赞同物理学家弗兰克·奥本海默（Frank Oppenheimer）的观点：‘如果一个人有一种新的思考方式，为何不运用到他认为可能适用的地方呢？人们如果能够这样联想，一定非常有趣，这往往会引导我们获得新的、更深刻的认识。’”

（华夏基石e洞察公众号2022年9月23日发布）

分钱不是管理的精髓，员工的参与才是

一、分享制成功的关键在于员工参与管理

大量实践表明，仅有利益分享还不是从根本上调动员工积极性的举措，关键在于参与管理。德鲁克早就指出：在现代化的大规模生产和流程生产中，工人的参与是精髓所在——很可能是关键的决定因素。我们可以通过四条途径来达到培养有责任心的工人的目标。这四条途径是：慎重安排工作岗位，高标准的工作要求，为工人提供自我控制所需要的信息，为工人提供参与管理的机会——这可以使工人具备管理工作的眼光。四者缺一不可。德鲁克特别指出，只要雇员把企业的目的看成追求利润，他就会深信他的利益和企业的利益有根本的分歧，他还会确信一个古老的说法：生产产生利润，换句话说，就是他产生了利润。但是，假如企业的目的是创造顾客，那就会产生和谐而不是矛盾。

所以，尽管利益分享与员工参与管理结合可以更大程度地发挥分享的激励作用，但如果管理层设定的要与员工共同实现的目标是企业利润的最大化，那么即使利润分享比例设计得再诱人，员工与管理层还是离心离德的，管理层还是不能把员工的积极性真正调动起来。只有如德鲁克所说，向着创造客户、更好地满足客户需求、发展新客户、开拓新市场的目标努力，通过企业的发展实现员工个人的成长，才可能使管理层和员工、资方和劳方实现真正的合作，达到双方的目标。

参与制更本质的问题则在于，人在经济利益之上还追求什么？从人性的角度来说，自尊、被认可、被尊重，以及权力和影响力，这是人们看重的。创建人力资源管理学科的哈佛商学院以迈克尔·比尔为首的五位教授在《管理人力资本》一书中论述道：我们希望表明一个观点：在形成所有的人力资源管理政策时，“雇员影响”在最广泛的意义上是一个中心的议题。所有的政策、技术和工作体系的设计与管理、薪酬机制的设计与管理，以及招聘、升迁、安置和解雇制度的设计与管理，都应该从这样的角度来检查：在这些领域作决策时，给了雇员多大的影响力？要达到自己的目标，公司必须找到驱动人们向一个共同目标前进的动力和控制的组合。那些在人力资源管理上卓有成效的公司——如IBM公司、惠普公司以及林肯电气公司——当它们发展自己的人力资源政策，并且使之与复杂的现实相适应时，都明显地或暗含地遵从了一些关于人的基本假设。人们想要自治，想要获得成就感，想要被某些群体认同，想要活得有意义，以及想要成长的假设，都可以加到这个清单上。

企业要不要实行利益分享和参与管理，有关利益分享和参与管理应该与哪些经营活动、雇员需要和人力资源管理政策相联系，薪酬应该在多大程度上和怎样被用作刺激因素，奖励如何与个人对组织的贡献挂钩，这些都是企业家和经理人应当思考和决定的问题。这方面，美国林肯电气公司的激励体系时至今日仍然给我们很多启示。

二、林肯电气公司的激励体系

美国林肯电气公司总部设在克利夫兰，是专业从事工业焊接设备和材料研究、生产和销售的著名企业，是世界焊接工程的领导者。公司始建于1895年，1909年制造出世界首台焊接设备，是一家拥有百年历史的焊接设备制造企业。该公司在 20世纪20年代就发展出一套独特的以计件工资、利润分享、员工参与和长期雇佣来激励员工的制度，这套激励制度的设计理念和员工参与管理的“咨询委员会”的运作很具有启发性。下面是笔者根据林肯电气公司的创始人之一詹姆斯·林肯的自传《林肯的激励系统》一书整理出的一个简要的案例。

（一）林肯电气激励系统的效果

林肯电气公司创立于1895年，注册资金是借来的250美元，从创立至20世纪40年代末，一直是靠企业利润内部融资支持企业的发展。自1921年实施激励管理制度至《林肯的激励系统》一书写作之时（1944），生产焊接设备的单台工时下降了80%。由于不断改进制造方法，在此期间，同样一台焊机的价格也从1 500美元下降到200美元左右，与单台工时减少的幅度大体相当。

在1929—1944年期间，林肯电气公司工人的年平均工资从2 000多美元增长到接近6 000美元，相当于同期产业年平均工资水平的2倍多。同样在此期间，股票红利从每股5 美元增加到60美元左右，最高时达到每股80美元。这一切证明了激励管理具有高小时工资、高红利、高雇佣、高生产率、低售价的效果。单位工资的产出水平指数从1933年相当于产业的平均水平，到1942年增长到高出产业平均水平的1倍以上（487.9 美元 /220.7 美元）。

（二）林肯电气公司的激励管理理念

詹姆斯·林肯是林肯电气激励系统的设计者和推动者。他认为，人具有无限的潜在能力，在适当的条件下，可以被大量地开发出来， 这是管理的巨大机会。任何人在任何时候的产出都是他累积的能力开发的结果。在开发人的潜在能力方面，最有效的两个途径是利用危机（crisis，对个人来说即竞争）和激励（incentive）。

詹姆斯·林肯认为，能够提高工人对自己和自己的工作的自豪感的唯一方式，是将他们置于这样的地位，在此位置上他们的技能及其发挥程度将根据他们的产出得到报偿。这种报偿必须与他们的技能及其发挥程度对等。而做到这一点的唯一途径是以直接的和精确的比例对其产出付酬，即某种形式的计件工资。没有其他可能的报酬方法比按件付酬更公平。在詹姆斯·林肯看来，资方（管理层）采取削减计件单价的劳工政策，是没有意识到在任何工厂运营中日常管理费用通常远大于直接工资。因此，对于工作以更快的速度完成的任何系统，即使工人是按之前的计件单价取酬的，公司节约出来的费用也远大于工人增加的收益。

任何成功的激励系统必须与经营利润挂钩。利润是对经营活动成功与否的度量，正因为如此，它也是对所有参与者的贡献的度量。应当确保经营活动的每一个参与者根据其对经营活动成功的贡献得到报偿。

毫无疑问，对于产业的劳资合作来说，最大的威胁是“集体谈判”。在激励管理系统中，工人的组织完全有理由存在。劳工关注的问题不同于资方。这些分离的观点有必要遵循各自的发展路径，只有这样才能获得相互理解。劳资双方建立这种必要的理解的方法在林肯电气是成立“咨询委员会”。

（三）林肯电气激励系统的操作要点

林肯电气激励系统的五个特点：

（1）按件付酬；

（2）给予工人能够施展才华的工作；

（3）按功劳晋升，长期雇佣，从内部选拔管理者和培养专家；

（4）工人参与管理，确保经营活动计划为每个员工知晓，并及时反馈结果；

（5）工人、顾客、股东分享利润。

对于如何实施按件付酬，詹姆斯·林肯强调，如果想使激励管理取得完全成功，除了按件付酬，没有其他的方法能够精确地度量工人的能力和正确地报偿他们。实施计件工资系统要达到两个目的：① 运用工人们的智慧和技能使生产达到最大速度；② 最大限度地开发工人的潜在能力。实施计件工资的两条基本原则是：① 开发完成工作的最佳方法并设定按此方法工作的合理价格；② 价格一旦设定，就应将其视为契约，不能改变，不论工人的收益多少。

林肯电气公司实行全员利润分享制。所分享的是税前利润，以年终奖的方式发放。每年发放的奖金总额由董事会决定。每年分派的奖金额介于工资总额的78%到129%之间。每个人分享到的奖金的数量取决于每半年一次的“绩效评级”，它根据与部门或工作小组其他成员绩效的比较来度量个人的绩效。所有员工的绩效评级经过归一化处于100分的相对尺度内。“绩效评级”的分数从最低45分到最高160分，差距很大。为了确定员工的“绩效等级”，需要对以下四个因素分别进行评估：① 可信赖度；② 质量；③ 产量；④ 建议与合作。

工厂厂长负责工厂所有员工的评估。对于办公室的员工，管理者依据同样的项目对下属进行评级。至少有一位执行总裁负责对所有员工的评级进行复审。如果员工对评级结果不满意或不清楚，公司鼓励他们与所在部门的主管进行讨论。

林肯电气员工参与管理是通过咨询委员会的运作实现的。咨询委员会由每个部门各自选出的一位代表组成，每年选举一次。领班也按数量选举他们的代表。这些代表，加上每家工厂的厂长，再加上总裁，组成咨询委员会，由总裁任主席。所有影响企业的事务都要在咨询委员会上讨论和决定。虽然总裁认为咨询委员会的决定不符合公司的政策时有否决权，但他从来没有行使过。咨询委员会成员并非对所有问题总是意见一致，但是任何决定必须经全体委员一致同意才能付诸实施。

从1914年到二战期间，咨询委员会完成了下述工作：

（1）1914年工人的工作时间从每周55小时减少到50小时，与此同时，工资率提高10%。

（2）1915 年确立了实行至今的按件付酬方法。

（3）1917 年决定了工人从公司结余中的分享收入可用于购买普通股。工人可以自行决定他希望收入中有多少用于购买公司的普通股。对于购买公司股票，工人须先提出申请，在资格获得上级批准后方可购买。工人中途离开公司，公司将按当前价格回购其持有的股票。股票价格由董事会决定，每年设定一次，价格大约是年度每股标准分红率的16倍。通常，大约半数工人是公司的股东。员工退休后，可以继续持有公司的股票。

（4）1918年确定了每位员工的人寿保险政策。保险费从员工的收益中支付，群体购买保险可以享受较低的价格。

（5）1920年确定了公司所有员工的带薪休假政策。这成为一种惯例，每年8月有两周时间工厂停产，所有员工带薪休假。

（6）1934年确定了年终奖政策。每年12月发放，数额取决于公司当年的收益状况，总额由董事会决定，但不保证每年都有。年终奖的分配由总裁决定，同时考虑部门主管的建议。年终奖是在税后扣除了红利和资本积累后的剩余，其数额足以使林肯电气的工人们享有产业的最高小时工资水平，但林肯电气的计件工资单价却是电气产业中最低的。

（7）1936年为每个工人设立了年金。年金将由公司在员工退休后每月支付直到其去世。公司将其列入经营成本。

（8）1941年设立了一个信托（trust）基金作为那些在战后不得不解雇的工人的离岗津贴。

（9）1942年确定在公司所有的参军者服役期间保留雇佣资格和利益。

（四）小结

我们看到，林肯电气员工通过民主选举产生的“咨询委员会”参与了几乎所有有关员工利益的人事政策的讨论和决定，咨询委员会所有的决定都是经委员们充分讨论达成一致的，这里没有个人独断，没有少数服从多数，从而使咨询委员会决定的人事政策符合全体员工的共同利益，使员工有了影响自己利益和公司发展的主人翁的感觉，这是员工把公司事务当成自己的事的关键。同时，由企业家担任咨询委员会的主席，拥有否决权，从而确保了咨询委员会的决定与公司政策的一致性，并非一味满足员工的要求。再有，咨询委员会的讨论议程，是在公司董事会制定的公司整体政策框架内的执行问题，是经营活动的细节问题，不干预公司重大经营战略和政策的制定，从而保证了公司经营决策的集中。

林肯电气的创始人推行激励系统的出发点是坚定地相信人的潜在能力是无限的，把开发人的潜能作为企业激励管理的目的，这是林肯电气成功的基本哲学。林肯电气的激励系统是按件计酬、员工参与管理（咨询委员会运作）和利润分享三位一体的体系，这三个因素对林肯电气获得巨大成功并延续百年缺一不可。林肯电气生产率提高所带来的成本降低首先是惠及顾客，其次是奖励员工，最后才是分给股东。这种优先次序确保了顾客、员工和股东的长期利益。林肯电气激励系统长期成功的关键是领导力，而领导力又来自领导者的经营哲学、眼界和胸怀。最后，我们认为，林肯电气激励系统是具有普遍的借鉴意义的，是可以学到手的。因为它是基于人性的，是主张资本与劳动的合作和利益分享的。

三、京瓷公司的阿米巴经营法

日本京瓷公司由稻盛和夫创立于1959年，京瓷公司在全球的事业涉及原料、零件、设备、机器以及服务、网络等各个领域。主要产品涉及精密陶瓷零部件、半导体零部件、电子元器件、精密陶瓷应用产品、通信设备。1984年，稻盛和夫又亲手创建了第二电电株式会社，即 KDDI公司。在稻盛和夫的经营下，这两家公司双双成为《财富》世界 500强企业。2010年2月1日，稻盛和夫以78岁的高龄出任申请破产保护的世界第三大航空公司日本航空的董事长，仅用了两年多时间，日航不仅扭亏为盈，重新上市，而且做到了三个第一：利润在世界航空产业第一，准点率世界第一，服务水平世界第一。

那么，稻盛和夫是如何取得这样巨大的成功的呢？这种经营奇迹是如何创造出来的？关键是两个根本原因：稻盛和夫追求的正确做人准则的经营哲学，以及阿米巴经营法。所谓阿米巴经营法，就是把组织划分成一个个小的团体，各自独立核算，让全体员工参与经营，充分调动管理者和员工的积极性，释放员工的潜能，并在公司内部培养具备经营意识的领导人。概括地说，阿米巴经营的目的有三个：第一，确立与市场直接挂钩的分部门核算制度；第二，培养具有经营者意识的人才；第三，实现全员参与的经营。京瓷公司、KDDI 公司、日航集团横跨了制造业、通信业、航空服务业等多种行业，它们的成功说明阿米巴经营法具有普遍的适用性，值得所有企业认真研究与推广。

要实施阿米巴经营法，必须符合下述条件：

首先，必须按照收入和费用支出实际发生的单位来建立阿米巴组织。实施阿米巴法首先面对的是如何切割划分经营组织的问题。复杂的组织的切割划分，必须依据收入和费用支出实际发生的匹配单位来进行。要做到这一点，稻盛和夫认为要有三个条件：第一，切分的阿米巴为了能够独立核算，必须有明确的收入，并且能够计算清楚获得这种收入所花费的支出；第二，作为最小组织单位的阿米巴，必须是能够独立完成一项业务的单位，组织只能分割到这样的程度——一定要有利于阿米巴长及阿米巴成员通过钻研创新来改进工作；第三，组织分割必须有利于执行整个公司的目标和方针。

其次，必须采用统一的、可比的指标核算各个阿米巴的产出和贡献。京瓷公司采用单位时间核算各个阿米巴的贡献。在单位时间核算制度中，事业活动的成果是用“附加价值”这一尺度来衡量的。这个“附加价值”就是从销售收入中减去生产产品所用的材料费、机械设备的折旧费等，并减去除劳务费之外的所有费用所得到的数字。这样，阿米巴单位的附加价值=外部销售和内部协作的收入-本单位产出的成本和本单位可控的费用。为了使各单位之间的附加价值可比，也为了让大家很容易就看得明白，稻盛和夫提出了“单位时间附加价值”的概念，即用总附加价值除以总劳动时间，算出每个小时的附加价值。他把这一指标简称为“单位时间”。这样，采用单位时间附加价值指标就使不同部门绩效和贡献的衡量具有可比性，该指标本质上是在衡量劳动时间的投入产出效率，这有利于减少冗员，减少劳动时间和机器闲置的时间，精简二线人员，提高一线作业人员的比例，以及增加阿米巴单位的产出和降低成本及费用，提高劳动生产率和薪酬的投入产出率。这既适用于以体力劳动为主的企业的阿米巴经营，也适用于高技术的知识劳动密集型企业的阿米巴经营。

再次，阿米巴的产出和阿米巴之间的协作均以市场价格为基础进行结算。阿米巴经营的目的之一，就是要实现“与市场直接挂钩的分部门的核算制度”。为此，阿米巴的产品、零部件以及工艺协作服务，无论是对外销售还是对内协作，其经营和结算的定价都以市场价格为基础，通过公司内部买卖，将市场竞争压力和价格直接传递到各个阿米巴，阿米巴依据这种买卖价格展开生产经营活动。稻盛和夫特别指出：虽然只是公司内部买卖，却不可设定一个让各阿米巴平摊利润的方法。归根结底，公司要根据市场价格来决定各阿米巴之间的买卖价格。

另外，由于各阿米巴之间在公司内部反复进行买卖，也会形成市场。例如，同样的加工，几个阿米巴都能做，那么最终只会与其中提出更有利条件的阿米巴进行交易。还有，如果公司内部的阿米巴在成本或质量方面出现问题，也可以不同它交易，而到公司外部寻找加工企业。

最后，阿米巴实行现金本位经营原则。所谓现金本位经营原则，就是把焦点集中在“现金的流动”上。所谓利润，本来是指支付了所有费用之后剩下的钱款。然而，在近代会计制度中，因为依据所谓“发生主义”（权责发生制）的原则进行会计处理，所以，接受或支付钱款的时点，与会计上列入收益和费用的时点，会出现差异，即实际的资金流动无法与结算表上损益的变动直接挂钩。这样，经营者就很难把握经营的实态。因此，应该回归会计的原点，着眼于经营中最重要的“现金”，以现金为基础作出正确的判断。为此，在单位时间核算表中，资材的采购按照“即用即买”的原则，在购入时点即将所有费用入账（收付实现制），让当月的业务活动产生的资金流动全部如实地反映到核算表上。这样，会计处理同实际现金的流动比较接近。

总之，阿米巴经营法是一种将市场机制引入企业内部的经营方法，这里的关键点包括：阿米巴的划分、阿米巴的利润中心定位、单位时间附加价值的核算、按市场价格确定内部转移价格、公司内部阿米巴之间的买卖关系，以及下游部门选择上游阿米巴和外部供应商的竞争机制。京瓷公司创造的单位时间附加值的收益计算标准，既抓住了企业经济效益的实质，即附加价值和劳动时间，又实现了各阿米巴单位之间的可比性，这样就在阿米巴单位之间引入了公平的竞争。从人的需要的角度来看，阿米巴经营满足了人的友爱和归属的需要、认可和尊严的需要、成就和权力的需要。

阿米巴经营的目标是全员参与经营。不仅经营者要掌握公司的现状，全体员工也要能看清公司的经营状况，为此，就要力求经营的透明化。公司的信息尽量向员工公开，这就营造了全员主动参与经营的氛围，就能够实现全员参与经营。因为履行自己的责任，员工就能品尝到工作的喜悦和成就感。阿米巴经营法真正调动了员工参与管理和经营，这里的员工参与管理不是让员工提提改进建议、形成决议后分头落实就够了，而是有切实的市场竞争压力和与利润挂钩的利益激励机制。而传递这种压力的方式就是通过基于市场价格的内部核算把市场竞争压力传递到每一个阿米巴单位，用内部核算的盈亏结果建立责任、考核及与绩效挂钩的激励机制，让员工在企业内部具有参与市场竞争的压力、意识、责任和利益。

阿米巴经营也是培养领导人、提升全体员工经营意识的最佳教育体制。稻盛和夫说过，在京瓷刚起步，还是一个小企业的时候，他就不断地对与他共同奋斗的伙伴们诉说他的宏大理想：“现在我们要把京瓷做成原町第一的公司，原町第一以后就要西京第一，然后是中京第一、京都府第一，京都府第一以后就要日本第一，日本第一以后就要成为世界第一。”对于领导人自身而言，当然要明确做事业的目的。而一个企业为了团结一心，推进事业，就必须明确事业的“大义名分”，也就是这个事业对于社会具备何种意义，将作出何种贡献，必须确立高层次的事业目的。京瓷公司的经营理念是：“在追求全体员工物质和精神两方面幸福的同时，为人类社会的进步发展作出贡献。”这就是京瓷公司事业的大义名分。正是这种经营哲学与阿米巴经营的结合，才是成功推行阿米巴法的关键，才是创造经营奇迹的根本。

阿米巴经营法把利益分享和参与管理直接落实到内部经营单位，把大企业的规模优势与小企业的灵活主动结合在一起，是激活大企业的一种有效的管理哲学和管理方式，是在环境快速变化、技术日新月异、竞争与淘汰日趋激烈的市场中的有效生存机制。

四、组织认同

马奇和西蒙认为，要让员工参与，切实提高产量，必须至少满足两个关键条件：① 员工对组织的基本态度必须充分乐观，这样他们才会珍惜参与机会，并提高对组织目标的认同感；② 员工必须通过观察或其他途径，获取生产过程中维持产品质量的重要信息。

个人为什么愿意将组织目标作为个人的努力目标呢？因为个人目标是在完成组织目标的过程中实现的。这就是切斯特·巴纳德分析得出的结论。既然存在组织目标与个人目标的矛盾，就要讨论认同问题。

“认同的过程就是，个人用组织目标代替个人目标，作为制定组织决策时所采用的价值指数的过程。”个人对组织的认同，既可以是对组织目标的认同，也可以是对组织存续价值的认同。

“认同”在心理分析文献中指的是一种特定的情感联系，是群体凝聚力的根本机制。弗洛伊德这样描述其性质：我们已经着手进行了这样的推测，群体成员之间的相互联系是这种认同的本质，而且以情感上一个重要的共同品质为基础，我们还可以猜测这个共同品质是与领导者相联系的本质。

我们赞同弗洛伊德的这个猜测，员工参与管理和经营，是由于对组织的认同，而对组织的认同，本质上是对组织领导者的认同。我们从上面所举的林肯电气公司和京瓷公司的案例中，可以看出一个共同点：这两家公司的成功实践都源于员工对企业领导者的认同。这种认同来自什么呢？根本上来自领导者的胸怀。而领导者的胸怀又来自哪里呢？《菜根谭》里讲：“德随量进，量随识长。”什么是识？就是远见卓识，就是对事物本质的认识，就是洞察力。这里的洞察力在于对人性本质的洞察，而这种洞察力首先来自对自身本性的反思，即回答：如果我处在员工的地位，我会怎么想，怎么做？什么是我需要的？什么是我不接受的？己所不欲，勿施于人。经营企业就是经营人。领导者要想让众人追随自己，就要与之分享利益，就要授权。其实本来领导者就没有利，没有权，就因为他们让出了本来就不属于自己的利益和权力，才得到大家的拥护，调动起大家和自己同心协力去实现共同的目标，才有了事业、声望、利益和权力。因此，领导者又何乐而不为呢？

（华夏基石e洞察公众号2022年8月29日发布）

公司离创业精神越远，离衰败就越近

企业为什么存在生命周期？本质上是因为创业成功的核心价值观，也就是创业精神，不能在一代又一代的继任者中传承。核心价值观是一种精神，如果不信仰，是很难传承的。但我们不能强迫继承人信仰创始人的核心价值观，尤其是从外部聘任的经理人，就更不能保证对核心价值观的信仰得到传承。不过，我们还很少见到继任者完全抛开企业创业成功的核心价值观而进行独辟蹊径的变革，使企业走出低谷的例子。作为睿智的继任者，一方面应意识到他接手的是一个曾经取得过辉煌的企业，并且明确创始人的哪些核心价值观仍然是企业再现辉煌的精神支柱；另一方面，作为继任者，也应清楚地看到哪些在企业创始人的核心价值观基础上形成的制度已经僵化，需要进行与时俱进的变革。

一、创业精神弥足珍贵

创业精神，即创始人的核心价值观，是守护企业的精神支柱。精明的继任者懂得从创业精神中汲取力量的重要性，懂得从创业精神中获取领导力的合法性的重要性。在传承创业精神方面，欧洲和日本大企业的经理人普遍比美国大企业的经理人显得更执着。

在传承创始人的核心价值观方面，西门子公司的经理人就是一个典型的例子。2016 年，时任西门子公司董事长乔·凯斯（Joe Kaese）在股东大会的致辞中，就强调了重新发现创始人维尔纳·冯·西门子的核心价值观对于跟上数字时代的步伐的重要性。他说：“一代企业创始人，其中包括维尔纳·冯·西门子，在欧洲创立了具有全球地位的公司。他和他的同时代人有意愿塑造现在和未来。我们必须重新发现这种心态。我们已经在这方面取得了进展。欧洲的创业社区正在成长，而欧洲大陆大部分由业主管理的中小型企业比以往任何时候都更强大！如果我们继续朝着这个目标努力，那么欧洲就能跟上数字时代的步伐——甚至更重要的是，它可以巩固并增强自己的竞争力！”

而体现宜家这家全球最大的家具商的创始人英瓦尔·坎普拉德（Ingvar Kamprad）经营哲学的九个信条——坎普拉德称其为“圣约”（Testament），不仅为坎普拉德家族的继承人所信奉，而且为一代又一代的经理人所遵循。我们将其摘录如下。

有利于我们顾客的事情从长期看也有利于我们自己。……我知道我们实际上能够在所有的市场中取得重要的效果，……那是我们的责任所在。

下面的部分描述了我们的产品范围和经营哲学，它是我们工作的支柱。不仅如此，我们所描述的原则和方法将持续地使宜家成为一家独一无二的公司。

（一）产品范围：我们的身份

范围：我们的产品应该覆盖家庭的所有区域，即室内外一切家居装饰和家居用品。另外，应该提供家庭需要的工具、用品、装饰，以及各类家庭自主装修需要的高级零配件。同时也提供公共建筑需要的部分物品。这个产品范围应该始终坚守。应专注每个产品领域内的关键产品。

产品特征：我们的基本产品必须具有独特的元素，反映我们的设计理念，尽可能简单、直接、耐用和适合日常生活。同时还反映一种轻松自然、无拘无束的生活方式。产品应该形式别致、注重色彩，令人赏心悦目，洋溢着青春、欢快的特色。在斯堪的纳维亚，人们把我们的产品看作典型的宜家的风格，在国外人们把它看作典型的瑞典风格。

质量：宜家不提供“用过即扔”的产品，顾客一旦购买，就能长期享用。当然，质量本身绝不是最终的目的，它应当总是适合消费者长期的兴趣变化。

改变：我们服务于大多数人的基本政策永远不会改变。

（二）宜家精神：坚强的和脚踏实地的

真正的宜家精神要建立在热情、不断追求创新、我们的成本意识、我们承担责任的意愿、在困境中伸出援手、谦逊地接受任务，以及我们处理事务的简单性上。是的，宜家精神依然存在，但是也需要紧跟时代的发展。但是，发展并不总是等于进步。这取决于你是不是一个宜家的领导者和负责任的人，把发展变成进步。

（三）利润给予我们资源

利润是一个美妙的词汇。让我们靠我们自己创造我们需要的资源。积累财政资源是为了长久的成功。如果我们的利润率太高，产品价格就难以降低；如果我们的利润率太低，就无法积累资源。

这真是有意思的问题！这就要求我们的产品开发要经济，采购要高效，节约成本要坚守到底。这就是我们的秘诀，是我们成功的基础。

（四）用最少的投入，达到好的结果

昂贵的解决方案，常常是平庸的象征。只有知道一个解决方案的成本是多少我才会对它感兴趣。浪费资源是人类最大的弊病之一。下面这些生活小事上的浪费让我们付出的代价更大。例如，把永远也用不上的文件存入档案；花不必要的时间来证明你的做法多么正确；因为不想现在承担责任而把决策推迟到下次会议；本可以轻松地留个便条或发个传真，却要打电话说明；如此之类，难以穷尽。

（五）简单是一种美德

官僚作风使事情复杂化，让局势瘫痪。夸张的计划是灾难性的。简单是我们美好的传统，程序越简单，作用越大。简单的行为带给我们力量。

（六）大胆尝试不同的方法

敢于尝试不同的做法，我们就能发现新的方法。拒绝接受固有的模式，我们就会取得进步。保持我们事业的动力并加以发展是我们最重要的任务，这就是我希望每家店铺都不完全一样的原因。对实验有一种健康的嗜好将使我们不断前进。

（七）专注，是成功的关键

军事统帅如果分散了他的力量就注定要失败。我们太需要专注了。我们不可能在同一时间、在所有地点做所有的事情。我们的产品线不能无限扩大，也不可能满足所有人的口味。我们不可能一下子占领全部市场。专注，意味着在某个关键阶段，我们必须要忽略某些不那么重要的问题。

（八）承担责任是一种特权

承担责任跟每个人所受的教育、经济状况和职位级别无关。在仓库管理员、采购人员、销售人员和管理人员中，都有承担责任的人。承担责任的人是任何系统不可或缺的。主管不愿意或没有能力作出决策，就会导致不断地开会，不断地讨论，而且还常常找借口说是讲民主。人只有在睡觉时才不会犯错。犯错误是积极的人的特权，也是那些勇于改正错误的人的特权。害怕犯错误是产生官僚作风的根源，也是发展的大敌。在宜家，我们希望将员工置于中心，帮助每个人。利用你的特权吧！勇敢地作出决定并承担责任，这是你的权利，也是你的义务。

（九）许多事情等着我们去做，辉煌的未来靠我们去创造

幸福不是目标已经实现，幸福是在路上。一切刚刚开始，那是我们的幸运。不断问自己：我们今天做的事情，明天怎么能做得更好？这样我们就会不断前进。让“不可能”永远从我们的词典里消失。经验也是需要谨慎对待的词。经验会拖累一切演进，许多人以经验为借口，不愿尝试新东西。偶尔依靠一下经验也是不错的，但是依靠的应该是自己的经验。要牢记，时间是你最重要的资源，10 分钟就可以做很多事

情，而这10 分钟一旦过去，就永远也追不回来了。只要是想做的事情，我们就一定要去做，而且要团结一致地去做，辉煌的未来就在前方。

那么，从宜家以及其他大企业的创业精神中我们能得到什么弥足珍贵的启示呢?

（1）以客户为中心——这些创业几十年甚至百年以上的大企业，都是把客户放在第一位。不仅创业期间如此，就是上市后，面临资本市场追求股东价值最大化的压力仍坚持以客户为中心不动摇。结果是，以客户为中心的企业往往给股东带来更持续的高回报。

（2）正直——坚持诚信经营，不说假话，不做假账，视质量为企业的生命。创业时企业没有品牌，没有人听说过，企业靠什么让顾客买自己的产品？靠正直，靠诚信。企业做大了更是对此笃信不疑。

（3）谦虚——满招损，谦受益。要虚怀若谷，永不满足，如饥似渴地学习新知识、新技能。无数实践表明，狂妄自大、故步自封，就是企业开始走下坡路的征兆。

（4）创新——为客户创造价值而不是片面地追求技术领先，市场是对创新的最终检验。创新和创业的社会经济功能，就是创造性破坏，创造新的生产要素组合。创新有风险，但不创新是最大的风险。

（5）专注，做到最好——企业的失败，大多由于盲目进行多元化，在无法取得卓越成就的领域盲目扩张，抑或过分强调增速而不能确保取得领先优势，或者同时犯下这两种错误。

（6）简单——企业生命周期循环也可以看作简单—复杂（多元）—简单的循环。简单带来效率，效率带来低成本，低成本是竞争力的基础。

（7）尊重人格——关心人胜过关心业务，维护人的尊严，尊重个性，群体奋斗。

（8）协作——企业靠协作完成个人所不能完成的伟大事业，靠协作创造比市场更低的交易成本。企业的整体利益大于部门和个人的局部利益。

（9）关注细节——细节是魔鬼，做好细节才有高质量和低成本。作为经理人要看方向，洞察事物的本质。但不掌握关键细节，谈何洞察力？缺乏洞察力，怎会有远见卓识?

（10）分享价值——资本要与劳动分享价值，特别是分享剩余价值。只有分享剩余价值才能凝聚员工，才能留住优秀人才，才能创造更大的企业价值。

一个企业的核心价值观很少囊括上述的每一条内容，但也不可能一条也不涉及。每个企业的核心价值观的优先次序可能不同，它显示了一个企业的个性。

二、从创业精神中汲取力量

临危受命、力挽狂澜的睿智的经理人，都把向创业理念的回归，作为其前进和变革的起点。他们不认为企业眼下面临的困境是创业精神造成的，他们也不认为自己是挽狂澜于既倒、扶大厦于将倾的救世主。企业重振辉煌的基础，要从企业曾经的辉煌中寻找，也就是寻找企业优良的基因。

创始人能够留下的宝贵财富是他的核心价值，是他的成功之道。技术会更新，业绩增长会停滞甚至下降，工厂会过时，创业的群体会老去，唯有思想和经营哲学可以历久弥新。

这就是惠普转型的教训。卡莉·菲奥莉娜并不重视“惠普之道”，也不打算传承“惠普之道”，而是想独辟蹊径。菲奥莉娜有自己的成功之道，而且显然对自己的成功之道很自信。收购康柏在战略上根本地改变了惠普。但是，“惠普之道”真的需要从根本上改变吗？偏离了“惠普之道”能取得巨大成功吗？这需要我们认真研究一下“惠普之道”。创始人戴维·帕卡德在《惠普之道》一书中阐述的“惠普之道”，它由五项基本准则组成：

（1）惠普公司的存在就是为了作出科技贡献，所以唯一该做的就是寻找与实现这一目标一致的机会；

（2）惠普公司要求自身和惠普人做出优秀业绩，利润的增长既是保持成功的一种手段，也是衡量成功的标准；

（3）惠普公司认为，只有选对了人，相信他们，给他们自由寻找实现目标的最佳方式，并让他们分享工作带来的收益，才会得到最好的结果；

（4）惠普公司有责任为公司所在社区谋福祉；

（5）正直。

菲奥莉娜本可以继承“惠普之道”，并在此基础上有所创新、有所发现、有所创造，然而，她并没有认识到“惠普之道”的价值，而选择了一条资本市场认可的价值最大化的道路，结果不但彻底改变了惠普，也使自己的职业生涯进入了下降通道。

那么，为什么惠普这样一家硅谷的标杆型企业，没有从内部培养出未来的接班人，而不得不从外部人才市场寻找经理人呢？在这一点上，菲奥莉娜的判断是对的。惠普的分权制的文化尽管鼓励了创新与创业精神，但 81 个子公司和业务单元太分散了，许多业务单位规模太小了。在此基础上选拔出的经理人，尽管在经营自身负责的业务方面很优秀，但缺乏跨部门经营的历练，没有执掌大规模业务单位的经验。

可见，分权化虽有助于历练经理人，但过度的分权化限制了经理人的大局观和战略远见。

三、继承与创新

创业成功的根本理念是不会变的，因为它的基础是常识。所以说，是朴素的思想造就了伟大的公司。但在创业成功的核心价值观基础上形成的制度、战略和流程，应当与时俱进。这就是继承与创新的辩证关系。

从优秀流于平庸的公司的继任者大都没有问自己一个关键问题：这家公司最初为什么会成功？

这并不是指过去的那些战略、并购或经营方法，而是指取得成功的根本原因。提出这个根本性的问题并沿着这个问题的方向思考，其实是继任者的一种智慧。理解这家公司为什么成功，可以更清楚地认识这家公司为什么会流于平庸，以及应从何处着手扭转这家公司的颓势。

取得成功的根本因素基本是相同的，但每家企业衰退的原因都不一样。正像托尔斯泰在《安娜·卡列尼娜》书中所说的："幸福的家庭都是相似的，不幸的家庭各有各的不幸。"

小托马斯·沃森在《一个企业的信念》一书中指出："我坚信，任何一家企业为谋求生存和获取成功，都必须拥有一套健全可靠的信念，并在此基础上，提出自己的各种策略和各种行动方案。我认为，在企业获取成功的各种因素中，最为关键的一个因素就是，恪守这些信念。在企业运营中，除了这些信念以外，改革自身的一切。"小托马斯·沃森把父亲在管理IBM的40 年里遵循的宗旨归纳为一组简单的格言：要对每个员工体贴备至；要不惜时间使顾客满意；要竭尽全力把事情做好。

创始人为什么要著书立说？就是希望他们的创业精神和理念能够影响继任者，希望他们创立的企业能够基业长青。

古人云："太上有立德，其次有立功，其次有立言，虽久不废，此之谓不朽。"一家由辉煌陷入衰退的公司，拯救者要问的一个基本问题是：这家公司有什么值得重振的东西？没有理念、核心价值观和文化的公司，根本没有什么可以拯救和重振的东西。拯救和重振一家公司，本质上是恢复它最有价值的东西，而不是也几乎不可能靠给它植入有价值的东西而获重生。

应当将创始人的理念和在这一理念下形成的战略、组织、制度、政策区分开来。创始人的理念是经久不变的，而其他的一切都是可以也应当与时俱进的。但这不是离经叛道，不是对创始人理念的否定，而是在变化了的环境下的继承和创新。

四、郭士纳如何领导 IBM 重整旗鼓

在职业经理人接手陷入困境的公司使之重整旗鼓方面的成功案例中，当推路易斯·郭士纳临危受命，使IBM 重现辉煌的经典案例。我们试图从继任的经理人如何看待创始人的核心价值观以及如何改变在此基础上形成的、已经落后于变化了的环境的、僵化的制度方面，提炼郭士纳的管理哲学，以便为诠释企业的继承与创新这一重

要的主题提供参考。下面的案例，整理自郭士纳的《谁说大象不能跳舞》一书以及维基百科等网站信息和相关杂志的研究文章。

IBM公司1914年由老托马斯·沃森创立，历经父子两代人的细心经营，到1971年小托马斯·沃森因突发心脏病退休时，IBM已成为以大型主机为核心的计算机、信息技术服务以及应用软件市场的主导企业。然而，在接连三任从IBM 内部选拔的首席执行官的管理下，IBM 却未能抓住计算机产业向个人电脑和客户端-服务器架构转型的市场机会，到20世纪90年代初期，更是陷入连续几年的严重亏损境地，仅1993 年就亏损了81亿美元。

1993年4月1日，路易斯·郭士纳被聘担任IBM的首席执行官，这是IBM历史上首次从公司外部聘任首席执行官。郭士纳对IBM从战略转型和出售非战略资产筹集资金，到雇佣制度改革、流程再造和文化重塑的广阔领域，进行了大刀阔斧的改革。

到郭士纳2001年退休时，IBM 当年实现净收入77 亿美元，经营活动净现金流比他上任时几乎翻了一倍，达到143亿美元，股东权益收益率从他上任时的-35.2% 增长到35.1%。这堪称商业史上最壮观的一场翻身仗。

那么，郭士纳的管理哲学有哪些特色？他与沃森父子的管理哲学有何异同？他对IBM 采取的改革举措反映出IBM 的文化传统出了什么问题？这是本案例要探讨的重点。

（一）郭士纳的管理理念

郭士纳在《谁说大象不能跳舞》一书中，对他的管理原则总结如下：

——我按照原则而不是程序实施管理。

——市场决定我们的一切行为。

——我是一个深深地相信质量、强有力的竞争战略与规划、团队合作、绩效工资制和商业道德责任的人。我们将更加注重产品的品质，更易于合作以及重塑IBM在行业中的领导地位（但不是原来的垄断地位）。

——我渴求那些能够解决问题和帮助同事解决问题的人，我会开除那些政客式的人。

——我将致力于战略的制定，剩下的执行战略的任务就是你们的事了。不要试图在我面前说谎。要从生产线以外解决问题，不要把问题带到生产线上。

——动作要快，不要怕犯错误，即便犯错误也是要由于我们动作太快而不是太慢。

——我很少有等级制度的观念。无论是谁，也无论其职务高低，只要有助于解决问题，大家就要在一起商量。要将委员会会议和各种会议减少到最低限度。取消委员会决策制度。让我们更多一些坦率和直截了当的交流。

——我对技术并不精通，我需要学习，但是不要指望我能成为一名技术专家。分公司的负责人必须能够为我解释各种商业用语。

我们看到，郭士纳的管理原则与沃森父子并无根本的不同。“市场决定一切”和“要不惜时间使客户满意”都是把客户放在首位，只是在郭士纳的市场决定一切中还包括资本市场的要求，而老沃森的逻辑是，只要客户满意，客户就愿意付钱购买企业的产品和服务，企业就有收益，股东就有回报，员工就有收入。

郭士纳坚信质量和老沃森要竭尽全力把事情做好都是在强调同样的宗旨，只是老沃森的表述更恳切。小沃森和郭士纳可以说都是计算机和信息技术的外行，但这并不妨碍小沃森决定大力投资于IBM/360型计算机并取得巨大成功以及郭士纳决定向信息技术集成服务和软件转型，因为他们都是基于商业常识作重大技术和产品决策。

郭士纳说自己是“按照原则而不是程序实施管理”，但他在任期内大力推行的流程再造既基于原则也基于程序，因为他很清楚，不是要不要遵守程序而是不要遵守那些过时的、烦冗的、不创造价值的程序。这再次说明了创始人的成功的核心价值观与经理人的成功的管理原则本质上是一样的，都是商业常识。

但是在创始人核心价值观基础上形成的制度，却不是经久不变的。核心价值观是鲜活的、有生命的，而制度和流程一旦制定就是不可随意更改的，所以制度和流程是可能落后于变化的环境的，也因此，制度和流程应当保持与时俱进。

（二）郭士纳对 IBM 进行的改革

据斯泰尔（Stahl）和考斯特（Koster）2016年所做的案例研究的描述，郭士纳在1993 年上任时认识到，IBM所珍视的价值观——客户服务、卓越和尊重——已经变成了僵硬的教条，它们从公司的优势变成了劣势。“优质顾客服务”指的是在顾客的处所内维修机器；“卓越”已经演变成对完美主义的痴迷；大量必需的检查、批准和验证几乎使决策过程陷入瘫痪；甚至对个人的尊重也变成了一种权利，这样员工就可以在没挣到钱的情况下获得丰厚的福利。

针对这种现状，郭士纳有了最初的打算：

（1）我们将重组IBM，并将从以客户为导向着手，这是公司的优先性战略。

（2）我们将赋予我们的实验室研究人员更多的自由，让他们放开手脚进行和实施以客户为基础的研究方法。

（3）我们将更加注重产品的品质，这有助于合作以及重塑IBM在行业中的领导地位（但不是原来的垄断地位）。

（4）IBM的所有方面都将发生改变，而且是从倾听我们的客户的呼声开始的，即按照我们客户的意见做出客户所期盼的成绩来。

（三）郭士纳采取的改革措施

（1）重视实验室的贡献，但强调客户导向而不是技术导向。郭士纳经过调查得出结论：“如果说IBM有自己的灵魂，那么这个实验室就是它的灵魂。这里所具有的求知热情，曾引领着IBM在过去几十年中取得许多重大的发明性成果，IBM正是靠这些发明性成果才得以创建它的电脑工业。”但是，郭士纳告诉他们：“IBM或许需要找到更好的方式，将自己的顾客和研究人员更紧密地连接在一起，以便IBM的伟大发明能够帮助人们解决现实的和紧迫的问题。”

（2）保持IBM的完整性，反对分权和横向解构。关于公司结构和战略问题，20世纪80年代中期，出现了一个新的电脑产业模式，该模式认为，纵向联合的方式已经不再是电脑企业发展的出路，产业已经横向解构。一些新兴的成功的信息技术公司将提供一揽子业务中的小范围和横向的部分产品。因此，出现了一些只销售数据库的公司，还有一些只销售操作系统的公司，以及只销售存储设备的公司。

正是在这种新环境下，IBM遭受了挫折，而且，也正是在这种情况下，公司内外的许多观察家和专家也都据此强调要将IBM分割成几个独立的事业部，以应对公司所处的逆境。郭士纳认为：“或许这样做是对的，但也有可能不对。我们当然希望分权化和以市场为决策动力。但是，难道我们就没有某种独特的能力提供全面的解决方案和连续的支持（售后和全生命周期的支持）吗？难道我们就不能这样做并同时也销售个性化的产品吗？我一直怀疑分权化战略的可行性。因此，保持IBM的完整性，就成为第一个战略决策。而且，我相信，这也是我所作的最重要的一项决策——不仅是在IBM，而且也是在我的整个职业生涯中最重要的一项决策。”

（3）裁员，打破终身雇佣制。郭士纳强调，自己还向员工解释了精兵简政的含义，郭士纳对他们说：“我们必须将自己的成本降到竞争对手的水平，只有这样才能成为行业中最优秀的公司。”郭士纳告诉他们，不能再说“IBM不裁员”。IBM作出的一项重要改革，是针对公司许诺的终身雇佣制度，新IBM不是一个担保员工可以在这里拥有终身工作职位的公司。同时改变的还有废除了家长式的福利制度，IBM必须制订一个更适合现代劳动者的福利计划。

（4）废除管理委员会。郭士纳指出，在他上任之初的第一个月里，他就废除了“管理委员会”制度。他创建了一个“公司执行委员会”（CEC），包括他本人在内，共有11名成员。鉴于“管理委员会”的前车之鉴，郭士纳宣布公司执行委员会将不允许做以下这些事：它将不能接受解决问题的委托，不能行使代表权或者为业务部门代作决策，它只关注跨部门的政策问题。

（5）建立一个新董事会。郭士纳认为，当他刚到公司董事会的时候，董事会一共有18 名董事，其中4名是IBM的老员工。他认为，这样的董事会规模过于庞大，且公司董事会中内部的人员也太多，特别是，这些内部人员还都是公司现任和前任的在执行委员会中具有主导地位的人员。到1994年年底，IBM组建了一个有12名董事的董事会，他是唯一的公司内部人员。由这些人组成的董事会，为IBM后来取得成功立下了汗马功劳。有权力、投入和有效已经是公司一贯的、符合最严格的标准的治理方式。建立真正意义上的市场营销组织。郭士纳指出，当他来到IBM的时候，市场营销并不被认为是一门独特的职业学问，而且也不被当作一门独特的职业学问来实施管理。

对于那个时候的IBM来说，“市场营销”就意味着销售。IBM是建立在技术和销售基础上的。但他总是认为，一家成功的公司必须有一个以客户或市场为导向的、强有力的营销网络。这就是他在推行第二步战略——打造一个全球性的企业的时候，一定要完善和加强IBM的市场营销能力的原因。

实行绩效工资制。这是一种完全的绩效工资制，而不论忠诚度和资历如何。它也是一种差别工资制，也就是说，公司所有的支出都将建立在市场的基础上，员工个人收入的多少取决于市场的变化以及自己的工作绩效，员工的奖金也建立在业务绩效以及个人贡献的基础上。

改革股票期权制度。郭士纳的管理理念是，他希望IBM人都能像一个股东那样思维和行动——能够感觉到来自市场的压力，并充分利用资产和制定战略以便为公司创造竞争优势。一直以来，市场就是对工作绩效的一个绝对忠实的评估员，而且，他需要的是一个能够有力地推动IBM人从公司外部由外而内地看待公司的激励机制。

没有什么能够比为大多数的IBM人提供一个统一的激励性待遇机会更为重要的了——这是一个主要由公司的整体运营情况而决定的机会。于是，公司针对IBM的“股票期权项目”作了三项重大的改革：

第一，首次向数万名IBM员工授予股票期权。必须让所有的人心往一处想，那么，将公司的股票期权授予员工，无疑有助于让大家把关注点放在同一个目标上，放在一个共同的绩效计分板上。

第二，公司建立在股票期权基础上的工资待遇制度，构成了高级经理薪水中的最大一块，将每年的现金工资待遇与公司的股票预期价值之间挂起钩来。这是他的管理哲学的一部分。

第三，股票期权的决策是建立在他始终坚持的观点基础上的，那就是：IBM的高级经理将不会被授予股票期权，除非他们将自己的钱投入公司的股票之中。在他来IBM最初的日子里，他不断地在公开市场购买股票，因为他觉得让自己的钱处于风险之中是很重要的。

改变长期战略假设，下了两个战略赌注。

郭士纳指出，第一个赌注源自客户。他坚信客户对于一种要求他们自己将不同供应商的各种零件产品组装起来的行业机构，是会越来越不耐烦的。公司的赌注就是：在未来的10年中，顾客将逐渐看到能够提供整体解决方案，即能够将各种供应商所提供的电脑零部件进行整合的技术方案，以及（也是更重要的）能将技术整合到一个企业流程中的公司。他们还打赌，信息技术产业也将变成以服务为主导的产业，而不是以技术为主导的产业。

第二个赌注是：将出现一种网络化的计算模式，这种计算模式将代替1994年出现的个人电脑主宰世界的局面。如果关于一个计算时代的终结和一个新计算时代的来临的预言是正确的，那么就需要回答以下这些重要的问题：在新的计算时代里，价值会转移到哪里去？战略基础何在？先前阶段顾客对个人电脑的主导性关注（以及消费）方式将会怎样变化？在此战略假设下，最为大刀阔斧的一项决策，是决定让IBM公司放弃拿自己的OS/2系统来对抗微软的Windows系统的做法，并围绕着中间件建构IBM公司自己的软件业务。20世纪90年代结束之前，公司又制定了另一项决策：从应用软件市场中撤出来。

（四）郭士纳的领导原则

从上述关键改革举措中可以看出郭士纳的领导原则。它有几个特点：

对组织文化的两面性的观点。郭士纳认为：成功的组织机构几乎总是会建立这样一种文化氛围，即该组织文化能够强化使组织更加强大的那些因素的作用。当环境发生变化时，组织文化将很难发生变化，实际上，这个时候，组织文化就会成为组织转型和改变自己的适应能力的巨大障碍。所有的组织机构都只不过是某个人的影子的延伸。在IBM，这个人就是老托马斯·沃森。

所有的高绩效的公司都是通过原则而不是通过程序来进行领导的。正是基于这一理念，郭士纳在担任IBM的首席执行官后，在调查研究的基础上起草了八条原则，以此作为IBM变革的指导方针，也是构成IBM 新文化的核心支柱。

（1）市场是我们的一切行动的原动力。我们都是把技术搞复杂并立即又把该技术变成废物的罪魁祸首。一个公司的成功首先应来自成功的客户服务领域，而不是其他任何地方。

（2）从本质上说，我们是一家科技公司，一家追求高品质的科技公司。科技将一直是我们的最大优势所在。我们要做的最重要的事情，就是努力将知识转化为产品，以满足客户的所有需求。

（3）我们最重要的成功标准，就是客户满意和实现股东价值。

（4）我们是一家具有创新精神的公司，我们要尽量减少官僚习气，并永远关注生产力。

（5）绝不要忽视我们的战略性远景规划。要想获得事业成功，就必须有方向感和使命感。

（6）我们的思想和行动要有一种紧迫感。在这个时代的这个行业中，速度往往比洞见更有用。

（7）杰出的和有献身精神的员工将无所不能，特别是当他们团结在一起作为一个团队开展工作时更是如此。

（8）我们将关注所有员工的需要以及我们的业务得以开展的所有的社区的需要。

这八条领导原则，除了强调战略远景规划和思想行动的紧迫感外，与IBM创始人老托马斯·沃森的核心价值观并无不同。

这再次说明，即使是最成功的改革领导人，其核心价值观与成功创建一个伟大企业的创始人的核心价值观也无本质不同。

这同时也说明，伟大企业创始人的核心价值观要深入继任经理人内心的前提，必须是继任经理人也有过同创始人类似的经历。

我们从此案例中能够获得哪些启示呢?

第一，创始人的核心价值观本质上是一种生意常识，它是经久不变的。但在此价值观基础上形成的制度和流程是可以改变的，而且必须保证与时俱进。

第二，伟大的组织机构，说到底都是某个人的影子和延伸。从这个意义上说，伟大的企业是创始人的价值观塑造出来的，是一代又一代接班人秉承创始人的核心价值观，不断创新、不断变革、辛勤努力的结果。

第三，企业能成功转型，一定是因为企业有成功的基因，而取得巨大成功的企业的创始人的核心价值观恰恰就是这种基因。识别这种基因，并从企业的高管团队和广大员工的潜意识中复活这种基因，是改革获得成功的保证。

第四，历史经验表明，真正伟大的和成功的公司，都能够坚持自己的基本业务并在某些时候对自己的基本业务进行艰难的自我更新。我们赞同郭士纳的经验之谈，他指出："在我35年的从业经验中，我看见过许多公司都在自己的基本业务陷入艰难局面的时候，选择了在一个新的行业中碰碰运气的做法。这样做的公司实在太多了。事实上，在大多数情况下，每一个公司在自己的基础业务中都会有一系列竞争优势。尽管转型或者再造一个现存业务非常艰难，但我认为，这还是比将现存的业务扔掉并进入一个全新的行业要容易得多。"

如果我们承认企业存在生命周期的假设，那企业走出生命周期的衰退阶段，就是一个否定之否定的过程。企业的衰退是对创业成功的否定，而企业克服衰退，是向原点的回归，也就是向创业精神的回归，只有创业原点能够否定衰退。企业生命周期是一种循环，不能回归原点，就无法完成生命周期的良性循环，结果就只有衰亡。

这也警示我们，对企业来说，最怕的就是没有原点，缺乏面临衰退时可以重整旗鼓的精神力量。

（华夏基石e洞察公众号2022年8月14日发布）

任正非的领导力从何而来？

企业文化并不是没有基础的或偶然产生的，最初的创造力量是企业创始人的个性和信念体系。

领导者创造企业文化，就是为了领导一个企业的管理者和员工队伍团结奋斗，实现企业的愿景。从企业文化的视角出发，可以使我们对什么是领导力有更深刻的理解。

一、领导所要做的唯一重要的事情就是创造和管理文化

我们首先明确一个概念，领导力（leadership）是指一种权力和影响力。由于语言的原因，领导力经常被直接翻译成领导。我们这里特别指出，当我们提到领导时，如不是指担任领导职务的领导者，那就是泛指领导力。什么是领导力？这真是一个众说纷纭的概念，为了理解领导力概念的本质，让我们综合一下沙因、巴纳德和本尼斯的观点。

沙因没有直接给领导力下过定义，他通常认为领导力指的是领导者的重要能力。沙因说：“企业文化与领导力就像一枚硬币的两面，我们不可能抛开其中的一面而单独去理解另一面。”“如果缺少对企业文化产生、演化和变革的考虑，就不可能真正地理解领导力。同样地，如不考虑企业内部各层级和各职能部门的领导者如何行事，及如何影响整个企业的系统运作，就不可能真正理解企业的文化和亚文化。”将企业文化与领导力联系在一起，这是沙因一贯的观点，早在他的《企业文化与领导》一书中就确立了这一命题，他说：“企业文化是由领导者创造的，领导的一个重要职能就是创造、管理，在必要时改变企业文化。仔细考察可以发现，文化与领导是同一个问题的两个方面，哪一方面都不可能片面理解。实际上领导所要做的唯一重要的事情就是创造和管理文化，领导者最重要的才能就是影响文化的能力。我们必须认识到，在领导理论中文化管理职能居中心地位。”

显然，沙因的领导力概念，主要是指领导者创造、管理或影响企业文化的能力。抓住了这一核心，就抓住了领导力概念的本质。

巴纳德长期担任新泽西贝尔电话公司的总裁，他的著作《经理人员的职能》首次将企业看作一个社会系统，从相互联系的视角解释了员工行为动机和经理人员的职能，对后来的心理学、领导学、组织理论等产生了巨大影响。他认为，领导力是通过

树立信念来鼓舞人们作出进行协作的决策的个人力量。“这些都使得领导成为必要，即必须有通过树立信念来鼓舞人们作出进行协作的决策的个人力量。这些信念是：共同理解的信念，可能成功的信念，个人动机最终能够得到满足的信念，客观权威正在确立的信念，共同目的比参加组织的个人目的更优先的信念。”他进一步指出：“领导有两个方面。一个方面是局部的、个人的、特殊的、短暂的，它是个人在体力、技巧、技术、知觉、知识、记忆力、想象力这些项目上能够表现出优势的方面。这是直接的方面，它会随着时间和地点而剧烈变化。它会由于培养、训练、教育而得到特殊的发展。它主要在特殊的条件下有特殊的意义，是相对的、比较容易确定的、比较客观的，是积极行动所必需的。……领导的第二个方面——更一般的、更不变的、更难于通过特殊培养而得到发展的，更绝对地、更主观地反映社会的态度和理想以及社会的各种一般制度的方面，是个人在决断力、不屈精神、耐久力、勇气这些项目上能够表现出优势的方面。它决定着行动的质量。……它会引起人们的尊敬和崇仰。它是通常用‘责任心’这个词来表示的领导方面。它使得人的行为具有可靠性和决断力，使得目的具有先见性和理想性。”

显然，巴纳德的领导力概念，是通过信念来鼓舞人们团结协作去完成共同目标的一种个人力量。这种个人力量一方面在于领导者的特质，虽然能将这些特质集于一身是很难得的，只有伟大的领导者才能具备，但是，这些特质是可习得的，可通过培养、训练、教育而得到发展的。而第二个方面，包括决断力、不屈精神、耐久力、勇气的这些个性特征，是难以通过教育和培养形成的。心理学家认为人的性格特征基本上是在幼年和少年时期形成的，是难以改变的。但是笔者通过观察杰出企业家得到的认识表明，这些性格特征是在长期的艰苦、压力和危机环境的磨练下养成的。总之，无论从领导力的哪一方面来看，哪怕只具备其中一些特质和性格特征的领导者都是非常稀缺的人才。

沃伦·本尼斯（Warren Bennis）曾担任美国辛辛那提大学校长，也曾是四任美国总统的顾问团成员，他提出的关于领导力的概念，总结了领导力的六个要素：

第一个要素是指引性愿景。除非你清楚自己正在去哪里和为什么去，否则你就不可能到达目的地。

第二个要素是激情。要有对人生希望的内在激情，领导者要热爱自己的事业，充满激情的领导者带给人们希望和鼓舞。

第三个要素是正直。本尼斯认为正直有三个不可或缺的组成部分：自知之明、坦诚、成熟。自知之明是每一个领导者面对的最艰巨的任务。领导者应当了解自己的优点和缺点并直面自己的缺点。坦诚基于真实的思想和行动，是对原则坚定的忠诚。成熟意味着领导工作不仅仅是指明道路或发号施令。每一位领导者都需要在追随中积累经验和获得成长，学会专注、敏锐，能够与他人合作并向他人学习。

第四个要素是信任。正直是信任的基础。信任是一种无法获取、必须赢得的品质。它是同事和追随者给予的，如果没有它，领导者就无法履行职责。

第五个要素是好奇心。

第六个要素是勇气。

本尼斯强调，真正的领导者不是天生的，而是后天造就的，并且通常是自我造就的，是领导者自己创造了自己。

二、领导如何创造企业文化？

只是陈述使命和价值观是远远不够的，企业文化既然是员工行为的深层假设，那一定是从日常的所见所闻中日积月累形成的。所以，要塑造企业文化，领导者必须能够深入实际，体察员工的生活和工作；善于倾听，使基层员工通过与企业领导者的直接接触和对话，感受企业领导者的风范、思想和品德；同时领导者也通过深入基层、走动管理，一方面发现基层员工的英雄事迹，树立榜样，另一方面也发现普遍存在的问题，通过解决问题释放员工的潜能。

沙因认为，塑造和增强企业文化最强有力的基本方法是：① 领导者重视、调节和控制；② 领导者对重大事件和企业危机的反应；③ 领导者进行详细的角色示范、教育和培训；④ 领导者确认分配报酬和提升的标准；⑤ 领导者确认员工招聘、选择、提升、退休和解雇的标准。企业挑选新成员是内化和渗透文化最核心的一个方面，而且也是最有效的方法。

沙因还认为，增强企业文化的最重要的辅助措施是：① 企业组织的设计和结构；② 企业的制度和程序；③ 物体的空间、外表和建筑物的设计；④ 关于重大事件和重要人物的故事、传说、神话和寓言；⑤ 企业宗旨、纲领和章程的正式说明。

领导学界有一种占主流的观点，认为应当将“领导”与“管理”区分开，认为领导者的组织目的与管理者截然不同。“管理者是把事做对的人，领导者是做对的事的人。”笔者不同意这种观点。领导者不仅要做正确的事，而且要使企业上下正确地做事。不懂得怎么正确地做事，就不知道企业的问题所在，就抓不住主要矛盾，就不知道什么是正确的事，领导就会浮在表面。我们说，企业的重大决策需要同时具备价值前提与事实前提。一个领导者一旦脱离实际，他就不再具有决策的事实前提了，也就不再能够对诸如报酬分配标准、员工招聘标准、管理者的选拔、企业组织的结构以及企业制度和程序的设计提出指导意见了。换言之，他对企业文化的塑造和控制也就只能停留在口头上和纸面上了。

笔者近年来主持编写和正式出版了华为公司的三部管理纲要，分别是《以奋斗者为本：华为公司人力资源管理纲要》《以客户为中心：华为公司业务管理纲要》以及

《价值为纲：华为公司财经管理纲要》。这三部管理纲要，将任正非的管理思想分类整理在一个系统的、有逻辑的框架中。从中我们可以看到，任正非先生是一位杰出的企业家、领导者，同时也是一位优秀的管理者。他的领导哲学与管理方针是结合在一起的，既包括做正确的事，也包括如何正确地做事。

比如，任正非提出："我们坚持利出一孔的原则。EMT宣言就是表明，我们从最高层到所有的骨干层的全部收入，只能来源于华为的工资、奖励、分红及其他，不允许有其他额外的收入。从组织上、制度上，堵住了从最高层到执行层的个人谋私利或通过关联交易的孔掏空集体利益的行为。相信我们的人力资源政策，会在利出一孔的原则下，越做越科学，员工越做干劲越大，我们没有什么不可战胜的。"这既是价值观，又是管理政策，还是制度，它是基于对管理漏洞的深入调查和感知制定的。

又比如，任正非提出的"乱中求治，治中求乱"是一项指导管理变革的大的方针，他指出："我上次在英国代表处讲话，强调了精细化管理，就是在混乱中怎么走向治，乱中求治，但没有讲到治中求乱，也就是打破平衡继续扩张的问题。有些代表处执行起上次我在英国代表处的讲话来，有些偏差。我这次在墨西哥代表处讲了，市场不是绘画绣花，不光是精细化管理，一定要有清晰的进取目标，要抓得住市场的主要矛盾与矛盾的主要方面。进入大T（跨国运营商）要有策略，要有策划，在撕开城墙口子时，就是比领导者的正确的决策、有效的策划，以及在关键时刻的坚强意志，坚定的决心和持久的毅力，以及领导人的自我牺牲精神。"这种"乱中求治，治中求乱"的重要思想，为规范化管理与打破平衡继续扩张规定了基本管理方针，这就是领导，这也是管理，是在深入一线调查中发现问题的基础上提出来的、具有全局性的指导方针。

再比如，面对企业内部管理和外部环境的不确定性，任正非提出以规则的确定性应对结果的不确定性的管理方针，他说："为什么我们要搞IFS变革，实际上我们要做一件事情，我们要以规则的确定来对付结果的不确定，我们对未来公司的发展实际上是不清晰的，我们不可能非常清楚公司未来能到哪一步，因为不是我们可以设计这个公司，是整个社会和环境同时都来设计这个公司。所以我们不可能理想主义地来确定我们未来的结果是什么，但是我们可以确定一个过程的规则，有了过程的规则，我们就不会混乱，用规则的确定来对付结果的不确定，这就是我们引入IFS的原因。IFS是不是一定要找到一个最佳的形式？我没有本事去拿别人公司的东西来，拿来了也未必能综合。好好向一个明白的老师学不好吗？IBM的东西，也不是拿来就能用的。什么是业界最佳？我不知道最佳是什么，我认为这个世界就没有最佳，适合我们使用的东西就是最好的东西。"

所以，正如不能把企业文化与领导截然分割一样，也不能把领导与管理清楚地区分开。脱离了管理的领导是空洞的领导，脱离了领导的管理是迷失方向的管理。

三、推动企业向世界级公司的标准迈进

生物的遗传靠基因，企业的传承靠文化，文化也有类似基因的成分，它是创业期间形成的企业精神和成功经验，是企业的财富，是比物质财富更宝贵的精神财富。如果不提炼出来形成文字，随着时间的流逝，它就会像云一样散去。就像华为总裁任正非说的：资源是会枯竭的，唯有文化才会生生不息。企业家能够留下的就是企业文化，而企业文化之所以能够延续是因为精神长存。这种精神的留存，在有些成功的企业是企业家退出经营时留下的“箴言”“信条”，也有一些企业是在成功地经历了创业阶段，进入成长阶段时，企业家有意识地总结出的管理哲学。

我们下面以《华为基本法》为例，讨论一下企业的核心价值观，及其对政策制定的指导作用。

（一）为什么要起草《华为基本法》

华为公司成立于1987年8月，最初是做用户小交换机的分销，成立不到两年，就开始了自研产品的历程。在经历了模拟交换机产品由于国家政策调整而导致的失败后，又义无反顾地开始了万门数字程控交换机的研发，公司赌上了自己的全部家当，1994年7月，华为的万门数字程控交换机C&C08机终于通过了国家邮电部的验收，取得了入网许可证，华为的产品开始从农村进入大中城市。还在C&C08机开发期间，任正非总裁就在内部提出了“将来世界电信市场三分天下，华为有其一”的愿景。此时面对市场销售爆发式增长的局面，任正非总裁感到世界电信设备高端市场的壁垒已经被华为打开了突破口，华为要向世界级高技术公司的目标迈进了。1996年开年，他给总裁办下达了起草《华为基本法》（以下简称《基本法》）的任务。

当任正非最初提出起草《基本法》时，公司上下对《基本法》的认识还处于混沌状态。华为取得了令人瞩目的成功，但对于华为为什么成功，说法不一；华为形成了一套成功的激励机制和运作方式，但对这种机制和运作方式的规律性认识，还存在于企业家的头脑中，还不能系统地为职业管理层所理解；公司正面临大发展的机会，大量不同文化和价值观背景的新人加入公司，价值观多元化引起的冲突，搞得不好会稀释华为创业期间形成的文化，使华为的员工队伍成为一盘散沙。显然，华为的大发展需要一套统一的价值观体系并在此基础上建立具有内在一致性的政策体系，确保公司的高速成长不出现大的波折。因此，建立一套公司上下认同和自觉遵循的行之有效的政策纲领，已变得十分必要。把这套政策纲领叫作“基本法”，是要强调其定位就像当年的“鞍钢宪法”一样，是指导公司管理体系建设的纲领性文件。

任正非总裁在访问了北京大学光华管理学院、清华大学经济管理学院后，最后确定与中国人民大学彭剑锋教授等人组成的团队合作，成立起草小组，从事起草《基本

法》的工作，由笔者执笔。

起草小组首先面临的问题是《基本法》的定位问题。《基本法》是什么？它要回答什么问题？起草小组经过讨论，将《基本法》定位为华为公司的管理政策大纲。管理政策是企业的最高管理层处理内外基本矛盾和重要利益关系的准则，是管理决策的指南。基本法要回答三个基本问题：

（1）华为为什么成功？

（2）华为过去的成功能否使华为在未来获得更大的成功？

（3）华为要获得更大的成功还缺少什么？

起草《基本法》的目的，概括起来包括四个方面：

（1）将华为公司企业家的思想、价值观、直觉、创新精神和敏锐的思维转化为成文的公司使命、核心价值观和政策方针，使之能够明确地、系统地传递给职业管理层，由职业管理层规范化地运作。

（2）阐述华为公司处理管理的基本矛盾和企业内外部重大关系的原则和优先次序，建立调整公司内部关系和矛盾的心理契约。

（3）指导公司的经营战略、组织建设、人力资源管理、业务流程再造和管理的制度化建设，使之与公司的使命和价值观具有内在的一致性。推动管理体系达到世界级公司的标准，并使华为公司的管理体系具有可移植性。

（4）《基本法》是公司宏观管理的指导原则，是处理公司发展中重大关系和矛盾的对立统一的尺度，其目的之一是培养高级管理者。

今天回过头来看，在20世纪90年代中期，中国的优秀企业家和管理学术研究团队就能站在东西方管理思想交汇的高度，结合中国高技术企业的实践，高瞻远瞩、脚踏实地探索和完成起草《基本法》这项艰巨的、具有历史意义的工作，这不能不说是一项创举。直到今天，《基本法》中的许多阐述，仍具有指导意义。

（二）《基本法》关于华为核心价值观的阐述

《基本法》共103条，从公司使命与愿景、核心价值观、价值分配原则到接班人与《基本法》的修改，覆盖了企业管理的诸多重要领域。

那么，贯穿《基本法》的主线是什么？是愿景与核心价值观。我们下面就对此作一个简要的解读。

1. 追求

“第一条　华为的追求是在电子信息领域实现顾客的梦想，并依靠点点滴滴、锲而不舍的艰苦追求，使我们成为世界级领先企业。”

“为了使华为成为世界一流的设备供应商，我们将永不进入信息服务业。通过无依赖的市场压力传递，使内部机制永远处于激活状态。”

第一条开宗明义阐述了华为公司的使命和愿景，即在电子信息领域实现顾客的梦想，成为世界级领先企业。华为公司是一家高技术公司，公司高于盈利的使命是满足客户的需要，为客户创造价值；科学家、工程师、专业人员可以有自己的专业梦想，但最终都是为了实现顾客的梦想。在电子信息领域，必须领先，力争做领导者，这是唯一的道路，不能领先就只有被淘汰。

要领先，做产业领导者，就必须聚焦，切忌盲目多元化，不为非主方向的利益所诱惑，这也是为什么在使命中限定公司的业务领域是电子信息领域的原因。第一条的第二段是任正非亲自加进去的，在《基本法》终审会上争论很大。有人主张不应在《基本法》中限定未来的经营方向；还有人主张华为不做电信运营服务、不与客户争市场是对的，但不进入信息服务业限定的范围太宽了。但任正非坚持不改，他认为，“华为既做服务，又采购自己的设备，这会使我们的产品质量退化；我们不做服务，可能面临的产品竞争会更加激烈，这会把我们逼成世界领先者。再有，要成为产业的世界领先者，靠服务是不可能领先的，只有靠产品。强调不进入信息服务业，也是为了专注于把产品做到世界领先”。

最后，通过无依赖的市场压力传递，使内部机制永远处于激活状态，这是激活组织、保持旺盛的竞争力的关键。要保持市场压力，就不能追求独家垄断，把对手都打垮了，也就到了埋葬自己的时候了，这在世界市场上不乏先例。这就是任正非经营华为的大谋略，在公司规模尚小时，就树立了宏伟的愿景，并且已经在考虑实现了愿景后怎么办。

2. 员工

“第二条　认真负责和管理有效的员工是华为最大的财富。尊重知识、尊重个性、集体奋斗和不迁就有功的员工，是我们事业可持续成长的内在要求。”

按照优先次序，阐述完对客户的使命接下来就要明确对员工的价值定位。核心价值观的第二条强调人是华为的财富，但要成为华为最大的财富，任正非加入了一个限定语：管理有效。员工工作认真负责很好，但个人自视太高，不能敞开心胸平等地融入团队，留不住他或者改变不了他的不合理的要求或行为，这样的员工，还不是公司的财富。

集体奋斗是华为文化的主旋律，从创业起，华为就崇尚“胜则举杯相庆，败则拼死相救”的文化。集体奋斗也给个人充分展现自己的才华搭建了一个平台，使那些业绩优秀的员工脱颖而出，给予他们更大、更多的成长机会。再有，任正非还在这一条中加入了不迁就有功的员工的方针，从而为人力资源政策定下了促进员工队伍吐故纳新、新陈代谢、永葆活力的政策基调。

3. 技术

“第三条　广泛吸收世界电子信息领域的最新研究成果，虚心向国外优秀企业学习，在独立自主的基础上，开放合作地发展领先的核心技术体系，用我们卓越的产品自立于世界通信列强之林。”

本来技术是工具性的，一般不作为核心价值观，但第三条强调的是独立自主、开放合作的核心技术发展方针，故作为一条重要的核心价值观列在这里。华为公司在内部反对提自主创新，过于强调自主创新就有封闭之嫌。华为是要开放地利用世界上一切先进的技术和器件，这样聚合别人的优势以增强自己的优势。只要你不在关键器件和软件上对我断供，我就用你的东西，哪怕我自己也能做出来。独立自主是基础，但也不是什么都要自己做，而是在关键技术、关键软件上，你中有我，我中有你。

市场竞争到最后一定会走向合作，寡头之间一定是既竞争又合作，共同分享世界市场。合作的关键是让利，是竞争还是合作根本上取决于利益的考量。

4. 精神

“第四条　爱祖国、爱人民、爱事业和爱生活是我们凝聚力的源泉。责任意识、创新精神、敬业精神与团结合作精神是我们企业文化的精髓。实事求是是我们行为的准则。”

原本第四条写的是：爱祖国、爱人民、爱公司和爱自己和家人是我们凝聚力的源泉，后来因为与第七条有些重复，就将后两种改为爱事业和爱生活了。爱祖国、爱人民是鼓励员工将自己的工作与祖国和人民的利益及幸福联系在一起，开阔自己的胸怀和眼界；爱公司和爱家人，这是意识到自己对人生的期望，这四种爱都是员工的工作和人生的意义所在。华为公司不追求股东价值最大化，而是追求公司的长期有效增长，故使得爱公司也成为员工工作意义的一部分。

再有，这四种爱本质上是利己与利他的关系。认识到人性的基本动力都是利己，这就是实事求是，但在行为上可以通过利己而利己，或通过利他而利己。企业就是通过利他、满足客户需求而利己，越是能够更好地满足客户需求，就越能从客户那里得到更多、更持续的回报。员工对个人利益的追求也是同样的道理，企业的激励政策就是要使员工从切身利益角度意识到，自己对公司的贡献越大，自己的获利就越多，成长就越快。

5. 利益

“第五条　华为主张在顾客、员工与合作者之间结成利益共同体。努力探索按生产要素分配的内部动力机制。我们决不让雷锋吃亏，奉献者定当得到合理的回报。”

华为实行员工持股制度，持股员工占到员工总数的一半。故我们在利益这一条中没有提股东，就是因为员工既代表了员工也代表了股东。也正因为如此，在顾客、员工、股东、合作者这些利益相关者中，任正非主张：为客户服务是华为存在的唯一理由。华为的企业目的是追求公司的长期有效增长。这正体现了我们在上一条中阐述的通过利他而利己的人性观。把公司的长期有效增长作为目标，既避免了股东价值最大化的短期性，也避免了利益相关者利益诉求的宽泛性。华为的实践是对企业目的理论的新的探索。西方理论界也在思考这个问题。

我们在《契约与信任》一章中已经将企业定义为一个契约综合体。企业与劳动者、企业与企业、企业与股东、企业与供应商及合作者之间都是有契约的，但现代契约理论认为契约具有不完全性，不可能在契约中规定所有的事情。不完全的契约怎么执行呢？那就要靠信任。特别是在资本（也就是企业）与劳动者之间，尽管签署了劳动合同，但在实际上离不开信任。企业和消费者之间的契约也是不完全的，保修承诺只是规定了企业一方的责任，但企业没有约束消费者的契约。企业只有靠产品的质量和优质的服务满足消费者的需要，从而赢得消费者的口碑，由此促使消费者重复购买，也就赢得了消费者的信任。所以信任无价。

华为绩效考核的标准是责任与结果。结果是可衡量的，是当期的，责任是难以量化的，通常是长期的、战略性的或支持和服务性的，两者怎么平衡？怎么确保公正和公平？这是价值评价和价值分配的主要问题。而不让雷锋吃亏就是针对责任的考核与分配而言的，这个核心价值观为人力资源的绩效管理和薪酬管理规定了原则。

6. 文化

“第六条 资源是会枯竭的，唯有文化才会生生不息。一切工业产品都是人类智慧创造的。华为没有可以依存的自然资源，唯有在人的头脑中挖掘出大油田、大森林、大煤矿……精神是可以转化为物质的，物质文明有利于巩固精神文明。我们坚持以精神文明促进物质文明的方针。”

这一条是任正非亲自加进来的，一个字没改。这一条上来就讲：资源是会枯竭的，唯有文化才会生生不息。这个命题是怎么形成的？笔者曾经问过他，他说，20世纪90年代初他第一次访问中东，在飞机上看到在一片荒漠中崛起了一座现代化的城市，他问随行的商务部西亚非洲司的司长这是哪里，司长告诉他这就是阿联酋的迪拜。当时迪拜的石油资源已经开采得接近枯竭，但是迪拜利用石油财富再造了一个中东的现代化商贸中心、物流中心、金融中心，使迪拜的繁荣得以延续和新生。忽然间，在他的脑海里冒出了一个命题：资源是会枯竭的，唯有文化才会生生不息。后来他访问以色列，更强化了他的这个观念。

这一条的第二层含义是对华为公司的一个定位，即华为是一家主要依靠劳动者智慧创造价值的轻资产公司。人的创造潜力是无限的，华为的技术也好，产品也好，战略也好，财务绩效也好，都建立在对员工的创造潜能的开发上。人力资源管理问题在华为的高层决策日程中占了最多的时间和精力。对企业来说，尤其是高技术企业，人力资本的重要性远远超过金融资本，但人力资本至今没有合理的核算方法，人力资本的投入在损益表中是当作成本和费用核算的，是直接冲减利润的；而且人力资本进不了资产负债表，没有其位置，这是个很大的问题。华为的这条核心价值观就是要防止在人力资本投入上的短视问题。

精神文明是人的智慧和价值观，物质文明是生理需要和利益。物质文明是基础，是必要条件，但创造价值还要靠精神文明。如何处理两者的关系是企业管理的基本任务。

7. 社会责任

“第七条 华为以产业报国和科教兴国为己任，以公司的发展为所在社区作出贡献。为伟大祖国的繁荣昌盛，为中华民族的振兴，为自己和家人的幸福而不懈努力。”关于企业的社会责任。西方经济学有两派对立的观点。一派是以米尔顿·弗里德曼和迈克尔·詹森为代表的企业追求利润最大化的观点，认为企业实现效率最大化就是在履行社会责任，给企业增加额外的社会负担会降低企业的效率，对社会是一种损害。

另一派是以爱德华·弗里曼为代表的企业为利益相关者创造价值的观点，认为企业对员工、顾客、股东、供应商和社区负有责任，追求利润最大化会带来一系列社会问题，如生态环境问题、外部性问题、失业问题、社区可持续发展问题等。华为在《基本法》中对企业的社会责任和为社区作贡献的方式作了界定，强调以公司的发展为所在社区作贡献。公司的发展包括公司竞争力的增强、客户满意度的提升、公司收入和利润的增长，由此带来的就业机会、员工收入的增加、政府税收的增加、供应商与合作伙伴的发展，都是企业为社区繁荣所作的贡献。

企业和社区之间是可以找到共同利益的，这个共同利益建立在企业发展的基础上。

核心价值观的第七条再次强调了为祖国、为民族与为自己和家人的幸福的一致性。10年之后，任正非对华为公司的核心价值观作了进一步提炼，即“以客户为中心，以奋斗者为本，长期艰苦奋斗”。显然，这三句话更加简练，更加鲜明，导向更加清晰。可见，对核心价值观的认识也是不断深化的。核心价值观越精练，越能够体现企业的精神。对于愿景，企业能想到、说到，最终不一定能达到，但世界上没有不曾想到却做到了的事。孔子云：“取乎其上，得乎其中；取乎其中，得乎其下；取乎其下，则无所得矣。”对于核心价值观，其本质实际上是社会的道德和价值观的体现，企业不加以阐述，也是可以遵循和身体力行的，但正式地公开阐述，等于向社会、向世人公开承诺，这是企业对自身行为的自觉约束，将自身置于公众的监督之下。同时，将核心价值观公开阐述，就保证了企业经营政策和人力资源政策的一致性。企业的愿景与核心价值观，是企业家对办什么样的企业、怎么办企业这一根本问题的深刻认识。

（华夏基石e洞察公众号2022年7月5日发布）

没有创新观，不必谈战略

创新已经成为整个国家下一步发展最关键的主题。中国经济已经走到了一个转折点，从过去的抓机会，靠资本驱动的并购、扩张，到了现在必须靠创新去开拓新的增长空间的时候。

华为在这方面是一个很突出的典型。所以，我们今天来研究一下华为的创新战略和创新机制，对提高企业创新管理应该是有借鉴意义的。

一、战略的本质是宏伟目标与有限能力的结合

华为为什么重视创新？

华为2022年的研发投入是238亿美元。美国《财富》杂志除了世界500强的排名以外，还有研发投入的排名，华为排在第三位，在华为之前的是谷歌、微软，而这还是在美国的严厉打压和封锁的情况下。华为的手机业务大幅度下滑，因为美国禁止向华为供应芯片和关键器件，只要是含有美国技术的，甚至只要是生产厂有美国技术的，都不允许向华为供货。安卓操作系统和安卓GMS的应用，全部都对华为关了大门。

即使在这样的情况下，华为的业绩从2020年的8 914亿元人民币下滑到2021年的6 368亿元，但净利润却同比增长了76%，按资本市场通行的术语说，是完成了“筑底”。2023年整个国内的大势也比去年要宽松、好得多，整个中国经济在恢复，所以2023年应该比2020年增长更好。

即便在这么严峻的形势下，2022年华为的研发投入还是超过了1 400亿元人民币，占销售收入的比例超过了20%。华为的研发投入不仅没有减少，还在增加，华为的研发工程师不仅没有收缩，也还在增加，现在是10.5万名研发工程师。华为研发有几个大的会战，特别是“三Y坡会战”——华为在东莞松山湖基地组织的会战——主要解决两个问题，一个是操作系统，一个是编译器。操作系统已经推出了鸿蒙，进一步推出了欧拉。鸿蒙是面向端侧的，手机、智能家居等用的都是鸿蒙，它是一个基于互联网端侧的操作系统。欧拉是基于工业控制的操作系统。编程语言，华为内部叫仓颉；编译器，叫毕生，还有高斯数据库，这是云计算必不可少的，另外就是人工智能的基础软件。

华为一方面面临美国的严厉打压，一方面还在加大研发投入、组织会战。我们后面要提到，实际上会战不仅是为突破美国的封锁，而且要为国家、为社会打造数字

世界的基础设施，包括我们的操作系统、编程语言、数据库等的基础软件，华为将来是要免费地开放给国家和社会的，甚至为世界提供第二选择。这是任总在内部讲话里给“三Y坡会战”的定位。现在世界上的基础软件都是美国的，对美国的基础软件的依赖，特别是对中国这样的国家来说是极不安全的。如果中美一旦冲突，后果不堪设想，我们的整个金融系统、能源系统、政府系统，只要是用美国基础软件的系统，可能都会停下来。

所以，华为不只是为了自己的商业成功，还是为国家、为民族的信息安全、数字安全，为世界提供安全的第二选择。

为什么华为在创新上这么舍得投入？为什么几十年兢兢业业地专注在核心技术的创新上？首先，因为华为的目标远大。在战略的理论中，战略目标有一个特定的概念，叫战略意图，这是1989年加里·哈默尔（Gary Hamel）与普拉哈拉德（C.K. Prahalad）发表在《哈佛商业评论》上的经典论文《战略意图》（Strategic Intent）中提出来的。1990年，这两位作者又在《哈佛商业评论》上发表了《公司的核心竞争力》（The Core Competence of the Corporation），这篇论文开拓了企业竞争战略领域里一个主流的学派。在这之前，企业战略领域占主导地位的是以哈佛大学战略管理教授——波特为代表的企业竞争战略理论。哈默尔与普拉哈拉德开拓了企业战略领域的另一个方向——核心能力的战略方向。两位大师在其《战略意图》论文中，开宗明义地讲道：“过去20年中达到世界顶尖地位的公司，最初都具有与其资源和能力极不相称的雄心壮志，我们将这一令人着迷的事物定义为战略意图。”

这篇论文发表在1989年。往前推20年，就是从20世纪60年代末到70年代初开始，直到90年代末这20年中，达到世界顶尖地位的大部分是日本公司，如日本的索尼、丰田、本田这样的日产汽车公司，还有许多从原来财团继承下来的，如富士、三菱等这些大的财团手下的公司。这两位大师关注的这些在战后20年中成就世界顶尖地位的日本公司，有一个共同的特点，就是在它们规模尚小的时候，就树立了要成为世界领先企业的雄心壮志。

所以，华为为什么这么坚决地、义无反顾地在研发上大规模投入？因为华为的企业家和高管层有一个宏伟的目标。

早在1994年，华为第一个突破性研发项目——万门数字程控交换机——取得了邮电部的入网许可证，使得华为的销售层次从“农电”一下提升到“市电”。彼时，任总在内部提出，华为的目标是成为在将来的世界通信设备市场“三分天下有其一”的领先企业。

2013年，华为在通信网络设备这一块的销售收入首次超过了爱立信，成为世界通信设备领域的No.1。从1994年提出目标，20年时间兢兢业业、孜孜以求，最后实现了这一宏伟的目标。

我为什么要讲战略意图？因为企业要创新，一定要有远大目标。没有远大目标的创新，都是小打小闹。华为的战略意图本质上是围绕两个基本问题展开的，第一个是怎么成为市场领导者？从华为1994年提出来“三分天下有其一”，用了20年时间走完了这条路；第二个是怎么做市场领导者？对华为来说，也就是怎么尽快缩短或者缩小与世界通信设备行业领先企业的差距。

第一，怎么成为市场领导者？

我们曾经说从模仿到创新，实际上这其中不光是模仿，因为通信设备行业是受国际标准控制的，要是达不到质量标准，你连门槛都过不去。所以怎么成为市场领导者呢？实际上既包括作为一个追随者通过模仿的途径来迅速缩短差距，又要绕过西方公司的专利封锁，这样才能逼近西方公司的领先地位。

2010年华为的销售收入超过了200亿美元，开始进入领先行列。当时在通信设备领先行列规模超过200亿美元的，一个是爱立信，一个是诺基亚，另一个是阿尔卡特（实际上阿尔卡特是180多亿美元）。美国现在为什么要打压华为，特别在5G上要封锁华为？因为5G是部署下一代网络的关键设备。为什么美国要控制世界？靠什么控制？一个靠它的军力，一个靠它的科技，再一个就是靠网络。如果网络是华为的设备部署的，而华为的设备没有后门，美国想控制世界就不可能了。所以，封锁华为不仅仅是一个商业行为，更是一个政治行为。

从俄乌冲突可以看出，俄罗斯吃亏就是在网络上，俄罗斯所有在前线的调动、部署全在美国卫星网络的监视下，而且不仅是军事的卫星网络，还有低轨道网络。因此，未来的战争，如果通信网络上处于落后状态的话，是打不赢的，你就会变成一个“瞎子”，而且对方把你看得清清楚楚。所以，我们国家在通信网络这件事情上，是非常谨慎的。而华为所处的位置，实际上和国家的信息安全、信息基础设施是紧密联系在一起的。从这个意义上来说，大企业的使命就是应当为国家民族面临的紧迫问题作出重要贡献，这也是大企业存在的价值。当然，作贡献不限于华为这么大规模贡献的企业，也可以是一家小企业，它在某一个细分市场、某一个关键零部件上做到世界领先，这样的企业也是国家的财富，也是国家真正要保护的。

怎样成为市场领导者？对大企业来说，应当追求为国家民族面临的紧迫问题作出重要贡献。这是我强调的第一点。

第二，怎么做市场领导者？

一是生态。构建核心的商业生态的本质是什么？本质就是利益共享。生态为什么进入你的平台？除了你的基础软件提供的先进平台外，重要的是利益分享。苹果是“三七”开，生态伙伴是“七”，苹果是“三”，但苹果有几百万个应用APP，最后它还是大头。

什么是商业模式？我以前听任正非说过，当时有一个影视界的老板，做过一个比例，1∶9，老板拿“1”，“9”由导演、制片、编剧等人拿走，但能把大家都吸引到他的平台来做。虽然老板拿得少，但整体上他还是大头。任正非说这就是平台的商业模式，不让利、不共享，就不会有一个大平台。现在华为的云计算发展得非常快，其中有一个很重要的原因，除了技术的先进外，关键就在利益分享上。

所以，怎么做市场领导者？第一，你要让利给合作者；第二，你要领先，这样才有人跟着你走。

华为的战略意图，任总早在1997年就讲得很清楚——

“我们必须在混沌中寻找战略方向。华为公司总有一天会走到悬崖边上，什么是走到悬崖边上？就是走到世界同行的前列，不再有人能够清晰地告诉我们未来会是什么，未来必须靠我们自己来开创。我们不走到悬崖边上是不可能的，而如果我们不想走到悬崖边上，也是没有出息的。”

这是1997年在珠海的战略务虚会上任总的一段话。

华为之所以能成长到今天，实际上早在它规模尚小的时候，就树立了雄心壮志，就像老子说的“合抱之木，生于毫末”，基因里就隐含了将来要养成一种什么样的大树。“九层之台，起于垒土”，九层的高度都是一层一层垒起来的。

华为的战略有个特点，就是紧紧围绕核心竞争力展开创新。战略的本质是宏伟目标与有限能力的结合。

美国加迪斯在《论大战略》这本书里给“大战略”下了一个定义，就是“无限远大的抱负与必然有限的能力之间的结合”。这就是大战略，也是一个企业的长远战略，一个国家的长远战略。

“公司不为短期的利益所动，紧紧地围绕着企业核心竞争力进行经营管理，一些不利于提升企业核心竞争力的事，华为坚决不做。在一些与企业核心竞争力不相关的利益前，华为是经得住诱惑的，可以说为了核心竞争力，华为失去了很多机会与利益，但如果没有核心竞争力，我们将永久地失去发展的机会，这就是华为的基本战略。”

“紧紧围绕核心竞争力展开”，那么，这个核心竞争力在一个企业中是什么架构呢？我刚才提到的两位大师——加里·哈默尔与普拉哈拉德——在他们的经典论文《公司的核心能力》里给出了一个框架，企业的整个技术体系就像是一棵大树，树根是核心能力，树干是核心产品，树的枝叶才是事业部，才是最终产品和解决方案。因此，他们是不赞成在美国比较流行的事业部体制。事业部实际上是日本的叫法，也可以翻译成业务单元，或者经营单元，再大一些叫战略事业部或者战略经营单位。他们认为，通常我们说的研产销一体化的体制，从核心竞争力的角度来看，实际上割裂了核心产品和核心能力，每个事业部有自己的核心产品和核心能力，但是作为整个公司的“根”被割裂了，它的“干”被割裂了。

我2022年出版的一本书——《管理政策：矛盾、辩证法与实践》，就是针对这个模型，以华为为例讨论了另一种组织上的策略和政策。我们知道，组织上基本是两种策略，一种是直线职能制，适用于中小企业；一种是分权制，或者叫分权的事业部制，适用于多元化的大企业。

而华为的组织理论基础，就是核心竞争力的框架。华为在建立组织体系的时候，并没有参考过两位大师的原著，是自己摸索到的。华为现在的基础研究，叫“2012实验室”，是它的核心能力；还有一个是产品与解决方案的平台，六大产品线是为了支撑上面的整个业务，而在上面的业务华为现在是六大BG，英文是business group，直接翻译过来叫“业务集团”，但华为本身是个集团，我更倾向于把 BG翻译成“业务集群”。华为现在是六大类业务集群，一是运营商——通信的业务集群，这是它的所谓压舱石，每年能带来500亿美元以上的收入；一个是企业业务，又在里面划分了七个军团，打穿纵向行业，然后向世界各地延伸。华为形成的结构与两位管理大师在《核心竞争能力》这篇文章中提出的技术架构不谋而合。

所以，只要实事求是地探索企业的组织、战略、管理，不一定非得从这些西方大师的理论去寻找，或者从他们的理论中获得启发，或者照搬他们的理论，我们自己的企业也有可能摸索到这个理论，这里是有规律的。组织结构同样如此，也是华为自己摸索出的路子。

二、压强原则仍然是华为战略的基本原则

现在看已经成为世界级的领先企业，都有一个共同特征，在规模尚小的时候，就树立了与其规模极不相称的宏伟目标。怎么解决宏伟目标与有限能力的差距？就是要聚焦。所以，我们看凡是做得好的企业都是聚焦的企业。所谓做得好的，就是真正在自己的领域里成为世界领先的企业。

华为的战略中有一条基本原则叫“压强原则”。什么是压强原则？《华为基本法》中特别写了一段：“我们坚持压强原则，在成功关键因素和选定的战略生长点上，以超过主要竞争对手的强度配置资源，要么不做，要做就极大地集中人力、物力和财力实现重点突破。”

当年我们在写这段话的时候，华为在1995年的销售收入首次突破了10亿元人民币，订货口径首次突破了15亿元人民币。10亿元人民币在当时是个什么概念呢？当时的人民币兑美元的汇率是8.3，华为不过是1亿多美元的一家公司，而当时的爱立信已经是250亿美元了，诺基亚手机业务已经超过200亿美元了，所以华为和这些跨国电信设备制造商是上百倍的差距，怎么跟它们进行正面竞争呢？

华为靠的就是压强原则，通过压强在选定的战略生长点上，把有限的资源集中到

几个较少的战略竞争点上，把规模的整体劣势转化为点上投资强度的优势，先在点上突破，然后逐渐扩大，向纵深发展。一直到今天，压强原则仍然是华为战略的基本原则。我们做创新也是这样，一定要收缩战线，提高在点上的投入强度，只有这样，创新才有可能突破，才有可能打破竞争对手的封锁或者堵截。

我们在《基本法》里还特别列举了一条，“保证按销售额的10%拨付研发经费，有必要且可能时还将加大拨付的比例”。

2019年，美国对华为的制裁就开始了。在2019年之前的四年间，华为的研发投入已经是销售收入的14%以上。2019年以后还在逐年增加，虽然整体的销售规模受到了抑制，但是研发的投入并没有减少。华为有个特点，在2019年美国的制裁大棒打过来的时候，华为有500亿美元的库存现金，在美国的三年打压之下，华为保持政策不动摇，员工依旧是高工资。为什么员工要高薪？因为只有高薪才能吸引到优秀的人才。由于实行高薪，使得华为的员工更珍惜工作机会，更珍惜他的岗位，这就给管理层创造了条件，能够加大管理力度。华为的管理力度，至少在我接触的企业里绝对是最强的。

管理力度包括了几个方面。一是KPI考核，实行最严格的机制，而且实行末位淘汰，10%排在末位的干部要淘汰，不是说淘汰到公司外面去，而是要从你的岗位上下来，让新人上去，然后你到战略预备队充电，重新上岗。再者，华为的干部也好，专家也好，实行任期制。到了期限以后，干部必须要流动，专家要重新认证，要经过考核，经过评估，这样你才能在原来的位置上继续干下去，达不到要求的专家要降级。

这样的管理力度，没有高薪的物质条件来保证的话，谁会愿意在这种压力下工作呢？但是，管理没有力度，效率就上不来，竞争力就上不来，创新的优异成果就出不来。

人的动机都是自私的，关键是企业用什么样的政策调动起积极性。什么是积极性？积极性的来源是人对个人利益的关注。企业不过是把员工对个人利益的关注引导到实现企业目标的活动中去，为企业创造价值。

华为在战略上强调客户需求导向优先于技术导向，强调市场是检验企业创新的最终标准。

德鲁克在《管理实践》中举过一个经典的例子。有一个路人经过一个打石场，他问第一个石匠，说：“你这是在做什么工作？”石匠说：“我打石头是为了养家糊口。”他又问第二个石匠，石匠说：“我打出来的石头和别人不一样，我是要显示我的技能。”当他问到第三个人的时候，第三个人思考了一下，他说：“我是要建一个大教堂。”

德鲁克用这个例子来说明什么呢？就是员工能不能理解、能不能认同他工作的意义。如果只是为了养家糊口，这应该是基本的动机，但他不可能做出非常优秀、非常出色的业绩。如果仅仅是为了显示技能，而对工作本身最终的意义不关心的话，那么他的工作也可能是看起来很不错，但实际上跟目标要求是不一致的。只有明确了工作本身的意义和目的的人，这样的员工才是企业最终所需要的。

为什么任正非反复强调以客户为中心？据我的观察，企业内部有一种偏离以客户为中心的自发趋势。让企业自发地去演变的话，它一定是偏离以客户为中心，而不是聚焦到以客户为中心上。为什么？许多因素会影响这个过程：

（1）企业目的：如果企业是追求利润和股东价值最大化的话，它是以股东为中心，而不是以客户为中心，满足客户需求是手段而不是目的。当手段和目的发生冲突的时候，手段要服从目的。

（2）企业规模：企业规模尚小，处于创业阶段的时候，企业其实不需要什么流程的，每个员工其实都明确企业怎么才能生存下来。怎么才能生存得下来呢？就是为客户提供最好的服务。随着企业规模的增长，分工越来越细化，内部岗位与部门离客户越来越远，感受不到来自市场竞争和客户需求的压力，所以对客户的服务的紧迫性和自身利益的强相关性，就慢慢地变得疏远了。

特别对大企业来说，管理的一个关键，也是一个很困难的环节，就是怎么把外部市场的压力以及客户的需求传递到企业内部，传递到每一个部门、每一个岗位、每一个人。

（3）故步自封：企业成功了，容易骄傲自满，这也会偏离以客户为中心，不再虚心地听取客户意见。

（4）技术导向：技术人员追求的是技术领先，而不是为客户创造价值和商业成功。我们对技术人员的考核、加薪、提职、晋升等等，通常都是把这个人的技术水平作为主要的评价和依据，而不是用他所带来的商业成功有多大来评判。

（5）流程异化：企业创业阶段没有流程，但其实是一个效率很高的阶段，因为没有很高的效率就不能生存下来。企业做大了以后，分工细化了以后，一定要做流程，不能同一件事情，张三负责的时候是一种做法，李四负责的时候又换了一种做法，因人而异，这样的效率是很低的，并且会带来一个结果，就是企业的这些技巧、知识是积累在个人身上，而不是积累在组织层面上。积累在个人身上会带来一种什么结果？个人就会以此和组织讨价还价，个人如果离开了这个企业，可能就把组织的资源也一块带走了。

所以，企业一定要做流程，提高效率。“科学管理之父”泰勒讲，如果做一件事情有不同方法的话，一定有一种方法是最好的、效率最高的、成本最低的。怎么找到这种方法？不是靠个人的经验，而是要靠科学管理，就是所谓的分析，泰勒用动作分析、时间分析找到最佳的做法，然后制定成标准。所谓标准就是制定流程和规则，要求从事这项工作的每个人遵照执行。

但过度的流程化也会滋生官僚化。因为流程有一个特点，比如一家企业发生了质量事故，要在管理上追究责任人，同时还要找出流程上的缺陷，完善流程，堵塞漏洞，这样久而久之，我们就会发现最完美的流程其实是效率最低的流程，是最容易官僚化的流程。因为执行流程的责任人员，以不犯错误为目标，而完全忘记了为什么要做流程。实际上流程的最终目的是为客户提供更有效率的、更好的、更优质的服务。所以，流程也会异化的，没有流程不行，但流程应该有一个合理的度，明确哪些是必须规范的，哪些是允许执行者有一定的自主决策或者灵活性的权力。

（6）人性的弱点：人的行为的原动力都是利己，这是对人性的基本假设。我们所有的人，包括英雄模范在内，从人性的角度来讨论人的行为的原动力都是利己的，这是伦理学、心理学等理论公认的，也是事实。但是，用利己的方式达到利己的目的，往往事与愿违，而为己利他，才能够真正地利己。对于一个人来说，他的人生态度就是要认识到怎么能够通过为己利他的方式来利己，跳出单纯利己的圈子。企业也是这样，通过利他而利己。所谓“利他”就是使客户满意，越是使客户满意，企业的效益就越好。假如企业真正能够做到各项工作、各个岗位、各个部门都以客户为中心，那么它一定是非常优秀的企业。

三、唯有“开放、竞争、合作”，才能构建和谐的商业生态

进入了市场的前列以后，华为遇到的关键挑战是什么呢？原来作为追随者的时候，在战略方向的选择上没有大的风险。因为这个方向已经被领先者开拓出来了，问题就是能不能通过艰苦奋斗缩短和主要竞争对手的差距，再通过创新，绕过专利的封锁。你没有核心技术，谁跟你合作呢？即便是与你合作，也是让你替他开拓市场。没有核心技术的合作，不过是替别人做嫁衣裳。

企业一旦进入产业、行业的前列，所面对的关键挑战就有一个质的变化。原来是跟随者，战略方向已经被领先者开拓出来了，那么在战略方向的选择上不存在太大的风险。但进入前列以后，没有人再去告诉你前面的方向是什么，你必须在直面不确定性中来选择、判断未来的正确方向。这是成为领导者的一个质的变化。因此，华为从2011年起，在组织上将研究与开发划开了。

我们通常说研发的英文是research and development，实际上research和development，从企业的商业角度来看，性质是不一样的。“development”——开发，就是满足客户需求，追求商业成功，所以在开发上是不认可失败的。相反，“research”是对未来的探索，在研究上是允许失败的，是宽容失败的。研究项目最后证明此路不通，对公司来说也可能具有战略意义。

我曾经接触过美国通用电气公司核能事业部的一个战略主管，他是一位华裔，

曾经在1980年代被中国科学院邀请作讲座，讲GE怎么做创新，怎么做研发管理。我看到他讲座的小册子上，特别讲到了GE研发资源的配置，大体上是GE的研发资源在设计阶段，不管投入多少，如果是1亿的话，在小批试制阶段、实验阶段，是设计阶段投入的四倍。因为在批试阶段，需要开实验局，要调试，要有一些专用的设备的投入。而一旦进入量产，就要建生产线，建工程甚至建工厂，要建服务网络，建服务体系，除了技能工程师以外，还要有备品、备件的储存，还要建促销推广的体系。这整个投入又是小批试的四倍。

从整个过程看，如果设计阶段投入是“1”的话，那么完成产品的产业化和商业化的过程，整个投入是设计阶段的四倍，量产又是批试的四倍，就是接近二十倍的投入。这是大公司做研发投入的一般的结构。有的企业投入的比例要低一些，不像核能设备，对可靠性、安全性要求这么高，但大体上也遵从这个规律，即在后期的批试和量产阶段，投入是原来设计阶段的十几倍。这样就带来一个问题，如果投入开发的项目选择是错的，决策是错的，可能最后十几倍的投入就打水漂了。许多企业不敢做重大的创新，就是觉得不确定性太大，风险太大。所以，创新是有风险的。

西方大公司的做法是什么呢？它是用在研究阶段的高淘汰率来确保研发项目进入商业性开发的高成功率。IBM顾问公司在华为咨询的时候，提供了一个内部的统计数据，表明研究项目在进入商业性开发之前的淘汰率是47.3%。也就是说，有一半的研究项目进入不了开发阶段，会被淘汰。

但华为的策略不成功，也有战略意义，因为它避免了在商业投入上的盲目性，而且这种盲目投入除了资金、物质上的损失外，潜在的、更大的损失就是最好的时机错过了，这是很难挽回的。所以，华为在2010年的销售规模首次突破了200亿美元，在当年的组织改革中，开始把研究与开发在组织上划开了。

我刚才特别提到IBM的统计，研究进入商业开发的项目，淘汰的比例是47.3%。而进入商业开发的项目，失败率只有2%。所以，这其中的规律就是以项目研究的高淘汰率确保开发项目的高成功率，确保投资的回报率。

所以华为在研究上的管理方针就是遵循一般的规律。任总说，“我们在研究上不靠赌的方法。赌一种机会是小公司投资不够的做法。对未来的实现形式可以有多种假设、多种方案，随着时间的推移，世界逐步倾向于哪一种方案，我们再加大这方面的投入”。也就是说，华为在研究项目的立项上不采取PK的方式，最后用“赌一种方向”这种方式来立项研究，而是采取不同的方案、不同的假设并行的研究。任总把这个方式叫作“先开一枪，再开一炮”。我们刚才讲了研究项目和开发项目之间的投入比例，就好像先开一枪，打不准顶多是损失一颗子弹，如果打中了那就是集中资源投入，再开一炮。这样就形成了华为整个研究和开发的资源投入的结构，使得华为在前沿性的、突破性的、原创性的研发上，更重视在研究阶段“先开一枪”。用任总的话说，就是研究的立项，“要把喇叭口张大”，要覆盖未来在这个方向上可能的技术路径和技术方案，然后在推进的过程中逐渐淘汰、逐渐筛选。

这就是所谓“面对未来不确定性，要保持灵活性”。

2019年5月17日，美国把华为列入了实体企业名单，开始对华为进行打压，5G、芯片、安卓操作系统不再向华为供货了。2019年12月，加拿大海关逮捕了华为的CFO——孟晚舟，美国司法部起诉华为违反了美国的法律。在此之前，美国曾经就这个事情起诉过中兴通讯，罚了它12亿美元，后来发现真正关键的企业不是中兴通讯，而是华为。所以美国对华为完全不是用罚款的方式了，实际上就是要把这家企业“打死”，先后大概有六轮，一波比一波严，到最后几乎全部卡死了。

这样迫使华为进行第二个质的转变。

第一个质的转变是华为从创业的跟随者成为领先者，在不确定性中探索正确的方向。现在美国全面打压了以后，逼着华为做质的变化，就是任总提出来的“向上捅破天，向下扎到根”，向上要构建牵引和领导行业发展的能力，向下重要的平台及支撑系统要做到根，完全摆脱对美国的依赖。

2023年4月，华为要召开一次庆功大会，就是完全去“A”的ERP系统，运行了一年以后，完全彻底摆脱对美国的依赖。庆功大会就是要表彰在这个过程中作出贡献的人员，包括管理者、专家、技术人员。

我原来做中国人民大学商学院管理科学与工程系主任的时候，建议引进ERP的教学，我们将来培养出来的学生，不能只是理论上知道ERP，都没有实践过，不知道它到底是什么东西。所以我们要开这门课，但老师不愿意开，为什么？因为开微软的ERP发不了论文，评副教授就没资格，所以没人愿意讲这个课，只好由我来讲微软的ERP。ERP实际上要实现资金流、物流和信息流的三流合一。信息流就是计划，控制质量管理的流程。资金流，就是这些资金形态的流动。还有一个是物流，包括从原材料开始，库存、半成品、子系统、组装，最后成品发货。当然，Oracle和SAP这两大巨头在ERP的基础上，又增加了CRM、人力资源的功能，还特别增加了财务的功能。信息主要是计划的功能，资金流主要是财务的功能，物流主要是实际操作和加工的过程。但ERP不能作为一个研发的系统。研发的管理系统关键是PDM，就是产品数据管理。华为现在的ERP是财务软件，整个制造和供应链的管理的软件，全部去“A”了，PDM全部去“A”了。当然它内部的办公管理系统，CRM一开始就是自己开发的，办公软件也是自己开发的。所以，在华为的整个信息系统，一个是完全实现了数字化，一个是完全实现去“A”了。这就是向下扎的“根”。

“向上捅破天”，像我刚才说的云计算、智能驾驶、消费者BG，现在改名叫终端BG，就是business group，比消费者BG更在根上了，更在关键技术上了。数字能源、消费者芯片等走到前沿以后，没有标准怎么办？那就要率先建立市场标准。比如，微软的Windows有标准吗？也没有标准，但它有90%以上的装机率，这就是市场标准。所以，“向上捅破天”，就是敢于在不确定性的领域里，建立市场标准，用市场标准影响将来的世界标准。

“整个战略转向构建数字世界基础设施的软件生态，打造中国基础软件的根，为世界提供第二选择。”这点我前面已经提到了。

“未来要围绕操作系统、编程语言、编译器、数据库、AI框架等，构建数字世界基础设施的软件生态，打造中国基础软件的根，海外同步梯次展开，走向全球，为世界提供第二选择。”这个目标是非常宏伟的。“为世界提供第二选择”，现在已经看到世界有些重要的国家正在试图摆脱对美国的依赖。比如中东的石油国家，像沙特阿拉伯、阿联酋，它们开始强调数据不出国，强调数据主权。但是，用美国的软件，用亚马逊的云、微软的云，数据不可能不出国。欧洲也在强调数据不出欧盟。因为数据出去以后，等于是对美国全透明了，还有什么主权可言？所以，华为在这个意义上为世界构建第二选择。因此，中东国家在云计算上选择华为，为什么？就是保护数据主权。它们信任华为，而且从根本上来说，它们是要摆脱对美国的依赖。

我在跟华为核心供应商一块交流的时候，供应商说选择华为、成为华为的核心供应商以后，提升了它们企业的层次。因为它们不是华为供应商的时候，生存是第一位的，而成为华为核心供应商以后，就和华为同呼吸共命运了。华为的要求是非常高的，因为华为要做中国基础软件的根，为世界构建第二选择。华为的这种高要求，也带动了供应商提升自己的层次。所以，供应商说因为选择了华为，才使得它们开始进入行业的前列，甚至世界的前列，成为所谓的“隐形冠军”，占到世界同行的比例超过了50%。

而任总与供应商的座谈，其中有一个重要的政策，就是要对核心供应商的产品、器件，加价20%，而且是2022年全年所有的采购量加价20%。2023年这个政策保持不变。华为为什么这么做？就是要让供应商提升自己的能力，得有利润，得有钱往里投，而且这些供应商有华为这样大客户的需求和价格的优惠，也就保证了它的投入和将来的市场。所以，这是互利的。

我有一次在讲课的时候，有一个上海的供应商说现在中小企业贷款难，这个问题怎么解决？我说这个问题我也没什么好办法，因为这些国有的大银行，包括中等的银行，为什么偏爱国有企业，向这些企业提供贷款？因为这些贷款没有风险，有保障。银行也是有考核的，贷款出了风险还不了款的话，管理层是要承担责任的。这样的话，贷款自然就走向了央企、大型国有企业，顶多贷款到期了以后再展期，照样还利息。这是政府宏观政策的问题。我举了华为核心供应商的例子：如果你能成为大企业的核心供应商，就会在很大程度上改善融资环境，借用任总的话说，“搭大船，傍大款，过大海”。尤其是对中小实体企业而言，将来的战略选择，就是要进入大企业、优秀企业的生态圈。这是必然的、绕不开的选择。就像日本的产业结构，既是主导企业，同时在自己周围建立下行企业，主导企业把自己的能力外包给下行企业，帮助它们改造管理和工艺；而下行企业有了主导企业的市场以后，它们也在改造自己的技术体系和生产体系，增加专用设备，提高产品的质量、降低成本。而它们又对它的下行企业也是这样的要求，整个日本就形成了“主导企业—下行企业”整体的竞争力。

我们看到一些汽车公司到美国建厂，最后发现美国的供应商不行，达不到它的要求，于是就把国内的下行企业一块带过去，也在那边建厂。这就是一个产业集聚的模式。

任总借用了美军上将马丁·邓普西的话：“要让打胜仗的思想成为一种信仰，没有退路就是胜利之路。”他说，“华为也别无选择，我们坚持自强与国际合作来解决目前的困境。”

世界上的事情就是这样，没有美国打压的时候，任总强调华为用美国“砖”建中国的“万里长城”，就是要用最好的器件来构造自己最领先的系统。但是美国一打压，迫使华为“向上捅破天，向下扎到根”。

华为在创新战略上，强调开放、竞争、合作，构建和谐的商业生态。

（1）合作，不仅要把自己做不好的业务外包出去，即使是自己能做得更好的业务，只要这种优势是非战略性的，也应当通过合作外包出去。将来的大趋势一定是这样的，参与国际竞争，要通过合作让隐形冠军——包括德国、日本的一些隐形冠军——聚焦在自己的业务上，不搞多元化，用专业的聚焦和市场的国际化来发展。

（2）华为的竞争理论不是要最终形成独家垄断，不是形成霸权，而是形成一种你中有我、我中有你的、谁也离不了谁的、安全的、可持续的格局。因为任何独家垄断和称霸，最终会走向成功的反面。

（3）面对美国的超限打压，华为拥抱全球化的方针不改变，还是要尽可能利用全球化，利用全球化的供应来源，利用全球化的市场。

四、创新，需要构建宽容失败的文化

（一）创新要宽容失败，要肯定反对者的作用

（1）一定要让蓝军有地位。华为在创新的领域里，在研发领域有一个红军和蓝军的机制。红军是承担着主要的开发任务，而蓝军专门挑红军的毛病，它们是批判性的。这样的机制设定确保重大决策能够有不同的意见，使内部的意见能够得到充分发表，确保决策的正确性。

（2）强调反对者的意见。按老子的话说，“反者道之动”。事物都是矛盾的，企业也是矛盾的，压抑了矛盾对立的那一面的声音，是不利于正面的意见的。

（二）建立公正公平的价值评价与分配制度，向贡献者倾斜

高技术企业员工的绩效表现和传统企业不一样，传统企业里中间的群体是价值创造的主要贡献者。传统企业，比如工厂，就是工人、技工是主要的贡献者。而对高技术企业来说，因为技术进步的速度太快，像微软这种企业，一个优秀的码工——软件编程人员，从价值贡献的角度跟一般人员比较的话，要相差一万倍。所以核心技术、关键技术突破的价值有多大，现在很难估计。华为有时候一个团队半年甚至一年都没有攻破的难题，引进一个顶尖人才以后，不到一个月就突破了，这个价值怎么计算？

谷歌人力资源总监写了一本书叫《重新定义团队》，把谷歌的人力资源做法讲得很透彻，其中特别讲到高技术企业的个人表现和他的价值贡献之间是服从幂律分布的，就是在员工人事中一个很小比例的顶尖人才的贡献，占到了整个人事实际价值的90%以上。因此，企业的薪酬制度必须支持高技术企业价值创造的规律。

（三）群体奋斗

华为从创业开始就是群体奋斗的文化，“胜则举杯相庆，败则拼死相救”，到现在依然如此。

我刚才讲到的那些顶尖人才、杰出天才进入华为以后，必须融入群体。所谓融入群体，就是能够和华为的员工打成一片。其实华为除了天才员工以外，也都是很优秀的、来自名校——985、211华为的员工，在自己的专业里学习成绩又很出色。而这些天才少年，或者是顶尖人才，只有加入团队以后，在汲取集体智慧的基础上，再发挥个人独特的创造力，才能做出更优秀的业绩和更重要的突破。什么是团队运作？我个人的体会，团队运作就是每一个团队成员，能够把自己不成熟的但有创新性的想法贡献出来，成为集体的智慧，启发别人，而且又能在这个基础上更进一步，这就是团队。

我在华为做过高层绩效小组的顾问，帮助他们建立一级部门总裁和公司副总裁的绩效考核，不光是部门的考核，还要建立他们个人的考核。华为的个人考核是吸取了IBM的考核体系——个人绩效承诺（personal business commitment，PBC），它包括三个部分：一是部门的业绩；二是组织方面的举措，怎么带团队，怎么带队伍，怎么调配资源；三是和其他部门之间的协作。后来IBM把中间这块改成“领导力”了，我个人觉得还不如以前的把组织和人力资源方面的举措放进去。因为领导力有点空。在华为培养中级干部，他们的团队跟我交流，说怎么培养领导力？我说写领导力的书、杰出领导者的自传，简直是汗牛充栋，那么，学谁的领导力呢？学哪个流派呢？既然是培养华为未来的高管，不如就学任正非的领导力，学任正非的管理思想和哲学，学华为的管理体系就可以了，因为将来培养出来的领导力就是华为模式的领导力。为什么

呢？因为将来华为如果缓过气来，那么它在世界上就是非常厉害的公司。

所以，从群体奋斗的角度来看，这些顶尖人才、天才少年，他们加入华为，要想作出突出的贡献就必须融入群体，必须利用群体的智慧。不能融入群体，过于强调个人的杰出性，他们在华为也做不出突破性的成果。

华为吸引天才少年，除了高薪以外，还通过揭榜的方式来选拔人才：一是内部揭榜，一是外部揭榜。每一个来揭榜的人，可以选人，组织自己的团队来攻这个难题，比如说“三Y坡会战”，出了50多个世界级的难题来进行比赛。

华为薪酬奖金的分配，是先给一个大部门打一个包，大部门再给它的二级部门打一个包，二级部门再给团队打一个包。打的这个包，是由团队的领导人来做内部分配，他决定应该拉开多大的差距，能使团队业绩达到最佳。这和西方的合资公司的分配理念、薪酬政策不太一样。西方的做法是，首先确定职务是哪个级别，然后按照级别先定工资，奖金一般是月薪的两倍或者三倍。然后在这个基础上，还会加上一些绩效的考核。这样的话，在年初做人力资源薪酬预算的时候，可以根据每个人的级别，根据薪酬的基数，然后按照奖金政策，把全年的薪酬预算出来，而且不会有很大出入。但华为的薪酬绝对预算不出来，至少不能这么精确。华为的薪酬执行的结果上下要差几十亿美元，预算的弹性很大，业绩上去得有预算支撑，否则人才便吸引不来。但它是针对群体的一种激励，而这样的激励方式给了群体的领导人很大的分配权。如果分配不好，搞大锅饭，群体就没有战斗力，你的团队就没有顶尖人才来，业绩就做不出来。所以，华为对群体领导人的领导力要求是很高的。

（四）战略性地管理人力资源流动

为什么叫战略性地管理人力资源流动？华为是三优先原则，优先从成功的项目团队中选拔干部，优先从主攻战场、一线和艰苦地区选拔干部，优先从影响公司长远发展的关键事件中考核选拔干部。

（1）坚持从成功实践中选拔干部。对中高层主管的选拔，就是遵循“猛将必发于卒伍，宰相必取于州郡”的原则。韩非的原话是“宰相必起于州部，猛将必发于卒伍”。后来我和任总讨论，任总说“州”就是地方官，“部”就是内阁。中国历朝历代宰相很多是从内阁上来的。任总认为，华为如果从专业部门直线上升到副总裁一级，那公司高级班子的成员是有局限性的，一是综合能力没有经过历练，再一个是由于从专业部门上来的，缺乏全局的视角和立场。所以，华为进入高层选拔池的干部，一定是经过跨部门的历练。比如，手机消费者BG是在余承东的手上做起来的，但是余总原来是无线产品线的总裁，后来调到市场体系的西欧地区部做总裁。据我所知，他在西欧地区部作的一个最深远的、最重要的决策是，当时他买下了17个中国移动的牌照，付出了巨大的成本，但后来华为利用这17个中国移动的牌照进入这些国家，他那个决策起了战略性的作用，没有移动的牌照设备是卖不进去的。现在他又在兼任车BU，就是智能驾驶业务群组的领导。

这就是华为的特点——“宰相必取于州郡”。“州”和“郡”都是地方官，必须有独当一面的历练。

华为的人力资源流动，原来是各个大部门如市场、供应链、制造、研发等，各招各的人，现在主要是从研发口进人，先要在研发做几年。研发对人的逻辑思维的训练要求非常严格，但逻辑思维对于高层领导来说只是基础，高层领导要有综合的思维能力，但这种思维能力在产品线领域里，是很难锻炼出来的，所以需要到市场体系去历练。市场体系是一个综合的体系，是需要人际关系能力，需要形象思维能力，需要想象力的。而高层领导需要两项能力的结合。

华为从产品线总裁到市场体系的大国代表处代表，到地区部总裁、副总裁，做得很好的人就进入了公司的高层的选拔资源池。有的还调回来，重新去做产品线总裁，这时候他的视野就不光是技术的视野，就有了市场的视野，有了客户的视野，有了全局性的视野。

（2）加大对业绩优秀的中、基层员工的破格提拔。按照任正非的做法，要使优秀的员工在最佳年龄、在最适合的岗位上作出最佳的贡献，得到合理的回报。对高技术企业的优秀员工来说，价值创造最旺盛的年龄段也就是十几年，过了这个年龄段以后，他可能就往系统工程师、架构师领域发展了。如果从原来的岗位上流动的话，从研发进来的这些人，经过几年的锻炼以后，每年有大约10%的员工流动到供应链、市场、采购，甚至有的还往服务、往军团上流动。而人员进行流动以后，从研发队伍来说，完成了新陈代谢。岗位腾出来，新人就成长起来了，他的信息能力、知识结构、思维方式都得到了锻炼，一代比一代人强。

（3）保持制度化的干部淘汰机制。任总说，“要保持公司的长治久安，就要保持正确的干部淘汰机制。不管你是高级干部还是创始人，都有可能被淘汰掉，包括我。不然，公司就不会有希望，公司不迁就任何人”。不光干部有任期，专家也有任期。

高技术企业一定要有流动性，人力资源要作为人力资本就要具有资本的一些特征。资本是什么特征？第一，投资有回报；第二，资本是流动的，是要通过流动实现最佳的配置和最高的回报。人力资源也是这样，不流动的人力资源就会形成封闭的系统，不流通就是封闭的，就是孤立的，就会衰退，就会惰怠。

（4）加强基础研究和创新投入，吸引世界范围的高端创新人才。高端人才选择华为，薪酬只是一个必要因素，更多的还是关注到华为来能做什么。我刚才提到的50多个前沿课题揭榜，这对优秀人才是非常有吸引力的。华为的资源和平台能不能支持他做顶尖的事情？因为这些顶尖人才真正有创造力的黄金时期也就十几年，在这十几年中，如果不能做出他人生的顶尖成绩，那他最杰出、最有创造力的阶段就过去了。所以，这些人更关注的是到华为来能做什么，华为能不能从资源、团队、组织上支持他做顶尖的事情，做前沿课题的研究。

（5）多基因文化，使员工队伍更具有创造力和生存能力。任总讲，华为这些年主要是单基因文化，我们需要创造一种多基因文化。

心声社区是华为内部的一个社交平台，在这一平台上，员工可以实名，也可以匿名发表各种看法。比如老板的讲话、公司的重要文件都公布在心声社区上，员工可以提出自己的看法，甚至批评。周边存在的问题，被压抑、被掩盖的问题，员工都可以在心声社区上表达。

华为员工办公场所装修的豪华程度恐怕是世界顶尖的，一个特别的亮点就是咖啡厅多，都是私人经营的，经营不好就撤掉，经营好了可以扩大。华为为什么建咖啡厅？主要是促进员工之间的交流、思想的碰撞。这主要吸取了法国巴黎的花神咖啡馆和双叟咖啡馆的经验，这些咖啡馆都在法国圣日耳曼大道上，靠近法国顶尖高校，聚集着大批有才华的人，学者云集。由于思想的碰撞和充分的交流，出现成批的天才，像法国以萨特为代表的存在主义哲学家，都是在那些咖啡馆流连的常客。

华为还有黄大年茶思屋。黄大年是从国外回来的贡献很大的地质勘探科学家，由于过度劳累去世了。华为很尊重这些科学家，就以他的名字命名了“茶思屋”。“茶思屋”开在著名高校附近，一些著名学者和华为的高级研发人员都在那里交流，他们带着业界领先的科研思想进行碰撞。

华为就是通过多种多样的形式，促进多基因文化的员工队伍。

（五）变革创新管理体系

华为为什么要进行研发管理、IPD变革呢？1996年初，华为邀请我们团队起草《华为基本法》，《华为基本法》实际上是一个中国高技术企业的管理大纲。我当时作为执笔人，获得了一个非常好的机会，和任总近距离、无障碍地讨论管理的命题，包括《华为基本法》的每一个段落、每一个主题、每一个概念、每一句话，到底应该怎么表述，恰当不恰当，都在进行深入讨论。有的是任总加进去一段话，我把口语化的部分变成规范的文字表述；有些是我加进去的，任总根据他的直觉，根据他的理解，来判断写得合适不合适。所以，《华为基本法》实际上是对华为任正非管理思想和管理哲学的系统总结。当然，这是1998年对华为创业期间任总管理思想的一个系统总结。

《华为基本法》通过以后，任总带着高管团队到美国考察，引进一家世界级的咨询公司指导华为进行流程变革。最后选定的是IBM。IBM给华为做的最重要的变革，一个是IPD，集成的产品开发；一个是IFS，集成的财经服务。

此外，IBM还有一个重要的变革——ITSP，“IT”就是信息技术，“S”是规划，“P”是战略经营规划和经营计划。很多企业都会有华为的通病，就是搞战略的只搞战略，搞经营计划的只搞经营计划，两者之间没有内在的联系。经营计划不是由战略计划引导的，各做各的，这是IBM做变革的时候要解决的问题。

IBM在调查阶段形成一个结论，其中有一句话非常有启发性，说华为“不惜花时间反复做一件事，而舍不得花时间一次就把事情做对”。这就是IBM的IPD的管理理念，一开始就对客户需求调研以及产品的规划和规格的定义，下了特别多的工夫，这样保证了开发项目的整体性。不像以前，华为有了一个想法，或者看到竞争对手推出产品以后，自己没有经过充分的调研和讨论，很快就上马了。上马了以后，在设计、开发的过程中不断地修改，甚至有的连产品规格都修改了，这样又回到起点重新做，浪费了许多精力和时间。华为就是用奋斗者文化拼命来弥补由于管理上的粗糙而导致的结果。而IBM来引进的管理体系——IPD就比较规范，有几个关键的领域，像结构化的产品开发过程、阶段评审、产品生命周期的管理等。在我看来，其中一个非常重要的变革，就是它的研发产品和技术、外部和内部的分层管理。

IBM的变革，用华为轮值董事长郭平的话来说，“IPD变革实现了一个根本的转变，即从依赖个人偶然地推出成功产品，到可以制度化、可持续地推出满足客户需求的、有市场竞争力的成功产品的转变”。以前开发是依赖英雄，现在是靠程序、流程和制度。

业务分层与异步开发是一种什么结构？大体上是两个大的结构，一个是外部层次的结构，主要是产品体系的开发，包括产品层、解决方案层和集成服务层，是面向客户、面向市场机会、面向投资决策做正确的事。一个是内部层次，主要是技术的开发，根据技术规划流程、技术开发流程，开发技术架构、平台和供应基础模块，包括技术层、子系统层和平台层。分层结构解决了华为什么问题呢？华为已经打破了要做一种产品就必须在这个产品线做成一套解决方案的开发模式，这种开发模式在公司规模还小的时候应该说是正确的，但是当企业开始进入领先行列的时候就不行了，有时候客户自己都说不清楚需求，等产品开发出来才明白这不好那不好。

所以，只有在客户需求大的方向清晰了以后，才能由技术驱动产品开发，满足客户的需求。这样一种模式，用华为轮值董事长徐直军的话说，基于IPD最核心的观点，是我们把很多基础技术、基础平台、基础组建、基础构建都开发好了，那么一旦发现某一市场需求，就会基于这个需求确定产品形态，然后利用公司的平台组建，把这种产品百分之六七十的工作量快速完成，剩下的只有百分之三四十的工作量，产品自然就可以快速推向市场，开发周期大大缩短。所以，基础构建以及业务分层，每一个技术层次，既是支撑产品的，也是面向市场的，面向技术未来发展趋势的。这样的结构使得华为的新产品开发跳出了原来仅仅由需求拉动的模式，变成了一种需求拉动加技术驱动双轮驱动的模式，而且在这个基础上建立了公司的技术平台，也适应了未来的竞争，即平台的竞争。

（华夏基石e洞察公众号2022年7月5日发布）

吴春波

华夏基石管理咨询集团领衔专家，中国人民大学教授、博导，著名管理学家，任正非高级顾问，《华为基本法》六位起草人之一。重要著作包括：《华为没有秘密》（1~3）、《下一个倒下的会不会是华为》（与田涛合著，中信出版社）、《回到原点：关于企业管理基本问题的思考》（现代出版社）、《走出混沌》（《华为基本法》起草人合著，人民邮电出版社）等。

第三辑

和平是打出来的

吴春波

为什么说任正非才是华为的CHO？

在我看来，“人才”这个词在华为的演变，最早就是“人事”管理开始的。彭剑锋老师1995年带我们去华为做的那些制度，都是人事管理制度，其中有现代人力资源管理的雏形，但是整体上还是人事管理。人事管理最核心的就是人和事儿，以事为主，人是次要的。通过《华为基本法》，华为进入了人力资源管理阶段。这在《华为基本法》里可以看到，其中许多都是现代人力资源管理的理念。引入英国的任职资格体系以后，华为进入了系统的人力资源管理阶段。华为在管理实践中正式进入人才管理，基本上是在2008年之后。

现在，人才已经成为一个大家公认的词了。过去很少谈人才，因为这个词非常微妙。到底什么是人才，有时候不好定义。现实中一般用三个“历”——经历、资历、学历——来衡量。但人才自身、人才标准也会变化。我给人才下了个定义：人才就是铀235，是原子弹的核原料——搞好了核发电，搞不好核辐射，真可谓成也人才，败也人才。另外，人才是会退化的，人才也会惰怠的。今天他可能是一个非常牛的人才，过两天他可能成为一个惰怠者，所以人才本身很微妙。

第二，过去我们都谈“首席人力资源官”，那么华为的首席人力资源官或者华为的首席人才官是谁？我一直认为任正非就是华为的CHO。他不懂技术，也不懂财务，但他是人性大师，所以华为最高的人力资源管理权在任正非手里。那么，人力资源部是什么？人力资源部是具体人力资源事项的执行者。任正非提出思想、制定战略，然后人力资源部做一个强有力的执行者。

不管是人力资源还是人才，为什么重要？任总在2019年说过，华为的胜利也是人力资源政策的胜利。这句话总结得非常到位。我认为，华为从一无所有走到今天，实际上一个重要的胜利不是它的业务上的胜利，而是人力资源管理上的胜利。

我们应该怎么理解人力资源管理？在企业中，怎么定位人力资源管理确实很重要。人力资源管理在很多企业一直是边缘化的，老板的主要精力和抓手是业务，永远是业务。但是在华为，我认为实现了三个转变。

第一个转变，是把任正非的华为变成了华为的任正非。任正非创立了华为，他是创始人，华为是任正非的。实现了转变为华为的任正非，其背后含义是什么？是让制度和规则守望华为，而不是让任总一个人来守望华为，强调的是制度的力量、规则的力量、机制的力量。2022年3月份有个采访，任正非还在抱怨，在华为他想喝一瓶可乐，如果是公司出钱，还要走流程，这句话绝对是真的。华为把任正非的权力关进了笼子里。我想起了2023年春晚沈腾和马丽演的小品，20年没解决的问题，幸亏来了个英明的局长，把这个事解决了。如果没有英明的局长，还得20年，沈腾扮演的角色就能躺40年。我们总期望的是人治，通过一个英明的领袖或者一个伟大的人物来解决问题，而忽视了机制、制度和规则的力量。所以，任正非的华为转变成了华为的任正非，而这个转变非常重要。

第二个转变，把土狼变成狮子。这是《IT经理世界》一位记者写的文章，认为华为完成了从一只土狼到一头狮子的蜕变。土狼有土狼的做法，狮子有狮子的做法，土狼和狮子的能力是有差异的。

第三个转变，由土八路变成了正规军。这里讲的是队伍问题。承担了人力资源管理的重任，对于我们来讲，使命确实重大。怎么能够为我们所在的企业构建一个好的机制，而且让这个机制充满活力？回到任总的两句话。第一句，方向大致正确。在不确定的时代方向要正确，真的很难，因为到处是“灰犀牛”，到处是“蝴蝶效应”，到处是不确定事件，所以只能“大致正确”。但是第二句话更重要，组织要充满活力。组织充满活力，谁来解决？财务解决不了，营销解决不了，研发解决不了，我们人力资源管理要承担这个使命。

在这里，我想与大家谈谈关于人力资源管理的一点体会，共分六个方面，简称“六个三”。

一、人力资源管理者的三个理解

对于人力资源管理者的理解，最关键的有三个方面。

（1）理解组织。组织到底是什么？组织不是组织结构图，组织是个动词。怎样组织起来，怎样理解我们组织的愿景、使命、战略和业务运作？这个真的很重要。因为它涉及我们从哪里来、要到哪里去的问题。这也是当年我们制定《华为基本法》的逻辑起点。但是很多人对组织是不理解的，或者理解得比较肤浅。

（2）理解老板。人力资源管理是一种职能。我历来反对“战略性人力资源管理”这个词儿，这是人力资源管理者不自信的一个表现，觉得自己在公司老受欺负，所以找来这个词以壮声威。财务也是战略性的，研发也是战略性的，营销也是战略性的，凭什么单讲你是战略性的？每个职能，都是为公司战略的实现提供服务的，所以不管是不是战略性的，我们同样要理解我们的上级，我们的管理者。

（3）理解人性。人性太复杂了，科技这么进步，但是对人性的理解没有进步过。无非是X理论、Y理论、Z理论，无非是人之初性本善，人之初性本恶，人之初无善恶……所以，我们要理解人性，因为我们要面对我们的管理对象。现在，还有一个很重要的点，我们怎么理解90后、00后？他们的行为方式，他们的价值观，他们的思维，真的差别太大了。包括他们的莫名其妙、毫无理由的辞职：没有Wi-Fi辞职，公司伙食不好辞职，公司女孩太少也辞职……这是我们怎么也理解不了的。但是，我们要管理他们，就必须理解他们，就像家长要理解孩子一样。如果你不理解孩子，就没法管，而且也得不到好的管理效果。

二、人力资源管理者的三个导向

（1）一切为了胜利。三个导向是引用了华为任总的三句话。任总讲，这三句话，可以指导华为10年。我们的人力资源管理是为了胜利。人力资源管理不仅仅是我们职能的展示，我们权威的树立，我们业务的展开，人力资源管理还是个职能，需要为他人作嫁衣裳，成为组织和部门的战略合作伙伴，要为公司战略目标的实现服务。

（2）一切为了前线。前线就是市场，为前线服务，这是个流程思想。那么前线有谁，前线有客户，有竞争对手。人力资源管理者是流程推进的赋能者和使能者。

（3）一切为了服务。人力资源很重要的还是服务，但是服务怎么规范？一是规范问题，二就是专业服务的专业性。大家在网上经常看到人力资源部闹些笑话，比如招聘时写哪个省的人不招，这是多么低级的错误！不懂法，对公司的影响非常恶劣。公司树立个品牌容易吗？这么一个小孩干出这种事情，招致全网责骂。而且，互联网是有记忆的，说不定过几年又把这个人的愚蠢行为给搬出来了。再比如，处理裁员时那种粗暴做法。我们对员工的这些言行，离专业规范差得都比较远。第三个是高效。我们的服务是高效率的，因为效率是衡量一切管理的标志。人力资源管理者是专业、规范与高效服务的提供者。

三、人力资源管理者的三个目标

人力资源管理到底要达成什么样的目标？我们作为首席人才官，本身的职能要实现什么目标？

（1）建立一支队伍。建设人力资源队伍，这支队伍一是素质要高。这个素质不是指学历，也不是资历，也不是指经历，这个素质是指高绩效能力。素质模型里的素质，是指高绩效的能力，它和说不说脏话、骂不骂人、排不排队没有关系。具备创造高绩效能力，就叫高素质。二是境界要高。这帮人想挣钱，想挣大钱，除此之外，还想做大事，人生只为一件大事而来。当然，他要养家糊口，但是他还要有更高远的志向。三是能打胜仗。打胜仗是可检验的，我们和竞争对手的竞争，我们的市场份额，我们的增长率，都可以衡量你是否达成这样的目标。

（2）队伍能成事。这支队伍一旦建立起来，它可以成事，但是这支队伍有可能腐败，也有可能惰怠，所以要构建一个充满活力的内部机制，充满动力的激励与约束体系。人力资源管理，说到底只有两种手段：一个是激励，一个是约束。所谓激励，激励人“天使”的一面；所谓约束，约束人“魔鬼”的一面。我们所用的手段就是激励和约束，除此无他。所以，我们要思考，怎样构建一个充满活力的激励机制，怎样构建一个充满威力的约束机制，把人的能力、潜力发挥出来，把人性的天使的一面给展现出来，并抑制人性恶的一面。

（3）人力资源效率持续提升。效率是反映管理的唯一一个可对比的指标。在华为，这个指标永远是任总关注的指标。他在华为就是关注三个问题：① 方向，和战略相关，方向大致正确；② 节奏，一旦方向定了，公司的发展节奏什么时候快一点，什么时候慢一点；③ 人均效率，华为的各个部门业务不一样，考核指标不一样，但是人均效率这个指标永远是要考核的。

考核人力资源部，人力资源管理总部，比如干部部门、组织部门，人均效率永远是一个权重最高的指标。你说你管得好，那么我就看人均效率的表现。人均效率可以用人均利润来对比，也可以用人均销售额来衡量，要盯住这个指标。如果你的人均效率指标持续下降，证明你的工作是有问题的；如果你的人均效率低于同行，也证明你有问题；如果你的人均效率离业界领先的企业差距很远，证明你有很大的改进空间。所以，这个指标永远是我们衡量人力资源管理的最主要指标。

四、人力资源管理者的三个角色

（1）管理哲学家。管理者和管理哲学家差距很远，但是我们要有思辨能力，要有假设的提出。只有正确的假设才有正确的思想，有正确的思想才会有正确的战略。我们在人力资源管理上一些最基本的假设，最简单地讲，你对人性善恶的假设，直接关系到你的人力资源管理水平。《以奋斗者为本：华为公司人力资源管理纲要》中提出了可信任的人力资源管理制度，这就是假设的一种演变。

（2）战略家。我不同意“战略性人力资源管理”这个词，但是我同意“人力资源战略”这一提法。我们总要有自己的战略目标，虽然部门目标受制于公司的总目标，但是我们要有一些长远的思考，要低头拉车，还要抬头看路，要对我们未来人力资源管理有一些顶层设计。

（3）实干家。我还是强调实干。因为企业很实在，企业不玩虚的，人力资源管理还是要实干。前几天我看了一本书，讲美国西南大学教授，在20世纪五六十年代提出一种观点，说教授双手应该沾满牛粪。现在很多管理学家在夸夸其谈，不玩真的。作为企业的人力资源管理者，最重要的是实干。办公室里走不出好的管理者。用任总的话讲，办公室里培养不了将军。所以，华为通过“考军长”的办法把将军赶出办公室，深入一线，深入“上甘岭”，在“上甘岭”上培养干部。

五、人力资源管理者的三个能力

现在有许许多多素质模型、胜任资格模型，在我看来，很多企业的问题是模型中要考察的能力太多了。一搞素质模型，一个好的管理者要有几十项能力。但你看华为的通用素质模型，只有九种能力，然后具体到干部有四种能力，可见对人力资源管理者的能力不能求全责备。任总一直讲，要发挥长处，别补短板。你把资源能力都用来补短板了，最后水桶也盛不了多少水。还是得发挥优势，发扬长处，抓住主要矛盾和矛盾的主要方面。所以，以下这三种能力我认为对人力资源管理者很重要。

（1）持续学习能力。

（2）沟通能力。

（3）管理能力。

除此之外，人力资源管理者还面临一个重要的任务，即管理我们的下属，管理我们的团队。如果你连自己的下属都管理不好，如何承担那些战略性的任务和责任？

六、对人力资源管理者的三个期望

（1）一本好书，博古今中外。这和刚才讲的持续学习能力很相关。我给任总总结了四句话。一是行万里路。走路到外面转转也是一种学习。行走在大地上，本身就是一种学习。任总说过一句很经典的话：没到过世界哪有世界观？我给学生讲，没去过农村哪能知道中国，你整天在城市，觉得我们国家繁荣无比，你到偏远农村看看，那才是现实的中国。二是读万卷书。三是与万人谈。这与刚才讲的沟通能力相关。四是干好一件事儿——把所有的东西转换成自己的知识。

在一篇文章中我这样写道：任正非就是块大海绵，像海绵吸水一样吸纳别人的知识。他不断地吸取能量，经过自身的转化，变成他的战略，变成他的假设，变成他的思想，然后把这些东西贯彻到公司。公司执行下去，这就是华为的云、雨、树。我总结的云，是思想的云，云是缥缈的，化云为雨，浇灌华为的树。所以，多读点书，这是能量的起源。

现在的人似乎都不怎么读书了，我呼吁大家远离微信，远离游戏，多看点书。读书是一种态度，是一种习惯，是一种生活方式。我们很多家长都觉得孩子整天玩游戏，不好好读书，但是你自己就不好好读书，老公在打游戏，老婆在玩淘宝，还教训孩子要好好读书？你们家这样就不可持续了，一代不如一代了。

大家反思一下，你一年读了几本书？任总的阅读量比我高，我现在是跟着他读书。他讲话中提到哪本书，我赶快看。2023年他讲话又提了一本——《揭开战争的迷雾》，我正在看。这本书是十几年前出版的，他居然看了。这真是本好书，是美国比尔·欧文斯上将在海湾战争结束之后写的，美国打了胜仗，但他批判美国，其中充满了自我批判精神。

（2）一杯咖啡，汇他人能量。这就是一杯咖啡主义，来自任总。吸取别人的能量，要从别人那获得知识，最好的办法是买一杯咖啡，坐在一起聊一聊——与高人为伍，与大家为友，与专家同行。

（3）一桶糨糊，聚天下英才。我们的工作像糨糊一样，把这帮平庸的人凝结起来，也能干大事。一帮很牛的人如果不能够连接，也干不成大事。一个人可以走得很快，但一群人走得更远。

最后以六个字来作结尾，这六个字也来自任总。在2012年版的《下一个倒下的会不会是华为》一书中，任总寄语年轻人六个字：视野、意志、品格。其含义是：广阔的视野，坚强的意志，胸怀他人的品格。

这六个字同样适用于首席人才官。

（华夏基石e洞察公众号2023年3月28日发布）

华为的“干部八条”与“十六条军规”

条条框框，被视为固定的、不能变通的条例规定。相对于要求成员共同遵守的规章或准则而言，条条框框的强制性和奖惩性较差，带有更多的倡导性或警示性。

在华为，除了系统性的制度体系之外，还有很多非常有特点的条条框框。其中，以“干部八条”和“十六条军规”最具特色。

一、华为的“干部八条”

华为“干部八条”的全称是“华为公司改进工作作风的八条要求”。非常明显，华为的八项要求是向“中央八项规定”学习而来的。

2012年12月4日，中共中央政治局确定了《关于改进工作作风密切联系群众的八项规定》。

八天后的12月12日，华为人力资源部就结合“中央八项规定”，提出华为对应的“十项规定”。2012年12月28日，公司董事会提出华为公司改进作风的八条要求。后经一层、二层、三层AT成员等多次讨论修改，形成《华为公司改进作风的八条要求》讨论稿。

2013年1月5日，华为人力资源部发出了关于《华为公司改进工作作风的八条要求》的通知。

2013 年9月10日，心声社区面向全体员工征求修改意见，并进行讨论。

2015年1月4日，任正非签发了《华为公司改进工作作风的八条要求（重申）》。此稿开头加了一句话：“穷奢致极欲，极欲必败亡。”此句应该引自 2013年7月14日《解放军报》的一篇文章的标题。

2016年1月26日，公司面向全员征求意见，讨论修改华为公司改进作风八条。

2016年3月15日，任正非正式签发《华为公司改进工作作风的八条要求》。与2015 年版的“八条要求”相比，2016 年版的字数由 600 余字精简到 400 余字。“八条要求”的具体内容参见“华为的集体宣誓”部分。

历时四年、三次修改的华为八条规定，从“改进作风的八条要求”，到“重申”，再到“改进工作作风的八条要求”，在不断修改、提炼、总结的基础上，也更精练、更简洁、更有针对性，因而也更接地气。

四条与工作规范有关，包括与上级的非业务关系处理、公司资源使用、费用报销和工作关系处理；另外四条与工作作风有关，包括工作沟通规范、工作指令规范、管理行为规范和会议规范。

虽然“八条要求”不过400余字，但其涉及的内容非常广泛。除了正向倡导要求和例外限制事项外，其主体内容包括八个否定行为、八个排除行为和五个不认同行为。

八个否定行为是：不搞迎来送往；不给上级送礼；不当面赞扬上级；不捂盖子；不评价不了解的情况；不传播不实之词；对矛盾不回避；对困难不躲闪。

八个排除行为是：决不搞迎来送往；决不动用公司资源，不占用工作时间，为上级或其家属办私事；决不说假话；决不偷窃；决不私费公报；决不贪污受贿；决不造假；决不允许跟人、站队。

五个不认同行为是：反对官僚主义；反对不作为；反对发牢骚讲怪话；反对文山会海；反对繁文缛节。

任正非对八条要求予以高度的重视，2017年4月24日，在“道德遵从委员会第二次代表大会的讲话”中他提出：“自律永远是管理的低成本，各级干部应把践行八条作为终生的座右铭。”（补充：2017年4月18日，在战略预备队座谈会上的讲话中，任正非提出另一个座右铭：“天将降大任于是人也，必先苦其心志，劳其筋骨，饿其体肤，空乏其身，行拂乱其所为，所以动心忍性，曾益其所不能。”）“我们敢于接受群众监督，形成他律。自律与他律相结合，形成的组织氛围必然是正向、积极的，也提供了流程不完备时的‘自愈’机制。”

有外界评论：“对干部的作风问题提出更严厉的要求，严厉程度以及对华为的意义，丝毫不亚于中央八项规定。”

自 2017年1月起，在华为已延续十年的自律宣言，誓词正式改为“干部八条”。

二、“十六条军规”

华为的十六条军规，是“干部八条”出台后制定出来的。

毫无疑问，华为的十六条军规是向美军学习借鉴的结果。在美军，有“美国士兵的二十二条军规”。美国军方的军事技能，教科书上找不到，只能是来自第一线士兵们的实战经验，它简短，易记，有哲理，又幽默。

网上还流传着“西点军校的二十二条军规”及同名书，据查是伪作，如同市面上流行的《华为管理者22法则》《华为28条军规》《任正非决策华为的66金典》一样，基本上都属于国人熬制的管理心灵鸡汤。

2016年8月11日，任正非签发了《十六条军规（暂定）》，其中作了如下按语：“公司‘干部八条’公布后，员工纷纷编了一些幽默的段子，清晰、易记，现摘录公布如下，继续征集大家的修改意见至年底，进一步修订。希望大家踊跃参与。”对照来看，《十六条军规》的内容与“干部八条”有异曲同工之处。

2017年1月13日，任正非正式签发了《十六条军规》。正式定稿的华为《十六条军规》共计二十一条，有点名不副实（美国大兵的二十二条军规现在也增加到二十六条了）。仔细琢磨一下，这也符合任正非及华为的行事方式，不追求形而上的形式之美，关注基于实用主义的功用之效。说不定，过一段时间，《十六条军规》的名称、内容和数量又会发生变化——预测华为是一件很困难的事，华为一直在变化，由此可见一斑。

这二十一条，归纳起来看，大致涵盖如下五个方面：

（一）客户导向

（第一条）商业模式永远在变，唯一不变的是以真心换真金。

（第二条）如果你的声音没人重视那是因为你离客户不够近。

（第十条）如果你想跟人站队，请站在客户那边。

（二）与上级关系

（第五条）胶片文化让你浮在半空，深入现场才是脚踏实地。

（第七条）如果你觉得主管错了，请告诉他（她）。

（第八条）讨好领导的最好方式，就是把工作做好。

（第九条）逢迎上级 1 小时，不如服务客户1分钟。

（三）工作规范

（第十一条）忙着站队的结果只能是掉队。

（第十三条）简单粗暴就像一堵无形的墙把你和他人隔开，你永远看不到墙那边的真实情况。

（第十四条）大喊大叫的人只适合当啦啦队队员，真正有本事的人都在场上呢。

（第十五条）最简单的是讲真话，最难的也是。

（第十六条）你越试图掩盖问题，就越暴露你的问题。

（第十七条）造假比诚实更辛苦，你永远需要用新的造假来掩盖上一个造假。

（四）职业修养

（第三条）只要作战需要，造炮弹的也可以成为一个好炮手。

（第四条）永远不要低估比你努力的人，因为你很快就需要追赶他（她）了。

（第六条）那个反对你的声音可能说出了成败的关键。

（第十二条）不要因为小圈子，而失去了大家庭！

（五）工作纪律

（第十八条）公司机密跟你的灵魂永远是打包出卖的。

（第十九条）从事第二职业的，请加倍努力，因为它将很快成为你唯一的职业。

（第二十条）在大数据时代，任何以权谋私、贪污腐败都会留下痕迹。

（第二十一条）所有想要一夜暴富的人，最终都一贫如洗。

三、管理上的继承与学习，比管理上的创新更有效

除了“干部八条”和“十六条军规”外，华为还有许多类似的条款，如“华为的十八种腐败行为”“华为的十大危机”“华为的十大灾难”“华为的十大内耗”“华为的十大管理要点”“华为员工守则”“华为员工行为规范”等。

需要说明的是，华为的这些条条框框并不是文字游戏，也不是为了挂在墙上展示，而是作为行之有效的管理举措实施的。如“干部八条”从 2017 年开始已成为各级干部自律宣誓的誓词；而“十六条军规”在员工长时间的讨论修改过程中，已经深深植入员工的头脑中，成为日常行为的指导和警示。也就是说，这些条条框框已经落地：由墙上到地上，由嘴上到手上。

从华为的“干部八条”和“十六条军规”的出台，可以得出以下启发：

第一，管理上的继承与学习，比管理上的创新更重要，也更有效。

以开放的心态，学习与引进其他各类组织的行之有效的管理举措，来优化自身的组织，持续地为企业引进积极的正能量，这也就是任正非提倡的“一杯咖啡主义”。

第二，管理无定式，无常态，一切基于有效，一切基于现实的问题，只要能够针对现实的问题，只要能够输出力量，产生影响力，哪怕是点滴的力量，也是有效的管理举措，企业需要厚重的、整体的管理体系的构建，也需要轻松简单的条条框框。

第三，管理要有预见性，需要未雨绸缪，不能坐等问题积累到难以忍受的程度，才施加管理举措，将问题消灭于萌芽状态，方能实现投入产出比或性价比最优。

第四，管理是内涵与外延等很宽泛的实践，对于企业来讲，既需要强势的、赏罚分明的“硬”管理，如制度与规则；也需要诸如“干部八条”和“十六条军规”等倡导与警醒作用的“软”管理，软硬兼施，方相得益彰，相互补充。

第五，管理不需要变革，不需要颠覆，也不需要运动，管理体系需要的是持续的改进与优化，不可能毕其功于一役，管理就怕“认真”二字，在管理上同样不能机会主义，要等得及。华为的“干部八条”和“十六条军规”虽然内容并不繁杂，但都经过了长时间的精心打磨，以及不断的优化。

（华夏基石e洞察公众号2023年2月5日发布）

给任正非一杯咖啡

在任正非的近期讲话中多次出现一个令人陌生的词：黄大年茶思屋。

如在其最新讲话中，就提出：

“我们办‘黄大年茶思屋’的宗旨，就是希望大家就科学和技术问题来‘胡说八道’，只要不涉及社会科学问题。每个科学家、专家来华为，就讲你们最擅长的那一点，哪怕华为公司所有人听不懂也不要紧，因为它留在人的心中，敲开他的脑瓜，他就不封闭了。”

“‘黄大年茶思屋’是一个开放的交流平台，做好内外沟通，将来可以打通国内高校和国外高校的连接。”

2021年4月9日，华为内网上刊载了《任总在俄罗斯研究院的讲话》，其中提道：“打造一个开放的组织，通过‘茶思屋模式’，建立世界级、纯学术性的学术交流平台，黏结和吸引跨学科、跨院校、跨地区的全球人才，牵引公司前进。”

“黄大年茶思屋看上去装修豪华，咖啡免费喝，其实不是浪费，收益很大。不仅对公司发展有所指引，对当代青年也起到‘贵人指点’‘高僧开光’的作用。我们要利用‘茶思屋模式’吸引人才回国，尤其是美国的人才。”

“茶思屋在当地的城市环境是最好的，将会成为其人生一段美好的回忆和记忆。”

“茶思屋是有和无的质的区别，咖啡厅的大和小不是最关键的，关键在于把跨学科、跨院校、跨地区的人才都黏结起来。”

“如果有今天的茶思屋，能培养多少优秀人才出来？我们希望，黄大年茶思屋在十年以后能接过俄罗斯的火炬，用十年左右的时间把中国的能力提上去、人才培养起来，希望将来在中国诞生很多好思想，成为许多理论的发源地。”

2021年8月2日在“中研院”创新先锋座谈会上与部分科学家、专家、实习生的讲话中，任总提出：“借助外脑的方式多种多样，比如我们已经在做的：加强对大学中青年教授、博士的支持，合作兴办博士后工作站，邀请海内外科学家参加我们的攻关工作，打造‘黄大年茶思屋’前沿思想沟通平台……我们还要扩宽思路，探索更多更广阔与外脑的连接方式。”

在2022年6月的《20分钟》员工与高管分享中，任总对分享者提出的一个观点大为赞赏：

“你的分享非常好。‘茶思屋的咖啡是火花和汗水调制出来的。’这是一句精彩语录，可以推广、传承下去。‘汗水’相当于咖啡中的自来水，用‘汗水’调、‘火花’烧，才能调成黄大年茶思屋的咖啡。”

在任总一手打造的咖啡屋里，喝着以火花和汗水调制的咖啡，已经成为华为人的生活方式。正是上述的这位分享者，被称为喝咖啡“千杯不醉”，过去一年多的时间里，总共喝过1 000杯咖啡，也获取20项专利，联合产品线完成20余项技术创新和成果转让。

以奋斗的汗水和思想的火花调制出来的黄大年茶思屋咖啡，是华为独有的，其味道也是独特的。

在与专家委员会秘书处座谈时，任总提出：

“现在‘黄大年茶思屋’其实起到很大的激活作用，很多员工自己做了很多东西，在公司里不知道与谁交流，就在‘黄大年茶思屋’平台上找到很多朋友，一起交流，一起解决了很多问题。”

“华为战略不能由少数人来决定，不能由少数人来设计未来，也不因少数人的批判而改变方向。而应该是由几千、几万名专家的对撞，来研究未来的方向和走向未来的路径。我们现在有6 000多名首席专家、科学家，加上十几万工程师，包括外部的科学家、专家也允许进来交流。我的期望就是打开边界，畅所欲言，相互启发，互相借鉴。”

“我们有了‘稼先社区’（稼先社区是为华为专家委员会提供的公司内部的技术交流平台，以‘两弹一星’功勋科学家邓稼先命名，其目的是为打破部门墙，打开边界，畅所欲言，对公司的产品与技术提出更好的建议和方案）、‘黄大年茶思屋’这些网络平台以后，海外专家的参与度应该会越来越高。我们团结起来，几个臭皮匠不就顶一个诸葛亮了吗？”

“我们说‘一杯咖啡吸收宇宙能量’，不在咖啡，而是通过跨界交流来产生思想碰撞，互相启发。咖啡厅是有聚集效应的，法国著名的花神咖啡厅不是很豪华，但曾吸引了大批作家、文学家去扎堆，一边喝咖啡，一边交流思想，一个想法冒出来，周围的人就得到学习和吸收。这就是思想的‘罗马广场’，今天多少政治制度都来自两千多年前的罗马。苏格拉底自己没有什么著作，就是到处与人喝咖啡，他的思想被别人记录下来并传播。我们也要学会这种方法，坚持开放、自由地交流思想，把喝咖啡产生的灵光贴到‘黄大年茶思屋’交流平台上，也许你的火花就点燃了别人的柴火堆。”

2020年3月在接受《南华早报》记者采访时，任总谈到他的退休生活：

“年轻人要轻装前进，不需要谁记着我，我最大的理想是上街喝咖啡，谁也不认识我。这次疫情期间，我逛了深圳许多公园，反正没有人；我也去喝咖啡了，逛了空空的商场。感受到深圳很美好，但是过去我没有享受到，因为网红，一出去就被围观，拍了照片还拿去上网。以后我老了，满脸皱纹，戴着帽子、杵个拐杖出去喝咖啡，没人认出来，这就是我最大的幸福，重新看看美丽的祖国。”

任总想开的咖啡店真的开业了，不是在任总退休之后，是在2021年。

从有限的资料可以看出，任总的咖啡店概貌是：

（1）咖啡店名称：黄大年茶思屋。黄大年（1958年8月28日—2017年1月8日），男，汉族，广西南宁人，国际知名战略科学家，中国著名的地球物理学家。曾任吉林大学新兴交叉学科学部首任部长，地球探测科学与技术学院教授、博士生导师。他先后毕业于吉林大学和英国利兹大学；1975年10月参加工作；1988年加入中国共产党；2009年底，出任吉林大学地球探测科学与技术学院教授、博士生导师；2017年1月8日，黄大年因病医治无效，在长春逝世，享年58岁。2018年3月1日，黄大年当选“感动中国”2017年度人物；2019年9月25日，黄大年获“最美奋斗者”个人称号。

当年黄大年回国后就开辟出来一间“茶思屋”，供师生平时休息、交流所用。这是黄大年专为学生开辟的“造梦空间”。这里原本是杂物间，简单装修一下，几组沙发，两套茶具，一个吧台，就是一处休闲的所在。学习累了，心情差了，大脑一时“短路”了，都可以到这里来喝喝下午茶，许多“脑洞”就轻松打开了。黄大年打造这间“茶思屋”，一定是受到剑桥大学到处都是咖啡屋、酒吧的启发。据说，科学家詹姆斯·沃森1950年代就在其中一家酒吧里边喝啤酒边聊天，构思出DNA双螺旋结构，因此成为诺贝尔奖得主。

如任总所言：“重庆大学建的黄大庆茶思屋，是因为有个教授很厉害，先建一个茶思屋，慢慢地就会将周边带动起来。当年西南联大的一个破房子里，几个教授花几毛钱就能吃一顿饭，保存了抗战时期的重要科研力量，培养了一批卓有成绩的优秀人才。”

任总是以“茶思屋”之名开的咖啡店。

（2）咖啡店经营模式：全球连锁。在海外可能以当地的科学家或英雄人物来命名。

“‘茶思屋模式’要推广到俄罗斯、中东欧去，比如在俄罗斯可以叫‘罗蒙诺索夫咖啡厅’。”[米哈伊尔·瓦西里耶维奇·罗蒙诺索夫（1711—1765），俄国百科全书式的科学家、语言学家、哲学家和诗人，被誉为俄国科学史上的彼得大帝。他提出了“质量守恒定律”（物质不灭定律）的雏形。——笔者注]

“全球的各个咖啡厅都可以加盟进来，比如，海外咖啡厅看到好的文章，直接下载后就贴到茶思屋的平台上，让国内的大学教授读到最新的国际科技论文。”

（3）咖啡店经营宗旨：一杯咖啡主义。一杯咖啡，吸收宇宙正能量；一桶糨糊，黏结全世界智慧。

（4）咖啡店经营目的：黏结人才。“茶思屋是有和无的质的区别，咖啡厅的大和小不是最关键的，关键在于把跨学科、跨院校、跨地区的人才都黏结起来。”加强与国内顶尖高校的学术探索、研究合作、技术攻关与人才培养。

（5）咖啡店经营方式：免费。“黄大年茶思屋”看上去装修豪华，咖啡免费喝，其实不是浪费，收益很大。

（6）咖啡店经营产品。虽称“茶思屋”，但经营产品不以茶为主，而是咖啡。

（7）咖啡店选址。咖啡店一般选在顶尖高校和科研院所周边。

（8）咖啡店运营主体：慧通公司。为保证主航道聚焦作战，慧通公司将负责对高校黄大年茶思屋进行整体运营管理，保障整体服务水平和品质。

（9）咖啡店服务标准。领先行业标准。由慧通公司制定统一的服务、产品和氛围装饰标准，标准须高于园区内咖啡厅现有标准，贴近公司VIP服务的出品标准；黄大年茶思屋项目定位于筑巢引凤，装修标准要高于周边社会咖啡厅，要能成为高校附近的一道风景线，有吸引力，能吸引海外的教授专家。

（10）咖啡屋运营状况。目前，在北京、上海、长春、重庆、合肥、杭州、太原等地高校已有七家黄大年茶思屋运营，南京、哈尔滨、成都三地黄大年茶思屋即将投入运营。

（11）线上黄大年茶思屋。2022年3月16日，黄大年茶思屋正式上线。线上平台聚焦科学和技术领域的交流与探讨，通过内部员工交流讨论，牵引内外部协作共进，启发在科学和技术上的进步，促进内部作战力量的提升。线上平台包括：学术热点、精选论文、咖啡茶话、STW、科技赛事、技术难题、华为研究、华为技术、圈子等交流栏目。

任总的咖啡店不仅有线下的，还有线上的；不仅在公司外布局，在公司内部也遍地开花。黄大年茶思屋科技网站继3月15日面向全公司员工正式发布之后，中英文网站于4月30日正式对外开放（网址：www.chaspark.net）。这是公司打造的聚焦学术领域的探索、思辨和智慧分享的开放平台，其目的在于促进各领域的专家学者进行思想碰撞和学术探讨。

除了公司外的咖啡店外，在公司的总部、外地研究所及海内外销售机构都有风格各异的咖啡店，进入华为办公区，随处都弥漫着咖啡的香气。据不完全统计，在深圳坂田基地有咖啡店13个，在东莞基地有咖啡店19个。

据悉，2022年6月初，华为申请注册“一杯咖啡吸收宇宙能量”商标，国际分类为餐饮住宿，当前处于等待实质审查阶段。

在2021年9月14日发表的《江山代有“才人”出》一文中，任总透露：“我们将在上海青浦基地规划100多个咖啡厅，全部由公司设计装修好，交给慧通的高级服务专家来创业经营，实现服务的专业化、高端化。我们把环湖的十公里路叫‘十里洋场’街，把园区中那个湖叫类日内瓦湖，湖边路边遍地都是十分优美的咖啡厅，适合现代青年，吸引一切才俊，打造适合科学家工作、生活的氛围。一杯咖啡吸收宇宙能量，让外脑们在这里碰撞、对冲，这个冲突就会产生一种新的井喷。”

德国人海因里希·爱德华·雅各布所著的《全球上瘾——咖啡如何搅动人类历史》一书中提道：“咖啡反对淫乱，它在刺激人脑的同时明确区分性别……受法国作家布封（Buffon）、狄德罗和卢梭青睐的圣多明各咖啡将自己的热情与这些伟大的心灵完美结合——每天聚集在普寇咖啡馆的先知们，用他们敏锐而犀利的目光见证着这种深色饮品照亮了1848年——欧洲革命年。很显然，如果思想运动不以经济运动为依托，将不会引发革命。咖啡馆成为了文学和经济的交接站，思想上的不满和物质上的不足在这里相互碰撞。”（海因里希·爱德华·雅各布. 全球上瘾：咖啡如何搅动人类历史[M].陈琴，俞珊珊，译. 广州：广东人民出版社，2019. ）

“咖啡”一词源自希腊语“Kaweh”，意思是“力量与热情”，咖啡作为一种能让人保持清醒的饮品，能提供给人脑充足的营养，增加思想的纯正和高贵；它能驱散遮蔽想象力的阴沉的乌云；它能以一道真实之光照亮事件的本质；任正非口中的喝咖啡，无疑是提倡华为人借助咖啡这一媒介，来吸取外部的正能量，避免熵增、保持熵减；保持兴奋与激情、消除惰怠；促进新陈代谢、消除疲劳，持续地提升组织、个人的力量与热情。

有句名言：Given enough coffee， I could rule the world，它的意思是，给我足够的咖啡，我就可以统治世界。

任总治理华为，手里总有两样利器：一杯咖啡，一桶糨糊；一杯咖啡，吸取宇宙的正能量；一桶糨糊，黏结全世界的智慧。

（华夏基石e洞察公众号2022年11月10日发布）

华为还会更“伟大”

我认为这几年在中国最苦的企业是华为，因为它除了和大家一样受疫情的影响，更重要的是它还经历了美国的三年打压——这绝非一般的逆境。

美国对华为连续六轮打压，一次比一次精准，一次比一次厉害，每一招都打到痛处，实际上最终目标就是置华为于死地。华为仅仅是中国的一家民营企业，任正非说，华为就像一个烂西红柿，夹在中美两个大国之间，饱受蹂躏。

那么，逆境中的华为是如何应对美国打压的？

一、面对逆境和困难，精神力量最重要

面对美国的打压，华为树立了自己的旗帜，立下了自己的精神图腾，提出了基本理念。首先华为提出，“我们还在痛苦中，不知道能不能活下去”。未来美国的打压到底有多狠？华为到底会怎么样？面对第二轮打压，有了一定信心的华为提出“没有伤痕累累，哪有皮糙肉厚？自古英雄多磨难”，每一次苦难的打压都使华为增强了战胜苦难的力量。

接着，华为面对再一轮的打压，提出“我们的飞机已经被打得千疮百孔了，多一个洞也没有关系，我们沉着、镇静、保持队形，这是华为人共同的信念”。2019年6月，当时我还想，华为面对美国打压可能会有标语，有群情激昂的口号。结果华为该干什么还干什么，和过去的华为没什么区别。这时我想到了八个字：沉静如水，静水潜流。

这就是华为的精神图腾。

我们经常讲伟大的背后是苦难，其实华为把这个倒过来讲——历经了这波苦难之后，华为还会更“伟大”。就像孟晚舟女士戴着电子镣铐一样，华为是在沉重地前行，向死而生。面对逆境，面对困难，实力确实重要，但更重要的是精神的力量。

二、任正非迷茫中的“登高一望”

我作了一些统计，到2020年3月，任正非一共接受了46次中外记者采访和对话，平均每个月3.5次，会见的记者大概3 000多人。面对美国打压，华为要发声，要把自己的观点、自己的理念、自己的想法表达出来，被打压到这种程度了还不发声是一种

懦弱的表现。

中国被美国制裁的公司有600多家，有民营企业，有国有企业，还有高校，为什么不发声？我发现有些企业是“鸵鸟”心态。而华为没这么做，任正非就是要旗帜鲜明地表明自己的态度，表明自己的立场，也表明自己的信心。美国打压本来就是无理的，但是更多的企业、更多的组织选择了沉默，选择了麻木。人一旦低下了头，以后还会再次低下的。

任总认为：“美国政府利用政治、外交、舆论抹黑等一系列手段打压公司，但是，忍耐不是麻木，沉默不是懦弱。舆论也是关乎公司生存与发展的主战场。经过3个月的努力，我们基本顶住了攻击，有力反击了质疑、抹黑和诋毁，在国际舆论上发出了我们的声音！”

媒体评论：

“大半年说了一辈子的话。确切地讲，他是被逼着大半年说了一辈子的话。”

“他几乎以一己之力，把一直被妖魔化的华为，变成了人尽皆知的全球通信巨头，把‘任正非’这个符号，变成了西方语境下‘一个为观念而战的硬汉’。”

“任正非是2019年，中国的最佳辩手；如果以企业家为标准，2019年，可以称为‘任正非年’。”

“中国民众终于在任正非那里找到了社会最大公约数。”

斯言诚也！

我经常被人问一个问题，华为好不好学？华为该不该学？华为学不学得会？我没有答案，因为我不知道你的价值观和立场，也不知道你所在企业的基本情况。但是有一点我可以肯定，可以不学华为，但可以学习任正非，他给中国企业家树立了一个楷模。2018年任正非曾跟员工讲：“我若贪生怕死，何来你们英勇奋斗？”

企业家的素质模型很重要的一点，就是在迷茫中登高一望，用内心之火为迷茫的士兵点燃前进的道路，这就是企业家的作用，也是企业家的重要素质。

三、激发血性，让英雄“倍”出

能力不足可以通过态度弥补，态度不行也可以通过能力弥补，最怕的是没有能力也没有态度。在华为，首先就是张扬血性，呼唤英雄。任正非讲，“一人一厨一狗”代表着华为精神，反映了华为人初期开拓海外市场的现状，只有一个人、一位厨师和一条狗在坚守。中国抗战时期有一句话：“我们的身体、飞机和炸弹，当与敌人兵舰、阵地同归于尽！” 这代表一种血性。《亮剑》里李云龙说：面对强敌不后退，敢于迎上前去比试比试，即使倒下也是一座山，即使倒下也是一座岭。

每个企业都需要英雄，英雄主义是企业文化的一种主旋律。英雄主义也一直是华为的重要基因之一。任正非就是一个纯正的英雄主义者。英雄需要土壤，需要培养，需要浇灌。但是有一个重要的问题，怎样把这20万名员工也变成英雄？否则就是个人英雄，是孤胆英雄，是草莽英雄，这是对人力资源管理的巨大挑战。

在这里重点强调一下，呼唤英雄，张扬英雄，表扬英雄都是正确的，绝不让雷锋吃亏，奉献者定当得到合理回报，这一直是华为的理念。弘扬狼性必须给肉吃，如果喂的是草，最后就都变成了“喜羊羊”，英雄主义也是这样。

要采用各种手段大张旗鼓表彰英雄、回报英雄，尤其是要注重荣誉、仪式、表彰等多元的精神激励的手段。企业不要盯在钱上，通过钱解决的问题都是极其简单的问题。别忘了还有一个重要的激励手段叫精神激励，员工并没有掉到钱眼儿里，管理中不要只盯着钱。华为这些年加大了精神激励制度，就是“双因素激励”。

华为需要张扬英雄主义，华为需要呼唤英雄，这是华为长期坚守的核心价值主张；这是一个商业组织不断克服艰难险阻，持续成长的驱动力量；这是公司机制长期保持熵减和充满活力的体现。

对英雄保持足够的灰度，不能狭义地定义英雄，英雄主义的态度、英雄主义的行为、英雄主义的结果都属于英雄的资格条件范畴。英雄与员工所处的岗位与职级等无关，也与时间无直接的关联，随时随地都有英雄，要善待英雄，包容英雄，宽容英雄。

对于公司来讲，必须建立呼唤英雄和培养英雄的土壤、机制、氛围和管理举措，以保证英雄群体的不断涌现。其核心在于对英雄的价值定位（价值创造）、英雄的评价体系和英雄的分配机制的构建及良性循环。

不能忘记英雄，使英雄成为组织的长期记忆，赋予组织英雄主义的基因并不断传承，让以往的英雄激励当下和未来的英雄。激励英雄，既需要当期激励机制，同时也需要回溯激励的机制。

关于英雄主义，在华为有个演变。早期华为野蛮生长的时候“呼唤英雄”；第二个阶段，公司进入理性，引进IBM流程，以及世界领先的管理理念，个人英雄成为管理的抵抗要素，所以这时提出“消灭英雄”；第三阶段，从2014年开始倡导“全体英雄，让英雄‘倍’出”，注意是一倍两倍的“倍”，任总说一辈子的“辈”太慢了，等不及，要千军万马上战场，在危难时期需要强烈的英雄主义；第四阶段，面对美国打压，只有科学的历史观才有科学的发展观，不忘记英雄，才能更好地激发英雄奋战，所以华为要回溯激励。正如任总在2019年所说：“只有具备科学的历史观，才会有科学的发展观，不忘记英雄才能更好激发更多英雄奋战。鉴于技术探索的长期性、不确定性等特点，需要建立当期激励和回溯激励相结合的机制，以更好牵引从事技术探索的团队和个人直面挑战、坚忍不拔、持续贡献，落实公司不让雷锋吃亏的激励导向。”

有人说一个民族有英雄是可悲的，因为英雄总会和风险、事故关联在一起。也有人说一个国家没有英雄是可悲的，因为我们失去了学习的榜样和楷模。华为在危难时期需要更多的人站出来，与公司同命运、共渡难关。

军人的使命不是牺牲，是打胜仗。任总提出：“华为呼唤有血性的员工和团队，尤其在战时，我们更期望每一个团队都成为血性的团队。”这个团队把打胜仗作为信仰，他们坚信“没有退路就是胜利之路”。

引用华为一位高管的四句话：“首先团队要对胜利有极度的渴望；第二要有极度坚韧的意志；第三要有面对失败的极度羞耻；第四要有一种对结果负责的态度。”

这就是华为展现的英雄主义与血性。

四、落后100年，“乌龟”何以超越“兔子”

我认为还有比文化更重要的，就是一个公司的特质，我用两种植物和两种动物代表华为的特质。

第一，华为在成长过程中的“乌龟精神”，坚守、聚焦、沉静，经得起诱惑，耐得住寂寞，在自己认定的路上坚定地走下去。华为追的是一帮“兔子”，这帮“兔子们”在100年前已经出发了，华为的主要竞争对手平均寿命都超过了100岁。华为是在100年后与它们竞争，但是只要坚守，只要执着，也会有乌龟超越兔子的奇迹发生。

2013年，任正非在接受国外记者采访时，被问了一个问题：华为凭什么当老大？凭什么能超越竞争对手？他回答了四个字：“不喝咖啡。”把“兔子们”跷着二郎腿喝咖啡的时间，用在爬行上，照样能超越“兔子”，这就是他的“乌龟精神”。

第二，薇甘菊是一种有着极强生命力的杂草，代表了华为的血性，而尖毛草代表了华为的理性，华为有着与尖毛草一样强大的“倒生长”能力、适应能力、成长能力和竞争力。

狼性精神也是华为的重要特质之一。它代表着敏锐的嗅觉——以客户为中心；奋不顾身的进攻能力——奋斗者精神；团队作战——坚持长期艰苦奋斗。这些东西是华为骨子里就有的，不是因为美国打压才有的，打压只是把华为的这些特质再次激发，再次唤醒。

过去的三年中，华为有三个主要理念。第一，“要让打胜仗的思想成为一种信仰”；第二，“没有退路就是胜利之路”，这是给员工以信心，华为已经没有退路了；第三，“打出一个未来30年的和平环境”。所以面对逆境，很重要的一点是统一大家的思想，是唤起大家的血性。

五、砸开人才“塔尖”，让“天才”成群出现

过去的三年，华为日子过得挺苦，却没有进行结构性裁员。据最新公布的华为财

报，到2022年底，华为员工不仅没有减少，还增加了7 000多人。

自2019年开始华为实施了“天才少年”的招聘计划。

人力资源是呈正态分布的，处于“塔尖”的是少数人，最不优秀的也是少数，绝大多数是正态分布。华为想砸开人才的金字塔“塔尖”，让“天才”成群出现，激活人力资源的结构状态，使内部具备活力，而不是让华为形成一个固化的阶层结构。在人力资源上，从来没有物美价廉这一说，便宜没好货，好货都不便宜。别想着省钱，还招到高手，这是不符合常识的，也是不符合规律的。

任总曾说过这样一段话，我称之为“任正非之问”：“中国的鸡不能总是跑到别人的窝里下蛋，我们花大价钱去引进国外的设备和技术，打开后发现居然是中国鸡下的蛋，而我们还要出高价钱再请回来。不能总是这样，要让中国的鸡回到中国下蛋。”

2019年7月22日，任总签发电子邮件《关于对部分2019届顶尖学生实行年薪制管理的通知》。

此外，华为还有“优秀人才&‘高鼻子’获取计划”。

“公司处在战略生存和发展的关键时期，我们要进一步解放思想，敢于敞开胸怀吸引全世界最优秀的人才。不仅要引进来，还要激发好，更要能干出成绩。我们要主动拥抱不同国别、不同种族的优秀人才，加强对跨专业、交叉学科人才的获取与使用，不断提升创新能力。”

六、“杀鸡用牛刀”：华为的军团运作

面对美国的打压，华为重要的组织结构优化就是军团制模式。军团制模式不是华为的创新，源于2004年发表在《纽约时报》的一篇关于谷歌“秘密军团”的报道。

谷歌的“秘密军团”非常重视优质人力资源的价值，这是一个很重要的特征。谷歌和微软相比，微软有3万多名从事研究的员工，而谷歌只有700多人，但他们都是高手，这就是谷歌的“秘密军团”，即“杀鸡用牛刀”，这和华为的“压强战略”完全吻合，极大地集中人力、物力和财力配置到成功关键因素和选定的战略生长点上，确保能够持续地实现重点突破。

任正非就是一块大海绵，有着强大的吸纳能力，看得多、吸纳得多，把有用的东西吸纳到华为里，变成云，云变成雨浇灌华为的树。受谷歌“秘密军团”的启示，任正非下煤矿了，到钢厂了，去工地了。

华为目前有20个大军团，有些军团已经开始传捷报，有些军团还在蓄势待发中。华为的军团就是野战军，为华为寻找未来生存的地盘，这样的军团设置使华为的组织弹性更大。

2021年2月9日，任总在太原智能矿山创新实验室揭牌仪式后接受媒体采访，首次

对外披露了华为的军团模式：

“为什么叫‘军团’？‘军团’的说法来自谷歌，我们是向谷歌学习来的。‘军团’就是把基础研究的科学家、技术专家、产品专家、工程专家、销售专家、交付与服务专家全都汇聚在一个部门，缩短了产品进步的周期。把业务实行颗粒化，这就是‘军团’模式。”

2021年2月9日在2020年度工作会议上，任总向员工发出了呼吁：“我们的科学家、专家、天才少年、博士、优秀的工程师拿上你的‘手术刀’，参加我们的‘杀猪’‘拉煤’‘音乐’的战斗。”

“音乐，我们也组成了‘军团’，把声学等各种科学家压缩到一个团队里，去形成新的音乐‘军团’。”

“授权CBG‘军团作战’，让你们自主改革。”

“目前公司处于战略结构转移时期，一定要把产品线变成‘尖刀’能够在市场上直插机会窗，这时候就需要裁减一些普通的产品线。”

在华为，军团模式不再是组织理念，而已经变成组织运作实践，故称之为“军团模式”。军团模式是华为的组织运作模式之一，但并不是华为唯一的组织运作模式，概括来讲，华为的军团模式是指：将一些独立业务模块组成“军团”，将基础研究、应用研究、产品开发、市场交付组合在一起，缩短产品创新路径，快速适应需求的一种组织运作模式。

2021年10月29日，在松山湖基地，公司举行“没有退路就是胜利之路——军团组建成立大会”，为煤矿军团、智慧公路军团、海关和港口军团、智能光伏军团和数据中心能源军团的300余名将士壮行。

2022年3月30日，公司召开第二批军团组建成立大会，会议的主题是“灵活机动的战略战术”。

2022年5月26日，第三批军团/系统部组建成立大会召开，会议的主题是“让打胜仗的思想成为一种信仰”。

截至目前，华为共组建成立了20个军团。

七、抱团取暖，共克时艰

遭到美国打压之后，华为没有启动自动降薪机制，没有进行裁员，而是通过各种人力资源管理手段，激励全体员工抱团取暖，共克时艰。

2019年11月，华为发了两个大奖；一份是阳光普照奖，人人有份；另外一份是20亿元的特别奋斗奖，来表彰那些直接参与应对美国打压的员工。现在华为持股员工占比将近70%，2022年华为分红总额达到719.55亿元，人均分红约54.7万元。截至2022

年12月31日，员工持股计划参与人数为142 315人，总股本数4 469 246.388 3万元。

2022年3月，华为公司签发了一个给疫情期间服务类客户减免租金的通知，减免服务商租金。华为的日子过得很难，还没有忘记这些为它服务的人。这就是共享。好多企业日子难过了，就想在别人身上省钱，最后弄得孤家寡人，华为则是在抱团取暖。

2019年8 588亿元人民币，同比增长19.1%，净利润627亿元人民币，2020年8 914亿元，同比增长3.8%，净利646亿元，同比增长3.2%。

2021年6 368亿元人民币，同比下降28.6%。净利润1 137亿元人民币，同比增长75.9%。研发投入1 247亿元人民币，占全年收入的22.4%。十年累计研发投入8 540亿元人民币。

2022年6 423亿元人民币，同比微增0.9%，净利润356亿元，同比下降68.7%，净利润率5.5%。

2022年研发投入1 615亿元，占收入的25.1%。十年间，华为累计研发投入9 773亿元。

从以上数据可以看出：第一，华为已经走出了销售收入的负增长；第二，华为进一步加大了研发投入。

有人说华为有钱，我要说的是华为有钱敢投，没钱也敢投。这几年华为的钱不多，但是它的研发投入还在增长，增长率有点让人不可思议。1996年，《华为基本法》就给自己定下了规矩，坚守"两个高投入"不动摇——研发高投入不动摇，人力资源高投入不动摇。因此，华为的研发投入一直没有低于10%。我们知道研发投入一半成功，一半失败，有些可能打了水漂，但是华为还是在坚守。很多企业遇到逆境，遇到难关，经常实行两大措施——裁员降低成本和减少研发投入，这是一种不明智的战略选择，企业遇到了严冬也不能把种子吃掉，否则在春暖花开之时就出局了。华为在这三年逆境中，依然坚持"两个高投入"不动摇，这是他们的价值观。

八、在逆境中有质量地活下去

可以说，华为在三年打压的逆境中高质量地活了下来。在技术上，华为通过2 000多人的"松山湖会战"，基本上解决了一些卡脖子的技术难题。

——13 000+颗替代元器件开发；

——4 000+电路的反复换版开发；

——1.1亿行代码自维护可演进；

——500+个硬件技术瓶颈突破；

——280+软件根技术攻克；

——7 000+任务令开发；

——华为和合作伙伴一起解决了14纳米以上的EDA工作，这意味着任何国产半导体企业都可以使用国产EDA工具设计14纳米以上的芯片；

——搭载鸿蒙的华为设备达到3.3亿台；

——截至2022年底，华为在全球持有的有效授权专利超过12万件。

华为过去的最低纲领叫“活下去”，2019年华为被制裁后，把“有质量地活下去”作为最高纲领。任总说，我们不可能改变环境，我们不可能改变逆境，但是我们要像衡水中学一样，找到改变适应这种环境的胜利办法，这就是华为的核心价值观。

华为命苦，生而卑微，到目前一直坎坷；

华为命好，诞生于这个改革开放的伟大时代；

华为命硬，它一直与艰难困苦相伴；

华为命好，奋斗是其核心价值观，天道酬勤。

用任总在2021年10月29日的一段话结尾：

“和平是打出来的，我们要用艰苦奋斗，英勇牺牲，打出一个未来30年的和平环境，让任何人都不敢再欺负我们。我们在为自己，也在为国家。为国舍命，日月同光，凤凰涅槃，人天共仰。历史会记住你们的，等我们同饮庆功酒那一天，于无声处听惊雷。”

（中外管理传媒公众号首发，华夏基石e洞察公众号2023年4月14日发布）

从《北国之春》到《康定情歌》

2022年7月初，一则消息在媒体上传播，该消息的标题是《专程为此事而来！华为总裁任正非现身泉州》。据报道，任正非先生于7月5日从厦门赶到泉州市洛阳古镇，专程拜谒当代著名音乐家吴文季墓。

“任总恭敬地在吴文季先生低矮的墓桌上献上花篮，对着墓碑上铭刻的碑文‘他一生坎坷，却始终为光明歌唱’深深鞠躬，随即匆匆而别！”因为这两年疫情的缘故，吴文季先生的墓地长满杂草，任正非还帮着一起清理墓前的杂草。

吴文季先生（1918—1966）是当代著名歌唱家和作曲家，著名的《康定情歌》改编者。他一生坎坷，写下了中国第一情歌，却终身未婚。

至于此次任总为何专程到吴文季先生墓前拜谒，他和吴文季先生又有着什么特殊的情缘，任总并未说明。

外界真的太关注任正非和他领导下的华为了，这肯定给任总带来不必要的苦恼，但也没有办法。

4月13日公众号“冯仑风马牛”发文《任正非戴上了一副黑框眼镜》，作者冯仑先生发现在华为的第二批军团成立大会的视频中，任总换了一副黑框眼镜：

“戴着黑框眼镜的任正非看起来至少年轻了十岁，也差点让人没认出来。过去的媒体曝光中，任正非很少以戴眼镜的形象示人。他的衣着打扮多年来一以贯之：衬衫配西装外套，休闲裤——比牛仔裤正式，比西装裤又不那么拘谨，黑皮鞋，衬衫扣子解开一两颗，极少数场合才系领带，是老一辈传统企业家们常见的打扮。”

作者认为，企业家的外在形象是企业品牌的重要组成部分，外在形象的塑造中，又以衣饰风格和说话方式两者为主要传播载体。任总对语言的掌控力炉火纯青，比如常年通过下发文件管理华为的独特方式，以寥寥数语最大程度调动员工情绪的能力，以及用直白通俗的语言解释某个复杂或专业问题的能力。比起强烈的语言风格，这位创始人的衣着打扮实在找不出可讨论之处。任正非可能是外形上最缺乏特点的企业家。

连任总的穿衣打扮都有外界研究，他的一言一行被关注也是可以理解的。

不久，某公众号主编转发任总现身泉州的消息，希望本人就此写篇文章。

因为确实不清楚任总此次出行的具体背景，确切地说，本人认为任总此次就是一次简单的出行考察，并没有什么背景可言，因此婉言拒绝了。但顺口提了个建议：研究一下任总与音乐的关系倒很有意思。

谁提的问题谁解决，在《华为没有秘密4》截稿之时，不得不写下这篇小文。过去写过任总与建筑、诗词、教育、咖啡、舞蹈、吃饭等小文，此篇倒也是一个不错的补充。

说实在话，任总与音乐确实没有多大关系，没有感觉他有音乐天赋，唱歌基本上也是五音不全的水平，但他经常引用歌曲音乐为其管理所用。除此之外，华为在音乐领域也有动作。2021年3月30日，华为成立了互动媒体（音乐）军团：

“我们的科学家、专家、天才少年、博士、优秀的工程师拿上你的‘手术刀’，参加我们的‘杀猪’‘拉煤’‘音乐’的战斗。”

“音乐，我们也组成了‘军团’，把声学等各种科学家压缩到一个团队里，去形成新的音乐‘军团’。”

一、千古传唱的歌，才是好歌

这是任总对于歌曲的基本判断标准，他以此激励研发人员创造出经得起时间考验的研发成果。

其实，这也是任总长期坚守的信念，就像他一直赞美都江堰和汶川大地震中不倒的教堂一样，崇尚那些千古流传的好歌，吴文季先生创作的《康定情歌》就是一首千古流传的好歌。

在1998年《希望寄托在你们身上》一文中，任总就提出：

“就比如唱歌，我想不管是什么歌曲，不管其作者是多么伟大的作曲家、歌唱家，只有那些流传下来的被人们广为传唱的歌才是真正的好歌，至于那些得奖却未能流传下来的根本不是什么好歌。我讲的道理很清楚，产品最终只有长久地被人们承认，才能算是真正的商品，否则不是。”

1999年在《创业创新必须以提升企业核心竞争力为中心》一文中，任总专门以“千古传唱的歌才是好歌”为一节，提出：

“什么是最好的科研成果，请看看都江堰，几千年后还在流淌，还在孕育川西大地。而两河文明，古罗马的水渠已荡然无存。因此，伟大的发明并不一定稀奇古怪，故弄韵律的歌总唱不长。千古传唱的歌，才是好歌。创新不是标新立异。”

2019年5月2日，任总在与2012实验室科研人员见面时，提出：“我们要跳出狭隘的圈子看到未来的结果。我们今天是有能力，但不要把自己的能力设计得完全脱离我们实际。我们若要完全背负起人类的包袱，背负起社会的包袱，背负起中华民族振兴的包袱，就背得太重了……我那天给何庭波的批示上讲，你能不能伴着华盛顿的音乐，跳一支《春江花月夜》？背上了包袱，为了中华民族，为了五千年，为了更伟大的目标，你还能跳得动吗？所以，我认为我们的目的要简单一点，我们也担负不起重任来，我们能往前走一点就是胜利，不要以为一定要走多远。”

任总也多次给本人讲过，写书不在于著作等身，要写“长销书”，而不是“畅销书”，能写一本流传下来的好书就行了。

任总表面上谈的是歌曲，实质上以此表达他对公司产品与服务的期望，表达在经营管理上的要求，虽寥寥数语，但通俗易懂、寓意深远。

二、铃儿响叮当

“铃儿响叮当”的故事任总经常讲，记得十几年前我就亲耳聆听过。这是一个关于音乐家励志的故事。

2021年5月8日，在与2020年金牌员工代表座谈会上的讲话中，任总又讲到这个故事：

“人生应该是一步一步踏踏实实前进的，不要好高骛远，别给自己设定过高的目标，可能努力也达不到，一生都会失败。《铃儿响叮当》的词曲作者皮尔彭特，他一生曾给自己订立的目标都太高，奋斗一生都没有实现，87岁还一事无成。后来出去过圣诞节，坐在雪橇上随口哼了一首歌，却成为脍炙人口的歌曲。所以，大家不要认为自己是接班人，从而背上一个沉重的包袱。放下金牌的包袱，只管努力前进，很多东西就是自然而然的事。”

任总有着非常强的讲故事与演绎故事的能力，这一点在公司内部是公认的。任总由“铃儿响叮当”的故事，进而引申出很多论点，以教育公司的员工：

“我曾经讲过一个故事，就是如果一个人倒着长，从80岁开始长，1岁死掉的话，我想这个世界不知有多少伟人。我们的父母教育我们要认真读书，我们却不认真读书。等我们长大了，又告诉我们的孩子要认真读书，他们不认真读书，他们还要批判我们。他们长大了，又管教他们的孩子要认真读书，……如此重复的人生认识论，因而人就没有很大的长进。如果从80岁倒着长，人们将非常珍惜光阴，珍惜他们的工作方法和经验。当然，从80岁倒着长这是不可能的，但学习方法上是有可能的，我们如今有如此庞大的知识网络和科技情报网络，充分利用它们也就跟倒着长一样，只不过要有谦虚认真学习他人的精神才行。从这一点上讲，年轻是缺点，但也是优点。……我们的前辈并不是因为他们没有才华，而是没有好的环境，所以才没有作出很大的贡献。……如果你们当中还有那么多的幼稚病，你们长大了也是老顽童，还能做什么大事？”

任总的讲话中经常引用歌词或诗词，这样的例子太多，难以一一列举，在此仅举一例，在2020年 6 月的《星光不问赶路人》的讲话中，任总讲道：

“今天你们桃李芬芳，明天就是时代的栋梁，要肩负起生产自救与蓬勃振兴的重担。不要辜负了时代对你们的期望。”

有人说过，大师讲故事，教师讲道理，企业家不应该是管理知识的搬运工，而应该是博采众长的管理实践者。任总也曾讲过：《圣经》没有大道理，全是些小故事，但对人的教化效果那么大。任总用铃儿响叮当的故事，阐明了深刻的人生道理。

三、北国之春

任总非常喜欢这首日本民歌，在《北国之春》一文中他写道：

“我曾数百次听过《北国之春》，每一次都热泪盈眶，都为其朴实无华的歌词所震撼，为优美动听的旋律所陶醉。”

任总对《北国之春》的感动，源自他对这首歌的深刻解读。人们一般认为这是一首情歌或者怀念故乡的民歌，但任总却把此歌理解为年轻人的奋斗之歌：

“《北国之春》原作者的创作之意是歌颂创业者和奋斗者的，而不是当今青年人误认为的一首情歌。”

“一个人离开家奋斗是为了获得美好的生活，爱情又是美好生活中最重要的部分，但爱情就像独木桥一样，人家过了，你就不能过。离家已经五年，在残雪消融、溪流淙淙的时候，面对自横的独木桥，真不知人家是否已经过去，心爱的姑娘可安在。那种惆怅，那种失落，那种迷茫，成功了又能怎么样？”

“由此我想到，我们每一个人的成功，都来自亲人的无私奉献，我们生活、工作和事业的原动力，首先来自妈妈御冬的寒衣，来自沉默寡言的父兄，还有故乡的水车、小木屋、独木桥，还有曾经爱过你但已分别的姑娘……”

“棣棠丛丛，晨雾蒙蒙，静静的水车，小屋，与阵阵无忧无虑的儿歌声相伴的是父兄的沉默寡言。我们多数人能去读大学，都是父兄默默献出自己的结果。他们含辛茹苦地、一点一点地劳动积攒，来供应远在他乡孤立无助的游子。他们自身反而没有文化。他们用自己坚硬的脊梁，为我们搭起了人生和事业的第一个台阶。但愿他们别太苦了自己了，愁时相对无言也沽两杯薄酒。我们千万不要忘记他们，千万不要嫌弃他们，千万不要忘记报答他们。”

任总不仅喜欢此歌，而且还会唱：“在一个偏僻乡村的小居酒屋，巧遇一群旅游的日本退休老人，他们为我们热情地演唱了《拉网小调》，我们也情不自禁地与他们同唱北海道民歌《北国之春》。”本人在现场，但无图，有真相。

任总与《北国之春》还有一段佳话。2019年9月，任总在华为深圳总部会见日本著名歌曲《北国之春》的词作者井出博正，任正非告诉井出博正：“我那时写的不光是《北国之春》（这是指任总自己的同名文章——笔者注），我写的是整个日本，因为那个时候全世界经济都非常困难，日本人是怎么渡过这个困难时期的？我们怎么向日本人学习？”

任总还表示，自己幼时在贫穷的贵州，《北国之春》这首歌可谓伴随了自己的成长，对他个人和华为公司的经营都有很大影响！

井出博正也道出了他写《北国之春》的初衷："上小学一年级时，父亲去世了。所以比他大12岁的哥哥进城打工，给家里寄钱，作为弟弟才能去上学。成为作词家以后，首先想写的就是家乡，而且写家乡的时候，就想写自己的母亲和哥哥，那就是后来的《北国之春》。"

这是一段因音乐结成的佳话，也是音乐写就的佳作。《北国之春》的歌曲，可谓千古流传的好歌，《北国之春》的文章也是一篇值得传承的佳作。

四、华为大合唱

华为逢大会必唱歌，尤其是像年终的市场部大会或公司级专题的大会，集体合唱是会议的重要安排之一（详见《华为是如何开大会的》，载《华为没有秘密2》，中信出版社2018年版）。

喜欢大合唱，相信这是有着军旅生涯的任总倡导的或喜欢的。创立华为公司后，任总也把这一传统带到了华为。

那些年，华为唱过的歌有：

《团结就是力量》《雄赳赳，气昂昂，跨过太平洋》《保卫黄河》《志愿军之歌》《共青团之歌》《在希望的田野上》《毕业歌》《抗日军政大学军歌》《真心英雄》《我们的答案》《相亲相爱》（欢迎孟晚舟上班）。

有时根据需要，华为还会旧歌赋新词，如将《咱当兵的人》的歌词改为："咱华为的人，有啥不一样，只因为我们肩负着民族工业的希望。咱华为的人，有啥不一样，自从进了华为就进了更大的学堂。说不一样，其实也一样，都是青春年华，都是热血儿郎。说不一样，其实也一样，智慧和知识放射生命的光芒。咱华为的人，就是不一样，全都是优秀的儿女，才情放在事业上。咱华为的人，就是不一样，为了国家兴旺，贡献青春和力量。说不一样，其实也一样，都在渴望辉煌，都在赢得荣光。说不一样，其实也一样，不同的岗位构建共同的辉煌。"

记得某年的市场部大会，俄罗斯地区部的高管们身穿苏联卫国战争时期的军服，演唱了苏联著名歌曲《喀秋莎》《红莓花儿开》等，中午任总邀请他们在A1餐厅就餐，并再次演唱了这两首歌曲，记得那时任总眼含泪花，中午吃得很少。

公司还出过一套光盘名为《梦的力量》，选录了世界各国代表性的歌曲，很长一段时间，成为本人长途开车必听的歌曲。

现在公司唱得最多的是《中国男儿》，这是1895年云南昆明陆军讲武堂的军歌，改编自日本的《学生宿舍的旧吊桶》：

“中国男儿，中国男儿，要将只手撑天空。睡狮千年，睡狮千年，一夫振臂万夫雄。我有宝刀，慷慨从戎，击楫中流，泱泱大风。”

2011年1月26日央视一套播出的《五星红旗迎风飘扬》把此歌作为片尾曲，任总看到后，此歌开始在公司传唱。

当你唱起此歌，相信会有人热血偾张的；当上千人共唱此歌，身在其中，你会坐不住的，你若真能坐得住，肯定是冷血的变温动物。

公司曾编辑过一套公司高管齐唱《中国男儿》视频，作为公司礼品赠送客户。虽然当时任总也在现场，但视频中并没有看到任总，本人也没有给一个镜头，大概是因为站在任总身旁的原因吧。就像每年的市场部大合唱，任总都不会在主席台上占据C位，他多次被发现躲在会场的某个角落里，关注着大合唱。恰如那首歌所唱：“掌声响起来，我心更明白，歌声交汇你我的爱。”

企业不是企业家展现自己的舞台，掌声响起来，企业家应该躲到幕后。三十余年来，任总完成了由任正非的华为，到华为的任正非的转变。

《中国男儿》几乎可以看作华为的司歌。

其实，华为曾经有司歌，大致在1996年前后创作，歌词是任总起草的，曲子为何已经没有人记起，从歌词来判断，应该是借用《抗大校歌》旋律。

这首《华为之歌》的歌词共分四段，每段十句，其首段歌词为：

“脚踏先辈世代繁荣的梦想，
背负民族振兴的希望。
我们诚实、积极向上，
学习美国的先进技术，
吸取日本的优良管理，
像德国人那样一丝不苟，
踏踏实实，兢兢业业，
发扬革命前辈的光荣传统，
团结合作，群体奋斗，继往开来。”

这些内容就是以歌词表现的华为使命宣言、核心价值观体系和任总的《致新员工书》。

1990年代末期，华为还曾邀请我国著名词作家和作曲家为华为创作司歌，但没有被采用，具体原因不明。

互联网有文章讲，华为耗数千万元巨资，邀请国内某歌星演唱《Dream It Possible》，并把此歌作为公司的主题曲。因资料所限，无法考证，难辨真伪。

不知什么原因，这首《华为之歌》并没有传唱下去，也没有多少人记起了，以任总的标准看，这不是一首千古流传的歌。

任总确实是一位偏爱大合唱的企业家，华为确实是经常有大合唱的公司。

五、喜欢捐钢琴的任总

2019年9月26日下午，有人在微博上发出一则消息，称任正非值母校重庆大学九十华诞之际，捐献了“珠江”牌钢琴100台，并配有照片。据有人估算，这批钢琴市价约128万元人民币。

其实早在2005年，任正非向母校都匀一中捐赠了一批钢琴，具体数量不详。

2015年，任总又向黔南农村小学捐赠了100台钢琴。

2017年，任总向镇宁自治县部分学校总计捐赠51台钢琴。

2019年5月27日中央电视台播放的《面对面》之《任正非：再穷不能穷教师》，在接受董倩女士采访时，任总讲道：

“我个人向贵州省捐的钢琴有上千台，我就是希望从青少年开始，不是单纯的数理化。还要有全面的、思想的发展，奠定一个更广大的文化基础。”

至于为什么喜欢捐钢琴，任总从没有明确讲过这个问题，但有一点是可以肯定的，音乐会陶冶情操，修炼身性，拓宽视野，增强自信，增强人们的想象力、审美力和创新力。

（华夏基石e洞察公众号2022年10月20日发布）

洪天峰

华夏基石管理咨询集团领衔专家，华夏基石大师塾首席导师，方广资本创始人，历任华为高级副总裁、常务副总裁、首席运营官、IRB（投资决策委员会）主席、常务副董事长、最高领导团队EMT成员（首任EMT轮值主席）等；是华为变革成长的主要推动者和亲历者之一，曾主管华为的中试、研发、销售、人力资源、计划、供应链、采购、流程及业务变革等几乎所有关键部门，擅长公司的运营管理及公司成长催化。

第四辑

谁气更长
谁就能活

洪天峰

战略即“人设”

一、一个不功利的企业家，不是好的企业家

我不知道大家怎么看华为的人，在我看来他们都是很功利的，我本人也是很功利的。当然，大家不要把功利看成一个很不好的事情。为什么？因为我们都是企业家，本身就很功利，很多企业家说我不功利，我要怎么的，好像显得很高深，很高尚。我从来都看不上这些企业家。一个不功利的企业家，肯定不是一个好的企业家，这个社会的资源给你就浪费了，很多员工到你那个地方去打拼，就耽误了他们的前程。

所以，在企业里面谈一些事情，我们需不需要那么很高的调门？我觉得这是一个企业家首先要解决的问题。

那么，我在这里跟大家讲，我们所有的理论，它都只是适应某种情况。我讲的东西，它只适应企业，它可能不适应于社会，也不适用于家庭。中国人有时候对社会、企业、家庭其实都分不清楚，这其实是一个很麻烦的事。所以，我们首先要正本清源，什么是企业？我们工作的地方，到底是一个什么东西？我们去构建组织能力，企业系统到底是什么样的一个系统？它是一台汽车，一台电脑，还是一个电饭煲？系统不一样，我们肯定是会有很多不一样的东西。

什么是企业组织？关于企业组织，大家都有很多不同的定义，后来慢慢趋于一致。

首先，企业是一个人为的产物。企业也就是这十几年的事情，这事情以前是没有的，我们是人为去创办了企业，那我们为什么要创办企业？我们还不就是为了赚钱，为了实现一些人为的目的吗？当然，人为的目的不一定只是赚钱，但总归是人为的目的。企业其实是一个功利性的组织，它是为了完成商业的目的而设立的。

所以，这样的组织跟社会的组织、社区的组织、家庭的组织，实际上是很不一样的。不管是社会的组织、社区的组织，还是家庭的组织，其实是比较讲究情感，而联络这种情感，会有血缘关系，有共同的传统文化等，但企业可能没有这些东西，这个就很不同。

二、请回答“德鲁克三问”

既然企业是一个人为的组织，我们成立它有商业目的，这目的到底是什么？我们企业到底干什么？它的任务是什么？现在社会不是一直在说不忘初心吗？那我们创造

企业的初心是什么？这个很重要。这样的一个初心，其实是我们做企业必须要回答的问题，这个问题不是一个中国式的问题，这是一个全球式的问题，也是做企业的通用问题。这个问题在当代最伟大的管理学者——德鲁克那里，有一个让企业家回答这个任务的“三问”，我们叫“德鲁克经典三问”。它其实就是回答我们企业的任务，我们成立企业干什么的经典命题，或者是一个结构化的框架。这样一个结构框架主要是回答三个问题。

第一个问题，我们的企业是什么？

这里面包含很多的内容，包括我们的愿景、使命、价值观、信念等等，还有一个很重要的，就是政策。当然，我们很多企业家平时不记得回答这个，或者说忽略了对这些问题的回答，一般都是在出问题的时候才来回答，那我要告诉大家，等出问题的时候再回答这个是不行的，一定是要在比较好的、没有大的深层的问题的时候来回答。出问题的时候必须要回答，但我希望在平时比较好的时候也要回答这个问题。

我们通常把这个东西称之为事业理论。

我们做企业都要有一套事业理论。共产党的同志很早就有了事业理论，很早就有了事业认知，我们现在看刚成立的时候，事业理论也不是很完善，后来慢慢不断地完善，不断地发展，不断地成熟，形成了一套指导取得革命胜利的事业理论。

第二个问题，我们的企业将是什么？

我们回答这个问题，其实不能够说回答了一次以后就几十年、几百年、几千年就不变了，特别是我们企业组织，因为我们企业的环境是不断在变的，客户也在变，技术也在变，竞争也在变，所以，我们也是要不断地去变。在这样的企业事业理论的思考以及变化的过程中，思考的深度，思考的逻辑，还有思考形成的一些论断，其实对企业的影响都是很大的，所以，我们讲思考是有力量的。华为任老板一直强调对企业家、对管理者来说，最大的权力不是你在企业里面给大家年终发一个红包，给大家涨点工资，升一个官，签一个任命，思想权和文化权才是最大的管理权。为什么？因为这种思想的力量是很强大的。

所以，当环境变化的时候，我们就要重新去思考。大家都知道未来不是由现在这样的一个状况自然延续过去的，要是大家都相信未来就是过去的延续，那就很舒服、很轻松，一种惯性就行了，但其实没那么好。我们会发现未来并不总在过去的延长线上。在这种情况下，依靠惯性去成长，会发现越来越吃力。所以，我们的成长除了惯性，我们更应该追求一种上台阶式的成长。所谓惯性的成长，我们就沿着一个坡道去推，可能推不动就滚下来了，就会滚得比你出发的地方还要远。如果是上台阶式成长，你把一个大的东西抬到另外一个台阶，它就不大可能再滚到下面一个台阶。我们中国有句古话，一步一个台阶，才能蒸蒸日上。所以，在这些不断的变化之下，我们要思考，我们的企业将是什么？我们企业将是什么，也给我们企业的发展带来一个方向感。

第三个问题，我们的企业能是什么？

因为我们看到那个地方，我们要过去，但我们可能需要绕一下，这样绕一下，我们能是什么？在具体的执行过程中，我们到底走第一步还是第二步？这个地方山很多，我们不可能说前面个山头就直接跨过去，我们需要盘着山过去，这个盘过去就是企业本身怎么去有计划地构建一些东西，有计划地抛弃一些东西，有计划地去强化一些东西。

所以，我们如果对三个问题能够很好地回答、去思考，那企业所有的事情都能做。如果这三个问题不能很好地去回答，有些东西就很难，比如说我们讲变革，我们不知道到底怎么变；或者说我们要去搞创新，那我们到底怎么去管理创新？希望达到的一个变革的状态或者创新的状态是什么？我们的企业将是什么？然后，在当下这种情况怎么一步步去做，先做什么后做什么。所以，不要看德鲁克这三个问题好像很简单，其实里面有非常多的逻辑和理念。

我们作为企业家，我们要去思考，要让我们的思考有力量，我们的企业家不能故步自封，要不断地突破自己，因为未来并不总在过去的延长线上。企业家要给组织提供方向感，我们就要在脑海里浮现我们的未来应该是什么样的，我们要感知正在生成的未来。而这种正在生成的未来，它不是我来决定的，它是由很多因素促成的，但是我能够感受得到。

我们企业家如果能够在这三个方面进行不断的修炼，很多问题就能够很好解决。

所以，德鲁克说任何组织要想取得成功，必须要有一套事业理论，一个没有事业理论的企业是一个没有灵魂的企业，那就是个僵尸，那就是个幽灵。我们的企业属于这两个类型的是比较多的。

三、企业员工越多，价值观越要接地气

所有的事业理论里面有一个非常重要东西，叫共享价值观。

我们企业里面有不同的部门，我们有不同的人，我们有不同的业务，我们还有不同的利益相关的主体，而所有的这些东西，我们都要把它们黏合在一起，形成一个完整的组织，靠什么？靠共享价值观。什么是共享价值观？共享价值观就是大家人人都能接受，都愿意接受，都觉得应该接受的价值观。

我们认为所谓的价值观，是我们日常工作真正去践行的、在日常工作真正体现出来的价值观。对我们大众来说，那种很高大上的东西，我们其实很难做到，在我们的日常工作中不能够去践行，那就变成了一种大话和空话。那么，在这样的情况下，我们要把价值观放低，这样才能共享。

所谓共享，其实还有一个理解，就是大家去看数学里的数，比如2、4、6、8、10，等等，我们要在这些数里寻找最大公约数，所谓的公约数就是大家都有的这个因素。这个因素里面最大的是公约数，你就会发现数越多，公约数越小。那也就是说一个企业的共享价值观，随着人数的增加，随着利益相关者的增多，你就越要接地气。不接地气，就会把很多资源排除在外。

大家都知道华为的价值观是"以客户为中心"，会觉得"以客户为中心"很难做到，但是对于企业来说，这样的价值观放在企业组织里面，它是一个公约的情况，那你说这个是不是最基本的，对吧？我们讲以客户为中心，要从客户口袋里掏钱，其实就是围着客户转，你不围着他转，他钱自动到你口袋里吗？不会的。所以，其实"以客户为中心"在商业社会里面是低得不能再低的价值观。但是，为什么大家还觉得那么难，就觉得你华为的人思想好，能够以客户为中心，就好像以客户为中心就是一种思想好的体现了。那我们怎么样让大家认识到以客户为中心，是地板上的东西，不是天上的东西？那我们大家就要建立一些很基本的、朴素的常识，建立一些公约的观点。

任老板经常在华为对员工讲，你要吃饭就得做工，没人为你做马牛，你要赚钱，你要升官，你就要自己努力。这是一层意思。第二层意思就是说我也没钱给你，你们自己要去赚，你们要到客户那里去赚钱，我能够给你的只是说你需要什么条件，我能满足，我给你创造条件而已。这样就把很多东西变得很简单，你到客户那里找钱，你要到客户那里找机会，你要去服务好客户，让客户对你有好感，然后把机会给你，把合同给你，这个是大家都应该做的事情。

所以，我们讲共享价值观，首先，它不是高大上；其次，共享价值观其实是大家一起去实现功利的目的，在实现功利目的的情况下，我们要让共享价值观形成能够汇聚更多资源的一种联合技术。

所以，我们做企业，首先一定要清楚价值是什么，我们用什么东西去调和整个企业组织里面各种不同的要求，不同的相关利益者，不同的冲突，不同的矛盾。我们讲什么叫"纲"？"纲"就是你的主线，纲举目张，"纲"不举，网就撒不开。我们所有的工作都是要以价值为纲。

那这个价值到底是什么？价值怎么来定义？价值由谁说了算？

四、客户要的不是惊喜，而是"可重复、可预期"

为什么客户价值驱动？

我们发现现在尤其是在中国，你只要有一个好的想法，就算你是很领先的，没过几天，满世界满大街都是这个想法，扩散得很厉害，这种情况下其实就很容易形成过剩。

以前我们生产力比较低的情况下，叫生产者定义价格。我是1960年以后出生的人，经历过买肉要票、买鸡蛋要票、买电视机要票、买自行车也要票的时代，生产者地位很高，你爱要不要，不要拉倒，你不要后面排队的人很多。我1997年在杭州办事处做销售，去舟山，那些客户很高兴、很开心，希望跟我们合作，为什么？因为那个时候各个地方都在招商引资，三通一平，通水电、通路、通电话，装电话要先交初装费，然后交了钱以后什么时候能装上不知道，也许9个月，也许一年。舟山买的交换机都是上海贝尔的，贝尔是合资的，两年都没有给货，然后过一段时间舟山就装一卡车的野生带鱼过去，为什么？就希望贝尔尽快发货，那个时候是客户给厂家送礼的。那个时候要生产者创造价值，生产者定义价值。但今天不是这样的，今天是客户定价的，今天是买方市场，所以，我们要以客户的关注为焦点。

那么，在这样的一个情况下，我们企业就要围绕着客户去做有价值的事情。逻辑就是这样，客户定义价值。那客户对我们企业来说，需要企业提供什么样的价值？大家都会说客户不就希望你的产品质量好吗？又炫又便宜又耐用吗？等等，这些说法都不错，但这是客户和你的一次生意。如果说要跟客户做长期的、持续的生意，他会怎么想？

1996年，那个时候华为的产品慢慢成规模地推向市场，跟客户的合作也慢慢从农村、县里到市里面，客户其实对我们既有很多期待，又有很多抱怨和投诉，因为产品问题还是挺多，而国外的东西没问题，客户想找他们的人找不着，我们因为问题太多了，我们不敢走，所以整天走到客户那里，客户可以随时找到我们解决问题。客户是又抱怨又觉得不好办啊，但是又觉得我们服务挺好。其实，这对我来说是一个很麻烦的事情，对客户来说也是个很麻烦的事情，所以那个时候就请了调查公司给我们专门做过一个调查，就是跟客户说，你们希望华为未来到底是应该怎么样？华为要变革，华为要提升，希望你给华为提一些建议，希望华为未来能做到。

调查到最后，其实没有一个客户说华为你要提升你的技术，华为你要降低成本之类。客户最大的诉求，就是跟你华为做生意不是一次生意，因为你的设备在我的网络上，我可能要用八到十年，我希望华为在这过程中别倒了，哪天华为倒闭了，那我网上设备找谁升级，出了问题找谁修？这是个循环。所以为什么任老板说活下去才是硬道理，然后华为最高纲领是活下去，最低纲领也是活下去。这是第一。

第二个，那时候因为华为快速发展，人不够，就像现在很多企业一样，一个萝卜一个坑，甚至一个萝卜几个坑，华为也是一样，但是必须要去调整队形，调整队伍，所以经常会出现这样的情况，一个客户跟华为人打交道，三个月以后人又换了，那客户就有意见，他说你人不能长期待着，我也理解，你肯定要换人，首先，你业务的成长，这个地方都要有干部、有人去挑担子，我也不可能把一个人按在这个地方，你换人没关系，但你不能够张三是一种做法，李四是一种做法，换个人又是一种做法。以后要可重复，让我们觉得张三这样做，是你华为风格，李四这样做，也是华为风格，那叫可重复。然后说我们合作越来越多了，你不能够说这个产品、这个版本挺好，版本一升级就不行了，好的东西、高水平的东西要可再现。所以，客户其实对一个长期的收益付款，他要求你的东西是可重复，是可再现。而可重复、可再现对于企业的管理来说有什么好处？就是可以测量，按照现在的管理学的理念，就是一个东西可以描述，你不能描述，就不能测量。但如果不能测量，就不能管理。那么，一个可重复的东西，其实就是可描述、可测量，这样就可以管理，就可以持续改进。

那么，你如果不断地持续改进以后，你就不断地希望超过客户的预期了吗？客户说我不需要你华为给我多大的惊喜，我需要的不是惊喜，我需要的是可重复、可预期，让你这个设备今天到你就今天到，因为我要给你腾仓库，我还需要给你找人对接，你不能够本来说了今天到你不到，那耽误了后面的事，你本来说下午到，然后一大早就来了，提前给送来，这些都是不好的，惊喜往往会变成惊吓。所以，你要可重复、可预期，才能够可持续改进，让客户感受到这人好像做得比说得还好一点，他的满意度不就慢慢提高了吗？

所以，我们讲围绕着客户做有价值的事情，其实就是追求更高的客户满意度。而追求更高的客户满意度，就是要从可重复、可再现这个方面去做。

五、为什么华为不遗余力地做管理体系

为什么华为那么不遗余力地去做流程、做管理体系？其实就是建组织行为。因为客户感受到的是组织行为，组织行为是不可代替的。

如果一个企业没有让客户感受到组织行为，都是一个个体的，张三李四王二麻子，行为很不一致，那客户满意度就很难提高，企业跟客户之间的连接就不是建立在两个公司之间的，而是建立在客户和某个人之间。那就会发现这个人走了以后，客户关系就会受很大影响。客户关系受很大影响以后，你就觉得这个人很重要，不能走，你不就慢慢变被动，不就被这个人给把持住了吗？如果一个企业家被那么多人把持住，那你这个企业家也会很被动，对不对？

所以，我们对客户来说，就是流程和服务。而对企业家来说，我们讲两个，第一个，我们通过可重复、可再现的体系建设，我们很重要的东西包括人不成为瓶颈，很多人觉得任老板不看重人才，其实任老板是特别看重人才的，他经常说你是我花五斗大米换来的，因为那时候很多人去深圳需要解决户口问题，全部都是花钱买的，包括他请那么多高手来给我们培训，其实就是觉得人才很重要。但越是重要的东西，越不能成为瓶颈，这是我们企业家要思考的问题。你觉得那个人越重要，你就要越想方设法把那个人给换掉，换掉不是为换而换。如果我们的人成为瓶颈，那我们的企业发

展就会有瓶颈，我们企业家就会越来越被动，越来越窝囊。所以，不管是从内还是从外，流程都很重要。

我们讲组织能力建设，那组织能力这个东西放在哪个地方呢？组织能力放在某个人身上是不行的，他要走了怎么办？那就把组织能力放在所有的人身上，所有人身上都放，那就不是这个人身上的东西了，那放在什么地方？我们讲组织能力需要有一个装组织能力的框，装组织能力的篮子，这个篮子是什么？这个篮子就是流程。

华为去搞流程，既是客户的要求，是组织能力构建的要求，也是企业家能够不断把企业做大做强的一个可能，一个支撑，消除企业成长的瓶颈。

当然，改革开放以后，我们有比较多的自然的要素，我们有土地，有低成本的劳动力，但我们牺牲了环境资源，那么到了今天，资源越来越稀缺了，所谓稀缺是什么？我们不是说这些资源没有，而是这些资源不能够再像过去粗放地被使用了。还有一个原因，以前都是跟国外竞争，我们通过一些低成本的要素，使我们的产品有低成本的优势，但慢慢发现我们主要的竞争对手不是国外的，其实是国内的同质化竞争，在这种同质化竞争的情况下，你的竞争对手都能获取所有的资源，那资源本身就不是一个问题了。在这种情况下，我们要考虑的是在同样的资源条件下，怎么去提高资源的效率，就是我们说的要通过效率驱动，通过管理驱动，通过运营驱动。这两年国家提到比较多的是创新驱动。

对于企业家来说，创新驱动当然很重要，但一定不要把创新仅仅理解成为一个技术上的创新，管理上、运营上都需要创新。创新的目的对内部来说其实就是要提高效率，对客户来说就是要去创造更多的价值，而更多的价值对客户来说也许就是低成本。我们以前是通过节约，通过压缩去获得低成本，我们现在就要通过创新去获得低成本。所以，创新很重要，但是它最终体现的是很多方面。

那么，对于企业来说，我们谈创新，更多的还是要谈效率，尤其是中国的企业。我们谈效率驱动，创新就是围绕着提升效率去做。

六、应对不确定，先定义“是什么”

我们现在有一个流行的词语叫“乌卡”，就是说现在变化莫测，又是黑天鹅，又是灰犀牛，又是中美贸易摩擦。那么作为企业家来说，一定要清楚，有很多社会热点，你是不需要去关心的，跟你没有太大的关系，不要觉得自己的影响力有那么大。对我们企业家来说，在企业经营过程中，有很多市场因素要去关注，尽量不要受那些我们把握不了的非生产因素的影响。

在变化越来越快的情况下，我们到底要更关注什么？比如说，大家说现在很易变的，经常变，那就要以不变应万变。关键问题是你的不变是什么？你的不变不能是过去，你的不变也不能是现在，你的不变应该是未来一定会发生的一个东西，未来的方向，未来你所在的行业和你的客户的方向。我们讲以客户为中心，看到未来五至八年，客户就在那个地方，我有个方向感，那我就不怕他易变了，所以，怎么解决易变，就是以远见应对易变。就像我们开车一样，为什么大家说开车不能盯着眼前看，盯着眼前就没法开，一定会出问题，所以你要把眼睛抬着，要看远一点，前方有一个坑或者有一块石头，你就会绕过去，那车就会开得很稳。

什么叫不确定性？不确定就是未知嘛，不确定就是很多东西我还没搞清楚。那就要知道你现在搞清楚的是什么，你现在看到的是什么，你现在不了解的是什么，然后你要不断地去了解，不断地去建立概念，然后去谈你的理解，比如说我们讲以客户为中心，那以客户为中心是什么？每个人理解不一样，要大家坐下来一起谈，你认为以客户为中心是什么？以客户为中心不是什么？你的定义不一定很精确，但是你把“是什么”“不是什么”这两个东西搞清楚了，中间的分歧就会越来越小，到最后没有中间分歧了，那就清楚了。

所以，我们在企业里光说“为什么”是不够的，尤其是我们不能从“为什么”一下跳到“怎么样”。为什么？因为我们中国人比较容易理解，或者说容易自以为理解，以为自己想清楚了，然后就着急忙慌地跳到“怎么样”，都在说“以客户为中心”，那你告诉我怎么“以客户为中心”？这中间跨度太大了，中间要搭几个桥墩，这个桥墩就是“是什么”。我们从河的这边到那边有50米，那你搭桥墩还不止搭一个，每个桥墩都是“是什么”，第一个桥墩“是什么”，第二个桥墩“是什么”，第三个桥墩“是什么”，这是不一样的。

所以，今天讲的以客户为中心“是什么”和一年、两年以后讲的“是什么”一定会有不同，如果完全一模一样，这个就不对了。因为第一个桥墩、第二个桥墩、第三个桥墩、第五个桥墩长得一定不一样，但它都是桥墩，还是有很多共性的，也就是说我们“以客户为中心”，这里面有不变的东西，但也有变的东西，那些变的东西是什么，你要解释出来。那些变的东西就会成为我们策略的源泉。我们为什么会制定那样的策略？我们的策略从哪来？策略就从你不断地解决，不断地诠释“是什么”，而不是“为什么”，更不是“怎么样”。有了“是什么”“不是什么”，这才是策略。

我们很多企业为什么没有策略？就是因为没有这样一个过程，没有回答“是什么”。这对于我们了解应对不确定性、应对复杂性，是很关键的。

七、企业追求的价值在哪里

在这样一种客户价值驱动的情况下，我们到底怎么去构建业务框架，去实现企业功利的目的，去完成企业的任务和使命？这个其实需要去建立起来的，需要建立一个这样的框架，需要有这样的一个概念，我们才能够去建立组织能力。

那我们就会说，我也不是客户肚子里的蛔虫啊，话语权就在客户那里。

（1）我怎么去做正确的事？

这个就很重要了。如果什么都是我自己定，我自己说了算，我自己评估价值，那我想做什么就做什么，我说好，就是好。

现在问题是，我做的不是由我说了算，万一客户说不好怎么办？所以，做正确的事比任何时候都来得重要。而做正确的事，不是闭门造车，不是由自己来评价，孤芳自赏，所以，如何做正确的事要在业务中解决的。

（2）如何正确地做事。

如何正确地做事，就意味着高效率，意味着低成本，意味着比竞争对手快，就意味着有竞争力。所以做企业家有时候很痛苦，你围着客户转，客户还对你没忠诚度，只有我们对客户有忠诚度。其实，客户对我们是没有忠诚度的，客户一看有更好的，他立马就换，什么长期合作、战略合作，都是空的。所以，我们要正确地做事，我们要做得比竞争对手快，比竞争对手好，那就要讲究做事的方式，我们就不能够按照传统说法叫条条大路通罗马，鱼有鱼路虾有虾路，这样在商业上就不行。条条大路通罗马，总有一条是最短的，你不走最短的，人家竞争对手走最短的，你就竞争不过人家。

所以大家有时候学华为，我也听到很多这样的说法，华为太大了，我们不一样，我们小，你看华为1998年引进 IPD（集成产品开发）的时候都十几个亿了，我们现在8 000万元都没有，是吧？乍一听好像是对的，其实根本是没有了解这些东西的内涵。首先华为引入的包括IPD这些体系，其实不是华为的发明，不是华为的创造，只是华为比较精，知道这个东西有用。这样一个东西管理什么？是管理我们，能够更好地去为客户创造未来。就像我们搞一个活动，要让我们的活动就像地上冒出来的泉水一样，泉水要有一个河道，管理就是河道，有河道泉水才能够进到江湖海洋。所以，第二个很重要，从竞争角度来说的话，如何正确地做事。

（3）如何保证持续做好，可重复、可再现。

我们去构建组织能力的时候，其实要构建的是支撑这三个：做正确的事；正确地做事；可重复、可再现、可持续。那么，我们该怎么办？华为的理念就是制度为本，建立规则，以规则的确定应对结果的不确定和未来的不确定，抑侥幸，明褒贬，不搞机会主义。扎扎实实把基础打好，把泥巴打牢，把组织能力构建起来。正是任总认为只有这一条路，这么多年就一直坚持下来。

很多企业也开始搞变革，但他们没有看到变革其实是一个过程。正是因为这个过程，所以才在变革，或者换句话说，组织能力成长其实不是某一个事件或者某一个点，它其实就是个过程。这就像我们人成长一样，你说你哪一天成长，或者说需要哪几天过哪几天就行了，那是不可能的，成长是一个延续的过程。很多企业学《华为基本法》也好，或者研究变革也好，但都是浅尝辄止，为什么？因为觉得不适应，觉得我们太小了，我们没那么大规模等等，所以要建立成长是一个长期的过程这样的心理。我还要告诉大家，不光需要建立这样的心理，我们还要花钱花时间。所以有人跟我说组织能力怎么建、个人能力怎么来，我说组织能力是花钱花出来的，个人能力是花时间花出来的，组织不用花钱，甚至没有花时间，你的组织能力怎么能够建立起来？

当然，在这样一个过程中，我们需要做很多调整，在这里面还是要强调刚才讲的共享价值观，这是一脉相承的。

为什么我们现在强调客户价值驱动，确实是我们企业创造价值的内部环境和模式发生了很大的变化。这个时候我们以客户为中心，以客户价值为纲，以客户满意度为准绳，追求从客户中来到客户中去，就很重要。我们如果把这些东西分解以后，会发现这是商业逻辑，是很常识性的东西。

我们经过那么多年的传统农村的社会，在商业文明的尝试上面，其实是做得很差，会对我们形成整个组织的概念和框架，去抓主要矛盾就会很犹豫，会有很大的不足。所以，我个人从来不建议大家在企业管理里面引入过多的中国式的一些东西，我们可能在为人处世的一些方面可以去学学，因为毕竟在中国这样一个大环境下，我们会受一些影响，但真正在企业的形态里，在真正的市场竞争里，我们老祖宗的言语里面可能会有一些涉猎，但是没有系统框架。我们要做这个系统框架一定还要到西方去学。就像我们学数学、学物理，你不能够说我学物理我就学《天工开物》，要学就要去学牛顿，企业也是一样。企业这样的组织以前是没有的，是18世纪欧洲工业革命才开始建立起来的。我们老祖宗那个时候，他们去做服务，比如茶商、盐商、徽商之类的，这些其实不是企业。

我们讲客户价值，那客户到底有哪些价值？客户有很多，那我们选择谁做我们的客户？

一段时间里在组织战略里面一个很流行或者很时髦的概念，就是定位。定位就是公民意识的，当然现在慢慢不行了。因为不是靠你一厢情愿地定位，你要去选择客户，要去看客户，他的价值观是什么样的。在我们IT行业，对我们做To B（面向企业用户）生意的，就做大客户生意的，和做To C（面向个人客户）的可能会不一样。华为处在IT行业，客户选合作伙伴，大概有四个方面的诉求（总成本最低；产品优先；全面客户解决方案；系统锁定），一般来说要选择其中一到两个，你说我这四个都选，那不可能。这就是定位不清晰。很多客户选择华为，不是因为华为产品领先，也不是因为华为的全面客户解决方案，而是华为的总成本最低。

中国现在大家比较热衷的一个职业说词，就是客户为什么选择你的东西？我性价比高。我就告诉大家，性价比高就是最差。以性价比去忽悠人，是忽悠不住的，为什么？性价比高就意味着你的产品比别人的便宜，但是你的比别人的会差一点。从另外一个角度看，我比对手的东西要贵，因为我比他东西好一点。所以，真正的客户要我们选，比如说第一点总成本最低，第二点是一贯的高质量，高质量的话，客户不用维修，不会坏，运营成本、保有成本最低，那它的总成本就最低。

我们做企业，如果客户给你的定位是一个性价比低的商家，那你一定要把它变成一个按照总成本最低的来谈，既要有低成本，又要有高质量，还能够跟客户做生意很方便，送货上门、服务到家的一揽子服务，等等，要给客户特别方便的感觉，然后还要有选择性。不管怎么样，我们说要成就客户，你就要知道客户的关键成功要素是什么。我们以客户为中心，首先就是要成就客户。成就客户的关键成功要素，这个就是价值所指。

我们企业要追求的价值在哪里？就是沿着客户手指的地方。客户手指了哪几个地方？就是指了这四个地方——总成本最低；产品优先；全面客户解决方案；系统锁定。客户走到这四个地方以后，我们一定要选一个。我们选的这个，就叫企业的战略。企业有不同的战略，你可以是成本领先，你也可以是客户亲密度战略，也可以是产品领先的战略。

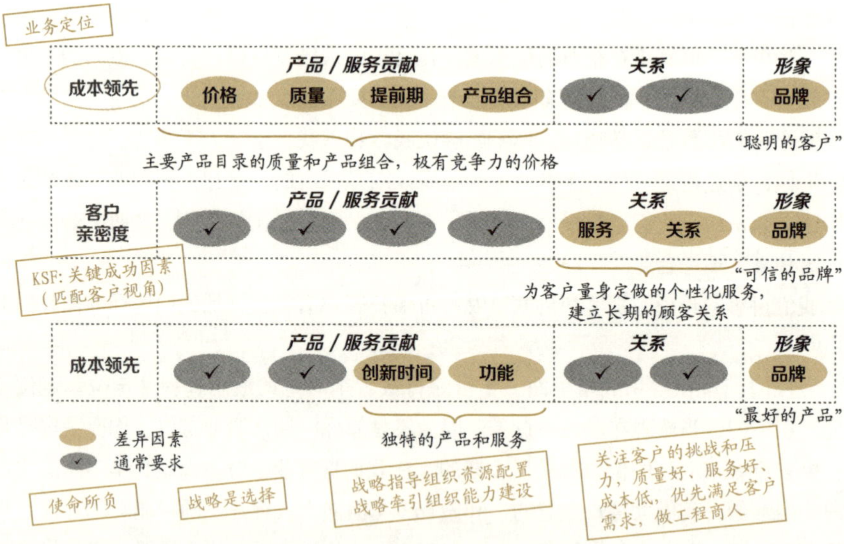

图4-1 企业要追求的价值

八、战略即“人设”

战略不同，价值定位不同，你吸引客户和客户看中你的东西，也是不同的。所以，战略就是选择。选择不是选择具体做什么，而是你选择实现客户什么样的价值主张，按照现在的时髦的说法就是人设。在不同的价值主张、不同的选择之下，企业要构建的核心能力就不一样。

这里我们以颜色替代，灰色是通常的要素，蓝色就是差异因素。你如果选择成本领先，那就要在价格、质量、提前期、产品组合等都要做得好，在品牌上，就要把自己写得笨笨的，让客户觉得他自己很聪明；如果你选择客户群密度，你的产品可能只是一般的水平，但是你给客户的体验要特别好，为什么现在互联网特别重视“体验”？我认为讲“体验”就是因为产品质量做不好，所以才以“体验”来忽悠大家，就会做定制化服务，等等。那品牌形象一定要变成一个可信度。一方面要客户亲密，一方面又把客户当作小白鼠，小白鼠就是蔑视客户，这就跟可信的品牌的定位又是矛盾的。你如果是产品领先，功能、产品的独特性、产品引领潮流就显得很重要。

华为是成本领先，苹果是产品领先。大家认为华为那么多研发人员，投入研发成本那么大，怎么说还是成本领先？华为的研发投入很重要，很大的一个方向，就是怎么通过技术创新来降低成本。比如华为的工业设备，原来很大，很大的话就卖得贵，创新以后就变成一个小盒子，同样的功能，卖得还便宜。那你说花了那么多钱，做了那么多，现在东西还卖得更便宜了，不划算，但是量就大了，市场份额原来只有3%—5%，这么一创新一改造，就变成30%—50%。第二个，客户原来觉得这个东西很贵，用不起，只能少配一点，华为现在弄个小盒子，用起来以后，客户就可以到处配了，市场空间是原来的十倍、百倍，这就是以前少数人用的，现在大多数人在用，“昔日王谢堂前燕，飞入寻常百姓家”。

我们做任何企业，产品服务上一定要建立一个概念，或者说去推动它进入“寻常百姓家”，而进入“寻常百姓家”是需要低头的，一旦进入“寻常百姓家”，中国这么大的人口基数，这么大的资产规模，你的机会就很大。所以，有时候要主动地在市场策略上进行一些思考。

华为在整个战略上，或者说华为给自己布置的任务，“关注客户的挑战和压力，质量好、服务好、成本低，优先满足客户需求，做工程商人”。这句话字面意思大家都理解，但是有没有人觉得这句话其实是非常难做到的，如果能做到，你就是很牛的，不是世界第一，也是世界第二。

第一，“关注客户的挑战和压力”，也就是说你做的其实就是解决客户问题，是客户需要的，是能够关注客户的。

第二，“质量好、服务好、成本低”，我们刚才说了，不是性价比的概念，鱼和熊掌要兼得。鱼和熊掌不能兼得，这是三岁小孩都知道的道理，如果你认为自己还是很厉害的企业家，只是止步于三岁小孩知道的道理，那你还不如三岁小孩。鱼和熊掌一定要兼得。所以，质量要好，成本要低，服务还要好。服务的目的不是为了卖给客户的产品，而是未来有更多的机会。所以，所谓的服务，就要去看客户还有什么新的问题，新的想法，新的战略。如果质量不好而服务很好，那其实是谈不上服务的。因为你的服务只是服务你已经卖给客户的东西，而不能够服务于客户未来的战略。

第三，“优先满足客户需要”，就是要比竞争对手更快，竞争对手的方案还没拿来，你已经给客户了。

第四，“做工程商人”。做工程你就要记住了，商人就是要赚钱，所以你做的东西能够解决客户需求，是客户要的东西，指标又好，价格还低，能比竞争对手做得快，还能赚钱，其实是很不容易的。

所以，这句话很普通，平铺直叙得像一杯白开水，但是其实要求、标准都是很高的，做到是很难的，需要我们长期坚持，不断地构筑我们的组织能力。而我们选择这样做，这就是我们的使命。

我们要搞清楚，做好这样的使命，这是我们的成功关键因素。所以不要把自己的使命搞成是要解放全人类，中国的企业很多时候把使命搞得很高大上，认为使命越高尚越显示自己高尚。使命就是你要去实现客户的价值，使命要跟你要做的事情、跟你的战略、跟你的组织能力一定要建立连接，使命如果只是一个标准，不能建立连接，那你就白白浪费了一个工具。阿里巴巴说“天下没有难做的生意”是对的，为什么？第一，它是做电商的，它把所有跟做生意相关的问题都解决了，开店的问题也解决了，支付的问题也解决了，物流的问题也解决了，大家去看阿里巴巴官方网站，它在这句话上面有三句，每一条都跟他要做的事情有关，我们只看到第一条，没看到其他三点。

使命是公司战略的起点，如果公司使命很高大上，你就没有战略。使命，也是企业的业务定位。这种选择不仅在战略里面，这种选择会指导我们组织的资源配置，这种选择又会牵引我们组织的能力。

我对战略有三句阐述，第一句话不是我说的，“战略是选择”，从波特的理论里来的，后面两句话，就是“战略指导组织资源配置”，“战略牵引组织能力建设”。所以，我们要去构建组织能力，没有清晰的战略，也是不行的。

九、做企业就像下围棋，谁气长谁就活下来

做好业务定位，我们能力所需求的是什么？到底是靠竞争的优势，还是靠不断地去提升产品的面市速度，还是靠更好地对客户的理解，还是去管理价值链？这是不一样的。

这就需要战略控制点，也叫利润保护。

战略控制点是什么？你跟竞争对手比，卖同样的东西，同样的价格，比竞争对手

的利润高，华为卖交换机，中兴也卖交换机，或者华为卖手机，小米也卖手机，你怎么能做到比小米的利润高，比中兴的利润高，这个就叫战略控制。

战略控制第一个是客户的价值梳理；第二个是我的业务定位；第三个是你在构建或者在承担这样一个使命的时候，你跟竞争对手比好在哪？这个“好在哪”，既要从客户身上找，更要从公司长期可持续活下来的角度来找，长期活下来就是要比客户的利润高，这样大家打价格战的时候，就像下围棋拼气，就看最后谁气长，谁气长谁就活下来。这就是我们的能力所需。

当然，这并不是说我就追求高的，我就拥有活下去的机会，你做不到的。万丈高楼平地起，我们要不断地从下往上积累。小公司很多方面很灵活，我们会有低成本的优势，但随着企业发展，我们有很多问题，我们就会去搞变革、抓管理。我没有发现一搞管理一搞变革，成本反而搞高了，你通过这样一个成本转化，变成了一个两年的产品开发提前期了，那你的利润就下去了。

1998年，华为请IBM花了很多钱，成本很高，成本高了以后怎么办？经过了三至五年的时间，我们在产品开发上很厉害。通过这样的成功变革，华为从一个低利润保护程度走向了中利润保护程度，这需要一个过程。

（华夏基石e洞察公众号2023年1月23日发布）

一流的绩效管理，是一种投资

绩效管理是人力资源管理中一个很重要的内容，大家也都比较重视，但是大家对绩效管理到底是个什么、应该怎么管，还是有很多概念上的不清晰以及方法工具上的欠缺。结果，一方面大家追求高绩效，另一方面好像考核都有，可绩效结果却不尽如人意。

我们今天来回答这个问题。

一、从战略视角看绩效管理

（一）绩效管理，不是结果而是持续的过程

1.绩效管理是什么

在学术研究上，最出名的是安吉斯教授，他说：“绩效管理是指识别衡量以及开发个人和组织绩效，并且使这些绩效与组织的战略目标保持一致的一个持续性的过程。”

可见，第一，绩效管理不只是到年底发工资，分奖金，而是一个持续性过程。第二，绩效要与组织战略目标保持一致，需要很清晰的组织战略。第三，绩效包括个人绩效和组织绩效。这是很重要的一些理念。

在企业界一些比较伟大的CEO，他们对绩效管理都很有自己的看法。比如韦尔奇说：“绩效管理的最终目标并非使员工达到期望的绩效，而是使他们出于意愿而愿意付出超越职责的努力。”

韦尔奇的意思是，绩效管理更重要的是要怎么把员工调动起来，去做更多。所以，他在GE的时候，就强调“无边界管理”——怎么打破部门墙，怎么达到一个公司最终的目标，而不是每个人自己的目标。

IBM的郭士纳讲：“绩效管理的根本目的是引导并激励员工贡献于组织的战略目标，同时实现组织和个人的共同成长，它不是绩效考核，而是一个管理过程。”他注重的是引导并激励员工，而且强调实现组织和个人的共同成长。

华为任正非也有一段关于绩效管理的话：“绩效管理的根本目的是导向冲锋，保证产出，实现组织与个人的成长，落实公司的业务发展战略，强化基于奋斗与贡献的价值导向，逐步形成自我约束、自我激励的机制，不断提高人均效益和增强公司的整体核心竞争力。”

所以，不管是学术界还是企业界对绩效管理其实都有不同的看法，但是归根结底

很多东西都是一样的：绩效管理要注重过程，要跟战略协同、匹配，要去激发员工，要去共同成长。

因此，我理解的高绩效是什么？

如图4–2所示，横坐标是绩效水平，纵坐标是员工比例，一般来说呈正态分布。员工考评有ABCD，A是高绩效，B和C的是中间部分，D则是绩效水平靠后的部分。不过，绩效管理的目的不是区分ABCD，而是通过绩效管理能够让大家的绩效整体往前移，都得到提升，或许ABCD的比例不变，但是每个人的绩效水平都提升了，这才是绩效管理的目的。

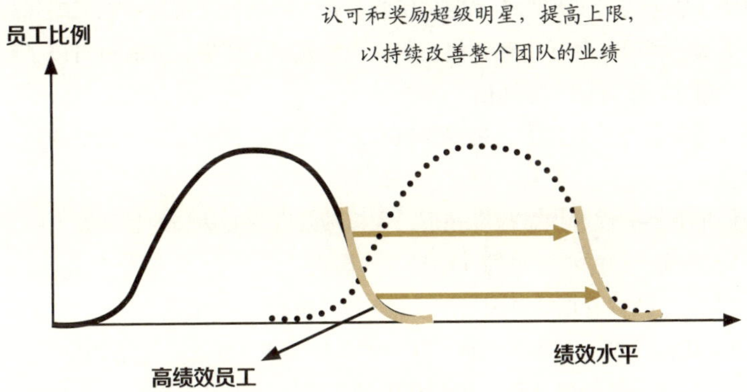

图4-2　高绩效管理

所以，绩效管理是为了获得高绩效。为此要做很多事情，比如要了解员工对工作目标、组织目标实现的影响；员工和主管怎么共同努力去维持、完善、提高绩效；绩效是怎么衡量的，标准是什么；如何消除影响绩效的因素等等。总之，不是只盯着结果，期望结果出现。

基于这样的认识，我们得出绩效管理的一些特点：它一定是过程和结果并重，而且更看重过程。它是以绩效改进和提升业绩水平为目的，不是以简单地达成结果为目的。当然，也要关注解决影响绩效目标达成和提升的那些问题。它促进绩效改进，是牵引为主，不是威胁。比如，如果你现在很多绩效考核达不到目标，我就把你给开除了，那就是威胁。

同时，绩效管理要形成下属和组织的互动，一个好的绩效管理，下属和组织都是受益者，所以说绩效管理是组织管理中一个重要的环节。

我们对绩效管理的认知有些误区，认为绩效管理是用来控制人的；绩效管理是为了扣工资和奖金的；绩效管理是重视和追求结果，追求业绩的；绩效管理就是绩效考核；绩效管理是人事部门的事；绩效管理就是一种形式主义……

我认为这样的理解，或多或少在一些公司里是普遍存在的，所以大家一定要重视，走出误区。

2.绩效管理的意义：把人和事结合起来

一个好的绩效管理对组织和下属双方都是有意义的。

对于下属（被评估的人）来说，绩效管理的意义既能够明晰工作方向和绩效目标，又鼓励下属参与绩效目标的制定，这样可以增加其对目标的理解和信心。同时绩效管理讲究的是一种及时、持续、公正的绩效反馈，在这个过程中不断地去调整、修正，通过反馈、面谈、讨论，改进计划和发展方向，采取行动去解决问题以达到更好的绩效。

对于组织来说，实现组织制定的绩效目标，就能够实现组织的战略目标。通过了解每个下属的绩效贡献，工资调整、职位调整就有了依据，同时也可以了解下属的发展需求，建立一个好的人才队伍。

所以绩效管理的意义不只是说提供有效的工资、调薪、职位调整的意义，它还有更多的意义。

我们把业界的理解稍微提炼一下，大概绩效管理要达到的目标如下：

（1）落实公司的战略目标，满足客户需求；

（2）通过绩效管理的牵引导向去落实公司的核心价值观；

（3）能够形成一个好的机制，使得内部处在激活状态，干部和员工永不懈怠；

（4）创造一种价值评价、价值分配的体系，让雷峰不吃亏，让奉献者得到合理的回报；

（5）创造一种员工的自我激励、自我管理和促进优秀人才脱颖而出的机制。

其实，华为建立绩效管理也有一个过程。随着企业发展，人力资源体系的进步，任正非也有一系列的思考。他说：“我们强调要创造高绩效的企业文化，要把绩效管理上升到战略高度去。绩效考核的目的不是为了裁员，而是为了通过考核把大家放到合适的岗位上，保证每个人的能力能够实现绩效目标，通过个人绩效目标实现公司总体目标。”

简言之，所谓的绩效是业务运作过程中所表现出来的状态和结果。因此，状态是一种绩效，结果也是一种绩效，它是可以通过客观的考核和主观评估出来的，并不完全都是客观的考核，主观的评估也很重要。

其实，影响绩效的因素有很多，包括组织、技术、人、工具、IT技术、物理环境、人文环境等。组织就是阵型，人就是每个员工。针对这些因素，更要强调的是组织绩效。其中一些因素是怎么影响组织绩效的，怎么构建组织氛围，不同的场合用什么样的管理风格，怎么明确职位要求……都要搞清楚。

所以，我们讲的“人事两全”，价值创造针对的是事，价值评价、价值分配对应的是人。而绩效管理的意义是把人和事结合起来。

3. 组织绩效管理，以组织能力为导向

企业的发展不仅要关注个人绩效，更要关注组织绩效。组织绩效管理的团队，有大有小，可能是三五个人，也可能是三五百人。组织绩效管理，需要做四方面的工作：

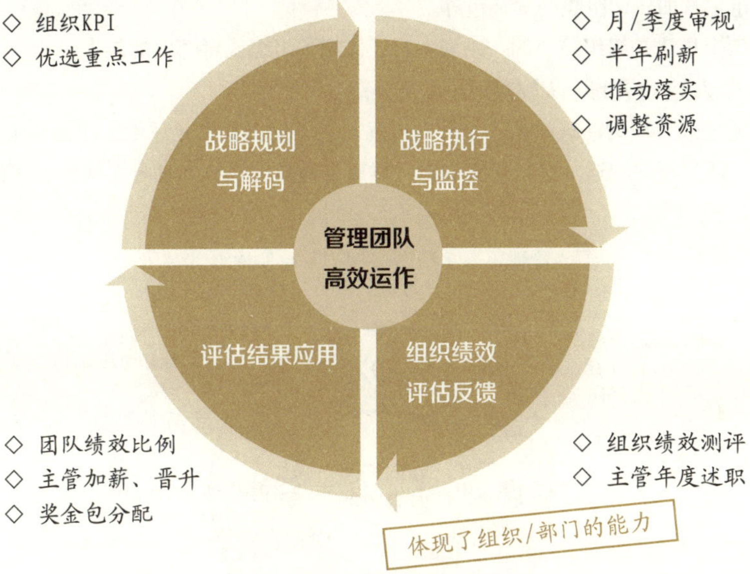

图4-3　组织绩效管理

第一，战略规划和解码，核心就是要了解组织的KPI（关键绩效指标）和优先工作重点。因为只有优先工作重点明确，才能够设立好与之相应的组织绩效规划。

我再强调一下，KPI衡量的一定是一个组织的能力，而不是个人的能力，个人的不叫KPI叫PBC（个人绩效承诺计划）。

组织的KPI是组织能力的一个表现，比如供应链有供应链的能力，包括存货周转、质量、制造费用、仓储物流周期等等。

组织能力就意味着你跟竞争对手比，做得怎么样？比如你有供应链，对手也有供应链，因为供应链是为外部服务的，要有一个从外部来看供应链能力的评估体系和评估指标。同理，研发也一样。

当然，对于主管来说，个人PBC里也有一部分内容来自组织KPI的提升，但不是KPI本身，这一部分内容是来自组织的优先工作重点。其他的一些内容包括团队建设，下属员工的发展，自身能力的提升等一起构成了PBC。

战略规划和解码之后，就形成了组织的绩效目标，就到了组织绩效目标的执行和监控层，它包括月度、季度的审视，通过指标的完成情况去解决问题、推动落实、调

整/重新配置资源等等。

第三块就是组织绩效评估，主要是组织的绩效测评，包括KPI的测评，主管年度述职（主管的PBC评价）。

第四块是评估结果应用，就是根据组织的绩效和主管的绩效去决定团队的绩效比例，决定主管加薪、组织的奖金包等。

这四个板块是组织绩效的一系列内容，体现了组织或者部门的能力。

4. 个人绩效管理，以责任结果为导向

个人绩效管理更注重的是一个管理过程，它不仅仅是绩效评价，还包括个人PBC的情况。通过双向沟通，进行目标制定，然后是绩效的执行和辅导，执行的评价以及反馈的过程。

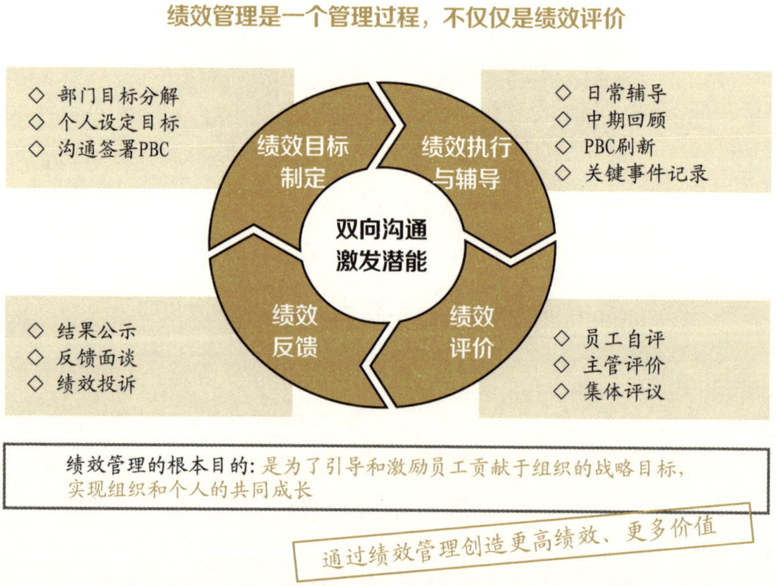

图4-4　个人绩效管理

实际上，个人的绩效目标制定就是个人的PBC，也就是包括个人目标的分解、设定。包括主管在内，每个人都有PBC，都是通过一个部门的目标分解和个人目标设定之后形成绩效执行辅导（日常辅导、中期回顾、PBC刷新、关键时间记录），这之后就是评价和反馈。

需要强调的是，个人绩效管理的根本目的是引导和激励员工贡献于组织的战略目标，实现组织和个人的共同成长。

所以对每个人来说，既要盯着个人绩效，也要盯组织绩效，甚至组织绩效更重要。这样就不会形成各人自扫门前雪——个人的绩效很好，整个组织的绩效一塌糊

涂。可以看出，个人绩效管理强调的是责任结果导向；组织绩效管理更多的是强调能力的提升。

个人绩效管理的责任结果导向，不仅从量上，还要从有效上来看，量就是产出，产出就是贡献，所以华为说苦劳不是功劳，要有效（产出）才行。因此，责任结果是岗位应当承担的。通俗来讲，狗抓老鼠的事情不是不能做，你首先要把狗的事情做好，把狗的职责完成。

个人绩效评价就是基于岗位职责体现出来的，最终体现在为客户创造价值、为客户创造有效服务，目的是很清晰的，它不是苦劳是功劳，而功劳有没有是客户说了算。

简言之，个人绩效评价不能以能力为导向，要以提高客户满意度为目标，建立责任结果导向。

我们说价值评估很重要，其实，评估的就是绩效，它就一定要从组织和个人两方面切入，如果没有组织的一套系统，个人是很难得到保障，这样也很难建立一个正的反馈系统。同时，我们要强调的是注重组织绩效，因为有好的组织绩效，才会有好的个人绩效。二者不是反过来的，所以大家一定要理解。

（二）建构绩效管理体系，牵引组织能力提升

绩效管理体系是一个房子，房顶是为了支撑公司和部门的业务运作；地基是公司的战略和核心价值观，公司价值理念与价值导向，绩效管理方法论、流程与组织基础、信息平台。四根柱子是具体的绩效管理体系的内容，包括绩效指标体系，绩效管理制度、绩效管理程序和绩效监控辅导。

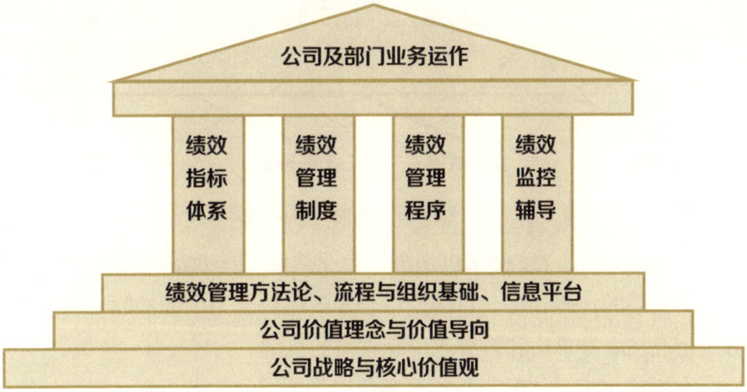

图4-5　绩效管理体系

实际上，绩效管理就是通常说的“选—育—用—留”里的“用”，在一个复杂的、多人的系统里怎么用才能让“大家”这个力量汇聚到一起？

第一，要有一个绩效目标系统，若没有绩效目标系统，就形不成合力。第二，要保证每个人的动作都朝着一个方向，需要有一个制度系统，若没有制度系统，就像水没有一个水渠无法保证都往一个方向流。第三，整个过程，在池子里流的水要去管理，要有工具、有程序去撬动它。

所以绩效管理系统不是我们很狭隘的理解——给大家定一个KPI，然后到年底考核、发工资。它包含了绩效的目标系统、制度系统、管理程序和管理工具以及实施系统，绩效的监测等。它要形成这样的一个循环——从绩效的计划到绩效的辅导、评价，还包括宏观系统（从公司大的层面去考虑）和微观系统（从日常的运作去考虑）。

在绩效管理过程中，不同人的角色是不一样的，管理的角色，员工的角色，管理团队以及HR的支撑，在绩效管理中各自承担不同的责任。

1.绩效目标系统

绩效目标系统是从组织的战略出发，到组织策略目标和KPIs，再到部门业务重点和KPIs，岗位业务重点和KPIs，它是从战略到KPI，以战略绩效管理驱动战略实现，最终形成个人的目标计划，包括主管、员工以及下属的目标计划。制定绩效目标系统过程如下：

第一步要确定企业的战略目标，不仅包括财务目标，也包括在行业中的地位、竞争能力、市场份额、投资回报、企业品牌形象等，都是很重要的因素。不过，它需要保持一定的连贯性和稳定性。

第二步要确定公司的业务重点。根据战略目标，画一个鱼骨图来确定公司的业务重点，比如从产品开发还是从管理改进，还是市场领先等。鱼骨图跟平衡计分卡可以结合起来用。

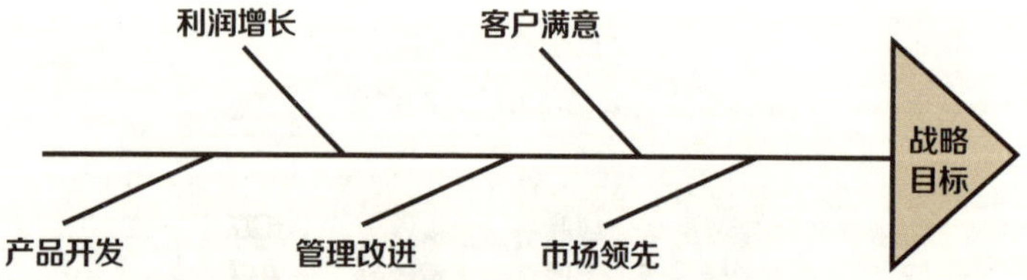

图4-6 战略目标

第三步要确定KPI，我们说KPI是衡量企业战略实施效果和战略能力的，它是一个组织能力和效果的评价指标，目的是将企业战略转化为内部的能力和活动，建立一种不断增加企业核心竞争力和持续取得高收益的机制。

所以，在制定目标系统时，一定要避免都是传统的财务指标，因为传统的财务指标有非常多的局限性，只能反映短期的绩效，不能反映长期的绩效；只能反映最终结果，不能反映关键过程；只是从财务角度，没有从客户的角度去衡量；不能够明确地将企业战略转化为内部过程的能力和活动。

除了财务指标，还有人力指标，过程指标等，当然指标也不是越多越好。最终它把内部和外部、财务和非财务、短期和长期、过程和结果等指标综合起来。

如何设定和确定绩效目标值？这不是上级强加给下级的，也不是下级说了算，而是一个自下而上和自上而下双方沟通达成共识的过程。关于设定目标值有下面几个方面：

为什么？驱动行为，成为部门个人与企业战略目标之间的纽带。

谁？指标责任人向上层管理提出目标值的建议，双方沟通达成共识，上层管理确定目标值。

何时？在每个评估期开始前设定，一般在年度规划、做预算时设定目标。

怎样？制定指标要贯彻的SMART原则，即具体可量化、可达到，结果为导向，以时间为基础原则，一般来说公司层面的指标有25个；部门指标一般是少于或等于15个；团队指标一般少于10个。同时，要设置红绿灯状态和警示，以体现指标的实际表现。不过，我们要根据具体的情况去定。

另外，绩效目标沟通需要做到3+1对齐，具体指什么？目标对齐、思路对齐、理念对齐，基础是对PBC的认识和理解要对齐。对齐之后才能够帮助下属聚焦正确的事，辅导下属将事情做正确，激励下属拥抱挑战的热情。

所以绩效目标系统不是一个死的、冰冷的数字，而是通过沟通，在目标制定过程中的深入做，而不是领导派一个任务，写一个数字。

2. 绩效责任系统

责任系统就是整个绩效管理的组织和责任体系，各级部门主管是第一责任人包括高层管理者、中层管理者和基层管理者。

原因很简单，如果说绩效管理是人力资源管理的重要内容，人力资源管理最终的目的是要产生高绩效，所以责任不在人力资源部，而是在各级部门主管。我们讲真正责任到人，除了业务的要求以外，还有一个就是岗位责任。另外一个是从责任到指标，也就是说除了KPI的指标，有一个基于责任的指标，比如我们说干部有干部的使命和责任。

而我们在流程里大家有不同的角色，有流程责任等，这些东西也会形成，要把它跟平衡计分卡、战略解码结合起来，最终形成部门的KPI，然后再形成个人的PBC。所以部门的KPI从两个方向来：一个是从上或者从战略分解下来；一个是从责任分解下来，然后再由指标系统结合个人的责任，再形成个人的PBC。

3. 绩效制度系统

绩效的制度系统，主要是绩效的考核制度设计，对于中高基层人员需要分层、分类。

中高层是述职制度+KPI考核制度，落实公司战略，将公司战略目标分解成各部门的行动纲领，为各部门准确思考、分解工作任务提供依据，同时形成后续考核的依据，促进高层领导理清思路，明确责任，抓住重点，综合平衡，过程中考察干部。

中层是PBC的考核，主要遵循四个原则：

（1）责任结果导向原则：引导员工用正确的方法做正确的事，不断追求工作效果。

（2）目标承诺原则：考核期初双方应对绩效目标达成共识，被考核者须对绩效目标进行承诺。目标制定和评价应体现依据职位分类分层的思想。

（3）考、评结合原则：考核工作初期部门应界定绩效评价者，评价时充分征求绩效评价者的意见，并依此作为考核依据；绩效评价者应及时提供客观的反馈；跨部门工作需由相关部门给出评价建议并认真听取。

（4）客观性原则：以日常管理中的观察、记录为基础，注意定量与定性相结合，强调以数据和事实说话。

基层员工是按照作业要素考核，主要依据工作岗位职位与通用标准，无需单独制定，主要通过各种操作指导、工作指南等进行辅导，平时考核结果统一公示，不做沟通要求；年度结果必须沟通，月度/季度考核结果直接应用，及时评价，及时激励。

此外，绩效制度系统考核周期也分级，有的是月度，比如计量制员工月度考核，中基层员工（含跨部门团队成员）是季度考核，一级部门主管、二级部门主管有季度、有年度考核。

实际上，建立制度系统需要有一些假设，因为制度就像一架机器一样，复杂程度是不一样的。

比如，华为的考评系统基本假设是，绝大多数员工都是愿意负责和愿意合作的，是高度自尊和有强烈成就欲望的，是金无足赤、人无完人，优点突出的人，缺点也明显，换言之，绩效制度系统不要光挑人的毛病，工作态度和工作能力应该体现在工作绩效的改进上，制度系统就要注重结果。还有，制度系统允许大家失败，失败是成功之母，但是不允许大家犯同样的错误。员工未达到考评标准要求，管理者也有责任。

4. 绩效执行系统

绩效执行系统就是微观的绩效管理循环，即一个PDCA循环，把它展开来看，就是绩效的计划、绩效的辅导、绩效的评价、绩效的诊断、绩效的沟通、绩效的改进、绩效的运用等这样一个闭环，让它能够从计划到最终的应用，形成一个可持续改进的正反馈。

对中基层管理者来说，要做好督导和执行的工作，要去记录、指导、支持、激励、合理评价、帮助下属、举荐人才、营造良好氛围，要做很多事情。

对于管理者来说，他自己去做业务工作，还把自己当作一个独立贡献者，这是不行的。管理者一定要实现转型，从一个独立贡献者变成一个组织贡献者。当然，他要去做这些管理的事，需要有要求、有方法、有工具。

二、绩效管理“四要件”

我们一直强调，日常的绩效管理要坚持闭环管理，更要坚持反馈持续改进。

绩效管理过程及循环分两类：宏观绩效管理，就是站在整个公司的角度看公司绩效，包括公司的战略绩效，基本上是“计划—实施—考核—报酬”的循环。另外，还有一个循环是微观的绩效管理，即“计划—辅导—检查—反馈”。

两种绩效管理程序会有所侧重，管理方法、管理周期也都不一样。举个例子，微观绩效管理，就像一个时钟的秒针，哒哒哒一直在跳。宏观绩效管理相当于一个时钟的日历，要走24小时才跳一下。显然，二者都是时针指示的一个内容，都是绩效管理的一部分。但我们希望侧重的是微观绩效管理，因为宏观的绩效管理更多地会与公司的战略管理、财务管理结合。

我们说绩效管理是一个过程，更多的是针对微观绩效管理，它落实公司的战略目标，强化公司的价值导向，为员工改进绩效提供指导和激励，为报酬制度和人力资源管理提供依据。所以微观绩效管理是很重要的，也是人力资源工作每天都在发生的，和业务强相关的工作，是把人和事结合的一个抓手。

在微观（日常）绩效管理中，主管怎么去分配精力？首先在计划方面要花很多精力（30%），日常的辅导方面要花更多的精力（50%），而在检查上要花10%的精力，反馈上需要10%的精力。

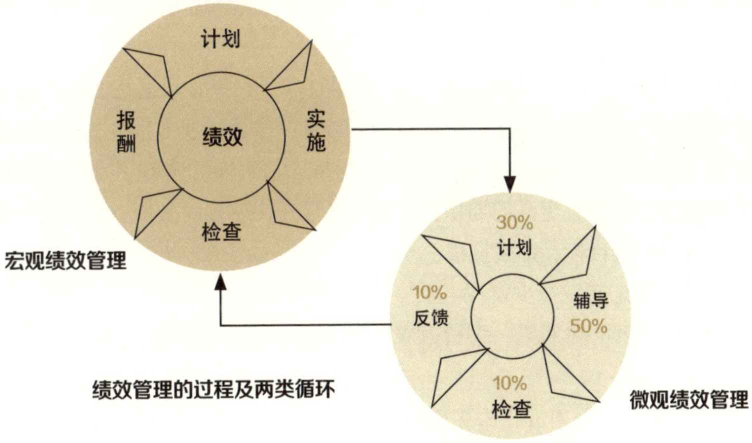

图4-7　绩效管理的过程及两类循环

在微观绩效管理的过程要明确目标、深入沟通、互相依存。互相依存就是，员工成绩就是管理者成绩，员工未能达到考核标准要求，管理者也有责任。所以，我们一定要慢慢建立一种概念，绩效管理不等于绩效，不要把绩效考核当作绩效管理，这是一个非常重要的认识上的升华和跨越。

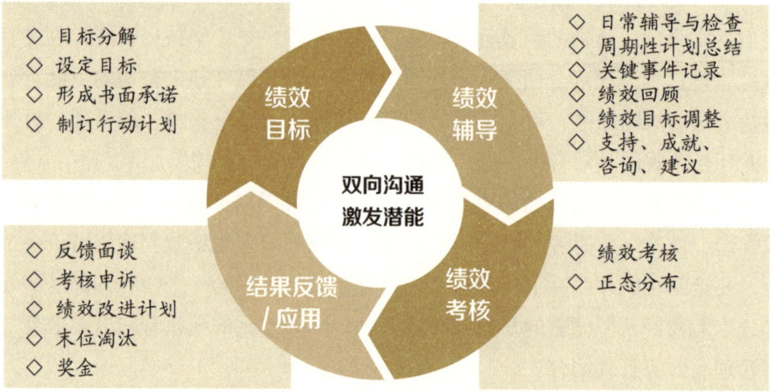

图4-8 绩效管理程序

微观的绩效管理程序包括绩效目标、绩效辅导、绩效考核、绩效应用/反馈。

（一）绩效目标设定，是目标而非指标

绩效目标是绩效管理的起点，也是绩效管理最重要的一个环节，占30%的时间/精力。主要是做目标分析、设定目标、形成书面承诺、制订行动计划。

在这个阶段，管理者和员工共同讨论，达成共识后确定员工考核期内，满意绩效应该完成的工作和绩效。

其实，主管与员工之间的承诺是很重要的事，主管的承诺是要提供资源、条件的帮助。员工的承诺就是要达成绩效目标。可见，绩效计划不是员工个人的事，也不是管理者个人的事，是管理者和员工之间的事，这里面其实有一个“皮格玛利翁效应”，就是说对员工有更高的期望值，更多的鼓励，更多的激发，会让员工能够愿意去追求更高的绩效目标，即正反馈。

绩效目标设定有三个步骤：

（1）澄清职责和期望，即澄清员工的岗位责任和具体分工，明确员工的总体期望；

（2）分解目标并对齐，根据部门整体目标和员工岗位职责确定工作重点，确保目标上下对齐，周边协同对齐；

（3）达成一致并签署承诺，要有仪式感，要比较正式。

绩效目标设定要充分的双向沟通贯穿始终，根据员工的准备情况选择适当的沟通方式，确保充分的双向沟通，获得员工的自主承诺，提升员工对目标的认知，并增强员工的责任感。

（二）绩效辅导，是持续而不是突击

没有沟通就不是绩效管理，绩效辅导是绩效管理的真正核心，是主管辅导员工共同达成目标的最重要方式，目的就是要让员工要跳出困惑和纠结，牢牢抓住绩效的本质，所以占50%的时间/精力。

在绩效辅导阶段，关键作用是什么？

首先了解员工在工作中遇到的障碍，提供及时的支持和纠偏；其次是及时地激励发现员工好的表现，包括优点、进展得及时，持续地激励，使得员工持续作出贡献；再就是帮助员工认识到自己工作的不足，并及时采取措施关注改进。这一过程，主管既走进了业务，又了解了员工的工作状态和成效，有助于员工建立信任感，为绩效评价和沟通奠定基础。

绩效辅导有很多方法，接下来展开讲一下教练式辅导GROW模型，它既是一种方法工具，也是一种思维模式，是通过富有技巧性的提问和结构清晰的工作流程帮助被辅导者释放潜能、独立思考、增强认识、承担责任，使他的绩效最大化。通过G-R-O-W的循环，激发员工主动做事，让员工愿意承担责任，实现个人成长，同时也能让辅导双方建立一种更信任的关系

G：目标。帮助被辅导者明确其想要达成的目标，而不是辅导者的目标。

R：现实。辅导者和被辅导者双方一起了解现状，并识别出所有妨碍因素。辅导者本人绝不能作假设，要促使被辅导者思考，帮助他看到全部事实，并鼓励他描述现象，提供具体事例、事实，而不是判断。

O：选择。辅导者要帮助被辅导者制定一张可供选择的行动列表，注意不只是一个行动。鼓励被辅导者提出尽可能多的可选方案，并分析各种方案的利弊，适当提出建议。当第一个方案出现的时候，继续去寻找其他方案。

W：意愿。确保被辅导者对方案作出选择，并自愿承诺去执行自己的行动计划，获得被辅导者采取行动的承诺，辅导者在这个过程中起的是协调作用，而不是将自己的意志强加于人，这一点很重要。不过，要确保的是被辅导者自己作出选择，而不是辅导者选择；还要确保被辅导者对自己的行动有承诺，辅导者也要对其所选择的行动计划有承诺支持。

这就是GROW绩效辅导，需要慢慢去练手。

（三）绩效评价，是了解而不是量化

为什么要做绩效评价？

很多主管困惑员工都很好，为什么还要划分ABCD等级？是为了让组织充满活力，背后的逻辑，首先，通过划分来客观地评价员工绩效，认可杰出员工，激励大多

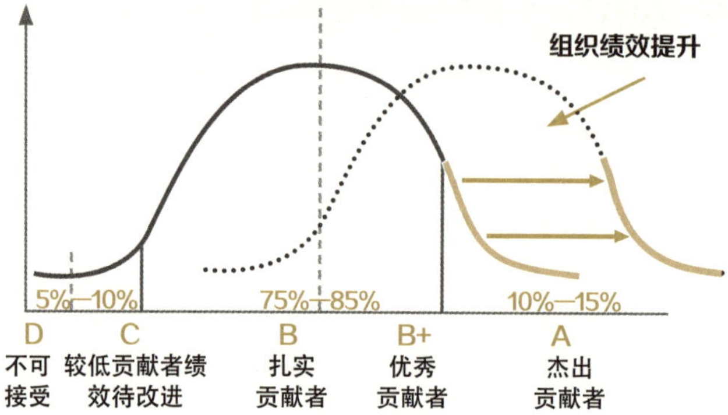

图4-9 绩效评价等级和比例控制要求

数扎实贡献的员工；其次，识别和管理贡献低、绩效待改进的员工、激活组织；最终追求组织和员工的共赢。

换言之，对待高绩效员工和低绩效员工所采取的管理程序、管理重点、管理方法和工具是不一样的，如果不能区分，就会出很大的问题。所以不管员工多优秀，都要去区分ABCD。

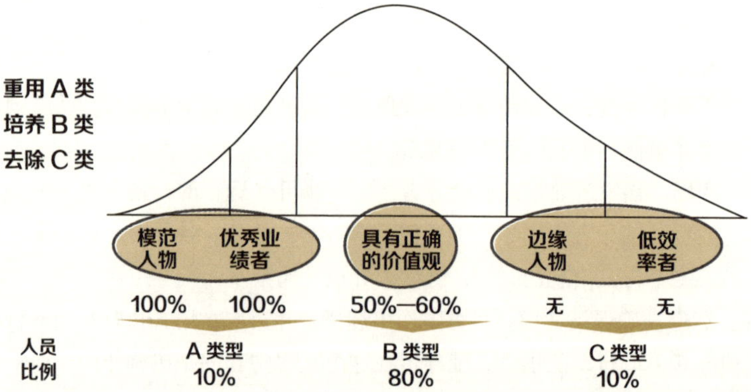

图4-10 韦尔奇活力曲线

韦尔奇发明活力曲线时说：“作出这样的判断并不容易，而且也并不是准确无误。是的，你可能会错失几个明星或者出现几次大的失策——但是你造就一支全明星团队的可能性却会大大提升。这就是如何建立一个伟大组织的全部秘密。一年又一年，‘区分’使得门槛越来越高，并提升了整个组织的层次。这是一个动态过程。没有人敢确信自己永远能够停留在最好的一群人当中。”

通常业界有绝对考核和相对考核两种绩效考评方法，绝对考核是“人和目标/标准比”，目标/标准达成与否是评价员工贡献/产出的基础，不断提高标准来牵引“精益求精”。相对考核是“人和人比”，一般要有一个强制的考核比例，以牵引“你追我赶争当先进”。相较之，在完成“人和目标/标准比”的前提下，才能进行“人和人比”，前者是基础，后者是牵引。

总体而言，要基于组织的管理策略和人群特征来确定员工贡献评价方式，比如公司高管，既要人和目标比，也要人和人比，但“人和人比”是自己和自己比，是要牵引你关注中长期目标和自我超越。

一个成功的绩效评价系统有三个因素：

（1）为实现目标的决心：公司要下决心转变，管理者会觉得为绩效评估花点时间和精力是值得的，员工也会感兴趣。

（2）绩效分析：为组织提供综合、准确的工作岗位职责。收集具体的工作信息。

（3）绩效测量：绩效测量结果给决策者提供有效的信息。

我们说绩效有个人绩效和组织绩效。个人绩效评价的目的是将干得好的和干得差的区别开来，以确保公平回报，并激励大多数人，所以它的目标是公平、公正。像360调查、两次沟通、集体评议等都是个人绩效的评价方法。从岗位职位的相对维度，劳动态度、价值观文化的考核，属于个人绩效层面。

我们再来看看组织绩效评价。大的原则是“考”“评”相结合，“考”主要是KPI，属于能力层面，“评”属于主观的层面，即主管述职评分，是结合部门的重点工作去述职，上级根据述职来打分。将主管评分和整个部门的能力加起来，就是你所在的组织的绩效。

在评价阶段，不是简单地给个考评结果，还是要回到初心，为什么要做绩效管理，考核真正的目的是什么，为什么要有比例控制……

绩效评价是一个管理过程，而不是单纯地追求评价结果本身。它要围绕着业务进步，绩效提升全面展开。管理者的使命是促进目标的达成，要学会有技巧地告诉员工其差距所在，毕竟成长才是最重要的。

比如，个人绩效是指在组织绩效实现的情况下，体现出来的结果。那个人绩效不仅是PBC，也是一种管理方法。所以基于PBC的考核，有一定的局限性。

对一个人进行全面的评价，首先要看员工PBC完成情况，PBC是关键的、优先的，是绩效评价的主要依据，还有员工的岗位职责和角色的履行情况，和超越职责的

图4-11　个人全面绩效评价

努力和贡献，这三部分内容最终才是对个人全面的评价。

（四）绩效反馈，是坦诚而不是技巧

绩效反馈是经过充分准备后，就考核结果向员工面对面反馈，内容包括肯定成绩、指出不足及改进措施、共同制订下一步目标/计划以及绩效申诉等。由于反馈是双向的，主管应注意留出充足的时间让员工发表意见。

但此阶段是考核者和被考核者比较紧张的时期，所以需要对面谈程序有个结构化的设计，包括时间、地点、方式、角度、内容的准备，营造好的沟通氛围，把握沟通原则，平衡听和讲和问等等。

当然，双方沟通原则是对事不对人，只谈绩效，不涉及人格；不将被考核者与第三者比较；避免被第三者听到；要坦诚、要具体。对于低绩效者要进入低绩效员工的管理程序。

所以，绩效沟通的核心不在于技巧，而在于客观、坦诚。这是很重要的，为什么？任用和发展的前提是绩效，那么绩效就是分水岭，在公司支付能力允许前提下，考核结果同员工薪酬调整挂钩；在组织发展可提供机会的前提下，跟员工的任用和成长挂钩。

绩效管理应用回报是“利多”状态：对主管来说，使他不必介入到所有正在进行的各项事务；通过赋予员工必要的知识来帮助自我决策节省主管的时间；减少员工之间因职责不明显产生的误解；通过帮员工找错误和低效率的原因来减少错误；通过绩效管理，员工将知道主管希望他们做什么，能做什么样的决策，何时必须介入，其实就增加明确性，增加了奖励性，增加了确定性以及员工的安全感。

对于员工来说，他自己了解工作是好还是不够好，有什么权利；有机会学到新技能；及时了解主管对自己的看法和意见；及时得到完成工作所需要的资源；员工将会因对工作和工作职责有更好的理解而受益。

对组织来说，绩效管理是一种投资。如果运用得当，它对主管、员工和组织都会带来回报。如果组织及其内部下属单位的目标都很清楚，那么组织会更有效率，员工更有士气，生产率会更高。

所以，我们讲考核评价体系是一个杠杆，只要朝着合理的方向稍微撬动一下，就可以释放出巨大的能量。同时也是一个载体，企业的各项经营管理任务和目标可以通过它传递下去，考评什么就能实现什么，人事两全也是通过这样一个载体去实现。

绩效管理也要避免一些常见的问题，最主要是陷入所谓的公平、公正的问题，一定要清楚绝对公平是不存在的。人们对自己的认知总是大于别人对他的认知，所以我们要坚持“效率优先，兼顾公平”，员工满意度不是经营的目的，只是经营的结果。

通过绩效沟通、绩效辅导、绩效预警等等这些措施，预防和纠正不正确的绩效评

判，要尽量做到公平。我们既要告诉大家绝对的公平不存在，但是在实操过程中，要尽量做到公平、公正，就是这么一个样子。

美国有一个教授叫拉伯福，他在讲员工奖励方面企业经常犯的错误，这些也是我们很多企业存在的。

比如——我们需要有好成果，但是去奖励的不是有好成果的，而是奖励那些看起来最忙、工作最久的人；我们需要有对问题治本的答案，然而奖励的却是治标的方法；我们观察对员工对公司的忠诚却不提供工作保障，而是付最高的薪水给最新进和威胁要离职的员工；我们要求和谐工作环境，却去奖励那些最会抱怨，就是会哭的孩子有奶喝的这样的人。

这其实挺有意思。

三、树立正确的绩效观

（一）人才等于高绩效者吗?

每一个入职的员工都是经过筛选，理所当然被认为可以自然地被激发的，但等他们到一个团队以后，绩效结果其实是截然不同的。或者我们可以称之为人才，但不一定是高绩效者。有些人他自己（对自己）不满、主管（对他）也不满，这是属于低于期望的绩效的；还有一些人是主管可以激励的；也有一些人是可以自我激励的。

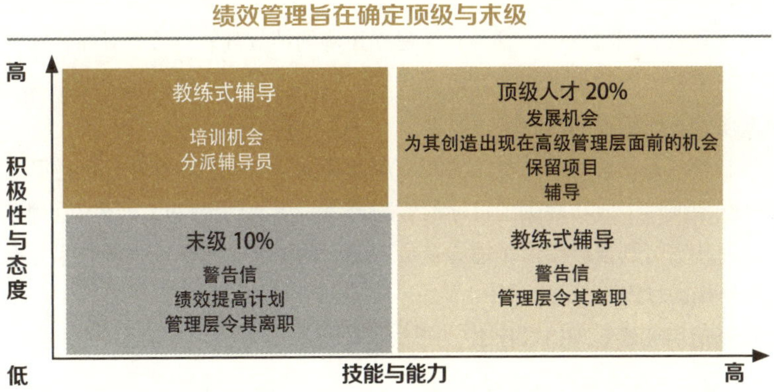

图4-12　绩效管理的目的

当然，我们希望员工是后两者，也就是高绩效者。其实绩效管理分层级，然后不同绩效级别的人采取不一样的处理方式，目的就是为了确定顶级和末级。

对于顶级人才，我们更多的是给予发展机会，为他创造在高层管理者面前展示的机会，提供一些能够让他能够愿意在组织长期发展的一些项目，给他更多的挑战。

对于那些积极性和态度很好，但是缺乏技能和能力的人，我们要给他一些培训。

对于技能很好，但态度一般的人，我们也是给予一种教练辅导，但内容更多的是相对比较严重的警告等。对于那些技能态度各方面都不行的，可能又是另外一种管理方法。所以，绩效分级的目的就在此。

我们说对于顶级人才的“选育用留”一般会这样做：

- **选：**沟通工作安排，职业计划，包括高层面谈创造机会；
- **育：**外派，比如说派到老板跟前去工作，三个月到半年后，让他参加高层的发展计划，进入到后备干部的资源池；
- **用：**任命到重要的岗位，承担重要的职责；
- **留：**评估、晋升，薪酬升级等。

对于低绩效者的管理，虽然说也是教练辅导，但侧重于在比较短时期内进行绩效的提升，如果提升不了，最终就是离职。不过，介入是要提前的，如果到结果沟通阶段以后才介入，至少组织目标的完成会受到很大影响。总之，成功的低绩效管理应该避免进入后续环节，越是早期介入管理难度和成本可能越小。

究竟怎么提前识别低绩效者，然后快速进入到一个管理程序？华为为此专门制定了一个低绩效员工管理的程序PIP（Performance Improvement Plan）就是绩效提升计划，一方面帮助主管解决低绩效员工达到预定目标；另一方面帮助员工获得提升绩效的机会。

（二）管理者要树立正确的绩效观

在员工绩效管理过程中，管理者要建立正确的绩效观。对管理者而言绩效包含管理者本人的绩效，所辖员工的绩效以及所辖部门和流程的绩效，其中最重要、最核心的是通过绩效管理实现部门的绩效改进。

绩效管理就是使管理者与员工实现双赢的局面，双方就目标及如何达到目标而达成共识，并增强员工成功地达到目标的管理方法。前面已经讲过，绩效管理不是简单的任务管理，它特别强调沟通、辅导及员工能力的提高，也不仅强调结果导向，而且重视达到目标的过程。

管理者运用绩效管理追求什么？三效（笑）：

（1）效率：资源利用最小化。

（2）效果：在满足效率的前提下，追求结果的最大化。

（3）笑容：良好的组织气氛。

管理者做好绩效管理是最具挑战的工作之一，但也是收获最大的工作之一。所以，我再给大家介绍一个框架——绩效管理的其他领域，也就是主管做绩效管理的时候，除了PDCA循环再往下切到底是什么？从功能、职能来看，绩效管理有四大领域：活动领域、绩效领域、职业领域、生活领域。

第一个领域是活动领域，管理者的作用是要保证员工有任务，要保证有标准，这样员工才能按照标准做，要让员工在规定时间完成，且要使员工的工作趋于熟练化，这样才能够有效率。

所以，在业务活动领域要起到这样的作用，对管理者的能力就要有要求。比如，有能力分析任务的要求和员工能力，分析员工的能力是否能达到工作要求。有向员工阐明任务的能力要求，必要时传授给员工具体的知识和技能。同时要具有检查工作过程、给予支持、评价、结果。

第二个领域是绩效领域，管理者的作用是保证目前的绩效令人满意，如果不满意则要分析绩效下降的原因，激发员工提升自身技能和水平的动机，为员工的学习发展创造更多机会。

要求管理者所具备的能力是，要明确规定你所期望的员工绩效水平，并有能力诊断员工在绩效上出现问题的原因，以提供支持和适度的挑战，使员工得到学习。还需要跟员工一起复盘，总结经验教训，使员工有收获。

第三个领域是职业领域，管理者的作用就是要挖掘员工个人职业发展的潜力，对员工职业生涯的选择提出建议，帮助员工作适当的选择，支持员工达到预期的目标。

对管理者的能力要求是，要了解员工的内在需求和动机；要能够现实地评价职业发展愿望和自身能力是否相称；要在本组织内和广阔的就业市场中，为他们的职业生涯发展设计最佳路径和制定实现职业生涯发展的这种谋略。

第四个领域是生活领域，管理者的作用在于弄清楚问题的实质，以及对员工个人和组织绩效的影响，协调员工个人和组织的利益，策划如何帮助员工达到预期生活目标方案，在适当的时候用感情表达来展示对员工的支持。

与之相应的能力就是要有倾听和了解员工的需求；弄清楚能够提供帮助的边界，其实我们很多主管会胡乱承诺，过度承诺，承诺之后很多事情做不到就很麻烦。同时管理者也要学会怎么让员工思考他们所面临的问题，帮助员工找到处理自己问题的最佳方法。

可见，管理者其实是不好做的，在很多方面都需要具备一定的知识和技能才行。对人才的“选育用留”，管理者都要有真功夫，不能因为关系好就提拔一下，与员工建立尊重、信任和归属（感）是对业务主管的要求。

（1）尊重，就是要倾听，要进行双向沟通；

（2）信任，就是要标准一致、赏罚分明；

（3）让员工有归属感，就是要让员工感觉在团队里有独特价值，能够在一起有目标、有朋友、有机会。

管理者要关心员工的健康和安全，合理安排工作和休假，识别压力状况，倡导合理运动，确保基本生活保障、重大的健康和安全保障，这些都是管理者要关心的，都要求领导力提升。

所以，我们要以任职资格尤其是干部任职资格作为一个锚定去提供这样的领导力提升，而不是把大家培养成一个完人，要学以致用，急用先行。

回顾一下，我们讲绩效管理，一定要有清晰的认知：

（1）绩效目标设定是目标而非指标，是方向不是考核。

（2）绩效辅导是持续而不是突击，是日常而不是负担。

（3）绩效评价是了解而不是量化，是公正而不是精确。

（4）绩效反馈是坦诚而不是技巧，是帮助而不是说服。

对于这样一些关键点的提示，大家要不断地反复琢磨推敲，才能够做到运用之妙，存乎一心。

（三）组织流程保障，避免绩效管理浮于表面

绩效管理系统是制定标准，维护公正与组织目标的一致，是一种系统架构，是功能性的。此外还有一个很重要维度就是绩效文化，它是鼓励、管理风险承担，是创新、进行信息管理。

其实，需要建立一个卓越的流程，通过它把组织管理者和员工连在一起。员工的日常工作和主管日常跟员工的互动、反馈、评价都是很重要的，都要把它体系化、系统化，这一过程需要有一个强有力的组织保障，否则绩效管理只能浮在上面，难以有效落实。

所以，要成立高层领导挂帅、各大部门领导参与的绩效管理推进委员会，明确目标职责，解决重大问题，在高层领导层面推动。

同时，在各个部门要去成立绩效管理推进小组，各级主管、员工都要参加培训，包括绩效管理的思想、操作方法、制度内容、注意事项误区等方面的培训。对绩效考核实施过程要跟踪，要持续改进，不断发现问题，总结经验，不断地优化。

在这一过程中，公司人力资源部制定了制度，各个部门干部要去细化。然后，管理者要去建立相应的标准，再去实施。

所以绩效管理中的角色也不一样，高层领导者，中、基层管理者，HR的专业人员是各司其职的。具体来说，由谁来参加绩效管理？

在绩效系统的循环中，既有管理者又有员工，既有HR又有各级管理高层领导和各级管理团队，他们做的事情是不一样的。管理者是绩效管理的第一责任者，也是绩效管理的赋能者；员工是绩效目标的直接责任者，当然员工也有一个投诉和问题处理渠道，各级管理团队是要全流程监控；HR的专业人员要提供支撑，提供引导，提供工具及时解决问题。

如前所述，实施绩效管理要注重组织绩效，影响组织绩效的有四大要素：一个是

职位的要求，一个是个人素质，这都是任职资格要做的事，其余两个分别是管理风格和组织氛围，通过四大要素组合，形成一个好的、最终的组织绩效。

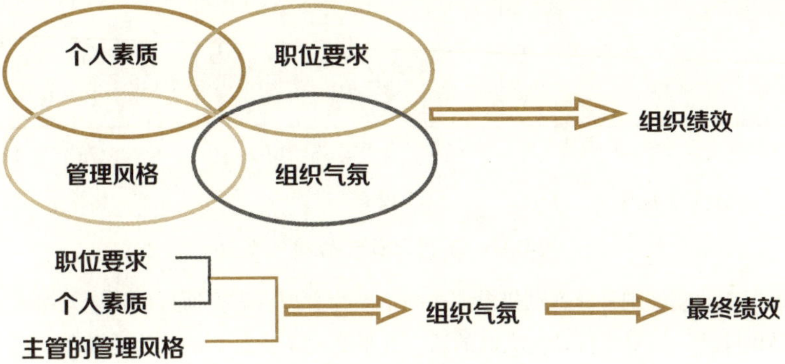

图4-13　组织绩效要素框架

实际上，个人素质是决定个人绩效的关键所在，这是一个素质冰山模型，冰山之上的是知识技能，而冰山之下的社会角色、自我形象、价值、动机等，其实冰山之下的素质更重要，要发挥出来能力是不一样的。

成就导向	灵活性	组织意识
演绎思维	影响能力	献身精神
归纳思维	收集信息	关系建立
服务精神	主动性	自信
培养人才	诚实正直	领导能力
监控能力	人际理解能力	合作精神

每一种素质均有可衡量的行为表现（一般可分为五级）

图4-14　素质冰山模型

比如动机，不同职位对人的动机的要求是很难察觉的。不过，有一个很重要的研究表明不同的职位对人的动机要求是不一样的。如基于“成就”“亲和（与权力相对）”“影响力”三大动机。

独立贡献者的模型需要很高的成就动机，对权力欲望和影响力动机就不是那么很高。

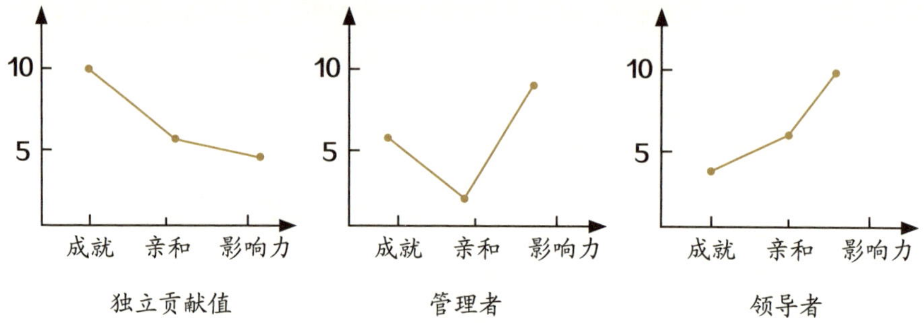

图4-15　不同职位者的动机模型

管理者的模型则是成就动机没那么高，因为管理者需要通过成就他人做事，来成就组织和自己，如果成就动机太高的话，凡事都要亲力亲为的。他的亲和动机是最低的，因为管理是不能够讲情面的，也就是管理者的权力赋予的责任，因此，责任感要强。他的影响力动机是最高的，因为管理就是要调动资源，要跟周边合作需要有一定的影响力。

对于领导者来说，他把个人（成就）放在最低位，把责任放更高一点的位置，不过，他更注重的是对个人和组织的影响力，因此，放到更高的位置去牵引组织。

可见，三种不同的动机导向，就是三类不同的岗位的要求。

以成就感为导向的人，他会有很强的成就意识，要去寻找成就，去实现挑战的目标，对于反馈有强烈的需求。此外，这类人对沟通的要求比较高，对表扬的要求也很高。

以权力感为导向的人，他们比较注重个人的权威声望，对发挥领导作用有强烈的需求，需要大家听他的，希望有重大、有效的影响。

以关联感（影响力和亲和力）为导向的人，善于团队合作，维系良好关系，愿与他人互动，得到他人喜爱。

不同动机的人，其行为表现也不一样。所以华为讲基层要有饥饿感，就是强烈的成就感；中层要有责任感，就是权利感；高层要有使命感，就是关联感。

其实，职位的要求和冰山之下的素质会有不一致，会有矛盾，它表现出来的也不一致。所以，这就是在干部培养里需要解决的问题。

此外，一个影响组织绩效的就是管理风格。美国管理大师麦克利兰把人的管理风格分为强制型、权威型、亲和型、民主型、定步速型/领跑型、教练型等六种类型。实际上，管理风格没有好坏，只是工具箱里各种不同的工具，但是对于不同的层级的管理者的要求会不一样。

对于基层管理者，我们可能比较希望是教练型的、领跑型的居多。对于中层管理者，我们可能需要民主型的比较多，对于高层管理者，我们需要权威型的，亲和型的比较多。同时，领导风格也要结合公司人员的情况来确定。只是说，我们每个人都要知道不同的类型，不同的风格，能够起到一些什么样的管理作用。

（四）组织氛围与团队效率

接下来，我们讲一个很重要的维度——组织氛围。组织氛围指在特定的环境下工作的感觉，是一个复杂的综合体，包括影响个人和群体行为模式的规范、价值观、期望、政策、流程等。

美国哈佛大学的詹姆斯教授通过一系列调查发现，薪酬制度仅能让员工发挥20%—30%的潜力，良好的工作氛围可以让员工发挥80%—90%的潜力。可见，我们要讲究组织绩效，一个组织的绩效60%取决于组织氛围，而70%的组织气氛取决于管理者的管理风格。

在一个高绩效型的团队中，员工的潜力得到充分发挥；在激发型的团队，员工的潜力发挥了80%；而在中立型团队中，员工大概只发挥了60%的潜力。一个低绩效的团队，肯定是50%以下了。由此可见，建设好的组织气氛，可以极大地发挥员工的潜力，提高组织绩效和产出。

怎么去建立一个好的组织氛围？尤其是现在，我们处在一个所谓的“乌卡”的世界，怎么去应对这些异变、不确定性、复杂性、模糊性？在一个看不见未来的环境下，怎么去建立员工的安全感？

马斯洛需求层次理论也说了，安全感是一个员工很重要的一个需求，所以我们不去解决不行。面对异变，我们要有远见、洞察、战略，没有这些东西就没有定力；面对不确定性，我们要去充分理解它；面对复杂性，我们要不断地澄清；面对模糊性要敏捷地去应对，不断地去做PDCA的循环。

虽然，20世纪八九十年代的管理和现在的管理发生了很大的变化，但管理的一些基础的理念，基础的工具，其实还没有太大的变化，怎么样去使用/组合这些工具，形成一个系统，这个就有很大的变化。

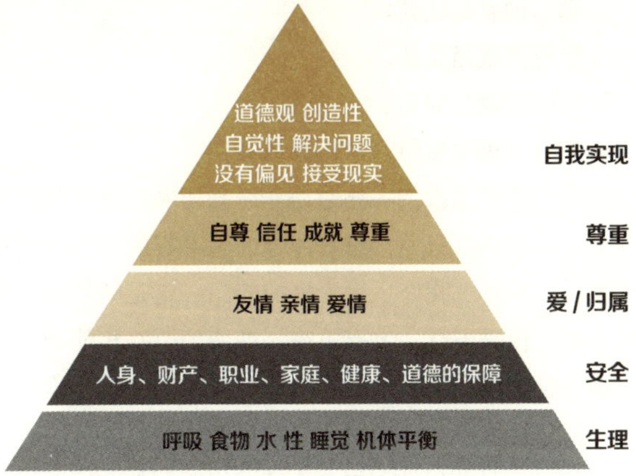

图4-16　马斯洛五大需求层次模型

这就要我们每个企业家，在时间分配，优先工作，重点关注的领域方面要改变，要更加去关注那种战略洞察，要更加关注以规则的确定应对结果的不确定和未来的不确定，要不断地去诠释一些东西，去盯一些东西，要不断地反复。

我们不要希望一次把事情做好，而要去建立一个这样的能够正反馈的机制。正反馈的机制其实就是以敏捷应对模糊，以理解、以不断的澄清来应对不确定性和复杂性。

除了詹姆斯教授，还有很多人的研究发现关于组织氛围有这样一个范式：

工作表现 = *f*（个人特性、工作、环境）

个人特性是我们讲的个人的素质，需求、动机，等等。

工作是岗位的责任本身，工作的性质和复杂性。

环境是包括上级的管理风格，组织的文化，同事的行事方式等，我们通常称之为氛围。

关于组织氛围，我们的理解可能太片面，通常把组织氛围理解成凝聚性，凝聚性肯定是很重要的。凝聚性是同事间相互喜欢、信任并合作、共享信息和资源、互相帮助以完成工作的程度；一旦需要，员工会付出额外努力的程度；以及对属于某工作单位或组织感到自豪的程度。

当然，凝聚性可以通过大家一起出去旅游、吃饭等方式建立，但是光靠这些并不能完全建立同心同德，合作奉献精神和有自豪感的团队。怎么提高凝聚性？建立信任很重要。个人要有奉献精神，还有就是要进行冲突管理。

杰出的团队面对问题会有冲突，冲突会有一段混沌来慢慢清晰，最终解决问题。

平庸的团队有两种情况，要么是没有冲突，没有冲突其实并不和谐；要么是有冲突，但并没有通过冲突去创造、整合、统一，从而不能创造活力。

管理者需要有解决冲突的技巧，一般有五种风格：

第一种就是协作，通过冲突让团队更好地协作；

第二种就是迁就；

第三种就是妥协；

第四种就是回避；

第五种就是竞争，争得你死我活。

我们需要追求的风格是协作、妥协和迁就。最好的是协作，避免恶意的竞争。实际上，冲突不可避免，没有冲突的是不好的，冲突水平和部门绩效的关系是，冲突水平很低，你好、我好、大家好的部门一定是绩效很低的；冲突水平很高的，形成不了整合的，也是不行，大家不往一处使力，互相使绊子。一定的冲突水平，最终能够很好地整合部门，绩效才是高的。这样的部门的绩效才是高的。

除了凝聚性之外，关于组织氛围还有另外五个比较容易忽略的维度。

第一个是明确性，每个人知道组织对他的期望以及了解这些期望与组织使命和目标之间联系的程度，员工对于工作小组、团队和组织的愿景、目标、计划、职责、程序、期望等的清楚程度，这个是明确性。

明确性的要点就是使命、方向、任务指导、组织、职责、期望，所以我们搞组织职责、搞战略、搞愿景使命、价值观，其实是能够提升我们的明确性的。提升明确性的要点，就是明确组织的愿景、目标，明确个人目标和组织目标的关系，明确职责和分工。

第二个是标准性，在设立绩效目标的时候，我们说要自己跟自己比有进步；我们跟竞争对手比，要比竞争对手进步得快；跟业界标杆比，要大幅度缩短跟业界标杆的差距。那么怎么去定义绩效标准，员工对管理层确定的高标准和挑战性目标，以及推动改进绩效的方式的领悟程度，这个是标准性。

第三个是责任性，责任性其实就是在工作单位和团队里面，员工感觉到自己自由决定怎么干好本职工作的程度，以及鼓励冒险的程度，这实际上就是一种自主性和冒险。

责任性的关键就是授权和控制，在授权和控制之间要掌握平衡，所以我们才会有情景领导。对不同准备度的员工，它的授权尺度和控制的尺度是很不一样的，这有助于提升大家的责任心。

怎么提升责任性？答案是授权。我们为什么会不授权？并不是说员工不行，作为管理者不愿意授权，有一些心智模式是因为害怕万一授权出去的工作搞砸了，会受到责备。

这个员工不行，还不如自己做得快，授权给别人会浪费时间。如果下属也能做好你的工作，你会被他取代。时间花在向别人解释工作，还浪费时间。没有人比你做得更好，对自己很有自信。下面没有人，光杆司令要亲力亲为，也可能有权利主义，可能担心上司对下属的控制，还有成就动机过强。这些都是不授权的心智模式。

第四个是奖励性，奖励性就是我们讲的绩效导向，认可、表扬。员工觉得业绩优异是分配报酬的基础的程度，以及认同与表扬多于威胁和批评的程度。

奖励性的关键点就是绩效评价和行为要强化，形成正反馈，要员工参与，要去帮助员工设计他的成长路径。

对于奖励，管理者给予的和员工期望的会有很大的一个反差的，比如好的薪水、职位保障与公司共同成长、良好的环境、做有兴趣的工作、管理层要有诚意、要好的纪律、工作能得到赏识等维度，可能管理者的顺序是好的薪水、职位保障、共同成长，而员工自己的看法排在第一位的是工作能够得到赏识，第二位的是工作要有成就感，第三位的是能了解他们的个人问题。至于说好的薪水、职位保障都是排到第四、第五位，所以，这一反差使得管理就没有针对性，奖励就没有针对性。

所以一定要调查，一定要搞清楚，如何将两者能够很好地匹配起来，这是很重要的，否则使不上力。

第五个是灵活性，员工觉得可以减少不必要的程序政策和手续的程度，以及被鼓励发展创新的程度。是不是鼓励员工发展新思想方法，作为一个主管是不是愿意去接受新思想和新方法。如我们常说的不是不要流程，而是怎么让官僚最小化。

如何提高灵活性？一方面要有规则，另一个方面要有例外，千万不要一刀切，要去激发创新，针对不同的场景发展出不同的方法。

说到规则和例外，规章制度、流程、手册等规则是在普遍主义和特殊主义的价值两难中不断权衡和取舍形成和发展的，它是将成功的行为和思维模式制度化、规范化、流程化，是企业文化最基础的部分。同时必须要有灵活性，不断地去发现例外。

管理者的工作就是要做好例外事件的管理，工作的过程就是解决问题的过程，提升解决的能力其实就是要增加灵活性。

从组织氛围的六个维度可以看到，它是一个系统的、整体的、立体的。所以，去构建组织氛围并没有那么容易，需要公司从宏观的管理、微观的管理、价值体系等很多方面去做才能达到，也是整个公司需要去统一安排、部署和建设的。

良好的组织氛围不是一团和气，而是要追求团队的高绩效，实现组织和个人的双赢，它体现整个企业的能力建设，组织建设和管理体系建设。

（领教工坊首发，华夏基石e洞察公众号2022年8月5、13、25日发布）

企业要活得久，就要不断打破认知

企业发展的不同阶段有一个更复杂的模型——爱迪斯的“企业生命周期模型”。爱迪斯把企业的成长分成几个阶段，就像一个人的成长阶段一样。从孕育，到生下来婴儿期，到蹒跚学步，到青春期，到壮年期，到稳定期，到官僚期，然后到死亡就是一个生命周期。这个生命周期我们分成两个大的阶段，一个是成长阶段，一个是老化阶段。

一、三次大转型

纵观整个企业的生命周期，企业会面临三次大的转型。

第一次大的转型在从创业到进入青春期，这个阶段的主题是生存，就是原始积累阶段；

第二次大的转型我们称之为“二次创业”，从青春期到壮年期，它的主题是发展，要形成规模效益；

第三次大的转型我们称之为“三次创业”，它的主题是活力和可持续，因为企业第三个阶段去“官僚化”，避免企业失去活力。

每个优秀的企业都会经历这三次转型。当然很多企业走不到青春期，也有婴儿期就死亡的，每个阶段都会有非常多企业死亡。所以企业的生存、发展、可持续是企业家一直都会面临的问题，我们只有不断地去超越才能够把企业不断带入新的高度。

从创业型转为管理型是个较大的跳跃，这个跳跃过程中最关键的就是创始人的转变。中国民营企业很多是家族企业，这是企业最危险的一种陷阱。所以我们一定要了解，你的企业多大了，几岁了。我们讲这个企业几岁了，不是说你成长多少年，有的企业三十年可能还是学步期，有的企业可能五至八年就到了青春期了。企业处于什么阶段不是根据你的规模，而是看企业实际的状况。

不同阶段我们关注的问题是不一样的，最开始我们要对市场需求作出准确的反应，然后积累原始资本，扩大销量和市场份额，形成必要的利润，进一步提高销量和利润额，维持已有的市场地位等等。如果说我们有一些东西做得不好，到了这个阶段，特别是企业发展到某个阶段如青春期阶段企业家会膨胀，这时他可能觉得机会很多，这就特别要注意“大手笔的贵族形象”，要抑制那种投资回报高峰期的消耗。

官僚期就是英雄人治倾向，不要让个人在企业中成为主导，要避免权力争夺游戏成为焦点。如果我们不能避免这样一些问题，最终这个企业就会面临死亡。所以我们在每个阶段要抓主要矛盾和矛盾的主要方面，阶段不同主要矛盾也是不一样的。

二、不同阶段的陷阱

各个阶段问题不一样，矛盾不一样，我们的政策和策略就不一样。并不是每个企业都能突破生命周期，中间有非常多的企业出局了。

比如创业期老是停留在空想上，产品出不来，变成创业空想；东西虽然出来了，但是客户不买单，也会夭折。

在学步期，创始人我行我素，到处机会主义，企业就会进入一个创始人的陷阱。

在青春期我们力量无穷，觉得什么都能干，很多企业就死在青春期。这个时候我们要引入规范化的管理，就是“褪毛工程”，向职业化转型。有可能有些创始人不习惯职业化，因为随意惯了，对自己的约束让他觉得很难受，他就会离开。很多企业创业伙伴都是在做职业化转型的时候走的，因为觉得以前不是这样做的，现在这个公司不是以前的公司了，变了，所以“离婚”了。有的人觉得你愿意这么干就这么干，反正我们在这里混碗饭吃，他当时创业的激情和创业的精神其实就消亡了。所以，这个过程是要跨过很多陷阱的，是有阵痛的。

到了贵族期我们怎么进一步去激活，怎么去再造，形成我们的蜕变？到了这个阶段也不是说无可救药。所以整个生命周期这些概念我们慢慢都要清楚，才能引领企业成长。

大家都知道小孩生下来要注意什么，三岁上幼儿园了，七岁要上小学了。企业其实也是一个小孩，也要关心，你们不能只指望它赚钱，不关心它的成长。你要关心成长，就要知道它几岁该做什么了，什么阶段该做什么。

三、听见、看见、发现、洞察

任何阶段都会有正常的问题，也会有异常的问题，会有关键的问题，也会有致命的问题，我们任何时候都要守住这个企业，不能出致命的问题。要知道我们当下的关键问题是什么，有些问题是正常的，我们可以先不去管，但是一旦这个正常问题有可能变成异常问题的时候，我们就要关注了。

我们怎么去识别这些正常问题、异常问题、关键问题、致命问题？其实很简单，就是要从客户那里，从基层员工那里，从合作伙伴那里去获得更多的信息，去了解更多的情况，去掌握整体，同时自己要有洞察力。就像我们自己的身体，感觉到哪不舒服了，这个不舒服会导致什么我们要清楚，有些人不舒服其实没病，扛一下就过去了。有些人不舒服可能就是心脏病前兆、脑溢血的前兆。

我们要有洞察，这个洞察怎么来的？有几个词叫：听见、看见、发现、洞察。要有洞察首先要听见，所以不能把自己封闭起来，要听更多，行万里路，见万种人；但是我们不要听见风就是雨，我们还要看见，眼见为实，要透过现象看本质。通过这样的信息我们发现一些东西，但是光发现还不够，还要洞察这种东西它到底意味着什么。

我们中国有两句古话，一个叫“风起于青萍之末”，要洞察到“青萍之末”，是水平；第二个我们讲“春江水暖鸭先知”，鸭为什么先知？因为鸭子天天在江里面游。所以把企业家和企业隔绝，对企业家来说应该是一个灾难，因为你失去了听见、看见，失去了决断的来源。所以华为任总到今天他都是在一线，从来没有想法说退居到二线，找一个CEO就完事了，他一直在一线，每天早上八点钟就来上班了。

四、企业是企业家唯一的工作组织

企业是企业家的唯一工作组织。有家企业面临很大的困难，我问老板你跟高管多长时间开一次会？他说每个月开一次会。我说真的吗？他沉默了一下，不好意思地说不是真的。我说你最近一次跟他们开会是什么时间？他说是三个月之前。他觉得这个企业没啥意思，反正就赚钱嘛，然后天天就跟那些盖房子、炒股票的人在一起，到这个地方去搞个项目，那个股票赚个钱。企业你这样能搞好吗？肯定不行的。根本就不关心主业，那主业衰退是必然的。

那我们怎么去发现这些问题呢？这就要自我批判，要拥抱变革，要革自己的命。很多人不理解华为的自我批判，就觉得是批评和自我批评。批评和批判是两个不同的概念，评是一个言字旁，嘴上说一说而已。判这是一个利刀边，这是要革命的，不是动嘴的，要动真格的。一般的批评和自我批评很容易沦为“你不说我，我不说你，你要说我，我说死你”——都是小孩玩过家家。而华为的自我批判是来真的，是对准自己的。

一些做得比较大的企业发展到一定程度，遇到成长的困惑，再也难有增长，似乎冥冥之中有一种力量约束和摆布着自己的命运，左冲右突难以摆脱怪圈。实际上这是企业长期停滞在粗放经营和管理上，缺乏留住人才、培育人才的机制，落后的管理和组织机构制约了企业的发展。

五、PEIA——企业生命周期的内在推动因素

要牵引组织发展，除了刚才说的企业家精神，还有什么力量在起作用？如果企业

是一辆马车，它是有好几匹马在拉，企业家精神只是其中一匹马，其实有四匹马。

第一匹马是目标管理，就是功利主义，就是要把想法付诸实现，就是要看结果；

第二匹马是行政管理，也就是所谓的职业化管理，流程、制度的建设；

第三匹马是企业家精神，创新的想法；

第四匹马是整合能力，整合能力大家不好理解，可以把它看成是企业文化、价值观，企业文化价值观把大家整合、捏在一起。

如果一个企业单独具有某个或者某些力量，而另外一些力量缺失，这个企业是有缺陷的、是不健康的。如只有创业精神，是空想家，只有整合，是和事佬。但如果企业能将这“四驾马车”整合在一起，其竞争力就会大大增强。

综合四个力量的企业才是健康的。我们刚才讲你的企业是多大年龄了，其实是看这四个能力的大小，这四个能力的大小决定了你企业是处在一个什么样的年龄段。

表4-1 企业生命周期内在推动因素分析

投入 管理功能	过程	产出 公司成果	说明
目标管理 (purposeful)	功能化	短期效益	◎P代表公司具有目的性的行为表现（有的放矢）；有法付诸实施；执行 ◎为客户提供（provide）所需需求，产出（produce）既定结果，按预期履行（perform）职能
行政管理 (administrative)	制度化	短期效益	◎制度化、程序化和组织工作；行为规则 ◎线性思考、符合逻辑，并关注细节 ◎避免组织每次需要轮子运行时都重复发明轮子
创业管理 (entrepreneurial)	积极化	长期效益	◎预见未来需求变化并据此相应调整公司定位的功能；创新的想法 ◎创新和计划不同，不是要决定明天做什么，而是根据对明天的预期和憧憬，决定今天做什么 ◎有创造力的人能拨开现实的迷雾看到未来（拼图） ◎要想把握未来，还需要冒险
整合 (integrative)	有机化	长期效益	◎整合意味着将组织意识从机械式转变为有机式 ◎整合不是自动发生，必须通过行动推动其发生。转变意味着今天采取行动，从而让明天不同于昨天 ◎改变组织的机械式意识、行为、文化和信念体系，使其有机化，为了一个共同的目标而创造各组成部分之间的相互依赖性，它具有自动修复功能 ◎将这种互相依赖的内部归属感称为整合，是整合让组织变得有效率 ◎参与性机制

目标管理是什么样的东西呢？它是一个功能化的过程，所谓功能化就是企业发育了，就像我们人发育一样，要先细胞分裂，分裂以后要发育成一个肝脏，发育成一个心脏，发育成肺，这是功能化过程。企业到了一定阶段我们要成立部门，开发部、市场部、销售部，要做产品、找客户，这就是功能化。

到了一定程度我们要制度化，功能化的目的是提升短期效益，是经营层面的；制度化要提升短期效率，就是我们要搞流程，搞规章制度，搞干部管理、人力资源管理等等；企业家精神，创新的想法是一个“积极化”的过程，这个积极化是要提升长期效益；整合资源，是一个有机化的过程，是有生命的，一个真正有生命的系统内部有非常多的反馈、循环，有非常多的螺旋式上升，有非常多的否定之否定，有非常多的新陈代谢，这个叫有机化，它是提升长期效率的。所以企业要依序建立起这四大管理功能。

我们看华为变革，在不同的阶段办不同的事，其实跟这四个能力的发展是很有关系的。包括1995年前的功能化，1995年请中国人民大学老师来协助制定《华为基本法》，就是一个有机化的过程，1998年请包括IBM在内的西方管理咨询公司来搞管理变革，利用十年时间完成了制度化、流程化的过程。

六、四个能力的生长次序

组织成长过程中这四个能力应该怎么长，它是有顺序的。比如最开始的时候，企业家精神、创新是比较强的，我们总是要做一些与众不同的东西才能吸引客户。然后到了企业要开始面向市场，要讲功利了，要去建立职能了，就是所谓的功能化。功能化到一定程度会有部门墙，我们就要打破这个部门墙，这时候就要唤醒企业家精神，只有企业家精神才能去打破这个部门墙，去实现变革。

然后要引入所谓的行政化，就是要搞管理变革，搞流程。企业的变革和流程会影响我们的效率，会有很多个人英雄，不适应这时候的变化，就会有“离婚”，有壮志未酬，有未老先衰。华为在2001年前后就出现了这样的情况。

但是如果我们跨越了这些阶段，企业既有很好的功利性，又有很好的管理，又有很好的企业家精神，我们就强壮了，就可以大发展，就可以有更多的人进来，需要整合更多的资源，推动企业发展到一个新的台阶。所以一般有这样一个次序：

先要有企业家精神；

再要有功能化；

再要重新唤起企业家精神；

然后引入规范化的管理，消灭个人英雄，然后让更多的能力建立在组织之上，然后这个组织整合更多的资源，去获取更大的发展。

后来经过研究发现其实捷径是有的，就是一开始我们有企业家精神，先发展整合的能力，也就是企业文化、价值观，有机化。发育了这样的能力以后，大家去搞职业化管理，去搞功利主义，其实就容易达成共识，这中间的冲突和矛盾就容易解决，就很快能形成企业的四个能力。华为是遵从这个次序发展的，先有《华为基本法》的诞生，后有大量源自西方的管理体系的引入，走得比较顺畅。

再比如像阿里巴巴这样的企业发展，他到今天，包括他们18个罗汉创始人还有16个在公司，我认为马云最大的特点就是一开始做企业文化价值观的整合，有机化能力做得比较好，使得阿里巴巴获得了一种最优路径发展。新的企业其实是能够按照这样的最优路径发展的。大部分传统企业因为已经错过了这个阶段，特别是企业主的企业，这个整合资源、有机化很难短期内提升，我们就要一步一步地来。

谈到最优路径，有句话很有意思，就是“把拥护我们的人搞得多多的，把反对我们的人搞得少少的”。企业家要具有更强的整合能力，其实你就要想办法把拥护我们的人搞得多多的。所谓拥护我们的人不是拥护我们个人，是拥护我们的事业理论，愿意为我们这个事业奋斗的人，把这些人搞得多多的。

七、人性管理就是“把人当人看”

一个有机的东西肯定不是零和一组成的，零和一组成的东西是无机的。所以华为的“灰度哲学”其实也是“有机化”的，人性管理也是有机化的。我们今天讲了好多个人性管理，到底什么叫人性管理，我认为人性管理就是“把人当人看”。

“把人当人看”大家首先要摒弃一个狭隘的“好人和坏人”的概念。大家知道水有“水性”，水性是什么？水往低处流。你不能说这个水怎么思想那么不好，不能往高处流吗？这是它的行为属性，叫水性，你把它放到一个圆的瓶子里它就是圆的，你把它放在一个方的瓶子里它就是方的。你不能说这个水思想真不好，真没有立场，怎么一会儿圆一会儿方。这个是水性，人也是一样的。

我们想把每个人都当作佛看，希望每个人都是佛，能行吗？其实“佛”这个字，右边是个“弗”字，佛就不是人，所以“把人当人看”就不能对人有那么高的要求。第二，我们也不能把人看成神仙，“仙”是什么？是山人，右边是山。山人是不食人间烟火的。我们正常人都食人间烟火、五谷杂粮，所以是“俗”人。所以我们讲人性是把人当“俗”人看，“俗”人的行为趋向，简而言之，就是“趋利避害”。

八、相辅相成，人性大师

企业生命周期里这四个推动因素起的作用不一样，不是说天生就是水乳交融，相互是有矛盾和冲突的。四匹马在一起跑，不可能像一匹马跑得那么顺畅，所以需要有个很好的驾手，这个驾手就是企业家。

我们要讲功利，就会有很多短期行为，而企业家精神要追求企业的可持续发展，就要抑制短期行为，不能做杀鸡取卵的事情；讲行政管理、讲制度化，就要有“繁文缛节”，就需要开会。有人就会觉得天天开会有什么用啊？就会有冲突，就会有矛盾。

我们每个人不会同时具有这四个能力，除非我们具有企业家精神，能不断地提升自我、超越自我。早期创业的那些员工，功利主义更多，因为大家要活下来，要抢粮食。到了一定时间，因为这些人都是“泥腿子”，都“萝卜快了不洗泥”，战功累累；然后你换一批头头是道、西装革履的人，这些人是看不上的。可要做职业化，要学西方的管理，就得“西装革履”。所以我们讲企业文化，讲“灰度”管理，就是说要包容、要开放、要妥协。

所以，在这四匹马往前跑的过程中，我们要不断地改变我们自己作为企业家的管理风格。早期企业家要有企业家精神，要有功利；到了引入职业化管理阶段，企业家就要收起功利，更多体现对职业化管理的拥抱，要克制自己、管好自己，要从以自我为中心变为以客户为中心，利他、成就他人、服务他人，更好地“有机化”，让其他的因素也成为组织的一部分。

所以，管理过程不是马拉松比赛，而是一场接力赛。这并不是说你把这个CEO的位置让给谁，而是你自己不断地改变自己的风格，这个时候你要打打这匹马，那个时候就要把那匹马的缰绳拉一拉，要做一个很有经验的驾驭的能手。驾驭得好是因为你对每匹马的马性很了解，所以说企业家是“人性大师”，就是这个道理。我们要通过领导风格的不断变化，让更多具有企业家精神的领导者涌现，不断提升组织领导力，不断实现 “人才辈出”。

其实，一个组织里是有人才金字塔结构的，企业家有企业家精神，而中层管理者倾向于要明确性，倾向于行政管理，倾向于按照流程、程序来，而基层是比较功利的。我们要把组织变成一个有更多的人具有企业家精神的组织。所以华为有句话我觉得很值得大家借鉴：“高层要有使命感，中层要有责任感，基层要有饥饿感。”饥饿感就是要有东西吃，要功利。中层要有责任感，责任感来自什么？来自流程、来自岗位责任、来自“赛马机制”；高层要有使命感，就是要有企业家精神。

（领教工坊首发；华夏基石e洞察公众号2022年10月26日发布）

施炜

著名管理学家。先后毕业于中国人民大学国民经济计划专业（本科）、劳动经济专业（硕士），华中科技大学管理科学与工程专业（博士）。华夏基石管理咨询集团领衔专家，中国人民大学金融与证券研究所研究员。长期从事管理咨询和管理学研究工作。出版著作《企业战略思维——竞争中的取胜之道》（专著）、《“时代的管理”：人的一场革命》（合著）、《重生——中国企业的战略转型》、《连接：顾客价值时代的营销战略》、《深度分销：掌控渠道价值链》、《管理架构师》等。

第五辑

以核心人才驱动进步

施 炜

老板唯一必需的本领是识人

（1）企业老板（民营企业创始人和实际控制人）不需要什么都懂，甚至技术、营销、供应链以及运营管理等等都不懂也没有关系。老板唯一要懂的，就是如何当老板。

（2）如果把企业比作一个戏班子，老板是搭台子（建平台）的，不是唱戏的。老板不必跟演员比演技、比唱功。企业创办初期，老板可能需要兼任多种角色，但企业发展到一定规模和阶段，老板就要脱出身来，专门当老板。有的老板创业时就请名角或潜在名角来唱戏，事业成功的概率就比老板自己出演大多了。

（3）老板的核心使命在于成就他人，让组织里的人有前途。老板通过成就别人来成就自己。因此，老板千万不能迷恋自己、嫉妒下属。谁的戏唱得好，就给他分钱、分权、分感觉。

（4）老板的主要职责是决策和用人（这里的决策针对事，不包括用人方面的决断）。老板的主要能力是洞察和识人。极端地说，老板连洞察力也不需要，可以请有洞察力的人来洞察。老板只需要弄明白谁是真正的洞察者，谁的洞察可能更正确就行。因此，老板最重要甚至唯一的责任和能力就是识人和用人。而用人的前提是识人。看人看准了，用人通常情况下就不会出大问题。

（5）识人是个技术含量极高的专业活儿，需长期历练、不懈努力、艰苦学习才能掌握相关技能。识人并不需要高智商，甚至不需要高情商。我认识的某些老板，见人羞涩，不善言语，沟通时没有话说，但这并不影响他们对人的判断。

（6）识人需要理解人性。每个人都属于人类，因此，人性有普遍规律，也就是基本模型。比如动机模型、需求层次模型、半神半兽的张力模型、黑白之间的灰度模型等。理解、掌握了这些模型之后，再结合具体情境、场景下的人性呈现，就能把握认知对象（具体的人）的基本特征。对人性的理解，决定了对人的基本假设，从而影响组织文化的选择、设定以及激励等管理机制的设计。

（7）识人有两种基本方法。一是直接法。在长期对人的观察中，积累经验，形成know how（掌握诀窍）。对于所需认知的人，凭已有信息和印象，可以先形成观点（实际上是假说），一段时间之后，用新的事实验证观点是否准确。如果事实和观点存在偏差，则反思原因，校正原有观点，形成新的假说。这样不断循环迭代，识人能力会递进式提升。这实际上是科学的方法。

识人的第二种方法是间接法。无论多大的老板，直接认识的人毕竟有限，直接经验有可能存在边界和盲区。这种情形下，就需要借鉴间接经验。间接经验来自阅读（广义的，包括听书、看戏、看电影等）。历史书籍及文学作品中，有些人物属于典型环境中的典型人物，在具象中具有了抽象的象征意味。《红楼梦》中的林黛玉、薛宝钗、史湘云等，《水浒》中的林冲、武松、宋江等，都是具有普遍意义的类型化（非概念化）人物。当我们理解了这些人物，就可以将他们作为镜子，照出许多人与“类型”之间的异同来，从而又快（高效率）又准地知人、识人。

（8）识人需要建立多维度的标准和参数。没有这些标准和参数，我们常常会在识人时无从下手。傅雷先生在给儿子的信中，建议儿子找恋爱对象时，不要看重漂亮，也不要看重知识，而是要关注本质的纯良。在企业环境下，老板要注重的，是工作责任对人的品德、个性、素质要求，在管理学中叫胜任力模型。有了这种工具，识人有了聚焦的方向，也有了评判标准。

（9）识人需要理性和感性的平衡。没有感性，识人时无法感受对方的气质和气息，无法产生惺惺相惜的共鸣和情投意合的激荡。没有理性，识人时难以做到客观、冷静，容易被泡沫化的、形式化的虚假信息所遮蔽甚至蒙骗。既要理性，又要感性；有时理性，有时感性；必要时情理兼容。

（10）识人需要老板有平常人格和谦虚心态。只有这样，老板才会平等待人，才会融入团队，才会听到真话。有了这样的品格和胸怀，老板才会有同理心和共情力。这些与真正识人都有莫大关联。高高在上、牛皮哄哄、自我自负、刚愎自用、刻薄寡恩、唯我独尊的老板不可能识别忠直、智慧、能干之人。

（11）识人需要有长期意识。对一些关键岗位的人选，要长期观察、反复论证。不能凭一时感觉，不能凭少数事情就对人下结论。识人时也不能有投机思维，不能有不切实际的期望。否则容易下与真相不符的主观结论。

（12）识人需要正直的品格。私欲重者，不能理解无私者的境界，不能辨别真正的忠诚，会给逢迎者、马屁精高的评价。不行大道擅长权谋者，难以理解真正的大局意识和战略性智慧。

（13）识人不能过于相信自己的能力，要相信机制的作用和力量。在实战中识人，通过赛马机制识人，依赖穿透式的数据和事实识人，才是最可靠的。

（14）识人不仅仅是老板的个人行为，也不仅仅是少数人封闭式的活动，而是一种组织职能。老板识人时要借助、利用专业职能，将专业性的评价意见作为自己判断时的依据。识人时需提高开放性和参与性，多听听众人的意见，以流程这样的组织机制保证工作质量。

（15）识人时须将识人和用人结合起来，识的同时考虑如何用。需注意分辨认知对象（人）的关键长处和短处。用人时确定对人的短处的底线要求，同时注重发挥人的长处。

（16）识人的前提是有人可识。老板应成为生态型老板，构建和涵育万木生长的基础和土壤。老板要成为人才成长机制的供给者，使组织良将如潮、人才生生不息！

（华夏基石e洞察公众号2022年7月10日发布）

君子爱“才”，取之有道

一、企业对核心人才的争夺正在加剧

随着竞争加剧，企业中对创造价值有重大影响的核心人才（高端技术人才、独当一面创造业绩的企业家人才以及高级管理人才等）在组织中的地位越来越高；企业之间对核心人才的争夺也越来越激烈。

企业对核心人才的争夺主要有三个背景：

第一，高科技领域的竞争。

如果没有高科技竞争，核心人才问题没有今天这么突出。

比如在芯片加工领域，核心人才非常稀缺，中国、美国、韩国都加入竞争，可以说是惊心动魄。

一方面是待遇，不仅是现金报酬还有期权，超乎想象；另一方面，有的企业为了阻止核心人才流动甚至动用诉讼等较极端的方式。

第二，产业整合。

目前很多产业正在进行整合。头部企业肯定会下大力气争夺与价值创造相关度比较高的人才，构筑竞争壁垒。这样别人就没有机会了。

头部企业抢到核心人才，往往能产生马太效应。人才多了，绩效就会增大，资本市场估值往往会随之提高，付出的资源也就越来越大，对竞争对手能构成更大的壁垒。

现在这个趋势越来越明显，就是核心人才越来越“昂贵”。类似于影视剧，在剧本、题材相近的条件下，明星的作用越来越大。

第三，企业从机会成长转向能力成长。

这几年，中国经济进入新阶段，从规模增长转向高质量增长，这意味着很多行业外延扩张的红利没有了，进入存量时代。

以前很多企业能力不足，由于市场有增量，总能分一杯羹。但是在存量经济时代只能靠能力。一些企业过去没有能力基础，突然遭遇新的竞争，对人才的需求就更加强烈。

很多企业没有核心能力，能力的载体主要是人才。而在人身上，能复制的知识叫“显性知识”，不能复制、传递的叫“隐性知识”。

核心人才往往短期难以培养，企业只能向外部寻找、挖掘，甚至要到国际上寻找。

像华为的计算机算法研究部门，需要数学家人才，华为内部肯定没有，就要放眼全国甚至国际范围。华为有一个用人理念：所有资源（人力、物力等）的配置跟着核心专家走。核心专家在哪里，资源就投在哪里，核心专家在法国，就到法国建立研究所。

二、选用核心人才的误区

核心人才有两类：技术人才和管理人才。管理人才大部分要靠内部培养，外部引进的成功率不高。总体上，核心人才选用呈现的是一个“悲剧多，喜剧少”的局面。

原因包含几种情形：

误区1：核心人才的匹配度有问题。

隔行如隔山，很多核心人才在其他企业做的工作专业性非常强，到新企业来，他的经验未必合适。

比如企业办研究所，引进的是中国顶级的科学家。但是科学家主要做的是基础研究，企业需要的是应用类研究，这时候人才和企业的适配度就有问题。

误区2：对核心人才的期望不准确。

中小企业面临这种问题较多，总希望找来一个“大神”帮忙解决问题。实际上，外面的“大神”很少，即使有也不一定是本领域的“大神”。

有一些人长期在大型机构工作，做的是比较狭窄的专业工作，而民营企业需要其独当一面，应对来自方方面面的矛盾。

所以，外面大机构的人不一定合适。打个比方，这类人在大机构里就像在合唱团唱一个声部（比如男中音），在那个声部里他很优秀，一首歌只用唱几句。

民营企业要的是“二人转”演员，分工不那么细致，要求你既能唱，也能跳，还能打快板，说相声，变魔术：吹拉弹唱，比相声演员还全面。请来一个专业练合唱的，期望就不对了。

企业在选人时还有一个问题，对有些核心人才没有认真研究。有些人貌似是核心人才，其实不是。

误区3：新人新办法，老人老办法。

我们还看到很多企业把人选进来后，人才没有得到很多的任用，造成双输局面。首先是企业输了，不仅选人错误，更多是付出了机会成本，不仅没有发展，还阻碍了发展。

很多企业在待遇上喜欢搞“新人新办法，老人老办法”，老人和新人之间收入差距过大。过去企业里的人才并不是完全市场化的，可能是讲感情、讲关系。有的人跟着老板几十年辛辛苦苦，老板觉得他没有前途，给的薪酬比较低，而新人却有比较高的薪酬。

这两套办法就是悲剧的起源。原因很简单，一个企业总共100个人，来了一个高收入的人，其他99个人的信心、积极性就受到打击。

很多老人会想：新人寸功未立，年薪两三百万元，我们已经工作八年、十年才二十万元。这样的话，组织矛盾就会突出。如果企业文化比较好，问题会比较隐性，但是一定会有。

我们经常说，老人不给新人挖坑，就算是活雷锋了。

企业里可能有很多雷区不能踩，新人不知道。有些境界较低的人会给新人挖坑、埋雷，导致组织协同受到影响。协同一旦受影响，企业怎么去团结所有人，怎么去立足呢？像水龙头一样，从一个点把水全部喷出来才有力量；破洞很多，“嗞嗞”往外冒就没有冲击力了。

误区4：“亚组织”文化。

有些企业时间长了，企业内部会形成一些“亚组织”，有点山头文化，没有公开显现，潜在的可能有。

亚组织的构成很复杂，有各种维度，比如都是老乡、有共同爱好、下班后经常一起吃饭。如果有个同事总不去，其他人以后就不会叫他了。

新人进来以后，有可能会触动亚组织的利益。亚组织会对新人形成隔离、排斥，如果外来的核心人才人际关系能力比较差，基本上就很难融入。

误区5：领导风格的随意性。

领导风格随意性比较大，也会让核心人才难以适应。有些民营企业家，作决策时很少深思熟虑，想到哪里是哪里，比如大型的市场推广、产能布局都是一时兴起，发现情况不对再改。

过去中国很多民营企业家养成了习惯——凭直觉和经验，唯快不破，又片面理解变化理论，整天在折腾。企业无法形成稳定的战略方向。

核心人才都是科学思维，需要有方向、有路线，步步为营。有些民营企业家就是喜欢打破常规，不怎么考量，这时就会有冲突。

三、管理核心人才的几点建议

无论是技术人才还是管理人才，短期都难以培养，外部引进至关重要，针对前述问题我提出几点经验性建议。

（一）控制管理类核心人才引进的数量

高层管理人才不能引进过多，还是要以内部培养为主，外部引进为辅。否则，企业的主体文化就会受影响。我见过有的民营企业，十个高管里有五个是引进的，新人和老人各自为政，各有各的思路，现在问题就比较大。

（二）调整对核心人才的期望

不能把解决自身难题的希望全部寄托在外面的人身上。尤其一些长期在大型企业工作的核心人才，依托专业、规范的组织体系及管理体系，可以发挥较大的作用，但到了中小企业复杂、不规范的环境下，往往难以适应，优势受到抑制，可能无法取得良好的绩效。

调整期望，关键是老板心态上不要有投机主义理念，不要期望短期见效。要真正了解对方究竟有什么长处，这一点特别重要。

现在很多老板的习惯是“一见钟情”，觉得非你不可，对你期望很高，来了之后又很快失望。还有一些企业家隐藏的思想不以人为本，把人当作工具。有些老板甚至公开讲“你们这些人都能找到”。

其实，企业里只有通过长期的合作才能形成沟通交往的密码，也可以叫文化。文化密码平时不用，但是这份默契心照不宣，就像一首歌里唱到的——“从来也不需要提醒，永远也不会忘记”。

（三）要有统一的制度平台

激励方面，可以把薪酬提上去，让新人老人拿一样的薪酬。极少数的核心人才可以采取其他激励方式，比如利润分成，大家是没有意见的。

本来公司没有这个业务，现在几个新人把业务做起来，为企业多赚了一亿元，人家分两千万元是应该的。

中国人追求公平公正，知道君子爱财取之有道，知道自己应该拿多少。分享机制对老人和新人一样，不要造成内部不公。

此外，可以招聘相对比较年轻、薪酬没那么高的“潜在核心人才”，别一招就想招大佬。就像剧团一样，别一下子就把梅兰芳请来唱戏。名角来了，人家肯定要跟你分享。

（四）不要被山头文化吓住

亚组织不可能没有，但需尽可能防范。不要让亚组织影响到组织的协同和运行，可以进行内部的人员流动、轮岗。亚组织的形成与人员长期不流动、沉淀有关。

在人才引进时，还要注意结构的均衡性。企业规模小的时候，可以招校友、同乡，效率会比较高，信任度容易建立，仗比较好打。企业规模大了，就要讲五湖四海。

但是，有时候老板也不能自己吓自己，很多企业讲“山头主义”，其实没有那么严重，大家还是在工作的。

随着企业规模的扩大、寿命的延续，就要逐步把组织开放度提高，来自更多学校、地域的人进来以后，再一流动，就没有太多的亚组织问题。当然，这也需要老板本人有比较高超的政治能力来处理这件事。

（五）尊重人才，尊重科学规律

核心人才进了企业之后，做什么事、负什么责、完成什么项目，以及主要解决什么问题，事先要有清晰的安排。

不能笼统地说，我们企业提供一个天高任鸟飞、海阔凭鱼跃的平台，你们就自由地干吧！

不遵循科学规律的事情，在企业家群体里也有折射，比如走捷径，疯狂迷信一些似是而非的结论，不会实实在在地用科学方法。

企业家要突破瓶颈，根本上还是要学会放下。

很多老板在企业里讲话太多，每次都是他滔滔不绝地讲，开会三小时他讲两小时五十分钟。如果老板讲话太多，就不能群策群力、集思广益进行广泛的讨论。

权力使人扭曲。本来一些企业领导人没有什么问题，坐上那个位置之后就出现了问题。人一旦膨胀，就会滔滔不绝，感觉“一览众山小”。

凡是一览众山小的感觉都是错误的。所以一个企业的变革，可以首先从老板不说话开始。

领导者还是要多学习德鲁克，更多地关心下属，让更多平凡的人做出不平凡的事。

（正和岛《决策参考》首发；华夏基石e洞察公众号2022年11月29日发布）

构建企业管理体系的25条思想精髓

一、业务活动和管理活动交融、交织在一起

（1）作为管理架构师，首先需既懂经营，又懂管理，将两者打通；既能理解价值创造的机理、过程和特点，又能认知、体察组织内部的运行规则和深层因素。

（2）根据互联网时代的组织演变，笔者把组织协同及连接机制概括为权力机制、流程机制和交易机制。将交易机制纳入组织机制当中，意味着市场和组织两者边界的消失。

（3）我们设计企业价值活动的流程时，需遵循企业内外部价值链一体化的原则。注重内外价值链的衔接，同时融入上下游价值链，对内外价值链进行整体优化。

（4）打个比喻，业务活动是河的径流，管理活动则是修筑河岸、疏通河床。需要指出的是：没有单纯的业务活动，它和管理活动交融、交织在一起；换句话说，管理活动嵌入业务活动之中，主要为业务活动提供保障服务，同时也有控制、监督功能。

（5）作为顶层设计的企业文化管理——愿景、使命、核心价值观等理念的提炼、宣传和贯彻——可归入战略管理，因为这些理念本身就是战略思想的内核和源泉。而团队建设层面的企业文化管理（与团队氛围、员工习惯等相关），可归入人力资源开发与管理（人力资本流）。

二、企业的全部价值创造活动是一个整体

（6）需要指出的是，真正的生态型商业模式中，各个顾客群之间也会发生连接和交互，彼此之间也有可能相互创造价值。因此，平台上的价值链呈网络状，交错复杂。

（7）企业的全部价值创造活动是一个整体，以目标顾客和价值定位为核心，各类活动相互关联，多层次驱动因素相互关联。各类价值创造活动驱动因素的数目与层次反映了战略思维的广度和深度，驱动因素之间的联系反映了战略思想的复杂性。

（8）王阳明曾云，知中自有行，行中自有知。分析、设定战略驱动因素，属于战略思想（知）的层次和范畴；但是，将它们规划成多层次的目标-手段（任务-举措），同时又是战略执行的起始。

从笔者接触过的企业战略管理实践看，普遍存在的问题是有战略管理之“形”，而无战略管理之“魂”。在战略制定阶段，缺乏深入、广泛的讨论和真正的“慢思考”、深思考，提炼不出穿透力强、逻辑严密的战略思想；而战略规划则集合了一堆愿望和谁也不知能不能实现的目标，缺少切实可行的路径、措施。

（9）互联网时代，价值链开放是价值创造和生成的重要途径，也是产品开发流程设计的基本原则。

（10）“子非鱼，安知鱼之乐？”尽管主客之间存在天然鸿沟，我们还是要铺设一条通往顾客心理的轨道，将顾客隐性的愿景、要求记录、映射下来。当面临顾客需求黑箱时，我们还要像乔布斯那样，大胆提出顾客需求假说。

三、考核与文化并不冲突

（11）不能把考核单纯理解为上级对下级的压力型管理关系和权力型机制，需倡导自主型目标、承诺型管理，充分激发每一个员工、每一个组织单元的责任意识和内在动力。

（12）考核制度的特征与企业文化的定位相一致，两者之间不发生导向上的冲突。考核制度体现企业文化，受企业文化制约，同时又在塑造企业文化。

四、干部管理属于企业文化管理的一部分

（13）在中国儒家文化传统影响下，绝大多数企业员工都对干部尤其是高级管理者抱有较高的期待。干部既是道德载体，也是管理主体，因此需做到德才兼备。无德不能服人，无才无法成事。因此，干部管理属于企业文化管理的一部分；或者说企业文化管理的主要内容就是干部管理。

（14）企业里没有任何人可以长期充当伯乐：一旦自己定位是伯乐，周边的信息氛围必然使他不可能真正成为伯乐。需要设立公开、公正的机制和非人治的体系使干部在内外部竞争环境中自然而然地“冒”（涌现）出来。也就是“上甘岭上选干部”（华为任正非语）。

（15）企业领导者的领导风格对组织单元的设计也有影响。有些领导者喜欢广视角、宽幅度、短半径的指挥和控制（例如乔布斯），有些领导者则不同。这说明“因事设人”也不是绝对的。

（16）不同维度上的领导者，能力、气场（影响力）需大致均衡，否则矩阵制组织运行起来会向一侧倾斜：一个维度强，另一个维度弱，这样矩阵制就名存实亡、不复存在。

五、组织形态变化是逻辑和历史相统一的过程

（17）直线制、职能制、分部制、矩阵制等几种组织形态（结构），在企业组织演变过程中存在时间上的先后顺序。后一种形态在很大程度上是为了解决前一种形态的矛盾和问题而产生的；但其自身又蕴含着新的矛盾和问题，于是引发更后一种形态出现。由此可见，组织形态变化是一个逻辑（组织内在规律）和历史（现实中发生过或正在发生的故事）相统一的过程。

（18）显然，分布型组织不适合需求个性化程度低的同质化、规模化市场，也不适合价值流连续、各环节不易分离的产业。由于它的结构扁平、分散，难以集中力量完成重大、重要任务，在未来很长一段时间内将会是一种非主流的组织形态。

（19）近年来，有些公司尝试内部创业，强调赋能平台上的多角成长。但是这种模式还不能算作生态化，因为缺少坚固、稳定的土壤（投一些资、派一些人属于支持服务，很难称得上构筑了一个平台）。它更接近于孵化器，当然也可以理解为生态模式的初级状态。

（20）未来区块链时代，有可能出现超越企业边界的社会化生态组织。在区块链技术平台上，每个组织单元（有可能是机构，也有可能是团队，更有可能是个人）相互连接，共建一个价值发现、价值创造、价值交换、价值共享的体系。同时，每个组织单元的行为信息都在同一个“账本”（信息系统）上公开记录，任何组织单元都不得篡改、隐瞒和作假。

（21）自组织连接属于文化连接和共识性权力连接。共识未必都是高尚的。如果参与自组织的个体/团队/机构，目的是利益，那么自组织连接也有一定的交易属性。从全社会看，市场经济是最大的自组织机制。

六、识人与权力分布

（22）我国传统文化中有很多对人才标准的论述，如德才兼备等。荀子的“谏、争、辅、拂”贤才四要；孙子的“智、信、仁、勇、严”为将五条；以及诸葛亮的“志、变、智、信、廉、性、勇”识人七途，对今人仍有启迪作用。

（23）需要将领导力素质模型和领导力开发、发展结合起来，与干部述职测评结合起来，与干部选拔任用结合起来，与干部自我修炼、组织文化建设结合起来。在领导力素质模型这一工具平台上，增强工具与主体的互动（方法在实践中改进，在方法运用中提高实践效果）、主体之间的互动（领导者之间相互学习交流），使领导力素质模型具有开放性（参与性）、适用性和动态性。

（24）权力在政治学、社会学、经济学、人类学、管理学等众多社会科学学科中都是核心概念。有学者考证了英文“权力”的词源，一是拉丁语potere，意指能够；二是拉丁语autorias，意指意识和法令。由此衍生出权力所对应的两个英文词：power（力量）和authority（权威）。

（25）不少企业在梳理流程时出现了两种错误：一是将流程优化等同于权力配置；二是将一些服务环节和功能泛权力化。比如品质部门对原材料的检测本应属于服务环节，但有的企业将其作为一个权力节点。

（华夏基石管理评论首发；华夏基石e洞察公众号2022年11月4日发布）

公司进步的12条理念

企业是由人组成的生命体。在一定的区域范围内，众多的企业集合起来成为一种组织群落，类似于生物界的一个物种。观察、分析企业的成长、演变时，采用生物进化的视野和方法，是很有启发性和解释力的。运用进化原理，结合企业组织的属性和特征，可以得出若干有关企业成长的战略性理念及结论。

一、企业成长是个超长周期的动态过程

这意味着：首先，企业要有长期主义理念，致力于长期发展。目前，从民营企业内部角度看，妨碍企业成长的最大因素是投机主义。这与我国民营企业长期处于较好市场环境、自身具有机会成长特征有关，也与一些企业领导力受小生产感性文化传统影响的心智模式有关。面对未来更加复杂或困难的局面，企业需摒弃短期机会主义思维。我们需要重视机会，但要避免机会主义。

其次，需从未来角度逆向反观现状。未来角度，是宽阔、远眺、轮廓性的角度，是对环境中的长期、基础性变量的认知和洞察，是对结构性态势的体察。逆向观察，可以使我们更清醒地认识现实和未来的差距，理解目前困难对未来的影响，从而使当下的行为更具基石和未来意义。

再次，在长期视野下做好短期应变。但所有的短期调整和相机行事，都不违背长远目标和长期有效的方针。企业看上去天天在变，但实际上以不变应万变。万变的是环境和企业具体的做法，不变的是宗旨和基本原则。企业越是信奉长期主义，就越是要重视面向未来的顶层设计。

二、从宏观看，任何企业的兴衰存亡都是随机的

没有一个企业组织的兴起和发展是确定和必然的。任何当下被公认为“成功”“优秀”甚至“卓越”的企业，都是众多内外部因素契合的产物，即天时、地利、人和的幸运者。用系统理论的术语说，就是一种多变量整合而成的涌现，具有偶然性。几乎所有企业，从创业时期开始，都会经历不止一次的艰难时刻。每次走出困境，或多或少带有运气成分。从统计规律看，在适合的环境下，在大样本范围内，总有一些企业脱颖而出，这是确定性的。但具体到某个企业，其能否成功，却

是不确定的。

总体来说，企业实现从0到1的跨越，以及可持续成长，是较小概率的事件。正因为如此，商业竞争中的成功者不能过于自负，失意者也不必过于沮丧。成功者，更需要有敬畏之心。由于创业艰难、发展不易，我们对创业者和企业家要有足够的重视和尊敬。

三、从微观（个别企业）看，幸福的组织总有相似之处，不幸的组织各有不幸

这些相似之处，在一定程度上，蕴含了一些有关企业成长的规律性、普遍性元素和路线。一个动物种群中，率先变异和演进的是其中的个体。通过遗传机制和淘汰机制，最终整个种群发生变化。企业群体中，总有少数企业找到了适应环境的合适方式，走上了越来越大、越来越强的成长之路。它们的经验，可以为其他企业所模仿、借鉴和学习。凡是能为其他企业所学并且被实践证明有效的经验，提炼、整合后即为企业成长的算法（逻辑）。令人遗憾的是，算法和逻辑框架并不复杂，但许多企业却难以学会。因为具体情境和场景的区别、微小的细节差别，都会使学习的效果发生重大偏差。更为重要的是，许多“伪学习”者并不具备学习的心态和能力。

由此可以得出结论：在一定的时空条件下，企业进化的方向和路径往往具有确定性，但只有少数企业能把握住这种确定性。不同企业在进化的道路上处于不同的阶段，有的进化程度高一些，有的则低一些。因此，企业的优势、竞争能力是可以比较和鉴别的。

四、决定企业成长以及关键性战略转型的内在因素，是企业的领导者

对微观企业组织而言，绝对是英雄创造历史。有的时候，将企业的成败兴亡，归因到外部环境，或归因到组织文化等内部因素，都是不切中要害的迂阔之论。在企业组织的治理以及权力结构下，企业领导者的认知、心智、理念、价值观以及领导力，决定了企业在长期进化的路途上，能走多远、能走多久。

对企业领导人来说，常常处于“生存，还是毁灭”的决策关头。一念天堂，一念地狱，企业领导人的紧张和焦虑是可想而知的。通过分权、民主决策，可以缓解、分担企业领导人的压力，但重大关头，仍需要有主心骨和最终责任者。

企业组织需要卓越领导者，但他们是人不是神。他们总是在与自身的欲望、人性搏斗，总是在寻求突破认知、智慧的限制。这是一个惊心动魄的超越过程（不同

文化有不同的说法，如涅槃、觉悟、救赎，我们的传统概念则是格物致知或良知修炼、止于至善）。企业领导人超越的层次和境界，决定了企业成长的空间和边界。企业组织中的扬善抑恶、扬清击浊、益智避蠢的机制设计，能有效影响企业领导人的自我超越。但这些机制，往往也是企业创始人及后续领导人自我超越的产物，是其人格的映射。

从长期、动态角度看，企业组织若能形成程序化的优秀接班人生成机制，这个企业的长期成长就有了保障。有一点可以肯定，家族企业内部接班，在很多情形下，不是最优选择。

五、企业进化过程中时刻处于向死而生的状态

存在主义哲学认为，人的最深刻、最绝望的痛苦在于，死亡是不可避免的，人们需面向死亡寻求意义。本人并不喜欢这种矫情、无病呻吟的说法。但是，向死而生的确是企业进化的常态。与人的自然生命不可逆形成差异的是，企业生命可以在与环境的互动中通过变革求得新生、得以延续。因此可以说，进化等于变革，不变革就不能进化。企业组织在长期演变过程中，熵增必然出现，无组织力量必然滋生，因此需始终进行负熵努力：开放，学习，提升组织活力；持续开展“五反”：反僵化，反懈怠，反分化，反复杂，反腐败！向死而生，体现的是一种认清本质、接受挑战的战略意志和决心，这是消除恐惧的持久、坚韧的内在力量。

六、从长期看，企业成长的起点并不重要，关键是要进化“动起来”

今天人类的祖先，当年在非洲古猿中，未必是最有竞争力的一群。但他们走上了正确的进化路线——直立行走、取火烧吃熟食、制作工具，等等——从而成为地球的主人。20世纪90年代初，我曾经参观过华为创业时的简陋场所，谁能想到，今天它已经成为全球通信产业领导者。进化“动起来”的核心内容是以顾客价值为轴，使机会和能力相互增强：发现机会，增强能力，创新价值；增强能力，创新价值，发现机会。如此循环往复，企业事业长青，在竞争中立于不败之地。在所处环境不发生重大、颠覆性变化的前提下，机会、价值、能力三者互动结构，是企业进化的内在机制和机理。在三者互动中，顾客价值不断形成增量并持续迭代，是企业进化的常态。

七、企业进化需适应不确定环境，而顾客是最主要的环境变量

一般情形下，顾客变化是环境变化的主要内容，同时也是其他变化的凝聚、折射和体现。抓住了顾客变化，就抓住了不确定环境的基本态势，从而可以对外部环境进行有效的应对。而欲理解顾客及其需求变化，一方面需开发外部相关大数据、积累业务价值流中的数据资产，另一方面需真正融入顾客，与顾客朝夕相处、深入交流。正像某银行品牌理念所说的那样“因您而变”，只有贴着顾客变化变，跟着顾客变化走，才能使企业的成长和进化沿着正确的方向，具有清晰的指引以及操作意义上的依托。顾客变化包括相对宏观和显性的规模变化、内部结构变化、消费风潮变化，也包括相对微观的行为倾向变化、消费动机变化、需求结构变化。微观层面的顾客需求变化是我们需应对的主要问题。这种变化常常是隐性的，如静水深流；也常常是渐变的，发端于青萍之末。因此，企业感知顾客及需求的触角需要敏感、细腻和准确。

八、几乎所有企业都有忽视顾客的倾向

对企业来说，没有顾客就没有一切。既然顾客如此重要，为什么企业还会有忽视顾客的倾向呢？原因很复杂。概言之，重视他人是对人性和能力的挑战，也是对组织属性的挑战。

就企业领导人及相关管理人员而言，融入顾客、理解顾客、服务顾客，需要有开放、平等、谦虚的心态，深入实际、艰苦努力的作风，以及丰富的知识、精湛的技能（即顾客至上的专业能力）。对于趋利避害的个体（包括企业创始人）来说，过了不堪回首的艰难创业阶段，重视顾客的内在驱动自然会减弱。比起与顾客互动而言，坐在办公室里弄点主观主义、形式主义、官僚主义就轻松多了。

就组织属性而言，随着时间的推移、规模的扩大，与个体动机、行为相关的懈怠、老化、封闭自然会发生，不与顾客交互就会成为一种文化，一种企业病。一旦病态文化形成，少数个体也无力改变。面对顾客变化，很多大企业都是麻木、漠视、迟钝的。因此，以顾客为导向这句原则，说起来容易，做起来殊为不易。

九、数字化转型需与顾客价值创新有机结合起来

现在，各种场景下，企业领导人、专家学者们都在大谈数字化转型，可以说弄得人心惶惶。很多企业老板觉得不去尝试数字化就没有未来，但如何实现数字化又面临“三无”困境：无目标、无路径、无人才。当下企业最普遍的焦虑就是数字化焦虑。

数字化当然重要，是企业进化的方向之一，但它是企业创造顾客价值的手段。将顾客价值定义清楚了，数字化的图景自然会浮现出来。顾客价值是顾客需求的满足。顾客需要个性化、定制化产品，价值链的运行则必须是柔性化、智能化系统；顾客需要了解产品背后的知识，则需安排虚拟空间沉浸式的体验；顾客需掌握产品某种功能的数据（如身体健康状态的检测数据），可以通过移动终端提供；顾客参与价值创造，可以通过区块链技术确认并保护其权益。以顾客价值创新为中心和主线，数字化转型就会水到渠成，数字化建设就会有了蓝图和施工方案，且不会浪费、不走弯路，就会见利见效。

十、以生态观念设计顾客价值创造机制

企业如果有能力和条件，可以设计和运作价值网络、价值创造平台和业务生态。基本模式是：在内外价值链（全产业链）以及外延价值网络上，掌握支配性资源/技术及标准，或定义最终顾客需求和价值，设计并运作众多内外部主体参与的价值创造的协同规则和机制，以及内外部主体共享型激励机制，从而生成超越型顾客价值。所谓“超越”，是指超越竞争者，具有坚实的市场壁垒和资源/技术护城河；同时，超越顾客期望，创造顾客需求。其价值创造的外部参与者越多，涉及的生态范围越宽阔，顾客价值的超越程度就越大。这类生态组织者为数甚少。大部分企业只能嵌入外部生态，成为被生态者。但这并不意味着无所作为。可以通过生态位置定位、优势性价值定位和核心专长，提高对最终顾客价值以及服务对象所需价值的贡献程度和不可替代性，从而拥有一定程度的定价权和利益分享权。此外，有些企业通过纵向产业链一体化，以及横向相关多元化，将自身多元业务生态化（多个业务相互关联、彼此增益），这也是一种生态化战略。

十一、企业进化的重要任务是改善组织机能，培育顾客价值创造的能力基础

一方面，需将自身的核心长处和竞争优势变得更长、更大。所谓核心长处，是与顾客核心价值相关的长处。另一方面，需按整体竞争、系统成长理念弥补关键短处。所谓关键短处，是容易导致败局的缺陷。正如一支优秀足球队，既要中场能组织，前锋能进球，又要后卫线上没有明显的漏洞。《孙子兵法》云，以正合，以奇胜。通过发挥核心长处确保进攻胜利；同时，弥补关键短处，避免防守失败。企业能力的载体是人和知识——知识是人创造的，归根到底还是人。

企业需要三种人：骁勇善战、充满活力的学生兵，专业精湛的明白人（专家），

睿智包容的领导人。人才培养、团队建设是企业长期成长过程中持续性、基础性、首要性任务。有人说，大赌才能大赢。这句话用在业务的规模化扩张上，可能未必合适，但用在人力资源压强投入上是恰当的。优秀企业需构建“高人力资本—高绩效”循环机制，构建人力资本递增回报机制，构建人才辈出、生生不息的培育机制。这些任务和动作涉及企业文化、管理体系（体制机制、流程制度）、领导行为（识人、用人）等，需要付出艰苦的、系统性的努力。

十二、对确定性的事物和环境变量，不能有任何的怀疑和侥幸

我国东南部地区，每年都会遭遇数起破坏程度不同的台风，该来的一定会来。除非搬离这一地带，否则只能提前准备、积极抵御。对中国企业来说，环境中确定性的长期变量，从全球视角看，包括新的技术革命、供应链重组、国际关系变化等；从国内视角看，则包括人口结构变化、工业化和城市化进程、区域发展态势及竞争，以及某些结构性因素……

在这样的背景下，存量市场竞争、全球化竞争、替代性竞争、超越企业边界的价值网络及生态化竞争，将成为企业生存的主要形态。未来环境的挑战或许更加严峻。进一步说，如果企业真的遭遇发生于产业和市场的黑天鹅事件，企业家朋友们做好准备了吗？

（华夏基石e洞察公众号2023年1月24日发布）

田涛

浙江大学睿华创新管理研究所联席所长，华为公司顾问，《下一个倒下的会不会是华为》作者之一。最新专著：《理念制度人：华为组织与文化的底层逻辑》《我们为什么要做企业家：企业家精神与组织兴亡律》。

第六辑

相信“管理的力量”

田涛

“上帝经济学”与商业信仰

一、我们为什么要做生意人

“每个细胞的梦想都是变成两个细胞”（弗朗西斯·雅各布），每个生意人的追求同样是阿米巴式的：一变二，二变四，四变八……直至无穷多和无限大。饥饿感带来的扩张欲是人类一切活动的动力之源，对经营财富的商人阶层更是如此。

饥饿感分为三个层面：一是源自动物本能的物质饥饿，即所谓的“原型力”、元动力。正是这种基于生存、活下来和活得更好、物质上更自由的原始力量，使得人类有史以来就有了商业活动，有了“互通有无”的买与卖的交易，进而诞生了一个广大的职业化的阶层：生意人。当下地球上有70多亿人口，保守估计至少有几亿人是职业生意人，从摆摊小贩到巴菲特和马云，巴菲特做的是金融买卖，马云的使命是“让天下没有难做的生意”。

没有贪婪就没有买卖。没有巨大的财富饥渴，就不会有巴菲特的“资本帝国”，同样也不会有拉里·佩奇的“谷歌帝国”。然而，帝国不是一个人或几个人缔造的，而是一群人、数千人乃至数万人的饥饿感所激发出来的创造力的结晶。因此，超级生意人的非凡之处就是深悉“己所欲，人之所欲”这个人性常识，并且乐于和善于顺应人性、满足人性、驾驭人性，大家一起把饼做大，一起分饼。任正非多次讲，“钱分好了，管理的一大半问题就解决了”。

二是社会学动力——权力的饥饿感。权力欲既是人与生俱来的，也是社会化的产物，一般来说，教育程度高的人的权力欲望相对更强烈。大学不仅是获取知识、构建思维架构的殿堂，更是培植年轻人的野心、雄心的所在。因此，我们可以看到的现象是，大多数组织包括企业的领导者、管理者大多都是那些接受了更高教育或者良好教育的知识人。而科技型的企业，一个突出的特点是大多数员工都是知识型劳动者，比如华为的19 万名员工，90% 以上毕业于国内外一流大学，有6 800 位博士生，上千位科学家和技术专家，他们当然有强烈的财富饥渴，希望通过自己的努力赚更多的钱，这一点毋庸置疑。但与此同时，也别忘了，他们普遍还有掌控一个部门、一片天地甚至更大地盘的志向，“权力有一种美学上的吸引力，它令人着迷”。我们说不爱钱的员工不是好员工，“财散人聚，财聚人散”，这只是说对了企业管理的基础元素，如果企业不能构建宽阔的事业平台，让员工尤其是知识型员工的雄心、野心有安放之地，让他们掌控天下的抱负得到施展，那么恐怕钱给得再多，也很难规模化、长期地吸纳和凝聚一流的精英分子们一起打天下。

从数量的角度讲，华为与绝大多数企业相比没有所谓管理人才匮乏问题，在华为从上到下的权力走廊上拥挤着一大批“接班者”、取代者，他们普遍都既有激情又富有才干，同时个性鲜明。这样的结果源自任正非早期独特的用人思想：充分地释放权力与开放权力。这既满足了一大批年轻知识分子的权力诉求，又在权力试错与冒险中为华为锻造出了一支优秀的干部队伍。

饥饿感的第三个层面为荣耀感。商人们赚到了金山银山，这些在生理学的层面对他们已经毫无意义了，为什么他们还是奋斗不止、“贪婪不息”？很显然，财富的多寡已经超出了财富本身，成为有心理学意义的精神符号，成为身份和地位的价值符号。正像亚当·斯密所说的，“对于大多数富人来说，富有带给他们的主要乐趣就是炫耀财富。如果他们看起来拥有别人求之不得的财富的决定性标志物，这种财富就算达到了极致”。

人作为万物之灵的智慧动物，从一出生就被置于伴其一生的各种各样的比较框架中。比较会激起一个人的进取心、竞争意识，也会导致嫉妒与构陷滋生，带来成就感与挫败感。但正是无处不在的人与人、组织与组织之间的比较，才不断推动着社会的进化、个体的进步、企业的扩张和生意人的雄心勃勃。对有远大志向的企业家来说，比较不仅体现在当下的结果中，更重要的是体现在精神能量的较量上，企业家不仅自身要充满对所从事事业的荣耀感与激情，而且要在整个组织中构造一种“荣耀感的互相助长”。当一群人、一大群人把财富创造上升到精神层面的追求时，超越他人应该仅仅是时间问题。

二、告别淘金时代，“戴着镣铐跳舞”

我们为什么要做生意人？首先，做生意是谋生的工具；其次，它是权力表达的另一类形态，满足了人的掌控欲望；最后，它也是人生舞台的道具。人人生而为演员，角色大小不同而已。人生就是一部舞台剧，或威武雄壮，或悲凉凄苦，或平淡无奇。大幕拉开，生旦净末丑齐出场，大幕合上，又殊途同归，所谓的事业、所谓的人生都是过程。

20年前，我和一位企业家讲了上面这些话，对方猛拍我的后背，说：“讲得对！既然如此，倒不如轰轰烈烈大干一场！”

看开、看透、看淡之后不是悲观、不作为，而是放下包袱，卸下心魔，无所畏惧地进行自由创造。这才是真正的企业家精神。

但是，既然是舞台剧，而舞台是有边界的，“剧”是有程式的，那生意人也得有边界意识，有规则和范式。简而言之，要做本分的生意人。

什么是本分的生意人？在商言商。一个人赚了很多钱是不是就代表他无所不知、无所不能，从而要无所不为？当然不是。做科学、搞艺术、从事政治等都是职业，做生意也是一种职业，一个人一辈子可能都难以做到真正的职业化，做一行专一行也不见得有真正的大作为，更何况思维大开花，对什么事都去染指、都去居高临下地下断语？我们的生意场这些年冒出了一批成功的商人，也同时冒出了一些“在野的”、戴着企业家桂冠的多元人，他们既是品酒专家也是艺术鉴赏家，同时也是经济学家、管理学家和时评家，等等。总之他们在各种论坛、各类社交场基本都是那种声音最大或次大的少数人。但这好吗？

不要想着包打天下，不要总是指点江山，做一个合格的纳税人，带动更多的大众就业，足矣！

我强烈推荐大家读一本书，叫作《反社会的人》，看看今天的德国商人们和那些套利型超级生意人是怎么处事、处世的。有一位中国的企业家讥讽道：“我们和人家相反，有些老板刚吃了肉，出门还要在嘴上抹一层猪油，招摇过市。”这讲的显然不仅仅是炫富啊。

做本分的生意人的第二层含义是守法经营。不能不承认，过往的40年中国充满了机会，大机会时代也应运而生了无数的机会家和冒险家，有些人倒下了，有些人九死一生地活了下来，他们大都有一部血与泪的创业史。倒下的是历史，活下来的也是历史，都值得后来的生意人和企业家们铭记、反思和警醒，更何况整个国家已经跨过了经济的原始积累期，告别了非理性主导的“淘金时代”，我们正在艰难地走向市场化、法治化的时代。这个时代的生意一定是难做了，首先暴利不再有或罕有，其次政策导向的“运动式发财模式”已经成为过去时，还有“牌照经济”快速退出生意场，更重要的是监管日趋规范和严厉，这个大背景决定了今天的生意人和企业家们必须有更强的使命感、更成熟的资源整合能力、更出色的管理水平和更高的法律敬畏意识。

比如互联网，20 年前是只蚂蚁，现在进化、异化成了老虎，你会突然发现，从欧洲国家、美国到中国，都在以前所未有的警惕性盯着、包抄着这只老虎，欧盟颁布的隐私法案《通用数据保护条例》就是一个布满荆棘的竹笼，对数据的收集、保管、分类和应用有极其严格的法律限制，“数据为王”的互联网逻辑恐怕要面临前所未有的挑战。还有美国对电商假货的打击、中国对网络信息的严格监管等，都在释放一个异常清晰的信号——野蛮生长的互联网文化在快速远去，“戴着镣铐跳舞”将会成为新常态。

这不仅是中国现象，也是世界潮流。

三、“教父经济学”：亚洲神话解构

20 世纪80年代，改革开放初期，中国的官员、学界和媒体都在称羡所谓的“亚洲四小龙”奇迹，中国香港地区、东南亚的经济神话曾经风靡一时。但是，《亚洲教父：香港、东南亚的金钱和权力》这本书却向我们讲述了另一个故事，一个更真实的亚洲经济，一个没有被神化的超级富豪群体的发家史和生意经，一个以套利、食利为核心生态链的地区与国家的经济结构，一个被资本大鳄们垄断的商业世界，一个大大小小的投机客的天堂。我将此称为“教父经济学”。

“教父经济学”的普遍特征是什么呢?

排在首位的是特许经营，即“牌照经济”。牌照在政府手中，更具体点说是在官员手中，这就形成了东南亚多数国家商人和政府官员密不可分且密不透风的复杂的关系网络。什么叫密不可分？企业是官员的“自动提款机”，官员是商人的“护院者”。什么叫密不透风？牌照有限，从一百多年前的包税制到今天的电信、金融、赌场以至于粮油加工等，多数亚洲富豪依恃特许经营起家，依恃特许经营崛起。

东南亚富豪从事的行业大多是房地产、金融（规模大的东南亚家族企业差不多都有一到两家银行）、粮油加工和蔗糖加工、能源、电信、港口码头、航运、赌博业（赌场的高毛利尤其是充沛的现金流是支撑一些大亨向别的行业扩张的重要的资金池），这些行业无一例外是靠牌照或者高门槛的竞标（比如土地拍卖）圈起来的，只有少数人有资格成为玩家，而且是超级玩家。

与西方以及中国内地企业相比，还能发现一个极重要的差别，即东南亚的多数公司很少讲使命、愿景、价值观这些形而上的东西，很少关注企业文化建设，它们似乎更实际和功利。《亚洲教父：香港、东南亚的金钱和权力》的作者乔·史塔威尔认为，这是因为这些企业家更多的是食利型资本家，而不是创新型企业家。

乔·史塔威尔根据长期的观察和访谈，总结出了亚洲富豪家族的四代模式：

第一代主要是建立核心资本，包括资本的原始积累和构建政商网络。

第二代巩固和扩大与政治势力的联系，并与地区间和跨地区的巨头结盟或半结盟。

第一代和第二代普遍具有冒险精神（第二代大多接受过良好教育），生命力旺盛，个性顽强，雄心勃勃，是所处时代的枭雄级人物。

第三代大多属于守成型。“钱包鼓鼓，暮气沉沉”，缺乏开拓精神和进取意识，富有理性而激情不足，教育背景偏财务、金融和企业管理， 他们的志向主要是守护反映父辈个性和人际关系的各种各样的资产。

第四代往往对事业的专注度不够，先辈们原先创立的集团赖以生存的关系网衰落，加之家族企业固有的缺陷，导致“帝国”式微。

进入21世纪的亚洲豪族，接力棒普遍交到了第三代和第四代手上。

四、“上帝经济学”：上帝是伟大的心理学家

最近我刚读完尼尔·弗格森的《帝国》一书，这本书讲的是大英帝国400年间全球扩张的历史，从中我们可以看到清教伦理在塑造英国那些冒险家、海盗、商人的使命精神以及形成整个国家的价值观方面的巨大作用。左手捧着《圣经》，右手拿着刀剑满世界去掠夺、去开拓，征服者们有一套完整的精神逻辑与行为逻辑。

这样的精神与行为逻辑体系在美国这片大陆发挥得可谓淋漓尽致。我试着将它用一个五段论进行阐述：

第一层，赋予劳动以意义。新教倡导“劳动是人的天职”“上帝就是伟大的工头”。往日的日出而作、日落而息原本只是为了生存，显得苦哈哈的，现在突然变得神圣起来，每时每刻的物质奋斗被涂染上了精神的色彩。

第二层，与懒惰相比，贪婪并不可怕。这是对人性本能巨大的道德认同，从而释放了人的欲望，定义了人对财富追求的正当性，极大地解放了生产力。

第三层，赚钱的目的是构建上帝所期许的“理想国”一个人人富足而快乐的天堂世界，这就为人们的发财梦、持续的创富活动确定了一个近乎伟大的动机源头和完美的动力机制。种烟草去，开矿去，伐木去，造汽车去，登月去……市场、账房是最好的修行之地。美国由此开始了长达两百多年、从未间断且不断升级的农业革命、工业革命、科技革命、物质主义运动。

第四层，财富的归属。从国家或社会层面，或者叫人间层面，私人财产神圣不可侵犯，但在精神层面或者灵魂层面，个体不过是上帝委派的“职业经理人”，遵上帝旨意拼命赚钱，赚的钱都是上帝的，个体只是替上帝运作财富和保管财富。因此，手中掌控的财富只能用于投资、再投资，扩张、再扩张，以使“理想国”更理想，而不能用于个人挥霍。也就是说，个体身处金山银山却必须克制而节俭。马克斯·韦伯对此的形象描述是：对于怀有信念的清教徒商人来说，“财富就像轻飘飘的斗篷，随时可以将它甩掉”。

美国经济的两大巨轮——制造业和金融业，正是奠基于这样的“世俗禁欲主义”的观念之上。

第三层与第四层也同时界定了生意人与企业家的区别。真正的企业家不以赚钱为目的，金钱只是实现理想的工具，正像一篇文章所说的：“库克想让企业获取更高的利润，这无可厚非，毕竟这是他作为职业经理人最本分的事，也是自身收入增长的前提。不过我们不应该忘记乔布斯在1995 年接受媒体采访时所给出的警示：‘毁灭苹果的不是增长，而是贪婪。’”

乔布斯是伟大的企业家，库克是职业生意人。

第五层，财富的传承。洛克菲勒的小儿子约翰·洛克菲勒在1962 年接受《时代》杂志采访时说：“洛克菲勒家族的财富属于上帝，我们只是管家。”活着，为上帝打工，让上帝委托其保管和打理的财富不断增值，这是一种使命担当；死了，财富不能传承给子女，因为财富是上帝的，不能贪污上帝的钱，同时更不能犯第二重罪：剥夺子女劳动的权利，因为“劳动是人的天职”。子女继承了几亿、几十亿、几百亿、上千亿元的“天上飞来的馅饼”，他们为什么还要去劳动、去奋斗呢?

上帝是一位超伟大的心理学家。上帝深悉饥饿感对人类个体、群体、组织有多么重要，因此创设了这样一个高度闭环的、基于人性之上的“上帝经济学”。

五、自驱力：生命中不可承受之轻

我们在前面讨论了一般生意人（包括非生意人）的三大动机：财富（生理动机）、权力（社会动机）和荣耀感（心理动机），也探讨了新教伦理对西方企业家尤其是美国企业家财富创造动机的普遍影响，但这两者都不能完全解释存在于一些人身上的神秘现象：生命中不可承受之轻。

我们人类中的确有极少数的科学家、艺术家、思想家等，是那种“不创造，毋宁死”的异类，是那种天生带电——带有自驱力的使命主义者，他们既是盗火的普罗米修斯，又能自我燃烧，同时还能点燃他人心中的火焰。他们存在于不同文化、不同信仰、不同社会制度的国家中。

很显然，其中也包括极少数卓越的企业家，他们强大而持久的创造财富的动力并非被某种显性的外在力量所驱使，也不完全是或者完全不是被某种宗教观所牵引，他们只是坚信有一种“光荣而伟大的存在”，一种冥冥中的使命召唤，使得自己始终满怀期待与激情。

“优秀的船长只有在掌舵时才变得亢奋”，而一旦让他们放下每时每刻的承担，离开挑战与压力，离开与危机、风险抗争的角色，他们中的大多数就会在精神层面变得手足无措，甚至在生理层面快速衰老。所谓的“不朽的事业”是这类人生命节律的一部分、大部分，乃至于全部。

然而，我们的周围还有另一类少数人：使命感惯性人群。他们起初的动机源自饥饿感，或者源自某种责任，但久而久之，饥饿感获得的过程和责任承担的过程，让他们形成了生理与心理惯性——尽管奋斗伴随着巨大的压力和焦虑，伴随着诸多的不快乐，但他们却选择了坚持。他们只能选择坚持和负重前行，因为与“生命中不可承受之重”相比，能够摧毁一个事业家的是“生命中不可承受之轻”，是离开喧哗之后的寂寞，是空虚所带来的“后脊背发凉”。

一位女企业家打拼了近二十年，拥有十多亿元身家，管理着上千名员工，每天工作十个小时以上，并且乐此不疲。她向我述说了曾经的一段心路历程：有一年的某一天，她突然厌倦了日复一日的早出晚归，厌倦了文件、谈话、开会，厌倦了商业应酬、谈判，厌倦了一切的压力，乃至于厌倦了去办公室，工作、赚钱成了她的“生命中不可承受之重”。于是，她决定给自己解压，报名参加了一个长达半个月的海上豪华游轮旅行。当她关掉手机的那一刻，海风海浪、多年想看没看的经典影片、回荡在船舱每一个角落的轻音乐，以及一个人独处的安宁，让她一下子觉得身心无比轻松：“这才是我要的人生！”她暗下决心，回去后就把公司卖掉，换个活法！但这样的惬意只维持了不到一星期，她开始出现莫名的虚脱，后来变得焦躁，再后来不停地重复一个动作——打开手机（那时候海上没有手机信号）、关上手机，再打开手机、关上手机……终于有一天游轮离海岸近了，手机有信号了，她也几乎是疯了一般开始给公司的甲乙丙丁打电话，给一个又一个客户打电话。

一次彻底放松、放空的长途旅行，让她体会到的是：比压力更大的是生命中没有了压力——“我的命贱，不做事我会疯掉”。

我们为什么要做企业家？不排除是为了追逐更多的财富、满足更大的掌控欲、拥有更炫目的荣耀，但仅此而已不过是个生意人，或者超级生意人。企业家则不然，他们是被使命与理想“绑架”了的少数人，乔布斯、任正非、埃隆·马斯克、马云、董明珠是这一类人，上述那位女企业家是，那些正在车库、简陋的民居、嘈杂的咖啡馆中为梦想而焦灼、而激情燃烧的不知名的小人物也是。未来的乔布斯、任正非也许就在其中。

六、卓越的企业家是能够制造信仰的极少数人

生意人遍天下，但企业家罕有。卓越的企业家是那种能够制造信仰、持续传播信仰并巩固信仰的极少数人。

国家、政党、民族都有自己的信仰，宗教更是，而企业同样有商业信仰。

信仰是由使命、愿景、价值观链接出来的一整套的精神与文化体系。

何谓“使命”？使命即一个组织存在的理由。华为刚创立不久，任正非就以《华为人》报社评的方式明确了华为的使命：客户是华为存在的唯一理由。当我深入、系统地对华为三十多年的发展史进行复盘时，一个至为深刻的感悟是，华为有今天的世界级成就，其根本就在于对企业使命、对自身存在理由的一以贯之的坚持，几近疯狂和偏执的坚守。在任正非三十多年来上千万字的讲话整理稿和华为常务董事会的无数的会议纪要中，反复出现得最多的词汇是“客户”，是类似“为客户创造价值，实现客户梦想”这样的话语的各种翻版。

企业的使命就是组织的旗帜，领袖就是旗手，领导者集团就是升旗和护旗队，他们最重要的职责之一就是日复一日、年复一年地升旗和护旗，“响鼓仍须重锤敲”，让整个组织始终处于使命的召唤之下。

与此同时，甚至更重要的是：使命必须落地，必须转化成个体与组织的一连串行为。简而言之就是，无论是市场、研发、制造还是平台支撑系统，组织的全部体系、所有环节、每一个细胞都必须客户化，组织的所有成本都必须直接或者间接地服务于客户需求。

华为深圳总部有四万人左右，但司机班仅有一百多人，公司所有的高管包括任正非都没有专职司机，上下班大都是自己开车。有些到华为参观的民企老板对此不解：华为在乎这点钱吗？我的解释是，这体现的是一种文化，企业的成本支出要最大程度地面向客户。这也是一种导向，企业中的服务支持部门是服务于客户还是各级主管？同时这样的做法也避免了中国社会的“司机政治”，许多企业老板的专职司机被员工私底下称为“二掌柜”。当然，华为这种做法并不新鲜，西方绝大多数企业也很少有为高管们配备专职司机的现象。

何谓“愿景”？愿景是一个组织关于未来发展的期许，也即组织的阶段性理想。华为前30 年的愿景是丰富人们的沟通和生活。这也就定位了华为要在人与人的信息联结方面持续发力。但是你会发现，这个时期即设定华为愿景的1997 年，华为关于未来的灯塔和方向的组织性的设计还是不够宏大和霸气，字句间透着行业跟随者的味道，而不像它的创始人那样牛气冲天：20 年后全球通信行业三分天下，华为有其一！这句话喊出于1992年，当时华为成立不到五年，这句“打肿脸充胖子”的豪言壮语并没有被华为文本化，但却激励了一代又一代的华为人。有一位华为资深前高管说：“事实上我们没多少人记得住纸上的华为愿景，但我们都记住了老板吹的牛：20 年后……”

20年后的2016年，华为已成为全球通信行业的领导者之一，华为为它的十几万名员工设定了新的愿景：把数字世界带给每个人、每个家庭、每个组织，构建万物互联的智能世界。

位势变了，新愿景的每个字都充满霸气！

卓越企业家的人格结构都多多少少嵌入了堂吉诃德的精神元素——堂吉诃德创造了一个世界，乔布斯创造了一个世界，埃隆·马斯克创造了一个世界，任正非和马云也各自创造了一个世界，只不过堂吉诃德永远生活在幻想世界中，而一流的企业家既要正视现实还要善于做梦，要能够用梦想去感染追随者、牵引追随者，并进而用一群人的行动去创造一个新现实，打造一个新世界。但无论是小说中的堂吉诃德还是现实中的乔布斯、拉里·佩奇、任正非，他和他们的追随者首先得选择相信“我们在做一件伟大的事”，这件事值得一群人付出青春甚至生命。

这就是所谓的“信仰”，它具有不可论证性，你得肯定甚至仪式化地宣称：“它是存在的，可实现的”，你只能在yes（是）或no（否）之间作唯一选择。选择了yes，大家一起激情四射奔未来。选择了no，信仰不同而不相为谋，相遇不相行。

任正非和马云都说自己是阿甘不是没有道理的。阿甘是一个简单的人，一个偏执的小人物，一个怀有坚定信仰的英雄、体育明星和成功的企业家。

七、企业家：用理念、价值观和分配制度将饥饿的个体组织起来的少数人

几年前，年轻的科技富翁扎克伯格在他的女儿出生时，与妻子承诺将99% 的个人财产捐给慈善基金，中国某些学者和某些心理阴暗的人将其解读为“为了避税”，但在十多年前，美国有人建议取消遗产税，结果反对得最厉害的不是大众，而是巴菲特、比尔·盖茨等一批世界级的、美国级的超级富豪。为什么？开句玩笑：他们怕下地狱啊——贪污了上帝的财产，剥夺了子女劳动的权利。

这是信仰带来的自觉选择，是植根于新教伦理之上的被广泛悦纳的财富观和商业文化。

企业文化中隐藏着企业的信仰密码。好的商业信仰有四大特性：正当性、崇高性、进取性与对称性。追求财富的增长是合乎人性的， 是应该被鼓励的，这即是正当性；拼命赚钱不是目的，赚钱是为了实现顾客理想，这即是崇高性；正因为有着崇高的使命承担，所以要敢于和善于面向未来去冒险，去投入，这即是进取性；最后一点是对称性，它的深刻内涵是风险共担与利益共享，代表着企业经营与管理活动的基础理念和制度安排，即企业的核心价值观。

华为的企业文化打上了深刻的任正非烙印：理想主义、激进而宏大的愿景驱动，以及一套充分闭环的价值创造、价值评价和价值分配的风险共担与利益共享体系。

华为在企业的理念创新与制度创新方面对人类是有独特贡献的。一百多年来的传统经济学和管理学的一贯主张是：资本利益最大化，股东利益最大化，因为股东们以真金白银承担了巨大的风险。但任正非和华为的领导群体则认为，企业的劳动者同样承担了风险，甚至承担了更大的风险，这就是劳动者无形的脑力与体力乘以时间的付出。而从贡献的角度看，股东投入了资本要素，的确很重要很关键。但资本是死的，让资本持续滚动和增值的是企业家和企业的全体劳动者，劳动者尤其是知识型劳动者才是企业长期发展的根本动力。

这中间最核心的命题是：怎么看待人的大脑？怎么给人的大脑定价？华为从实践中探索出的结论是：给人的大脑定高价。因为华为认为，这样的分配制度才真正体现了企业中利益与风险的对称性。

华为的股权结构也同样体现着利益与风险的对称性。100%的股份为九万多名华为员工所拥有，创始人任正非只拥有1.14%的股份。任正非在把利益分享出去的同时，也把责任和风险分散给了九万多人，从而使得这九万多人只能在一条船上结成命运共同体，一起拼力划桨，不然船沉了众人一起完蛋。与此同时，也倒逼出了股东群体的一致奉献：让劳动者先于和优于股东进行价值分配，股东要节制自己的短期追求和过度贪婪。这并非股东们的道德自觉，背后同样是一种对价机制：第一，股东的长期收益得到了相对保障；第二，股东们大多是“劳动人+资本人”的双栖角色，纯粹的食利者也都曾经是企业的劳动者。

华为的理念创新和制度创新绝非某种乌托邦式的空想，而是对变化了的时代的适应、探索与管理试验。

传统经济学与管理学的理论基点来自100年前的两大背景：一是资本短缺化，二是经济活动的主体是非知识型劳动者，即蓝领阶层。从风险对称性的角度来看，主张股东利益最大化在这样的时空背景下无疑是正确的。但20世纪80年代以来，全球尤其是发达国家的资本市场高度发展，企业获取资本的方式、渠道越来越多样化，资本由短缺转为相对过剩，价格也变得相对低廉。同时，资本的收益机制和避险机制也越来越趋于完善。而过往40年的另一重大变化是，信息技术尤其是互联网的迅速普及，知识透明化与知识共享带来了企业劳动力结构的重大改变，接受过良好教育的知识型劳动者迅速成为经济活动的主体力量，手脚的价值正在让位于人的大脑，人的大脑的创造性已在许多领域远远超出资本的价值，这是一个根本性的时代变迁。

如何让知识型劳动者的贡献与所得相匹配、智力投入与风险相对称？全球尤其是美国的一大批科技型公司，比如微软、谷歌、苹果等，都在进行新的制度探索，华为的制度试验不过是另一类型罢了。

遗憾的是，经济学与商学院的研究却远远落后于企业实践。

八、恐惧就在眼前，无需制造

宗教有两大心理学基座：关于天堂的愿景与关于末日的恐惧。这两者共同构成了信仰的力量。上帝制造了愿景，也制造了恐惧，同时也就制造了信仰。愿景是灯塔，是阳光，信众被太阳的光芒牵引，猛力地朝前奔跑，其实也是为了逃离恐惧的阴影。

愿景是动力，恐惧是压力。对成功的个人与组织来说，动力与压力缺一不可。

伟大的商业组织都有点类宗教、类军队的意味，它们都需要设计愿景，都不讳言恐惧，也都有强大的奖惩系统。但军队和商业组织与宗教的不同点在于，军队和商业组织不需要制造恐惧，因为恐惧就在眼前，死亡是真实的存在，每时每刻都有可能发生。有些研究领导力的专家将“制造恐惧”作为优秀领导者的一大特征，这显然是象牙塔里的“咖啡式想象”——秀才们没上过战场，没到过市场，以为泼天的风浪都是领导者们的恐吓术，岂不知真实的疆场有多么残酷！

杰出的军事领袖和一流的企业家不但不会被恐惧淹没，相反都是利用危机、利用恐惧的高手。英特尔的“三驾马车”之一——安迪·格鲁夫的一生充满了恐惧，历经纳粹阴影、右耳失聪、难民逃亡以及英特尔公司无数次的灭顶之灾，但他把这种恐惧转化成了一种管理手段，影响了一代硅谷人。

硅谷大大小小的咖啡馆里，到处分泌着征服世界、征服外星的荷尔蒙，到处燃烧着超越的激情，但是也四处弥漫着焦虑的气息。科技的加速度发展使得新技术不断诞生，让新公司不断崛起，让小人物一夜暴富、一夕成名，也让还没坐稳王座的王者之冠落地……每一家企业都离死亡很近，就连微软这样的巨无霸都“永远离破产只有18个月”——这是微软创始人比尔·盖茨在21世纪初的醒世危言。

华为离死亡有多近、有多远？看看任正非20年前、30年前无比向往的贝尔实验室（曾经的美国国家科技明珠）、摩托罗拉（无线通信的发明者）是怎么衰落的，爱立信、诺基亚怎么被华为超越的，华为的老师IBM 今天的困境是怎么形成的，你就知道华为离死亡并不远。多年前，任正非在北京研究所对一位来访的高层领导说：“三个月不努力，华为就会垮掉！”

任正非与安迪·格鲁夫有很多相近之处。家庭磨难、少年创伤记忆、青年时期的政治歧视、创业过程中纷至沓来的内外打击，多少次都有可能破产倒闭的经历，使他每时每刻都有切肤的恐惧感。在华为创立的前十年左右，任正非不止一次产生过动摇，要把华为卖掉， 不过他不想给华为戴上“红帽子”——成为一家国有控股或参股企业，他渴望华为戴一顶“牛仔帽”——让华为成为一家外资控股或参股企业，利用西方先进的技术与管理，以及一群中国科技知识分子的智慧与勤奋，将华为带向世界级的地位。

任正非曾经向上海贝尔公司伸出过“橄榄枝”，但被拒绝了，后来差一点将华为以近100亿美元的价格卖给摩托罗拉，但在最后一刻该交易被否决了。走投无路之际，华为只能硬着头皮，从此心无旁骛，一条道走下去，但代价就是永远与危机相伴、与恐惧相伴。

一个个性无比阳光甚至有点强悍的男人，居然能患上重度抑郁症，居然在创业的前二十年左右动不动就流泪，可知他压力有多大！

与安迪·格鲁夫不同的是，自创立华为以来，任正非将外部的无数个压力事件都尽量和公司的极少数人扛了下来，不让恐惧传导到管理团队和员工，用轮值董事长徐直军的说法就是“老板都自己扛了，我们一门心思做事，危机过去了，我们最后才知道”，更重要的是，“老板是天生的乐观主义”，形势不好时，他总在讲“前途一片光明”“潇洒走一回”，形势好时，他又总是喊“狼来了”“冬天到了”。

任正非是那种善于不断地将理想与现实、愿景与恐惧进行场景转换和对冲的领导者。

与安迪·格鲁夫相同的是，任正非同样娴熟于将危机、恐惧转化为企业的战斗力和凝聚力。2013年之后的华为，进入了历史上从未有过的相对舒适区，但二十多年的运转，让它不可避免地产生了管控过度和懈怠现象，这几年组织变革的决心、力度、声势不可谓不大，自我批判的火力和频度不可谓不高，“但总有拳击手打在棉花上的感觉，效果不明显”——一位参与变革顶层设计的高管对此很焦虑。

两年前，我在一个场合讲道：“今天的华为可能需要一场危机……”

2018 年12 月初，危机来了，不过有点过于猛烈，比想象中严峻得多：一个超级大国对一家私人合伙制公司的全面围剿。

九、潇洒走一回，让过程更精彩

企业家是人类社会最稀缺的资源之一，他们普遍拥有三大禀赋：“无中生有”的冒险精神，神经粗糙、意志强悍，奉献精神。

世界充满了风险，市场充满了风险，未来充满了风险，对抗风险的唯一法宝就是冒险。太平洋底有三百多万艘沉船，其中绝大部分都是满载着金银财宝的商船。所谓“三分战略、两分运气、五分冒险”，讲的就是生意人和企业家。

我在几年前读《乔布斯传》时，桌面上同时摆放着刚读完的《巴菲特传》，我崇拜乔布斯，敬重巴菲特。乔布斯是从“无”中创造了“有”的伟大企业家，是那种百年才可能出现的天才，他创造了顾客，并进而从根本上改变了人类的沟通方式、生活方式，乃至于思维方式。巴菲特是位卓越的价值发现者，是一位“钱生钱”的套利型超级金融资本家。他们都是冒险家，但对人类的价值贡献却截然不同。

冒险与风险是成正比例的，这是一个悖论：为了抗击风险去冒险，冒险又带来新的风险，因此这就将企业家，尤其是卓越的企业家始终置于一种冒险与风险的轮回之中，决定了他们必须天生神经粗糙，并且在不断的命运打击中意志变得更加强悍。“没有伤痕累累，哪有皮糙肉厚，自古英雄多磨难”，这是华为最新版的形象广告词。

2018年的12月事件“使任正非流干了泪”，但却无法摧毁他的斗志，相反，让他更加坚强和意气风发，两次冒着巨大风险奔赴阿根廷和俄罗斯，主持变革研讨和部署基础研究战略，心有惊雷，面不改色。与此同时，整个华为进入了“战时状态”，两个月不到，市场和研发两大体系的变革以异乎寻常的规模和速度展开，组织从上到下充满了激情，“外部突如其来的一击，让阻碍华为奋力奔跑的因素一下子全部转换成了正能量”，“堡垒容易从内部攻破，堡垒是被外部加强的”，一位华为的著名高管如此感叹。

恐惧带来压力，压力转换成了巨大的动力，安迪·格鲁夫娴熟于此道，任正非更是。

2019年的1月和2月这两个月，华为的业绩同比增长了35.8%（注：2019年全年增长19.1%）。

奉献精神是领导者立身之本。不可想象，懦夫能够指挥千军万马，一只羊能够率领一群狮子，利己者能够有一大群的追随者。领导者首先得是英雄，得有牺牲精神，其次才是领袖。华为这个19万人的商业组织三十多年来始终洋溢着英雄气，这和它的创始人、它的高层领导群体的成长史及以身作则有很大关系：他们都是从底层、从一线打出来的，在身居高位后他们依然眼睛盯着前线，并且经常冲锋在前，尤其是在面临重大危机的关头。任正非就是一位几乎跑遍了世界每一个角落的老英雄，包括战火纷飞的地方。

领导者不仅要为组织构建使命和愿景，洞察危机和转化恐惧，还有至为重要的一点是：永远在现场，永远与团队在一起，奉献利益的同时奉献爱的力量。这中间最根本的是领导者的格局与胸怀。

真正的企业家是为信念而活着、而奋斗、而进取不息的精神物种，就像虔诚的教徒，他们的饥饿感更多的是在使命层面，是在过程的体验中，而非财富的堆积。财富对他们而言是工具，是实现使命的手段而已。

推荐大家读加尔法德的《极简宇宙史》，我读了五遍，和作者本人也有多次交流，每一次阅读和每一次交流都令人震撼。它让人从宇宙的层面看地球，看世界，看人生，让人心胸变得无比宽阔，同时毫无悲观。

比如银河系这样的星系在浩瀚宇宙之中有2000亿个，太阳这样的恒星在银河系中有3 千亿颗。打个比方，如果在体积为一立方米的箱子中装满沙粒，每一粒沙子代表一颗恒星，那么装下所有恒星则足足要300个纸箱！我们把太阳这粒沙子染上颜色，然后把纸箱的沙子铺满整个篮球场，再去找太阳，太阳在哪里？而地球又在哪里？地球不过是绕着太阳这粒彩色的沙子运转和自转的一粒尘埃罢了！

那么，人类呢？人类的一切辉煌与荣耀、爱恨情仇与富贵荣华，一切的一切，又算得了什么呢？守财奴永远是“奴”，无数的生意人一生为金钱所役，无数的企业领导人一生为权力所役，无数的企业家一生为财、为权、为名所役所累，他们都该仰起头来，看看星空，读读《极简宇宙史》，基于宇宙观的背景构建人生价值观。这样他们也许会活得更无私些，更开阔些，更进取些，更潇洒些，当然也会更自由些。

20年前，北京大学校长访问华为，任正非提出退休后希望去北大学习理论物理学，研究宇宙的起源。任正非是一位天文爱好者，也是位不信鬼神的唯物主义者，他是从生命本源的视角想明白了人生的意义。

据说西方有许多知名企业家喜好天文学。中国也不例外，马化腾小时候的梦想就是做一名天文学家。

（编自《我们为什么要做企业家：企业家精神与组织兴亡律》；
华夏基石e洞察公众号2022年12月16日发布）

企业家精神的暗疮

一、一个观念与一个阶层的崛起

1978年，中国国家史上前所未有地诞生了一个观念，这就是中共十一届三中全会提出的：以经济建设为中心。

自此发端，依赖十亿国民的意志力量和国家力量，过往40年，中国形成了人类商业史上最波澜壮阔的一次经济大潮，而大潮漩涡的中流砥柱者则是企业家阶层。

观念与时代共跳芭蕾舞，共同培育了中国有史以来从规模到结构、从风范到勇气都罕有的企业家群体，而遍布于中国大地角角落落的成千上万的企业家和商人们，在为共和国创造财富、奠基实力的同时，也沉淀出了色彩杂陈、品相多样的精神质地。下面我从三个时间断面和三个层面对40年来中国企业家精神作一个粗略的描述——

实业英雄群体（1978年开始）：代表人物包括鲁冠球、张瑞敏、柳传志、任正非等人，他们背后站立的是一大群知名的、无名的制造业实业界的企业家们。

这里要特别提到鲁冠球——中国制造业一位丰碑式的英雄，他是在1969年那个动荡年代集资创办了万向集团的前身——一家拖拉机厂，50年后的今天，万向集团在汽车零部件制造领域位居世界第一。

这是一代老派风格的企业家，也是在强烈的饥饿感驱使下的冒险家。他们最先捕捉到时代缝隙中的一道闪电，然后就聚集起全部的热情与身家性命赌上去，在体制的渐次裂变中迂回前进，风大了躲起来，风过了爬起来，有太多的人栽倒在山脚下半山腰，能够活了三四十年的企业和企业家无不充满沧桑与传奇。苦难的土壤，开出了灿烂的花朵。

强烈的使命感。他们的起点是卑微的，但不少人却怀有宏大的国家抱负乃至人类使命意识，似乎要发挥尽这片古老而辽阔土地上的一切潜力，才对得起时代赋予的机遇。

有人问我，为什么20世纪八九十年代的企业家们普遍拥有狂热的理想主义色彩？我给出的答案是，这也许和他们青少年时代所共同接受的传统理想教育有很大关系。

强大的自信心。他们中的不少人是那种“蚂蚁雄心”式的异类小人物，相信这个世界上没有不可战胜的对手。柳传志三十多年前的野心是超越IBM，任正非在“四大皆空”（无资本、无技术、无人才、无背景）的起步期喊出的梦想是“20年后，三分天下有其一”……

源自本能的不安全感。他们是旧堡垒的穿越者，同时也深知“第一个吃螃蟹”的代价与风险。他们中的一些人给自己设定的命运轨迹是：永远向前，向前，只有不断朝前奔跑，才能不断摆脱不安全感带来的阴影，以达成“在不朽的事业中寻求庇护”。

这是改革开放以来的第一代传统型的中国企业家，他们大多从制造业起步。

“92派”企业家群体（1992年开始）：1978年是一个历史性年份，1992年同样具有标志性。如果说1978年的“三中全会”是一次伟大的“思想和体制破冰”，1992年的“南方谈话”带来的则是改革开放从理论到实践的全面启动，“大众从商，万众下海”成为当时中国社会一道浓重的风景，而这中间的一批人则被媒体称之为“92派企业家”。

代表性的“92派企业家”大多是前官员或前学者，有着良好的教育背景和行政能力的历练，洞悉历史潮动，同时充满变革的热忱与勇气，更重要的是内心深处的躁动、不安分使他们决心“换一种活法”——于是他们“下海”了，摇身一变成为创业者、商人、套利者、企业家。

“92派”最重要的贡献是把现代企业治理的一整套理念与制度体系带给了中国企业界。如果说之前的中国企业还停留在“情与义”“忠诚与背叛”的江湖阶段的话，“92派”从创立之初就普遍重视“产权清晰”“股份制”“契约精神”等现代理念，并刻意在自身企业中进行制度探索与实践。

他们是传统与现代的分水岭，是充满理性精神和征服精神的一代“大亨”，他们中的代表性人物许多是地产商、金融家或资源类型的企业家——不是他们选择了做什么，而是历史在恰当的时期给他们呈现出了恰当的机遇，因此，他们成为了地产商、金融家……同时，中国富豪榜的第一批明星也大多诞生于1992年之后创业的企业家群体中。

“92派”们大多很在乎自己在牌桌上的位置，但与互联网人物不同的是，他们常常以理性掩盖深刻的激情，他们中的一些人既渴望爬上虎背，又忧惧骑虎难下，他们深知自己生活在一个并非无所不能的时代和并非无所不能的社会，当然他们更深知自己并非无所不能的英雄，所以他们普遍低调而克制，并时而表现出某种不动声色的傲慢与优越。

“92派”是中国有商业史以来最具现代性的企业家群体，也是一个色彩混搭、不易评价的群体。

互联网企业家（1998年至今）：与美国的谷歌、亚马逊、雅虎几乎同步，中国于20世纪末诞生了腾讯、阿里巴巴和百度及一大批互联网企业与互联网人物，并且以20年左右的时间创造出了世界级的奇迹。他们是英雄，也是枭雄。

他们是真正的商业革命者。无论从理念层面、体制层面还是商业模式层面，他们对中国传统的经济与文化形态都有着巨大的颠覆性，乃至巨大的破坏性。

很长一段时期，他们简直是在真空的地带前进，自信满满且雄心勃勃，为争取机会而猛烈碰撞，“你不改革我就革命”——以互联网荡涤一切所谓传统制造业、传统金融业、传统生意、传统生活方式……“天降大任于斯群”，他们崇尚互联网“万能主义”。

互联网企业家们的优点也是他们的缺点，他们是过往20年的一个大幻觉的鼓吹者，也是狂热的践行者。他们自信能在过去不存在规则的地方创造规则，或者推倒旧规则重建新概念、新理论和新公式，包括发明新词汇，诸如互联网精神、互联网思维、互联网文化、互联网……他们在很长时间并不知道自己走得太远了，让时代失去平衡的同时他们自己也失去了平衡。

他们的雄心或野心是被硅谷和华尔街撑大的，但在技术创新与市值导向的天平上，有太多的企业向后者大幅下坠，甚至一切奔着上市，奔着独角兽，奔着市值——离“华尔街”更近了，离“硅谷”远了。

另一个重要特征是数据、数据、数据，数据为王；第三个特征是“互联网达尔文主义”。他们中的一些人信奉的是文明的弱肉强食法则，在一切能侵入的行业、领域跑马圈地，并类同于阿米巴虫的繁殖一变二、二变四……进而实现“大者恒大，强者恒强”的所谓“生态圈”。

互联网已经深刻改变了人们的思维方式、交际方式、工作方式、消费方式和生活方式，中国的互联网企业家们厥功至伟。

然而，遗憾的是，中国的互联网企业与美国的互联网企业有一个很大的差异：创新。我们的创新大多是跟随式的，大多是“柜台式创新”，大多是在交易环节、流通环节、营销环节的创新，而谷歌、亚马逊、脸书则完全不同，在基础研究、原创技术方面他们远远走在了世界领先的道路上。

二、企业家精神之我见：做本分的生意人

真正伟大的企业家无不呈现着深刻的悖论。

他们是理想主义者、梦想家，是从过去到现在、到未来的信使，比如乔布斯、艾隆·马斯克，比如任正非。但与此同时，他们又是超级实用主义者。

赚取更多的财富，是任何一个企业家命定的职业属性，这也从根源上决定了企业和企业家的生存法则：数字的增减与好坏的背后是你明天还能不能活下去，因此，任正非说，活下去是华为的最低纲领，也是最高纲领。

但伟大与平庸的企业家的不同则在于：赚钱的目的是什么。前者是为了一种理想，一种使命，财富则是撬动梦想的工具，后者发财就是为了发财。

积极的风险承担者。他们天然地对风险怀有兴趣，某种意义上正是对风险的拥抱与抵抗，才能让他们真正展现出勇气、洞察力、意志力，以及对团队的感召力。但他们也是极端的趋利避害者——谨慎乃至保守与他们对风险的偏好集于一身。

偏执的守拙者。不讨巧，不取巧，“一条道走到黑”、走到光明处，也许就引领了世界。华为30年间坚守主航道，拒绝多元化，拒绝机会主义，30年后成为全球通信行业的颠覆者、领先者，而世界500强中的多数西方公司也大抵如是。

柔软的同理心与最坚硬的孤独者。伟大的企业家，甚至包括一个合格的企业家或管理者，他必须拥有一种特质：同理心。己所欲，人之所欲。

自己谋求财富与权力的扩张，追求聚光灯下的荣耀与辉煌，你的同僚、部属、员工又何尝不这样？因此，财富不可独享，权力不可垄断，成就感应当共享，唯有如此，才能有上下同欲、同心、同力的众志成城。当然，同理心不仅体现在企业内部，还包括对客户的同理心，对社区和大众的“共感”。

与此同时，卓越的领导者又无不是孤独者，坚硬的孤独者。

以上是关于企业家精神的通识。但对于今天的中国社会来说，在这些通识之外，我们似乎更需要一种源自西方工业革命以来的古典企业家精神：做一个本分的生意人。

一是发现发明的能力。优秀的企业家对任何社会来说都是最稀缺的品种，他们是资源的整合者，是“无中生有”的冒险家，敏于和善于从实验室的科学发明中捕捉改变人类命运的技术潜质。

我们必须承认，美国那些曾经伟大的企业比如摩托罗拉，依然伟大的企业比如IBM和微软，新崛起的伟大企业比如谷歌和亚马逊，他们无不有过这样的辉煌：把一个科学原理、一个实验室的公式转换为一种技术创新，进而把技术的颠覆性创新转化为颠覆性的创新产品，然后受益于大众。

美国的超级霸主地位正是奠基于几百个这样伟大的企业之上的。

在这些伟大企业的背后一定有一位或一群先知般的企业领袖，他们也许对科技一知半解，但他们对科学发明和技术的直觉力，尤其是冒险的魄力、资源的组织力却是常人无法企及的。

二是推行大众化的本能。把发明转换成技术，把技术转换为产品，再把产品推向消费者，我们大多数成功的企业都拥有第三类本能和能力，这当然是对的，但遗憾的是，我们相当多的企业通过自我积累、通过资本化，拥有巨额的资本存量，但它却不愿意向上游的基础研究、原创技术进行投入，甚至许多企业的研发经费（包括应用技术的研发）远低于营销费用。

今天的中国经济与中国社会到处弥漫着“过度营销”，包括企业家自身的过度营销——他们的名声就是他们财富、权力、影响力的来源，但同时也是他们随时可能失去这一切的渊薮。这无疑有点讽刺乃至悲剧的意味。

三是颠覆者与“盗火者”的双面一体。处于追随者地位时，他们是“掀桌子”的英雄，是技术、产品、商业模式的破坏性创新者；而当他们站在领先者、领导者地位时，他们依然有一种“舍我其谁”的普罗米修斯气质：为人类做“盗火者”、探险家、引路者。

四是观念的纯粹性与职业的纯粹性。企业家并非无所不知，无所不能，不能以为创立了一家了不起的、准了不起的企业，就代表着一个企业家无师百通，有能力对大千世界诸般事物、诸种事件“指点江山”、挥斥方遒，更何况在今天这个技术日新月异变化、社会剧烈震荡的时代，企业家倾尽全部身心，专注于自身行业与自身企业，也不见得能够应对眼下的挑战与未来的冲击。

三、企业家精神之暗疮种种

我们应该崇尚和张扬古典的、传统的企业家精神，竭力做“纯粹的生意人”，与此同时，也必须对“企业家精神的暗疮”保持警觉与警戒:

（一）雄心壮志与贪得无厌

一流的企业家无不怀有强烈的企图心，旺盛的欲望与旺盛的精力似乎是他们的天赋特性。然而，对一些人来说，奋斗、奋斗、奋斗，摆脱了物质的饥渴，成为千万富翁亿万富豪，甚至成了财富金字塔顶端那百分之一、千分之一的“稀有物群”之后，他们却活得不快乐。

我们周围有一批这样的活得不开心的富人们，财富积攒得越多越不快乐——这几年，不止一位企业家向我吐露过这样的苦恼。

雄心壮志当然是好的，但雄心壮志和贪得无厌往往是一墙之隔。

我在多个场合向一些企业家朋友推荐两本书，马克斯·韦伯的《新教伦理与资本主义精神》和肯尼斯·霍博兄弟俩合著的《清教徒的礼物》，两本著作讲的是同一个哲理：财富创造的动机与企业家的价值追求。财富不应成为禁锢企业家精神的“铁笼”，而应似“轻飘飘的斗篷，随时可以将其甩掉”。卓越的企业家无不有一种“救世的气质”。

中国企业家普遍面临的精神困惑也许正在这里：赚钱的意义何在？财富是目的还是工具？

我们需要构建中华人文背景下的企业家信仰体系、使命体系与价值观体系。

（二）一个病态的商业逻辑：先作恶，后洗白

近年，一些怀有一夜暴富心态的创业者，在公开或私人场合堂而皇之、理直气壮

地鼓吹类似的观点：野蛮生长，降维打击，唯快至上，垄断为王……

导致的结果是，什么有害无害，假货真货，假数据真数据，假信息真信息，侵权与否，安全与否……都不重要，都可以轻视以至无视。

一切都为业绩的火箭式增长让路，为市场的跑马圈地让路，为“一家独大”的老大地位让路，为威风八面的独角兽让路，为估值和市值让路……

有学者私信于我：先作恶，后洗白，某某公司就是这么走过来的。

不敢苟同。我们毕竟已经改革开放40年了，市场经济和法治化建设也毕竟40年了，我们已是世界第二大经济体，早该告别原始积累期的丛林法则了。

在一个喧哗、喧闹的时代，企业家最需要的是自我怀疑和自我审视。极端点说，中国的企业家可以不读管理书籍，但不能不读中外历史。读史使人明达而知进退、知荣辱、知行止。越是握有权柄和拥有财富的人群越要有大历史观。

历史有一条逻辑亘古未变：上升者必有顶点，上升快的，垮下来就更快。

（三）富不过两三代之兴衰律

这些年研究组织兴衰律、兴亡律，从美第奇家族，到胡雪岩帝国，到中国改革开放以来的一批民营企业，有不少逃不出这样的轨迹：初创时勤劳节俭，清明克己；发展到中期，即所谓繁荣期、成熟期，开始奢华失度，奢靡无算；到了晚期，就是溃烂，刹不住车的从上到下的人性溃烂、文化溃烂、组织溃烂。

美第奇家族冒险与征服的基因不可谓不强壮，最终却以最悲绝的下场落幕，渗入骨髓中的浮华、腐化与懈怠是大悲剧的根因。而绝大多数的东西方公司并没有美第奇家族这样的幸运和长寿，毕竟它活了300年。

我们的祖先们总结得很精辟：富不过三代。

富不过三代？如果我们剥离掉外部环境历史治乱的周期律，看到的则是一个冰冷的组织自身、家族自身的兴衰内因：曾经赖以崛起的基因衰变了——活力衰减了、孱弱了乃至丧失了。

一位46岁的投资家一边抽着雪茄，一边问我：老师，我的财富已经够几辈子了，可不可以告诉我，我，我的儿女们继续奋斗的理由……

30年前穿草鞋的少年，梦想有朝一日穿皮鞋，穿上皮鞋后依然奋斗不止，现在突然什么都有了，豪宅豪车游艇，雪茄红酒高尔夫……

也有企业家朋友对我倾诉：创业前十多年，我每天工作十几个小时，甚至通宵达旦，现在最不想去的是办公室，最喜欢的是茶道和香道，还有坐禅。

富不过三代？那是传统农业时代中国名门望族的盛衰律。而在今天这个竞争高度透明和残酷的信息时代，葆有二代的兴盛恐怕都不易。而事实上，在第一代的身上，我们已经目睹了太多的速成与太多的速朽。

有学者认为，新教文明与儒家文化虽是完全不同的两大思想体系，但二者有一个共通点：主张劳动是人的天职，崇尚勤奋；同时训导人们要懂得节制、克制。勤劳致富的另一面是节俭。

（四）“巨婴心态”与机会主义

中国经济一个显著特征是：政策驱动模式。

中国企业家中为数不少者也患上了一种“巨婴心态”的政策依赖症。许多企业家都是半个“时政家”，几十年在政府文件、领导人讲话、政府工作报告、报纸社论的字里行间期待或失望，亢奋或忧惧，在一波又一波的产业政策变化中捕捉机会、变换战略、调整方向，也的确有相当一批企业总是能踏准政策潮变的节拍，抓住了诸如房地产、矿产、金融证券、重化工、新能源、大农业、互联网+、文化艺术等机会，并获得短期的暴起和急剧的规模扩张，但这种政策驱动的非理性冲动在带来非理性繁荣的同时，是诸多企业的“肥胖症”：大而不强，大而虚弱。

令人叹惋的是，一些第一代的制造领域的优秀企业，也在过去的二十年左右，定力不够，随风起舞，四面出击，八方布局，偏离了主航道。而稍具规模的县级以上企业大都涉足了房地产，更具规模的企业大多涉足了金融业，房地产与金融曾经在一些企业家眼中是最大的金矿，如今却是两大“风暴眼”。

“互联网金融”如火如荼时，我给一位支付公司的创业家发短信：深色西服、深色皮鞋、领带、戒指等代表着一种文明禁忌，距离财富、权力最近的人必须有更多的禁忌心，必须要更加知晓行与止的边界。

金融从业者是黄金堆边的“守护人”，但没有一分银子是他或她的，他们只是信托者，这就决定了金融的本质第一是风控，第二还是风控；第一是节制欲望，第二还是节制欲望，其次才是创新。但当大批的穿牛仔的冒险家、淘金者们闯入金融圈时，就离灾难不远了。

一位著名的科技制造企业的老板，前几年不无忧虑地对我说：我在北京一家酒店的咖啡厅喝咖啡，左边一群人是搞P2P的，右边的男孩女孩是搞投资的，后面的一伙是搞众筹的……似乎满大厅的人谈的都是金融，而且大多数是年轻人。

85后、90后这一代中国青年，这十年他们耳濡目染了太多一夜暴富的财富神话，走上社会后，他们中的一些人也成了躁进的机会主义者，都市街巷遍地而起的咖啡馆到处都是青春燃烧的面孔，和焦灼兴奋的“赌徒们”——几年前最发烧的是P2P与众筹，而今最新潮的是虚拟货币与区块链……

“一次赌徒，一世赌徒”。然而，赌场不再有了，也不能再有了。

（华营管理私塾首发；华夏基石e洞察公众号2022年11月28日发布）

创新精神是应对经济衰退的根本力量

什么是创新？牛津大学教授马特·里德利（Matt Ridley)认为，科学发现与技术创新是“不同想法的交配”。那么，企业家与技术发明、与创新是什么关系？企业家是把人才想象力、技术想象力、资本想象力、商业想象力进行复杂交配的媒介，是各种创新要素的整合者。

在推动各种想法进行交配的过程中，企业家还必须拿出真金白银、个人信用面向不确定性进行战略博弈，所以企业家是“风险事业的经营者”。硅谷是全球技术和商业创新的高地，硅谷奇迹是“斯坦福+企业家/创业家+资本”的多要素组合，而企业和企业家精神则是其中最核心的纽带和基础性要素。硅谷是全球人才密度和资本密度最高的地方，同时也是企业家密度最高的地方。

一位研究创新和领导力关系的哈佛大学教授在参访华为松山湖科技园区之后与我交流：硅谷是世界上最开放、最具现代性的“大学”，也是最具投资性、投机性的仅次于华尔街的“华尔街”，若没有成千上万的企业家、创业家，硅谷就是“死谷”。华为的成功同样是企业家卓越的领导力的展现。

企业家是推动技术创新、产品创新、交易创新、组织创新和企业制度创新的根本力量，企业家也是推动经济走出衰退的决定性力量。

一、每一次经济危机，都会倒逼一批创新成果

世界正处于一场经济衰退的早期阵痛之中。“衰退的唯一原因是繁荣”，人类在信息技术创新带来的长达三十多年的繁荣之后，正在步入技术创新的徘徊期和“黎明前的突破期”，以及经济的衰变期。

然而，衰退期带给真正的企业家的不是绝望和恐慌，而是警示和考验，更可能是机遇。危机有一种神奇的功能：就是每一次的人类经济危机、社会危机，都会倒逼人类社会变得更开放和更包容，倒逼一批创新成果的加速形成和加速产业化。

因此，有远大抱负的企业家在危急时刻，更应该最大程度地释放企业家精神和战略主动。比如俄乌冲突和全球气候变暖，也许在很大程度上会大大加速新能源技术、绿色能源技术的创新步伐和商业化步伐，很有可能的是，下一轮的经济复苏依然会来自能源技术的突破。当然，有一种观点认为，下一轮的经济复苏是多角技术创新所共同推动的，比如新能源、人工智能、生物技术、太空探索，等等。

二、企业家精神活跃之地，创新成果就会涌现

中国不应该、也不允许在新一轮的技术创新浪潮中缺席。但我们首先必须在全社会建立基本共识：企业家在创新中的核心作用和引领作用。重视而不是歧视企业家，尊重而不是轻视企业家精神，就是要让企业真正成为市场主体，市场的事情企业说了算，企业的事情企业家说了算，创新的事情企业家和创新人才一起说了算。

与之同时，我们的社会也必须建立关于创新的常识：创新的内在驱动力是思想自由、学术自由，而不是千篇一律和千人一面。硅谷是创新之谷，硅谷也是全球最开放、最自由、最富于创造力的技术和商业思想高地。

实践一再证明，哪里拥有宽松、宽容、宽厚的文化氛围和有利于企业和企业家成长的体制优势，哪里就会活跃着企业家精神，就有创新人才的井喷式涌现，就有创新资本的蜂拥而至，就会诞生层出不尽的创新成果。

三、华为的创新观：“没有开放的学术自由，就不可能有创造力”

华为的创新离不开深圳的开放环境，离不开深圳特区对制度创新的包容、对新生事物的鼓励与支持。这几年国内外不少专家学者感兴趣于研究华为的员工普遍持股制模式，但华为如果不是诞生和成长于深圳这样一个体制改革实验区，员工普遍持股制大概率会以所谓的“非法集资”而被禁止，而走向消亡。

当然，华为的创新也是企业家精神最充分、最生动、最成功展现的案例。过去十年，华为累计研发投入8500亿元人民币，年均占销售额15%以上；每年在基础研究领域投入超过200亿元人民币，在全球建立了68个基础技术实验室，与全球许多一流大学建立了172个联合创新实验室。华为近20万员工中，约一半以上是研发人员，是全球最大规模的研发团队。截至2021年底，华为拥有11万项有效授权专利，90%以上是发明专利。

华为在光传输、云计算、5G和人工智能等领域处于全球领先地位。这得益于长期的高密度的资本投入、高密度的人才汇聚，还有一条法宝：逆周期创新投入。2001年的全球IT泡沫、2008年的全球金融危机、2019年以来的美国对华为的极限制裁、当下的全球经济衰退，每一次危机华为都把它转化和力求转化为人才机遇、创新机遇、发展机遇。2021年在销售额下降28.9%的背景下，华为研发投入高达1 427亿元，占全年销售收入的22.4%；2022年前三季度研发投入1 100亿元，占销售额之比超过25%。

华为在创新方面一以贯之的战略设计、激进而长期的战略投入、坚定而开放的全球人才布局、对基础研究的重视，都在彰显着华为高层领导群体的企业家精神：使命

精神，奉献精神，冒险精神。

华为的创新也和任正非几十年来所营造的自由、宽松、包容的研发文化有极大关系。任正非多次讲道：没有开放的学术自由，就不可能有创造力。“科学家是没有边界的，是相互启发的。允许科学家在喇叭口里面胡说八道，专家们可以胡说四道……”“科学家要多在一起喝咖啡，促进思想碰撞，思想杂交，才能井喷创造新思想……”“任何人一个不经意的小火花，可以启发很多人，点燃熊熊大火”，“要把专家和科学家的观点原汁原味地开放，特别是吵架的观点，我期望点燃两座火山让他们去吵去，总能打出一堆结果来。……我希望吵得更厉害，拿个小扇子把火烧得更旺，不要学铁扇公主把火扇熄了”……

这就是一个胸怀世界、胸怀未来的中国企业家的人才观和创新观。我们为什么要创新？创新的目的是什么？让人类世界变得更开放、更自由、更文明和更美好。但愿我们国家能够诞生和成长出更多拥有使命精神和理想主义追求的企业家。

（根据田涛在2022全球产业发展论坛的演讲整理；华夏基石e洞察公众号2023年1月3日发布）

越是危机，越要相信“管理的力量”

一、相信“管理的力量”

对企业家而言，时刻面临着市场瞬息万变的不确定性。因此，企业家是天然的风险家。但优秀的企业家绝非赌徒，他们是以内部管理的确定性应对任何外部不确定性的职业管理家。

40年前，30年前，在几个特殊的时间节点，突然间，960万平方公里的土地上，雨后春笋般地冒出许许多多的生意人。在深圳，在海南，“一颗椰子掉下来能砸到三个老板”，蜂拥而来的“淘金者”们、创业者们把他们长久被压抑的渴望寄望于一个时代、一片热土，一些人十几、二十年后成为骤起的巨贾豪富，也有少数人在赚到第一桶金后成为企业家。

前者更相信命运的力量，后者更信奉管理的力量，比如任正非，比如王石和张瑞敏。

历史充满了“误判”和“误伤”，但历史的另一面却是不断披沙拣金、吹糠见米的优胜劣汰过程。中国民营企业的40年，某种意义上是迷信不可知的命运力量与相信管理的力量这两类不同企业文化赛跑与竞争的40年。

一些历经三四十年风吹雨打，并从卑微的起点崛起为一个地区、一个行业乃至国家层面的大企业、超大企业，曾经是优胜者，近几年却普遍陷于困境，究其根因还主要在于“米不再是米，金不再是金”，缘于企业规模的急剧扩大和企业管理的滞后，比如企业家在组织兴衰逻辑认知上的欠缺、企业家战略洞察力的偏弱、企业家自身的懈怠，也缘于一些企业家的命运观。

一位起家于制造业，后来转身做房地产、煤矿和投资的民营企业家，在创业期信奉奋斗的力量、组织的力量，不到二十年就创造了一个“商业帝国”，而财富的暴涨使他产生了强烈的幻觉，认为这一切都得益于多种神秘因素的加持，这些年，他的身边一会儿是僧人，一会儿是道士，一会儿是风水先生，亦佛亦道亦风水，自己却越来越少地出现在办公室，出现在团队中，出现在市场一线。

而当行业监管风暴来袭时，企业已是负债累累，他自己也成了被限制高消费的对象。

必须承认，中国企业今天普遍面临的最大困境之一是：管理落后。企业家和商人群体在创业的早中期，更相信个人意志的能量，成功后有些人更偏执地相信个人呼风唤雨的能力，也有不少人在面临危机时，常常寄望于通过某种外在的神秘力量（强有力的社会网络等）去对抗外部经济政治周期的不确定性，却忽视内部管理。

但任何外力都充满了不可预测性，以不确定性力量应对不确定性风险，无异于缘木求鱼。内部管理的确定性才是战胜外部不确定性冲击的唯一法宝。

学者汪丁丁说：“每一个中国人，只要他的企业家精神被激活，他的人生就有了悲剧英雄的基调。然而，中国人既生活在当下，也生活在传统中，所以，中国人与西方人相比，更容易从英雄角色抽身出来，重返平庸。”

企业家是那种终生与不确定性缠斗的高风险角色。正因此，企业家都必须拥有冒险和探索的英雄气概，而只要是英雄，结局无非是喜剧英雄或悲剧英雄。

但与西方企业家相比，中国的企业家英雄们，不少人在获得短暂的成功与辉煌时，容易陷入角色的迷失：在相当多的企业家眼中，做企业是安身之所，而非使命。非使命故，他们就缺了一种对商业的执念、对管理的执念。

几年前，我应邀在国内某著名商学院举办演讲，在问答环节，一位50岁出头的企业家讲道：三分管理七分命，任正非的命好，华为也不过是“幸存者偏差”，倒下的企业已不能开口，任由成功者讲述“活下来的奇迹”。

而一位留美回国创业的38岁科技公司管理者反驳道：我既相信个人的力量，也不否认命运的力量，但我更信赖管理的力量，七分管理三分命……

二、“上帝的掷骰子游戏”？危机管理之企业家精神

当宿命论者认为那些优秀的企业和卓越的企业家不过是“上帝的掷骰子游戏”，是某种侥幸使他们“活出了神话的样子”时，危机，一个接一个危机却在不断验证着企业成败的理性法则。危机管理最能凸显企业与企业的不同竞争力，凸显企业家与企业家在意志力、洞察力、感召力、组织力、思想力方面的差别。

企业家是一种单调的职业，“像一位船长，每天都在重复掌舵”。在日复一日的平凡的管理中，很难区分谁才是卓越的企业家，什么才是真正的企业家精神，但在狂风巨浪呼啸而来时，高下立判。

一个平平常常的商人，也许被一场突兀而来的飓风碾碎，也许向命运投降，而有人却从危机中获得了神话般的勇气，赢得了决定性的胜利，他的天赋基因——冒险和征服的基因便被激活了，而在一而再，再而三的风暴碾轧中，他不但自我信念持续加强，自信心持续增长，而且习得了、形成了一整套应对危机的价值观和方法论，那么他就实现了从商人向真正企业家的蜕变和转身。

英雄总是在危机中兴盛，危机塑造了企业家英雄。纵观东西方企业管理史，也无不是在危机中逼出来的管理灵感、管理理论与管理工具。

华为是中国乃至世界范围内的危机管理经典标本，任正非也应该是世界级的危机管理企业家模板之一。

35年前，任正非因生活所迫，创立了华为技术有限公司。我1999年初识任正非时，华为已是中国颇有影响力的通信制造企业，在全球业界也有一定知名度，但我当时最深刻的印象却是，他在与一群人、几个人一起交流或与我单独交流时，时常哽咽流泪，某些情形下甚至在大庭广众失控痛哭。

这可是一位前军人、一个貌似铁打的男人啊！

所以，我经常以任正非为例，给一些中青年企业家讲，不要讲什么男儿有泪不轻弹，弹完泪，压力暂时疏解了，再昂首挺胸去应对压力和战胜压力。

华为的35年，可以说是一个危机接一个危机的苦难叠加史、血泪史，在世界范围内亦属罕见。我曾对任正非说，这些年的华为就是提着一口气，上上下下咬着牙挺过去了，挨过去了，又上一个台阶。他答：你讲的是对的。

1997年，华为的销售额在“巨大中华”这四大通信巨头中位列第一，华为却遭遇了诸多有形无形力量的打压。

无奈之下，1999年，华为与摩托罗拉公司秘密谈判，打算以近百亿美元的价格出售给对方，最后一刻被摩托罗拉新任董事长否决了。华为在20世纪90年代也曾谋求成为一家上市公司，被以“华为没有科技含量”而否定。

这种种因素逼出了华为的一系列管理创新：大规模的员工普遍持股制、技术与研发创新管理、市场管理创新、激励制度创新、财经管理创新等。严格地讲，华为的全球化也是被内外危机逼出来的。与此同时，任正非也被逼成了独具风格的管理思想家。

换言之，如果没有一个又一个危机的挤压，任正非也完全有可能会是一位平庸的企业家，或者如汪丁丁先生所言，从英雄重归平庸。

企业家的理念和信念既需要少数人的坚定支持，也需要对多数人的感染和争取。

我对一些企业家讲：你们不能做闭门僧，不能自我神秘化，要时常出现在团队之中，要做演说家、鼓动家，向微软前CEO史蒂夫·鲍尔默和现任CEO萨蒂亚·纳德拉学习，向乔布斯学习，向马斯克学习，向任正非学习。

任正非每天工作的一大半时间是在和不同层级、不同部门的管理者、专家、普通员工进行各种正式或非正式座谈交流。

2020年除夕夜，他花大半夜时间读完了尤瓦尔·赫拉利的《人类简史》，并写了上千字的读后感，大年初一却又出现在华为的一个个研发办公室，慰问加班员工，给大家鼓劲打气。那一年的春节，从初一到初五，他每个下午都出现在不同的研发办公室。

企业管理在一定意义上是一种信心预期，尤其是在企业面临重大危机的关头。而企业家则是构建信心的源头，也是信心的发动者和最核心的传播者。

三、活下来是企业管理的最高哲学

任正非早在20年前就讲过：华为的最低纲领是活下来，最高纲领还是活下来。在跟踪研究华为的23年中，我见证了华为历史上许多的惊心动魄，也见证了华为如何一步步度过了艰难岁月。

任正非说华为的最低与最高纲领都是活下来，其实这不仅仅是他对华为管理的切身体验，也是任何有使命追求的企业和企业家的基础性管理哲学。

不创新会死，不变革会死，不构建范式会死，不打破范式会死，缺失活力会死，缺失秩序会死，甚至某一批产品出现质量问题会导致一家生机勃勃的企业顿时坠入冰河……

哪有什么基业长青？基业永固是梦想，危机四伏与挑战重重才是大多数企业永远的现实，东西方概莫能外。

欧美那些百年企业巨头之所以不断缔造商业奇迹、创新奇迹、发展奇迹，究其根本，是在一次次的内外重大历史危急关头，他们总是能够提前预警危机，并以强大的组织韧性和系统的战略设计和策略推进，从而展现出了卓越的生存力，从而活了下来。

唯有活下来了，才有可能达成组织的使命追求。何谓“基业长青”？活下来，有质量地活下来。

在全球经济政治周期面临前所未有的不确定性和巨大风险的今天，我结合华为以及西方一些伟大企业的危机管理实践，提出几条关于怎样抵抗和应对危机的对策性建议，仅供参考。

总的基调是：最坏的预期，最充分的准备，最坚韧的意志，长期不懈地奋斗。战略与战术原则是：稳住阵脚，收缩战线，夯实基础，等待时机，提速前进。

更具体的应对危机的方法论，也可以用12个字加以表达：深挖洞，广积粮，高筑墙，缓称王。

“深挖洞”：在优质市场（包括潜在优质市场）和优质客户（包括潜在优质客户）上充分聚焦，进行资源倾斜。

“广积粮”：首先是向业务运营要利润，要现金流。实现有利润的增长，有良好现金流的利润。其次，通过多渠道资本运作（包括出让非核心业务等多种方式）储备充沛的现金流，以应对可能的经济衰退风暴。

“高筑墙”：打造强大的技术与产品实力、组织实力。

“缓称王”：韬光养晦，隐忍潜行，等待时机。

什么叫最坏的预期？我们可以一厢情愿地幻想：一切不确定性背后都是一场庸人自扰，或者上帝格外偏爱我，风暴席卷世界，这边风景独好。抱有这种心态的人最好不要做企业家。

企业家是职业风险家，优秀企业家从来都是热烈的理想主义与冷峻的现实主义的结合体：拥有理想，不抱幻想，从最坏处着眼，向最好处努力。

稳住阵脚，越是在乌云盖顶的危机期，几个月、半年、一年之内，企业可能面临毁灭性打击，企业家越要最大限度地调动自身的多巴胺能量，并高密度、高频度地出现在团队中间，充分展现勇气、力量、自信心，并与团队形成强烈的使命与激情共振。

反之，帅溃则兵溃，兵溃如山倒。

危机时期是最好的团队建设期，要创造性地开展多元化的物质与精神激励。华为在这方面积累了很多成功案例。比如华为在2002年曾经开展过高中层干部集体降薪活动，有人主动写报告要求降薪，却被任正非打了回去：“你没资格降薪，你的工资达不到降薪标准，我们还要给你加薪！”

企业在面临危机或预期危机发生时，裁员与降薪是通行的方式之一，但企业家对此要有系统性思考：首先是究竟要不要裁员，要不要降薪？其次是怎么裁员，怎么减薪？然后是如何做到震荡最小化？

又如何通过裁员和降薪活动更有效地激发团队士气，而不是形成恐惧效应？进而是为什么对一些人降薪又对另一些人加薪？为什么在裁员的同时又要招聘新的员工？……

这些无不体现着管理的辩证法。一遇危机就一刀切地粗暴裁员和降薪，既对员工未负起责任，也会损害企业的长远竞争力。

华为每年投入几十亿元给战略预备队及后备干部/专家资源池，既是为了员工转型赋能，也是为了避免大规模裁员的重要举措。

收缩战线并非仅仅是危机来临时的应激之举，其实企业管理的整个过程，就是扩张—收缩—扩张—收缩的动态演进史。

我观察和研究华为，发现几十年来，它每两年都是在扩张中前进，研发与产品线会在这两年左右冒出不少新项目，在市场上也攻城略地，高歌猛进。

但进入第三年，又进入收敛期，砍掉一些研发项目，压缩一些产品，市场体系从一味“打山头，抢合同”转向既要打仗，又要抓合同质量，追求利润增长和现金流增长。一年左右的调整见效后，又进入新一轮扩张期。

企业在外部不确定性因素越来越大和经营环境越来越差时，收缩战线是明智之策，但收缩不代表放弃和不思进取。

收缩战线的辩证观是：守住核心产品，砍掉一些当下不能带来业绩、未来预期有限或渺茫的产品，同时布局新的技术创新和产品研发；守住关键市场和关键客户，放弃一些鸡肋市场和鸡肋客户；无论是技术、产品（包括新技术和新产品）还是服务，都要把有限的资源向优质客户和潜在优质客户倾斜。

危机期既需要像狮子一样储备实力，等待时机，在危机过后提速前进；也需要像鹰一样，瞅准危机阶段的某些特殊机会，在局部主动发起进攻和扩张。

二十多年前，在华为的技术能力、产品能力和资金、人才都处于匮乏状态时，任正非号召员工看一部电影《南征北战》，20年后，华为的综合实力已今非昔比，但任正非在与管理层座谈时，还不时提起这部老电影：退却是为了更好地进攻，进攻是最好的防御。

四、人才与变革，技术与产品

夯实基础首先是夯实人才基础。危机时期，企业要收缩战线，砍掉某些产品部门和缩小非作战部门，最大程度降低运营成本以争取活下来，这自然会涉及裁员甚至规模性裁员。

但为了未来更好地活下去，有远见的企业还必须在裁员的同时，抓住机会，引进一些紧缺的优质人才，比如专业性强的技术领军人才、财经管理专家、风控专家等，也包括招聘刚刚大学毕业的新员工，以补充新鲜血液。

俄乌冲突以来，全球人才市场普遍迎来了从短缺到富余、从超高价格到理性价格的阶段（顶尖人才例外），这对有人才需求的企业无疑是机遇。华为的做法值得借鉴：趁势吸纳市场上过剩人才的同时，不但不借势降低人才价格，相反给予顶尖人才更高的待遇。

其次是夯实组织基础。危机也是进行组织变革的机遇期。华为的变革经验证明，企业在发展势头良好时，推动各方面的变革最为有力，变革的成本最低。

就其实质而言，变革是一种“拆旧庙盖新庙”“换血与输血”的利益关系的重新调整，搞得不好会得不偿失。而企业运营顺利时，也有实力抵御某些组织动荡。

但华为的变革实践也同样证明，在企业发展到一定规模，业务增长较好，外部压力和威胁较低时，往往变革动力不足，阻力也比较大。相反，在危机压顶时，组织进入“战时状态”，变革则进入提速期，反对变革的噪声降低，拥护变革的响应度显著提高，变革的速度和成效也有提升。

变革是面向未来的风险工程，人们无论是出于公心还是私心，怀疑甚至抵制变革本属正常，但不进行实验、畏惧失败就不会有变革，没有变革也就没有了未来。

比如华为正在进行的合同在代表处审结的体制变革、向谷歌学习并进行自身创新的军团组织变革，都是一种针对大企业病和应对外部危机的积极实验，成败与成效究竟如何，都需要经过三至五年的结果检验：是否提升了组织活力和竞争力？是否激发和促进了个体的主动性和创造性？是否明显改善和提升了部门和企业整体的绩效？

归根结底，是否促进了多产粮食？即使出现某些挫败或与变革预期的差距，变革也一定比不变革好。死水一潭、上下板结的企业，结局就是静悄悄地走向衰落，这样的案例在全球大企业中比比皆是。

然后是夯实技术和产品基础。我们必须清醒认识到，中国经济正在告别“萝卜快了不洗泥”的原始积累期，经济衰退也会加速大众理性消费时代的到来。

所以，企业间今天和未来的竞争，是技术创新和产品质量、产品价格的综合竞争。衰退也许会让企业家们变得更理性、更沉实，让各行各业的企业真正回归商业常识，回归管理常识：质量是产品的核心生命力。

衰退与繁荣的经济周期律，对企业和企业家们来说，既预警着黑暗，也预示着曙光。

而对中国企业而言，即使全球经济跨入衰退期，我们仍应有一种基础预期：14亿人的物质消费与精神消费是每时每刻都会发生的，这是一个长期的、不间断的、庞大的内需市场，但这也是一个越来越趋于理性消费的刚需市场。更何况国家坚持对外开放的国策不变，贸易开放政策不变，国际市场的刚需消费也是大可期待的。

还有，经济危机也会加剧优胜劣汰的进程，使得一些管理不善、对衰退预期不足和准备不足的企业陷入困境，甚至垮掉，从而降低了市场竞争的烈度，这对那些管理相对优良的企业而言，对市场本身而言，也未尝不是好事。

危机期，企业（企业家）与企业（企业家）之间的竞争，核心表现在：谁更具乐观精神？谁更具危机意识？谁的团队更具战斗力、凝聚力和忍耐力？谁最先倒下去？谁是最后活下来的那一批企业？

还有更直接和更具体的挑战是：谁在夏天备好了过冬的棉袄？

五、现金流：危机管理之“血脉论”

30年前，走出校园进华为仅仅两年多的郭平被任命为财务部经理，30年后，已是“元老”的他回忆道：“我那时每天早上到办公室，就被一拨拨催债的人堵在门口要钱，我打躬作揖，赔笑脸说好话——放心，绝不会欠大家的……久而久之，他们就给我起了个绰号——‘千年不赖，万年不还’……”

华为西安研究所原所长（退休前任华为公司党委书记）周代琪讲道：“公司资金在前十多年一直非常紧张，有一天在食堂排队打饭，老板排在我前面，脸色很难看，我问他：‘老板，你病了？’他冒了一句：‘吃了这顿还不知道有没有下一顿，公司账上没钱了。’晚餐时，一进餐厅，我看见老板在和几个人同桌吃饭，喜笑颜开地大声讲话，我问一起排队打饭的人，说是下午催到了一笔货款，账上又有钱了……”

华为历史上大约2/3的年份都是一家“缺血”的公司，它不是上市公司，无法从资本市场募集运营资金；它是一家民营企业，又缺少抵押物，从银行贷款也曾经很困难。

任正非近些年经常会感念创业早期那些“救过华为命”的人，而且时间、地点、细节都回忆得清清楚楚。比如在华为刚刚起步做交换机代理生意时期，香港鸿年公司采用“先提货，卖出后再付款”的赊账模式，等于帮华为垫资上亿元人民币，让华为赚到了第一桶金，活了下来，任正非每提及鸿年公司就说“鸿年是华为的恩人”。

在华为历史上最困难的时期，“找米下锅”是最大的困境之一。明天就揭不开锅、后天就揭不开锅，几乎年年月月困扰着任正非。

早期最困难的十多年，为了“找米下锅”，华为经常跟客户谈判，合同价格打七折左右，以换取客户早点付款。也曾经成立催款小组，几十位员工奔赴外地，拜访客户，请求客户按时付款。

这中间发生了许多令人唏嘘的故事。中国的民营企业大多有一串辛酸故事，有一位陕西企业家说：几十年，流了多少汗，洒了多少泪，喝了多少酒，求了多少人，掉进多少个坑，交了多少学费，也才换来了一点成功，但后面的路依然非常艰难……

2001年前后，华为高层敏锐洞察到，全球通信行业正在面临泡沫破裂，一场危机会使整个行业步入冬天。

管理层及时作出决策，将华为电源公司以6.7亿美元的价格卖给了美国艾默生公司，从而既备好了“过冬的棉袄”，也为行业景气回升后的提速前进奠定了资金基础。

极度短缺的现金流逼出了华为的制度创新。华为的员工持股制既是任正非的观念产物，也在某种程度上是一种稳定而脆弱的“资本流”：公司只要持续增长，持续盈利，员工就更乐意将通过自己的奋斗赚到的真金白银持续投入公司；反之，当公司连年亏损，股东就会用脚投票。

这种制度设计把华为十几万人逼向了“华山一条道”：企业家、各层级管理者和大多数员工（一些暂时不符合配股条件的员工，在符合条件后也有资格成为股东）与华为既是契约约束下的劳动雇佣关系，也是同一条船上的利益共同体和命运共同体，这些人都具有了“资本人+劳动人”的双重价值。

其结果是，从华为创立以来，华为在34年的历史上，年年有强劲的业务增长，年年有稳定的利润增长，股东每年都有可观的分红。

看华为34年的销售增长曲线和利润增长曲线，与全球500强企业过去34年的增长曲线图相比较，你也许会发出惊叹：这是全球大企业中少见的漂亮的曲线图，也应该是华尔街投资者眼中最理想的增长曲线图之一。

这一切的背后，皆归因于管理的力量，归因于任正非对管理规律的敬畏和尊奉，归因于华为持续不断的管理创新。华为的员工持股制应该是其中最为显著的管理创新之一。

华为的现金流长期紧张，也和它的人才战略、研发战略有极大关系。华为从事的是一个对资本和人才要素要求很高的高科技行业，它要想吸引人才和招聘更多的优秀人才，早期就必须给予人才比国内市场更高的待遇，但它的起步资本金仅有2.1万元人民币。

它要想在一个极低的起点起步，从而在高科技行业拥有立足之地，就必须有激进的技术和产品创新投入。

现金流是为了活下来，以高于全行业水平的薪酬、股权、TUP（虚拟递延分红计划）、奖金等综合价格吸引全球人才加盟华为也是为了活下来，激进的研发投入尤其是基础研究的投入，是为了能够长期活下来，这是一个动态的辩证关系，但基础保障还是现金流。

多年前，任正非带领郭平等人，去广东一个客家土围子遗址，在封闭而坚固的城堡顶层，任正非指着环型土围子中央的水井说：在被包围时，缺弹药还能熬一阵子，但不能缺粮缺水啊！这就像人的血脉一样，血脉断了，当下就没命了……

六、二元张力与多元悖论：“企业三张表”背后的管理哲学

年轻时读莎士比亚的《威尼斯商人》，头脑中烙下了一个城市的名字——威尼斯，也烙下了一个戏剧主角的名字——夏洛克，一个贪婪的、冷酷的、狡诈的高利贷商人。

2006年去威尼斯旅游参观，看到圣马可广场的教堂门柱墙壁上方有一幅巨大的人物群雕，导游告诉我，最上面那位是威尼斯历史上一位著名商人，也是一位“护教者”和教堂赞助人。

14—15世纪的威尼斯曾经是欧洲和意大利最强大和最繁荣的“海上共和国”，商人在当时拥有很高的地位。

而正是这些贪婪的、精明的商人，在无数次成败赢输的经贸活动中，摸索和创造了一系列商业规则和管理工具，其中最重要的创新工具是复式簿记。

1494年，一个叫卢卡·帕乔利的人写了一本叫《数学大全》的书，其中有一部分章节系统总结了复式簿记，帕乔利因此而成为“会计学之父”。

1534年，一位德国商人出版《简明德国簿记》，公布了世界上最早的一张资产负债表格式。1844—1862年，英国颁布《公司法》，明确了资产负债表的标准格式。

1883年，美国出现经济衰退，为了防范企业做假账，美国银行家们在欧洲两百多年前创造的复式记账法的基础上，推出了资产负债表、损益表、现金流三张表，企业

去银行贷款，必须持有法人代表和财务经理共同签名的“三张表”。

从此之后，三张表逐渐从企业走向国家和其他社团组织，从西方走向整个世界，成为衡量一国经济是否健康、一家企业经营是否健康和可持续的世界通行的统一依据和唯一标尺。著名的会计学教授薛云奎先生对我说：三张表是西方经济400年来的伟大发明。

2009年，新加坡国立大学商学院陈仁宝教授讲授“企业财务报表分析和诊断”课程，他把“三张表”的内在机理讲得无比透彻，我在讲义上做了密密麻麻的笔记。

茶歇间隙，我向陈老师请教：三张表是管理哲学啊！他说，是的，三张表是一个系统哲学。以下观点是我在跟随陈仁宝教授学习“三张表”时的感悟摘要（有部分补充和修改）。

二元张力：短期生存与长期主义。紧盯脚下，抓住眼前机遇，获取最大利益是企业和企业家的本能选择，并无不妥。但一夜暴富有可能，夜夜暴富则是一厢情愿的幻觉。

企业要想永续发展，就必须在经营形势好时，加大对未来的人才投入、创新投入和管理变革投入。即使在形势变差时，也应坚持一边谋当下生存，一边为未来生存布局。

反映在财务报表上，就是利润、现金流与运营管理成本之间的动态平衡：比如利润暴增，而研发投入和员工薪资福利等占比却过低，这样的企业未来堪忧；相反，利润很少甚至为负，但现金流相对充裕，研发投入强劲，员工薪资福利具有业界竞争力，这类企业以初创企业（有良好的自有资本或融资通道的企业）、科技类企业为多，它们也许在破坏性创造的浪潮中垮掉，但它们中间也一定会诞生出一批优秀企业和优秀企业家。

短期生存与长期主义，是企业内部始终存在的一对紧张对立又内在统一的矛盾，是企业管理的最大辩证哲学。

多元悖论：比如负债率过低，企业貌似发展稳健，但过度保守型的经营显然背离了企业家是冒险家的本质属性，未来成长预期有限；负债率过高，会将企业置于巨大风险中，寅吃卯粮，卯时即是衰落时。

这同样违反了企业家精神的另一精髓：企业家不能成为赌徒。卓越的企业家无不是激进的保守主义者，或者无不是谨慎的冒险主义者。

多元悖论还包括固定资产与流动资产的比例、运营成本与管理成本的比例、成本内部结构之间的比例、研发投入与营销费用的比例、毛利率与净利润之间的关系。

还有长期投资与负债结构的关系，比如短债长投背后的风险可控性等，再比如应收款与应付款的比例，应收款并非仅仅反映的是客户应付款或其他负债者的欠款问题，这一栏冷冰冰的简单数字、背后的“水很深”，充满了故事，它事实上反映的是企业市场活动和投资活动是否健康、是否可持续、是否具备可改进空间这样攸关生死的大事。

“三张表”最有趣味的是，每一栏的数字都是表象，每一栏的数字背后都充满了故事和哲理。

而把三张表结合起来看，把三张表的每一栏数字关联和闭环起来看，把季度三张表、年度三张表、五年或十年的三张表各类数据进行纵向（与自身比）和横向比较（与行业代表性企业比较），再挖开来看，既可见企业的兴衰度、兴衰史和一路走来的曲折坎坷，也可见企业家的理想主义或实用主义、战略远见或短视、战略定力或盲打盲动、奉献精神或自私贪婪，还可见团队精神、组织活力以及公司的决策机制健康与否、治理结构合理与否与综合管理能力的强弱等。

我一直有个念头：找一家有代表性的中等规模的企业，围绕着这家企业10年的三张表，访谈其背后的不同角色，通过数字呈现管理故事，写一本管理案例书。可惜我的精力有限，能力也不够。

三张表虽是企业当期管理现实的数字化呈现，也反过来会更好地牵引企业家和管理者建立相对理性的、平衡发展的架构思维。可惜的是，我们不少企业家缺乏这样的认知。当然，不做假账是企业和企业家的底线思维。

推荐企业家们读一本书：黄卫伟主编的《价值为纲：华为公司财经管理纲要》。这本书凝结了任正非和华为高层群体对财经管理的系统思考，严格而论，它是一本透过数字管理企业的商业哲学论著。

七、管理是与无效经营、低效经营斗争的伟大工具

首先，管理是企业的灵魂，也是企业的本质属性。任何企业和企业家都不具有改变外部环境的力量和能力，唯一可期待的就是以内部管理的确定性应对外部的各种不确定性。

华为之所以能够战胜和跨越历史上无数次大小危机，是因为管理的力量；它之所以能够从一个极低的起点崛起成为全球领先的高科技企业，和它持续的管理进步和不断的管理变革有绝对的对应关系。

早在1998年，华为创立的第11个年头，任正非就讲道，“未来要战胜竞争对手，靠的不是人才，不是资金，不是技术，而是管理，只有管理将它们整合到一起，才能形成力量”，“我们只能加强管理与服务，在这条不归路上，才有生存的基础”。

他在2006年讲道：“华为与竞争对手比什么？比效率，比成本，看谁能多活一口气。”在2015年的讲话中，任正非讲得更为明确：“我们应该有一个严格有序的规则、制度，同时这个规则、制度是进取的。我们是以确定性来应对任何不确定性。”

这段话的要点在于：毫不动摇地坚持构建严格有序的制度与规则，但制度与规则必须富于进取性。

有一个时期，管理舆论场流行一种观点，认为管理大于经营是中国企业的普遍问题，也是导致一些优秀企业走向衰退的根本原因。这是一种概念上的混淆。经营与管理不是可以截然分割的关系，而且教科书上关于这二者的定义也是混沌的、莫衷一是的。

有论者认为，经营是对外的、面向市场与客户的，管理则是针对内部的。但事实上，在大多数的管理案例中，讲到企业的“外部经营活动”时，用的词仍是“管理”二字，比如客户管理、营销管理、销售管理、供应链管理等。

经营就其本质而言，是一种企业直接针对市场、人、财、物诸元素进行整合与支配的管理行为，是一系列管理动作的连续体。

管理贯穿于企业的全部行为之中，而无内外之分，只有好坏之别。好的管理多多益善。华为在几十年间为什么始终紧盯文化管理、价值观管理不放，是因为它的核心价值观的灵魂是“以客户为中心”，代表着它的管理方向的不变性与永恒性。

而它的制度与流程建设也只有一个唯一的归依：围绕着客户与市场多打粮食。它的令人眼花缭乱的一系列管理变革，其背后也贯通着一条唯一的主线：一切为了前线，一切为了客户，一切为了多打粮食。脱离了客户这一根本，这样的管理当然会妨碍经营，妨碍企业的可持续发展。

这几年，我曾几次和任正非交流过看法：管理是与低效经营、无效经营斗争的伟大工具，二者绝非对立关系。任正非每次的回应是一致的：我赞同这个观点。

事实上，在华为创业早期，任正非就明确讲过，“规模是优势，规模优势的基础是管理，规模扩张的限制也是管理”，华为要“建立一系列以客户为中心、以生存为底线的管理体系”。

可见，对管理与经营的关系，他从来都有很清晰的认知。他甚至说，将来华为公司“什么都不会剩下，就剩下管理”。

其次，企业和企业家必须建立对科学管理的信仰。任正非说，早期的华为是“蒙估将军”（盲打盲试的拍脑袋管理），也有高管说，早期的十年左右，公司没人知道今年究竟赚了多少钱，只是大致晓得赚了还是亏了，“一个连数字都含混不清的企业走向海外市场只能挨打”，小数点右边的数字往往决定企业的生死存亡，尤其在研发管理、产品质量管理、财经管理、合同管理、服务管理、物流管理等方面，千万不可随便“四舍五入”。

华为早在1995年就开始与西方尤其是美国多家管理咨询公司合作，二十多年付出了巨大成本，引入外脑，在企业中进行从研发、供应链、人力资源到财经、市场甚至后勤服务体系的全方位管理变革，使得华为从一个活力与混乱并存的“江湖”、制度与规则缺失的“游击队”成功转型为一个活力与秩序相融合的“正规军”大企业，这是华为国际化与全球化成功的管理底气所在。

构建基于数字化之上的理性管理，代表着华为管理的现代性：注重事实的收集与分析，崇尚规则与流程，强调组织的功能与力量，强调从数字中萃取效率，通过数据来推演趋势与变化……

然而，企业管理永无完美，在我们推崇基于事实和数字的理性化管理的同时，绝不能忘掉管理的目的是什么，绝不可走向理性管理的极端化。理性管理永远无法解决的挑战是：组织中的士气、纪律、领导力、创造力、品德和勇气如何量化？

因此，在我们信奉科学管理的同时，也要格外重视非理性管理，即文化管理的力量，企业家和管理者要始终拥有一种两极平衡的管理思维和管理品质。

泰勒之前，科学在管理活动中是一种陌生的意识形态，正是泰勒和一批科学管理的开创者，使企业经营活动走出了原始混沌，走向了现代化，大大提升了企业的运营效率，也使得管理逐渐成为一门独立学科。

但与此同时，科学管理也呈现出了巨大的弊端，尤其是对人性的忽视将个体变成了“秩序的仆从”，妨碍了个体的主动性与创造性，反过来也降低了组织效率，这又直接或间接地催生了当代管理学家、企业家们对人性管理、企业文化建设、企业家精神等，即非理性管理的探索研究。理性管理与非理性管理的汇流，成为当今东西方优秀企业的共同特征。

再次，管理创新是卓越企业家的使命追求。信奉管理的力量，并以管理的力量驾驭企业，是属于每一位优秀企业家的故事：洞悉和顺应人性的欲望，激发个体对财富、权力、成就感的正当追求，同时以制度和流程约束人的无边欲望、非正当诉求，悖论性地构成了自身企业一整套丰富多彩的管理生态系统，从而推动了企业的经营扩张与健康成长。

但卓越的企业家却有所不同，他们不仅是经典管理理论的尊奉者、经典管理工具的推行者，也是传统管理思想的突破者、变革者，是管理新思想、新工具的创新者与实验家。在中国企业家群体中，后者的代表性人物莫如张瑞敏与任正非。

张瑞敏不仅是一位卓越的企业改革家，也是一个虔诚的管理学信徒。从他执掌海尔公司始，近四十年，他不仅大量系统学习和借鉴各种前沿管理思想和案例，而且早在二十多年前就创新性地提出“休克鱼理论”，这些年又推出“人单合一”管理新工具，这两大管理创新思想不仅推动了海尔集团自身的健康扩张，也被全球管理研究界关注。

任正非在创立华为时，一边为生存所困，也一边进行着管理实验。在华为创业初期，就实行“工者有其股”的股权制度，这既是资本短缺等危机逼出来的，也带有理想主义的乌托邦色彩。

在不断的实践、摸索和碰壁的基础上，在早期的元制度框架内，受热力学第二定律的启发，提出“价值创造—价值评价—价值分配”的创新管理理论，即：按贡献和责任结果，以及他们在此基础上的奋斗精神，进行价值分配，“给火车头加满油”，但也不能过度拉大分配差距。

在劳动与资本的分配关系上，华为拒绝资本利益最大化、股东利益最大化。华为认可和重视资本在企业发展中的重要作用，但资本要节制自身的过度贪婪和短期追求。

华为坚持劳动者要先于和优于股东进行价值分配，过去30年，员工的年平均收入（包括工资、奖金和福利）与股东收益之比约为3∶1，华为长期以此为基准，动态调节劳动者与资本的利益关系。

对股东而言，正因为他们对资本贪婪本性的节制和长期主义追求，他们也获得了丰厚的长期回报。三十多年来华为的净资产回报率平均高达30%以上，股东每年都有可观的分红。

华为真正实现了劳动要素与资本要素二者之间的利益平衡和双赢。

华为值得关注的另一大特征是：它的百分之百的股份为华为员工所持有，每一位股东都具有“劳动人+资本人”的双栖特征，没有任何的外部财务股东，而且它的股份高度分散于13万自然人股东（也同时是华为员工或退休员工）手中，创始人任正非也仅占0.75%。

华为的轮值董事长制度（从轮值COO到轮值CEO，进化到轮值董事长）、干部轮岗制度、组织变革与创新、激励制度创新等，已成为东西方管理学界感兴趣的话题。

尤其是它的分配制度、轮值制度的创新管理实验，引起了欧洲一些经济管理学者的关注，有学者称其为“企业治理的第三条道路”。

一个国家在它的经济高成长期，也一般会涌现一批世界领先的卓越企业，也通常会发育形成一批创新的管理思想和管理案例，比如英国、法国、日本，尤其是美国。

美国企业家、管理学者在19世纪下半叶至整个20世纪，为人类贡献了大约70%的管理理论，哈佛商学院贡献了大约80%的管理案例。

经济快速发展推动了管理思想的诞生，管理思想又反过来推动了企业的蓬勃成长，进而推进了经济的繁荣。唯愿中国的企业家群体、经管学者们不负中国四十余年的改革开放与经济持续发展。

（编自《理念——卓越组织的原动力》田涛、陈为著；
华夏基石e洞察公众号2023年1月24日发布）

胡赛雄

华夏基石大师塾训战导师，华为“蓝血十杰”之一，曾任华为公司后备干部系主任、全球技术服务部干部部长，负责华为公司中高级干部企业管理哲学学习、研讨等相关工作，参与梳理、总结、起草华为公司管理纲要等重要文献。系《以奋斗者为本》一书编委会核心成员，出版专著《华为增长法》（中信出版社出版）等。

第七辑

金刚石一样的结构力

胡赛雄

领袖不是给答案，而是画重点

任何事物的发展都是动态的，“时移”意味着“势异”，“势异”意味着需要再决策，越是充满不确定性，越需要增加决策的频次，不断通过决策和再决策，推动事物的发展进程。一般来说，只有等到事情相对成熟了，才能决定，也就是“盖棺定论”，事情成熟之前，只能是决策和再决策。

一、大胆假设，小心求证

解释事物的发展需要用到逻辑，否则人没法沟通和理解事物。但逻辑的弊端在于，它只是负责解释，不能负责发明。任何新生事物，都不是逻辑产生的，因为逻辑是要以已经发生的事实为依据。所以人光有感性和理性是不够的，还要有灵性，用灵性去捕捉新事物，然后用感性去验证它，用理性去解释它。真正的逻辑自洽，不外乎就是“大胆假设、小心求证”的结果。在商业上，灵性表现为对人类生存生活环境中的不和谐场景的捕捉能力，这种能力又被称为商业敏感，是一种稀缺的、捕捉商机的能力。人类生存生活总会有各种不和谐的场景，因而总会有生意可做，关键是我们有没有灵性，去敏锐地发现这些商机。自然界的神奇在于，它没法做到“天衣无缝”，总会产生“漏洞”，究其原因，还是人类的理性不完美所致。人的大脑处理能力非常有限，认识和解释纷繁复杂的现实世界，需借助抽象的逻辑，这就注定了过程中会存在对信息的不完全处理，从而产生“漏洞”。一些人的“漏洞”，就成了其他人的商机，一些企业即使做到了行业领导者位置，也还是“漏洞”百出，甚至自己把自己的企业给弄死了，为其他企业创造了商机。所以捕捉商机，实际上是一个又一个“捡漏”的过程，战略规划的关键是寻找“生态位”，寻找“生态位”的本质就是“捡漏”，通过“捡漏”，去弥补别人留下的价值缺陷，从而为企业创造生存机会。

比如，医院里为什么有牙科？因为人对牙齿保健存在理性认识上的不足，出现了“漏洞”，导致牙齿出现问题，需要牙科来进行“补漏”，几乎所有的三甲医院都有牙科。可为什么私人牙科诊所在一些城市不断涌现？因为公立医院牙科资源配置不足，服务流水化作业，服务体验很一般，公立医院的这些“漏洞”，为私人牙科诊所创造了机会，私人牙科诊所于是针对高价值人群，定制各种增值服务，价格虽然不菲，生意却很稳定。公立医院是计划机制，以为社会提供稳定的基本服务为目标；私人诊所是市场机制，以为高价值人群提供增值服务为目标。市场机制在计划体制基础上“捡漏”，同时也是对计划机制进行“补漏”，共同服务于社会差异化需求。市场机制既然是“补漏”，就意味着市场机制的生命力，在于要不断为社会创造新价值，健康的市场和资本扩张的方向，不是跑马圈地式地掠夺社会的存量价值，而是朝专精特新、高增值的深层方向。理论上，市场机制可以为企业创造无限多的“捡漏”机会。随着市场机制日趋成熟，“捡漏”光靠浅层的观察力已经越来越行不通了，必须具备深层的商业洞察力，才能适应当下市场机制的变迁。

企业的战略决策，关键是提出正确的问题——哪里存在可供企业生存发展的大的“捡漏”机会？提出了正确的问题，接下来就是对问题进行“大胆假设”，“顿悟”出自己想要的见解。一切新的、有见解的见解，往往都是灵光乍现的成果，需要用后续的实践数据来予以验证，因而原则上见解都要有一个“小心求证”的过程，在理论指导实践、实践发展理论的循环往复中，逐步达到理论与实践相结合。直白地说，企业必须顶层设计与摸着石头过河相结合，战略决策开始的时候只是一个构想，这个构想是否成立，需要一系列的战术决策来进行实证，经过实证的战略决策，才称得上是行之有效的战略决策。

举例来说，大家都知道华为成立了车BU部门，大举进军汽车产业，华为选择汽车产业，背后的假设应该是：

（1）汽车产业市场规模足够大。华为是恐龙，只能吃恐龙的食物，其他食物难以果腹。按照华为一贯的逻辑，大市场才有大需求，大需求才有大机会，大机会才能孵化大企业。

（2）汽车产业迎来趋势转折，正从“种内竞争”走向“种间和生态竞争”，软件定义汽车时代正在来临。汽车电动化正在加速传统汽车产业更新迭代的步伐，在产业政策的推动下，传统汽车不断释放出固有的市场空间，电动化的智能汽车正不可逆地进入了发展的快车道。

（3）智能汽车与智能手机具有极高的相似性。人为什么需要知识？因为未来不同于过去，但人能否获得知识，则取决于未来与过去是否相似。在华为看来，智能汽车不就是人与外部世界交互的、移动的智能终端吗？华为完全可以利用其在ICT领域的积累优势，快速占领制高点。

对汽车行业传统玩家来说，华为的入场，好比外来物种入侵，大家总有一种如芒在背的压力感。华为作为新进入者，须在汽车行业找准自己的生态位，“捡漏”别人不容易做到的领域，与车企形成优势互补。所以华为给自己的定位是“智能汽车增量零部件供应商”，沿着自己擅长的ICT（信息和通信技术）方向，攻坚克难做增量，芯片、感知硬件、智能座舱、智能驾驶、生态服务、云……正如华为创始人任正非所说，“智能汽车解决方案不能铺开一条完整战线，要减少科研预算，加强商业闭环，研发要走模块化的道路，聚焦在几个关键部件做出竞争力，剩余部分可以与别人连接”。和谐以共生共长，不同以相辅相成，这就是华为进军汽车产品的指导思想。

但再好的战略假设，也需要有一个小心求证的过程。华为的战略能不能成功？华为为此专门设计了三种业务合作模式：第一种是零部件模式，即华为自己不造车，而是向车企提供智能驾驶、智能座舱、智能电动、智能网联、智能车云等增量部件服务；第二种是HI（Huawei Inside）模式，即华为与车企一起，共同定义、联合开发和使用华为“全栈”智能汽车解决方案，除底盘、外壳和电池等少量零部件外，其余基础模块由华为提供，面向用户界面的应用由车企自己研发；第三种是华为智选模式，华为直接主导造车，深度参与汽车产品定义、整车设计及渠道销售，车企接近于OEM（原始设备制造商）方式，主要负责整车生产和售后服务等。无论哪种业务合作模式，目标都是为了帮助车企，以缩短产品上市周期、降低成本、提升用户体验，区别仅在于合作深度不同，第一种模式适合强势品牌企业，第二种模式适合创新能力不足的品牌企业，第三种模式适合相对弱势的品牌企业。到底哪一种业务合作模式能胜出，需要实践来检验。从目前“问界”车型的市场表现来看，华为智选模式，似乎初见成效。第三种模式若获成功，无疑会对第一种模式和第二种模式产生巨大的促进作用。华为只有走通了任何一种模式，才能说自己的战略是成功的，华为的智能汽车战略，还需拭目以待。

资本对企业的加持，逻辑也是一样。一位企业创始人分享自己的创业故事，很能说明问题。创业初期，创始人团队只是有一个商业模式构想，他们拿着精心准备的商业计划书去找人投资，结果到处碰壁，原因是仅仅凭借商业计划书，不足以逻辑自洽和取信于人。总体而言，但凡做投资的人，初衷是想与你共富贵，没人愿意与你共患难，商业计划书只是一个故事，是创始人团队的一个大胆假设罢了，并未经过现实的检验，所以还称不上真正的逻辑自洽。一般来说，投资人作决策的逻辑，需要有事实和数据作实证，光凭讲故事是不行的。创始人团队最后被逼无奈，不得不东拼西凑，东挪西借，找了一个投入不大的业务“小切口”，自己先开干起来，结果还真的闯出了一条新路。商业模式一旦在现实中实现了逻辑自洽，故事就再也不是一种“心证”了，其说服力大大增强，企业估值也随之被推高，投资者纷至沓来。在资本的加持下，该企业最后获得巨大的商业成功。

二、领袖不是给答案，而是画重点

20世纪50年代，来华的苏联军事专家看了毛泽东主席给下级下达的那些命令、指示，禁不住大吃一惊，说：“这像命令吗？”为什么苏联人感到困惑呢？因为毛泽东主席指挥部队作战，基本采用的是商量的口气，绝不硬性地命令部队，说你们应该这样、应该那样。他通常是把行动事项说完，最后以请、望、斟酌、是否、如何之类的话结束指挥文书。例如，“以上意见请你们斟酌电复”，“如何？速告”，“以上是否适宜，请酌办”，“以上何者为宜，望酌复”，“以上各点，当作建议，究应如何办理最为妥当，请按实情决定”。这看起来的确不像军事统帅的命令，也难怪苏联专家迷惑不解。诚如我们所知，行军打仗，情况瞬息万变，统帅身处百里甚至千里之外，怎么可能比前线更了解具体战况？如果把话说死了，极可能脱离实际，让下级无所适从。因此，领袖往往不是给答案，而是站在宏观策略看问题，划出他认为需要下级关注的重“点”，下级既要领悟这些重“点”，又要清楚上级其实还给自己做了留白，自己要参照这些“点”，去完成工作的“面”，动态找到事物发展的规律性，对最终结果负责。作为组织成员，我们已不再是纯粹的自然人，而是组织的委托代理人，每个人必须清楚自己作为委托代理人的角色定位，不折不扣地履行好角色赋予的责任，避免将自然人的思维和行为习惯带到组织中来。但事实上，很多人在实际工作中混淆了委托代理人和自然人的概念，时不时地表现出自然人的主观意志，意气行事，导致上级的“点”与下级的“面”严重脱节，具体表现为下面几种典型情况：

（1）上下级之间出现意见分歧，双方各持己见；

（2）下级表面应付，背地里却不执行或执行打折扣；

（3）下级机械地理解和执行上级的指令。

在通信领域，有一个信令概念，指通信系统中，除了传输用户信息外，为使全网有秩序地工作，用来保证正常通信所需要的控制指令，信令一旦出现异常，就会导致通信故障。组织系统出现上述情况，好比通信系统信令出现异常，同样会导致组织系统运行障碍，因此必须设法让组织系统信令畅通。针对第一种情况，上级有必要让下级参与到决策过程中来，使决策过程成为决策者和执行者的共创过程，鼓励大家各抒己见，充分发表意见，以提高决策的质量，避免后续决策与执行脱节。针对第二种情况，上级应做好决策的执行监督，及时发现问题，对症下药。表面应付多半是因为下级站在局部利益看问题所致，如果影响到决策执行，上级必须适时介入，帮助下级提升认知格局，并解决下属遇到的现实疑难，必要时甚至采取果断措施，通过人员调整来确保政令畅通、决策落地。针对第三种情况，下级关键是要理解上级的决策意图，而非简单地执行上级的决策指令。在战争年代，即使是像毛泽东主席这样的最高决策者，也很难拿出完美的行动方案和绝对正确的作战命令，在这种情况下，重要的已不再是上级具体的方案和命令，而是如何实现上级的整体意图，方案和命令只是实现意图的手段。方案和命令是要随机应变的，下级要做的，不应该仅仅是理解方案和命令本身，而是要透过具体的方案和命令，真正把握上级的意图。

但越是自以为工作经验丰富的管理者，越容易被一个问题卡住：“上级的决策明明是错的，如此执行，岂不把事情搞砸了？”倘若真遇到这种情况，我们不妨自问下面三个问题，让自己尽快脱离认知局限：

问题一：上级愿意把事情搞砸吗？答案当然是否定的。就拿一些企业老板来说，他们视企业的感情，就像对待自己的孩子一般，他们考虑问题的初衷一定是冀望企业向好，他们作出的任何决策，不可能是心血来潮的随性之作，一定是反复权衡利弊的结果，背后自有他们的目的、意图或者苦衷。

问题二：固守自己的立场和见解是否一定可行？一个成熟的管理者，不是把自己囿于是非对错的二元思维局中，而是尝试着去同理别人，习惯进入到别人的思维空间里看问题，搞清楚别人为什么这么决策，背后的目的和意图是什么，从而最大限度地找到彼此间的工作交集。罔顾上级的决策，固守自己的立场和见解，从组织行为学的观点来看，属于要个性、不负责任的自然人行为。个人的立场和见解也许是对的，但如果未经组织的确认和授权就加以实施，就是一种没有共性的个性，是一种组织的破坏力。各行其是的“组织”，不可能形成战斗力。

问题三：什么样的态度和行为才是真正对组织负责？但凡成熟的管理者，在处理上下级关系时都应遵从“不越位，不缺位”的基本原则。不越位，意味着在上下级出现意见分歧时，只要上级作出了明确的决策，下级就应坚决执行；不缺位，意味着下级一方面要从全局高度思考自己的任务，另一方面要从局部出发积极向上级提出建设性的建议和意见，当事实证明上级原来的决策有偏差时，要及时向上级反馈，并帮助上级一起想办法管理好偏差，及时为上级补位，尤其要注意不能据此认为上级不如自己而渐渐变得自我膨胀、目无上级。当偏差还没有发生时，有时很难说谁的方案最优，不如“让子弹飞一会儿”，用事实和样本说话比用道理说话管用，把握适度的事后替人补过，往往比事前提醒来得更有效。

上面三个问题，可以称得上是正确处理上下级关系的三把钥匙。曾有一位企业的副总裁诉苦说，当初自己是临危受命接手公司营销业务，差不多一年时间，组织建设初见成效，市场也有了一定起色，可这时候公司却要对营销组织进行变革，将营销组织按业务类别进行分拆，方便进一步扩大业务。他认为这时候组织最需要休养生息，频繁折腾容易让大家身心疲惫、无所适从。副总裁从自身的感受出发看问题，情况似乎的确如此。可问题是，他所反映的情况，公司难道考虑不到吗？显然都考虑过，那公司为什么最后还是要对营销组织进行分拆？经过了解后的情况是，该副总裁在业务上太过求稳，新业务突破相对保守，设定市场目标与公司的期望有差距。在现金流充裕的情况下，公司希望通过营销组织分拆和赛马机制，实现业务超常规发展，求稳反而会让公司错失发展机遇，不利于组织健康发展。可见该副总裁与公司的工作思路不同频，公司并非他所想的那样，问题的症结恰恰是他自己没有将工作思路和目标统一到公司的宏观战略上来。副总裁后来认识到自己的问题所在，及时调整了工作思路和目标，思想通了，工作也就渐次顺了，上下级之间也减少了不必要的冲突和摩擦。假设该副总裁认识不到自身的问题，继续导致上下级之间信令不通，结果将必然是公司通过重要岗位人员调整，来达成公司的战略诉求。

三、决策与再决策

决策也好，政策制度的设计也好，要注意不能客观上造成员工工作的片面性和自我设限。在这一点上华为创始人任正非头脑尤其清醒，“公司未来的发展实际上是不清晰的，是整个社会和环境同时在设计公司，我们不可能理想地确定未来结果是什么，但可以确定一个过程的规则，共同面对不确定性挑战，减少人为的不确定性，避免混乱”。正因为如此，越是重大的决策，原则上越要留尾巴，一旦情况有变，就要及时再决策，凡事不能绝对化，形势比人强，不能一条道走到黑。决策与再决策的目的是追求胜利，但胜利的路径往往充满了曲折，需要一系列的再决策，来矫正原来的决策，因而管理在短期的忽左忽右，其实是对企业长期发展目标的无限逼近。

一个典型的案例是，2009年正值全球性的金融危机，华为高层决策进军企业业务，想从面向网络运营商的单业务模式逐步走向多业务模式，以增强企业的抗风险能力。当初华为想复制网络运营商的直销模式，提出招聘两万只“小老虎”去企业业务抢粮食，结果把很多面向企业的集成商给吓坏了，以为华为要和他们抢生意。但结果呢，华为“小老虎”招了很多，却找不到目标客户，原因是网络运营商是大客户，全球是数得着的，签一个单，金额巨大，而企业客户成千上万，客户多，订单额却很小，其中哪家有IT需求，需要进行非常细密的市场触点布局，才能清楚掌握，华为要做到这些，一是需要时间，二是市场拓展和项目运作成本高。华为为此交了不少学费。形势不对立马掉头，华为高层通过再决策，明确提出了“坚持被集成”的理念，即团结所有的集成商，一起来发展企业业务，从此企业业务才开始走向正确的方向。这一案例再次证明了决策的本质是“借势”。企业业务采用直销模式非但借不到势，反而把集成商推向了自己的反面，华为凭一己之力，既难成势，也难成事，必须通过再决策，来修正原来错误的决策。

从华为的案例不难得出，世界上根本不存在万全的决策，事物是运动、发展的，从来就没有什么先知先觉，唯一现实可行的做法，就是坚持自我批判，在实践中实事求是，不断通过动态调整，无限逼近合理。一些企业管理者在碰到需要决策的场合，不敢决策，甚至显得有些优柔寡断，原因是心里没底，不好判断，这其实是一种追求完美的心态，总想找一个万全的决策，实际上这是不现实的。所有的决策，本质上是一种对赌行为，没有风险，就不存在决策。错误的决策固然会带来风险，但要是不作决策，风险可能更大，因为错过的成本，往往大于犯错的成本。有了决策才有行动，事情只有做了才有机会更好地解决问题，才能发现偏差和再决策。

所有的决策都是不完美的，所有的决策者也是不完美的。企业决策者必须有这样的勇气，承认自己的不完美。经常见到一些企业决策者把“面子”看得比“里子”还重要，为了所谓的“面子”和“尊严”，固执地捍卫自己原来的决策，一意孤行，结果给企业造成越来越大的损失，管理上把这种现象称为承诺升级（escalation of commitment）。承诺升级是管理心理学的一个概念，是一种在过去决策的基础上不断增加承诺的现象，说白了就是承诺一件事情，为了证明自己是正确的，就算不惜一切代价也一定要做到，如果做不到就继续加码，直到把所有的筹码加进去而不考虑投入和收益是否合理。企业决策者必须清楚，企业所有的经营活动，指向的是商业成果，而不是为了满足企业决策者自我证明的需要，倘若经营出现了严重问题，企业决策者将到哪里去找回“面子”？恰恰相反，企业只要一直走在健康经营的轨道上，企业决策者再怎么不要“面子”，也绝对少不了他的“面子”。因此在这个问题上，头脑清醒的企业决策者应有一种“选择性遗忘”的态度，一旦发现自己原来的决策错了或者偏了，立马进行再决策和自我纠正，压根儿就想不起自己原来的所谓“承诺”，这才是真正的对商业结果负责的态度。决策意味着承担风险，所以重大决策一定要谨慎，承诺升级则更不可取。像投资性决策，建议优选产业政策指向的大方向，因为它投的是“未来”和“成长性”，这样既可以最大程度地“借势”，还能消化过程中某些决策失误所产生的沉没成本，尤其要注意不要执意进入别人早已在“打扫战场”的方向，因为它投的是“过去”和“业务重塑”，不仅投资收益小，而且无法吸引和保留优秀的人才，这些方向一旦决策失误，一个浪涌过来，企业可能就再也翻不了身。方向对了，做什么最后都是赢；方向不对，做什么最后都是输。

下级在执行决策过程中遇到了新情况，如果自己不能把握，原则上要向上级请示，升级决策，以获得组织系统的联动支持；如果自己能把握，原则上要向上级备案，让上级有知情权，信息越透明，信任与授权越充分。一些管理者容易犯这样的错误，“公司既然把部门交给了我，就应该给我充分授权，公司最后考核我结果就好了。”这些管理者是把部门视作一个黑匣子，一个孤岛。一切存在都是关系型存在，持这种想法的人，其实是不清楚组织实际上是一个相互联系的系统，这个系统通过工作分工来实现专业化，通过业务流程来实现秩序化；无论是专业化还是秩序化，目的都是为了组织系统各单元之间能进行高效的连接与互动。一些企业为什么要对组织系统的不同单元搞不授权清单？为的就是不同单元之间能进行有效的连接与互动，担心某些单元走向失控，让系统丧失了内在的连接功能，丧失了连接功能，组织系统的整体效用就会被弱化。把部门视作黑匣子和孤岛，显然不可能实现组织系统的目的，等到最后考核结果，一定是没有结果。

动态决策才能更好地应对未来的不确定性，但在动态决策过程中至少有一样是确定性的，那就是以生存为底线，活下去才是企业生存发展的根本。战略进攻固然重要，但没有足够的战略积累，就无法组织有效的战略进攻，企业作任何决策，都不能忘记这一核心前提。

（华夏基石e洞察公众号2022年11月11日发布）

领导力本质与组织进化

战略连接未来能量，流程确保流量变现；战略决定组织模式（以匹配战略诉求），流程决定组织设计（以保证运作效率），领导力实现组织跃迁（从当前组织模式跃迁到新组织模式）。战略、流程、领导力，是组织进化不可或缺的三大引擎。

一、战略驱动组织进化

首先说明，无论战略还是组织进化，都不是什么高深莫测的学问，任何故作高深的管理，都不是好管理。当存量资源渐渐枯竭，企业难以维持其持续生存的时候，企业自然就会思考：到哪里去找水草肥美的地方栖息？这就是战略；战略是“指兔子”的活动，指完兔子，接下来要排兵布阵，布局“打兔子”，这就是组织进化；“指兔子”与“打兔子”相适配，这就是战略驱动组织进化。

华为开拓海外市场，就是战略驱动组织进化的鲜活例子。一般企业开拓海外市场，战略动因不外乎是为了更好地对资产、能力和竞争优势进行全球性利用，华为也不例外。顺便提一下，华为从创立之初，其实就是一个国际化公司，因为它从一出生起，就与西方公司同台竞技，只不过“战场”发生在中国本土而已。当时中国通信市场上总共有八种制式的机型（其中日本的NEC和富士通分别占据了两种制式），它们分别来自七个国家，因此，中国通信市场被称为“七国八制”。这意味着中国主流通信市场已经被“列强”割据了，作为后来者，华为不得不奋起直追，用了十年左右的时间，才把交换机做到了中国通信市场第一名，到了2000年，中国通信市场迎来建设高潮，华为的订单排得异常饱满，公司上下全力以赴，忙着订单交付。但通信市场的特点是，通信市场虽然容量每年在不断增加，网络建设却具有周期性，过了网络建设高峰期，接下来就是网络运维阶段，设备销售额会随之下降。这种网络建设的周期性，决定了华为必须未雨绸缪，谋划出海，只有通过国际化，才能有效避免业务大起大落。

华为所选产业是一个全球充分竞争的市场，产业特点也决定了华为只有在全球化竞争中发挥比较优势，才能成为长久的赢家。想明白了要不要出海的问题，还要想清楚能不能出海的问题。能不能出海取决于以下因素：第一，从市场角度，是否存在共同的、不受地区和文化影响的需求？第二，从技术角度，产品技术标准是否全球一致？第三，从政府角度，目标国家是否存在有利的产业贸易政策？第四，从竞争角度，对手的战略是什么，它们进入国际市场了吗？第五，从成本角度，是否存在全球规模经济？显然华为出海之前，已在这些方面做足了功课。

做到了“方向大致正确”，接下来就是基于公司的战略选择布局出海。1997年，华为在莫斯科成立办事处，开始探索海外业务拓展经验，到2000年将近三年时间，莫斯科办事处虽然只签订了一份几十美元的合同，但这丝毫不能动摇高层对出海的战略定力。华为创始人任正非效法长征时期的毛泽东主席，也写了篇《星星之火，可以燎原》的文章，以坚定广大干部员工出海的信念。至2000年底，华为召开干部奔赴海外市场誓师大会，从此拉开了波澜壮阔的国际化序幕。拓展海外市场是华为的大战略，在战略路径上，华为采取了“分步走”的策略：

第一步是“业务延伸”，即华为作为一家中国公司，如何将业务延伸到海外。经过莫斯科办事处的“热身”之后，华为开始对海外市场“试水”了，华为成立了海外市场部及可以辐射周边多个国家的海外地区部组织，为探索海外市场拓展经验，总部主要的业务机构也成立了相对独立的海外支持部门。既然是“试水”，就意味着不太可能“用力太猛”，所以华为的组织重心，还是以国内市场为主，确保国内的粮仓不要出现问题。海外也基本以中国籍员工为主，因为核心能力和资源都在总部，驻外机构主要是适应和利用母公司能力，当地更多是一个与客户接触的窗口，当地员工不太可能具备与总部频繁沟通与连接的能力。为应对海外复杂的网络建设需求，华为还在总部成立了专门的Turnkey（一站式方案）工程部门，以集中解决“签了合同交付不了”的难题。总体而言，运作特点是，业务触角延伸到海外，业务重心保留在国内，各业务机构对海外支持部门统抓统管。

第二步是“本地经营”，随着海外业务量越来越大，靠“长传冲吊”终究不是长久之计，这时华为必须想办法开发当地经营运作能力，实现适当分权和本地自足。华为的前端组织开始资源下沉，华为在业务量达到一定规模的国家陆续设立代表处，开始大规模招募当地员工，大量基础业务由当地员工负责，核心层和负责与总部连接的岗位仍以中国籍员工为主。与之相反的是，一些企业在出海的时候，想当然地采用“以夷制夷”的策略，事实证明这种策略根本行不通，原因是总部能力传递困难，以及文化差异太大，如果核心层不是非常熟悉总部的人，会造成总部与分支机构在管理上脱节。海外业务规模开始超过国内业务后，华为开始调整管理重心，2006年，华为成立全球销售与服务体系，中国市场变成了全球市场的一个地区部，以拉通全球业务管理和加大海外资源投入；海外成立几个片区，一个片区管几个地区部，片区相当于总部的派出机构，以加大对地区部的业务支持。

第三步是“区域响应”，随着业务规模持续扩大，华为开始建立分散的、互助的、专业化的能力配置，强调区域响应和学习，要在全世界范围内联合开发和共享知识，在全球范围内实现人才、能力、经验、资源的最佳配置和贴近客户的业务互动。

华为提出来要“从资金最廉价的地方吸纳资金，从人才最充裕的地方补充人才，从成本最低廉的地方从事生产，从国境线不构成限制的地方市场营销”，这个阶段，华为在全球各地成立了数量众多的联合创新中心、研发中心、财务共享中心、资源共享中心和供应链中心。为进一步落实区域响应，加大向一线放权，创始人任正非发表了“一线呼唤炮火，后方提供支援”的讲话，紧接着华为将全球销售与服务体系更名为“片区联席会议”机构，相当于美国的参谋长联席会议，同时弱化片区功能，业务支持职能重心向地区部下移，片区总裁成为片区联席会议成员，总部一下子变成了业务参谋机构。

第四步是“组合效率”，经过前期的分散式经营，华为积累了丰富的全球业务经营实践经验，为了进一步扩大市场规模，提升全球效率，华为提出全球化概念，开始提出和执行中央集权与地方分权相结合的组织治理模式，片区联席会议重点加强区域管理和干部管理两大职能，统一全球战略规划、业务计划、预算管理和干部队伍建设，也就是抓方向、抓效率和抓“关键少数”，实现全球一体化运作。同时华为提出了“蜂群”组织理念：代表处是“海军陆战队”，宽频带，低振幅，负责整合资源和抢滩登陆；地区部是“重装旅”，窄频带，高振幅，负责方案支持和市场突破；全球能力中心是“赋能平台”，负责为前线赋能和提供方法论。“蜂群”组织通过专业化分工，形成前台、中台、后台三位一体、攻击前进、协同作战的组织队形，充分发挥“群”的作战效能。

从华为拓展海外市场的组织进化过程，不难发现，企业组织进化是有内在规律性的，我们至少可以解析出以下规律性知识点：

（1）组织进化的目的是战略落地，为了更好地配合战略演进的需要；

（2）组织进化的本质是重构力量和力量规则，实现战略突起；

（3）组织进化是一个不断地开放边界的过程，客户和市场在哪里，组织边界就在哪里，组织在开放边界中不断进行“破”和“立”；

（4）组织进化以熵减为前提，因此，一般发生在事业上升期，在战略目标的外力驱动下，一边获得负熵（进化能量），一边完成组织再造和组织展开；

（5）组织进化以循序渐进、适用实用为原则，要与战略节奏相适配，不能失速，也不宜过速，做到效用最大化；

（6）组织进化带动了人的能力进化，但同时也摆脱了对个体能力的依赖，通过构筑整体的组织系统，把能力建在组织。

二、流程驱动组织设计

劳动者、知识（技术）、企业家、资本……这些都是价值创造的要素，但要素本身并不自动创造价值，要素只有参与到业务活动中，才能创造价值，要素参与业务活动、达成业务目标的过程就是流程。流程既可看作是产品和服务所走过的路径的显化，也可看作是价值创造要素在业务活动中所贡献的价值在特定规则下有秩序地流动。因此可以说，业务就是流程，流程就是业务，定义业务过程就是定义流程，业务和流程事实上密不可分。正因为如此，企业应围绕流程，围绕如何有效承载价值创造的活动，来开展组织设计。

开展组织设计，先要理解什么是组织，组织是按照特定工作目标或工作性质构造起来的集合。一定规模企业有很多的实体部门，这是大家所熟知的功能型组织；还有很多临时性的项目组，也是一种常见的组织。容易被人忽略，但恰恰最不应被忽略的是，流程本身也是一类组织。它是将相关资源要素组织起来、完成特定目标的组织，准确地说，项目组执行项目运作流程，也属于这一类组织，我们姑且把这类组织统称为流程型组织。

流程是直接创造价值的主体组织，因此，组织设计首先应设计流程型组织，梳理清楚资源要素、业务活动和目标之间的关系，建立了关系，才能焕发生产力，让业务高效地跑起来。一些企业不去设计流程型组织，只是依样画葫芦、搭出一堆功能型组织来，这就会导致管理者天天要去做“扳道工”，否则业务就跑不起来，从而严重制约了业务效率。在流程型组织中，执行任务的基本单元叫角色，另外还有端到端流程管理的角色，叫流程负责人（process owner），流程负责人的责任是总体负责流程和流程组织建设，打造流程执行力文化，以及流程推行和改善等。把不同的角色映射到相应的人，流程就可以跑起来了，因此企业理论上有流程型组织就够了，未必一定需要功能型组织，像一些初创企业和小微企业，就属于全流程型组织，大家按角色分工来做事，基本上没有什么功能型组织。

业务规模化后，企业的复杂度大幅增加，这时候仅有流程型组织就不行了，必须要有一个个的功能型组织来充当“堆栈”，通过“堆栈”内在的运作规则，解码和及时处理来自流程的各项指令。功能型组织常见的“堆栈”作用大致有：

（1）工作调度：对业务活动及与之相应的员工技能进行分类和适配，选调和匹配合适的人完成流程下达的工作任务；

（2）资源建设：战略目标从流程传递到功能型组织，功能型组织要前瞻性地开展资源规划，及时到位资源，确保业务有序开展和资源效率最优；

（3）员工赋能：打造学习型组织，不断显化、积累和分享员工与流程互动中所产生的知识和经验，通过协作解决问题来提高员工的专业深度；

（4）氛围营造：关注员工业绩表现和工作状态，确保员工时刻“在线”，并通过有效激励等手段，让员工有成就感和归属感。

一项工作任务如果只涉及单一的功能型组织，相对来说就比较容易，因为只有一个部门长，工作调度相对简单。事实上企业里大量的工作任务，需要多个功能型组织一起配合才能完成，这里就需要有一个“协议”机制，来解决不同功能型组织之间如何协同工作的问题。这个“协议”机制建议是：

（1）每个功能型组织，既是某些流程特定业务活动的执行单元，又是某些流程建立、运营、维护、升级、赋能的常设驱动机构，是流程的主责方，以及业务规则的制订者。

（2）功能型组织的部门长，既负责所在功能型组织的管理，通过“军政”来打造组织能力，使之“来之能战”，又是主责流程的流程负责人，通过“军令”实现流程效率，使之“战之能胜”。

（3）按照下面的“RACI法则”，澄清跨功能型组织流程化运作中的角色与责任，以降低组织运作阻尼系数，防止出现部门墙：负责者（responsible）：即实际完成工作任务者，是把事做正确的做事者（doer），可多路径获得任务，任务程度由当责者定；当责者（accountable）：即担负最终责任者，是做正确的事的全过程责任者，责无旁贷（the buck stops here），具有战术决策权、否决权和追责权，每项任务只能有一个当责者；咨询者（consulted）：即在决策或行动之前必须咨询的对象，可以是上司或公司指定的人员，是决策或行动方面的资深人员，灵通人士（in the loop），当责者必须为咨询者提供必要的资讯；告知者（informed）：决策或行动后应该告知的对象，以便他们掌握事态，参与其中（keep in the picture），及时有效地采取后续行动。

举例来说，财务部门既是公司专业财务的功能型组织和执行单元，又是公司财务流程的常设驱动机构，是财务流程的主责方，以及财务规则的制订者；财务总监既是财务部门的部门长，又是财务流程的负责人和当责者（accountable）；其他各部门在执行来自财务流程的工作指令时，是负责者（responsible），需接受财务流程负责人的指导和指挥，以确保财务流程顺畅高效；财务总监开展重大战术决策和行动，应咨询公司决策团队，即咨询者（consulted）的意见，决策和行动结果，应及时知会相关环节，即告知者（informed），不致对相关环节的业务活动造成被动或不良影响。

当然，以上是业务流相对清晰的情况，事实上在创业初期，企业流程和组织都是不清晰的，有的企业甚至连流程和组织的相关概念都没建立起来，企业此时处在一个业务高度不稳定的状态，厘清流程和组织运作显然谈不上当务之急。所以创业初期的企业（包括开创新的事业的成熟企业），在起步阶段，组织设计充其量只是一个“框”，企业给这个“框”装载一些必要的资源，让他们且行且摸索，就像调试软件程序一样，先把业务做起来再说。

因此，流程和组织一定是实践出来的，不是想当然的、纸上谈兵设计出来的，就像华为在2009年成立企业BG时所强调的一样：“在企业业务发展的初期阶段，所有企业业务的干部首先要作战，在战斗中快速成长，在战斗中学会指挥，在战场上取得成功后分出干部，扩大组织，自然形成英雄，自然形成有效的指挥体系。”华为这样做的好处是，让大家以归零心态和创业者心态开展新业务，鼓励和警醒大家要勇于走出自己的经验惯性，在不确定性中找到业务发展的规律和自我发展定位。

三、领导力驱动组织变革

领导力驱动组织变革，与当下流行的“饭圈”（fans，即粉丝圈子）经济的底层逻辑其实是一样的。“饭圈”经济大致呈两大方向：一个是注意力方向，一个是创造力方向。每个人的注意力是有限的，朝注意力方向、靠“博眼球”来抢占粉丝注意力，本质上是“内卷”白热化的一种外化表现，短期也许可以赢得一种浅层的“爆棚”效应，但从长期来看，这种“你方唱罢我登场”，不断“造魅”和“祛魅”的连环上演，无形中空耗了社会资源，同时构成对粉丝情感的过度消费和透支，有的甚至偏离了社会主流价值观。因此，单纯的注意力方向，走到最后一定会让粉丝感觉“空心化”和“审美疲劳”，等到热度过了，一切恢复如旧，繁华落尽，便“相忘于江湖”。可以断言，“饭圈”经济未来的主方向，必定是走向深层的创造力方向，用创造力去加持注意力，从而成就一种不断为社会接力、不断创造社会增量价值的“饭圈”经济，只有与社会价值同步的“饭圈”经济，才能经久不衰，才能焕发出勃勃生机。

以此类推，真正让企业经久不衰的，是企业聚焦客户、持续为客户创造新价值的能动力，也就是用创造力去加持注意力，唯有把自己做得足够优秀，成为强者，才能“你若盛开，蝴蝶自来”，否则迟早会陷入“内卷”的漩涡中难以自拔。既然创造新价值是企业的首要任务，那么企业领导者领导一个组织的核心工作，就是把脉市场价值流向的大方向，前瞻性地将组织与价值流向的大方向对齐，从而让企业可持续地汲取外部的生长能量。

华为创始人任正非说，“领导一个组织，是基于人性，基于时空变化，对无序的警惕与变革”。这里的“无序”，即指组织偏离了价值流向的大方向，组织不能持续获得生长能量，却还要无序地耗散能量，等耗散完了，组织也就丧失了它的动能。因此，企业领导者必须与时俱进、适时调校组织这台“机器”，使其一直有序地指向价值创造的方向，组织变革不能冀望一劳永逸，只要必需，就应适时启动。

但万物都遵循惯性定律，组织长期形成的平衡态，如果没有足够的领导力和动能去启动它，将很难被打破，更别提将组织从旧平衡态跃迁到新平衡态了。制约组织变革的惯性因素很多，其中最为关键的因素大致有四个：

（1）存量惯性：战略连接未来能量，存在不确定性，而企业存量利益却是客观现实，存量利益的巨大惯性，让一些企业领导者常常面临艰难抉择，迟迟不敢兑现资源对行动的投入，最终让组织变革胎死腹中，战略规划也沦为一种纯粹的认知游戏、分析型思维和预测技术。为什么越成功的企业越难掉头？以上就是主要原因之一。

（2）运行惯性：组织变革需要重建“目标-责权”系统，组织内外各种力量间的博弈，将不可避免地阻碍变革进程，从而让理想中的“目标-责权”系统容易走形甚至流产。

（3）群体惯性：组织变革打破了组织成员原有的工作关系（显规则），以及组织在长期磨合过程中所形成的工作默契和心理默契（潜规则），建立稳健的、新型工作关系需要足够的时间。

（4）个体惯性：组织变革意味着对员工固有思想观念、工作内容、工作方式和工作技能的重构，个体需要有一个逐步从“知”到“行”，再到“知行合一”的习得过程。

正因为变革惯性因素之多、惯性力量之大，变革领导力才成为组织变革最迫切的需要。大多数企业组织变革之所以失败，乃至落入“理想很丰满、现实很骨感”的困境，究其根本，就是因为缺乏与之相适配的变革领导力。少了变革领导力的使能作用，再完善的变革方案，也只能是一张可以用来证明认知力、却无法现实落地的“设计图”，无法助力企业驶向成功的彼岸。

说到变革领导力，一些人可能马上会联想到自己所在企业的组织变革：变革启动会上，企业领导者的惯常表现是“豪言壮语”；当变革导致矛盾冲突加剧时，企业领导者便习惯性地当起了和事佬角色，开始对变革犹疑不决和“寡言少语”；过不多久，企业领导者渐渐失去了变革的定力和耐心，直至退守到最后，对变革“不言不语”。这就是人们常说的虎头蛇尾，可见企业领导者的决心和意志力，是变革领导力的核心构成要件。但我们不能把决心和意志力理解为一种空穴来风的精神胜利法，它一定有其内在的逻辑自洽。企业领导者在组织变革上的决心和意志力，源自一套行之有效的变革方法论组合，这套变革方法论组合有助于给企业领导者以逻辑自洽，让企业领导者容易下决心和有意志力。以下即是这套变革方法论组合。

（一）跳出现实利益观，站位企业的生死局

推进组织变革过程中，企业领导者之所以难以保持决心和意志力，往往是因为他们把焦点放在了对现实利益的取舍上，比如：对未来的投入、对当前业务和组织可能造成的短期影响等。

从人性角度看，除非不得已，任何人都不愿意对自己的现实利益做减法，企业领导者也一样，要战胜自己的人性，放弃当下不小的现实利益，不是件容易的事儿，也因此，但凡逆人性的事情，往往不容易成功。既然在出现问题的层面找不到问题之

解，那么我们为什么不能跳出现实利益观，站位企业的生死局来定位组织变革呢？变则生，不变则死，在企业生死面前，一切现实利益都只能让位。只有思维升级以后，企业领导者在变革抉择时才会更通透、更从容、更坚决。

显而易见，企业生死局是比企业任何现实利益更大的利益，企业领导者在战术上的“舍”，恰恰是为了在战略上更大的“得”，这种选择看似逆人性，实际上是从更高层面顺应了人性。以华为1996年市场部干部集体大辞职为例，这次具有里程碑意义的组织变革，一次性让30%的干部下岗，一举开创了华为干部能上能下的先河。华为创始人任正非之所以能够在干部能上能下问题上做到“不纠结”，是因为他洞见到组织的新陈代谢与企业的生死存亡休戚相关！

他在2000 年 1 月回顾这次历史性事件时，是这样评价这次变革的：“市场部集体大辞职，对构建公司今天和未来的影响是极其深刻和远大的。任何一个民族、任何一个组织如果没有新陈代谢，生命就会停止。如果我们顾全每位功臣的历史，那么我们就会葬送公司的前途；如果没有市场部集体大辞职所带来的对华为公司文化的影响，任何先进的管理、先进的体系在华为都无法生根。”既是生死局，岂能由之任之？当企业领导者用高维思考去统领低维思考的时候，一切障碍因素，不过是他们前进道路上的“量子纠缠”罢了。

（二）组建中立的、专业化的变革团队推进变革

组织变革不成功，一个重要原因是企业像安排日常工作一样，安排一些既得利益者来主导变革。为了维护部门和个人利益，他们在制定变革方案和实施变革过程中，不自觉地让天平朝自己倾斜。组织变革本来是要适度打破现有责权利结构的，结果却出现了方向偏离。

因此，对一些涉及面较广的组织变革，建议企业组建中立的、专业化的变革团队来推进变革，以确保变革的有效性，同时把变革过程管理做得更扎实。这个中立的、专业化的变革团队不能是一个“拉郎配”的草台班子，核心成员原则上要专职化，防止屁股决定脑袋；要抽调有全局观、有成功实践经验的人来主导，不是看谁有空，就让他来作变革；要尽可能用企业内部熟悉业务和组织运作的人，以有利于变革沟通和变革成果内化；可以适当引入外部咨询团队，但不能太依赖咨询团队来完成变革输出工作，要重点考察咨询团队中一些人是不是真的具备专业化能力，要把那些只知道从后台拷贝标准化模板的人从咨询团队中清理出去；变革成员中最好有外部资深专家来校验方法论的有效性，以减少企业在方法论探索上的时间成本。

组织变革是一项复杂的系统工程，针对大型组织变革，企业一般设立变革指导小组（steering committee）、变革项目管理办公室（PMO，project management office）、变革项目组（project management team）等组织，来分层分级运作，有了组织保障，才

不致让变革失控。

（三）批判的武器

再完善的机制，运行一段时间后，就会形成一个既得利益群体，因此，一个有活力的组织，应与时俱进，对组织和机制作出动态调整，以最大可能地激活组织动能，防止组织懈怠。以战略落地为目标的组织变革，最大优点是不在存量利益上动脑筋，而是通过创造未来增量价值的方式，实现各种价值创造要素的共赢。就是说，每个人都有机会做加法，前提是在新的机制公平下，大家用商业成果来证明自己。这就让变革的阻力小了很多，企业不需要通过“革命”来完成变革，绝大多数情况下可以通过思想动员来达到目的。思想动员不是为了改造人，而是通过共同利益，团结一切可以团结的力量；不是要引导员工放弃现实利益，而是启发员工可以切换一种更高明的利益计算方式，来获得更大、更持久的利益。虽然人不可改变，但人以利动，思想动员就是通过陈述利害，来达到激发人、激活组织的目的和效果。

举例来说，一些企业质量部门人数众多，组织变革要求他们精兵简政，提高效率，他们常常打着质量保证不能放松的旗号，陈述精简之难。质量部门的定位是防止价值牺牲，可质量部门要是自己消耗的价值过多，何尝不是另一种价值牺牲？这时候公司就有必要对质量部门进行思想动员，中心思想就是“如果换一种工作思路，效果可能会更好”。譬如供应商管理，质量部门在供应商认证和来料质检方面，应尽可能地通过增加对来料不良的惩处力度等方式，引入“怕力”，以唤醒供应商自身的质量保证体系。长江上游水源清干净了，长江下游自然也就不会出现污水了，质量部门回归管理职能，重在防微杜渐和机制建设，更多通过抽查、加大惩处、警示和暴露问题等措施，持续保持一种威慑力。质量部门精兵简政后，工作层次上升了，工作效率也提高了，没理由不支持组织变革。

现实中，一些企业很难改变一个认知惯性，就是用人图便宜，表面上这是在帮公司省钱，实际上可能导致公司损失更大，企业有时候真的是“千军易得、一将难求”，因此，精兵简政千万别忽略了“精兵”这个前提。华为创始人任正非讲道，人力资源部门为什么不去招聘一些最好的医生来给员工提供医疗保障呢？他们的工资虽然高一些，但是能快速给员工治好病，员工感受好不说，还省了大量来回跑医院的时间，让员工把这些时间用在工作上不好吗？为什么要让员工把时间浪费在路上？可见有效的思想动员，其实就是算账，它虽是一种“批判的武器”，但这种批判不是止步于指出别人的问题，而是设身处地帮人脱离思维局限，提升格局，达成一种更高层次的利益计算。

（四）武器的批判

思想再造是组织再造不可或缺的一环，但由于人的价值观、立场、认知局限、既得利益（例如推翻一些人曾大力推行的组织方案）等原因，总有极少数人对组织变革貌合神离甚至抵触，他们好比是组织中的“钉子户”，指望“钉子户”回心转意，这个时间成本太高了。组织要前进，就应果断清理前进路上的障碍物。

企业不妨学习一下改革开放总设计师邓小平直击“命门”之法——“头头不通调头头”，即抓“一把手工程”，不能让抵触变革的人耽误了变革进程。“一把手”如果只是守羊群，不能成为领头雁，就只好让位。现实中一些老板在这方面表现得非常纠结，原因是这些人往往身居要职，不容易找到合适的人替代，年轻人业务能力跟他们比还有差距，最后没办法，等年轻人能力上来了再说吧。企业越这么想，越是耽误事，因为组织变革搁浅，影响的是企业战略实施，孰轻孰重，洞若观火。从组织能力建设角度看，如果一个岗位只能某个人可以做，换了人就不行，这说明企业的组织建设出了问题，企业是把能力建在人身上，没有把能力建在组织上，这样的组织是不安全的，企业就更应该通过有序的人员调整，逆向找到组织建设的问题并加以改进。

一个显而易见的事实是，任何人走到新岗位，都有一个适应过程，年轻人只要有把事情做好的强烈意愿，就应大胆地让他们去尝试，其中的道理很简单：一直不给年轻人机会操控方向盘，年轻人就一直成不了老司机。无数经验告诉我们，员工越换越优秀，出工不做功者腾出了位置，优秀者就有了位置，尤其是对“钉子户”的“武器的批判”，非但不会导致组织“塌方”，反而会大大增强员工对组织变革的信心。当然，年轻人上来后，不能让他们自生自灭，最好是“扶上马，送一程”，其中最重要的，是授权年轻人相对独立的业务领域，以及可独立支配的资源，让他们易于成事，同时避免业务和组织边界含混不清，以致给一些阻挠变革的人提供“埋伏”年轻人的机会。

综上，领导力是组织变革的关键驱动力之一。战略驱动力和流程驱动力，重在“谋事”，领导力重在“谋人”，任何事都要靠人来完成，因此可以说，领导力是组织进化“三引擎”中最为本质的“引擎”。

（华夏基石e洞察公众号2023年8月2日发布）

最一流的组织，从不改造人

组成石墨和金刚石的元素都是碳，石墨质软，常用来做成铅笔的笔芯，而金刚石却是自然界中天然存在的最坚硬的物质，被广泛用来作为切割工具，什么原因？两者的结构力有霄壤之别！

1839年，清末思想家龚自珍在他的《已亥杂诗》中发出“我劝天公重抖擞，不拘一格降人才”的喟叹，有用吗？当组织机器出现结构性崩坏，即便武力值再高的英雄，也无法扭转大清王朝衰败的颓势。所以赋能型组织不是要把一个个员工打造成英雄，而是让组织具有类似金刚石一样的结构力，形成能创造商业成功的战斗队列。

一、在赋能业务过程中赋能组织

没有业务成功，就谈不上组织能力，因为能力是用输出来衡量的，真正的赋能型组织，是在赋能业务过程中，完成对组织的自我赋能。赋能型组织能不能给业务创造乘数效应乃至指数效应？这是赋能型组织要思考的首要问题，企业可以从以下列举的情形中，获得一些借鉴。

（一）成本导向还是效能导向

常见企业的大客户销售组织，大致有两种模式：一种是传统的蝴蝶结模式，一种是钻石模式，实际情况是属于前者的居多，属于后者的少。蝴蝶结模式的特点是销售人员与客户采购部门进行点对点的接触，优点是可以大大节省人员配置，成本可控，缺点是企业与客户之间关系纽带太过单一，客户关系非常脆弱，且不容易影响客户的商务决策。一般来说，大客户采购合同金额较大，采购部门难以单独说了算，一旦客户决策链中某个环节出现了变数，就可能导致前功尽弃。

钻石模式则不同，它是多维立体、具有类似钻石一样的结构力的客户关系网络：最高维是组织客户关系，即企业与企业之间建立战略伙伴关系，是建立在长远商业利益基础上的共赢合作机制；然后是关键客户关系，即企业与客户决策链中关键个人的客户关系，是以项目竞争和项目成功为目标的客户关系拓展；再后是普遍客户关系，即客户非直接相关部门的客户关系，是以营造合作氛围、关系氛围，促进客户决策为目标的客户关系拓展。

组织客户关系好比金钟罩，让双方的关系更稳定、更持久、不确定性风险更低；

关键客户关系好比同盟军，能有效利用客户内部的矛盾运动，影响客户的商务决策；普通客户关系好比神助攻，平时可能是闲棋，关键时候可能就是决定胜负的、压死骆驼的最后一根稻草。

钻石模式的优点是客户关系牢不可破，且不容易受客户内部人员变动的影响，影响客户商务决策的触点多，商务成功率高；缺点是资源配置成本高。但总体算下来，钻石模式比蝴蝶结模式的费效比更优，原因是：

（1）大客户才有大机会和大需求。大客户具有规模经济和范围经济的优势，需求大且具有持续性，一旦形成合作，切换成本就比较高，除非不得已，客户一般不轻易终止合作，就是说有利于形成规模和连续订单；

（2）大客户主导战略选择。大客户有清晰的商业战略，在战略选择上必然处于主导地位，多触点“泡”客户，有利于融入客户的商业计划，与客户同频，前置性地将解决方案作为客户商业战略的有机组成部分；

（3）做厚做实客户界面才能催生客户选择。大客户内部决策流程复杂，商务竞争激烈，往往涉及多方博弈和拉锯战，资源配置太少根本应付不过来，产生不了订单不说，甚至沦为商务谈判中的陪衬角色；

（4）没有足够的“弹药量”炸不开城堡。开源才是王道，大客户拓展具有明显的乘数效应，值得配置足够的资源，一般前期拓展成本较高，后期往往只需投入一定的关系维护成本，合作越久，乘数效应越明显。

大客户销售组织到底采用传统的蝴蝶结模式还是钻石模式？要视企业的具体情况，不能一概而定。如果是卖方市场，产品供不应求，蝴蝶结模式就当然有优势；但如果是买方市场，钻石模式可能就是必然选择；如果大客户特征不明显，以上两种模式可能都未必合适，也许渠道模式更为有效。无论哪种模式，企业都应将业务效能最大化放在最优先位置，在这个前提下考虑如何实现对组织的赋能。

（二）被服务还是自组织

建立在帮扶基础上的业务和组织运作难以持久：其一，帮扶对象有限，无法获得乘数效应；其二，帮扶对象如果是“扶不起的阿斗”，自己不具有自我进化能力，那么怎么帮扶都解决不了问题；其三是帮扶很难做到精准服务，事实上很多时候是盲打，做了很多无用功。

以电商卖家管理团队（SMT，seller management team ）为例，SMT的传统工作方式，是帮助卖家解决日常运营中的问题，以及为卖家提供市场信息、平台数据、业务参考、经验分享等。总体来说，SMT更多是把自己放在专家位置，单方面为卖家提供服务，这就像极了开“盲盒”的过程：批量发一些选好的品类信息到卖家，看哪些卖家能卖起来；推荐一些项目给卖家，看哪些卖家能做起来……这种方式试错的成本高，且主要靠SMT推动，并非由卖家自我驱动。暂且不说SMT是否真正具有这方面的专业性，SMT这种业务服务模式，最大的问题是试图用普遍性去解决所有卖家的个性化需求，从源头上忽视了什么是卖家的真实需要。也就是说，SMT一厢情愿地“我为卖家想”，其实只是他们自己之所想，满足的其实是他们自己的需求，并不是卖家的需求，他们没有“想卖家之所想”，找到卖家的需求。再就是如前文所述，卖家自己有没有自我进化能力？倘若没有，那SMT无论推送什么样的服务，都会在卖家那里形成“肠梗阻”，根本形不成业绩产出。

所以SMT站在平台端、服务卖家的模式，未必是一种有效的模式，卖家对这种“被服务”未必认可，SMT应将工作思路调整为以卖家为中心，让卖家成为自组织，激发卖家的自主运营。在这种工作思路指导下，SMT需从“卖家管理”向“卖家营销”模式转变，赋能卖家如何在自主运营上“想得到”和“走得通”。

卖家的习惯思维是站在自己的角度想问题：自己有什么供应链；产品有什么优势；上架后是不是好卖……因此，SMT的一个核心工作，是引导卖家往消费者端思考，市场需要什么？买家想看到什么样的产品？等等。引导卖家“想得到”，目的是让卖家认识到不同的市场具有差异化的需求，不能千人一面，在此基础上，再引导卖家如何根据买家的消费心理，区分价值人群，确定差异化的定价策略，以及如何围绕买得到、买得值和买得放心，设计营销通路、营销策略等。

赋能卖家“走得通”，SMT则需要为卖家提供一些针对性的培训和案例分析，将卖家的成果可视化，用里程碑的方式，让卖家感知到自己的成长路径，如：从市场角度发现细分领域的机会点，并定位与该机会点相匹配的买家；提供实践方法论，让卖家实实在在知道每一步要怎么走，而不是简单地告知卖家某个市场机会然后让卖家自己去扑腾；定期对一些关键业务点进行复盘，让卖家真实地感知到，他是按照SMT的建议方向逐步形成了业绩增长，让卖家看到自己的成长足迹。面对市场的不确定性，卖家容易产生焦虑情绪，应对焦虑的方法就是具体，当脚踩到了具体的路径和方法上，一步一步往前走的时候，卖家就没有了焦虑。

卖家如果自己“想得到”也“走得通”了，卖家就从焦虑走到了具体，就完成了从“被服务”到“自组织”的华丽转身，SMT也因此完成了一个完整的赋能过程，不再需要继续在该卖家身上陷进去，SMT自我解放的同时，还可以用卖家的案例去激励其他卖家。以卖家为中心的业务模式，促成了SMT从服务型组织向赋能型组织的嬗变，也促成了卖家从被服务向自组织嬗变。

（三）封闭系统还是开源系统

遇到困难，很多人的惯常思维，是凭一己之力解决问题，不懂得用开源的方式去借力。一些人根深蒂固地认为，苹果公司是封闭的生态系统，事实上苹果只是为了构建一种商业壁垒，以实现“苹果税”，但苹果的业务系统——代工厂、供应链、内容开发等——绝大部分是开源的。根据苹果公布的2021年度供应商名单，总共有来自全球的191家企业，供应了苹果98%的原料、组装、制造等项目。就是说，苹果面向消费者体验的部分基本是开源的，只是涉及其商业价值的部分是封闭的。

封闭系统和开源系统的核心区别是什么？封闭系统主要利用内部知识，而开源系统可以充分利用内外部知识；封闭系统无法及时响应外部变化，而开源系统与外部的交互几乎是实时的。

封闭系统和开源系统作为对比的典型例子，当数微软百科（microsoft encarta）和维基百科（wikipedia）。微软百科是微软公司在1993年到2009年间发布的数字多媒体百科全书，当时微软的雄心是要建立全球性的信息帝国，以满足互联网冲浪者对知识的渴求。微软百科全书采用付费订阅模式，由公司员工负责维护，微软百科的词条需要专业的人一条一条创建，文章也需要专业的人审核发布。但微软百科最终却败给了比它发布时间更晚的开放式平台维基百科，并在2009年黯然下架。

维基百科堪称自由的百科全书，是互联网访问量最大的网站之一，名列全球十大最受欢迎的网站。与微软不同，维基百科由非营利组织运营，特点是自由内容、自由编辑，维基百科建立大致的内容规则后，就打开了创作系统，允许所有人进行词条创建、文章撰写，很快吸引了数以万计的社区志愿者自愿花时间为平台作贡献。开放权限之后，很多热点新闻连记者都没有报道出来，就出现在维基百科上了。尽管维基百科一开始在内容精准度上比不过微软，但最终的信息准确度与微软相差无几。因为维基百科和用户之间达成的粗略共识是快速连接信息，那些不精准的内容，会随着越来越多的专业用户参与，逐渐被修正。维基百科的知识量越大，越能吸引读者，并让越来越多的读者成为内容贡献者。开源系统带来的网络效应，让维基百科获得了巨大的竞争优势。

开源系统带来的好处还体现在创意设计方面。一家以咨询设计能力，为垂直行业客户提供产品创新价值的公司，曾经设计出一款装着摄像头的烤箱，出道即巅峰。不过，把摄像头装到烤箱上这个点子可不是设计师的灵感，而是来自一位超级用户。

最开始，设计师接到的创意简报（brief）是这样的：烤箱是耐用品，很多消费者买完后五至十年都不会想起你，我们要设计出一款能够增强用户黏性的烤箱，让用户和品牌产生互动，以拉动销售更多产品。怎么才能增加用户黏性呢？设计师想了很久都没有思路。设计师决定把用户的力量拉进来。他潜伏到烘焙社区和一些聊天交流平台找灵感，并向群里的超级用户发起邀请，只要你提供的创意足够好，我就会按照你的想法设计产品，把产品的初次体验权交给你。这时候就有一个用户说，自己在滑滑板的时候，会装一个GoPro（美国运动相机厂商，已成为极限运动专用相机的代名词），这样能最清楚地记录运动的精彩瞬间，然后把视频传到社交平台，要是烤箱也能带GoPro就好了。

这条思路一下点亮了设计师，原来用户不只要美食，还想要美食社交！根据用户的建议，他把耐高温摄像头装进烤箱，通过摄像头，用户可以直观地看到蛋糕慢慢膨胀、蛋液沸腾等细节。他们还做了一款APP，用户可以直接在APP上获取自己制作的美食大片。烤箱做出来之后，没等大范围上线，就已经在社交平台上火了起来。

企业打造赋能型组织，同样要防止陷入封闭系统的误区，伟大的组织不是闭门造车设计出来的，必须面向业务开源，导入业务的压力和挑战，以创造业务成功来“倒逼”组织的成长。一些企业失败，固然有误判市场机会和外部环境的因素，事实上很多情况下是因为组织僵化，无法作出调整、以适应外部改变所导致。

二、以改造人为目标的组织是失败的组织

企业的目标不是改造人，而是创造佳绩用好人。能创造佳绩的员工，一般具有利他的行为表现，具有发现新知识的能力和创造性地解决问题的能力，以上这些不太可能通过改造人来完成。但凡改造人，都是试图用一致化的外部框架和标准，去达到让人“奴从”这些框架和标准的目的，用这样的模具“加工”出来的人，不过是一种工具人罢了，他们怎么可能有适应环境的生存能力？创造力就更别说了。

当孩子放学回家，一些家长习惯性地问孩子“今天听老师话了没有”，这就是改造人的习惯势力在潜移默化地作祟，这样教育出来的孩子，一开始就容易输在起跑线上；犹太民族的孩子放学回家，家长喜欢问的第一个问题往往是“问老师问题了吗？”问题是人“顿悟”的开始，正因为如此，犹太民族才能产生那么多伟大的思想家、科学家和创新型人才，以色列这个900多万人口的弹丸之国，却能成为名副其实的创新大国。

企业如果以改造人为目标，就永远无法得到企业想要的那种善于作战、来之能战、战之能胜的人才。善于作战，意味着有及时发现战机、出其不意、攻其不备的能力，以及综合发动作战资源的能力；来之能战，意味着掌握了系统的作战方法论，并能根据敌情变化灵活运用这些方法论；战之能胜，意味着能在具体的作战情形下进行敌我分析、庙算和知胜。

以上三样，每一样都只能实事求是，而无法照本宣科。实事求是才会懂得以利他行为来凝聚力量；实事求是才能具体问题具体分析，发现新知识应对变化；实事求是才能不落窠臼，创造性地找到解决问题的办法。但以改造人为目标的组织系统，宣传的往往恰恰是那些与实践脱节了的、照本宣科的东西，容易使人丧失实事求是的能力。

不以改造人为目标，但并不是说人不可改变。人的外在表现——知识、技能、行

为等——是完全可以通过后天习得的，并在短期内就能有明显改变；但人的内在禀赋或者说本性——动机/驱动力、个性/品质、自我认知等——往往与人的基因以及长期成长的环境有很大关系，一旦形成，就具有相对的稳定性，诚如民谚所言：“江山易改，本性难移。”人的禀赋各异，我们必须承认这一客观现实，这也是造物主为了物种多路径演化的需要，因此，企业大可不必在人的禀赋上“死磕”。企业变化快，禀赋变化慢，改造人的禀赋，岂不是“急先锋遇上慢郎中”？显然药不对病。

既然禀赋是相对稳定的，那为什么人的外在表现却不像禀赋那样难以改变？这是因为人在适应环境过程中，必须进化出一种自我保护机制，可以使人“表里不一”，以更好地应对外部的变化，适者生存：常态情况下，禀赋决定自我认知，自我认知决定态度，态度决定行为。例如：内在禀赋说，工作是为了生存，于是自我认知就会说，报酬多我就多干，报酬少我就少干；当报酬达不到自己的期望时，人的态度就变得消极，态度消极就会导致行为消极，这就是人惯常的顺向逻辑。

但当外部出现了某种强制力量时，人的态度和行为往往会出现异化，假如企业出现一种强制力量，要对员工的消极行为进行惩处，那么这时员工的态度虽然并没有什么改变，但是员工的行为不得不作出改变，否则他受到的外部压力就一直得不到消解。态度和行为之所以能够异化，是因为这时人为自己的行为找到了一个合理性的理由：如果暂时不表现出积极行为，将可能失去现在的工作机会，人有生存的需要，在找到更好的工作机会之前，还是积极一点为妙，以保有现在的工作机会，同时方便自己骑驴找马。这就是人们经常说的假积极现象。

当外部出现了强制力量，却找不到说服自己的理由时，人就必须要从禀赋上自我觉悟，以调整自我认知，从而调整态度，以此来消解外部的压力。还是以上面的例子为例，有的人可能认为假积极是一种“作”，不愿意或不屑于为自己寻找一个假积极的理由，结果遭遇了挫折，不得不反过来检讨自己的底层假设，禀赋开始觉悟到，工作其实是为了自我成就，这时自我认知也跟着发生改变：既然自己在工作上投入了时间，工作就应要么能为自己付薪，要么能为自己赋能，总之不能让时间白白浪费了。在这样的认知指引下，人的态度就会发生根本性的改变，进而影响行为的改变，从禀赋到自我认知，从自我认知到态度，从态度到行为，形成了新的逻辑自洽。

以上我们看到，态度和理由好比是逻辑电路中的“或门”，其中任何一个都可以启闭人的行为。总体来说，寻找理由是一件相对容易的事儿，而且很快就可以让自己的压力得到消解，这就是为什么很多人在遇到挑战的时候喜欢自我解释的原因，解释其实就是在给自己寻找理由。正因为寻找理由能快速地消解外部压力，人才不容易自我觉悟，因为寻找理由是快捷路径，直接把自我觉悟的通路给封掉了。为什么人的禀赋不容易改变？这就是原因所在。

寻找理由是临时性的恢复解，自我觉悟才是根本解，寻找根本解，往往需要外部的强制力量。但不管怎么说，只要理由能够导出积极的行为，假积极对组织也是有益的，至于积极行为的后面到底是真积极（态度积极）还是假积极（理由积极），组织往往无从识别，也没必要识别，因为只有外在的行为，才可能带来佳绩，管他是真积极还是假积极呢？一个人如果一直假积极下去，也可以认为是一种真积极。

行为需要配套相应的知识和技能，知识是基本方法论，技能是已掌握的基本实践。行为、知识、技能是构成能力的“组件”，这些“组件”需放到典型的实践环境中进行集成，才能综合为能力，能力是对输出的衡量，因此，要以业绩结果来度量能力。综上，企业只能建立一个基于外在表现的人才标准，这个标准的基本构成要素是：

（一）典型实践环境下的能力

（1）现岗位能力：衡量标准是现岗位的业绩结果；

（2）向未来岗位过渡的能力：过渡到未来岗位需有过渡经验，这是走向新岗位的能力门槛，衡量标准是过渡岗位的业绩结果；

（3）新岗位能力：新岗位需要一个试用期，以检验员工能力是否与新岗位匹配，衡量标准是新岗位的业绩结果。

（二）设立行为“护栏”，防止出现造成业务和组织危害的极端行为

（1）品德底线行为，如侵占公司利益、弄虚作假；

（2）价值观底线行为，如推卸责任贻误战机、漠视客户丢失合同。

基于外在表现的人才标准，说白了就是创造佳绩用好人的标准，焦点不在改造人而在改造业绩，是一个相对客观的标准，去除了很多不必要的主观因素。这也是一个在实践中聚焦“幸存者”的人才标准，实践是检验真理的唯一标准，不断用实践循环和实践结果，筛选出那些善于作战、来之能战、战之能胜的人才，以快速满足业务发展的需要。为什么军队在战时容易筛选出人才？因为战时的标准，就是基于实践结果、基于“幸存者”的客观标准。

与之相反，一些企业总觉得找人不易，为了留住某些有专业特长的人，不敢对一些在禀赋上有重大缺陷的骨干人员施加外部强制力量，冀望通过言传身教和循循善诱，能把这些人改造过来，结果改造越久，失望越大，对组织的伤害也越深。因为没有人是被人叫醒的，都是自己痛醒的，而组织不能等待员工的成长。当然，现实中我们也看到，一些人即使外部出现了强制力量，他们也还是“冥顽不化”，不会从禀赋上自我觉悟，总是一贯性地寻找各种理由来推卸自己的责任，他们只关注是否缓解了自己的压力，不关注是否缓解了组织的压力，企业针对这样的人，只能通过组织的筛

选机制，及时进行人员调整。企业大可不必为此感到纠结，有时候人是越换越优秀，不符合公司发展的人腾出了位置，优秀的人就有了可以实现个人成长的位置。

三、抓好关键少数，才能激活绝大多数

如果所有的企业管理理论浓缩为只剩下一个，那就是物理学的能量运动规律，只有符合能量运动规律的组织和组织运作，才能有效赋能。

前面我们讲到了结构力的重要性，具有结构力的组织应该如何打造？其实它是一种分布式管理，分布式管理的本质是“拆分+连接”：

（1）把企业视为一个完整的系统（system）；

（2）把系统拆分成一个个履行一定功能的业务进程（process）；

（3）把业务进程分级，并分配给不同执行单元（organization）；

（4）在进程和执行单元之间建立有效连接（connection）。

其中，进程指业务流程，执行单元指组织机构，连接指组织的权力和沟通。通过“拆分+连接”，把任何人都扛不动的“大石头”切成了一个个的“小石头”，从而降低了组织对人的要求，让人的可获得性、可替代性、可发展性以及组织对业务的响应速度都得到了极大提高。将人“泵”到一定的高度是需要消耗大量组织能量的，而且能够“泵”上去的人必定是少数，所以组织建设要“反其道而行之”，通过降低组织对人的要求，减少不必要的能量消耗，使人能快速上岗。

换句话说，赋能型组织的重心在组织，不在人，要用结构力去弥补人的能力不足，而不是用人的能力去弥补结构力的不足，尤其要注意，不能把个别英雄人物的表现，作为组织建设的标准，否则会导致天下无可用之人！须知，“天下无马”不是马的错，是管理者根本不具有组织建设的意识和能力所导致。

分布式管理有利于将能力真正建在组织上，摆脱对单一执行单元的依赖。从均衡负荷的视角，分布式管理可有效防止带宽拥挤和局部执行单元过载，造成低水平的“能者多劳”，即用重复性的工作大量挤占能者的劳动时间，对企业来说，这实际上是一种莫大的浪费，能者应尽可能将时间投入到更具创造性、更高价值的工作中去；从系统容错的视角，分布式管理可以分散业务运行，提高业务和组织系统的可靠性，避免一损俱损的情况发生；从增强学习的视角，分布式管理可促进各执行单元的自学习，从而不断提高组织系统的能力；从最佳成本的视角，合适的进程匹配合适的资源，可以使资源效用最大化。

分布式管理的理想状态，是把一个个平凡的人，“拼出”强大的组织能力带宽，让组织能力带宽远大于个体能力带宽之和。要实现这样的组织构想，企业需要意识到，真正决定组织战力的，其实不是组织的各个组成单元，而是它们的排列组合。要

论组织的组成单元，早期华为员工的职业化程度比西方公司差远了，华为是这样形容自己的员工的：“我们穿着草鞋，就从北冰洋打到了地球的最南端；我们还来不及取下头上包着的白毛巾，从青纱帐里出来，一下子就跨过了太平洋；腰间还挂着地雷，手里提着盒子炮……”华为就是靠这么一群“土八路”，最终成就了一个世界级的通信巨头。难怪华为创始人说，“组织建设不是为了好看，而是要打造一支能创造商业成功的战斗队列”，这个队列，指的就是组织的排列组合。

怎么排列组合？不外乎两个方面：一个是“布阵”，一个是“点兵”。一些企业在“布阵”的时候，老是考虑一些特殊人物如何安排的因素，这就等于敌人还没有破你的“阵”，你自己就先把“阵”给破了，“阵”一破，排列组合就变了，组织的结构力就遭到了破坏，战力就只好下降。企业“布阵”能不能尽量不考虑人的因素？好比一部车是不是好开，和谁是驾驶员完全没有关系，组织也一样，“布阵”一旦完成，关键岗位上的人原则上是可以互换的，如果不能互换，就说明能力建在人上，要通过人员轮换，逆向发现组织的问题，加以优化。这样打造出来的组织，才是不依赖人的、健康的组织。

“布阵”另一个容易出错的地方，是“布阵”的起点在哪里。一些企业“布阵”时习惯性地先考虑高层组织，然后考虑基层组织，“布阵”之后，仗怎么打，相互之间如何配合，最后还是不知道，也就是说，这个“布阵”，只有“结构”而没有“力”。“布阵”的目的是作战，自然应该先考虑市场前线或业务一线如何通过有效的组织运作实现业务成功，哪些业务活动是前线或一线通过队伍排列组合可以完成，哪些业务活动前线和一线无法完成，需要设置中台或后台组织来补位。一言以蔽之，“布阵”遵循的是作战的逻辑，不是内部管理的逻辑，要根据前线或一线的业务需要，来建设中台或后台组织，这样的“布阵”，才能堪称是一切为了胜利、前赴后继、攻击前进、互相支援的战斗队伍。

“布阵”之后是“点兵”。“点兵”的时候才会重点考虑人的因素，以充分发掘个体优势，把合适的人放到合适的岗位，最大程度地“拼出”组织能力带宽。基层作战单元如何分工负责？正副职如何分工负责？高层、中层和基层如何分工负责？这些排列组合会直接或间接影响组织的战力。“点兵”最为关键的是“点将”，抓好“关键少数”才能激活绝大多数。“点将”要先搞清楚岗位要求，避免人和岗不匹配的情况发生。考虑岗位要求的维度一般有：

（1）岗位的业务特性与挑战；

（2）岗位应具备哪些关键能力；

（3）岗位关键经验（向岗位过渡的能力，门槛条件）；

（4）岗位特殊要求。

举例来说，如果我们要给一个业务开发总监岗位“点将”，大致步骤就是：第一步，搞清楚业务开发总监岗位的业务特性与挑战，如：创造新能源建设项目商机，整合相关利益方，促成项目立项、投资并获取项目开发机会；第二步，根据岗位的业务特性与挑战，导出岗位所需要的核心能力要求，如：高层关系运作能力，资源开拓与整合能力；第三步，明确岗位所需的关键经验要求，作为“点将”的门槛条件，如：具有突破性取得项目开发权的经验；第四步，考虑是否有岗位特殊要求，如：最好有政府部门任职背景，熟悉政府运作流程，可以提升项目运作效率。

“点将”就要按照前面所述的人才标准，制订管理者继任计划，考察一些管理者是否具有向未来岗位过渡的能力，倘若没有，企业就要有计划地安排一些管理者提前习得，以降低管理岗位的空缺风险、准备风险、过渡风险和任用风险。基层管理岗位数量众多，继任计划很难做到一一对应，企业可以面向所有基层管理岗位，建立一个统一的管理者梯队资源池；中层管理岗位数量次之，继任计划可以按照不同的岗位群，建立管理者梯队资源池；高层岗位数量较少，继任计划可以按照具体的岗位，一一对应，形成管理者梯队资源池。资源池对所有员工开放，资源池只是一个“电子围栏”，企业定期依照人才标准，对管理者和资源池中的继任者进行考察、筛选和调整，能进能出，一视同仁。继任者如果完全具备了向未来岗位过渡的能力，可以作为第一梯队；如果只是部分具备，可以作为第二梯队；如果差距明显，可以作为第三梯队。有了管理者梯队资源池作保证，“关键少数”的战力就能得到有效补充，企业就有条件组织“浪涌式”的进攻，增加企业成功的概率。

最后，我们来看一个发人深思的现象。2022年可以说是中国人才的“丰收年”。教育部数据显示，2022届高校毕业人数高达1 076万，比2021年增长167万人，创了历史新高。因疫情等“黑天鹅”事件频发及全球经济衰退等原因，很多外企和本土大厂都在裁员，大量人才涌入市场，在这样的环境下，按常理企业可选择的人才范围应该是变大了，引进人才的难度和用工成本都降低了才是。然而我们依然听到一些企业在抱怨“招不到合适的人”“无人可用”等。以上关于赋能型组织的阐述，也许能带给这些企业一些启发和思考。

（华夏基石e洞察公众号2023年1月20日发布）

打动客户，要靠一套系统能力

要满足客户未来某个时点的需求，企业就要在规定的时间窗口内，尽快完成对自身能力的塑造，以匹配客户需求。企业要完成自身能力塑造，就不能仅是停留在“天道酬勤”“勤能补拙”“苦练内功”这样的基础认知上，必须突破常规思维。

一、同向塑造系统能力

建立在客户选择基础上的能力，才是真能力。

2002年全球IT泡沫破裂，受IT寒冬影响，英国电信（British Telecom，BT）计划通过“21世纪网络”项目，找到合适的供应商，帮助节省100亿英镑的投资和运维成本。BT对供应商的认证分为一般供应商、核心供应商、战略供应商及合作伙伴等四个层次，认证短则数月，长则数年，还会定期进行复核。2003年11月，BT采购认证团队首次对华为进行为期4天的“体检”，没有事先沟通，他们带着自己的翻译随机抽查华为各层级员工，独立访谈，交叉验证，共涉及华为业务管理的13个方面。BT采购认证团队最后对华为的认证结果是，除了基础设施及其他硬件指标得分较高外，其他方面都不及格。华为事先根本不知道，作为一家供应商，竟然有这么多需要关注的方面！在不知道认证范围和要求的情况下，华为选择了坦然面对和用心倾听，事后成立由董事长牵头的BT认证工作组，对BT提出的问题逐条分析并制订改进计划，并聘请咨询公司设计公司治理架构，组建大客户服务部为大客户提供端到端服务，华为以进入BT的采购短名单（short list）为牵引，两年多花费数亿元人民币全面改进管理，竭尽所能满足客户需求。经过两年左右的艰难准备，2005年3月，BT 正式宣布华为成为BT“21世纪网络”供应商，华为终于敲开了BT的商业大门。

以上是华为开拓国际市场中的一个经典案例。这个案例给我们最大的教益，是知道企业到底该如何塑造自身能力。在探讨塑造能力这个话题之前，我们先简要梳理一下整体与部分的关系：“整体大于部分之和”是希腊哲学家亚里士多德的名言，整体由部分构成，部分通过规则和秩序，融合为整体；部分有部分的规则和秩序，整体有整体的规则和秩序，整体除了拥有全部部分的规则和秩序，还有属于整体自己的规则和秩序。了解了以上哲学思想，我们再回到塑造能力的话题。一提到塑造能力，一些企业就习惯性地想到招聘某方面的专业人才，或者打造单兵作战能力等，其实这些只能叫个体能力，即上面哲学中的“部分”；企业要塑造的能力，是指企业的系统能力，即企业不同要素之间按照一定的规则和秩序动态协同，最后发挥出整体效用的能力，即上面哲学中的“整体”；个体能力与系统能力的关系，就是哲学上部分与整体的关系，没有系统能力，个体能力再强，也难以形成生产力。显然，系统能力不可能通过简单地拼装个体能力完成，因为还有系统的规则和秩序；系统的规则和秩序不能通过闭门造车臆想出来，因为系统的规则和秩序是围绕整体目标来构建的，必须在整体目标的牵引下，反复实践，磨合出规则和秩序，锤炼出系统能力。就像一支壮观的攻势足球团队，整体目标是进球，球队成员之间心领神会、配合默契的规则和秩序，一定是在目标的驱动下，靠平时不断地训练，不断地接受实战检验，逐渐磨合而成。所以发展整体的规则和秩序是一个动态的过程，是一个在实践中不断摸索、总结，最后沉淀出最佳实践的过程，是一个从平衡到打破平衡，再到新平衡的过程，不以整体目标为牵引，企业再多的热火朝天的能力塑造活动都是假的，没有指向性和意义。

塑造能力一定要有挑战性的目标输入，是目标倒逼的结果，目标好比是“假想敌”，企业围绕这个“假想敌”，拉动各要素之间的实践互动，最后以实践结果来检验系统能力是否达标。我们把这个过程称为“同向塑造”，“同向”的意思是，各要素的努力方向，均指向整体目标。BT认证华为的过程，为我们真实展示了一个同向塑造的全过程，华为的目标是成为BT“21世纪网络”供应商，围绕这个目标，历经2年左右的磨合和整合，终于“破茧成蝶”，初次完成了面向国际市场、面向大客户的系统能力塑造。其中的经验值得借鉴：

第一点，能力塑造必须要有挑战性目标牵引。一切事物的运动，不外乎是能量运动的表现形式，挑战性目标就是势能，整体中的各部分之间互动，就是把势能转化为动能，让各部分真正融合为一个有力量的整体的过程。为什么最好的防御就是进攻？因为进攻是往外看，看“目标、机会和生态”，是直面现实的行为主动；防御则是往内看，看“内在逻辑自洽”，是逃避现实的行为被动，所以进攻才能让系统处于激活态。可以说一些企业发展慢，根本原因不是能力低，而是目标低造成的，因为目标没有挑战，所以能力原地踏步，虽自我感觉没做错什么——因为内在逻辑自洽——但别人进步了，你自然就落后了。人不能拽着自己的头发上天，挑战性目标也可以看作是一种外力，在外力作用下，企业才能打破自己的固有惯性。事实上华为的市场成功和组织能力提升，与华为一直接受挑战性目标的牵引有莫大关系。华为的理念是机会第一，市场占领是企业活下去的基础，市场踏空了，企业再怎么有能力，也不能拿来当饭吃，什么是能力？能力是对输出的衡量，能力必须变现才行。

第二点，总体来说，企业在塑造能力时，要注意哪些能力依靠自建，哪些能力暂时可以通过外部整合的方式来获得，资源不求所有，但求所用，开放整合，以时间换空间。市场占领空间达到足够大以后，再根据需要，考虑逐渐用自建的能力去置换外部能力，以实现企业效益最大化和控制经营风险。一些企业在这方面可谓教训沉重，简单地根据市场预测，就开始埋头自建能力，等到能力建起来了，市场却全被人拿走了。尤其是那些前台轻、中后台重的企业，这方面问题特别突出。到底是用能力去选择市场，还是用市场来倒逼能力？显然前者是企业的主观选择，后者是市场的客观实践选择。华为在这方面的惯常做法是，不管自己能力是否具备，只要认为这个市场必须占领，华为就敢于大胆向客户作出超前承诺，然后充分利用承诺与交付之间的时间差，倒逼和拉动企业能力向市场对齐。如果自身能力实在有差距，就用价值杠杆，开放整合，针对一些高价值的能力资源，华为不惜用“范弗里特弹药量”去轰炸和获取。例如，华为在开拓海外市场的时候，很多订单是交钥匙工程，但华为在国内只是积累了通信网络建设方面的能力和经验，并不具备交钥匙工程能力。面对这种能力差距，订单接还是不接？不接，市场肯定占领不了；接了，余下的是内部矛盾，内部矛盾可以通过管理来妥善解决。于是，基于市场第一的理念，华为承接了大量的交钥匙工程。在交付阶段，华为确实出现了暂时的能力瓶颈，不得不高薪聘请外部顾问团队到现场指导，但经过几年的市场洗礼，华为的交付能力最终得到质的提升。

第三点，塑造能力是一个持续迭代的过程，不能有静态的、一步到位的思想，哲学上的说法叫“否定之否定”，这类似于软件版本升级。华为不断通过抢占市场战术机会点，向公司无依赖地回传市场的压力和势能，倒逼自身能力持续迭代，这种持续迭代，是市场客观实践的结果，不是管理者主观选择的产物，因而更加贴近市场本质，即通过一个个市场的胜利，来检验能力塑造的有效性。即便是开启战略机会窗，华为也是遵从实践优先原则，摸着石头过河。华为在进行重大项目投标时，不是看当下自己能不能做到，而是评估在未来某个交付时点上自己能不能做到，如果大概率能做到，华为就敢于冒“经过计算后”的风险。从商业的角度说，“no risk，no business（没有风险，就没有生意）”，当你把所有的风险都排除了，也就把生意排除了。所以华为一般会很审慎地去选择标书中的“做不到”选项，理论上没有满足不了的需求，只有客户不愿意买单的需求，客户既然提出了这个需求，说明某种程度上客户已认证过这个需求的可能性了，客户还愿意买单，那为什么不倒逼自己试一下呢？相信总能找到一种满足客户需求的方式。这就是华为人经常挂在嘴边的，“impossible is possible（不可能是可能的）”。只有把不可能变为可能了，华为才能成功实现自我能力迭代。一些企业的做法则恰恰相反，凡是能力暂时达不到的，就选择放弃，他们不是“聚焦客户的压力与挑战”，而是“聚焦自己的压力与挑战”，选择了放弃也就选择了平庸和放弃了稀缺，从而放弃了企业生存的机会。

第四点，塑造能力不能停留在企业领导的口头要求上，必须有强有力的组织保障，以及必不可少的管理投入。就像华为对待BT认证一样，华为事实上已经超出了认证本身来看待这件事情，华为把BT认证放到了“打造一张敲开发达国家运营商商业大门的能力名片”这个意义上来对待，所以华为成立了由董事长牵头的工作组，历经两年左右的时间，以花费数亿元人民币的代价，来完成这张靓丽的名片。试想一下，华为如果只是指定某个部门来牵头，针对BT提出的问题，象征性地做个跟踪改进计划就完事，结果会是如何？华为肯定就不是后来的华为了。对企业来说，认识到这一点非常关键，企业要做系统性的改变，就必须有与之匹配的管理实践安排，来支撑这种改变，不能将之简单地甩给下面的业务单元了事。比如有一家企业反复强调数字化转型的重要性，要求各个事业单元尽快拿出数字化转型的路径图，可总是不尽如人意，原因是屁股决定脑袋，各个事业单元的工作重心仍在当期经营上，担心业绩完不成，会影响部门利益；数字化转型是未来，根据组织行为学的双曲贴现理论，当期和未来打架时，人一般会优先选择当期。数字化转型既然是公司级的变革项目，那怎么能放到各个事业单元各自为战呢？部门定位就基本限定了他们思考的范围和边界，所以这个事情只有放在公司层面，成立专门的项目组来系统考虑和推进，数字化转型才有可能真正落地，放在各个事业单元，让他们革自己的命，逼急了，他们也就是虚晃一枪，应付一下而已。

同向塑造为什么重要？因为一些企业在这方面交了太多学费，没有系统整合思维，部门各自为战，即便塑造了一些能力孤岛，但由于没有以市场占领为目标，没有通过内外拉通建立起“整体的规则和秩序”，无法形成整体战力，导致企业能力建设总是去扯事业发展的后腿。训练场练兵固然重要，但与真实的战场相比，它们必定有天壤之别，充其量只是对战场的模拟。

在塑造能力问题上，与其分而攻之，不如合而治之。

二、开放创面，成长路径最短

围绕市场占领，导入客户的心智，才能走快捷路径。

BT认证华为，从另一个侧面看，更像是为华为撕开了一个创口，没有BT认证，华为压根儿就没意识到自己离国际一流运营商的要求还有这么大的差距。可见开放的文化，对一个企业是多么重要。企业也好，个人也好，正常的认知系统，都是从“我”之外的一切出发，这样才能防止“执我为实”，找到自身的问题并加以改进。华为的开放文化，体现为华为在客户面前，并没有捂着撕开的创口不让透气，而是开放创面，让创面自然结痂、愈合。结痂、愈合的过程，本质上是华为能力再造、知识结晶的过程。

客户撕开创口，才能让企业看到自身问题，问题是顿悟的开始。企业要在规定的时间窗口内，将能力迭代到一个新的层次，这是一个探索未知的旅程，在这个旅程中，如果有人不断提醒我们哪儿有问题，其实就是在给我们的学习提供导航。在这个过程中，客户的心智本身就是一种能量的输入。

既然是这么好的导航，那为什么一些企业不愿意开放创面、接受客户的挑剔，不愿意“安装”这个导航呢？主要原因是价值观假设使然。人性是趋利避害的，在一些人眼里，问题等于有了不好的影响，于是他们作出的自然反应，就是消除影响。如果我们问一些企业，客户投诉是好事还是坏事？得到的绝大多数回答是，客户投诉是坏事。但数据能说明问题，统计表明，投诉的客户比不投诉的客户重复购买的比例会上升约10%，投诉说明客户在乎我们，即使投诉没有得到完全解决，客户至少释放了情绪；如果投诉得到及时有效的解决，客户重复购买的比例会上升约40%，从客户不满意转变为客户忠诚。所以，在这个问题上我们不能跟着感觉走，正确的价值观假设应是问题等于机会，企业应建立鼓励客户投诉的机制，而不是排斥客户投诉，要通过开放的客户问题管理，尽可能把客户变成忠诚的客户。有一家企业每年例行调查客户满意度，他们发现有一个曾经的大客户，每次给的满意度分数都很高，也不反馈任何问题，但就是没有后续订单。这家企业忍不住私下去打听，才知道客户与竞争对手在合作，满意度调查他们给高分的目的，居然是不想让这家企业去打扰他们。这件事对这家企业触动很大，他们深切认识到，客户满意不等于客户忠诚，客户不满意也不等于客户不忠诚，关键是企业要发自内心，真正在乎客户的声音，用心解决客户的问题。

企业如果不改变自己的价值观假设，代价会越来越大。一些企业花费在质量管理上的成本高企，质量管理队伍非常庞大，但问题还是层出不穷，其中纵然有各方面的原因，但最关键的一个原因是各部门形成了关起门来悄悄解决问题的文化，彼此捂着自己的创面，导致创面越捂越烂，再加上部门之间信息不对称，导致捂着的问题越来越多，“按下葫芦起了瓢”，企业不得不通过增加质量管理人员的方式来控制问题，但在出现问题的层面，永远找不到解决问题的答案。什么是质量？质量等于满足客户要求，不主动接受客户的挑剔，不让客户撕开创口，不建立反馈回路，那企业怎么知道自己的产品是不是真的满足了客户要求？一些企业宁愿花重金养那么庞大的质量管理团队，也不愿接受客户作为企业免费的质量工程师，真是咄咄怪事。企业自己的质量管理人员毕竟只是客户代表，客户直接传回的要求理论上比质量管理人员传回的要求更加精准、真实、可信，围绕客户的要求去努力，链条最短，效率更高，企业应更多相信客户才对。总体而言，客户反馈问题的出发点是为了合作，产品如果出了问题，客户一般会给企业一次改正错误的机会，企业只要积极改正了错误，客户满意度往往会更高，因为客户不仅从中看到了企业的产品和服务，还看到企业对待客户的用心的态度，因而客户对企业的认知会更加丰满。但如果同样的问题再次发生，客户是很难原谅企业的，企业应充分抓住客户包容自己的机会，快速解决问题，改善质量。怎么让质量管理流畅起来？正确的办法是，与其抱残守缺，不如开放创面，企业向客户开放创面，部门向周边开放创面，让各种问题快速暴露、快速呈现、快速解决，形成开放的质量改进之风，错过了解决问题的时间窗口，问题就有可能真的扩大为影响，乃至大范围延烧，造成巨大质量成本。

从体验营销的角度，客户也可以看作是企业产品的有机组成部分，任何产品的体验，都是通过客户的体验来完成的，营销的重要目的，是让客户参与进来，并在这个过程中，帮助客户达成其自我实现。BT认证就是非常应景的例子，BT参与进来，他们发现了华为的诸多问题，在后来的接触中，他们见证了华为在这些方面的长足进步，BT成就了华为，华为达成了BT的自我实现，最后，BT选择了华为！

错误的价值观假设，还导致一些企业对失败存在认知误区，这一点从他们的日常管理可见一斑。例如对犯了错的员工，不加区分地予以责罚；遇到特殊情况，企业习惯性地把挑战的机会分配给那些经验丰富的员工，认为年轻人经验不足，担心惹事，不让他们真枪实弹地上主战场……实事求是地讲，每个人都渴望成功，没人愿意失败，但人性的渴望是一回事，人性的满足又是另一回事，不经历失败，成功何从谈起？就拿年轻人来说，年轻人如果没有机会上主战场，他们哪有撕开创口、能力再造的机会？所以价值观假设的原因变量不调整，会导致很多管理上的偏差。人类探索未知的过程，是一个认识不断提升、忽左忽右、无限逼近真理的过程，出现偏差是大概率事件，所以失败是常态；没有偏差是小概率事件，所以成功是偶然。正因为如此，华为创始人任正非说：“华为还没有成功，只有成长。”企业与其追求成功，不如追求成长。其实成功和失败可以看作是事物发展过程中两种不同的状态，我们要的是成长，成功和失败不过是对成长中的不同暂态的描述。如何看待和管理成长中的偏差？不外乎两点：一是学习他人，防止掉进别人曾经掉过的坑，即有的坑自己可以不跳；二是自我学习，自己要能从一个又一个坑里爬出来，即有的坑自己必须跳，从泥坑里爬出来的人是圣人。从这个意义上说，失败成本是企业成长过程中必要的试错成本，是必须交的学费。企业不希望发生试错成本，等于是扼杀了企业的学习成长；企业责罚试错中的失败，员工就不敢尝试，企业活力也受到了抑制。失败是企业最珍贵的成长资源，失败的背后存在着必然，通过对失败案例的复盘，有助于我们找到必然。企业理性的选择应该是鼓励试错，鼓励“早失败”和“快失败”，从而尽快在失败中找到业务发展的规律。

三、分析噪声没有意义，聚焦信号

什么是信号？什么是噪声？企业的最低纲领和最高纲领都是活下去，而市场占领是企业活下去的基础。因此，只有与市场占领相关的思考和行动才是信号，其他都可以说是噪声，企业唯一可靠的选择，是顺着未来要占领的市场所发出的信号前行。可在下面的两难选择里，我们可以清楚地看到，一些企业不自觉地被噪声所湮没，迟滞了企业的发展。

（一）追求稳态还是敏态？

没有哪家企业不希望发展，但在遇到内部出现不同声音的时候，一些企业就开始游移不定，美其名曰“怕乱”，这时候求稳的心态便占了上风，最后业务和组织是稳定了，可企业同时也放弃了发展权。客观来讲，企业要处理好发展、稳定、变革的三角关系，并不是一件容易的事，要有哲学思维，还要有高超的驾驭艺术，这绝对是企业高层的必修课。华为在这方面总结了一些指导原则，可供企业借鉴。华为认为：

（1）客户需求是企业发展的原动力：客户需求是变化的，所以企业必须以发展的眼光看待和把握客户需求，以客户需求为导向，指导企业的战略选择和管理体系变革，快速形成核心竞争力。

（2）稳定是发展的前提：企业要尽可能改良而不是改革，先立后破，坚持实用主义，不追求完美，要保持管理体系相对稳定。

（3）变革为稳定注入新的活力：公司运作是一种耗散结构，在稳定与不稳定、平衡与不平衡间交替进行，保持公司活力。

在发展与稳定的选择上，任何非此即彼的做法，都可能对企业造成伤害，企业必须懂得如何把握其中“灰度”：一味求稳肯定是不行的，企业不可能构建一个绝对稳态的管理系统，市场占领决定了企业必须快速响应客户需求，市场和客户需求的变化性，决定了管理系统也要“以变应变”；借发展之名，动不动就推倒重来也是不行的，没有继承，就没有发展；企业最好是在绝对稳定和绝对不稳定之间选择，即相对稳定的中间态，我们把它称之为“敏态”，敏态是一种非平衡态，一种生长态。事实上任何一个面向市场竞争的企业，都是开放系统，开放系统总是有变化或不确定性输入，故开放系统只存在敏态，不存在稳态，只有封闭系统或输入不变的系统才存在稳态。一个敏态的系统，时刻接受无依赖的市场压力传递，必然带来失衡，失衡引起震荡，震荡触发自适应，自适应内生学习，学习促进成长——因此，敏态系统也可以说是智慧型的活力系统，它具有自我迭代、自我更新的能力，能够不断从旧的规则和秩序中走出来，演进到新的规则和秩序。

（二）节约还是耗散？

企业怎么才能形成不断市场占领，不断强健组织的正反馈？华为创始人任正非用一个简单、形象的比喻，就把原理说清楚了：110米栏运动员刘翔为什么能成为世界冠军？他得天天吃牛肉，但吃了牛肉如果不运动，那他岂不成了胖子？不断摄入能量，又不断耗散能量，如此才能成为世界冠军。

每个人都梦想伟大，但在伟大面前，很多人却选择望而却步，为什么？不愿意投入，不论成熟事业，还是新事业，一些企业都是采用一刀切做派——厉行节约，诸如：

（1）招聘员工看谁便宜；

（2）经常在缩减员工收益上做文章；

（3）新事业刚开始，就要求有利润；

（4）不计流程等待成本，费用审批搞“一支笔”控制；

……

窃以为出台这些措施，可能与政策制定者对“节约的本质”的理解有关，他们把节约简单理解成了“能量匮乏”，尤其是企业在开源方面遇到困难的时候，他们会习惯性地通过降运营成本等节约措施缓解经营压力，因为相比赚钱，省钱似乎来得更容易。但这种节约方式，不过是以抑制组织活力的方式，为企业创造了一种短期盈利的经营假象。其实，“能量匮乏”只是节约给人造成的一种错觉，节约的本质是“合理分配和利用资源”。直白地说，节约就是不该花的钱不花，该花的一分也不能少。一家制造企业为了节省电费，规定在电价高的时间停产，尽量利用电价低的时间加速生产，但如果客户有大的紧急订单来了，电费就完全可以忽略不计，确保订单才是关键事项，但总有一些部门打着节约的名义影响订单履行，损害公司全局利益。一些人可能觉得不可思议，这样的事情怎么会发生呢？但现实就是如此，类似的事情可以说比比皆是，在成本费用考核导向下，一些部门天天算细账，为了一点点成本费用分摊，不惜召开一个又一个的会，最后实实在在地耽误了一些重要工作的进程，这就是对节约的错误认知导致的结果，这种风气要通过文化导向和底线管理来纠正。

如果把资源当成是一种能量的话，管理者的工作，就是持续推动能量的流转和循环，让“活的资本”不断为组织注入知识和劳动，让管理者个人和组织的能量，在流转中放大和增值。所以，错误的节约观是收敛，正确的节约观是耗散，任何组织的成长，要通过耗散来完成。树立了正确的节约观，我们再来看上面提到的一些企业的措施，就会有不一样的做法：

（1）招聘员工看价值，贵的要素才是便宜的；

（2）正确计算员工的利益，不让雷锋吃亏，信心和士气比黄金还珍贵；

（3）新事业要有战略投入，虽然上甘岭暂时不产粮食，但没有了上甘岭，就找不到产粮食的地方了；

（4）让业务流程“跑”起来，错过的成本大于犯错成本；

……

节约也好，耗散也好，其实殊途同归，目的是赚钱，而不是省钱，是为了开源，而不是节流。以华为为例，当一个产品在市场上趋于成熟，华为就有意识地把这个产品经验丰富的员工“节约”出来，流转到新的事业中去，让经验丰富的员工做新事业，成功的概率大，让新进者做成熟事业，提高了投入产出率。华为对不同业务单元采用薪酬包管理和效率管控，一些部门为了多些人干活，把本来应该给那些作出贡献的员工涨薪的部分，挪作人才招聘和保留。华为人力资源部门就会定期进行人才盘点，主动把那些作出贡献的员工识别出来，调整薪水，促进各业务单元提升人力资源质量。华为通过对资源的合理分配和利用，实现企业的时间价值最大化。

（三）顾及员工安全感还是传递市场压力？

由于人才争夺战，一些企业里，经常遇到员工以友商在高薪挖人来“要挟”企业的情况，企业苦于被员工“软绑架”，便想出一些办法来应对：一是“哄”，好话说尽；二是“拉”，无功受禄；三是“纵”，有责不追；最后美其名曰，照顾员工安全感。久而久之，这些办法便造成了一种风气，谁会叫谁就占便宜，企业反受其害。企业经营状况不好，哪来激励资源？这些盗钟掩耳的办法，最后都起不到作用，外面如果真的诱惑大，那么该走的还是走了。

优秀员工为什么选择离开？他们从一个熟悉的业务环境去到一个陌生的业务环境，不安全感其实是更强的，除非不得已，他们一般不会作出这样的安排。从与他们的访谈得知，根本原因还是因为他们对企业的未来丧失信心，觉得再这么混下去没前途，一些员工“要挟”企业只是表象，他们的初衷是想以这种相对极端的方式，表达对企业经营现状的不满，希望以此引起企业高层对经营的重视。所以说到底，企业还是要把事业做起来，将市场占领作为第一要务，用事业吸引员工奋斗，这才是信号和信号源，其他都是噪声，成天分析噪声没有意义。如果企业真的顾及员工的安全感，就应该让员工感受到企业确实是一个可以让他们长期托付的事业平台。

这里要特别讲一下，“狠好”的老板和“很好”的老板有什么不同。可以肯定地说，真正成功的企业家，几乎都是清一色的“狠好”的老板。健身为什么要请专业教练？除了专业指导的因素外，健身的最大敌人是懒惰，人在练到最艰难、最痛苦的时候，往往容易放弃，很难对自己狠起来。专业教练的价值，是不断激发你坚持目标和持之以恒的信念，不吃尽苦头，哪来“马甲线”和“公狗腰”？所以狠的老板和专业教练其实是一样的，“狠”实际上是在给员工赋能；“好”则体现在，员工做出了成绩，老板能及时予以相应的激励和肯定，没有这一点，“狠好”的老板就变质成了“又要马儿跑，又不让马吃草”的“好狠”的老板。而一些让员工感觉“很好”的老板，营造的是一种温吞水的组织环境，大家一团和气，老板不懂得传递市场压力，只负责给员工付薪，不负责给员工赋能。付薪但不赋能，员工的薪资既难往上走，也难以为继；赋能伴随付薪，薪资既有机会往上走，也有机会长久保持。所以“很好”的老板，其实是误人误己的老板。这一事实告诉我们，所谓事业平台的安全感，其实是构筑在企业有效进行市场压力传递，员工适度感觉不安全的公司，员工才最有安全感。

企业要市场占领，就离不开人才，但人才一定不是迁就得来的，而是企业为他们创造胜利的机会和条件，考绩得来的；考绩是考不走优秀人才的，不考绩才会埋没人才。一些老板总担心高的业绩标准和严格考绩会把一些人考走了没人可用，他们的口头禅是“有人干总比没人干强”，生怕人员调整造成组织震荡，因而很难跨出“狠”这一步。这就是思想被噪声占据了，辨识不清信号。越怕什么，就越来什么，企业越怕“塌方”，就越是大面积“塌方”，直至无人可用的窘境。一些企业的正向实践经验表明，不破不立，越不怕“塌方”，员工反而越来越优秀，不优秀的人走了，实际上是在给优秀的人腾出了位置，他们适应新的岗位也许需要一个习得经验的过程，但意愿比能力重要，在机会的牵引下，不断成长。

（华夏基石e洞察公众号2023年5月15日发布）

腾讯的成长历程给当下企业什么启示？

“头顶一块布，天下我最富”是很多人对中东富豪的固有印象，但是在获得石油开采的信息之前，阿拉伯酋长要靠放牧和喂骆驼来维持生活。可见信息是一种创造新价值的价值，大千世界并不缺少能量，缺少的是对撬动有序化能量的信息的掌握。

企业也一样，客户是企业能量之源，可有多少企业掌握了将客户能量转化为企业有序化能量的信息？可以说信息是新价值的唯一源泉，不生产信息的企业，注定生产不出价值。

一、有财富的地方必然有信息

一封求职申请卖出了天价，你信吗？

2021年7月29日，持续了近一个星期，乔布斯在1973年18岁时填写的求职申请拍卖终于落下帷幕，以34.3万美元的价格售出。这份求职申请之前曾多次被拍卖，第一次拍卖是在2017年以18 750美元价格成交，2018年以174 757美元成交，在2021年3月以222 400美元价格成交。

当然求职申请本身无足轻重，之所以弥足珍贵，是因为它是一个里程碑，是苹果公司CEO、世界工业设计大师乔布斯开始其事业人生的故事起点，在一些人看来，乔布斯戛然而止的传奇事业人生，是一段尘封的、内含了乔布斯精神的记忆，它像年份酒一样值得珍藏。

与乔布斯相关的另一件事是，2020年3月，乔布斯的遗孀劳伦·鲍威尔·乔布斯接受《纽约时报》专访，在专访中她作出了一个惊人的决定，未来将裸捐出250亿美元身家，不留给子女。她在专访中说，“我没有兴趣积累财富，如果我活得够久，这笔钱将在我这里结束”，“个人累积大量财富并不对，那相当于是数百万人的财富，这样累积财富对社会很危险”。

乔布斯的求职申请多次被拍卖，让我们看到了财富不断增值的事实；乔布斯的遗孀将自己的身家裸捐，又让我们看到了一种难能可贵的精神。

以上看似不相关的两件事，不禁引申出我们对财富的思考：到底什么是财富？我们为什么要追求财富？我们该如何正确看待和利用财富？

毫无疑问，每个人对财富的认知是不同的，我们很难给出一个有普遍接受的答案，我们只能回归事物的本源，去寻找大家在财富认识上的某些共性。诚如我们所知，宇宙是一个能量场，生命只是能量的一种存在形态，生命需要运动，运动需要能量——所以财富的本质，应该是指那些可以用来交换能量的资源，或者说是人们所拥有的有序化能量。从这个视角看财富，只有具备了以下特点，才称得上财富：

财富必须具有社会价值，否则它没法进行能量交换，就是说，地大物博不是财富，具有社会价值的“地”和“物”才是财富；

财富要以创造出社会价值来实现增值，就像乔布斯的求职申请，拍卖的过程，就是营销乔布斯精神、创造出社会价值的过程；

闲置的财富是一种能量的凝固态，没有释放出其应有的社会价值，乔布斯的遗孀选择裸捐，应该是希望财富不要像闲置的工厂，非但不能尽其所能地释放出社会价值，可能还会贬值甚至增加负债。

《道德经》说，“故有之以为利，无之以为用”。意思是一切有形的东西，只是为我们提供了生活便利，而真正发挥作用的，其实是那个“无”，是潜藏在具体事物背后的规律性。那财富的规律性是什么呢？

我们以通信系统中的消息和信息来进一步还原财富的本质：乔布斯的求职申请好比是通信系统中的消息，而那段尘封的、内含了乔布斯精神的记忆好比是通信系统中的信息。我们看到，乔布斯的求职申请卖出了天价，其真相是——并非消息值钱，而是消息所封装的、有特定价值的信息值钱。

信息为什么值钱？因为信息的本质，是为主体消除或减少不确定性，能够给人增加有序化能量，创造新价值。

信息价值最典型的例子是古人的“摔杯为号”，“摔杯”只是封装信息的消息，“摔杯”所内含的信息包括：形成共识的“集结号”、相机行事的弹性、不容易被察觉、有明显识别特征等，正是这些信息为主体消除或减少了不确定性，信息自然就值钱了。

乔布斯的求职申请所携带的信息——一段尘封的、内含了乔布斯精神的记忆——可以给创业者带来事业上的启迪，可以给工业设计者带来创新的灵感，可以给失败者带来精神能量……所有这一切，都是社会价值的具体体现，都是在为主体消除或减少不确定性。我们日常使用的钞票也是一样，钞票值钱，是因为钞票所传递的购买范围和购买力信息值钱。

由此，我们可以将财富的规律性总结为：有形财富的价值取决于财富所蕴含的无形信息的价值，信息的价值取决于信息能够为主体消除或减少不确定性的价值。不难推导出，凡是有财富的地方，就有信息，所有企业，本质上都属于信息产业。

认识了财富的规律性，我们就不难理出财富增值的一般规律和步骤，这里不妨用一个“极简框架”来帮助叙事：

财富就是“有”，拥有乔布斯的求职申请，就是拥有一种财富，求职申请是财富的形式，也是封装了某种信息的消息的形式；

信息就是“无”，携带信息的财富被投放到市场，就成了资本，资本以契约的形式固化下来，就成了资产，所有资本和资产，本质上都是信息资本和信息资产；

信息通过参与具体的创造价值活动，兑现其社会价值，放大其资产权益，从而实现资本和财富增值。

财富的具体形式有很多，这里难以一一枚举，以员工的劳动为例，具备某方面的劳动能力是员工的财富，劳动时间下的有效产出，是员工封装在劳动时间这一消息中的信息；员工把劳动能力以投资要素的形式投放到市场进行流通，劳动能力就成了劳动资本；应聘成功后，员工与企业签订契约，劳动能力就成了劳动资产；员工在具体的劳动实践中，参与价值创造，共享价值分配，放大资产权益，实现自我赋能，循环过程中同步实现了资本和财富的保值增值。

再以实体财富为例，假设把实体财富封装为厂房这一消息，那么厂房在约定成本、约定质量和约定交期下的有效产出，就是消息中的信息；实体财富以投资要素的形式进入市场流通，实体财富就成了有形资本；有形资本通过契约的形式，成为企业的有形资产；同理，有形资产在参与企业价值创造的活动中，放大资产权益，实现资本和财富增值。

财富成为资本的一般形式有：劳动资本、货币资本、有形资本、知识资本、精神资本和组织资本等，这些资本本质上都是信息资本，它们所携带的信息，在消除或减少企业的不确定性方面各有千秋：

劳动资本旨在消除或减少企业在业务运作上的不确定性；

有形资本旨在消除或减少企业在生产资料上的不确定性；

货币资本旨在消除或减少企业在事业连续性上的不确定性；

知识资本旨在消除或减少企业在竞争优势上的不确定性；

精神资本旨在消除或减少企业在发展活力上的不确定性；

组织资本旨在消除或减少企业在平台能力上的不确定性。

各类资本成为企业的资产后，要依据这些资产在具体价值创造活动中的角色和价值表现，来确定其价值和价值分配。

二、信息的价值空间决定财富的增值空间

1971年，乔布斯、沃兹尼亚克和韦恩创建了苹果公司，由于视界不同，三个人的成就差异甚大。乔布斯的视界是把计算机卖到全世界，沃兹尼亚克的视界是设计计算机，韦恩的视界是以800美元的价格卖掉自己的股份。

在乔布斯特立独行、我行我素和令人捉摸不定的人格特征与行事风格背后，我

们隐隐约约看到了乔布斯的思想主脉——发现价值。唯有发现价值，才能完美解释乔布斯各种反世俗、反传统的表现，因为他只有打破那些坛坛罐罐，给自己创造一个无拘无束的自由空间，才能“去掉生活中的一切冗余”，才能在破坏旧秩序中重构新秩序。

他这种发现价值的意识和能力，甚至可以追溯到从小以来的生活环境对他的塑造，乔布斯到了上学的年龄，有一次老师问班上同学：“你最不了解的问题是什么？”乔布斯举手答道：“我搞不懂为什么我们家一下子就变得穷了！”可见发现价值的意识和能力，早就根植在乔布斯身上，并在现实生活的长期冲刷和打磨下，铸成了肌肉记忆。

可以说，发现一个事物的价值（或者说识货）是最重要的价值。乔布斯从沃兹尼亚克设计的计算机上，嗅到了个人计算机的市场潜力，这一信息消除或减少了他创业的不确定性；从进入施乐公司考察中，他嗅到了施乐公司自己都没有意识到的未来个人计算机雏形和革命性变化，这一信息消除或减少了他在产业方向上的不确定性；从《玩具总动员》横空出世，他嗅到了动画电影的巨大利润，这一信息消除或减少了他大规模投资动画电影的不确定性……

巴菲特2008年入股比亚迪，他嗅到了什么？个人认为，在金融危机的大环境下，巴菲特嗅到了便宜，抄底是他作出选择的最主要原因，这一信息消除或减少了巴菲特在投资回报上的不确定性。

由以上可知，发现一个事物的价值，并不是发现事物本身的价值，而是发现事物中的信息所投射出来的价值空间的价值，只有存在大的价值空间，人们才愿意将凝固的财富拿出来作为资本，从而有机会放大自己的财富。财富虽说是可以交换能量的资源，但财富本身不能自动交换能量，财富必须通过信息——积累、组织和调动有序化能量的方法——来完成能量交换，并在交换中放大财富，信息的价值空间决定了财富的增值空间。

华为创始人任正非说，“一杯咖啡，吸纳宇宙能量”，大意是说，要通过类似“喝咖啡”等形式，主动走出去与客户、周边和相关价值资源进行连接，要让信息跨边界流动起来，流动的信息才能更广泛地参与价值创造，通过积累、组织和调动有序化能量撬动更大的价值空间，从而最大范围消除或减少企业在业务经营上的不确定性。

组织赋能较之信息赋价，哪一个更重要？当然是信息赋价。发现了一个事物的价值，不一定非得自己有能力亲自去干，只需通过积累、组织和调动有序化能量就可以做到。沃兹尼亚克说，乔布斯从来没有写过代码，也没有参与过任何产品的原始设计。乔布斯只是擅长对员工的工作成果进行再加工，但这一点也不妨碍乔布斯成为著名的商业领袖，因为发现价值是他的本能，从事物中嗅到他所需要的信息并对信息中的价值空间进行赋价，是他最重要的能力。也就是说，他已谙熟了积累、组织和调动能量的法则，可以心之所向，行之所往。

那么，如何判定信息的价值空间？从苹果和特斯拉等公司的成功，我们大致可以归纳出一些共性的判断方法。

（一）起：大需求还是小需求

一切商业活动的起点都是客户需求，所以判定一个信息的价值空间，应从需求分析开始，看这个需求是大需求还是小需求。

一般来说，人类的本质需求不会有太大变化，但是满足需求的方式可以层出不穷。以通信为例，自从有了人类，就有了沟通的需求，早期的人类“通信基本靠吼”；发展到后来，设立了驿站，相当于现在的邮局，最快能做到骑马一天八百里加急；但人们还是觉得太慢，于是就有了飞鸽传书；再后来，人类逐渐发展出电报、电话、电子邮箱、短信息服务以及现在的即时通信服务等，所以通信是本质需求，是大需求。但大需求好比是一个生态，没有哪个企业能做到对一个生态赢家通吃，现实做法是企业在这个生态下进行需求细分，找到适合自己的生态位，企业真正意义上的客户需求，都是生态位下的细分需求。细分需求的价值空间有多大，要看所处生态位的价值空间有多大，生态位越往上，意味着圈层往上，价值空间自然就越大。

（二）承：延续还是颠覆

承接需求的方式一般有两种：一种是延续性创新（或者叫传承），一种是颠覆性创新（或者叫变异）。

延续性创新意味着解决问题，不断用差异化来更好地服务现有市场；颠覆性创新意味着提出问题，常常是用不具优势的优势，来满足未曾满足的需求和开辟新市场。

延续性创新和颠覆性创新的典型例子是马车和汽车，19世纪末期马车还是人们身份和地位的象征，而冒着黑烟、龟速前进的汽车却成为被人嘲笑的对象，汽车从一个小众市场，后来逐渐发展成为世界级的大众市场。所以在当时，生产更好的马车就是延续性创新，制造汽车就是颠覆性创新。

延续性创新的挑战在于，如果没有威慑性的价值壁垒作为战略控制点，企业的价值空间就会越来越窄；颠覆性创新的挑战在于，企业的试错成本、市场教育成本在事业初期比较高，出错和失败的概率比较大。

企业对待延续性创新和颠覆性创新的态度是什么？以华为公司为例，华为大多数的业务是延续性创新，同时允许有一小部分新生力量去做颠覆性创新，探索性地“胡说八道”，想怎么颠覆都可以，但是要有边界。华为一贯坚持“针尖”战略，但在争夺高端市场的时候，要注意不要把低端市场丢了，因为华为就是从低端聚集了能量后闯入高端市场的，要防止竞争对手走了华为的老路，颠覆了华为自己。

（三）转：为大还是为细

时来运转，时过境迁。企业在什么时点容易“转运”？老子在《道德经》里说，“天下大事必作于细”。意思是事业都会经历一个由小到大的发展过程，所以切入事业的最佳时点，是在“风起于青萍之末”的初期，事业处在“细”的时候市场还不拥挤，可以先于他人进行战略布局，占据先发优势。起步太早了，一是看不准，二是等不起，领先三步可能成“先烈”；起步太晚了，机会窗过了，容易成为“接盘侠”。

机会是什么？机会是需求在时间和空间上的分布，机会的价值空间大小，取决于企业在窗口期的存续时间和存续范围。但悖论是，未来只能预测，不能预见，因此，“细”中看“大”与其说是一种“未来视”能力，不如说是一种面向未来的行动力，把握未来机会窗是一件很困难的事，多数情况下其实是幸存者偏差，在方向大致正确的情况下，关键是坚持和行动。过程中信念非常重要，越是能找到大的依托，信念越坚定。像个人计算机、智能手机和新能源汽车，都是在传统大市场基础上，按照第一性原理，把传统业务解构到本质层次然后再进行重构创新，新能源汽车还有产业政策的加持，这些都是增强信念的重要因素。

（四）合：沙粒还是珍珠

沙粒的价值微不足道，只有进入珍珠贝的沙粒，才能成为名贵的珍珠。一个完全独立的终端产品投放到市场，如果没有价值壁垒，就很难在市场竞争中延续生存。即使是智能手机和智能汽车，到了市场后期，也会渐入创新困境，能够创造新价值的空间会越来越小。

苹果手机能维持昂贵的价格，除了手机本身的质感、友好的界面和品牌价值外，核心还是两点：一是应用商店可以优先发布最好的应用，不断为消费者注入新价值，一般手机终端企业很难模仿；二是苹果手机与苹果其他产品完美兼容且可以切换操作，这就形成了一个网络壁垒，多维度定义和培养消费者习惯，加大消费者使用的切换成本。所以苹果手机看上去是一个智能终端，实际上是一个价值壁垒很厚的“珍珠贝”。

像光刻机这样的产品，技术壁垒足够厚，不容易被模仿，但市场上绝大多数产品，没法做到这一点，因此，采用珍珠贝模式，不失为一种增加价值壁垒的尝试。

一家从事沥青改性的企业，原来只卖沥青添加剂，相当于给酒厂卖酵母，所以价值一直很难做起来。后来企业尝试把添加剂做成一个类平台产品，添加剂不再作为商品出售，而是作为连接传统沥青业务的媒介，企业卖给最终客户的是用添加剂改性后的沥青，这样一下子就有了乘数效应。由于添加剂配方是保密的，其他企业没法模仿，这家企业因此就有了很宽的护城河，可以借此不断提高产品的市场占有率和保持溢价能力。

三、以共创模式寻找原创信息

大系统由一个个小系统构成。信息所内含的价值空间，既需要各个小系统的实践，也需要大系统的综合实践来完成；既需要小系统的新知识，也需要大系统的新知识，它们在各自不同的领域，共同发挥作用，共同形成积累、组织和调动能量的方法论集合（信息集合）。企业正是这样一个系统，前台、中台、后台等各个组织单元，是自成一体的自组织和小系统；这些小系统互相渗透，形成一个协同运作的大系统。

每个企业在系统配置上大体差不多，为什么战力却差异很大？原因是在价值创造过程中，真正决定企业战力的，其实并非它们的组成单元，而是它们的排列组合（信息），是“信息差”造成了“战力差”。

君不见，无论是古代的田忌赛马和曹刿论战，还是解放战争时期的三大战役，它们在本质上何尝不是一种“信息战”？以淮海战役为例，国民党军队摆的是十字架防御阵型，可阻击，可撤退；而共产党军队摆的是集中优势兵力合围敌人局部强大兵团的进攻阵型，以矛攻盾。不同排列组合产生的“信息差”，决定了双方在积累、组织和调动能量方面的巨大差异，结局也由此注定。

人是信息的携带者、创造者、传播者和处理者，但由于人所处的时空差异以及认知局限，人往往很难全面掌握信息和周密处理信息，难免出现认知盲区。面对认知盲区以及由此可能造成的现实困境，穷人和富人的思维是完全不一样的：穷人习惯于独自面对，不喜欢求助于人；而富人则习惯于共同应对，把获得他人的帮助看作一种能力。

企业作为社会的创富组织，当然应该选择共同应对，搭建优势互补的团队，通过团队学习，让团队成员一起参与识别和解决问题，一起运用自己的知识和经验建构新知识指导实践。团队学习不仅有助于我们消除或减少前行路上的不确定性，还有助于我们与每个人的认知盲区和谐共处。

从投资回报率（return of investment，ROI）的角度看，通过投资个体以消除个体在不同领域的认知盲区，让个体获得更全面的成长，以此来保证业务正常运作，这是一笔极不划算的投资。任何个体要熟悉一个全新领域，都需要花费足够的时间，可问题是业务不能等待个体的成长！所以，企业管理者考虑问题，既要有空间思维，还要有时间思维。

团队学习则不同，它通过促进团队成员之间优势互补，来保证企业在业务响应上的及时性和有效性，毫无疑问，以组合方式达到目的，往往是最高效的方式。因此，企业创造新价值，必然是一种时效性很高的团队共创模式，是一项团队运动，这也是学习型组织的精髓和本质所在。

从信息的角度，也可以解释企业为什么“内卷”。一般来说，信息越透明，生意越难做，价值空间越有限，因为透明的信息没有了“信息差”。现实中有太多一哄而上的例子可以佐证，这里不再赘述，尤其是当代社会，信息传播速度如此之快，导致一些机会窗稍纵即逝。

团队共创模式是一种特定范围下的信息交互，除了具有前面所讲的好处外，还有一个更重要的好处，就是在信息交互中，不断产生原创信息。原创信息才有更大的价值空间，原创信息才能形成新的信息不对称，原创信息才能重新创造拉开竞争距离的机会。

可见信息具有两重性，它既可以是造成“内卷”的原因，也可以是走出“内卷”的灵丹，信息的价值是用时空来度量的，过了这一村就没了那一店。企业要获得更多原创信息，就要开放边界，让包括客户和合作伙伴在内的更多人参与到团队学习中来，让更多的信息流入企业，在信息交互中，撞击出更多的原创信息，从而为企业创造更多的成长机会。

小灵通在中国的发展就是很好的例子。1996年，浙江余杭市邮政局局长去日本考察时发现了PHS技术可以广泛应用，觉得这是一个不错的商机，回到国内便和当时通信行业一些企业家谈及研发，这就是后来的小灵通。当时很多人觉得这个技术有点落后，没什么研发价值，可是一旁的吴鹰却想到，当时中国的生活水平普遍不高，如果利用低成本制造小灵通出售，必然会有所成就，于是他站起来说要投资企业从事小灵通业务。不出所料，小灵通一经发售立刻就得到了人们的喜爱，不仅价格便宜，话费还比固化电话便宜很多。到2006年，小灵通用户在全球就达到了1亿，小灵通的机会窗，大概持续了十多年，吴鹰个人也因此获得了巨大的成功。

原创信息不太可能向壁虚构，需要不断接受外部信息的触发。苏格拉底说，知识每个人都有，只需要唤醒；佛陀说，生命中出现的任何人和事，都是来帮助我们提升认知的。但悖论是，人在没有刻骨铭心的经验的时候，是很难被唤醒的；人只有在遭遇生存困境，处在就具体问题寻找出路的焦虑中，才容易被唤醒。换言之，人与其说是唤醒的，还不如说是痛醒的。

所以，共创模式就是把团队成员放到一个就具体问题寻找出路的焦虑中，“逼迫”团队成员开放边界，多渠道接受外部信息的触发，直至找到有效解决问题的办法和路径，从而实现从认知模糊到认知清晰，从行动模糊到行动清晰，从焦虑到具体。

这方面最好的企业例证是腾讯。腾讯自1998年成立，多次身处危局之中，甚至有两次差点卖身。从弱小到强大，腾讯几乎都是在与强大对手激烈碰撞的环境中倔强生长，典型事件如：

1998年，ICQ已垄断中国即时通信市场；

1999年，腾讯推出QQ，凭借一系列创新，最终杀出重围，其中的原创信息是，以云服务等互联网思维打败软件思维；

QQ崛起之后，腾讯又遭遇聊天室的挑战，2002年腾讯推出QQ群功能，将QQ转型为真实的社交网络平台，满足用户潜在的社交需求，其中的原创信息是，以真实的社交关系圈创新服务，打败陌生的社交关系圈；

2003年，世界最大即时通信平台MSN依托微软雄厚的资本和Windows操作系统的绑定，大举进攻中国，腾讯推出企业版QQTM迎战，通过一系列基于使用者场景的技术创新，给高端用户创造极致体验，成功逼退了MSN，其中的原创信息是，以视频会议、网络硬盘等用户思维，打败产品思维。

2010年12月，小米接连发布Android版与iOS版的米聊，上市近半年就获得了200万用户注册，仅隔一个月，腾讯就强势推出微信，2012年3月，微信用户数突破1亿大关，其中第一批用户很多都是从QQ的"一键注册"转过来的，牺牲QQ，与QQ打通，让微信获得了巨大的流量。其中的原创信息是，聚焦未来长远利益，压强投入迭代创新，敢于放弃眼前利益和自我革命。

腾讯的成长历程给当下企业什么启示？很多行业"内卷"看似密不透风，但越是"内卷"，越不能停下脚步，积极想办法找到未来的爆破点才是关键，事物只有在运动中才会创造新的"信息差"和机会窗，前提是我们不能倒在通往未来的路上。

（华夏基石e洞察公众号2023年2月23日发布）

苗兆光

华夏基石管理咨询集团高级合伙人、副总裁，华夏基石大师塾训战专家，首席战略与组织专家，华夏基石双子星管理咨询公司创始合伙人、联席CEO，多家上市公司独立董事或常年管理顾问。

第八辑

打胜仗的高管团队

苗兆光

真高管、伪高管

一、缺少称职的高管团队，是困扰企业的首要问题

这两年，有关高管团队的话题比较热门。企业家们也越来越认识到，无论是讲战略还是抓组织，还是抓干部队伍，都绕不开一个核心抓手——高管团队。

战略不是空穴来风，它是一群人依据市场机会互动、讨论出来的结果。同样，建组织也不是无本之木，也需要有一个核心团队来完成。抓干部队伍建设同样如此，企业家不可能越过高管团队，直接抓住、管理所有的队伍。其实，干部队伍的形成也是一个裂变的过程，你建起了核心的高管团队，他们再往下带一组人，这一组人再往下带一个团队，以此类推，干部队伍才能逐步形成。

事实上，高管团队已经成为企业建组织、定战略、带队伍的核心，这是一个绕不过去的课题。所以这两年，管理学界和企业界都十分关注高管团队。据我所知，一个企业家平台针对它的用户做过一项调查，要求这些企业家们就阻碍企业发展的问题作出排序。得出的结论是，排在第二位的问题是战略问题。我记得当时大概有50%的企业认为，未来的环境不确定，战略方向问题是大问题。而排在第一位的是什么呢？有90%的企业选择了“缺少称职的高管团队”。可见，高管团队建设是当今确确实实困扰企业的大问题。

我们又看到，高管团队这个课题其实很难研究。我们知道，研究企业无非几种方法：一种是标杆研究，即总结好企业的实践，供其他企业学习；一种是观察法，比如针对工人工作效率低下的问题，我们的研究人员可以研究他的动作的连贯性、合理性，来判断得出如何通过动作的改善来提高工作效率的方法。

但是，这些研究方法对高管团队的研究是无效的。很多企业的高管团队是企业自身独特的资源禀赋，而这些核心的资源禀赋仅仅存在于那十几、二十个人当中，其中又有很多规则是秘而不宣的，也很少有高管团队能够允许外人去观察他们。所以，高管团队如何建设，在管理学领域缺乏研究，也缺少案例。而我们看到很多文章洋洋洒洒，大书特书，却只会告诉你什么是“伪高管”，什么人不是“真高管”。比如说，只会做PPT的不是真高管、不下一线的高管不是真高管、不能和同事抱成团的不是真高管、不能聆听他人声音的不是真高管……却始终不能告诉你真高管是什么样子。

看到这样一些标题的时候，我们往往被它吸引，也会受到一些启发，但是这类文章我们看得再多也得不出真结论。它费了如此之多的唇舌，告诉你不能往东，不能

往西，不能往南，为什么不直接告诉你直接往北？所以，我今天试图与大家探讨的话题，就是如何“往北”的问题，试图弄清真高管的样子。

二、高管工作的四个特殊性

要想探讨什么是真高管，就离不开高层管理者的工作性质。真高管一定是与高管工作本身的性质相匹配的，凡是做不到这个工作本身的要求的，当然就不是真高管。

所以，要了解什么是真高管，一定得先了解高管的工作性质。高管的工作一定是区别于中层管理人员，区别于高层技术人员，区别于基层管理人员的。但是，区别在哪里？高管的工作性质是什么？虽然高管也是从基层、从中层提升上来的，但是，高管的工作性质不是中基层工作性质的延长线，它有它的复杂性。

德鲁克把高层管理的任务定义为三个方面：

第一是使组织有前途。就是说，高管要保证这个组织是有未来的。当未来是不确定的，高管也要在不确定中探讨组织前途，带领组织走得更远。

第二是使工作有效率。我们知道，所有人在工作当中都要解决效率问题。基层工作者所要解决的是点效率，即解决自身的工作效率问题。比如我写文章，保证一天的写作速度就是效率。但是，中层要解决的是流程效率，是如何把人组织起来，提高整体效率的问题。而高层主要解决的是系统效率，就是不但能够把不同的业务拼接在一起，还要使不同流程的工作更有效率——这是高层的工作性质。

第三是使员工有成就。即把员工充分唤起。对公司而言，员工处于什么状态是最佳状态？本质上讲，他如果愿意对工作承担责任，能够把自己所有的心智资源都调动到工作上来，能够针对工作有积极的思考，那么，他一定会有不一样的创造，他是有创造力的人。那么，是什么唤起了员工对工作的责任感？是成就，即员工能够在工作中取得成就。

这是德鲁克对高层管理的三重定义，也是他的经典理论之一。可以看到，《华为基本法》和《华为人力资源管理纲要》等，都把这三点列入了核心，成为华为人工作的主轴。

当然，这三点其实也很抽象，因为每一项都很复杂，都很开放，并没有一个封闭的标准，所以它也是一个永远没有尽头的，找不到固定答案的命题。

我们根据德鲁克的三个命题，可以定义出高层管理的工作性质：

第一，创业性。什么是创业性？当一家企业做到一个亿的规模，其实这家企业里所有的人都只知道一个亿企业的玩法。但是，如果它要继续向两个亿、三个亿、八个亿的规模发展，它的市场要面对什么样的复杂性？需要解决什么样的复杂问题？其实所有人都是没有经历过的。所以，企业每发展一步，都是一个新的创业过程，这是一个绕不过去的“坎”。

所谓创业的过程，就是我们处在一个从未经历过的过程中，我们不知道哪里会出现哪些问题，也就无法对每个人提出具体要求，就像十个亿的公司无法知道百亿级企业对高管有什么具体要求一样。所以，高管的工作就带有创业属性。所谓创业的属性，是指在环境发生改变之时，必须让自己有足够的能量，来适应某种全新的状态。

第二，整体性。我们知道，基层的效率再高，也不能代表企业的整体。但企业再大，也必须是一个整体。而这个整体的最顶层是高管团队。不可否认，企业内部的划分是非常精细的，有工作岗位，有具体的业务流程等。如果没有这样的划分，就没有办法把很多的人组织起来。但是，一旦分工很细，就容易失去整体性。因为每个人只能保证自己这个“局部”，至于它能不能带来总体的效果，他是不知道的。所以，整体性必须由管理者来完成，而高管则要负责整个公司的整体性。

第三，长期性。企业是一个致力于永续经营的组织，而不是一个随时成立又随时解散的项目，它要把资源配置于永久的未来当中。但是，大多数人只为现实的绩效负责，我们怎样能让他对未来负责呢？比如，企业要实现未来的成长，是基于今天的创造，而今天的创造是未来的前置条件。但是，不是今天所有的工作都具有未来意义。要进行具有未来意义的创造，就需要高管团队做一些前置的准备——这就是长期性。

长期性造成当下很难用结果评价，必须在长期内才能产生结果，工作和结果之间要跨越很长时间，因此，高层的工作是很难评估的。

第四，矛盾性。什么是矛盾性？指导企业有很多理论，但是，每一种理论都很难指导具体的工作。比如说，企业是多元化好，还是专业化好？不同的管理学著作也有着不同的建议，有些人会强调专业化，告诫我们一定要聚焦，而另一些人则会提出不同的意见，指出有哪些企业没有实行多元化，但通往成功的大门却在其聚焦的领域关闭了。

举个例子，过去那些年，像柯达或者富士这类胶卷企业，都是靠产品做到世界级别的，但是从结局上看，恰恰因为过度的聚焦，导致他们的独特技术被新技术全面取代了。所以，当你面对的是不确定的未来，或者未来的生态不会为我们现有的产品留下空间的时候，企业还是需要有多元化的布局。

当然，也有完全相反的案例。所以，企业到底要选择多元化还是专业化呢？这对企业界来说，是一个由来已久的矛盾。

我们知道，很多时候，组织需要流程化，但流程化发展到一定程度以后，企业又会僵化。所以，一些企业提出了反流程。这时你会发现，组织里存在很多矛盾，不断地需要我们去处理，而高管就是要从中作出平衡的人，有时候要在矛盾中取舍，有时候则要在对立中统一，实现矛盾的共存。用我们老祖宗的话，要讲中庸。而任正非说，要有灰度。

要在两端之间取其中，就意味着高管的工作很复杂。但是，给予基层的指令又必须清晰，在哪里投入多少资源之类的指令必须是准确无误的——这是不是两种完全是对立的情况？必须能够在矛盾中作出决定，这是高层管理的性质。

由于具备了这样四个特性，高管的工作变得跟基层员工的不一样了。

三、衡量高管的三个维度

围绕着高管的性质，我们对高管要怎样要求呢？企业对人的要求，在一般情况下会从这两个方面考虑：一方面是素质，另一方面是绩效，即他将要取得什么样的成果。但是，进一步细分，我们可以把素质也分为两个因素，一个是态度，包括这个人的价值观，以及他的修养和素养。另一个是能力。

所以，在一般情况下，我们衡量一个人，主要就是从这三个维度来进行，即态度、能力和绩效。当然，在具体的实践当中，我们对高管的要求非常之多，甚至多达万千条。正是因为我们的要求太过庞杂，企业高管能满足这些要求的也是凤毛麟角。在这种情况下，我把它浓缩为三个维度，然后，我们可以从每个维度出发，去找到它最本质和最应当突出的部分。

第一个维度是态度。

任正非曾经说过，对高管的要求跟对基层员工的要求是不同的。那么，高管的态度跟中层和基层的态度区别在哪里？基层更多是看绩效，但是到了高层，他的价值观就变得特别重要了。也就是说，越到基层，绩效比重越高。反之，越到高层，价值观的比重就越高。

那么，真高管的态度是什么呢？我把它提炼为“归属于公司的人”。什么是归属于公司？在公司所有的利益相关方中，有人归属于利益，有人归属于事业（职业），有人归属于公司，因此，他们分别与公司结成了利益共同体、事业共同体和命运共同体。真高管属于后者，他把企业视为安身立命之所，与公司建立一荣俱荣、一损俱损的长期关系，从而形成了命运共同体。

我们知道，基层的工作很容易标准化。比如，拧螺丝，可以规定拧几扣，用多大力度，这些都可以标准化。而容易标准化的工作都是容易被管理的。但是，刚才我们说，高层管理工作的性质复杂，它有创业性、整体性，要承担责任，要基于长期主义，还要处理很多矛盾。这些性质决定了他的工作很难标准化。而很难标准化的工作，就很难考核。不能考核，就无法控制他。

那我们怎样才能把处理矛盾这个工作控制住呢？就要对态度有要求。如果一个人能够真心真意地为企业着想，怎么做有利于企业，他就会怎么做。因此，只要他的态度可靠，我们就可以放心地把这份工作交给他。只要我们找到了有能力的人，这个人能够用心、诚心地工作，没有绩效标准也是可以的。所以，工作的复杂性要求，高管群体必须是归属于公司的人。

第二个维度是能力。

高管所有的能力，都是建立在一个核心能力之上的，即高学习力。为什么高管要有高学习力？既然高管的工作有创业属性，经常要进入从未进入过的领域，这时，对于他的能力边界是没有办法定义的，他必须能够处理不断涌现的新的问题。

而这些新的问题没有产生之前，你并没有办法把它一一识别出来。所以，一旦有新的问题产生，高管必须挺身而出。要有学习力，要有通过习得的方式来应对新问题的能力。当一位高管在面对从未接触过的业务之时，它的一切都是未可知的。要想适应并进入这个领域，就要有高学习力。

第三个维度是绩效。

我们把它总结为打胜仗。对企业来讲，业绩是硬道理，没有不行。只有业绩才能把各个方面的关系给统一起来，从而共同为绩效服务。

基于此，围绕这几个问题，我们再来看一看，高管团队是个什么样子。

四、真伪高管的分界：归属于职业还是归属于公司

我们知道，在任何一个公司里面，都有许多人和许多的相关方。员工也有各种专业背景和不同职能，有营销，有研发，有高层，有中层，有基层。延伸到公司外部，还有经销商和供应商等等。这么多的不同的人，他们与公司的关系是不一样的。

有一类人归属于利益，是为了挣钱而来。对于这种人，当别的地方能挣到更多的钱，他就会离开。我们把这类人称为利益共同体，只要利益合适，我就和你“共同体”。要是利益不合适，我就换一个“共同体”。

第二类人不仅仅归属于利益，还归属于事业。要想这一生有所成，你的公司恰好能够让我获得成就，实现我的人生理想，甚至让我扬名立万，于是我就选择了你。这类人是归属于事业的，也可能是归属于职业的，他们是企业的事业共同体。

但是你会发现，在企业里面，不一定每个事业都会一帆风顺。若干年前，我在中国移动做项目，当时曾跟他们一个省公司的总经理沟通。记得我问他，你认为，你们公司最大的风险是什么？他说，我最担心这家企业打不赢逆风之战。

为什么这么说？类似于中国移动这样的公司，它从成立那一天起就是高速增长的。在这个过程中，企业不得不拼命从应届毕业生里面招人。而这个年龄段的年轻人，用他们的话说，还都是孩子。尤其能够进入中国移动的，还都是好孩子。看他们的简历，从小就是优等生，一路顺风顺水，没有遭遇过什么挫折。进入移动公司以后，待遇高、发展快，很快就能买房买车，个个看上去都过得很滋润。

这时你就能理解，为什么他们的总经理会担心这个企业打不了逆风之仗。当逆境出现的时候，没有一家企业还能稳定航行。在这种情况下，这些年轻人还能不能去打仗？会不会一击即溃？承受不了失败的后果，会不会改弦易辙，或者另立门户？所以这位总经理说，表面上看，这是一群精英，但有可能他们是伪精英。

这样，无论是归属于事业还是归属于利益，都不会是公司最能靠得住的人。

这时就有了第三类人，即归属于公司的人。

什么是归属于公司？他跟公司建立的是一种长期的关系，是建立在内心的永久的关系。既然是永久的，那么，公司需要我做什么，我就做什么。

举个例子。我以前有一个朋友，他被一个行业的头部公司请过去做营销领域的高管。作为一名营销牛人，他对客户关系管理，对市场营销都很有一套。到了这家企业以后，他主导导入了一套比较有价值的营销管理体系，一举打开了局面。尤其是头三年，他的业绩表现很不错，老板对他也很满意。

但是要知道，老板的思路是常变常新的。有一天，他突然把这位营销高管叫过来，要求他改行去做人力资源。为什么要这样安排呢？他给出的理由是，你的营销体系虽然建得很好，但是单靠营销，我们在市场上很难形成系统竞争力。因为你只是掌握了客户的需求，并没有真正实现对后端供应链和研发的驱动。所以，这样的营销体系变革，很难给公司带来实质价值。如果你能在后端，按照营销体系的要求升级改造公司的人力资源管理，这个价值就变大了。

听起来，这个要求并不过分，但是被这个朋友拒绝了。后来我问他，为什么要拒绝？你的心理活动是什么？

他说，我是一名营销专家。我一直在同一个领域，如果我想离开这家公司，因为在这个领域有深耕，有积累，在别的公司谋求一份不错的差事也是很容易的，我仍然可以游刃有余地施展拳脚。但是如果我转行做了人力资源，风险就来了。因为我并不擅长人力资源，如果我服从调动，万一搞砸了，我的职业生涯就会遇到挫折。那时候再换工作，换什么呢？继续做营销，已经几年没碰这行了，在这个职场上就失去了竞争力。如果找人力资源方面的工作，我从业时间短，缺乏积累，更缺乏成功经验，这样的履历怎么说服别人？他说，我只能选择拒绝。在这种情况下，他们的老板就不愿意再与他续约。所以，合同到期，一拍两散。

听完这个故事，我意识到，其实这个老板要的是归属于公司的人。对于老板来说，他当然知道术业有专攻。但是站在企业的角度来考虑，它是一个整体才能产生绩效的系统。当一名职业经理人帮你导入了一套行之有效的营销体系，但是却没有与之相匹配的人力资源经理人来协助落实。

所以我对这位朋友说，你的前老板要的是一个是归属于公司的人。所谓归属于公司，是公司需要我干什么我就干什么。因为能力是可以获得的，即便公司需要我干的事情我并不会，但只要我能全心全意地按照他的要求去投入，能力就会逐步建立起来。所以，对于这位老板来讲，你是归属于你的职业的，而你的职业所能带给他的贡献已经到顶了，并且你不能成为他所需要的，归属于企业的人，他就只能把你当成一个成本中心。对于成本中心，他已经为你所拥有的技能付过费了，显然，没有新的技能，他不会再持续付费。

所以，归属于公司还是归属于职业，是区分一个人是不是真高管的分界。

我们说，企业高管的工作是很难被他人定义的，因为他所做的是具有创业性和长期性的工作，这是一项在矛盾中制造平衡的工作。恰恰是因为工作的复杂性，所以，高管人员的内心如果不能归属于公司，就意味着他无法处理或者说不能胜任这份工作。

当然，德鲁克认为，管理人员所需要的所有品质中，其他品质都可以通过训练习得，唯有“诚实正直”这一项品质例外。因此，高管人员的态度中还应包括一个底线的品质，即诚实、正直，这是我反复强调的一点。一名高管如果既不诚实也不正直，却擅长弄虚作假，不愿意按照规则做事，那么他对组织的作用是破坏性的。当然，中国的民营企业从艰苦创业中来，往往都经历过残酷的市场竞争。在这种时候，大家往往会忽视这种底线的品质。所以，我们必须要一再地强调，当企业做大做强之后，高管如果存在品质方面的问题，将为公司带来巨大的灾难。

那么，如何从态度上，从价值观方面识别一位高管是否从心理上归属于公司呢？这其实是很难识别的。有一个词语叫口是心非，还有一种说法是表里不一，这说明，在很多情况下，我们无法通过口头调查来判断对方的态度和价值观，只能通过他的行为来衡量。

归属于公司的人，有哪些行为特征？我把它总结为四点：

（一）发自内心的使命感

高管一定是具有使命感的人。什么叫作使命感？或者说，什么样子的人才具有使命感？有使命感的人，对公司的响应是无边界的，他拥有极强的责任感，而且这份责任感可以被充分动员。一旦他的责任感被充分动员，他与企业共同成长的能力也就足够强。

现实当中能看到很多这样的现象。比如一些女生，她们基本上都是被父母宠着长大的，既不会做饭，也不会收拾家，更不知道怎么对家庭负责任。但是，只要她们生了孩子，马上就会做妈妈，为什么会发生这么大的变化？为什么她们在这么短的时间内就能够做到火力全开，把她的能力全部展现出来？正是因为拥有对孩子、对家庭的使命感和责任心，所谓，女本柔弱，为母则刚。——当一个人的使命感和责任心被激发，潜能就会充分发挥。

所以，对高层来讲，他一定是对公司有使命感的人，并且能够承担无限责任。在有使命感的前提下，如果他遇到了从未遇到过的问题，同时也是公司从未经历过的事，他会选择逃避吗？因为有追求成功的使命感，他一定会通过学习提高自己的能力，去竭尽所能完成这个任务。

（二）直面各种矛盾

任何企业都会存在各种各样的矛盾，因为有人的地方就有矛盾。不归属于公司的人在面对矛盾时会怎样？此处不留爷，自有留爷处，这类人的离职率就会很高。但是那些归属于公司的人自然会直面矛盾冲突，面对不良现象敢于制止，敢于斗争。同时，他又是斗而不破的，不会把事情搞砸、闹僵。

所以，他是有工作方法的人，既能直言正谏，不做老好人，又不是完美主义者，没有道德洁癖。要知道，水至清则无鱼，一个眼睛里容不下沙子的人，会导致很多能干的人在公司里待不下去。但是，一个归属于公司的人，就能够容纳并处理好这种矛盾。

这一点特别重要，我曾亲身经历过不止一个例子。比如，我早期看到过一些企业家会来一个态度上的急转弯，突然间对某位高管冷淡下来。为什么呢？因为这位高管“撂挑子”了。他在工作当中遇到了挫折，遇到了所谓的不公平待遇，所采取的是一种对抗性的举措。但如果是一位归属于公司的人，就不会轻易撂挑子，这种行为会为高管与企业家之间带来巨大的隔阂。企业的董事会把某项工作交给了某位高管，就意味着信任和托付。这位高管在这个位置上也享有了充分的信息和资源，得到了历练。在这种情况下，如果他撂挑子，企业瞬间就会陷入被动状态。

我们不妨想一想，假如是在婚姻当中，能轻易提出离婚吗？在企业与高管的关系中，也不宜任性妄为。很多时候，当遇到矛盾或者问题，从本质上归属于公司的人，是能够有责任、有担当地直面这些矛盾的。

（三）长期心理契约

什么是长期的心理契约？对于有些人来说，他确实只是把企业当成了“跳板”，积累一些资历就走了。而对于一位归属于公司的高管来讲，他一定在心里与公司签订了长期的契约，以永久的思路来思考问题，并且能以永久的想法来经营企业内外的每一组关系。

永久的心理契约与短期的合同有什么区别呢？所谓的永久，类似于管理学提出的不计较区间，即当遭遇不公时，比如没有拿到合理回报，或者受到了委屈，一般人都会计较的。人都是自私的，谁能不计较呢？毕竟今天过去后，我们可能就不再合作了，那么为什么要吃你的亏呢？但是，当你面临长期关系的时候，就不会轻易计较。

长期心理契约的人，表现出的“不计较区间”较大。他认为，短期看虽然吃了亏，但长期还是会有回报的。这也是为什么我们很少会跟亲人斤斤计较的原因。同样，如果要与公司长期绑定，你还会去斤斤计较吗？只有那些把公司当过客的人，才会计较今天加了班，公司是不是给了加班回报。

（四）先公后私

每个人都有私心，但是对组织真正有归属感的人，一个归属于公司的人，他一定不会将私心置于公司之上。这里面存在一个边界问题。人哪有不自私的呢？这是人的一个基本特征，也是人性使然。但是到了高管层面，就要有节制，要克制私欲。而所谓的节制是以不损害公共利益为边界的。反之，缺乏自我约束的自私，其标志就是把自己利益置于组织利益之上。在现实社会当中，所谓的巨蠹硕鼠，恰恰就是这么来的。

在这里，不得不带出一句题外话。其实，在去除私欲的过程中，不仅仅是高管，企业家也需要有一个蜕变。我们知道，企业家在创业的时候，其目标就是个人的利益，企业最多是实现个人理想的载体。养育子女也是如此，通常是父母出于传宗接代目标的一种选择。但是，不论是企业的成长还是孩子的独立，都意味着，我们的“作品”开始有了自己的追求和规则。人们说，父母之爱是一场渐行渐远的退出。就是说，孩子越大，父母越应该把对自己命运的决定权交还给他，而不是一直控制他。企业家也一样，当企业成长到一定规模，企业家需要退到企业之下——你只能是一个参与者，不能再扮演唯一的决定者的角色了。

高管也是这样，他一定要按照这个企业良性循环模式下的规则去博弈，找到自己的利益空间，这叫先公后私。所以，高管之间讨论问题一定是在公共原则之下展开的。

综上，高管与公司的关系，最重要方面就是态度，他一定是归属于公司的人，并且拥有这样四个行为特征。

五、谦虚是最容易丧失的品质

既然你是归属于公司的，当公司遇到新的能力边界的时候，高管就必须去直面它，扩展自己的知识边界，以获得更高的能力。我们提炼出了高学习力这样的特征，即高的学习能力。

高学习力其实对高管的挑战是很大的。因为高管团队本身已经是公司的“天花板”了，如果他们的认知边界不够，组织就会被禁锢在这个水平之下。所以，高管的创业属性就决定了他必须保持高学习力，要跟组织一起进化，并且要随着外部环境的调整，及时改变自己。

那么，什么是学习力？学习力就是指，当外部环境发生变化的时候，你能够通过自己的一组活动适应这种变化。所以，面对外部竞争和不确定性，首先企业要有一个总体的学习力。而作为领导企业的人，高管不仅自己要有高的学习力，还要赋予组织以学习力。

进而，高学习力有什么特征呢？我们知道，看能力也是要看他的行为特征的。具有高学习力的人，他的行为特征是什么？我也把它总结为五点：

第一，责任。有朋友曾经和我争论，认为学习力的起点是好奇心。当然，我不否认好奇心对学习力的牵引。比如，有些孩子对家中的收音机、缝纫机都想拆开看一看，有些孩子对燃气灶和电源开关感兴趣，抑制不住要去研究一番。这样的孩子，如果引导得当，他对世界的认知会呈现指数级的增长。反过来，扩大后的认知又会使他的好奇心进一步增强。所以，好奇心是一种原动力。

但是在组织当中，好奇心得往后排，责任心才是排第一位的。我注意到，一个人如果没有责任心，他所学习的知识就会非常离散。我在与一些高管交流的时候，会发现他们中有些人天马行空，知识特别渊博，但是他并不聚焦，不能凝聚成把一件事做成的系统性知识。这就是我为什么要把责任心放在第一位的原因。

比如，华为当年曾分析，为什么AT&T Inc.（美国电话电报公司）要成立贝尔实验室？这个实验室确实曾创造过非常辉煌的成果，获得了很多诺贝尔奖项和提名，但是最后却不得不经历多次拆分和重组。这是为什么呢？因为，在AT&T，大量的科研成果不能转化为企业的绩效，大量的科研投入不能产生结果。究其原因，不外乎他的科学家们是由好奇心驱动，而不是由责任驱动来搞研发的。他们不能服务于企业绩效，导致企业在技术投资方面无法和所产生的利润形成闭环。

所以，不难理解，在企业里面，责任心是最为重要的，每个人要学习为企业的成功承担责任，这是高学习力的第一个特征。

第二，谦虚。所有处于创业期的企业几乎都有一个特征，即敢于承认自己的无知，能够把心态放得很低，这样才会促进企业主动寻找和创造各种机会来学习，并导向最终的成功。

所以，很多创业者和创业企业家都有一个特征，我把它总结为“诚惶诚恐”。他们能够虚心向高水平的人和竞争对手求教，为了求知，可以把姿态放得很低。这样的行事风格并不能使企业家失去尊敬，反而能够帮助他获得更多的能量，从而更加有利于资源的汇聚。

这也是为什么经济学强调，有活力的地方是“洼地”的原因。唯有洼地能吸引水流。一个地方土壤肥沃、政策好，就能从各方面吸纳资源——这就是谦虚的道理。

在这里，我把谦虚列到了仅次于责任的位置，其重要性可见一斑。因为我认为，谦虚是最容易丧失的一个品质。要知道，每个高管都是职场“老鸟”，当资源、权力在握的时候，人很容易就会膨胀，谦虚的品质就会逐渐丧失。因为人一旦被社会规则驯化，他的责任心是不容易丧失的，但是谦虚则不然，它会被逐渐遗忘。

第三，开放。开放意味着容易接纳新生事物，不会因成见而封闭自己，而是把人引向一种新的认识。新冠病毒为什么会有这么大的杀伤力？因为它特别容易与其他因素相结合，并且能够被飞速地复制——这就是开放。在企业里面，追求完美和纯粹，是非分明没有灰度，就会影响企业的学习力。因为当我们过度追求完美的时候，就会为其定义严苛的标准，从而造成企业无法容纳新的事物。

第四，好奇心。这是刚才讲过的。

这时大家会发现，最终，高学习力还是会回归到类似价值观的层面。

第五，好的学习习惯。高学习力还需要有良好的学习习惯。因为每个人获得新知识，获得新的外部赋能的方式不同。有的人喜欢读书，为了认知的提高，也可以大量阅读。我也见过很多这样的企业家，比如说阳光电源的董事长曹仁贤教授就特别喜欢阅读，他的典型的学习方式就是博览群书，阅读面相当广泛。我和他合作已经两年，发现他在读完一本书以后，会把他悟出的道理拿到企业当中去验证，并且追求在场景当中实现生产力的转化。鉴于这一个人爱好，他也会为他的高管推荐书目。

还有人获得知识的方式是沟通。因为有机会与各种高智商、高能力的人交流，就拥有了打开视野、扩充知识的渠道。比如我的同事夏惊鸣老师，他最大的爱好就是与不同的客户保持高频度的沟通，并且乐此不疲。在这种沟通当中，他获得了知识的更新，并且完善了自身的思考。而万孚生物的创始人李文美教授，则既热爱读书，又热衷于沟通，把不同的方式融合起来，并且能够在过程中反复不断地学习和验证。

每个人的学习方式不同，这并无可厚非。但是，在自己擅长的学习方式之下，还要将其习惯化和持久化。很多人停止进步的原因恰恰在于不能坚持。而不能坚持连续学习是一个人、一个企业停止进步的重要原因。

所以，从这个意义上讲，一名高管不但要找到自己的学习方式，而且要有良好的学习习惯。尤其是当你失去方向的时候，当你遇到困难的时候，如果你知道如何学习，就能让自己重新找到方向感，并且找到自我救赎的渠道。所以，高管要用这种方式来武装自己，提高自己的知识和技能。

六、高管必备的四项领导力

高学习力不是一般意义上求知的概念。对于高管来讲，学习能力必须与自身的业务场景和工作场景相结合，要与自己在企业当中扮演的角色相匹配。唯有这样，学习力才能表现为生产力。所以我们说，高管人员的高学习力，要结合自身在企业的领导力去形成。或者说，他的学习力在工作当中要表现为领导力。

一名高管的领导力应当包含哪些方面？前文提到，高层有三项任务：使企业有前途，使组织有效率，使员工有成就。这三项任务具体可以转化为高层在组织当中的四个责任：① 正文化，要把公司的文化正向确定在公司的发展方向上；② 明方向，即明确主管领域的方向，即战略清晰；③ 带队伍；④ 建功业。这些都是高管的具体任务。

围绕这四项具体任务，高管要具备四项领导力：

——战略领导力。基于定方向，你需要什么样的领导力？做到这一点并不容易，因为有领导力的人在模糊当中随便指引一个方向，其下属就会沿着这个方向狂奔。而没有领导力的人，再怎么指方向，下面也会质疑，并且无人跟进。所以，这个过程需要领导力，它不是权力，而是影响力。

——文化领导力。你怎样对公司的文化施加积极影响？如何让公司形成积极、阳光、向上的文化氛围？

——组织领导力。要通过影响力建立起组织化的领导力。

——变革领导力。当企业在某一个方向上开始举步维艰的时候，高管如何带领队伍实现转弯，或者说完成转型？

这四项领导力是高管必备的。而有学习力的人，在这四个方面展现的行为也是不一样的。

（一）战略领导力的行为特征

战略领导力体现于三个大的方面：

第一个方面是“守土一方”。作为一名高管，你在公司是有具体任务的，并且无论如何要保证具体任务的完成，这就是领导力，即能否搞定你的分管领域。要想搞定自己的分管领域，高管必须担负起三个关键任务：

（1）关键任务有人盯。高管是有具体任务的，但公司要想获得总体绩效，则要基于战略，即要在哪几个领域获得成功。比如，我们原来在国内市场，明年要进军国际市场。这时，国际市场就是一个战略任务，作为对此负责的高管人员，你是不是能盯住这个战略任务？另一个负责产品开发的高管，能不能围绕着国际化来推出新产品？凡此种种，即战略任务。作为高管，要做到守土一方，首先要盯得住关键战略任务。

（2）关键流程有人看。我们知道，端到端的流程，比如从有订单的需求到交付，到在客户现场完成服务，其周期、其流程效率是不是高，是否可靠？这些端到端的流程是基层人员无法改进的。每个层级的管理人员都有一定的管理幅度，而这个幅度越往上越高。所以，到了高管这个层级，可能就要管一个端到端的流程了。而这个流程的效率能不能改进，也要由高管来完成。这时，高管有没有能力能去盯住关键流程，就是他能不能守土一方的第二个指标。

（3）关键资源有人管。企业的客户资源，或者外部的重要关系资源，内部的人力资源等是不是高效，是否存在效率的、能力的增长？是否更有活力，更有价值，能创造更多的贡献？都需要高管人员把它看起来、管起来。

第二个方面是战略领导力要有“战略共谋”的能力。什么是战略共谋？我们知道，组织一旦形成，其战略就不能只来源于一个人，更不能是个人头脑中的空穴来风，它一定是个群体行为。什么是群体行为？以部队为例，在行军打仗的过程中，一定会有一个指挥官，由他来指挥部队往哪个方向走。如果前面的哨兵发现敌情，或是发现了敌人的埋伏圈，哨兵就会把侦察到的信息反馈回来，由指挥官判断是打还是逃，是速战速决，还是隐蔽起来等待时机。

这时考验的是指挥官对双方实力的评估，在拥有一定的赢的概率的情况下，指挥官会下令冲锋。如果环顾四周，发现将疲兵乏武器差，那就赶紧绕个弯走。这时你会发现，战略的过程所匹配的是一个互动的过程。它并不存在标准答案，而是要求高管成员有战略共谋的能力。这是非常重要的一个能力。很多人貌似很有见解，但是他的真知灼见和同事相比，怎么看都像是在“另起一行”。这时，所有的怀才不遇只是不能跟这个群体同步罢了。这时我们说，这个人没有战略共谋能力。所以，尽管他的个人能力很强，但是在组织当中，在团队当中，他并不能发挥作用，或者说其作用有限。因此我们一再强调，战略不是一个人的事，更不是一个人的头脑风暴，而是在团队当中，在组织当中相互调节生成，并进一步被部署和执行的过程。

这就要求高管成员与上级、与企业家共谋。如果这个企业家，这个“一号位”有一个不完整的假设，你能不能在你的领域对其进行验证？去验证它并丰富它？如果能，你就是一个可以与团队“共谋”的人。比如，一位分管研发的总裁，处于技术的认知之下，而另一位分管营销的总裁是基于市场认知的，二者在作决策时，能否形成交集，互相启发？

要知道，每个人得到的信息都可能是不完整的，有可能我们都在“盲人摸象”。那么在我这个团队当中，大家如何通过信息和观点的交互完成战略的生成呢？唯有共谋。所以，组织当中一定存在这种共谋的过程。

当然，高管还要与下级共谋。我们看到的现实是，在很多情况下，高管们在企业内部搞一言堂，因此，高管所谓的征求意见，换来的也只能是鸦雀无声。没有人愿意和你交流，这其实是很可怕的事情。因为即便是一言堂的高管，他也可能会提出很有质量的建议。而这个建议在实施的过程中，难免会有一个与环境相适配的过程，这也是下属在一线的真实体验。如果这种体验或者感知不能被及时反馈回来，那么高层的战略就成了无水之萍，无法落地生根，不能够与环境形成进一步的适配。

所以，有领导力的高管，他与下级也要有一个共谋的过程，即形成一种调节机制，通过战略的共谋能力形成战略领导力。

第三个方面是战略领导力的“战略推动”。当战略有了方向，高管能否给予推动实施？能不能在自己直属的领域内创造员工参与的氛围？在定战略的时候，员工能够群策群力，提供信息与机会的研判。在执行当中，一线员工发现偏差时，能够把信息反馈回来并给予调整和完成适配。在这一过程中，高管要清楚战略成败的关键领域，并且要自始至终围绕着成功的领域去做事。

我在企业里面跟很多高管有过交流。我发现，那些有效的，能够取得成绩的高管永远是清醒的，他们永远知道，当前最重要的事情是什么。而那些无效的高管，很多时候也是事务缠身，脑子里面官司无数，但是他没有优先次序，在大量的不重要的事情上消耗了资源和时间。所以，判断管理者是否有效，最重要的指标就是看他是不是知道最重要的事情是什么。一旦确立了当前最重要的工作，即使再多的干扰，他都能够盯住重要的事情不放手，把那些干扰事项交给别人做，或者在资源的配置上分出轻重，决不让重要的资源分散掉。

这些都有助于判断高管是否有推动战略执行的能力。

还有一点，要有敏锐的"人感"，即对人的感觉，能够把战略成败的关键事项交给合适的人，把人与事匹配起来。在这个过程中，他也要根据对某个人的感知来调整做事的方向，使人和事的适配度达到最大化。所以，有敏锐的"人感"，也是战略领导力在战略推动方面的一个体现。

（二）文化领导力的行为特征

高管在文化方面的领导力，体现在能否影响公司文化的形成。我把它总结为两个方面：

第一个方面是良好的文化感。作为一名高管，一定有对公司文化的质感。比如阿里巴巴专门为招聘设置了"闻味官"，意在寻找与公司价值观相匹配的，对公司文化有质感的人才。如果这个人从文化上不能适配，那么即使再优秀，公司也不能考虑。

我们知道，文化在很多时候是可体验，但难描述的。我曾经在2003年之前研究了很多的企业文化案例，发现不同的企业在文化上的提法都比较相近，不外乎一些高频词，比如创新团队、以人为本等。尽管大家都拥有相似的口号，但事实上大家的企业文化并不相同，尤其是带给员工或者客户的体验也是完全不同的。它说明，文化实在是一件复杂的事情，很难用文字准确地表达。但是在企业当中，高管有没有对企业自身文化的质感，能不能感受到公司文化的样子，能不能把文化的质感传递给下属，就变得特别重要。

记得西方人在谈文化的时候，引用了一位美国法官的说法。这位美国法官即将指控一名犯罪嫌疑人涉嫌传播淫秽制品，但对方的律师反问道：什么是淫秽制品？法官想了想，确实没有相关法律上的严格定义。但是他的回答很有力量，他说，我没有办法定义，但是一旦把它放在眼前，我就知道它是——从这里可以看出，文化可能并不好定义，但是你在身临其境的时候，自然会有所体验，并且能够捕捉到拥有同样文化的这群人的感觉。而所谓的公司传承是什么？它需要人在文化上的共鸣。这个时候，对于组织文化，高管人员一定会有相应的质感，他能够在不断变化、不断复杂的业务场景中不断地诠释它。

那么，一个公司的文化在具体的业务场景里怎么展现呢？比如在客户导向的公司，重视客户是一种文化。但是在不同的业务场景下，比如在客户界面，在研发场景中，在高层作决策的时候，分别会有哪些具体的表现？都需要由高管人员进行基于场景的转换。并且，高管人员还要在业务的进化当中不断丰富和清晰文化的内涵。这就是说，一个公司的文化是在进化当中不断丰富的，而高管人员的责任是，如何把这些案例提炼出来，去影响公司的整体文化。就像前文提到的美国法官一样，要通过不断发生的新的案例来完善本国的法律体系。这样，当他遇到一个没有判决过的案例时，因为无据可依，只有依据他所熟悉的法治精神给予裁决。由于美国的法律属于判例法系，因此，这个判例在生效之后，自然会成为美国法律体系的一部分。

因此，良好的文化质感，就是高管文化领导力方面的表现之一。

第二个方面是创建文化场。对高管而言，要有创建积极、正向的文化场，使人处于一种值得信赖的场景当中的能力。只有在这样的场景当中，才能调动人的自驱力。所以，值得信赖和能够调动人的自驱力的文化场，正是需要高管去创造的，并且是高管在做事情和带队伍的过程中，要身体力行示范的。

（三）组织领导力的行为特征

在建组织的过程中，高管人员能不能匹配企业建组织的能力？能力能否支持你领导公司形成组织？要满足这些条件，必须要具备以下六个方面的行为特征。

（1）组织中人。高管要想具有组织领导力，他首先必须是组织中人。所谓的组织中人，就是要有合作精神，要遵章守纪，要对组织有信念。我们在很多公司看到，一些高管本身的责任就是建组织，但是他本身却是一个擅长破坏组织的人。而且，他从内心就不相信组织是能够建起来的，尤其不相信自己也能够建成一个组织，以至于这个公司始终不能处于组织状态。其实，对于高管来讲，最重要的责任就是建组织。你不仅不能成为破坏组织的人，而且要始终保持建组织的信念。

（2）原则素养。组织一定要建立在一组原则之上，使组织内所有的人在面临同样性质的事情和遇到不同类型的人时，都能遵循同一种原则，掌握同样的分寸。其实，对于一个组织来说，一旦在不同的事项上建立起统一的原则，使所有人在处理事情时都了解相关的原则，这个组织就是一体化的。我在《华为基本法》的相关课程里就曾经讲过，组织的原则体系是需要逐步澄清、外化的过程。我们的高管有没有这样的原则素养，能不能把同类事物抽象出同一个原则，并让所有的下属都能掌握？如果你有这样的原则性思维，你就能够去建组织。反之，高管人员如果只能处理一件又一件的事务，却不能针对不同类别的事务进行思考，更不能针对类型抽象出原则，他就很难拥有建组织的能力。

（3）流程素养。我们知道，建组织一定会是很多人、很多工作串联起来的过程，而这个过程就需要流程。

（4）识人育人。带队伍，为队伍创造成长的环境，需要识人育人的能力。

（5）关系连接力。在不同的组织当中，高管人员要有把内外部的关系连接起来的能力。

（6）尊重事实。创造实事求是的环境，要保证内部的信息不被干扰，因为信息是客观的。我们知道，决定有两个依据，一个是价值判断，一个是事实判断。在组织当中，当所有的人都有了统一的价值观，面对客观的信息，即事实时，谁有专业，谁的决策水平就高。所以，如果你创造了实事求是的环境，又有统一的价值观，你只需要把事情授权给那些了解情况和专业化的人，组织的分权就有了基础，组织就能够建起来。

凡此种种，就是组织领导力。

（四）变革领导力的行为特征

我们知道，组织一旦建成，它是有惯性的，整个企业都会沿着这样的惯性去发展。那么，当企业需要调整发展方向时，对高管来讲，所面临的核心问题就是，组织也必须作出方向上的改变。这时，高管有没有能力去调整？所以，对组织来讲，变革也是个大命题。

我们在研究企业成长的时候发现了一个基本规律，即有变革能力的公司，就能活得很久。

很多公司并不是死于无知，而是死于看到机会却无法转型，因为它的变革能力太弱。这时，对高管来讲，就必须具备引导变革的能力，这其实也是高管战略能力的延续。战略如果是在同一个方向上，高管只需要配置资源即可。但如果方向发生改变，组织肯定要匹配变革。这个时候，高管就需要具有几方面的能力。

第一，创造变革的氛围。当企业内部发出了变革的信号，组织中的焦虑情绪必然会蔓延——所有的人都不希望变化，当发生变化的时候，人的焦虑源于自己无法适应新的环境，这是一种生存焦虑。所以，每个人都不希望发生不可预见的变革。这时，如何营造出一种氛围，如何动员群众，让大家克服焦虑，并能为其提供支持和激励，就是对高管变革领导力的考验。

第二，勇气和信心。在面对变革的情况下，很多领导者都感觉“压力山大”，因为变革是高风险的，就像弯道开车，必须全神贯注。对于高管而言，企业变革需要付出大量的心力，必须全神贯注、全力以赴。如果心力不够，这个企业的变革就很难成功。

所以，对于一个准备发动变革的企业，我要首先观察它有没有变革的空间，它的领导者和核心团队有没有心力，以及有没有条件进行一次变革。

第三，系统的思考力。

第四，远见与开阔的视野。

第五，有追求。我们知道，变革是要素的重构。在这个过程中，高管能不能进行完整的思考，就是变革领导力的另一个指标。

讲到这里，一定有人反躬自省，之后还要质问我，这么多的能力要求，对高管而言，是不是太苛刻了？记得我在一个企业交流之后，老板提出，您说的哪一点都重要，但是，是不是离我们的干部太过遥远了？

我们知道，要根据工作的要求来定义能力。但是现实当中，没有人能够在一瞬间获得这样的能力，更没有人能在突然间做到完美。企业有成长的过程，管理人员也要有个习得的过程，所以，才会把领导力划分为这样四个层面。同时我认为，它们的难易程度也是从前到后、从低到高的。比如战略领导力就是一个必须得有的“门槛”能力。如果一个人连思考方向的能力都没有，也不会部署，那就很难拥有战略领导力。而文化领导力又要比战略领导力更难一些，变革领导力就更要靠后。

当然，每一个领导力的层面存在不同的等级，有不断进步的空间。而从前往后、从易到难的过程，其实就是高管人员的成长过程。

七、如何衡量高管的绩效

高管的绩效有哪些特征？今天我们只是简单地概括一下。在下一篇讲高管如何评价的时候，我们再详细展开。

简单地说，在组织里面，无论是针对哪一个层级，衡量人都要基于贡献。尤其是高管，无论能力、态度，最终也都要转化为你曾经搞定的事，你在一些领域里创造的高产出、高绩效。

所以，我其实特别反对“打胜仗”一词，它来自军队。军队可以强调打胜仗，强调狼性，强调你死我活。那是一种对抗思维，应用于商业，就容易把人带入误区。

在真正的市场经济当中，企业追求的是能够创造价值的客户。他有无限的消费潜能，只要你把这个价值挖掘出来，供求双方是不会形成“双输”局面的。竞争对手之间也不可能双输，比如可口可乐和百事可乐，在竞争当中，两家企业都越做越大了，原因何在呢？就在于，消费者的潜能被挖掘了出来。这不是你死我活的概念，所以，“打胜仗”一词虽然深入人心，但是却并不严谨。

对于企业而言，更加严谨的说法是创造高绩效，追求高产出和高成果。这时，就要谈到高管对绩效承担的责任了，它包括以下三点。

（一）企业绩效的外部性

一是对高管绩效的定义一定来自外部。就是说，基层可能有很多绩效是来自内部的，比如他能否满足下游工序的需要。但对于高管来讲，他绩效的边界就是企业的边界，所以，衡量他的绩效指标必须来自外部。

对企业而言，满足外部的需要即实现了企业绩效。这里无非存在几个视角，第一个是财务和股东视角，代表企业盈利的目的，包括收入、回款、利润和现金流等。第二个是客户视角，是企业能否满足客户价值，或者说客户的满意度及数量如何，是否实现了上升，是否发生了二次购买等。这是站在客户视角产生的价值。第三个是生态与社会视角。企业产生的绩效，能否使生态伙伴同时获益？包括你的供应商、经销商，能否从你这里获取更多？如果是，他们就会对你的企业产生依赖，同时也会帮助你，从而使你的企业存续得更加容易。第四个是人才与成长的视角。人才在这个组织当中是不是得到了快速成长？是你的学习与创新不断刷新了企业的能力边界，从而使新的业务、新的项目或新的产品不断被推出。第五个是运营效率视角。你的效率是否比别人高？流转速度是否比别人快？这些都是外部绩效，原则上都应当由高管来完成。

（二）高管绩效的长期性

高管的绩效的另一个特征是长期性，即它必须在长期上衡量。企业的难题是必须要为未来做好准备，但对于高管来说，难题在于在长短期如何平衡。短期产生什么绩效？长期产生什么绩效？在很多时候，长短期是相互矛盾的，就像我们2022年都接触过一些 IVD(体外诊断)，比如核酸检测、抗原检测等。事实上，这些检测的技术门槛非常低，但是却迎来了现实当中大量的机会。当这样的机会扑面而来的时候，能把业绩做足的公司，通常会牺牲它的长期性。这很好理解，如果一个企业把大量的资源都投入到低技术环节上去，比如某些公司建设了大量生产核酸试剂的生产线，并且据此攫取了巨额的财富，同时，企业所有高管的注意力也在于此。在这种情况下，因为没有实现技术的突破，也没有布局在复杂疾病的诊断领域，一旦疫情结束，企业会发现，自己根本没有培养出长期的能力，因此，也就不存在可持续的营利能力。

所以，对于组织来讲，必须要保持长短期的平衡。当然，在某一个时间段，为了短期牺牲长期，或者为了长期牺牲短期，都是可以理解的。但是对于高管来说，你的绩效是必须以最小的代价，实现两者的平衡。并且，所付出的代价，还必须在事情过后尽快地补上去。

（三）高管绩效的整体性

高管绩效必须放在整体中衡量。这样一来，在有些情况下，出于对总体利益的考虑，会牺牲高管的个人利益。这样的结果也难免有失公平。尽管如此，高管也必须在整体和局部当中去做好平衡，并产生绩效。

我们对高管的绩效责任如何明确？怎样衡量？它存在三个特征：

第一是以战略任务为中心。这就是高层和中层不一样的地方。中层和基层都是在一个细部的分工中完成绩效的，他们所做的工作通常也都是流程化的。在一个流程环节，比如营销只需要负责把产品卖出去，把市场的影响力做出来。研发则要把产品开发好，实现低成本和高质量的制造。也就是说，研发的任务是把产品做好，把交期缩短，把成本降下来，并让它在流程当中发挥作用。

但高管不一样，他的任务通常都是高度综合的。比如，我要上一个新业务，原来是做手机的，现在我要做车，这是一个战略任务。你会发现，这个战略任务它是综合的，既需要研发，也需要营销，还需要借助原来的供应链平台、研发资源和营销力量，原来的平台、研产销，也全都要为它服务。

这个时候，高管所承担的是综合性任务。在讨论类似问题的时候，其实很多企业的高管都不理解。比如说，高管如何分工？中层有20个部门，假如一个高管管3个部门，这还是一个垂直体系。这时，你会发现，所有的高管都完成不了总体任务。

比如小米要从手机业务跨界造车，如果说它延续原来的模式，一个人管研发、管产品，一个人管供应链，那么，这些综合的任务由谁来保证，如何保障汽车业务的成功？

所以，对高管来说，往往要有交叉的管理，就是既要管手机，也要管车。也许，原来的副总只管手机的研发平台，但现在，所有涉及车的研发，涉及车的供应链，涉及车的营销，都要划归过来。这时，高管就应当有能力去调动原来的资源。它不是按照原有的职能条线来管理的，而是以战略任务为中心。最终，要总体衡量这个战略任务是不是成功。

因为战略任务是综合的，它通常以项目的形式存在。而跨部门、跨流程，甚至是跨业务的任务，在高层的分工就具有相对的模糊性，因此，需要交叉管理。

这是高管绩效的第一个维度。我们评价高管，一定要让他对战略任务中心承担完整的绩效责任。

第二是以最终成果衡量高管的绩效。高管一定是对最终结果负责。在现实的考核当中，很多时候只是基层考核靠结果，但高层则不这样。事实上，基层对最终结果的作用是很弱的，只有高层才能对总体结果负责。

比如，现实当中，对销售人员的考核往往会采用提成制，卖一个提一个。这种制度本身是让基层销售人员承担对销售的完整责任。但事实上，销售人员能卖出多少商品并不完全取决于他。如果这个产品不行，销售人员再会推销，他的业绩也上不去。所以，在业绩市场上，能卖出多少货，跟产品有关，跟交付有关，跟销售也有关。但是，销售人员只能决定销售的一个环节，而我们的提成制考核却相当于让他承担了总体结果。

那么，由谁来承担总体结果才是正确的呢？是高层。是高层决定怎样定义研发，怎样定义营销，怎样定义供应链。唯有高层才能把这些资源组合起来，也只有高层才能对最终的结果负责。

第三，高层要对长期结果负责。因为要对长期结果负责，就意味着要重新定义高层的绩效周期。因为在企业当中，有多少资源配置到短期，还有多少配置到长期，都是由高管来决定的。

所以，对于高管来讲，它的绩效责任具备这样三个属性。而针对这三点，我们下面会有进一步的展开。

简单地回顾一下前面所讲的内容。对于真高管而言，他要与高管的工作性质相匹配。我把它浓缩为三点：

（1）在态度上要归属于公司，而不是归属于利益和他的职业。

（2）从能力上，如果把所有能力都归因于一点，就是高管要有高学习力。他要在公司的成长过程中不断拓宽能力的边界。

（3）高管要承担以战略任务为中心的绩效责任。

（华夏基石e洞察公众号2023年2月4日发布）

高管评价：评什么、怎么评、谁来评

机制发挥作用，得用在对的人身上，如果高管本身不具备高管应该具备的素质，再好的机制，它的作用也发挥不出来。机制是环境，素质是种子。环境再好，没有那颗种子，也长不出来参天大树。机制用在错误的人身上，没有任何作用。

有了对的人，为什么还要评价？一是因为选人时可能看走了眼，没选对；二是因为人是流动的，昨天可能表现很出色，说不定因为什么原因就变了；三是企业成长中不断有新要求，还要看高管能不能满足新要求。评价机制就像筛子，把称职的人筛得更有活力，把不称职的人筛出去。

为什么把对高管的评价单列一篇？因为高管不是中层和基层的逻辑延长线，不是说基层具备哪些素质能变成中层，中层再提高就变成高层，不是这个逻辑。高管需要的素质更复杂、更多维。对高管的评价，在现实中存在很多难题。

一、高管评价的困难

与中基层人员的评价相比，高管评价有特殊性，更难评价。主要体现在以下五个方面：

第一，高管的工作是总体性的。高管是在团队和组织中发挥作用的，很难把高管的贡献从最终成果里抽离出来。比如整体业绩增长中，具体某个高管作了多大贡献，其实很难界定。举个例子：

我刚入行时，曾为一家特别优秀的公司做咨询，担任项目经理。当时我感慨，遇到了一家好企业，企业的领导人真牛。一个前辈直接告诉我：“你错了，企业是好企业，现任的领导未必是好领导。他接手时，公司的底子已经很好。不要说这个总裁多牛，如果弄一电线杆子，往这里一杵，写上‘总裁’，公司也一样发展很好。”

评价这个总裁干得好不好，不能只看业绩，因为公司已经有底子，当赛道、竞争环境、基层员工等不发生改变，公司往一个方向能自动产生业绩。所以我们评价一个总裁的时候，仍然要去界定他作出的突出贡献是什么，不是说他领导企业，企业的所有贡献都是他的，这是第一个难题。

第二，高管的很多工作具有长期性，短期内看不出来（成果）。我们知道，基层的绩效周期比较短，经常一个业务员开一单，从签单、成交到现金流回来，周期比较短。而高管的工作，从决策、执行到起势需要很长时间。这个过程他的努力有没有效？等看出来不行了，纠错、弥补需要花更多时间。所以我们在设计激励机制时，面临着长期性，没看到结果，就很难评价。

第三，很难找到参照系。中基层从事的是相对明确的任务，高管的多数工作是定义方向的，有可能定义对了，也可能定义错了。当对任务的对错负责的时候，就没有参照系了。一个成熟的任务是有参照系的，比如搞产品研发，你可以跟竞争对手比开发周期、开发成本、产品性能，他有参照系，好衡量。但是进入一个新赛道，你跟谁比？所以不好评价。

第四，高管对程序正当性要求比较高。高管都是在职场上久经风雨的人，用北京话说，就是“职场老炮”。评价一个基层员工，他的业绩发生偏差，上级只需要把他叫到办公室作一次绩效面谈，提出工作有哪些不足，希望他在哪方面作改变，就很正常。当评价高管时，你不能把一个有身份、有权威的人叫过来，告诉他有哪些问题，这样很容易形成对立。

第五，很难找到合适的评委。高管本身已经代表公司最高的决策水平，谁来评价他，谁有足够的权威、专业性和责任心来评价他？现实中很多公司都让老板来评价。其实我们知道对多数成长型企业而言，老板是在“不职业”的环境中长出来的，他的评价有很大的随意性，让老板评价高管，也很困难。怎么组建评委？理论上来讲，应该是董事会，但中国大部分企业的董事会，是满足外部需要的机构，哪里有能力评价高管？里面那些独董，董事会那些人，他们有足够的专业和责任心去评价高管吗？他们很可能对高管的工作性质和高管在干什么都不知道。

这些都是评价高管的难题，今天咱们就试图回答这些问题。

二、考核、评价与评议的不同

为什么我们的主题用“评价”这个词？我想跟大家在概念上做个定义。类似的概念有几个，考核、评价、评议。现实中，这三个概念经常被混用，以至于干部评价中很多事情撕扯不清。这三个概念有什么不同呢？

（一）对象不同

考核与评价是两回事。大多数企业在概念上不区分，把考核与评价当成一回事。什么是考核，什么是评价？考核，考的是工作结果，比如销售收入、回款是多少；研发项目进展到什么程度，有没有按期完成；产出的产品品质是否合格……这些都是对工作的描述。而评价是对人，评价人对工作成果的贡献。

工作的产出受很多条件、偶然因素影响。比如2022年受非预期因素冲击，工作无法正常开展，他的业绩还完成了70%，你说这个人行还是不行？工作结果的好坏只是对他评价的一部分，我们还要看过程中他的状态，他表现出来的品行和能力，如果你用考核替代评价，一看结果不行，就把这个人淘汰了，有可能你会错过优秀的人。

（二）着眼点不同

考核着眼于指标，评价着眼于目标。举个例子，医生看病，一定有很多指标，测你的血压、血脂、血糖、体温，做CT，这些指标测完了，甚至还要看你的生活习惯、有没有遗传病史。看完告诉你得了什么病，这个病什么级别。所以，评价是对指标的高度提炼，是基于一系列指标作出的综合判断。

（三）关注点不同

考核关注结果的呈现，评价不仅关注结果，还关注被评价人在过程当中的积极作用，他展现的价值观和进步。不管他的表现，只关注业绩是有问题的。

（四）主客观性质不同

考核是考工作，工作是客观的，你的销售收入完成70%就是70%，研发项目延期就是延期。考核必须实事求是，不能掺水，这是一个公司的基本文化。考核是由相应的职能部门来完成的，财务指标通常是由财务部门考核，市场指标由市场部来考核。只要结果在部门内产生，各部门都可能是考核部门。很多时候我们中国企业会污染考核数据，不能调出真实的信息。所以考核最重要的是实事求是。而评价带有主观性。评价是把考核结果拿来作综合诊断，由被评价人的上级完成，有价值判断，有对能力的判断，所以带有主观性。这是考核和评价的区别。

还有一个评议，评议是什么？比如我们考核完了，很多时候需要去广泛地征求意见，让下属评价他，或者把任用他的通知公示出来，很多人就去评议他。这些人的意见可能五花八门，有参考性，但未必客观，未必具有权威性。评议是为了让我们多个视角观察这个人。

一定要弄清楚考核、评价、评议，今天我们讨论的是怎么评价高管。接下来，我们讲三个问题：① 评什么，从哪些维度评价高管？② 怎么评，按照什么程序评价？③ 由谁来评，如何设立评价机构？

三、评什么

首先要明确，对所有人的评价无非三个维度：绩效、能力、态度。

虽然对基层、中层、高层都是从这三个维度要求，但有所不同：基层主要看绩效，能力和态度的比重较小。为什么？基层价值观的好坏，对工作的影响没那么大，因为基层工作容易标准化，比如工厂的流水线，他心里无论怎么想，只需要按照标准化的动作完成任务就行了。相对而言，中层能力的比重就高了，因为中层完成任务有一定复杂性、不确定性，很难预见结果，所以要提前看他的素质。对高层的要求，价值观比重就更高了。高管的职责是用人、作决策、创造环境。如果高层的价值观出了问题，那么一腐败是一窝，一垮塌就是一群人。

对高管的评价一般分两类，一是以绩效为中心的年度评价，以年度为周期评价高管的绩效，从整体业绩当中识别出他的贡献；二是以能力为中心的任职评价，比如，他的任期到了，是不是续聘，主要看他的能力合不合格。

很多企业让干部述职，有的以绩效为中心，有的以能力为中心，经常乱用，搞得很复杂。

（一）以绩效为中心的年度评价

我们先讲以绩效为中心的年度评价。最难做的是怎么在总体绩效里面，找出属于他个人的贡献。到了副总层面，像收入、利润、现金流这些总体指标都是以组织形式完成的，所以就需要一个从组织绩效到团队绩效再到个人绩效的提取过程。

怎么提取？采用平衡计分卡的模型，分为四个维度。实际上公司看短期绩效，主要看第一层，财务指标，收入、利润等。按照平衡计分卡往下看，你为了管好财务指标，就要往下找它的驱动指标。怎么让财务指标好呢？你把顾客照顾好，你打败竞争对手，这是第二层，市场与客户指标，它是一个驱动型指标，客户数量增加，财务指标就会提高。第三层也是驱动指标，关注运营与效率，把产品质量、服务做得更好，让客户更满意，这些做好了，你的市场指标就会好；第四层是人才与成长，关注流程背后的人的能力和素质。

谈完这四层驱动，我们就知道怎么提取高管的个人绩效了。一般情况下，有几个原则：

第一，个人绩效通常是组织绩效的驱动型指标。比如团队总体目标是财务层面的收入、利润、现金流，每个高管承担着财务背后的驱动型指标，我们找到总体目标背后需要做好哪些工作，就能够提炼到个人身上。严格意义上，用组织目标代替个人目标是不对的，每个人都做了一部分关键工作，谁重要，谁的贡献更大，一定要在驱动型指标里提取。

第二，指标之间的联系，通常是与战略任务关联在一起的。举个例子，你要完成利润目标，就要关注成本降多少，收入增加多少，在客户端的影响力提高多少。这些战略任务落实在市场界面，指标就是市场型的。很多企业只分解指标，没有将战略任务统一起来，就会陷入空洞的逻辑，所以指标之间必须通过战略任务关联在一起。

第三，上级的个人绩效通常为下级的组织绩效。比如我是一个副总裁，我的个人绩效就是我分管部门的组织绩效，下一级的人再去拆解他的个人绩效。

1. 评价成熟业务，如何定量

当然，另一个难题是我们找到了指标，怎么赋值？怎么定义这个值对不对？比如利润指标，到底赚多少钱合理，客户满意度的指标，你给我定多少合理，很多企业没有规则，都是老板拍脑袋决定，高管就不服气，老板硬派，高管没法接，就算接了，内心是不服气的。因为你权力大，（把指标）压下来，他不认为这是正当的。员工认为不正当的目标，他不会全力以赴。

一旦指标确定，怎么赋值是合理的？这时候需要建规则，我认为无非有几个原则：

一是竞争原则。成熟型的业务一般都有参照系，按照参照系去赋值。比如你要超过竞争对手，凭什么人家投一个亿元赚2 000万元，你投一个亿只赚200万元？

二是标杆原则。很多时候，走着走着你的竞争对手都成了“留级生”，有野心的企业应该学习最优秀的企业。像华为这种公司，它的主要竞争对手是三星、小米，但它盯的是苹果。一定要找最好的企业作标杆，跟你竞争的企业都不是你的对手。

三是改善原则。以历史为参照系，你总要比过去的自己强吧？比如，把业绩目标定在比去年增长10%。

2. 评价新业务，如何定量

以上三个原则，适用于比较成熟的业务，有参照系。难在哪儿？你进入一个新领域，没有参照系，通常找不到标杆来对比。

这时候就要遵循投资的逻辑，关注投资回报率，新业务有对业务本身的回报，也有对其他业务的促进。这里面有一个规则叫“最小成本启动法”：你一定要用最小的投资先把这个事情撬动起来，别没看清就一下子去干。对于新业务，一般分两步，先验证，再放量。很多公司没有分阶段管理，新业务刚开始，就直接砸资源去扩张，有可能这事儿方向不对，你就去放量了，后果就很麻烦。

有个著名的管理学家叫詹姆斯·柯林斯，他写过《基业长青》，后来又写了一本书叫《选择卓越》，里面提出一个理念叫“先发射子弹，再发射炮弹”。

很多商学院讲战略时，告诉你一定要专注，不能进入那么多新领域。如果你模模糊糊，判断不出哪个领域有机会时，选择错了怎么办？所以现实中，企业看到这些机会，都要去捕捉，先安排小团队，小投入，打个比方，先开一枪，如果发现里面有敌人，你再打炮。因为炮弹的成本高，不能随意调动，但打一枪没动静，我就走了。这是针对创新型业务的做法。任正非把它形容为“先开枪，再打炮”。实际上这个理论来自柯林斯。

基于创新型业务的性质，我们一定要分阶段管理。在“开枪”阶段，我们先定义里程碑是什么，验证可行的标志是什么，先把这个标志作为指标，这时候不追求大，先追求对。开枪阶段有了，我们就知道资源怎么投放，业务模式完整了，就可以按照成熟型的业务来评价。

3. 评价定性的工作，有四个标准

我们知道，高管的工作很复杂，除了那些定量型的任务，还有许多定性的任务。第一，“正文化”，高管要对组织的文化施加积极正向的影响。如果他把文化带歪了，即使完成业绩，也有问题。第二，“明方向”，高管一定要抓住主要矛盾。第三，建组织。第四，带队伍。这些都是高管的责任，很多都是定性的。

对高管来讲，定性的工作甚至比那些指标重要。因为高管不干具体的活，具体的活都是下属干的，他的关键是创造环境。

这些定性的任务怎么评？要不要考核？肯定要考核，不能因为没法定量，我们就不考他。考核定性的任务，我认为有几个标准：第一，事理清晰，比如对团队文化施加影响，你个人怎么理解文化的作用，要是清楚的；第二，管控到位，你采取的行动，是否按照你的意图做到位了？第三，案例支持，找出支持你做这件事的正面案例；第四，间接评估，因为任务是定性的，很难直接产生KPI，所以要找间接的指标去评估。

对企业来讲，可衡量的工作当然重要，但是通常情况下，比可衡量的工作更重要的是那些不可衡量的工作。爱因斯坦有句名言：“重要的东西，往往是不可衡量的。”

我们知道，任正非之于华为作用非常大，但是你怎么衡量？几吨几两？

一支队伍的作战士气，你没办法衡量。所以定性的工作，也需要评价。2000年华为快速扩张，从不正规往正规过渡，评价高管有四个维度：建组织、建文化是一个维度，带队伍是一个维度，战略管理是一个维度，个人素养也是一个维度。我把华为对高管的评价表放在这里，分别有描述。

如果高管清楚事理，认知到位，采取了关键动作，这个关键工作又做到位了，那么他对企业的影响就到位了。

我想跟大家说的是，年度定性评价的关键点，要放在绩效的背景下去看，不能过于抽象，脱离业务场景。我们建组织、带队伍，干部的职业化都要服从于业务。为什么强调事理逻辑要通畅？因为在做业务的时候，你表现出来的操守和专业性，就叫职业化。脱离业务谈职业化，那你谈的肯定不对。

你谈组织能力和文化，组织能力不能脱离业务所需要的能力。你一讲，我们组织需要八项能力，谈业绩的时候谈业绩，谈能力的时候谈能力，它是割裂的。组织的能力，一定是业务成功最需要建起的能力。所以我们在作定性评价时，事理逻辑一定是特别重要的过程。认识对了，哪怕评价不精确，也能够往正确方向上走。

（二）以能力为中心的任职评价

以上是以绩效为中心对高管的年度评价，当我们对高管作任职评价时，逻辑就变了，关键是识别他的能力，以能力为中心。

关于任职，对高管来讲，任期制非常重要，一定要明确几年到期。我认为，任期制是人类文明最重要的发明，从罗马开始延续至今。一个组织往前发展，不犯错是不可能的。你选择再对的高管，他也会犯错误。未来往哪儿走是不确定的，再好的逻辑也只是适用于特定范围，环境变化了，原来对的逻辑，也可能变错了。

关键是要纠错。一个方法是空间上的纠错，对高管进行权力制衡，我们后面直播会讲。任期制是时间上的纠错，重新评估，找到更合适的人，不至于让高管个人的限制成为组织的限制。

德鲁克讲用人有几个程序：

第一，全面考虑工作任务；

第二，考虑多位合适的人选；

第三，分析候选人的绩效经历，是不是能满足工作任务的要求；

第四，跟候选人共事过的人去沟通，那些人能让你看到绩效档案里看不到的东西；

第五，公示出来，让组织上上下下的人提意见。

德鲁克认为，有效的人事决策要遵循以上这五步。这个框架被很多优秀的企业所使用。

基于这个，我们去看怎么对高管进行任职评价。这里面有几个关键点：

第一，自我述能。高管对角色的理解、对工作的设想是什么，用过去的绩效证明自己是匹配的，还要找到自己能力的延长线，也是匹配的。

第二，专业部门对高管的评价，全面评估定位、职责、任务，分析高管的绩效档案，剖析他的成功与失败经历，对他的价值观进行评估。

第三，群众评议。让他的上下级、周围的同事评议。

第四，结果公示。让更广泛的人评议。

这些信息收集完，评委会才能决定这个高管的任用。

小结一下，上面讲了以绩效为中心的年度评价和以能力为中心的任职评价。在绩效里面，我们也会观察能力、态度；在评价能力时，我们也会用绩效验证他的能力，两者关注的重点不同。

讲完了“评什么”，接下来我们讲“怎么评”。

四、怎么评

我们知道，高管团队内部的信任特别重要，因为高管之间既要竞争又要合作，如果信任被破坏，代价是很大的。现实当中，很多时候评价机制的不合理，会让高管觉得没有被信任。

评价高管，到底用什么样的程序？

我们讲得抽象一点，所有干部管理，人力资源管理的目标是创造适合人才生长的环境。找错了人，什么样的环境也不行。找对了人，这个环境要有利于他生长。所以我们说，先要找对人，再创造环境。

人力资源的环境是什么？企业界、理论界有共识：公平、公正、公开。所有的人力资源管理都遵循这三个原则。但是说多了，这些原则就成了口头禅，成了写在人力资源文件里的一个“帽子”，很少有人拿来评估自己的人力资源管理程序，这是有问题的。

我们重新澄清一下概念：

公平是什么？公平是让每个人被一视同仁地对待。组织里，大家不怕被评价，怕的是不公平的评价。

什么叫公正？公正是让每个人得到他应得的。我作出了那么大贡献，组织有没有认真对待我，认可我？这叫公正。

公平和公正容易混淆，其实它俩不是一个概念。公平是不同的人做了同样的事的对比，公正是一个人被合理地对待。

什么是公开？“最有效的控制是透明”，所有手段都不如“透明”这一个手段重要。你不透明，里面就有很多周旋的机会，就会有腐败。公开是保证公平、公正的前提。

我们再看人们对公平公正的理解是什么，做到什么程度，会认为你公平公正。人的心理是共通的。这里面有几个层次：

最低的层次叫“结果公平”。做到结果公平不容易，有一定运气成分。两个同学毕业后一起进了公司，你在市场线，我在研发线，咱俩出身一样，我上级突然升职，我跟着升职了，你上级没升，你没跟着升。运气，认不认？那你也得认，不能说结果不公平。

组织里面有很多偶然的变量，不是自然界的逻辑，不一定“种瓜得瓜，种豆得豆”。所以后来有人认为，真正的公平是“程序公平”：我对待每个人的程序都一样，程序是公开的，选、述、评每个环节都是公平的。程序做到，就算公平。

现在我产生了一种新的理解，只有程序公平还不对，人会觉得我要参与，不能在我不在的时候评价我，即“参与公平”。

所以，人力资源管理程序要遵循结果公平、程序公平、参与公平。如果没有程序，你明知道这个高管有缺点，也很难给他提意见。只有放在一个程序下，才不会形成人和人的对立。

在设计评价高管的程序时，有五个点不能忽视：

第一，考核。评价任何人之前，应该客观地拿出他过去三年任职的绩效档案。管理科学研究表明，管理的前提是及时、准确、完整的记录。只有记录了，你才有评价的前提。举个例子，很多公司都会出现这种现象，高管在决策过程中不担当，捧老板的臭脚，老板说啥我说啥，没有起到高管的作用，也就是通常讲的“伪高管”。

这个问题很严重，也很难办。有时候老板意识到，就怒了：谁不假思索支持，谁就是拍马屁。有些高管就想了：好，那我象征性地提出一个无足轻重的反对意见，但是又支持。你怎么评价他？他不犯错，他以消极的态度对待。

按照西方管理科学的逻辑，我们要如实地记录，对每次会议都做记录，一次看不出来，等他三年任期到了，把公司重要的决策记录都拿过来，哪些决策对了，哪些决策错了，都能看出来。用任正非的话叫“逆向考事”——事情的“事”，查看那些做错的决策的会议记录，当时每个高管是怎么表态的，如果一个高管在每次错误的决策里面，都给了支持意见，都捧了老板的臭脚，这个人价值观就有问题。

第二，自评。让当事人参与评价程序，阐述他怎么认识自己的工作与绩效。

第三，评议。让周边有工作关系的人对他评价。

第四，权威部门的综合评价。

第五，救济。如果他认为遭遇不公，或者群众认为不公，可以寻求救济，所谓救济就是有复议的渠道。

我们在设计程序时，无非就是这些环节。

五、谁来评

最后一个问题是“谁来评”，找到一个有能力评价的机构或人是很难的。现实中，评价高管，你要有足够的权威，什么是足够的权威？

第一，你要比高管更有责任心，上一讲我们讲《真高管是什么样子》，第一条就是“归属于公司的人”，他对公司有使命感，有责任感，你评委对公司也要有使命感、责任感。

第二，你要有足够的专业性，判断高管的工作是不是合理。

谁能满足这样的条件？像西方企业，它是董事会。像美国企业的董事会怎么构成？多数请的都是社会名流，当年苹果公司曾把谷歌的CEO施密特请过去做它的董事，谷歌曾把美国的副总统戈尔请去做董事。美国是个强调社会信用的地方，他接受做你的董事，受股东委托，就不会做有损自己信用的事，他们把职业操守看得特别重，所以他们能履职。我们看一些案例，像IBM，当年遇到生死存亡，董事会真的承担起了物色CEO的职能，最后找到了郭士纳。郭士纳加入IBM，真的把IBM做起来了。所以它的董事会是有效的。

中国的董事会是按照证监会的要求组建的，是为了合规，老板是大股东，然后找几个内部高管，再去找外部的独董，独董拿着微薄的薪酬，他没有能力，也没有足够的时间了解公司，这样的董事会就很难起到真正的作用。

日本的操作是什么？企业有“长老会”。什么是“长老”？在公司工作一辈子、地位又高的那些人，退休以后成为长老会成员。这些人对公司很忠诚，又有足够的经验，是有能力评价高管的。

我们看阿里巴巴，阿里巴巴成立了合伙人委员会，成员已经被证明过对公司有忠诚又有利益（绑定），这样的委员会评价高管也是有效的。

我们大多数企业没有这类机构，我们的机构怎么建才有正当性？机构成员要有足够的责任心和使命感，也要足够的专业性，对国内企业来讲这是个很重要的课题。我们也在实践，在国内的环境最优的实践很少。这是公司治理上的难题。

结合我自己的实践，建议评价高管的委员会这样构成：一是董事会里面个别懂业务、对公司有感情的成员；二是公司创始人；三是立过战功的元老；四是有责任心的优秀员工。这样的机构可能是我们评价高管的一个有益尝试。

（华夏基石e洞察公众号2023年2月10日发布）

分好钱就解决了一切？详解高管薪酬设计

本篇主要介绍高管的薪酬机制。我们一定要清楚，不能把薪酬做成贿赂。薪酬是对良性关系的一种激励和确认，企业和高管之间先有互相成就的意愿和诚意，然后用薪酬合同来固化和激励。贿赂是什么？贿赂是对方并没有对你好的动机，你想拿利益进行交换。如果是这种关系，就麻烦大了：企业像钓鱼，总想拿一点诱饵钓一条大鱼；高管像贪官，做每件事先考虑得失。在这种情况下，企业很难搞好。

现实当中有很多对薪酬的不当期待，尤其在过去若干年企业里流行的观点，比如说分钱，尤其是华为任正非的一些话被不当解读之后，认为分好钱就有了一切，其实不一定。如果说这个人没有潜质，即便是给他再多的钱，这是一种贿赂，而贿赂是贿赂不出来对企业有归属感的人的。

所以，薪酬机制建立在人身上，合适的人做对了合适的事，表现出了合适的状态，用报酬的方式对他进行确认。如果离开了他所从事的工作，离开了他承担责任的性质，去给他发薪，其实是起不到应该起的作用的。所以，我们讲薪酬，是不能脱离前面讲的这些内容的。

一、高管薪酬的痛点

我们高管薪酬当中，企业在现实当中存在的问题是什么？痛苦点在哪？

（1）高管承担的责任重大，他随便造成的损失可能会远远超过他的薪酬水平。举个例子，我今天还在一个企业和一群高管开会，讨论新的一年的预算，结果发现预算被严重超支了，很多部门报上的预算比往年的预算增加了很多，增加了几个亿，像这样的预算下来的财报就很难看。为了满足利润目标，就要对一些费用做压缩，费用压缩不动就要砍掉一些项目。那这些高管对项目一个一个进行评估，这个不干，那个不行，这个没有价值，先缓一缓，评价了就开始筛，筛了两三个小时，预算减下来几个亿，这个时候，老板在旁边突然冒出一句话，冲这个，高管挣多少钱都不为过。

我们知道，一个1 000万元的项目被“剁”掉了，“剁”得对和错，高管在这里面的责任心就显得非常关键。所以，基于这样的责任，高管应该挣多少钱呢？怎么能够让高管能够承担起责任，能够表现出足够的责任心？首先，他是一个有责任心的人，我们的薪酬机制要不断地维护这种责任，如果薪酬机制里面没有对这种责任心给予激励，给予肯定，给予认可，给予维护，高管在里面的风险就太大了。

（2）高管的工作有长期性。所谓长期性就是他做的工作成果需要很长时间才能产生出来，短期内出不来。当成果没有出来之前，给出何种意义上的薪酬，就显得很重要。我曾经给一个内蒙古的公司做顾问，这个公司做煤贸易出身，积累了很厚的家底，老板也很有钱。我们知道有几年煤贸易就出了问题了，国家开始做空气的治理，煤的生意不好做了，那么这个公司开始转型，进行新业务的尝试，开始尝试做新的业务的时候，自己没有人才，就从外部找来了高管。

这些高管从一些大平台过来了，就提出了很多条件，年薪要150万元，过不过分？不过分。另外，还要求拿新公司的一部分股权，这也不过分。老板也觉得这些要求都合乎道理，上市公司的薪酬也都是这样一个结构，就答应了。

老板答应完散会以后，就剩我跟老板两个人，老板当时问了我一句，苗老师，我不是心疼这些钱，问题是他有了薪酬，有了待遇，我投几个亿砸进来了，如果过几年没干成，他拍拍屁股走人了，股票不要了，薪酬拿到手了，我这几个亿打水漂了，他付出了什么？

我们会发现这里面风险不对等，如果风险不对等，问题没有解决，这个老板就不会授权。很多公司之所以说很多时候老板不能授权给高管，一般都会归结为老板没有胸怀、没有格局。其实这个问题的实质在于，当风险不受控、损失不对等的时候，老板把钱投下去了，结果公司砸了。因为风险不对等，老板就不放心这个人，不放心这个事，他就开始过问业务。本来这个业务请来了外边专业的人，但是老板又表现出不信任，开始干预，一个外行的去干预内行的，业务最终就做不起来。这个老板的担心，合不合理？其实也是合理的。问题在于，虽合情合理，但事情没干成。

（3）基于前两个问题，就会看到适用于中基层的薪酬原理，在应对高管问题的时候，是失效的。理论上讲，薪酬有四个来源：

——为职位付薪，就是职位的价值。

——为能力付薪，就是他有什么样的能力来付薪，但是，我们知道高管的能力是动态的，一个公司在发展过程当中，要不断地进入新的领域，一开始根本不知道新的领域里需要什么样的任职资格，所以，很难储备合适的人，这时候就要求高管挺身而出在新的领域里去学习。其实高管的能力很多时候必须根据公司的要求来提升。

——为绩效付薪，就是创造了什么绩效，提升什么业绩。但是，我们发现，高管很多时候做的事情，跟正确性有关，接下来是执行层面把绩效做出来，但“正确性”绩效怎么衡量？

——为市场付薪，就是薪酬要有竞争性。我们做基层、做中层的时候，先要确定他们在市场上的地位，但会发现高层的薪酬千差万别，好公司都很高，有的公司很低，而且每个企业对高管的设置不同，起的作用也不同，同样一个总裁，可能每个公司因为团队结构不一样，要求也不一样。所以，在市场参照的时候会很难，不像到了基层职位，每个岗位都容易标准化，容易对标市场，这时候就会发现面对中基层人员的一般薪酬理论，在高层其实是失效的，至少可以说部分失效，很难起作用，无法解决前两个问题。

（4）缺乏程序和规则。人力资源部设立以后，会引入一些程序对职务作评估，就发现很多公司因为程序和规则的缺乏，造成了高管团队的不信任问题。

比如一些公司因为每年关于奖金的分配问题，团队和股东之间的谈判以及跟老板之间的谈判，很伤神。我们知道，企业当中每一次谈判就会丧失一分信任，尤其在薪酬谈判的时候，是人性的直接对抗，你试探我的底线，我试探你的底线，对组织的破坏力特别大。所以，对高管薪酬而言，要有程序。

（5）谁对高管薪酬管理承担责任。我们知道，人力资源部对普通员工能承担，那么，高管谁来承担？如果说为了避免高管在薪酬谈判当中的不当，那谁去管理高管的薪酬？就是能在问题出现之前，把这个问题解决掉，使得人员能安稳工作。

这些都是高管薪酬当中的问题，我们今天希望能围绕着这些问题来讨论，能够跟大家共同探讨出一些答案。

我们谈三个问题，第一个问题，为何发薪？我们一定要知道薪酬背后要瞄准的是什么，基于什么来定薪酬，这是一个要回答的问题；第二个问题，如何发薪？就是怎么去定义高管的薪酬结构，我们常用的薪酬的手段，在高管队伍当中怎么去呈现，怎么去组合；第三个问题，怎么管理高管薪酬？

二、为何发薪？委托代理

先谈第一个问题，为何发薪？

高管薪酬不同于中基层薪酬的理论基础有两个，第一个叫委托代理。

为什么企业会有高管？是因为股东管理企业要么精力不行，要么专业不行，要委托更专业的人来管理公司，所以，高管对公司是要承担完整责任，他不仅仅要对公司做什么事承担责任，还要对这个事的正确性承担责任；要对公司的绩效承担责任，还要评估各种关系。就是属于股东的公司，委托给了管理人员来经营，形成了委托关系。

而这种委托关系一旦成立了，就出现了委托代理问题。什么是委托代理问题？比如说委托人和受托人的动机不一致，就像你跟朋友发生了纠纷，你找一律师给你打官司，但律师可能跟你的动机不一样，你只想解决你跟朋友之间的纠纷，律师有可能希望把事情搞大，因为这跟他的律师费有关，很有可能律师帮你打赢了官司，但严重地影响了你和朋友之间的关系，甚至对你的朋友圈都造成了伤害。这就是动机不一致。比如我们跟医生之间的关系，你去医院看病，其实是把你自己遇到的问题委托给医生诊断了，当医生来给你诊断的时候，你对医生的信任是基于他的专业，你要的是健康，但医生看你的时候，可能觉得这是一团流动的钱，他要赚钱，这就叫委托代理的利益和追求不一致。所以，在这个过程当中，委托代理问题就产生了。

企业当中也是这样。投资人投资了企业，管理层和投资人的追求可能是不一样的，有可能投资人追求的是企业价值最大化，当公司没有上市的时候，追求的是盈利要高，而且长期内盈利都要高，今年可以牺牲一些利润，未来多拿一些利润，总而言之，长期和短期平衡起来赚钱最高。而可能对上市公司来说，追求的利润不一定高，但要求企业要有成长性，有了成长性，企业的估值就高，股票价格就高。这是股东投资人所追求的。

但职业经理人是这样的吗？不一定。他可能更关注他的野心，他要把这个企业做大，一个100亿元公司的总裁和一个2亿元公司的总裁的社会地位、影响力都是不一样的，他要求很高的福利待遇，甚至要求出行坐私人飞机，而这个公司值多少钱，对他来讲有那么重要吗？不一定的。

还有一个方面，他想要的是控制这个企业带来的社会资本。什么叫社会资本？我们知道，手里有个企业跟没这个企业是不一样的。举个例子，如果你是企业家，是公司的董事长，在社会上有很多声誉，去做生意或者经营人际关系，这些人际关系和社会影响力是可以给你带来其他利益的，这叫社会资本。而社会资本是不好估量的。对于职业经理人来讲，他成为企业高管的时候，能够给他带来不可衡量的社会资本，带来很多额外的利益。那么，有做得更好的、基层的人能出来的时候，职业经理人有可能会把他屏蔽掉，因为这个人进来的时候，不是带来经济利益，而是他的社会资本没有了。所以，职业经理人的利益和追求跟股东是不一致的。

职业经理人的利益和追求跟股东不仅不一致，还不对称。什么叫不对称？股东一旦把企业交给了管理人员，管理人员掌握着企业的完整信息，而股东是不掌握的。我曾经去过一个养殖企业，因为股东生意不好，被法院拍卖，拍卖的时候，管理层就把这家养殖企业收购了。当时我就问，股东委托你经营企业的时候，企业一直亏损，导致股东破产，你们买过来，凭什么就有底气把它做起来？他说，鱼塘里有多少鱼，股东哪知道？我知道，我天天在经营，我知道这里面潜在的价值有多少。所以，他们买的时候，对企业实际信息的了解是非常充分的，甚至客户的信息以及那些隐性的信息，都是非常清楚的。

管理层长期经营企业，而股东却在退化，无论是专业上，还是时间精力的投入上，跟管理层都是不对等的，那么，在利益不一致的时候，由于专业、信息上的不对等，导致股东对企业的监管是有限的。就像我们请医生看病，我们跟医生在专业上是不对等的，我怎么去监管？所以，医生给我开刀做手术，我去监督医生，其实是做不到的。

所以，双方利益和追求不一致，加上信息不对称，管理层很有可能利用不对称的优势做对自己有利，对股东不利的事。那我们必须通过薪酬的杠杆，去建立利益的机制，让双方的核心利益一致。

当逻辑发生变化的时候，我们就知道为什么西方的高管薪酬那么高，按照价值，按照能力，按照市场，库克值那么多钱吗？就像过去讨论杨元庆的工资，说太高了，但实际上这里面本质上是一种委托代理。所以，高管的定薪机制和中基层的定薪机制发生了改变。

基于委托代理，我们想做薪酬的时候，就要考虑更复杂的因素，比如说薪酬本身是一种契约。薪酬怎么生成？怎么建立利益共同体？为了调整利益共同体，就建立了薪酬，这就意味着薪酬就成为股东和高管之间的契约，契约就是个合同，本质上是调整委托代理中间产生的利益不对称。那合同是什么？合同的背后是关系。就像我们跟别人签合同，要跟人合作，这背后是关系，如果关系没定义好，是没办法签出有效的合同的，是不能建立有效的合作的。

举个例子，像我们做管理咨询的，就面临着一个很大的难题，我服务的每一个人都是我的客户，我跟每个企业做咨询做顾问，他是买方，我是卖方，我们知道在市场关系当中，买卖双方是不对等的，买方强势卖方弱势，当我是卖方的时候，我跟客户之间的关系就是不对等的，我是处于弱势地位。但是，由于咨询工作的性质，每个顾问的方案都意味着客户的管理人员的行为要发生转变，如果他的行为不发生转变，我们做的项目想落地是很难的。所以，就会出现一种情况，一方面你要服务于他，他是我的客户，他不满意，我就拿不到回款，另一方面我又去教育他，让他改变行为。所以咨询行业是特别痛苦的。当年麦肯锡创始人就说过一句特别有名的话，咨询行业的人是很分裂的，一个时期内还滔滔不绝，讲得像个大师，转眼之间就唯唯诺诺，因为要回款。所以，要想把咨询的合同履行好，就必须跟客户建立对等的关系，让客户不要有太多的买方意识，只有这样才有可能建立起真正的价值。

我们做咨询，我的体验就是合作之前先定义关系，如果一个企业居高临下、有特别强且多的要求的时候，那就不能去合作。这就叫关系，我们一定要定义清楚。所以，做业务一定要跟客户之间建立起对等的、积极的、有建设的合作关系，如果失去了关系，合作就有问题。尤其在做销售的时候，卖货方有的时候很被动，如果业务员很被动，他怎么能谈个好价钱呢？为什么企业要做品牌，要做市场？就是要通过市场和品牌的力量去扭转在销售关系里的不对等，这个时候的合作才是积极有效的。

如果薪酬背后的关系定义不清晰，高管跟股东之间的关系定义不好，那签的合同是很难被履行的，薪酬很难是有效的，所以，一定要先定义关系。

（一）高管和股东的三种关系

我们知道，在现实的企业里面，管理人员和股东之间的“关系”是什么关系？通常有三种关系：

一种叫传统关系，什么是传统关系？现在企业里面普遍存在这种关系，比如说基于血缘的，像家族企业。我去过很多企业，不是哥俩、夫妻，就是同学、老乡这种关系，当然，也有因为时间久了成为追随者，虽然没有血缘关系，但是跟了老板几十年，鞍前马后，就建立了追随关系。这些关系叫传统关系，形成了家长制的权威，以及一些别的关系掺杂到了企业关系之中。传统关系在企业早期创业的时候是有用的，因为这些关系帮助企业在资源不够的情况下，获得了有效的人力资源，但我们要知道，这种关系是无法培育起真正的高管团队的。很多时候高管团队起不来，是因为他依附于这种关系，你让他决策的时候，他就被别的关系锁定了，高管就很难成为“真高管”。

第二类，契约关系。契约关系就是我们签合同，谈判双方根据市场的机制进行交易，我追求的是少花钱多办事，你追求的是少办事多挣钱，我们之间通过谈判、妥协、平等交易，建立起契约关系。

我们知道，现在企业大部分都是这种关系。我们跟供应商之间，跟经销商之间，跟顾客之间基本上都是这种关系。在我们中国，别看市场经济不发达，但我们在企业内部实际上这种关系是非常普遍的，包括我们在高管之间用竞争机制，在供应商之间用竞争机制，本质上都是希望理顺市场机制。

第三类，长期关系。我们看世界级的企业，在商业环境当中还有一种普遍的关系，叫长期关系。

所谓长期关系，比如说我们选择供应商的时候，不一定选几个供应商，可以选一些战略性的供应商，建立长期合作伙伴关系。为什么战略性的供应商重要？是因为双方的一种长期的互相依赖，供应商跟你之间就有可能形成长期的战略认同。公司战略一出来，经销商就会根据公司的战略规划开始储备能力，甚至供应商有了什么样的能力，会反过来推动你变化。这种长期关系不是一单一单的交易。如果你仅仅是一单一单的交易，那么，企业跟你的供应商之间就很有可能没办法建立长期的能力互补。为什么我们中国的企业很难？因为我们很多企业做大的战略的时候，供应链的配合不够，通常就是没有建立起这种长期关系。而像丰田、苹果这些世界级的公司，他们更强调战略关系的维护，进行长期关系的建立。

我们真正要定义的是，高管和股东和企业之间要建立的长期关系。这种长期关系，因为有长期的合作，有利于降低合作之间的博弈成本。我们知道，短期的合同关系，每次谈判都是一个博弈的过程，博弈的成本特别高，而长期关系的博弈成本其实是很低的，所以，高管和企业一定要立足于长期关系。我们的薪酬一定是要立足于长期关系建立的。

那长期关系是什么？长期关系背后是信任，就是我相信你不会负我，你也相信我不会负你，这是种隐性的心理契约。即便签了任期合同，我们之间是在长期当中有心理的抵押的，这叫信任。如果缺乏信任关系，长期关系是建立不起来的。信任本质上是一种共识，我们双方都认为完全履行合同对双方是有利的。

我为什么一直强调信任？很多时候在企业里，有一个普遍的现象就是老板特别鸡贼，总觉得自己比别人聪明，总要算计别人。很多时候为什么企业合伙人机制建立不起来，高层成长不起来？就是企业家打心里就认为高管可以像普通资源一样可以替代的，没有跟高管之间构建心理上的长期关系。当长期关系没有建立的时候，高管也就会自己留一手。这样就只能形成一种短期的合作关系。所以，这个时候的薪酬机制，就没办法应对长期的关系，因为薪酬结构就是一种短期化，哪怕建立了长效机制也没有用。所以，这种信任就表现在即使合同无法穷尽双方权利义务的时候，即使没有合同约定，因为有信任关系，大家也会朝着对双方有利的方向去做。

另一方面，长期关系的背后信任是需要相互经营的。经营信任，就是信任的双方都有着经营信任的义务和意愿，是一种心理感受，对方对你信任，你是要去经营它的。信任是一种精神财富，如果把精神财富积累得足够多，它能够转化为公司的物质财富。

但我们又发现，信任是有积累的过程，不是一蹴而就的。所以，我一直讲我们建高管团队，尤其是成长型企业，高管团队的建立不是一蹴而就的，是要在过程当中不断建立的。信任是怎么建立的？我们双方之间凭什么相信？信任是点点滴滴积攒起来的，信任是对你以往表现的一种确认。

我们去企业的时候会发现，高管团队做不起来，就是因为信任关系建不起来。而这种信任关系建不起来，往往是因为过去双方互害过。老板信任高管，结果很多高管吃里扒外，做了很多对企业不利的事情；也有高管做了极大的贡献，老板没有兑现承诺。这些都会破坏信任关系。在这种情况下，高管和企业之间的长期关系就建立不起来。

（二）经营信任的四个层次

所以，在这个过程当中，就要经营信任。而经营信任，一定是对方认为你有四个层次，一是“人可信”，“人可信”就是你的“人品”可信，你是个诚实的人，你是个正直的人，你不“歪”，这是基础。如果你这人“歪”，就不可信。二是“动机可信”。尽管你人品不错，但如果你不为我着想，我也很难信任你。为什么我们在真高管里讲，企业高管一定要归属于企业。所谓归属于企业，一定是要为这个企业的“好”才做。三是“能力可信”，你要不断地证明你的能力，能够满足公司发展的要求。四是“绩效可信”，就是要不断地用过往的业绩来确认。这四个层面的“可信”，是要不断地积累的。比如说诚实，要反复地证明你是诚实的人，需要很长时间的证明，人家才会觉得你是个诚实的人；“动机”是要不断地在事件当中被验证的。所以，长期关系有一个积累的过程。

（三）基于委托代理关系，高管薪酬设计的三个要点

基于委托代理人的属性，薪酬设计的要点是什么？

第一，共享成果。要想建立信任关系，有了成果以后，一定要共享的，这才能够建立对等的关系。高管和老板之间以及与股东之间，如果是长期关系，那一定会认为我在这里面会被公正、公平地对待，所谓公正、公平地对待就是共享成果。

我们知道，高管的工作性质有长期性、整体性、现实性，所以，我们在面对成果的时候，在高管薪酬里面就必须考虑怎么长期共享成果。那么，设计高管的薪酬一定要有递延性，不能在短期内拿走太多，因为成果发生在未来，就应该在未来去拿。所谓整体性，就是高管的薪酬一定要跟总体结果相关联的。现实性就是现实当中要过得去。

第二，共担后果。不仅要共享成果，后果也要共担，就是所谓的风险也要共担。

我们知道高管作决策的环境是有不确定性的，那高管的薪酬结构里必须能够满足这种不确定性，能够跟股东之间共同应对不确定性。而且企业有创业性，从不清晰到清晰，不断地增加新的能力，新的领域，那么，在高管薪酬里，也应该有创业机制的属性。

第三，共同成长。什么叫共同成长？我们看到一个完美的高管薪酬结构，我们可以把华为的拿过来对照一下，各种年薪的、福利的、股权的、分红的，它是完整的。但我们发现每个企业的成长阶段不同，关系的积累不同，当一个企业没有达到一个良性的关系状态的时候，薪酬结构要满足现实的关系。很多企业的高管会期待一步到位，怎么学人家好企业才能够一步到位？不是的。因为在高管形成过程当中，关系在不断地深化，阶段性的需求要跟当时的关系相匹配。当信任关系没有建立、高管的利益还不够的时候，双方的互信是不够的，这个时候硬抱着一种薪酬形式是有问题的。所以，薪酬也有一个相互成长、相互确认的过程。

三、为何发薪？激励

为何发工资里面第二个因素叫激励。激励高管，强化高管对企业承担责任。

一是要唤起责任感。我们知道，对激励理论来讲，激励的意义在于唤起责任感。我们在讲高管的时候，高管的第一条素质就是归属于企业，第一条表现就是对企业有使命感和责任感。使命感和责任感是发自内心的，而激励就是要不断地强化他的责任

感。这是定薪酬的时候一个确认。

二是要向市场营销学习。什么叫市场营销？在市场上卖货给客户，一定是要研究客户需要什么，给他提供什么。所以，我们做高管激励的时候，也要去根据高管的属性去激励他，他需要什么？我们需要明确的是激励不同于贿赂。激励和贿赂，都是给钱。德鲁克说很多企业把激励当成贿赂了。那激励是什么？贿赂是什么？激励是先奉献，先有动机，然后有报酬，激励是一种回报；贿赂是什么？贿赂是先没有动机，没有干活之前先拿钱收买，这叫贿赂，所以，贿赂的代价是巨大的，成本会越来越高。

当年华为任正非说过一个特别有名的话，为什么华为要找奋斗者？奋斗者是奋斗在先，回报在后。我是一个奋斗者，我是一个有使命感、有责任感的人，我这一辈子要去实现我自己，你这地方能够公平对待我就在你这干，不公平对待我，我就不在这里干，这是员工的想法。公司的想法是什么？你这么干，我就不让你吃亏，只要你干出来了，我一定给你相应的报酬，这叫激励。这里面想强调的是什么呢？强调的是如果这个人身上没有这个特质，你想贿赂也贿赂不出来。所以，激励是对人的品行、贡献的确认，不是提前能够诱导出来的。

近些年来，分配机制成了热门话题，但很少有人能够有效地纠正其中的不足。有一大批人强调分钱，然而实际上，很多情况下，这种分配机制已经演变成了另一种形式的贿赂。许多企业在过去几年中做的可能都是这样无效的机制。

（一）新生代激励是伪命题

另外一个，我们一定要知道激励是有层次的，这是马斯洛的理论，大家都非常熟悉了，我就不展开。这里面强调的是什么？就是人在不同层级，对于激励层次是不一样的。我们知道高管是上升到了高层次的人，就不能往低层次的去想。我们很多企业，尤其是那些创业时期一路跟过来的高管，在老板、企业家心目当中，这些高管还是两手空空、来的时候的样子，创业时期高管要的是低层次激励，只要给我高薪，直接给我职业安全，就可以了。但我们知道，到了高管这个层级，单纯的物质激励，低层次的激励，很难让一个人有使命感，有责任感。

现在很多时候企业里在谈80后、90后、00后的区别，90后、00后的人跟以前的人不一样了，所以80后出现的时候有基于80后的管理，90后出现的时候有基于90后的管理，现在又有了Z时代的管理，其实这些都是伪命题。我们知道，激励对于90后会表现得跟70后不一样，就是因为90后、00后的小时候是独生子女，他们在家庭里受到了很好的照顾，即便是条件一般的家庭，举全家之力去培养一个孩子，这些孩子的生活条件还是不错的，所以这些孩子在工作里的容忍度低，他要追求自我实现，追求工作当中的爽，不爽我就走。70后的内心没这个追求吗？70后、60后小时候过惯了苦日子，早期对物质激励追求得高，等他满足了，就形成了习惯了，所以企业里在对待60

后、70后的时候，就没有提高尊重。其实人性的本质是一样的，要想唤醒他主动承担责任，对未来有使命感，仍然是要在高层次实现满足的。

（二）激励是综合的，不是单一的

我们很难用单一的手段完成所有的工作状态，所以，高管薪酬要有复杂的结构。我看过很多公司做股权激励，做过一次限制性股权，他就觉得我有股权激励了，他就觉得完成了。而那些好的公司有利润分享，有股权激励，股权激励里面有限制性股权、期权，还一拨一拨地做。为什么要做综合的激励？因为即使是股权，也有不同的形式。我们知道，每一种形式都针对着一种成果的性质，针对着一种所要代理的要素——委托代理中所要规避的一种要素。所以，激励一定是多手段的，越是好企业，薪酬结构越复杂，不会是单一的。

我们过去若干年形成的误区，就是认为钱能搞定一切，其实钱真的搞不定一切。所以，激励机制是要丰富化的。我认识一个企业里的高管，他的年薪大概是200万元，另一个公司想挖他，找我做中介人，希望以300万元的年薪挖他过去。后来这哥们想了想说我不过去。我问他为什么不想过去？他说，原来的公司给我上了一份很高的保险。我问多高？他说如果我生病，得的病低于300万元，在我70岁以前是全额报销的。我就想，人家一年都多给你100万元，你这300万元，不很快就回报回来了吗？为什么他会为了这份保险，不离职跳槽？我调侃他说要是得了一个要花300万元才能看好的病，你觉得你的人生还有意义吗？从这个例子我们会发现，激励很多时候是不理性的。那么，对高管来讲，要维护他的使命感，要维护他跟公司的长期性，一定要使用综合的激励。

最后，激励是有成本的。

我们发现完美的薪酬结构，其实是针对人的不同追求，有不同的方式和手段。但在激励的时候会发现，激励是有成本的。在体量小的时候，其实是很难设计完美的架构的，很难接受大企业的方式。

所以，在企业的成长过程，激励手段要不断地丰富。我们讨论高管薪酬，一定是在经营的约束下讨论的，一开始可能不完美，得去借助领导力来维持这种关系。

另外，激励可能是一种资源，可以开发也可以创新，就像你满足客户要求，你用产品的创新突破，可以用低成本来满足客户同样的需求一样，激励仍然有成本性，仍然要研究如何低成本带来更大的激励效果。

我们分析完委托代理，分析完激励，我们对高管发薪最重要的要素是解决委托代理的问题，所谓委托的代理根本上要解决的是双方的利益一致。

四、如何发薪？

接下来讲如何发薪。

激励要维护高管的各项责任素质，要不断对他确认，让他在工作中不至于丧失。基于此，如何给高管发薪？

我先给大家讲个案例。这个案例是历史上第一次直面高管团队现代意义的薪酬，来自通用汽车。我们知道，通用汽车是在第一期的福布斯排行榜里面就有的一个公司，1918年开始成为全球汽车行业的老大，一直维持到20世纪80年代，直到被丰田超越。在那一时期，大家一直公认是激励模式帮助了通用汽车。我把通用汽车当年的方案找出来给大家讲一讲，其实这是高管激励的雏形。现在的所有高管激励，都是在这个雏形基础上进行演变的。

当年通用汽车CEO斯隆在设计高管激励模式的时候，就提出了“红利计划”。斯隆第一次把组织结构调整完以后，其实大股东杜邦已经退出公司，那个时候的负责人叫小皮尔·杜邦，小皮尔·杜邦就认为他懒得为公司操心，觉得一定要有完整的职业经理人来做。那斯隆就在想如何让职业经理人跟股东的利益保持一致，基于此，斯隆提出了“红利计划”的方案。他认为股东要的是利润，所有的高管要围绕着公司的利润去奋斗。

“红利计划”要点是什么？公司的利润高于资本回报率6%的部分为红利。斯隆认为，资本放在银行有一个普遍回报率，去投资一个普通的企业也有回报率，当年美国在市场上的平均回报率是6%，那股东把资本投到公司了，如果资本回报率低于6%，就说明管理层啥贡献也没做，是平庸的职业经理人，只有超过社会平均资本回报率，说明这个管理团队有经营才能，你赚得多就说明你的经营才能大。奖金应该是对你经营才能的回报。

所以，斯隆基于这个理论，设定红利部分的10%奖励给管理团队。当然，后来额度就特别大了，因为当年的汽车行业就像现在的互联网行业一样走在时代前沿，通用的效益非常好，利益非常大。后来斯隆又把红利的分享人员从管理团队扩大到了一般员工。

红利计划后来进一步升级，直到通用上市以后，杜邦觉得他要的不仅仅是利润，他真正追求的是股票市值。但杜邦认为，如果我在公司的股权太大了，那管理层凭什么为我的股份的增值去奋斗呢？所以，大股东杜邦说我一定不能再做绝对大股东了，我要把我的股票卖出去。

杜邦牛到什么程度？早期通用需要钱的时候杜邦投得很多，但后来他一定要把在通用的股份降到30%以下，他怎么弄？杜邦就用自己的一部分股票成立了一个公司，用低价把自己的股票转卖给通用的管理干部。然后，杜邦又把通用公司每年的红利划拨给这个公司，那么持股公司里面每年就有了通用的利润分红，而这些利润分红，可以根据高管在这里面的持股份额获得分红，股票如果涨价了，那他们还可以获得股票涨价的利益。但是通用没有让股票自由交易，保留了权力，如果高管退休了，或者职位发生变化了，通用可以回购，就是把增值部分给他赚，有点类似于华为现在的限制性股权。所以，经理证券计划就是红利计划的升级，转化为股权了。

到了20世纪50年代，红利计划再升级，享受红利计划的范围不断扩大，最高达到总员工数的9%的员工。但这个时候美国的税制发生了变化，分红要承受的收税特别高，但如果买成公司的股权，就可以当成投资行为，暂时免税。后来通用为了保护核心员工的利益，成立了一个持股公司，让员工买公司的股票进行分红。

这个过程可以看到通用的思想：

第一，充分地根据公司股东的利益，跟管理层和核心员工进行了分担，充分体现了代理。

第二，这个过程是善意的，就是让高管和员工秉着自愿的原则，这都是长期合同的一个前提。所以，斯隆对红利计划的评价非常高。斯隆在写这段历史的时候，总结了用股票这种方式开始，只用了五年的时间，通用汽车的市场份额从不到20%提高到40%。他认为红利计划的激励带来的作用是很大的。他认为公司的业务之所以有成就，是通用第一次把人类讨论的观念引入了实践，实践释放了巨大的生产力。

所以，严格意义上这种实践界定了管理层和股东之间的关系，本质上是合伙人关系。合伙人一荣俱荣，一损俱损，利益共担，这就是最早的委托代理。其实在斯隆设计这种模式的时候，委托代理理论还没出来。委托代理理论也是总结了这些企业的实践之后才产生。

我们在这个案例之后讲高管的薪酬结构应该怎么设计，一定要清楚，高管薪酬的本质是对代理问题的动机调整和对积极行为的确认。既是代理，又是激励。

基于这个道理，我们看薪酬手段在高管里怎么使用。

（一）年薪

高管是年薪制。我们知道，一个典型的高管的薪酬年薪，有固定部分加绩效部分，可能还有津贴。

固定部分是每个月要领的，毕竟高管已经混到职业生涯的高阶阶段，他拿了薪酬，要给家里开支，一个高管的收入高，家庭的成本也会高。这是固定的部分。

第二部分叫绩效，所谓绩效是跟他个人KPI相关的，个人KPI完成了，就应该拿到绩效部分，一般高管的薪酬里固定和绩效部分会“五五”开或者是“六四”开。

这里面还有两部分是需要明确跟大家讨论的：

一是津贴，什么叫津贴？津贴是跟工作状态有关的，比如说我出生在中国，我家在北京，公司把我派到非洲，可能工作内容没发生改变，但是我出差了，我的工作状态发生改变，这个时候的津贴是对员工特殊工作状态改变的一种补贴，当我丧失了这种工作状态，我的津贴部分就没有了。

二是股票。我们要讨论高管年薪里要不要发股票？这是个关键问题。我们知道，高管的薪酬已经很高了，如果公司体量不大的时候，就形成不对等。我们说高管工作性质具有长期性，股票是一种递延支付，年薪里其实也可以有递延支付，我们去看互联网公司，每次作股权改革的时候，都会存储一部分股票，这个股票都是有价值的，只要根据价值，发奖金的时候，比如说年薪120万元，绩效达成了，平时发了60万元，还有60万元，这个时候有可能不给你绩效，就用当期的60万元股票价值发给你，发给你以后，就告诉你，你的解锁时间是三年，这就递延了。这种类似于在年薪当中的股票就是直接授予的，你的绩效好我就多授予你，所以在这里，我觉得企业里面这个杠杆是可以用的，尤其对那些创业期的公司是可以用的。

我们知道，创业期的公司现金流是最关键的资源，现金流不完整，如果发的年薪过高了，现金流就会有缺陷。我们知道，创新的公司的估值是不断地往上走的，在估值没有上来之前，预留的股票到直接授予的时候，估值已经上来了，那么这种方式对企业的物流成本和现金流都是有用的。只要市场机制给股票定了价格，对员工的激励还是有的，甚至还可以给他打折。所以，股权授予对企业的理财，尤其对创业期的公司，在年薪里都融入股票含量还是有价值的。

（二）奖金

奖金本质上是成果的分享。有了利润，有了最终成果，我是拿成果来分享的，没有成果是没有奖金的。绩效工资不是奖金，是对完成个人指标绩效的一种确认。奖金一定是对最终结果的分享。如果说你很努力，个人绩效达成了，整个团队的绩效没达成，没有产生最终结果，是没有奖金的，但是可以有绩效工资。所以，奖金一定是最终利润的一种分享。

除了利润分享之外，在上市公司里头，奖金里可能还有一些限制性股权。什么叫限制性股权？就是我有一些打折的股票让你买，比如说现在股票价格是100元，我打个五折让你买，50元钱买走，这里面就有50元钱的差额，这个差额是公司的限制性股权的成本，而这个成本是要从利润分享里承担的。总而言之，公司付出的价值是差额，就是利润分享的一部分，剩下的股票员工是需要花一半的价钱去买的，他买的时候就形成了互锁，高管对未来做了投资，对当时的奖金既有了递延，公司也有了对他的一种锁定。我觉得这种设计方式既体验了激励，又体现了风险的对等。

（三）福利

对高管来讲，福利应该是比基层要高很多的，我觉得这是需要我们去理解的。我曾经跟一个企业家讨论，员工跟企业的关系有三种，一种是利益关系，一般的劳动者只要对公司作的贡献比他的索取大，他就可以在公司，这叫利益共同体。有些人就是把公司当成利益共同体，我在你这赚钱多我就干，我赚钱少我就走。另一个共同体叫事业共同体，你这里面有我成事的平台我就干，没有成事的平台我就不干。

我们说我们希望高管是归属于公司的人，他们跟公司结成命运共同体，命运共同体到底用什么来维持？这个概念在《华为人力资源管理纲要》里也写了，《华为基本法》也都写了，在日本企业也都很普遍，很多时候理论界就会想当然地认为，利益共同体就是分钱，事业共同体就是搞利润分享，命运共同体一定要股票的互锁。

有一次我跟企业家讨论的时候，他就说股权也不能锁定命运问题。其实这是对的。哪怕是事业共同体，股权的机制就需要用了。命运共同体是什么？我觉得长期工作关系的打造，更多的是长期利益，就是能够营造高管对企业长期归属的。我们看到一些大企业的实践里面，高管有特殊的福利，比如说给高管的家庭成员提供一些保障，像上保险之类，他的家庭都能够被企业牵挂，他的归属感就会更强。最典型的是退养的保障，我们讨论薪酬机制的时候，谁来评价高管？在我们现在中国的治理体制下，董事会被虚设了，那评价高管应该是什么人？

在华为45岁退休，有些人属于荣退，退了以后还能享受公司长期的利润分红；有些人叫补退；能够享受这种退养保障的，就是退了以后仍然享受公司的一些待遇，对高管的福利来讲，这就是长期保障。高管退休以后，除了拿到社保、退休基金等普通保障以外，如果公司经营得好，每年从盈利当中还拿出一份作为年金，可以补偿是给这些久经考验的人，能够荣退的人。那高管为了有荣退的资格，他对公司的归属感会更强的，他思考公司的长度那是不一样的。

所以，我们说营造长期关系，营造命运共同体在福利是有重要设计的，这个地方的作用甚至会高于奖金。

（四）长期成果分享

很多时候纯粹为激励，比如说期权，就是纯粹为激励。比如说你可以用50元钱一股的价格买公司的股票，第三年股票涨到100元、1万元都有可能的，其实这是纯粹的激励，完全是一种动员，没有互锁，没有风险对冲。

（五）不确定性、创业机会互锁

我们去看阿里巴巴这些头部公司，他们会有这种旗帜，是跨生态的。我们知道，有些企业已经脱离了一个企业的边界，像阿里巴巴、京东等很多公司，原来有个母体，后来有一堆的上市公司，公司跟公司之间产权是清晰的，他们之间的业务是有联系的，实际上这是在竞争当中形成了一个集团，一个生态，这就跨越了企业的边界。我们知道，即便是跨越了边界的企业，也是从原有母体公司里长出来的。那能不能长出这些公司，谁去来承担责任？这不仍然是高管吗？核心高管还会享受跨生态的利益。所以，我们会看到阿里巴巴、蚂蚁金服这些公司之间，有一个核心的合伙人在这些跨企业当中都享受利益。对高管来讲，这一部分就叫是分享公司扩张当中的机会。也有可能没做成，也有可能做成了。但是因为高管享受扩张的机会，就会在他的战略边界里去思考。

对高管来讲，因为工作性质的复杂性，我们就要结合不同性质，每一种形式都是对一种要素的激励。我们要去分析每一种形式会刺激哪种要素，我们就去采用这种形式。所以，高管的薪酬结构一定是多元的。一个公司的管理水平越高，对行为要素的识别越准，工资结构就可以越完整。但我们一定要认识到企业在成长过程当中，考虑到成本的需要，早期可能做不了那么完整，需要一个进化的过程。

五、如何管理高管薪酬？

最后一个问题，如何管理高管的薪酬。

高管管理当中有一些很多问题，比如说没有人承担责任，没有合适的程序，尤其对那些成长型的企业，很多时候高管的薪酬都是老板定的，里面没有清晰的原则，没有正式的制度，让人感觉非常混乱。

我曾经看过高管薪酬的博弈过程，一个公司三个创始人，创业的时候，股权结构差不多，企业没做起来的时候，兄弟们肝胆相照，互相约定，约定仨人的工资一样，3万元一个月，就这么干。后来公司做起来了，上市了，但因为原来确定的原则没变，大家的薪酬还是一样，但实际上在发展当中，每个人的能力差别已经很大了，有的人对公司承担的责任特别大，有的人已经边缘化了，那么，没有确认规则的时候就特别难，去改变吧，好像会牵涉到原来的治理，如果不去改，心里又会不舒服。所以，高管该涨工资的时候，要没有纠错机制，就不知道怎么涨，不知道怎么调，公平感就会受到挫伤。

我们知道，高管之间是不能轻易谈判的，一谈判就会有麻烦，连找个可以说的人都没有，找人力资源部，又没有高管的地位高，那就得直接找老板，而找老板又会显得怯生生。这里面就有很多问题出来。所以，规则不清楚，就造成博弈过程复杂，信任就会被破坏；信任一旦被破坏，高管团队的形成就会打折。

所以，高管行政团队的责任主体还是要有的。但在我们中国的治理架构里，也是很难弄，比如说要有足够的权威，第一谁来定更公正，谁来能处理高管的复杂的过程？第二个有没有足够的专业能力？我们看西方的企业，他们有董事会，董事会雇佣一些人来确定高管的薪酬怎么定，但我们中国董事会做不到，大部分董事会还是老板说了算。

我们建议大多数公司要有专业的人员，一开始没有条件形成部门的时候，也要有人负责高管团队的薪酬，需要交给一个责任主体，有专业的部门，因为当你面临上层博弈的时候，如果你没有专业知识的提案，博弈过程会更复杂。所谓专业，就是有学理支持，有理论支持，有数据支持，一旦有了这些基础的时候，拿到高层里面去决策，会降低博弈的复杂性。如果有专业的提案部门，专业承担责任的人，即使是只有一个人，高管也就有了救急的渠道了，就有了程序。这个时候可以让董事会的薪酬委员会来确认。我们知道，专业部门跟高管相比的时候，也会属于下级，如果企业文化还没形成的时候，下级去决定上级的提案的时候，也会有困难，所以，为了让管理有效，必须让专业人员有良好工作的条件。

专业人员良好工作条件是什么？第一个，明确的薪酬原则。定薪酬原则一定要脱离人，根据高管的工作性质，根据人的分工，根据历史来确定一些原则，让专门的管理部门在原则下工作，在这个原则下收集数据制作方案，他不能被人员的干预。第二个叫生成机制，高管的薪酬依据什么生成？怎么生成？第三个是管理程序，管理是一定要有稳定可循的程序的。

（华夏基石e洞察公众号2023年2月25日发布）

如何打破高管低水平任用的怪圈？

高管团队建设一定是素质在前、关系在前，机制在后。如果高管不具备基本的素质、高管和企业之间没有建立起心理上的长期关系，单靠机制是引导不出来的。

那么问题来了，如果企业没有合适的高管，应该从哪里或者用什么方式去寻找高管？今天我们就针对这个问题作个讨论。

一、高管任用的低水平怪圈

现实中，很多企业的高管建设容易陷入一个怪圈：长期在低水平上循环。

企业发展早期，企业体量逐步增长的过程中，老板会感到力不从心，需要帮手，也想成立高管团队，但通常会发现周围无人可用。能够追随、完成一项具体任务的执行型人才多，能够跟企业家一起形成决策、能够找到对的事情去做、去发起任务的人很少。

老板没有办法，干脆到外面找人，充满期待找来很多简历光鲜的人，付出了颇高的薪水。结果使用一段时间以后备受挫折：这些高管的基本素质确实比自己原有的干部强，但是这些人折腾起来可能让公司付出的代价远远高于薪水，却没有带来相应的业绩，最后好不容易找来的人一番折腾后又离开了。

到了这一步，企业家会感觉用外来的人不是最佳选择，回过来勉为其难用自己的人，从“矬子里拔将军”，拔完又极度不满意。一些企业家经常批评高管这不好那不好，反正都是跟自己很久的人怎么骂也骂不跑。但是不管怎么骂，这些高管水平也不见提升，过了几年企业仍然处于无人可用的状态。

我描述的这些现象，不代表着我的立场，或者是我对现象的判断。这只是企业真实的困扰，所以企业需要跳出这种怪圈，需要去思考到底是无人可用，还是不会用？从外面找的人是不是没用对？高管迟迟不见长进，到底是什么原因？

要想解决“高管从哪里来”的问题，我们首先要清晰在什么时间和空间上讨论这一问题。现实中，很多管理者缺乏时间和空间的概念，我们讨论一个问题，一定要清楚这是一个多长时间内可以解决的问题，比如说：高管能力不行，你在短期内就很难解决，能力的提升至少需要以三年为周期；如果说基本素质不行，则需要有更长时间的打算；如果仅仅是认知问题，那就是个短期问题。还要有空间的概念，你必须考虑有多大的自由度来做这件事，可能公司的资源所限、能力所限，你根本找不来合适的人，你只能使用勉强可以使用的人。最后我们还要清楚，时间和空间是可以转换的：你可以用更长的时间，换取更大的做事空间。

在管理中，经常会出现此类谬误：当讨论短期的问题时，给的是长期的办法；当讨论长期的问题时，却用短期的思维来给答案。

我们讨论高管从哪里来的问题，一定要把它放在时间轴上。在这里，我们分别讨论：短期从哪里来，中期从哪里来，长期从哪里来。

二、短期从哪里来：开放用人，浪淘沙

高管短期从哪里来？现实当中讨论的时候，很多人滔滔不绝告诉你华为的体系是什么样的，阿里巴巴的体系是什么样，美的的体系是什么样。这是典型的答非所问。

大公司干部管理是个完善的体系，讲究的是层层培养和选拔，人才长成高管需要若干年，实际上是个长期问题。你要解决短期问题，根本没有那么大的选择空间，必须用现在这点水和现在这点泥，那就得接受现实，在现有的资源状态下去寻找高管。

中期从哪里来？以三年为周期，我们可以借助一些项目，起码去解决高层下面一级的人才不足问题，比如从部门里去选，如果部门级的人能行，在三年的周期上就可以把中层培养起来，再从中层里选拔高管，这比短期的空间大多了。

长期的空间会更大。五年，人都可以换一茬。所以在时间轴的每个点上，解决问题的空间大小不同，解决措施和原则也不一样。

短期内企业无法改变自身的资源禀赋，无法让现实中的人一下子把能力提上来。这时候就要开放用人，必须扩大来源，用开放的态度容纳更多的人，要忍耐你用的人不是那么完美。人有潜质，不是你用什么识别手段就能够看得清楚，正所谓“大浪淘沙”，所以要在用当中筛选和调整。

（一）短期用人的基本矛盾：一方面无人可用，另一方面又急需用人

1. 无人可用的现实

第一，生存压力逼迫企业去关注短期。几乎所有的企业在发展历史上，都存在着人力资源欠账。按道理，一个企业必须自己产生人才，但是众所周知，企业创业时活下去都很困难，而且企业家不一定创业之初就抱有远大理想，奉行长期主义，更多是为了赚到钱，谋生手段而已。很多企业家会说赚到了多少钱，其实他赚的钱不是真正的利润，而是把应当面向未来的投资，放到现在产生的利润里了。人在工作当中，除了干具体的活，还要完成对未来的再生产，你在人力资源方面没有投资，你的人员在学习上、在事业上没有投入，最终就会导致人力资源欠账。

第二，创业者本身不成熟。很多创业者不是带着完整的思想去创业的，他对企业当中的很多问题，既不知道，也不理解，即便认识到长期问题，也没有去重视。我们欣喜地看到，现在有很多成熟创业者，经历过大企业，干到一定的职位以后再出来创业，他的企业会重视人力资源问题。

第三，在人力资源方面投入少。我在一些企业参与讨论，发现他们总说高管不能用，其实细想一下，这都是历史欠账的结果。为什么市场上就有人？为什么别家企业里人才就能长出来？为什么在你这儿不行？因为你的环境造成了这个结果。这些人如果找不到工作，应该算"工伤"才对。

2. 急需用人的发展要求

企业达到了一定规模，又出现了急需用人的状态。企业在起步的时候，只能干细分领域的事情，专注某一个细分领域，这时候的任务是简单的。在体量增长的过程当中，随着机会窗的打开，能力的积累，品牌的积累，市场的影响力在增加，有了更多的选择权，战略自由度提高了，企业总会进入一些新兴的领域，业务的复杂度高，发现能力跟不上，也需要建能力。

同时，在任务多元化和平台多元化的时候，老板在处理这些任务上精力不够了，他就会急剧产生对"守土一方的干部"的需求。

一方面无人可用，一方面用人需求增加，这时候企业的干部问题，不仅仅是一个管理问题，其实是一个经营问题。你能不能打开，能不能去整合更多的资源？如果你做不到，一定解决不了这个矛盾。当你的资源跟机会不匹配的时候，尤其在面对难以获得的资源时，你必须开放。所以只有一条路——不拘一格用人。所谓不拘一格，无非就是既内部打开，又外部打开。内部打开，你目力所及无人可用，面临这样的资源禀赋只有改变你自己，改变用人标准。

（二）短期内部提拔的原则：不寄希望找完美的人，而是找过得去的人

要优先内部提拔。结合自己在一些企业的经验，和对大企业创业经历的研究，提炼了以下原则：

第一，小步快跑，不虚位以待。很多企业觉得无人可用，找不到部门经理，就提名某某任副经理，括号主持工作。这不仅在民营企业常见，在央企也常见。但这并不是最佳做法。你认为他能力不够，却让他主持工作、承担责任，又不给他足够的权威，打击他的信心。而华为在早期就有一个基本原则：不虚位以待。只要位置需要人，就安排一个人，他可以去适应岗位，正所谓草台班子也要搭。

第二，用人以宽。事实上不只小企业，大企业也找不到合适的人。德鲁克认为，人不是为工作而长的，工作是为业务而生的，人是为了自由而生的，一个职位不可能

跟一个人完美匹配，所以作人事决策，不是要作完美的决策，而是要找到过得去的决策。在几个方案当中他更优就可以了。换言之，不是找完美的人，而是找过得去的人来用。

第三，用信得过的人。何享健曾经在美的讲过，人看七成就要用。你不要看得特别准才用，因为你也看不准。为什么要用信得过的人？培养人总要付出代价，用在你信得过的人身上才值得。

如果你用了一个能力有偏差又信不过的人，他在岗位上犯的所有错误都是你培养的代价。如果自己的人老板看不上，就会从外部找人试错，结果这个人试错之后留下一屁股烂账走了，你培养的目的没达到。

其实你的手下很多人，是在千军万马当中付出了极大的代价走出来的，是你用很大代价培养出来的，所以信得过。什么人才能信得过？有几个标准，包括经历过事件检验，人品可靠，归属感强。比如，经历过关键事件的检验。有个企业的高管，确实视野不怎么开阔，但是老板讲了一个简单的例子：曾经在企业生死存亡的时候，现金流都快断了，融不到资，那些高管就把自己的房子抵押出去给公司贷款过了难关。就算能力不足，视野不开阔，但这些信得过的人，还是要培养，否则将来还是解决不了高管的问题。

第四，学习能力强。人力资源管理领域有个原理——你用的人往往不能跟职位匹配，但是人有一个优势，他能依据工作的要求，通过学习能力获得相应的能力。人的能力弱没有关系，只要学习能力强，就有潜能可以挖掘。如果这人的学习力不强，油盐不进，提拔上来肯定会有问题。

第五，基本思路清晰。所谓思路清晰，就是脑瓜不糊涂。举例来说，我们看小学生，一年级、二年级学习都很好，大家都考90分、100分，当知识不复杂的时候，谁有潜质，谁没潜质，靠分数的差距是看不出来的。有些人脑袋里逻辑不清楚，只背标准答案，早期功课不多的时候，他也能学。但是逻辑混乱、概念不清的人，学习力弱，没有培养前途。我们在内部提拔人的时候，如果这人能力不强，但有脑子清楚、思路清晰、对概念理解到位这些特质，就值得把他找出来，提拔起来。

（三）短期外部招聘的原则：立足于要搞定的事，来了就能上手的人

在人才断档的时候，尤其是企业进入新行业、新领域，内部没有积累这些知识，现有的人才视野比较窄，内部提拔往往是解决不了问题的，你必须从外部找人。一些长期坚持的原则在短期内就要变通。《基业长青》《追求卓越》这些管理学的经典书籍里有很多宝典式的原则（比如伟大的企业经理人都是自家培养的），在这个时候是不成立的。

在短期需要用人时，你得去找人。有可能你找来的人是淘出来的宝贝，也可能外部的人不忠诚于公司，用不长久。即使他们离开了，这些人也可以激活现有的人，因为外部的人带来了知识，带来了外部企业的成功经验，会冲击和激活我们现有的人。正所谓鲶鱼效应，一些有活力的、有破坏性的鱼放进鱼塘，一池塘的鱼都能活得更健康。阿里巴巴从外面找来的大量职业经理人，就把“十八罗汉”激活了。没有这些职业经理人的冲击，“十八罗汉”也未必能起来。

企业在成长的过程当中，一定要获得知识。获得知识有多种方式，包括参访别的企业，请咨询，自学等。从外部招人，就是企业获得知识的方式之一。从外面招聘的时候，要遵循几个原则：

1. 立足实际，不要有不切实际的期待

很多企业家总觉得高手在外边，请过来就能点石成金。以某个企业为例，它缺乏高管的时候，我们设计了一些机制，比如把业务分拆为几个事业部，在事业部层面去锻炼人。当时的设计逻辑是，如果一个人不能领导一个事业部，他就不可能领导一个公司。组织切分成几个事业部，在这个层面撑开干部的用人界面，总有一天会有人脱颖而出。这就是高管的来源，甚至老板的接班人就从这里产生。

本来机制设计得挺好，坚持几年，干部就出来了。但是老板一直有个情怀，他相信高手能够靠缘分获得，所以不断从外边找人。来一个就把原来的体系打破，把事业部逻辑弄乱，用失败了又去找新的“缘分高手”，导致其人才体系一直被迫断流，从开始下决心规划人才队伍，到现在20年都没出来效果。

即便在200亿元的公司当过VP，当过副职，但是再大的副职跟正职都是两码事，请进来做总经理的时候，我们一定要抱以正常的期待。点石成金的都是神话故事，不切实际的期待，会导致要么找不到人，要么会把人用死。尤其中国的职业市场是不成熟的，没有可靠的评估机制和可靠的第三方平台，这里面的人你很难识别，所以要实事求是。高手不会在市场上流浪，再糊涂的老板也不会把显而易见有才华的人放走。

2. 寻找文化共鸣者

我们知道，好的企业都很重视企业文化传承。我们企业为什么要自己培养人，就是强调文化的传承。阿里巴巴是从外部招人比较多的，它不像华为，自产的干部多。阿里巴巴的张勇有一个观点，就是文化不一定非得传承，很多时候是看有没有共鸣。如果在外部能找到文化共鸣的人，也可以用。

3. 找做事公道的人

从外部找职业经理人的时候，一定要找做事公道的人。什么叫公道？我给大家举一个真实的例子。一家20多亿元的企业，从一个1 000亿元的公司挖了一名职业经理人，并且在这家企业干得不错，现在企业已经200亿元了。这位职业经理人在1 000亿元的公司任职时，拿到了上千万元的薪酬。当他到了20亿元的公司，要多少薪酬？

当时职业经理人就讲，如果要1 000万元薪酬，一个20亿元体量的公司是不可能付出的，你再厉害，企业的成本也支撑不了，所以他就理解公司，把薪酬主动降低了。但是也不一定牺牲，他的即时薪酬降低，然后要了一个长期内的递延支付。当我把企业给你做起来，你要把我的损失补上。既尊重市场价值，又尊重现实的支付能力，这就是公道。

这一点对于很多民营企业特别重要，你不能用不能承受的代价去获得人。企业成本上一旦扛不住，就会对人才制造焦虑，会急于让他创造业绩。我们知道一旦出现这样的心理，这些经理人很难创造业绩。

如果是一个公道的人，有长期导向的人，他不会漫天要价。对企业来讲，一定要慎用那些需要以不能承受代价获得的人。我们做咨询跟企业交流也是如此，有一种流派是漫天要价，其实要跟企业做长久，一定需要公道。公道才能持久。

4. 有创业心态

企业规模不大的时候，本身处于一个不稳定的状态。很多人在几百亿元体量的公司里做事得心应手，到了小企业反而不行，因为小企业在成长当中，达不到大企业的条件，他每天都在走以前没有走过的路。所以任何一个职业经理人，到了企业高位一定要有创业心态。创业心态是对高管的一个基本要求。

5. 以任务用人

为什么叫“以任务用人”？从外部找人不要有培养的心态，但是要有长期关系的心态。外部来的人，价值关系是很难衡量的，能衡量的就是他的能力。你缺的是搭市场营销体系的人，找来一个能力跟你所需匹配，能迅速建功立业者最佳。能力匹配最优先，以任务所需具备的能力优先，这样对企业来讲见效快。这是很重要的。

用外部的人就奉行以任务用人，没有哪个小企业会给一个看不准的人足够的时间空间。高层空降，如果你还只是衡量其基本素质，这是不行的。

6. 未来的眼光

我们希望职业经理人经历过的事情，也是企业未来面临的事情，所以要尽量从那些规模比自己大一级的企业里找人。

（四）“三分在选，七分在用”

这是短期用人的原则，长期看并不一定成立。既然我们开放用人，关键在于人怎么用，能不能用对。比如在华为，任总讲：人才是选拔出来的，我们一定要贯彻选拔制，而不是培养制。

我想讲的是，因为在短期内你没有足够的空间去选拔，没有足够的资源去选拔，所以找的不一定都是合适的人，有很多凑合的成分在。任何测评机制都不能准确地选拔人。虽然选对人的可能性不够大，如果能用对了也挺好，当你找的人不能满足要求，就要在“用”上下功夫，弥补选拔时的错位或是不到位。这是一个基本的原则。展开来讲，有这几层意思。

1. 用人者要心态开放

我们的企业家要心态开放，不苛责，不急于求成。你找的人，从内部选拔出来的人，都是以前没有经过培养历练的人，他从来没有思考过宏观问题，上位以后一定是没有经验的，肯定有做得不完美的地方，肯定要有试错的过程。

但是我们的老板也好，企业家也好，都是经过长时间的试错，才具备了现在的能力，所以不能急于拿自己的尺子去卡这些人。有一位我长期服务的企业家就说过：不管我有再多的缺点，但我只要用人开放，这一点就能够弥补一切，我能够找到人来帮我。

2. 允许试错

所谓的试错，就是给空间、给时间，在使用当中观察。对高管来讲，他的绩效周期也好，能力调整也好，都需要时间，而且他没办法去复制企业家，他必须在试错当中形成自己的事业理论，形成自己的工作方式。

3. 增加学习的投资

我们知道，企业用的人早期的能力并不是那么完美，对企业来讲，早期省下的钱你现在得补回来。如果你不在学习上投资，不在培养人方面投资，那么你凭什么让人成长？你不投资怎么能成长？个人要想成长，一定是花时间，想在哪方面提高能力，就一定把时间花在哪方面。企业需要成长，要考虑的是，计划向哪些人投资，让哪方面能力提高，就往这儿砸资金。如果高管团队不称职，你想让他达到称职，就要增加在学习方面的投资。这才是组织做事的方式。比如高管团队可以请一个靠得住的高管教练，以便能够跳脱出来，能够给团队提供乐观的方向。

4. 不断提高要求

公司不断在成长，对人的要求一直在提高，所以我们对高管的要求是在成长当中看的，不是静态的标准。企业早期对高管提的要求如果太高，他会扛不住。但是在他成长的时候，企业必须把要求抬高，否则高管就形成了静态的能力。这是很多企业高管板结的一个原因。

5. 相对稳定中止损

用干部，既要给时间，也要给空间。能力的提升基本是以三年为周期的，太急躁是看不到效果的。如果时间、空间不稳定，干部就难以成长。有企业老板总觉得干部成长慢，但他说的所缺乏的能力是一个月前刚刚说的，一个月的时间干部能从项目里获得能力吗？干部的认知能力差、概念能力差，不能从一个具体问题提炼成抽象的问题，没有宏观思维，诸如此类的不足，都需要给他时间去提升。能力的提高得用年来衡量，所以要有任期制，在一定聘任周期里衡量有没有达到标准。如果不达标，企业要果断地止损，不能让这些高管成为企业发展的障碍。

简言之，短期用人、选人的余地往往不大，需要在用的方面去弥补选的不足。

三、中期从哪里来：夯实底座事上练

中期是以三年为周期，当然，三年你也很难打通人力资源体系，顶多把高管的下一层，也就是中层看清楚。这一层级，我称之为部门和业务级的一号位。我们很难对高管做长期的规划，在三年之内如果能够把中层做强，高管的选拔就有了底座。底座强，一方面增加了高管的储备，能从中补人；另一方面对现有高管构成了压力，倒逼现有的高管提高学习力。

（一）高管建设的瓶颈在于储备不足

很多时候这些高管并不能满足要求，但你基于需要把他提上来，这里会存在一个误区：你以为是给他学习的机会，但是他以为这是个荣誉，是肯定，而不是机会，认为进到高位就说明自己的能力是合格的，所以他就不学习了。

我曾经在一些企业发现过这种现象。老板对提上来的高管不满意，但给他提出要求的时候他仍然不学习。有些人说我们用考核的手段，来督促他。其实你有经验的话，立马就会感到，即便考核不合格，你换不换他取决于有没有人可用。在高管团队建设的时候，要想有效管理，条件是要有储备，很多企业高管建设的瓶颈在于储备不足。没储备，没有“多个买方、多个卖方”，市场机制起不来，管理就会无效，没办法促进他成长。市场机制起来了，你才能够把市场的力量用上去。对于储备不足的问题，要关注以下几点。

第一，以底座促高管。夯实底座是对现在高管的一个约束。

第二，企业成长的决定性力量在部门一号位。一个企业的战略任务要想成功，比如要进入一个新的领域，或是开发一个技术平台等，有三个条件：一是老板想清楚；二是负责的人要能够理解老板的意图，又能直接深入业务；三是下面有一群兵强马壮的人。这三个因素缺一个都成功不了。

有些老板不服，觉得我只要想明白了，直接一竿子插到底，业务就能做起来。我在很多企业观察过，老板只要亲自抓的业务，通常搞不成。老板在创业的时候，亲力亲为，能把事干成，一上规模就不行，为什么？因为他没办法在一件事情上连续投入，精力和时间都不允许，没办法一竿子插到底。他不能越过中间层，所以中间层的人，即部门的一号位要强：一是执行力强，二是他能领会老板的意图，使其达成。当业务体量大的时候，必须在业务上有强人，这些人通常是职能部门、业务部门的一号位，是带兵打仗的力量。

组织治理在这个环节，要注意虚实问题。其实大部分的高管，往宏观想了，往务虚的方向走了，所以必须要有务实的人来承接。

第三，防止部门一号位能力断档。部门一号位的能力成长如果断档了，对企业来讲风险很大。他们的能力主要体现在视野和系统思考的能力，这个位置是承上启下的，虽然是领导一个部门，但视野应该放到全公司。定目标，定策略，一定是向上看齐，向上兼容；具体执行，一定是向下兼容。这是干部很重要的一个能力。具体而言，视野和系统能力就是站在上级的责任边界下看问题，理解能力、执行能力都要持续历练。

（二）部门一号位建设的五个途径

部门一号位的建设，需要做哪些工作？

第一，老板亲自抓。高管建设是老板的责任。虽然我们刚批评完老板亲自抓，不该他抓的他抓不成，但高管建设是他一定要抓的。怎么抓？具体体现为两件事。

第一件事，缩短这些一线部门与老板之间的沟通线路。哪怕有高管在分管，老板也要跟这些人沟通。如果这些人离老板太远，心理上会跟公司有距离。

第二件事，在业务当中观察人和事。老板评价这些高管，通常靠听汇报，听PPT，听思路。大家都知道PPT是对工作的美化，能展现逻辑，但很多时候是想象而不是实际，不能作为评价干部的依据。老板亲自抓，指的是要深入到业务实际当中。比如，看市场，老板去看市场不是为了拿单，而是在市场当中获得他需要的决策信息，同时在现实当中评估干部。

第二，经理总监化。很多公司的部门一号位叫经理，也有的叫总监。有些公司部门既有经理又有总监。二者只是名称的变化吗？其实经理是执行，是干活的；总监则侧重于抓策略、政策、目标。经理总监化，就是指公司一定要把部门的一号位，从经理的定位提升到总监的定位。

第三，提高站位。很多互联网公司的副总实际上是部门的一号位。在一些公司，老板会觉得这样的副总比那些脱离业务的副总更牛，对事情更有鲜活的质感。

第四，广泛招纳贤才。我一直主张企业在部门级别应该多引进人，为什么？部门是干实事的，容易检验人，他只要能力匹配就能干。从外部找的人，放在高层不容易检验，常有白搭车的现象。在部门当中，我们还可以较长的时间来检验他的长期归属感。所谓以时间换空间。

第五，年轻化。一些专家认为，企业一定要让高管团队年轻化。我的意见是，高管要长期的稳定，心智成熟也重要，不一定要年轻化，但是高管队伍的底座要年轻化，这个底座就是部门的一号位，如果底座不年轻化就没有人才池。华为人45岁退休的规定，不是让高管退休，实际上是让中间层退休。高管对企业的忠诚还是很重要的。如果你让高管45岁退休，谁给你做长期规划？高管跟企业结成的是长期关系，所以末位淘汰可以在中基层里展开，绝不能在高层里展开。

（三）做强部门一号位的三个原则

1. 以机会和业务牵引人才

人才一定是被机会和业务牵引出来的。把人放在机会上，能打出来的叫人才，不放在机会上，人才也检验不出来。吸引人才，不是承诺多少钱，而是承诺给他机会，他自己去创造价值。在部门级别一定是围绕着业务和机会来检验人，出来的人才是真人才。

第一，在新机会和新业务中大胆起用干部。我们要把干部往机会和业务上推。

第二，新老结合，熟手+学生兵。在老干部里面加一些学生兵，这样业务发展过程里，既有老的人带，又有学生平台。

第三，内外结合，从外部找明白人，在内部找聪明人。这样能够去锻炼部门级的团队。我自己有过这种经历。某企业的成熟业务发展得很好了，在一个新业务上反复用人，但一直起不来，体系搭不起来。后来企业花了巨大的代价，从外边找来一个成熟的经理人，又配了内部的很多明白人，把业务搭起来了。这熟手干着干着，觉得自己有另外的事业空间，因为跟企业没有长期关系，就走了。之后业务呼呼地起来了。我们分析成功的原因，发现用特别年轻的有活力的人，他面临一个新业务时没经验，怎么搭体系特别困扰他；找一个熟手把体系搭起来，但他做得也不理想，因为他活力不够，投入度不够。当熟手把体系搭出来之后，年轻人一看有方法可循，这时候拼的是投入度，于是业务就起来了。

2. 以组织驱动人才

美的有句话说，干部是拆出来的。这是美的长期发展历史上形成的一个经验。一旦它业务复杂了，就拆各种组织单元，最有名的是事业部。当组织单元由一个部拆成三个部的时候，首先缺的是干部，所以一拆分就大量提拔干部。干部提上来了，有机会在新的责任上练事、练人，风险在哪里？会有怎么都扶不上墙的干部，但不可能每个领域的干部都不行。组织一定是要让人才去承担责任的，所以组织不驱动、不撑开，人才就打不开，上不来。华为的提法是，炸开顶层金字塔，这其实也是撑开，是以组织驱动人才。

3. 以机制筛选人

企业用机会牵引人，用业务牵引人，用组织把人的通路打开，放上去练，这时候就要用机制来筛选。

自然科学领域和社会科学领域共同遵守的一个法则是市场进化法则。优胜劣汰，适者生存。适者生存是自然选择，市场选择。做企业要遵循这种规律，组织撑开了以后，必须要残酷地练，要反复过筛子，不行就换人。人才一定不是哄出来的。有些企业缺人才，老板找一个名校的毕业生来小心翼翼哄着，不敢使用，怕他走了。哄出来的人是打不了硬仗的，所以一定要有筛选的机制，实现优胜劣汰。

比如美的，何享健的观点是人看七分我就用，用了以后只给你三年时间，要么做成行业前三，要么盈利，做不出来连锅端。有了这种机制，人一定在事上练，能练得起来。过几年再把组织单元分开，拆成五个业务单元，谁脱颖而出，就让他去吃掉那些不行的。在这个过程中选拔优秀的干部，业务就冒出来了。互联网企业仍然是这样，很多平行的业务，业务做起来的时候一号位直接晋升为高管。业务没做起来，你的人就被拆光，结局就是逐步消失。

在中期内只能做这些，中期做到了，高管仍然有缺陷。因为中层的素质也是有局限的，尤其我们的企业从零长上来，机会没那么好，势能没那么好，找的人基础素质、技术素质都不一定行。可见选拔高管，还是有天花板的。

四、长期从哪里来：战略层面做规划

在长期内，我们一定要把高管人才的继任计划列入战略规划。

（一）高管团队继任计划是公司的一级战略

2022年春节我讲的课程提到了一个概念：高管是公司的异质资源。什么叫异质资源？每个公司的高管都具有其独特品质，这一人力资源，不同于别的企业资源，在别的市场上难以获得，培养周期又长，所以属于核心竞争力之一。战略理论里面讲的核心竞争力，就是指公司拥有的对战略有用的，对成功有用的，难以获得的，很难复制的资源。每个企业的高管都是异质资源，是公司的核心竞争力的一部分。强将手下无弱兵，高管队伍不行，带出来的人也强不到哪去。高管团队的质量决定了企业的张力，在公司的地位仅次于企业家精神。既然是资源，我们就有办法不断地改善它。

最近理论界讨论比较多的，是各种政策都指向企业家被激活，可见企业家精神的重要性。因为企业家是增长的直接载体，企业家没有信心干事，再多再好的机制也没有用。历史上发现企业家精神的人是经济学家萨伊，其《政治经济学概论》在经济学领域第一次提出冒险家精神（企业家精神），包含有两个部分：一是企业家的创新整合资源的能力，二是管理能力。所以早期的企业家精神既包含了现在讲的企业家精神，也包含了高管管理的才华才能。

直到科学管理的年代，出现了熊彼特、德鲁克等人，又把企业家精神和管理区分开。高管解决的是公司高层的事情，有一些高管本身就成为企业家，有些CEO虽然是职业经理人，但同时也是企业家。

高管是企业最重要的资源，因此，要纳入战略管理。企业要像管理战略一样去管理高管团队的继任计划，需要分析其未来，分析高管的建设和策略，纳入规划投入资源，一层层地做晋升、做培养。

（二）人才战略管理的几个关键

1. 以终为始做投放

我们一定要预测未来高管团队的素质是什么，需要用什么样的素质，现有的高管什么时间会退出。人都有生理的限制，总有一天会退出。未来对高管的要求也会更高，所以这叫“终”，即目标。由此“终”倒推过来，反向设计怎么在长期上获得这些人。有些人才，如果他身上的有些特质是没办法在企业内通过培养得来的，就必须投放。

举个例子。我在一家餐饮企业做顾问，他们当时觉得店长属于战略性人才，做了培养店长的规划：三年要开500家店，需要500个店长，这些店长从服务员里来。企业研究了现在的店长，发现多数都是服务员干出来的。他们跟着企业一路走来，早期服务员干得好，被提拔成前厅经理，再干得好，被提拔成店长助理，最后成为店长。于是企业按这个路径，列了职业生涯通道，服务员—前厅经理—店长助理—店长，做了规划，然后素质模型中间也列了培养计划、轮岗计划，但是几年之后，出不来人！原因何在？很多服务员虽然工作做得优秀，但是他身上没有经营的素质，没有领导力的素质。虽然业绩干得好，提上店长的时候，并不能满足店长的要求，做服务员特别能干，做店长就云里雾里。这时候你要用高层的人，先把有些潜质的人投放下去，在这里面去筛选。

人才需要投放。因为有一些难以获得的禀赋，一些专属的知识，底层的素质，只有一部分人具备。如果高管队伍的底座多是低教育履历的人，将来你的高管视野不会开阔到哪去。对高管的特殊要求，比如归属于企业，高学习力，高领导力，复合能力，过硬的心理素质等，这些既需要投放，又需要在管理中让他建立这种能力。

投放的一个方式，是要把公司可能的业务范畴内的相关专业高素质的人往下投，一定是在高层的视野下投，并形成基层和总部的人才对流。京东会先投放到总部，在总部建立了宏观视野之后再进到微观，所以他在微观层面行事的时候，就具备整体的视野，很容易把一个局部工作做得有高度有意义。也有的企业先投放到基层，建立业务的质感，再到总部来历练。

总而言之，我们要在高层的视野之下投，给人才提供机会，而且要注意高比例投放。

2. 选拔与培养相结合

任正非讲过，干部是选拔出来的，培养是赋能。其实培养跟选拔是二合一的。选拔，有一些原则：一定要在硬仗中选，哪些任务打得艰苦，这些任务打赢了，其中的干部我们要去选拔；看不同环境下的历练，检验一个干部有恶劣的环境，有顺利的环境，一定要在不同环境下看其适配能力；高层需要复合能力，不同性质的工作也可以用来检验。

德鲁克讲过，美国总统的选拔机制有严重问题，使得美国的总统太容易在参议院里产生。因为众议院人多，四五百人，每个众议员出头露面的机会就比较低，参议员只有一百个，经常被媒体曝光，所以知名度高，容易当选。他认为这对美国风险太大了，因为参议院的人都是在辩论当中脱颖而出的，很能滔滔不绝，很容易获得民众的好感。但是当了总统以后，真正考验他的不是平时的大量的决策，关键是考验其在紧急关头作出的决定。就像飞行员在平飞的时候很少出事，而在起飞降落遇到紧急情况的时候容易出事。这种能力如果没在硬仗当中，没有在不同环境当中去历练，是出不来的。

对高管来讲，关键是需要强大的心理素质，他是在复杂当中去决策的，还要在关键事件当中去检验，要在高绩效团队里去选拔，要在战略的关键成败领域里面去选拔。这些选拔领域，也是培养领域，我们必须把那些有潜质的人放在这些环境去历练。

人才的培养不是给每个人都提供轮岗的机会。对大多数没有晋升可能的人，没有承担更高责任潜质的人，是要强调其钉子精神，干一行爱一行，要钻研下去，要把它做深。所以选拔与培养跟投放是匹配的。

当然还有一个矛盾。人的成长有自己的路线图，你把他投放下去培养，或许他自己都不知道自己喜欢什么，突然有一天他的追求变了，他的规划变了，他重新发现了自己，就不一定按照你的规划走。规划只是一种假设，现实适配过程当中人是流动的，另一方面战略和业务也是流动的，你规划的战略、规划的业务也会跟环境适配，随着环境的动态变化作出调整。

3. 在盘点中优化

上述的变化有可能会使你的人才培养继任计划不匹配了，不能正常履行了，这时候就需要人才盘点，盘点人的进展情况，盘点在每个层面储备的人够不够。同时我们也要评估战略的变化，把二者匹配，在盘点中再调试、优化路线。

4. 创造人才成长的环境

有了人，有了投放，有了选拔和培养，有了盘点，还要有环境。所谓的种豆得豆，种瓜得瓜。我们种下了一个有生长力的豆子，要想长好，必须有水分，有阳光。对一个企业而言，要创造人才成长的环境，因为人有成长的动力，只要我们的技术措施到位。什么样的环境有利于人的成长，有利于文化场形成？任正非讲得非常有穿透力，要让人才脱颖而出。企业里如果一个干部不行，肯定是人的问题；如果是一群干部不行，一定是环境出了问题。环境怎么建？我总结为三点：

第一，基于市场的分配机制。环境里面一定是讲贡献的，离开贡献一切为虚，这是个基本的原则。前几天我在一个企业参加讨论，有人提出业务要跟别人合作，要委托外部，马上有人反对，现在我们有人在干这事，为什么招外面的人，用我们的人不就完了吗？我说这是错的。什么时候内部的人要保留？就是你做出了超越行业的标准，你有真贡献。你不能作出真贡献，我凭什么不去招别人？

在企业内部，衡量所有人的最终标杆就是贡献。业绩是现实贡献，能力是中期贡献，态度是长期贡献。有好的态度你就会去学习，就能获得能力、创造绩效，你的能力是给未来创造绩效积攒的条件。绩效是现实的，所以一定要在企业内部创建以贡献为基础的规则和文化。

第二，基于职业化的人际关系。本质上你再怎么走，企业内部也是讲互补、讲贡献的市场机制。企业内部的人际关系，本质上还是职场关系。职场关系的实质，还是相互作贡献。行为规则是职业化。

第三，基于制度化的治理环境。要让员工职业化，企业首先要制度化。企业中上下级之间也是分授权关系，也要按照规则来运行的治理环境，分授权本质是契约关系，有了契约，人才才有稳定的成长环境。

我们把高管从哪里来分到了三个时间段来讲，在短期、中期、长期上，所使用的策略空间、选拔空间是不一样的，我们只能在现有空间下制订适合的选拔方案。这其中也需要考虑平衡问题。对一个企业来讲，最重要的是处理长期、中期、短期之间的矛盾。想把高管管理好，你做的每一件事都是要在短期和中期见利见效，在长期有战略意义。当然这是一个复杂工程，需要企业家们在现实当中体会，并建立起手感。

（华夏基石e洞察公众号2023年3月5日发布）

打胜仗的高管团队是如何炼成的？

我记得有一次讲课的时候，有人专门问过我，“歪瓜裂枣”是什么意思？其实，这是北方民间的说法，意思是，越是长得不好看、越是残破的果实，比如瓜的花是歪的、枣的肉是裂开的，反而越甜。

后来，这个词被任正非用到了公司的管理领域，意思是，没有完美的人才。那些才干特别突出的人，恰恰也有很多的毛病。但是，正是因为有了这么多的缺点，反而使得他在某个领域的专长会特别突出。套用这样的精神，我们在选择高管的时候，就要用人所长。

反过来想，既然人有所“长”，必然也有所“短”。因为立足于一个高管的团队，因为这是一群有着突出特长也有着鲜明缺点的人，那么，如何使他们形成团队，就是我们今天所要探讨的问题。

一、“企业家封顶”现象

我们先来了解一个现象，叫企业家封顶。它的意思是，企业家本来很有才干，并因此带领着企业创造了早期的成功。当他把企业带到一定规模并继续成长的时候，企业家个人的成长满足不了企业的发展要求，因为精力、智力、体力的限制成为企业进一步成长的瓶颈，我们把这种现象称为企业家封顶。

历史上最有名的企业家封顶现象是亨利·福特。亨利·福特在企业史上的地位要远高于比尔·盖茨和乔布斯，他创造了汽车行业的大规模生产模式。从那以后，世界上才有了特大型、规模化生产的企业出现，这样的生产模式使得企业第一次有了富可敌国的可能。

据说，在第二次世界大战中，美国之所以能打赢，正是因为它在供应或者制造领域的优势。基于这一点，美国在武器、后勤等方面建立了对德、对日的绝对优势。而美国创设的“8小时工作制”和中产阶级的诞生，都是自福特开始的。可以看出，福特是一个奇才，在产业的发展史上拥有绝对特殊的地位。

其中，福特汽车最为成功的是它的早期阶段，因为产品特别聚焦，只做单一车型，就是老电影里经常出现的“老爷车”。这是福特汽车当时的主打产品。仅凭这款T型车，福特汽车实现了旺季销售占全球销量70%的傲人业绩。

当企业发展到一定规模的时候，其扩张的速度必然会下降。创始人亨利·福特的

“天花板”就是这样出现的。长期以来，全公司只有他一个管理人员，其他人只需要按照他的指令行事即可，完全不需要有什么个人意志。所以，他有很多助手和监工，其唯一目的就是监管劳动纪律。

与此同时，我们知道，亨利·福特本身是工程师，他日常会有很多的奇思妙想，因此，他也希望能够进军很多领域，包括航空器、轮船、游艇等，当然也包括一些高端车型，用以复制他在老爷车领域的成功。

尽管他的想法很丰满，但是，要想贯彻这一思路，还需要调动各个方面的资源，以建立一个足够强大的支撑体系。要知道，长期以来，福特内部只有他一个管理人员，同时，围绕T型车模式所自然形成的种种惯性和限制，导致它难以产生新的突破。

后来，当市场发生变化，T型车不能继续满足市场需求的时候，福特汽车就陷入了困境，并不断地被通用和克莱斯勒超越，最终只能屈居美国汽车行业的第三把交椅。

基于此，在德鲁克的书中，亨利·福特是被当作缺乏管理素养的企业家的典型代表出现的。但事实上，福特的问题在很多企业都存在。所以，一百多年以来，一代又一代的企业家们始终在重复他的故事，也在重蹈他的覆辙……

尤其在中国，更不缺乏相似的案例。观察我们身边的企业，很多都有过早期的辉煌。辉煌唤起了企业家的控制欲，他开始说一不二、一手遮天。如此一来，对企业的控制力的确变强了，但同时，企业家们开始疲于奔命，最终走向了力不从心。人们常说，地球离了你好像不转了。试想一下，如果这个企业离开了企业家就不能正常运转的话，该是多么辛苦的一件事。

事实上，在我的咨询生涯中发现，很多企业家都陷入了类似的困境，就是从疲于奔命到力不从心，最后，就是走下坡路的开始，企业陷入了无限的自我消耗当中。

我们说，每个企业创业的成功都是一个极具企业家精神的过程，都是企业家遇到机会、发现资源以后，将它们整合到一起，从而创造了成功。但是，也有很多企业过不去带团队、建组织、引入管理的“坎儿”，使得在环境发生变化的时候，仅凭企业家的个人之力难以完成转型。所以，就算是有些企业底子很好，也会在遇到产业的新机会时，因为企业家封顶等原因，白白错失机遇。

而企业家封顶的现象，从本质上来讲，就是个人英雄主义的陷阱。为什么他在企业发展之初还算得心应手，但是随着企业规模的扩大，竟然感到无能为力了呢？为什么瓶颈总是出现在成功以后呢？这也是企业家需要反复拷问的问题。

当然，可以认为，在企业的发展初期，企业家精力旺盛，机会又相对单一。但是，随着企业的机会扩张，随着企业规模的增大，以及企业战略自由度的增加，它的机会就会变多，业务也开始复杂起来。在业务单一的时候，企业更适合集权式的管理，即企业家可以依靠强势的、独裁的力量来推动企业发展。但业务一旦复杂，就应当采用授权式的管理模式。此时，不但没有人能把多种业务都思考清楚，并且一竿子捅到底，而且，企业家精神也处于衰退之中。

最近，管理学界在反复讨论企业家精神，认为它是社会财富创造的主要动力。这不免使很多的企业家相信，他所拥有的精神是可以持续的。但事实上，企业家精神既不是人人均等的，每一位老板都拥有一样多的企业家精神，也不会是内部均衡的，即在20岁时和50岁时不可能拥有同样高度的企业家精神。所以，在同一位企业家身上，他的企业家精神也会有波峰，有浪谷。可以想见，当达到一定程度，企业家精神也会持续衰退，直至消亡。按照德鲁克的说法，那些丧失了企业家精神的企业家，就不再是企业家了，他就变成了一个地地道道的“老板”。

所以，在很多情况下，企业家封顶来自两个方面的原因，一个是企业本身业务的多元化，另一个是企业家精神的衰退。不论哪一种原因，都是企业家和企业要直面的问题。就像人的生理周期不可抗拒一样，建组织也必须破解这些难题。否则，企业就不可能超越个人的成长，因此，发展也就不可持续。

为了让企业持续发展壮大，面对企业家封顶的情况，就一定要组建高管团队。

二、企业为什么需要高管团队？

不论从哪个视角出发，企业都需要高管团队。但是，组建高管团队是需要成本的。尤其是在公司内部，这些人因为拥有权力，也可能会产生腐败，因此，既要激励他们，也要约束他们。而这个过程，企业需要付出很大的成本。成本这么高，企业为什么还要组建高管团队？

通过对高管工作的复杂性和团队性的梳理和总结，你会发现，高管所从事的所有工作都是需要统揽全局的。并且，他还要有足够的权威，否则将难以作出决定。

因为高层工作需要总揽全局，所以，首先就要为企业界定业务边界，给员工界定行为边界。比如说，哪些业务能做，哪些业务不能做？我们在很多企业讨论过，一家原来做2B业务的公司，因为发现政策的干预是一种不可抗力，因此，急于打通政商关系。这个时候，企业要用多大的力？怎样做才能防止越陷越深，从而不被一些局部的坍塌拖下水，并且还得是行之有效的？

类似的问题即企业业务的边界和行为边界，你怎样作决定？如何控制风险，等等，都是需要高层去定义的。如果你不能对此作出清晰的定义，有可能基层的工作也会把企业拖入风险当中。

随处可见的案例告诉我们，很多企业表面风平浪静，但是突然被各种暗礁潜流拖住，从此陷入狼狈不堪之境。一位统领十几万人的CEO曾经说过，他最头疼的是，晚上睡觉的时候，公司里还有几万人在工作。这些人有哪一个稍稍越界，都可能形成巨大的隐患，给企业带来风险。

企业业务的边界，需要高层去清晰定义。而定义它们需要有系统的思考，包括机会的性质是什么？它会带来的风险有哪些？企业需要怎样控制边界？其支点在哪里？杠杆是什么？边界如何定义，等等，都需要高管作出决定。

第二，高管需要去建组织，需要保证组织结构、管理体系、业务流程的有效性。在建组织的过程中，业务流程体系、管理体系怎么构建？它来自整体的效率。

第三，参加一些重要的礼仪性的活动。企业必须要开的会，要参加的饭局，因为达到了一定的规格，还必须要有高管参加，否则显得不够重视。

第四，树立企业道德榜样，传递精神力量。高层要给员工传递价值观的力量，要定义榜样，要让员工在公司产生归属感和精神上的动力。

第五，重要关系的维系，战略性任务和经营。以手机企业为例，重大的供应商，比如OEM供应商、芯片供应商，达到了几十亿、上百亿元规模的经销商等，他们都是企业重要的外部关系，都是需要维护的高层次的关系。这些关系维护好了，能够帮助企业创造更多的价值，这时，企业的战略就有了张力。反之，不但可能引起冲突，更加容易造成损失。

2015年左右，小米在手机业务领域就遇到了挫折，究其原因，就是没有处理好与上游企业的关系。后来，还是雷军亲自出马，才把一些伙伴关系重新确立和牢固起来。

第六，处理一些战略性任务和重大危机。这是一些低层次、普通的管理者很难胜任的工作，因为它事关全局，需要高管挺身而出，调动各方面的资源来处理。

企业要有高管盯住每一类不同的任务。因为这些任务需要不同的人来完成，但是又没有人是全能的，能把全部的事务都处理好，因此，高管就要形成团队。并且，这个团队还要形成啮合，既要各守一方，又要互相配合。这样，当特殊的任务来临时，或者有特殊的情况发生，比如有一些任务的重要性突然上升，包括公共关系出现问题，企业需要危机公关等等。这样的情况一旦发生，就有可能成为决定公司生死存亡的重大事件，因此，需要高管人员调动全部的资源来应对。

而在这种时刻，当某一个任务的重要性急剧上升的时候，可能要以一位高管为主，其他高管则要配合他来摆平这件大事，所以，高管的团队性就会变得特别突出。

能力、性格迥异的高管形成团队需要解决三个方面问题：第一，组建高管团队的时候要有互补的技能。第二，要有行之有效的治理机制，即怎样通过规则的运行使之相互配合。第三，形成一种打胜仗的文化，就是指一个团队要能打胜仗，除了运行机制的保障以外，还需要有文化或者说人心上的统一。下面我们分别展开讲一讲。

三、高管团队怎么形成——技能互补

要想成为一个团队，就要有不同特质的人。如果特质相同，肯定形成不了团队。

我们不妨观察一下，与自己日常交往的朋友，那些保持了长久友谊的人，是不是都是自己喜欢和接纳的人？我们“上铺的兄弟”“同桌的你”，因为有共同的爱好和相似的经历而结成了牢固的友谊。但是在现实生活中，那些与我们形成合作的伙伴，却往往是一些与你不同的人。于是乎，企业里经常发生矛盾冲突，观念的冲突、业务的冲突，等等，常常使人不胜烦恼，但是却又互相难舍难离。为什么呢？恰恰是因为，这些彼此之间并不一样的人在一起，才能互相帮助，做出更大的事业。

所以，互补是一个条件。

同时，我们也看很多公司存在同质化的现象。如果是管理干部有同质化的倾向，要想形成一个团队就非常之难。比如说，有这样三个人，一个擅长研发，一个擅长生产，还有一个擅长做营销，他们在一起形成一个团队的可能性，要远远高于两个拥有同一种专长的人。

如果我离开你也能活得很好，为什么要和你形成团队呢？对于高管团队来说，恰恰是要找到那些长板不同的人，这是一个基础。失去这个基础，就很难形成团队。

（一）团队存续的两个条件

埃德加·沙因先生于2023年1月26日去世，他曾经提出过一个著名的理论，即团队存续的条件主要取决于两个因素：一是外部的适应性。也就是说，团队的功能必须满足外部的要求，适应外部的变化，否则就无法存活。因为外部的环境不断在变化，高管团队也要随着外部环境的变化而变化。二是内部的结合性。它意味着，企业内部的连接要充分，内部的各种人和资源要能够充分整合起来。沙因教授认为，能够做到这两点，团队就能存续。否则就存续不了。

（二）组建高管团队的三个原则

基于团队存续的相应条件，高管团队应该怎么组建？我们要组建一个什么样的高管团队？组建的条件是什么？这里面存在三个原则：

原则1：决定战略成败的各业务一号位，是企业高管团队的天然成员。在一个公司，那些决定战略成败的一号位都应该是高管人员。如果他的工作做砸了，就会让公司伤筋动骨。所以，常常有学员过来问我，到底怎么确立高管的边界？这样一个标准是明确的：如果这个人主管着公司的一个领域或区域，而这个领域的成败能够影响到公司的成败，那么这个人就应当是一位高管。或者说，他的变化足以引起公司的震动，是企业无论如何都输不起的变化，这就是高管。

原则2：不同时期高管的构成是不同的。随着企业的发展和企业规模的变化，一些早期不那么重要的事情可能会上升到战略的高度。

比如说，企业在规模尚小的时候，建构生态可能并不太重要，最主要的是把产品做好，能够有生存之地。待到企业规模变大，你和一些供应商的关系就会上升到战略层级。当然，企业也可能会增加一些基于公共关系的职能。比如有一家医疗企业，早期这家企业的市场体量很小，并未受到外部的关注，即便出一些问题，在行业内也引不起波澜。在这种情况下，企业即使是犯了一些错误，也不易被外部察觉。但是这两年来，随着监管越来越严格，遇到问题就很容易发酵。发酵了怎么办？一些处罚对企业来说，可能属于灭顶之灾。

这个时候对企业来讲，处理公共关系就是一个高层次的事务。如果你的高层管理者在各个方面的沟通不畅，一些很小的事故就可能会造成难以挽回的损失。这时，公司讨论相关职能的时候，可能就需要把它往上提，把它变成高管的职能。

所以，在企业中，随着战略和竞争环境的变化，随着不同时期战略要素的调整，其高管的构成也是不同的。

原则3：一般性（通用职能）与特殊性（业务构成）。企业的高管应该存在一些一般性的通用职能，比如说财务、人力资源、运营，比如那个能够把整个团队凝聚起来的CEO等等。但是，也有一些领域与企业自身的业务性质、业务构成有关，我们说这是特殊性。在具有特殊性质的领域，企业就要依据自己的战略成败来决定高管的边界。

比如，一些企业的某些业务很畸形，尤其是在它体量很小的时候，有可能一位客户带来的销售收入就占到了总销售收入的30%。这时，主管客户的客户经理是不是高管？他的任务的成败直接决定了公司的成败。从这个特征来看，高管确确实实是一个公司的异质资源，是能够决定公司成败的关键因素。

（三）高管团队至少需要四类人

因为高管的管理有其特殊性，因此，这一角色也存在难以管理的特点。因此，德鲁克认为，高管团队至少需要四类人：

第一类是思考型的人，这类人是深沉厚重型的。

我们发现，很多企业家并不喜欢社交。即便是广为人知的任正非也是如此。在华为的2C业务推出之前，他很少面对公众。这类企业家都是思考型的人，他愿意沉静下来思考企业的边界问题，或者承担一些思考性的任务。比如我们说，一个新业务边界在哪里？怎样调度人事，调度资源？ 如何建立一些复杂的关系，怎样厘清一些复杂的事项？个中的逻辑是怎样的？企业要先做什么，后做什么，等等，都是需要深度思考的。而企业也恰恰需要这类思考型的人。

第二类是代表型的人，这类人具有象征意义。

比如英国女王和日本的天皇，他们基本上没有实权，但他们是一个国家的象征。于一个国家来说是这样，对企业来说呢？这类人在组织里面有没有用？答案也是肯定的。我们知道，当组织达到一定规模，其正常秩序就很有可能被打乱。一旦秩序变差，高层在发号施令的时候，其效力就会大打折扣。这就意味着，高层的领导力受到了影响。而所谓的领导力就在于，你的指令是有效的，它有赖于员工的意愿，即他有积极的意愿来配合你的指令，愿意跟着你指引的方向走。但是，当你的同一个命令得出了五花八门的理解时，我们认为，这是领导力匮乏的表现。

因此，无论是对国家而言，还是在企业内部，常见的现象是，在遇到危机的时候，比如某总裁辞职，或者某高管出了问题，企业就会变得不太稳定。在这种情况下，代表型的人，完全可以用精神的力量来促进组织实现平衡。所以，他所起到的是组织的稳定器的作用。

第三类是行动型的人。他和所谓的代表型人物正好相反，前者通常不干实事，因此更加不容易犯错误。而行动型的人因为承担具体的任务，所以经常会犯错。其中有一些错误，可能是不能原谅的。

所以，在企业内部，代表型人和行动型人是虚实互补的。在组织当中，既有虚的工作，也有实的工作。比如说，对于高管来说，既需要有人去思考虚的文化，也需要人来思考实的经营。尤其是一些企业家，他往往会逐步从实的领域退向虚的领域。越虚，就越要求领导力。比如管战略、管策略、管协调，都是组织当中相对较虚的工作。

而实的经营是很容易犯错误的。比如，在经营领域，在面对一些问题时，高管必须迅速作出决策。但谁也无法保证，所有的决策都很理想。当决策不理想时，组织可能会给出非理性的反馈，从而造成进一步的失误。因此，组织恰恰非常强调虚实结合。这里所谓的虚，即我们所说的代表型人。

比如，当丰田企业遇到危机的时候，就会调度一个丰田家族的人出任高管，此举为员工带来的是企业精神回归的感觉。

与之相对应的，是行动型的人。他们没有过于复杂的想法，在遇到问题时能够攻坚克难，想办法解决，在打硬仗攻山头儿的时候能够挺身而出。他们遇到公共危机事件时，能够掌握主动，摆平舆论；遇到突发性的机会，能够迅速组织资源，在短时间内抓住商机……这是行动型人。他不一定非得高屋建瓴，但一定能够搞定具体的任务。因此，高层管理者中必然不能缺乏行动型人。

第四类是善于处理各种关系的人。这类人擅长与人相处，面对企业这个复杂的生态系统，能够保持与股东、与投资人的良好沟通，令投资人理解公司意图，从而维持企业的估价。他能够维持与经销商的关系，能够把握产业里有影响力的高端资源或者媒体品牌……凡此种种，莫不需要与人相处、与人沟通。而擅长处理各种关系的人，具有某种天赋，因此，在与人相处的时候，随时能够把关系激活。

这就是德鲁克提出的，高管团队中至少要有的四种人。这四种人看起来彼此难以兼容，但是从其工作性质来看，他们的工作，显然也无法由一个人来完成。

关于人际技能，还有很多学说，比如团队角色理论，基于人际关系的高管团队构成等，我们今天不作展开。

需要注意的是，很多HR在做高管测评的时候，喜欢把人的特质分类为“老虎型”“孔雀型”等各种类型，并且常常为团队拥有多种性格的成员而感到兴奋，认为这就是团队异质性的体现。但事实上，这种对人的性格的分析并不能帮助我们判断团队是否健康。因为角色定位理论在定义好人的类型以后，不能形成自我循环，团队的角色和个性必须实现业务框架下的匹配。

上述类型要与个人的工作性质有关。比如，负责处理对外关系、媒体关系的高管，就应当是善于与人打交道的人；负责公司战略，就一定要有善于思考的特质；而审计监管部门的高管，就要成为一个鞭策者，要有边界、有底线。

所以，组建团队的依据不是特质差异，而是根据你有多少个工作任务，每一种任务需要什么特质的人，然后才来组建团队。因此，在这个团队当中，除了人的角色上的互补之外，人与工作性质本身也要形成互补。

所以，离开高管团队的工作性质去讨论他们的不同性格，就相当于失去了标准。比如，我们不能单纯地讨论老虎和鸡在一起到底合不合适，关键在于，我们要的业务是什么？如果你的业务里既需要老虎，也需要鸡，那么把它们放在一起就是合适的。问题是，要建立起什么样的规则，让老虎和鸡能够融合在同一个团队里。所以，角色一定要跟业务相结合。

另外，我们还要知道，根据角色的划分匹配相应的特质，也不能排除那些既能思考，又会处理关系的人的存在。单一类型人才当然有存在必要，但是多元型人才会更加如虎添翼。多元型人才对应分工不足够标准的组织，比如，通常情况下，每个公司都会有董事长、总裁、副总裁和CEO。但是，他们的分工并不尽相同，而是因司而异的。一般来说，每个人都会有一个主要角色，之后，会根据个人的某些特质，和团队成员进行搭配。通过这一点，高管团队组建的困难程度可见一斑。但它同时也证明了，人之所以是复杂的，正是因为他的类型并不能够标准化。所以，要形成团队，除了与任务相匹配之外，还需要这些人的特质能够彼此适配。同样，工作划分也存在这样的问题。

所以我们说，组建高管团队的时候，合适比厉害重要。这时，在团队组建之初，首先是要把几个重要岗位确定下来，把这个角色确定下来，然后才是引进其他高管。在这一环节，要特别注意他们具有哪些特质，彼此之间能否搭配。这是一个原则。如果他们的特质彼此不搭，团队的组建将面临很大的困难。

另一个原则是，在企业成长的过程中，高管团队成员之间也可以互相调整。所以，这种适配并不应该僵化。有些人认为，互补的将永远互补，但事实并不是这样，因为人的知识和技能可以通过学习的方式不断获得。在一些团队很强的组织里面，一些高管会有意识地避免形成自己独特的特质和优势，就是因为组织有动态管理的需求。

所以，建组织的第一个基础就是要求高管团队能形成能力、素质等要素的互补。如果没有要素的基础，高管团队是很难建起来的。

四、高管团队怎么形成——有效的治理机制

所谓的治理机制是指团队内部怎么运行？那些特定的角色建立什么样的合作机制，才能够保证团队形成？

（一）要有一个“中心人物”

高管团队的治理机制，最核心的是要有一个Leader，这个Leader一定是称职的。

那么，Leader要承担哪些责任呢？我把它总结为三点：

（1）领导团队。我们说，Leader是一个领导职能。那么，什么是领导？领导是为团队确定方向的人，他要确定，或者是撑开团队的发展空间。假如一名高管带领着企业走向了悬崖，没有前路可以走，团队只能倒退，那么，不论这个领导如何热血，如何狼性，他肯定是有问题的。

领导者在团队中的作用就是，确定整个团队向哪个方向发展。团队要如何行动，其价值空间才能更大，一定是由领导者来定义的。

领导者有责任使团队成为一个整体。并且，这是他的第一责任。当然，类似于维护信任的氛围等也是领导者的责任，但这些能力属于领导的职能。

（2）管理团队。管理团队是很好理解的，即他要行使管理的职能，包括为团队制定目标，澄清每个成员的角色，帮助每个成员清晰定位，帮助他们了解自己的贡献点，然后进行绩效评估。当发生偏差时，能够组织团队复盘、纠偏。事实上，管理比领导要更加硬性和明确。如果团队里的每个角色都不清楚自己要做什么，或者人被用错了，那肯定属于一号位的问题。

（3）发展团队。领导者要不断拓宽团队的能力边界，要能够发现、发展团队成员的专长。通常情况下，团队成员都会有一些潜能。如果领导者擅长发现下属的潜能，就有可能更好地用人。

还有一种可能，即成员的素质不够，也存在很多短板。但如果领导者能够确认他的特长，并且这一特长是团队特别需要的，这个时候，领导者还要充当帮他弥补短板的角色。

除此之外，围绕着外部环境的变化，领导者还负有激励团队成员、推动他们继续学习以及率领团队持续发展的重任。所以有的时候，称职的领导者也应当成为首席学习

官。在治理层面，领导者是不是称职，是这个团队能不能成为一个整体的核心要素。

（二）老板不能“一手遮天”

领导显然不同于老板，但这并不意味着老板不能成为领导者。我们所强调的是，一旦老板成为事实上的领导者，他就应当放弃老板的角色。

为什么我们一再地强调团队的一号位是领导者而不是老板呢？这也是大多数企业里容易出现的问题，即老板一手遮天、独断专行。而领导者什么被称为领导者？

（1）有必要的权威。一号位没有权威必然是不行的，没有权威，他也成不了一号位。

我曾经在一些企业看到，老板提出退出高管团队，并指定了一个总裁。这时你会发现，开会的时候，老板一到，整个会场鸦雀无声，大家能够迅速进入主题。但是如果老板不在，只有总裁出场时，整个会场嗡嗡一片。大家继续交头接耳，需要会议主持人一再提醒才能停止。这样的开局，想要在会议中聚焦于核心问题，显然会非常困难。这就意味着，总裁的权威不够。

所以，领导者在承担起他的责任的同时，还必须树立必要的权威。

（2）不能一手遮天。现在我们都知道了，高管团队的任务复杂又艰巨，每一类任务都需要分兵把守。如果老板一手遮天，就意味着，你关心的事就是重要的事，你不关心的事就不能提到议事日程上来，这就会使那个项目或任务难以推行。所以，当一号位一手遮天的时候，这个团队的力量就上不来。

（3）权威的合法性不是来自权力，而是来自追随者内心的正义。领导力是以能否被追随来确认的。作为一个领导，如果没有人追随你，只能说明你没有领导力。所以，领导力不是权力。当然，权力也能造成一呼百应的局面，但是有时候人们是因为恐惧惩罚才那么做的。而追随是发自内心的，如果对方认为你确认的方向是对的，你的行事方式也合乎他的内心，他自然就愿意追随。

在很多企业里，无法形成团队，就是因为核心人物没有权威。他有权力，可以拍桌子瞪眼睛，但是下面的人也有办法，他消极不抵抗，非暴力不合作，暗地里不配合。所以，唯有积极响应才能证明你的领导力。而在一个团队当中，下属是发自内心地响应你的号召，为成就一件事而共同努力，还是消极地理解信息，被动地等待指挥，其结果必然大相径庭。

所以，什么是权威？权威一定是你做的事情令大家信服，令人愿意追随。有威权的人，才是真正的领导者。

（4）领导者并不总是一号位，有很多时候，他也会是二号位、三号位。刚才讲到了一号位的责任，包括领导团队、发展团队、管理团队等，这其实都不算什么具体任务。当然，一号位也可以担当具体任务，比如他可以管研发，也可以管营销，或者管理某个大的模块，这都是有可能的。但是，在他不主管的领域，他就可能会变成二号位、三号位，这才是高管团队的特征。所以，领导者并不一定总是在一号位上。在有些任务领域，他也可能是二号位，三号位，甚至只能充当一名吹鼓手。

（三）多元治理模式

还有一个现实是绕不过去的——很多企业采用了多元治理模式。在这种模式当中，领导者怎么产生？因为多元治理通常是在历史上形成的，而企业又绕不过自身的发展历史。比如说，采用二元治理结构的企业，通常是夫妻、兄弟或者两个合伙人共同创业形成的，他们分别出任董事长和总经理，协调互补，共同把企业做了起来。这个时候，谁也没有绝对的权威，而团队却需要一个领导者，这个时候怎么办呢？

相对来说，还有三元治理模式，哥仨一起创业。比如，他们三人分别擅长营销、研发和协调，三人一同创业，早期很和谐，现在已经上市了，虽然股权有差别，但也并不明显。在这种治理结构下，权威怎么形成？

这些现象都比较普遍，对组织来讲，不论是一元治理，还是二元、三元的治理，都是各有优劣。比如，在一元治理的情况下，不用担心无法形成权威，但是要避免因领导者一手遮天导致的组织内部调节机制的丧失，防止大家无法与他讨论问题。而在二元治理或者多元治理的情况下，可能内耗比较大，权威难以形成。同时，在二元、三元或者多元治理的情况下，一旦权威形成，组织就拥有了契约精神，从而会进入更加健康、良性的运转。

但是，对于多元治理的企业，其难题就是当权威尚未形成的时候，高管团队如何形成的问题。对此，我们也是提出了几条原则：

原则1：要有一个名义的核心。名义的核心必须要建立起来。在组织当中，当战略发布，往往会有一个名义上的核心。通常，公司上市的时候，这个问题就能得到解决，因为证监会会要求大家签署“一致行动人协议”。也许这个一致行动人和大家的股权并无区别，但他要从名义上略高一筹，从而成为一种名义上的核心。如果没有名义上的核心，很多事务就无法协调。

原则2：建立共识机制。在名义上的核心产生之后，就要求在几位领导者之间形成共识机制。

领导者之间的共识机制怎么建立？就是要在高管团队之外形成一个核心的机制，避免大的冲突在高管团队内部产生。

我曾经在一个企业遇到了复杂的问题。开会的时候，几位合伙人永远意见有分歧，而且互不相让。这时候，下面的高管都非常无奈，他们永远无所适从。这个时候怎么办？必须要把这些分歧拎出来，大的分歧优先解决，小的分歧，谁主管谁决策，别人不要参与，从而减少直接的冲突。

原则3：核心利益一致。随着企业的变化，高管的核心利益也要一致。核心利益也可以称为基本利益。比如，你要做的是以亿为单位的大事，就不要在一些几十万上百万的量级上去争个你死我活，这就是在核心利益上保持一致。当然，说起来简单，事实上也很复杂，因为大家都难以免除名利心。所以，有关核心利益的一致性，也需要有一些共同的约定。

原则4：责权利平衡。在创业早期，我们对平衡存在一种假设，并据此设计了股权的结构。但是随着公司的发展，一些工作的重要性就凸显出来，而另外一些工作的权重可能会有所下降。这个时候，在基本面不动的情况下，公开的责权利要有变化。否则，高管团队内部就会矛盾重重，互相造成障碍。

原则5：发挥长处。这是一个基本原则，也就是说，高管团队的基本正义是承认他人的长处，要知人善任，把最合适的人匹配到相应的岗位上去。

原则6：妥协精神。妥协是一个组织的基本原则，它具有进步意义。妥协，即任正非所提倡的灰度，也是我们传统哲学精神中的中庸。不论是灰度还是中庸，其本质都是妥协，是在复杂当中寻求妥协。

其实，在二元或者多元治理的情况下，有影响力的人需要打开他们的境界和格局。如果领导者没有胸怀和格局，不能妥协，不讲灰度，那么高管团队是很难形成的。

（四）建立调节机制

接下来，我们讨论高管团队要不要分层的问题，这也是现实的高管团队管理当中的一个大问题。

首先把问题打开。我们知道，在企业发展当中，在与环境适配的过程中，最重要的机制就是调节机制。调节机制发挥作用的机理是：上级作出一个决策，下级在执行过程中，可能会发现这个决策和现实有差距，然后把这种差距反馈给上级，上级根据下级的反馈优化决策，如此往复，企业不断和环境适配。

组织还有个基本特征，就是有等级。组织的复杂性和规模性决定了，上下需要协调，组织要有等级。所以，组织越大，上面的人就会越来越高高在上，离基层就会越来越远。但是，这个等级一旦形成，就会造成权力和势能的差异，导致高层与基层的脱钩，即双方不再具备对话的条件了，组织的调节机制就会弱化或丧失，彼此形成了“白天不懂夜的黑”的状态。这样的组织，基本上就是行将就木，因此，当然是组织里面很难解决的一个问题。

那么，怎样维持组织的调节机制？

现在的组织开始强调它的团队性。什么是团队性？比如说，企业能不能在全公司范围内消除等级，建设扁平化的组织？不可能。因为如果所有人都没有等级感，当权威受到挑战的时候，就没有办法集中资源。所以，很多老板绞尽脑汁要维持自己高高在上的局面，导致了调节机制的慢慢丧失。

切实可行的做法是，老板不轻易改变他苦心经营的形象，而是在一定范围内适当地“走下神坛”。维护核心团队内的调节机制，在每个要员与老板之间形成反馈与调整。

之后，是每个要员与其属下的团队形成调节，以此类推，每一个层级就都能实现局部的调节。所以，组织的调节机制是由团队完成的。

大家可以观察互联网企业，那些在新形势下发展的企业。所谓的组织团队化，就是有组织结构，有正式的规则，但是其内部强调人和人之间形成团队——这是一个趋势。

在这个趋势下，高管团队要不要分层？分层是不是有利于高管团队内部调节机制的形成？我认为，有必要分层。

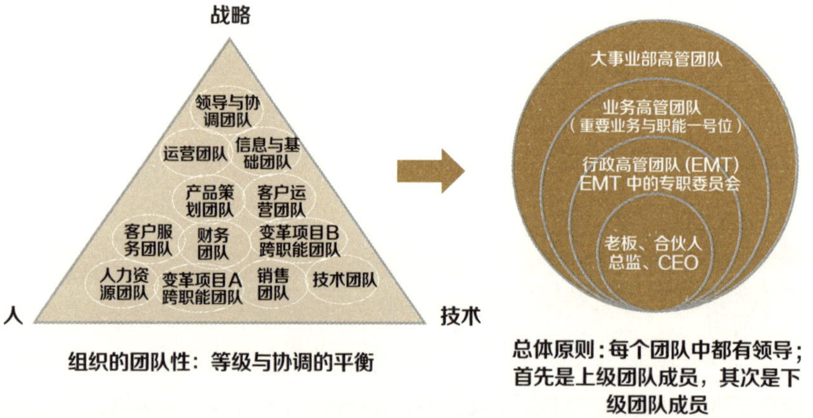

图8-1 高管团队的分层

第一，最核心的团队是老板跟他的合伙人，包括总裁、CEO等。那么，这四五个人，能不能形成一个核心层？四五个人不也是一个团队吗？老板也不能在任何场合都一言九鼎，你可能只是负责政府关系以及投资等核心任务，还可以负责把握战略方向，确立公司的思想。而CEO可以面向现实，负责经营等。所以，核心层也需要分兵把守，彼此之间依然需要协调和平衡。

比如，三四个人的决策层也是一个团队。在一些公司，老板始终要事无巨细地控制起来，而且说一不二，所有人必须遵从。但不论你的出发点是主观还是客观，很多时候，所有人服从命令并不利于执行，这里面必须有一个调节的过程。而团队要保证的，就是这个过程。

有些人老板当习惯了，不愿意听取不同的声音，就会导致调节机制的丧失。这时候我们建议，如果你没有办法在更多的人面前放下架子，至少要保证在仅有三四个人的核心团队里放下“武装”，平等相处，鼓励团队成员的反馈，促进调节机制的迅速形成。

第二，当核心团队形成，再向外围扩展，就是行政管理团队，我们把它称为EMT。这样的团队可能有五到七人的规模。保持在这个规模才会有效率，否则，团队太大，就会形成官僚主义，导致沟通效率过低。

比如，我们讨论预算，或者讨论人事，但是我们有20个人，有20条意见，彼此又不能统一，那么讨论就会无效。这时，团队显然就无法形成了。怎么办呢？老板可以退出，并委托CEO去做EMT的行政团队。所以，行政团队一定要有规模的限制。

当然，行政团队里面可能还会有专门的团队，比如有人专门负责薪酬，有专门负责技术等等。这些专门的团队，我们称之为小行政管理。

第三层是业务管理团队。什么是业务管理团队？就是主管重要业务的一号位。因为行政管理也很难覆盖这么大的范围，所以，战略的决策或者策略都要由业务团队负责。

试想一下，如果是一家有几十亿元体量的公司，其业务的复杂度越高，利润就越高。所以，除了业务团队的一号位，一些重要职能的一号位也要被纳入这一范围内。也就是说，只要是影响公司成败的团队，都应该列入高管团队的范畴。

第四层是包含事业部高管在内的广义高管团队。一个公司一般会有多个事业部，每个事业部都有一定百分比的业绩贡献，所以，在这些事业部当中，不仅仅是一号位，二号位、三号位都很关键。从这个意义上讲，他们也是广义上的高管团队成员。

所以我们认为，高管团队也要分层。如果不分层，运行机制就有问题，或者会影响效率，或者无法达成共识。所以，一定的角色必须放在一定的位置上，要把团队分层，才能够激发他的奋斗。

很多人说，这是治理。认为这是从老板的角度出发，把总裁以下的经营团队变成执行层的传统治理模式。事实并不是这样。因为我们一直在强调调节机制。如果没有调节机制，企业就会形成官僚主义。没有人能够保证自己永远正确，因此，每个人在团队当中都需要一个leader。在最核心层级，老板是当仁不让的leader，他要对为数不多的核心团队承担责任。但到了EMT这个层级，可能CEO就是一个leader。在业务管理团队，包括行政团队在内，CEO可能仍然起到Leader的作用，但是永远要有一个范围。

不论怎样，高管团队的总体治理原则是：每个团队当中都要有一个领导，承担起领导职能。

此外，在日常的管理中，你会发现，每个人都会身处于若干个团队当中。CEO既在老板带领的核心团队里，也属于EMT和整个大的业务团队里。一个普通的高管，他既在自己主管的板块当中，也有可能是高管团队的成员。面对这种跨团队的关系，我们要怎样处理?

大多数高管都容易进入一个误区，就是把自己做一号位的团队当成主要团队，把所参与的团队放在次要位置。其实这是本末倒置了。比如，我是一个副总裁，我参加高管EMT会议的时候，我的角色是配合。而我所主管的营销板块才是我所归属的，那里才是我的天下。所以，在EMT，我只取我所需，其他人也一样——如果每个板块的人都来予取予求，组织就很危险，它就离散了。

因此，高管理团队的优先原则是，你首先是你上一层团队的成员，其次才是下一层团队的成员。虽然各层级都有自己的调节机制，但是你的角色定位要准确，这时的调节机制才会有效。

还有一些治理原则是：

（1）谁在某一领域中承担主要责任， 就应该拥有实际最终决定权。也就是说，假如某人在某一领域承担主要责任，那他在高管团队里就应该拥有最终的决定权。

（2）任何成员都不应该对不是由自己主要负责的事务作出决策。这时大家应当非常明确了，刚才我们为什么说，高管团队的一号位并不总是一号位？分管领域的高管应当成为该领域的决策者，因此，他就是这个分管领域的一号位。在这个领域，其他任何成员都不应该越位决策。同理，当这个分管领域的高管进入其他领域时，他也不能越俎代庖。

（3）高层管理团队成员不一定要互相喜欢，也不一定要互相尊重， 但不应该互相干扰。

（4）高层管理团队不是一个委员会，而是一个团队。虽然在自己负责的领域，每个成员要自己作决定，但还有某些决策应当由“团队”作出，否则，团队就不是一个整体。此外，成员间要保持系统而密切的沟通。

我们知道，在营销领域，营销战略、政策的制定是一个总体事项，它不能由一号位独断专行，而是要放到整体范围内来议定。同理，研发、人力资源等可能都存在这些问题。所以，要把一些公共事项放到具体的情境之下，形成它的整体性，这才是团队。

（5）在自己负责的领域，每个成员都应自己作出决定，但某些决策应该保留给团队作出。

（6）成员之间要进行系统而密切的沟通。

以上六条最终要回到原点，即形成高管团队的基本治理原则应当是闭环运行的。

（五）综合而非分割

高管团队的运行方式还有一个特殊性，就是它与中基层是不同的。

中基层基本上是按照专业化分工的职能部门模式来管理的，即“各人自扫门前雪”，营销的老大管营销，研发的老大管研发……结果，很多企业的高层管理也沿用了这个模式，最多是一个高管管理两个部门而已，大家同样是基于专业化分工的管理。

这样划分高管的职责，会带来哪些问题？这样的划分，使高管变成了职能部门逻辑的延长线，因此，管理就是无效的。

为什么无效？比如说，公司有一个战略任务，要从原来的国内市场转向国际市场。于是，派出了一名高管，承担起开拓美国市场的任务。但是，一位高管单枪匹马，只带着足够的钱就可以拿下美国市场吗？他还需要研发的资源、营销的资源，也需要供应链资源、人力资源、法务资源，等等。因为高层的工作性质决定了，他背负的是一个相当综合和复杂的任务。

如果高层管理者不承担这样的任务，你会发现，最后也得是所有的总经理默默承担了所有——总要有人把所有的资源都组合起来。

按照职能部门的管理逻辑处理整体性的工作，就会陷入“铁路警察，各管一段”的困境。因此，高管的性质一定是综合的。还是以承担开拓美国市场的战略任务为例，他必须有能力把所有的资源带过去。否则，其结果显而易见。

这样，高层的工作，其实质就是以战略任务为中心，这与原来职能条线的划分完全不同。但很多公司都不能理解这个逻辑，以至于基层在原本就分割的基础上，又加诸了高层的分而治之，这样的治理基本上无效，因为它应对综合性的任务时，通常束手无策。

所以，高管必须能够应对这种复杂性。如果我们不了解这样的高管的运行方式，不了解团队的交叉属性、多头管理属性，高管层就建立不起来。

（六）建立决策机制

在高管的治理机制当中，还有最重要的一点：高管团队的共识与决策机制。

高管这么复杂的团队，怎样才能达成共识？我认为有一个“四步法”。我们说过，在高管团队当中，能否建立起有效的公示机制很重要。如果没有相应的程序，高管就很难参与其中，这样一来，他也会认为该程序不合法。既然程序都不合法，何谈团队精神呢？

所以，在高管团队中，任何决策都可以分为四个阶段：

（1）意图形成阶段。不论是老板还是某个高管，要想启动一个综合性很强的项目，都要首先推动团队产生意图。意图，即想要解决相关问题的主观欲念。

比如，作为一名营销高管，我希望推广一个新产品，或者推动某个流程变革。这个时候，首先是把我的个人意图转化为整个高管团队的意图。如何形成整个团队的意图？针对要解决的问题，大家要充分酝酿，充分讨论，充分沟通，还有要有充分的“松土”和动员，最终才能形成深度共识。

如果略过意图的形成，在团队未能达成共识的时候就确定了方案，当大家甚至无法确定这个方案的合理性时，当然会拒绝参与。那么，这件事还能不能推动？显然不能。

所以，意图的形成是很重要的。在华为、阿里巴巴等企业，经常会组织召开务虚会，从根本上讲，其实就是在发动大家形成统一的意图。比如，老板越过意图确定阶段，直接拍板聘请了一位业内大咖，这个时候，下属不便反对，但他不能理解你的意图，就只能成为一名表决机器。

（2）专业提案阶段。围绕着达成的意图，先找一个专业的职能部门，或者是由一位高管负责把方案制订出来，形成具有专业性的提案。之所以强调它的专业性，因为专业性就意味着信息完整、逻辑成立，并且经得起反复论证。没有这样专业的过程，很多提案看起来光鲜靓丽，但事实上并不系统。而一件事情之所以无法成立，有的时候恰恰是因为局部要素的错误造成的。所以，一定要有专业性的提案。

（3）方案评议阶段。把我们专业性的提案放到整个高管团队当中来评议，并且要在团队外部征求意见，以便从各个角度查漏补缺，尽可能地修正它。

（4）决策阶段。这个阶段是民主之后的集中。我不认为高管团队内部一定要有民主决策或者投票表决，因为已经做了前面三个阶段的工作，到了决策阶段，完全可以由老板或者一号位拍板决定。

因为有了高管的充分参与，高管的决策机制或者共识机制也是成立的，所以，决策一般不会有问题。当前，很多公司在民主还是集中的问题上纠缠。事实上，当没有一个人能主动承担责任的时候，民主在很多情况下都显得很荒谬。因为在企业的运营过程中，更多是要求有人来承担责任。

但是，如果没有前面的三个过程，当形成谁承担责任，谁就有权决策的时候，往往会因为不够专业而形成“山大王”，形成个人主义，导致无法形成合力。

所以，上述“四步法”就是一个决策的机制，它所考虑的是充分参与，充分论证，以及高度的专业化。

我们有很多案例能够证明四步法是有效的，但由于时间关系，我们不能进一步介绍。不过，我认为其结论显而易见，即在建立高管团队的过程当中，如果应用上述“四步法”来作决策，高管对方案的重视程度普遍会变高，并且在过程中，几乎没有人会挑战权威决策。

五、高管团队怎么形成？建立打胜仗的文化

在团队当中，要建立健康的文化。所谓健康的文化，一定是指向团队成功的。如果文化不能导向成功，那么这个文化就不健康。所以，如果高管要形成团队，就一定要形成某种文化。这种文化不是主观的，而是客观的，是保证公司成功的。

这里面包含三点：

（一）高管团队的功能体特性

我们说，组织分为两类，一类是功能体组织，它因外部需要而生，所以政府、军队、企业，都具有功能体性质。高管团队也是这样，是具有功能体属性的组织，是为了满足外部要求而出现的。

因为是应外部的要求而生，功能体组织就必须把外部的要求转化为内部的原则和规则。如果内部的规则不能满足外部的要求，这个功能体就不能成立，或者说它不能存活。

另一类组织具有共同体属性，它与功能体组织正好相反，是因内部需求而生的。比如，小两口结婚以后，为了情感的需求，他们考虑生一个孩子。这个孩子完全是从内部产生的，与外部没有任何关系，因此，他具有共同体的特征。共同体的规则不必满足外部的需要，所以是建立在内部的和谐与安宁。

日本有一位政治家叫堺屋太一，他在观察了大量企业实践之后得出了结论，认为日本有很多企业衰落的原因恰恰在于他们都共同体化了。本来，企业是为了满足外部需求而存在的，但最后竟然都走上了追求内部和谐的道路。所以，在一些企业，高管团队往往到最后就发展出了一团和气，走向了不能满足外部要求那条路。

所以，真高管其实都是基于功能体的逻辑来确立原则的。基于功能体的逻辑，高管团队里会有两个最基本的原则：

（1）绩效原则。任何时候，高管团队都要保证成功。而所谓绩效的原则，就是大家共同拥有清晰的使命、愿景、战略和目标。为了实现这些目标，就必须建立一定的规则。如果高管不能做到守土一方，一切都是空谈。所以，大家一定要围绕着成功来讨论绩效，这是一个大的前提。

（2）纪律原则。所谓纪律原则，就是我们必须遵守为了满足外部要求所形成的价值观、工作程序、职业操守和一些方法，这是纪律。世界上不存在无限的自由。在一些公司，高层都有很多特权，员工需要打卡，员工行为有模板，但高层不需要。当高层没有被这些原则驯化的时候，就会变成一个散漫的群体。但是，按照道理，高层应当是对纪律有着更深入理解的人群，他们应当有更多的自律，所以才不必有明确的管理和纪律。

而在打胜仗的文化里，高管仍然要满足绩效和纪律的要求。

（二）积极的人际关系

我们说，高管团队要有积极的、良性的人际关系。什么是积极的关系？我把它定义为围绕着价值的生成。而“生成”这个词是我一直强调的，我认为它非常准确，所以我和这个词永远如“初见”。

我们在公司里做的很多事情都是生成的。比如，公司的战略是制定的吗？其实它是生成的。还有很多外部的信息每天都在发生，其中一定有一些能够帮助我们判断出外部机会。当某个人抓住了这个机会，并且基于团队共识形成了一个决策的时候，这个“形成”其实也是“生成”，它不代表我们一定要有事前的规划。

还有一些政策，比如激励政策，它是定义出来的吗？其实，很多时候，很多事物，是为满足人心的需要，满足绩效的需要，满足共同利益的需要而生成的。

生成的事物，不但具有天然的合法性，而且也会带有天然的力量。反之，完全靠自上而下强行灌输，是没有力量的。假如一个组织内部的人际关系是积极和谐的，信息也是充分对称的，那么这个组织大概率是生长出来的。所以，在高管团队当中，应当存在一种润物细无声的方式。

我把这种生成性的人际关系提炼为两点，第一是团结（信任、互相承担责任、相互成就）。所谓团结，就是要围绕着目标的实现，建立相互之间的信任。此外还要互相承担责任和相互成就。我们前面说的，当任务的权重发生变化，二号位或者三号位可以变成一号位。相对应，原来的一号位在此时就应当自动调整为二号位或者三号位——这个过程，其实就是相互成就。

第二是要有良性冲突（建设性、坦诚、斗而不破）。所谓良性冲突，就是既不能一团和气，只顾团结，又不能冲突到必置对方于死地而后快，为此不惜动用一切卑劣的手段。它是具有建设性的，一定是围绕着某种绩效的放大发生的冲突。通俗地说，就是对事不对人。同时，在良性冲突当中，大家要坦诚相见，必须斗而不破。

（三）共同成长的氛围

最后一个高管团队的文化氛围，即共同成长的氛围。大家如何能够一起往前走呢？我们说要积极健康，还要围绕着未来不断地变化。组织规模一旦扩大，高管团队的任务也会随之扩大。在这个过程中，总会有的人走得快，有的人则慢慢地掉队了。

其实，对高管团队来讲，他是公司的稀缺资源。他的掉队，对公司而言，损失也会很大。掉队的过程，也造成了对公司的消耗。所以，在这个过程当中，企业要呼唤共同成长的文化，以便帮助所有人不掉队，能跟随企业共同发展。

而共同成长的文化就包括：

（1）共同的信念。团队的目标、追求要一致。

（2）相互调节的机制。前面已经讲过。

（3）共同学习。就是在团队急速行军的过程中，围绕着公司的战略命题实现共同学习，而不是个体的独自成长。为什么要强调共同学习呢？因为个体的成长不意味着团队的认知能跟上。很多时候，一个人的能力特别强，但是他会被团队掣肘，所以才要共同学习，共享一些知识，共同提高认识。这种情况下的成长，可能没有个体一骑绝尘的速度快，但是能很快转化成生产力。

因为学习机制非常重要，所以，关于共同学习的话题，接下来有一个专题继续介绍。这篇主要围绕着怎样把不同特质的人、不同才干的人整合起来，形成一个整体。

（华夏基石e洞察公众号2023年2月22日发布）

走出高管学习误区

高管团队跟公司缔结的是长期关系，因为高管团队承担着公司长期发展的责任，既要关注短期，又要关注长期。麻烦就来了，他凭什么替企业想未来的事情？他的任期是一年，凭什么想那么久远的事情？

举个现实例子，有位老板费尽心机、千挑万选组建了一支高管团队，结果高管团队不去长期思考，不做长期布局。我跟这些高管私下里聊，问他们为什么。酒过三巡之后，有一位高管说出了心里话。

他说，“你看我们公司，高管走马灯似的。我主管营销，主管营销的高管两年就换一茬。虽然我们是高管，但在老板眼里，我们就像‘黑板上的干部’，说擦就擦。对我来讲，短期业绩做够了，起码老板评价我‘还可以’。如果我分散精力，长远布局，有可能还没有等到产生效果，我就离开了。所以我现在必须把全部精力放在短期（业绩）上”。

我们说，长期关系对高管尤其重要。一个高管的离开和一个中基层的离开，代价是不一样的。中基层离开造成的损失是一个职位上的，即使他本领很高，他走了，带走的也只是点状的效率，补充一个人就可以。而一个高管的离开，可能带来品牌的损失，也可能整建制地带走员工，这对公司的损失是很大的。他建立领导力的过程，有些人是追随他的。当然这里面有机制的防范，我们不展开。防范总不是解决问题的办法，还是要让高管真正在心理上跟公司建立长期联系。所以在前面，我们讲真高管的评价、分配都是在围绕这种长期关系。

问题就来了，长期关系一旦建立，如果高管不进步，怎么办？他学习能力跟不上，怎么办？我们对中基层可以用末位淘汰，对高层又不能（轻易）淘汰。所以高管团队要建立特有的学习机制。这是高管团队能不能有效运行的特殊问题。

再打开这个问题，为什么高管团队的学习如此重要？

一、成长是企业的宿命

我们一直讲，企业的宿命就是成长，跟我们人一样。人的一生啊，真正对你健康、状态有帮助的就是成长。为什么？很多时候，别人评判你，都会说这个人成功与否。比如苗老师文章阅读量高不高，课堂的学生多不多，顾问费收得高不高，咨询一年拿单多不多，这些都是公司衡量我们合伙人的。

但是这些衡量标准对我一点意义都没有。为什么？一个人有多成功，跟他后天的因素没多大关系，有些人出生就有很强的资源、禀赋，像我们行业的典范德鲁克，他29岁写的书，被英国首相送给英国士兵人手一本。德鲁克去世后，他的书仍然经久不衰，20世纪50年代写的书，到现在还被我们奉为经典。德鲁克为什么牛？他为什么对未来有那么强的预见能力？

你去看德鲁克的出身，他父亲是奥地利的经济部长，父母的朋友都是熊彼特这样的人，他从小耳濡目染的都是这些大师、对未来有影响力的人。他一开始思考的问题站位就很高，所以他起点就很成功。他的见识、从小接受的教育，都是普通人难以企及的。你可能努力一辈子，还达不到人家起点的高度。那你说，一生就该笼罩在失败的阴影当中吗？不是。如果你一辈子笼罩在失败的阴影中，那你一辈子太不幸，太不健康了。

所以人生的意义在于成长，在于不断拥有更高的体验。我不是一个严格意义上的讲师，我只是陪着企业成长，看到了两边的风景，把这些风景带给我的感觉，分享给大家。

这是人的成长。企业对成长的要求更高。企业不成长就会瓦解。你不随着顾客要求的提高而成长，那就是“犯罪”。

对员工而言，企业成长更重要。一个企业不成长，员工靠什么升职加薪？社会的平均工资在涨，你公司不成长，员工的空间在哪里？我到了这个位置，上面全都是职位，凭什么让高职位的人退休呢？

所以，成长是企业的宿命。

美国一些管理学家讨论得更彻底：企业如果不成长，估值就会降低，企业家的财富就会缩水，他为了维护财富，也必须让企业处于成长状态。因为证券市场对企业的估值是看你公司的成长性。你不成长，估值就下来了。

二、普通人惰怠是自由，高管惰怠是失职

回到高管（话题），高管必须对公司的成长负责。过去我们强调狼性、奋斗、加班，这些合乎人情吗？不合乎。随着经济的发展，人凭什么生活在天天奋斗的日子里？人生的意义是多元的，他总要享受生活。所以惰怠对普通人来讲是正常的，我们很难要求普通员工艰苦奋斗到永远。既然你给普通员工的定义是劳动者，那么劳动者就可以规划自己的人生，他可以选择。企业要求人人奋斗，不符合人性，不可持续。

对高管来讲，惰怠就不行。如果高管惰怠了，企业的天花板就封住了，员工上进的路就被堵死了。既然你是高管，你对公司的投入就应该多，这是职责所在，你没有惰怠的权利。高管惰怠是失职，你想惰怠可以，离开高管这个位置。

我们看很多学者写的文章，要反惰怠，强调加班奋斗。现在你会看到，这个社会在回归理性，那些文章的评论越来越受到抵触，尤其是几年疫情，改变了很多中国人的人生观，过于辛苦不值得。但是高管就不能惰怠，因为你承担着公司成长的责任，只有少数以公司为重的人，才有资格成为高管。

成长的核心是什么？是你的学习力。学习力跟不上，你即便有成长的欲望，你也没有成长的能力。

关于成长命题，高管和基层又不一样。基层的学习力主要集中在能力方面，重点是行动能力，高层的重点在于认知，他要解决“企业何以正确”的问题，拓宽企业的认知边界。

我们中国的企业普遍重视学习。我自己的体验，越是发达地区，越是发达行业、头部公司，越重视学习，投入越高。不重视学习的是落后地区、落后企业。

三、企业家与高管学习中的误区

误区1：混圈子

过去若干年，企业家、高管喜欢混圈子，有些人把知名的几所商学院的EMBA读了个遍，地产、投资行业都有不少案例。比如搞地产的，到EMBA读书就能认识不少官员。有些商学院还有很多女明星。

在早期，资源驱动型的行业，你能整合资源，有了关系，（学习的价值）就能成立。现在市场竞争格局巨变，开始拼价值、能力这些要素的时候，整合资源其实用处不大。

误区2：肤浅学习

现在有很多人喜欢吃“快餐”，懒得看书，就喜欢看文章，看抖音，喜欢一秒钟看出答案，不要告诉我过程。有些平台开始给你拆书，一本厚厚的书，15分钟给你讲完。这是把学习当成“信息流”来对待了。

我最怕“游学型”的高管、企业家，他们满嘴新词儿，无所不知。像我做咨询、讲课，新增加一个概念，都慎之又慎，为什么？避免给学员带来更大的理解压力，尽可能让他们用普通的词汇听懂管理的要义。就怕一堆新概念，别人还得了解新概念是什么意思，就跟学外语似的，就听到几个词，你抓不到里面的意思。

现在学习平台那么多，他到处混，对管理圈比对他的企业都熟悉，对管理圈的讲师比对他的员工都熟悉，对其他大企业的高管比对他企业的高管都熟悉。你跟他沟通时，会发现效率特别低。你一说他都知道，他就不想往下听。其实他知道的意思和里面的本义有相当大的差距。

企业家、高管对正确决策起很大作用，当你对一件事理解得深度不够时，是很麻烦的事情。

误区3：脱离团队的学习

老板一个人去学，团队不跟着学，或者高管一个人去学，他跟别人不同步。自己读个EMBA，认知提高了，回到公司看不上自己的团队，觉得这些人太幼稚。

这种脱节，好像个人爽了，但对公司绩效没有帮助，也就没有价值。

误区4：脱离学习规律的学习

什么是学习规律？

从理解这件事、掌握这个概念到行动，中间还有练习的过程。练习、行动之后，才有绩效。这是一个漫长的过程。对组织而言，这个过程更长。老板在外面学习，提一个概念交给组织，下面的干部掌握它，需要一些时间，再练习还需要时间，行动时间就更长。

我们很多企业家和高管根本就不考虑这些时间。推行一个概念，组织还没消化完，还没转化为行动的时候，另一个概念又来了。所以很多时候，企业家和高管学习频率越高，组织内部越混乱，越落不了地。

这些都是高管学习的误区，今天我们的讲解就围绕“正确的学习方式是什么”“正确的学习机制怎么建立”。

四、正确的学习方式是什么？

任何学习首先要以价值观为基础，如果高管价值观不正，他不可能表现出学习能力。举个例子，比如要有使命感和责任感。曾经有段时间，我研究那些知名企业家是如何学习的。有个企业家学识非常渊博，讲一个东西特别通透。他的学习跨度非常大，上知天文地理，下知历史哲学。我发现不可企及，一个人怎么有这么多时间去学习，企业还做得这么好？

后来我发现，这些不是最重要的，他没有读那么多书，那他是怎么学习的？因为他对公司有使命感、责任感，脑子里装的全是这个公司，该跟人交流时交流，该生活时生活。我们知道万物相通，你跟人交流，你看电视剧，突然受到启发，都可以联系到工作上，所以他把方方面面的东西都引入到工作里，这是他学习的来源。你无法成为他那样的人，因为使命感、责任感是第一（重要）的。没有这个，你学习力不可能强。

前面我们讲过学习力的基础是责任感、谦虚、开放、好奇心，此处不赘。

这里我们从以下几个方面谈学习力。

一是拓展认知，基于未来不断获得新知识。我们不可能一天获得所有能力，但是随着时间推移、人生积累增加，每过几年增加一门新知识、一种新能力，总有一天你的能力会达到很高的水平。

二是复盘自己的经验、教训。很多人是在工作体验中去升华的。

三是周边同事促进。在团队协作中学习。

如何拓展认知？

（一）扩大视野

怎么去打开视野？这些年，我总结的体验大概有以下三个方面。

1. 走进标杆

世界级的、特别牛的企业有很多沉淀。我们做企业虽然强调创新，但大部分其实是复制别人的。人类社会之所以进步，是因为很多知识产生后，很多人就会习得。不是说每个人都要重来一遍。现代人创造能力为什么比孔子时代强很多？因为你从别人那里复制了知识。所以企业获得经过别人验证的、可靠的知识是重要的。企业之间90%以上的知识是共通的，你能有那一点点不同就足够了。企业走进标杆、学习标杆是最直接有效的学习方式。

俗话说，百闻不如一见。我曾经在一个企业做顾问时发现，这家企业研发、营销都做得很好，但生产（环节）是短板。在行业风口期，赚钱主要靠研发和营销，生产在价值链中影响没那么大。当时我们判断，这个瓶颈迟早会制约企业发展，就跟他们聊，生产管理太初级，能不能改进生产上的做法。怎么谈都不起作用。他们觉得你说得对，但是方法摆在面前都不知道怎么干。

后来我们和企业家沟通，咱能不能到世界级的标杆走一走，去看看丰田的生产怎么搞，百闻不如一见。高管团队就去了，一二十个人，到丰田现场一看，听丰田的干部讲生产，带来的震撼是不一样的——这种认知的突破在一念之间。回到公司，这个高管团队就知道怎么搞了。

所以，企业要去找适当的标杆，近距离看，拓宽你的视野。

2. 连接高地

什么叫“连接高地”？在一个产业里面，推动这个产业发展的，通常是某个地方、某个人群。

我曾经跟一个小型的互联网企业打交道，它是地方企业，没在北京、上海、深圳这些城市，做了一二十年，规模都没起来。突然发生了转折，它跟一个大型互联网企业合作，迅速就起来了，几年时间增长到接近百亿规模。

我跟这家企业的老板聊过，跟大企业合作前后，你的变化是什么？

他说，改变太大了。大企业给我的投资，有形的，倒不是最重要，关键是“无形”的，它让我知道了主流的人都在想什么，让我能够更好地整合资源。

我听完启发很大：一个产业往哪儿走，很多时候是由一群掌握这个产业高端资源的人引导出来的，企业要知道这个产业的高地——比如技术高地、供应链高地、营销高地在哪里，你就要去对接资源、人，在这个高地上，视野就能打开。

3. 跨界吸收

做企业是个落后的学科。管理学科的系统化研究，从美国的科学管理革命开始，也就刚刚100年。在所有学科里，它时间最短。像医学、生物学、物理学这些成熟的学科，悠久得多，形成了很多经验，能够借鉴到企业里面。

那些特别有成就的企业高管都在跨界学习，比如学军事，人类对军事研究投入的资源要比做企业大很多。部队打仗最关注效率，很多措施对企业有帮助。但要注意，军事强调“你死我活”，其实做企业不是。做企业是创造，完全学军事是有问题的。

任正非在华为人力资源纲要里面也明确讲，中层要读点哲学，高层要读点历史，格局和视野才会扩大。

（二）在战略指引下学习

除了扩大视野，高管还要有针对性地学习，有目标地学习，不能过于发散。有效的学习还是在战略指引下的学习。学什么？企业总有一些悬而未决的战略问题，比如要不要进入一个新的业务领域，一个做手机的（企业）要不要进入汽车领域。高管不能立即布置下去，你布置下去，基层根本没能力搞定。高管首先要做起步工作，比如弄清问题实质、拼什么、卡点在哪儿——这里面可能就搞不定。有哪些可能性帮我解决卡点？高管应该广泛地连接能够解决这些卡点的资源。有了可能性，我们才能形成战略意图，之后才是战略管理。

在看清方向之前，你需要做大量工作。进入新领域前，没人具备这些知识。你一点都不了解的时候，凭什么从外部找团队啊？所以我们的学习，还要在战略执行下解决那些悬而未决的问题。

（三）善用顾问和教练

要拓展认知，还要善用顾问和教练。教练的视角是第三方视角、旁观者视角。在企业内部，高管难以看清关系、结构之外的问题。教练可以引导高管团队跳脱出来思考。顾问是什么？顾问会给企业提供专业的知识，比如你遇到某个问题，顾问会深入研究，帮你打开问题。所以，企业要拓展认知，这两个角色是必要的。

一百多年前，美国发起的科学管理运动，一个明确的结论是，高管团队在决策时需要综合知识，不是单一方面的知识能决定的。比如公司要裁人，既是经营问题，还是人力资源问题，也是法律问题。谁具备所有这些知识？不可能。所以管理者，尤其是高管，要广泛地征求意见，这些意见汇集起来，高管才有常识去作判断。

我们看那些大企业家，他们看问题那么深刻，其实很多时候不是来自自己的知识。

（四）从个人学习到团队学习

一个人的突破不叫突破，团队认知的突破才叫生产力。你不可能一个人推动企业变化。高管在团队里不要有“知识优越感”。搞知识垄断，没有必要。要尽可能地围绕一些战略命题，让团队一起学习。个人学习离团队太远，对组织是有害的。有些老板、高管自己读个EMBA，认识了一群人，学到很多知识，结果呢？回到公司面对一群“土鳖”，别人都不知道，只有自己知道，想推动工作又搞不定。很多时候，高管视野一开阔，走了，他不是不留恋公司，而是觉得搞不定这件事。

当然，我们不排除“个人先行”。比如老板看到外面有什么好的，企业再跟上。千万别硬推，要先组织高管去学习，让团队掌握新的认知。

在管理服务方面，学术界也在提高，很多平台都在推团队学习。我们华夏基石的学习平台改造得就很好。各种项目都在围绕团队学习来做。这种理念的进步总会给企业带来生产力。

五、在复盘中提升

前面我们主要讲高管团队如何通过各种方式扩大认知边界，获得新视野；接下来我们讲怎么在复盘当中去提升。

（一）经验仍然是最重要的学习方式

一个人的进步仍然是经验的进步。我们讲，管理是科学也是艺术，还有人提，管理是手艺。什么叫手艺？手艺必须在练习中提高。比如学开车，学完了，不体验，你技术也出不来。没有3万公里（驾驶里程），你就不能成为成熟司机。管理也是如此。比如激励手段，你真正用的时候会发现，这个人积极性不足，用什么手段、用多大力度激励他？本质上还是要有体验在。关键是怎么有效提取、复制经验。

怎么提炼？手艺强调手感，手感怎么管理？开车打方向盘，（幅度）打多少，你很难定义。我曾经跟一个搞知识管理的高手交流。他说手感有几个要素：

第一，支点是什么，你的手怎么抓（方向盘），撬动什么；

第二，杠杆是什么，做得既省力又到位；

第三，边界是什么，别一下子弄过度了。

如果你能把手感用支点、杠杆、边界描述出来，经验就能复制。很多时候，你做事没办法深思熟虑。有了经验，你就能稳定地发挥。

组织学习是一个提炼、复制经验的过程。凡是大企业都是复制能力强。总结案例、模板、方法、操作手册，这些都可以复制。一旦可复制，企业就能迅速做大。

这没完，你还要升华、举一反三，不仅复盘一件事的得失，还能延伸到更广泛的事情上。

（二）认识复盘

为什么很多企业看重复盘？复盘来源于下棋术语。下棋的时候，来不及思考，大部分行动都是靠直觉。怎么训练直觉？通过复盘把对的方式种在脑子里，在做事的时候只需要少部分思考。这叫复盘，有了坑，不要重复跳进去，有了经验，能够提炼升华。

常用的复盘有两类：一类是过程复盘，比如一个项目迟迟不能突破，延期了，你就把项目成立第一天到现在，每个重要事件都找出来，看看在哪里耽误了时间，回头改善过程。另一类是目标倒推，哪个目标发生了偏差，就进行逆向倒推。

很多公司都知道复盘，但就是复不好盘。一旦复盘，总是有各种阻力，走形式，复盘的时候总是证明自己对，根本没有找原因，追究责任，全都归咎于外部，为什么项目没成功？都怪敌人太狡猾，都怪市场发生了变化，都怪新冠。你会发现，白复盘了。

（三）创建复盘文化

复盘的价值在于，找到成功的真正原因，沿着这个原因去做。一个公司要想把复盘做得有效，就要营造这种文化。导入工具容易，营造文化很难。关键是大家心态要正，知道复盘是怎么回事，立足于自我反思、实事求是。

复盘还有个难题，没办法真正还原过程。项目为什么做砸了？一个人一个说法，对“事实”的描述都不一样。比如对新冠历史的描述，一个人一个样。如果你不能描述事实，复盘就给不同的理解制造了空间。

1912年，哈林顿·埃默森（“科学管理”理论的奠基人之一）得出过一个重要结论，叫“文档系统”。他认为，你要让管理有效地运行，必须建立一个系统，对各项工作可靠、及时、准确、持久地记录。没有记录就很难管理。有了记录，你才能复盘事情为什么没做好，才能改善过程。

像IBM这样的企业为什么做得好？在美国，IBM是以它的文档系统闻名的。后来华为学习IBM，很重要的一个因素就是引入了它的文档系统。

所以，没有管理基础，复盘是很难做的。我在一些企业里发现，大家对一件事达成共识都需要耗费一个月时间。因为人有足够的动机去改变对“事实”的描述。

六、在成长中对齐

团队文化没形成，OKR就落不了地

现在团队学习的工具很多，流传甚广的是OKR。大部分企业都在用KPI的思路导入OKR。在我看来，OKR就是一个管理工具，其实它并不新。大家认为互联网企业才用OKR，其实不是。1971年，因特尔公司就开始实施了。那时候个人电脑都还没发明。1976年，苹果公司才推出了个人电脑。当时还处于典型的工业时代。1999年，PC互联网时代的代表谷歌引入了OKR。我们中国是从字节跳动开始的。

OKR的特点是什么？一般强调几步：首先，个人提出关键结果目标；然后团队评审，互相提意见；最后上级确认，在一定范围内公开，团队互相对齐。

导入OKR需要文化基础，包括几个方面：

共享目标：所有人对团队目标发自内心地认同。我愿意为它作贡献，我知道怎么作贡献。

共享价值观：这个公司内部的做事原则，我内心是认同的。

共享信息：团队内部信息充分，我愿意了解别人工作的进展。

缺了这些文化基础，很多企业推OKR落不了地。我一直认为，团队文化没有形成，以等级制度为基础的组织模式根本导入不了OKR。

还有一种对齐方式叫“民主生活会”。民主生活会是中国共产党组织建设的法宝。民主生活会发心要正，着眼未来。任正非是军人出身，在华为公司的组织建设中，这个方式使用得非常广泛。比如有些部门，上下游意见很大，提出很多问题，这个部门就会开展自我批评，然后去改善。采用这种方式的企业很多，但因为没有标准化、工具化，企业之间千差万别。实际上，这是一种学习方式，围绕问题找原因、对齐，就有了集体突破。

组织的集体突破很难，一个人走不过去。有个游戏，十几个人左腿绑右腿，一起往前跑。你会发现，如果大家不同步，是跑不动的。

我参加过很多企业的民主生活会，里面有很多问题，搞得团队关系很紧张，效果不明显。比如针对个人的缺点提出批评，或是提一堆意见，都是大而化之的缺点，你就没法改。看似热热闹闹，其实用处不大。

人力资源管理有个重要原则，人是站在自己长处上发展的。他不能克服所有缺点。民主生活会的有效性，必须跟人力资源管理的原则去匹配。

原则1：着眼于未来目标的实现。民主生活会是为了发现每个人跟未来目标之间的差距。如果一个人知道他跟未来的差距，他可以通过学习获得这种能力，弥补差距。很多时候，你不知道差距。所以民主生活会必须着眼于未来，针对目标去讨论每个人的认知、能力、行为的差异，核心是以自我管理为中心。一个人不管理自己的学习，别人是管不了的。

原则2：只能作为讨论的工具，不能拿来评价、考核人。

原则3：一定要有主题，上至公司战略、组织建设，下至团队小问题，围绕每个人的责任去讨论。

原则4：发心要正。民主生活会是很好的团队学习方式，开好了，效果不亚于GE的行动学习。

七、创建创业型文化

最后我们讲，任何工具、方法、制度都要建立在观念上。

举个例子，美国的制度放在中国，没有文化基础，它是不行的；中国的制度放在美国也不行。

OKR的文化基础是什么？我总结为，创业型的工作。为什么互联网企业引入OKR比较容易呢？互联网企业的创业属性更强。这些企业面对机会大爆发，要求有足够的柔韧性，创新能力更强。

我们讲民主生活会、OKR这种团队的学习方式，一定要有创业文化特征：有追求、有格局；在模糊中把握方向；在奔跑中对齐；合伙人思维，抱团打天下；奋斗者思维；成长型思维，不断挑战更高目标。离开了这些特征，这些学习方法也会走向无效。

（华夏基石e洞察公众号2023年2月25日发布）

肖知兴

领教工坊学术委员会主席，致极学院创办人

周其仁

北京大学国家发展研究院经济学教授、前任院长，著名经济学家

陈珠芳

华夏基石大师塾导师，华为前党委书记、华为首任人力资源部长，华中科技大学管理学院原常务副院长

李东来

顾家家居股份有限公司总裁

杨杜

华夏基石管理咨询集团领衔专家，中国人民大学教授、博导，著名管理学家，《华为基本法》起草专家组成员

陈明

华夏基石产业服务集团创始合伙人、副总裁

孙健敏

华夏基石领衔专家，华夏基石大师塾首席导师，中国人民大学劳动人事学院教授，《华为基本法》起草专家组成员

文跃然

华夏基石管理咨询集团领衔专家，中国人民大学劳动人事学院教授

王祥伍

华夏基石高级合伙人、副总裁

吴晓求

中国人民大学学术委员会副主席、中国资本市场研究院院长、中国人民大学原副校长，教育部长江学者特聘教授

第九辑

带痛前行

合 辑

大变动时代的不败之道

肖知兴

这些年我讲课越来越少了，因为我开始深深地怀疑，讲课、听课对于学习管理的价值。我觉得讲课，尤其是讲大课，满足的是讲者的虚荣心，其实基本帮不到听课的人。

什么原因呢？孔夫子说的学东西有三种方法：一个是生而知之，一个是学而知之，一个是困而知之。管理这样东西，我估计100个人里头，只有一两个人能够“生而知之”，然后可能有四五个人能够“学而知之”，我们绝大多数人，九十多个人，都只能“困而知之”，没别的办法。所以我讲课最大的希望、最好的希望可能是：当你们被困住的时候，能不能困的时间短一点，困的代价小一点。

但愿大家听得明白，我这样说，其实是很沉痛的。我在中欧、在北京大学讲了十几年课，最后是这个结论，这是很沉痛的一件事。没有办法，事实就是这样。

我今天讲的题目叫《大变动时代的不败之道》，大家注意叫“大变动时代”，不是“大变革时代”，也不是“大变局时代”。因为“变革”听起来还有一点褒义，“变局”听起来好像有一点逻辑，但是“变动”是没有褒义，没有逻辑的。所以大家要注意我为什么很慎重地选择“变动”这个词，而不是“变革”，也不是“变局”，背后有很深的思考。

什么叫不败之道，跟它相对的是战胜之道。我们怎么从战胜之道走向不败之道，我会从八个方面给大家阐述。接下来我会再从职业化、国际化、生存智慧等五个不同的角度，更加深入地把这个逻辑给大家再捋一捋。

一、战胜之道向外，不败之道向内

首先，不败之道是向内的逻辑，应该来讲，这是一个最重要的转向。过去战胜之道强调的是以击败对手为核心的价值获取，有时候是领先对手，有时候甚至就是击垮对手，但是不败之道强调的是以客户为中心的价值创造。一个是眼光向外、精光四射的价值获取，一个是眼光向内、低调内敛的价值创造。

价值创造的核心是以客户为中心。“以客户为中心”这句话非常难懂，因为我们绝大部分人都是以自我为中心的。占有欲、虚荣心、战胜欲都是以自我为中心。商业为什么是一种伟大的向善的力量，甚至是一种伟大的教化的力量，因为它是以客户为中心的，它逼着你以他人为中心。如果还要加一个，还要以员工为中心，这和以自我为中心是完全不一样的。这是商业背后的最深层次的逻辑。

过去大家很自然地比较重视外部市场的竞争战略、各种营销、各种炒作，但再往后，我们应该重视的是内部组织能力的建设。大家知道，自从2011年微信上线，中国企业界最时髦的就是所谓的互联网思维。我从一开始就是反对派，一直认为没有互联网思维这回事，所以那段时间我被那些人批判，说我是互联网反革命、老古董。但现在十几年过去了，大家再回想一下，那些人的名字你还想得起来吗？什么雕爷牛腩，什么黄太吉，什么马佳佳，这些人都去哪儿了？

中国经济的现状，看起来是因为受疫情影响，但实际上你要是往回看，其实也是过去十几年发展累积起来的隐患的必然结果，只是现在到了结账买单的时候。

所以再往后我们不可能再去做什么风口上的猪、跑马圈地这样的事了，我们只能“深淘滩，低作堰”。什么叫“深淘滩”？就是多多地创造价值，创造客户价值。什么叫“低作堰”？就是尽量地把你创造的客户价值多分一点给员工，多分一点给你的供应链、给你的经销商、给你整个产业链上面的合作伙伴。

企业家朋友在一起，我们有一个很简单的方法，判断他们的层次和水平，就是看他来找什么。如果还是在找资源，还是想做一单两单、搞点投资、搞个项目，那是最初级的阶段，这样的企业家群体、企业家组织是长不了的，很快就会散掉。就像给他一筐苹果，他就挑里头最大最红的那两个苹果，然后就走了，这种企业家群体，不管是谁组织的，最后都会散掉，就是这个原因。

第二个层次的企业家群体好一点点，他找的是方法，找的是技术，找的是工具。应该来讲，路子稍微正一点，时间能够延续得长一些，大家在一起收获会大一些。

但是最好的企业家群体，是要找自我，要向内索求，要反求诸己。一会儿我还会展开说，这里点到为止。

我们这代人真是幸运，1978—2018年这40年的黄金时代被我们撞上了。因为中国历史上和平、稳定、繁荣超过40年是非常罕见的。我们可以算一算，基本上汉朝文景之治40年，唐朝唐玄宗40年，宋朝宋仁宗40年，清朝康熙40年。乾隆不能算，因为乾隆那40年其实是所谓的“饥饿的盛世”，中国已经开始内卷了。

二、战胜之道为人，不败之道为己

第二个维度，战胜之道强调为人，不败之道强调为己。这也是孔夫子的老话，今之学者为人，古之学者为己。这个为己是什么意思？就是说他图的是自己内在的圆满，德性的提升。我们做这些事情不是为了做给别人看，不是为了获得别人的夸奖，不是为了提高在人们心目中的地位（“为人”），我们图的是自己内在的收获。

战胜之道强调外部计分卡，我企业规模多大了，富豪榜排名多少位了之类，但是不败之道强调的是内部积分卡，我们领教工坊经常说的“三好企业家”其实就是内部计分卡：企业好、家庭好、身体好，那才叫真好。

我们在乎的不是俗世的勋章，我们在乎的是自己内在的勋章，是自己心目中天国的勋章，我们追求的不是俗世的认可，他人的认同，是自己的认可。我们说的反求诸己，最重要的就是要回到自己的内在世界。

回到内在的世界，你会发现，你小时候的成长经历、原生家庭的环境，会给你带来的一些内心的恐惧，成年之后，做企业的时候，如果不去克服，会给企业带来一些巨大的干扰，甚至是巨大的破坏。

例如，小时候特别穷，你就容易有一种非理性地占有财富的冲动。某著名企业家自己曾经讲，他第一次挣到2万元钱，整夜都没睡。1980年代，2万元是很多钱。他把那2万元钱铺在床上，数来数去，兴奋得一晚上都没睡。企业家这种非理性地占有财富的冲动，如果听之任之，对企业可能是一个巨大的伤害。

小时候被人瞧不起，长大之后就特别在乎别人的认同，企业稍微有点规模，每天就忙着做人大代表、政协委员、协会主席。企业家如果太热衷于做这些事情，对企业可能就是一个非常大的损失。

小时候被大家冷落，爸爸妈妈从来不抱，长大之后就会容易沉溺于私人关系。公司里“小秘”一大堆，爱拍马屁的人都围上来，水泄不通，这对企业的破坏有多大，我就不展开说了。

小时候被村支书、乡长欺负，长大之后就喜欢跟权力走得很近，但是大家知道，权力是一把双刃剑。

最可怕的是小时候因为失控，吃了中饭不知道晚饭在哪里，成年之后，一般来讲特别怕失控，其中一个症状是，怕比自己能干的人。人的本能，看到比自己能干的人，一般人内心深处是紧张的，是不舒服的。做企业，如果你看到比自己能干的人，你是紧张的、不舒服的、敬而远之的，你可以想象这个企业是什么结果。

这在心理学上叫完形心理学，是一群德国心理学家在20世纪初创立的一个学派。你童年缺什么，成年之后，你就老想去弥补，因为匮乏心态，导致各种各样的动作变形。

有一句非常有名的话，有的人一生靠童年治愈，有的人一生治愈童年，甚至整个国家或企业，都成了治愈童年的代价，是一件非常悲惨的事情。大家一定要听明白，这个事情的分量。

我们再三强调的就是从自我认知到自我接纳再到自我管理，企业家只有在这三个方面去下功夫，才有可能走出刚才说的治愈童年的陷阱。

一般人说改变自己是神，改变别人是神经病。有一个心理学家曾经说过一句非常有哲理的话：当你喜悦地接纳自己的本来面目的时候，这就是能够发生在你身上的最大的改变。最大的改变是喜悦地接纳自己。

我现在讲得更多的是企业家要自我关爱，要更多地爱自己，你可能觉得很奇怪，我们难道不是本能地爱自己？我告诉你，很多企业家不爱自己。爱自己意味着什么？

第一，你要花更多时间去关注自己的状态。

第二，你不跟自己较劲。你承认这不是我的长处、你承认别人在这方面比你能干。

大家知道，做企业的人，不要说做到三五百亿、三五十亿、三五个亿，内心都是很孤傲的。从小到大，小学同学、中学同学、大学同学有几个跟得上你？都早就看不见了，要让你去承认你不懂人力资源，你不懂IT管理，你甚至不懂产品、不懂销售，很多企业家朋友是受不了的。

但实话实说，拥有2 000个白领员工的公司的人力资源部总监没有200万元以上的年薪，固定收入还不包括奖金和股权，你根本就连真正有本事的人的边都靠不上，门都进不去。

但我们大多数企业家朋友，价值200万元的岗位，咬咬牙他能给20万元，能给50万元就顶天了。你给20万元，第一，懂的人不会来；第二，实在是看你的面子，因缘际会，运气好，来了也待不住。所以你一定要自己接纳自己，不要跟自己较劲，不懂就不懂，一定要交给懂的人。

民营企业做到一定程度，最难的就是董事长不是真正的董事长，他挂着董事长的名字，其实又一直在做总经理的事情。不仅在做总经理的事情，有时候还在做销售总监的事情，还在做产品总监的事情，还在做客户总监的事情。这个是很可怕的。

别的我不说，我就先说董事长和总经理的分工。董事长都是不走寻常路的人、不循规蹈矩的人，都是天马行空的人。总经理，操盘的人，合格的总经理，一般来讲大一点的公司，尤其是To C类的公司，一年你不开200天的会，你是不可能操盘的。

你让董事长一年开200天的会，年底排第二年的时间表，200天已经没了，这不是要他的命吗？绝大多数董事长都不可能接受这样的限制，自己不愿意开，又不交给别人开，企业就无穷无尽地“跑冒滴漏”，无穷无尽地掉链子。

小汽车一个人开，飞机必须两个人开，没有办法，企业大了，你就是得分工。如果你是那种既能当董事长又能当总经理的人，上帝太偏爱你了，你是天才。但我觉得，你是这种人的概率太小，一般来讲是，董事长也没当好，总经理也没当好。

还有第三个维度是要做自己爱做的事情。喜欢打球就多花点时间去打球；喜欢读书就多花点时间读书；喜欢交朋友、交年轻的朋友，你就多交几个朋友。千万不要跟自己较劲。跟自己较劲，最后整个企业付出代价。

自我认知讲起来很容易，其实也很难。因为在自我认知前面还有一个自我觉察的机制。一般人喜欢去山里头、庙里头走一走，你注意到佛教的庙宇很多都有个“觉”

字，大觉寺、真觉寺，崇觉寺。大家知道这个“觉”是什么吗？一般人以为“觉”是觉悟的“觉”，觉悟了。

其实对于大多数人来讲，这个“觉”不是觉悟的“觉”，而是觉察的“觉”。你只要能觉察自我，你跟人打交道的时候，你永远有一个B版的你在旁边看着你，这就叫觉察力。最厉害的人不仅有个B版，还有一个C版，还有一个D版，还有个E版，都有不同的分工。他一个人就是一个团队，他一个人就是一支队伍。

李嘉诚当年创建长江商学院，应该来讲，是怀着对祖国无限美好的憧憬来做这件事情的，所以当时他也很乐意跟内地的企业家朋友们打交道。长江商学院就带着一批内地的企业家去香港跟李嘉诚见面。后来冯仑、马云都回忆那次会面，很多小细节真的让你感动。李嘉诚做人的分寸感就能好到这个地步，真是难以想象。

例如，来的人多，40人，一桌就坐不下，怎么办？就得分三四桌。李嘉诚为了避免让大家感觉重此轻彼——一般中国企业家就是看营业额大不大，营业额大就上主桌，营业额小就上次桌——所有的座位都是抽签决定；然后吃饭，总共可能一个半小时，他这里坐半小时，那里坐半小时，每桌都坐；走的时候，一直送到电梯口。很多小细节，他为什么能做得这么好，其实就是觉察力强。

三、战胜重取巧，不败重实力

第三个维度是，战胜重取巧，不败重实力。过去二三十年，为什么大家普遍重视营销、重视炒作，应该来讲，跟中国的传播环境的变化是有关系的。

大家知道，最初只有一个中央电视台，所以央视新闻联播广告就带出来一批当时很风光的企业，秦池酒业，每天开一辆桑塔纳进去，开辆奔驰出来之类。

然后央视又出了一个经济频道，经济频道一出来，“经济半小时”之类的这些王牌节目，又带火了一批企业，什么郑州亚细亚商城，也火爆得不得了。

然后是各个省的卫视的崛起，大家还记得“超级女声”吗？蒙牛酸酸乳又火起来了。

然后是2011年微信公众号开通，像我很熟悉的那几个媒体人就转型成功了，抓住了这波微信的红利。

然后是抖音，直播电商现在好像又很火爆。传播每一次新开一个窗口，总有人第一个排在窗口前，获得一点红利，但也就这点红利。过个三五年，同样不知去向。

你为什么要去复制他们的路，重蹈覆辙呢？不要去取这个巧，还是扎扎实实去把组织能力、把实力建设起来，更靠谱。

核心就是我经常讲的72分的逻辑。大家知道，企业大了，你肯定是要分层的，二三十个人你能自己管，两三百人你一个人还管得过来吗？你肯定要分，分成两层。

如果人再多一点，你就得分成三层、四层，甚至是五层。一般来讲，二三十万人规模的公司，肯定是五层以上，像百胜集团这样的公司，如果我没记错的话其全球员工人数超过100万，可以想象有多少层。

仔细思考一下，如果你向下面的人交代任务，他听了，然后去做，做完跟你汇报，基本能达到你心目中的要求的90%，你觉得下属怎么样？你觉得真牛，我哪来的福气，找到这么好的下属？

继续思考这个问题，如果第一层到第二层90%，第二层到第三层90%，第三层到第四层90%，一直到第六层……5个90%后的结果是多少？0.9的5次方是多少？数学好的很快就能算出来，0.59，59分，不及格。

每一层都是不知道哪来的福气，给你找到最优秀的下属，经历五层后的结果是59分！所以像我们刚才讲的百胜这样的大公司，它能够做到72分，真是难以想象的组织能力和神勇表现。你进每一家肯德基，服务员都会盯着你的眼睛，微笑着说欢迎光临，这是何等的管理能力？

我们大多数中国的民营企业，一般来讲，你每一层的满意度能达到70%，就是很好的下属了。你想一想，三层的话，$0.7\times0.7\times0.7=0.34$，只有34分。三层下来就只有34分！

《孙子兵法》有言："先为不可胜，以待敌之可胜。"这里的"不可胜"其实就是72分的逻辑，然后有机会我再加个5分或10分，就有机会超过80分。

与此相关的是《孙子兵法》里的"守正出奇（jī）"，不念"守正出奇"（qí）。这就是说，管理从来没有奇招奇策，我后面还会展开说。这个字念（jī），是什么意思呢？我排兵布阵，这边是正面进攻，这边是左翼进攻，那边是右翼进攻，我还有一支额外的部队，负责机动的部队，到时候看情况再怎么用，这个机动部队就是"奇"。所以，没有任何侥幸心理，没有任何搏一把的心理，靠的全是实力。

小孩子聊打仗，喜欢聊谋略。其实，真正的高手打仗，他靠的不是这个，他靠的是后勤。

德鲁克再三强调，美国靠的是管理学打败日本和德国。1941年罗斯福遍访美国企业界，要找一个人负责军需工业，然后人家给他推荐了克努森，一个从丹麦移民到美国的企业家，当时是通用汽车的一把手。于是，克努森就成为美国军需工业生产委员会的主席，4天1艘军舰，1天5架飞机，就以这个速度生产。战前美国只有1 700架飞机，到1943年，美国有86 000架飞机；战前美国只有2艘航母，到1943年，美国有了多少艘航母？155艘！

我原来以为美军后勤厉害是让美国士兵不管走到哪都能喝到可乐，能吃到巧克力。其实，美军在前线甚至能供应冰激凌和牛排大餐，你想想这是何等的后勤力量？难以想象。美军的后勤可以把冰激凌、牛排送到全世界。

所以管理好的企业，第一是没有秘密，第二是没有故事，它就是丝绸般顺滑，高层的意图，就能通过层层分解，在一线实现。

当时诺曼底登陆，罗斯福其实最想送马歇尔去，马歇尔是他的总参谋长，德高望重，不容易被人挑战，后来实在舍不得，因为如果马歇尔去了，后勤系统——刚才说的这套伟大的系统——可能就会出情况，最后只好派艾森豪威尔去做诺曼底的总指挥。

所以幸福的家庭都是相似的，都是我上文中提到的，丝绸般顺滑，一层一层落实到位。不幸的家庭各有各的不幸。大多数中国民营企业，你稍微一深入了解，就会发现无穷无尽的不幸，要么是夫妻闹矛盾，要么是供应链总监贪污，要么就是业务总监和主管资金的财务总监合谋，无穷无尽，按下葫芦起来瓢。

四、战胜重增长，不败重质量

第四个维度是战胜重增长，不败重质量。

打个比方，大家知道在中国做连锁经营几十年了，很多人就天天叫嚷着，今天挑战麦当劳，明天挑战星巴克，但最后你会发现这些人喊着喊着就不知所踪了，麦当劳、星巴克还在那儿，原因就在于他们没有真正抓住连锁经营的本质。

连锁经营最重要的是不能搞那种看起来赚钱容易、增长又快的纯加盟店的模式，要做自营店；不能搞资本拓店，要想办法店长拓店，有足够多的资本不能拓店，必须有足够多的店长才能拓店；而且不能做购并成长，必须做有机成长、内部的分裂式的成长才能够真正地站得住脚。所以连锁经营，应该来讲，是注重质量，而不是数量的一个最好的行业研究对象。

最近连锁业有一个新的情况，因为电子信息系统的进步，很多品牌公司可以把客户的信息掌握在自己的数据库里，所以可以采取名义上是加盟——以个体户的名义去登记一个店加盟——但实际上你的信息流（包括客户信息）、资金流和产品流都控制在品牌商手里，这种模式其实属于联营模式，也是站得住脚的，背后很大程度上是因为互联网技术的进步。

然后是零售业。现在你买东西，基本找不到家乐福、沃尔玛了。什么原因？那些本土的、地区性的连锁零售商崛起了。为什么它们能崛起呢？一个很简单、很重要的原因在于：只要是网上能够买到的东西，大家就不太会去线下买，所以电商的崛起就让生鲜变得更重要，必须靠生鲜才能在线下吸引来客户，所以生鲜占比也就变得非常重要。原来生鲜可能占百分之二三十，现在是百分之三四十甚至四五十。生鲜的管理非常不容易，用心的售货员卖白菜，可能一天报废2颗；不用心，20颗都能报废。所以必须得靠本地化供应链的局部优势、靠本土化企业文化的局部浓度去管理生鲜产品，这就是全国地方性品牌大卖场崛起背后深层次的原因。

所以品牌背后是品质，品质背后是品格。产品的标准化相对容易，难的是服务的标准化和观念的标准化。像我到各位企业家的企业去，我判断大家管理水平非常简单的一个标志，就是你派来接我的那个司机能不能接到我，打了多少个电话接到我，让我等了多长时间接到我，就这么简单。

华为公司接站严格到什么地步？甚至连司机在出口处站在哪块砖上都有规定。客人走出来，举着牌子在那，一句话不用说，顶多说句，刘总您来了，麻烦请跟着我走，行李拿过来，跟着走，就坐上车了。但我们管理不好的企业，我实话说，有打十几个电话的，有站那等半小时的。你的司机师傅不愿意站在出口处等，我躺在车里多爽，还可以刷抖音，然后电话打过来："肖老师，你到了？出门往左拐，穿过地道，然后上天桥，下天桥后右拐，前面有个停车场……"他躺在车里，舒服啊。我现在一般不给他们面子，几个电话来回，我就自己打车走了。你是创造价值的，却在这毁灭价值，我要你干什么？

我自己一点都不在意：最便宜、最差的出租车我都不挑剔，我在意的是你们的管理水平，下次带着2000万或者2个亿订单来的客户，如果是这样被你们接待，人家会给你下单就奇怪了。

我还在念博士的时候，带着几个国外的教授去华为学习，住在深圳的威尼斯酒店。如果有人去过，应该还记得威尼斯酒店的构造，从电梯下来，要走过大堂，大门前有个小台阶，我们从电梯口往外走的时候，就看着华为的车子——他们都是统一的黑色商务接待车——徐徐开过来，我们走到那个小台阶的时候，他们的车子也正好停下，西装革履、戴着白手套的师傅——听说原来都是国旗班的——就下车来给我们把车门打开。这大概是2000年的事。你们的接待，能做到二十多年前华为的水平吗？

2022年，我带着领教工坊1101小组去华为参访，把他们全给镇住了：这是接待国家元首的水平啊。我们去的是松山湖的溪村。溪村最牛的是它内部的小火车，各种流程丝绸般顺滑我就不多讲了。大家注意到一个细节，我们每次进站的时候，站台的服务人员是背对着我们，统一向外站着的。大家知道这是什么逻辑吗？他们是按国家元首安保的原则来做的，一方面是给我们保留隐私，另一方面是确保外面没有不安全的因素。就这一个细节，把我们的企业家给感动得呀，大家企业也做到三五十个亿了，什么时候享受过这待遇？

龙湖地产当年名震江湖也是靠一个细节，你去看他们的样板房——一般看样板房要脱鞋——出来的时候发现，你的鞋子已经被掉过头，向外摆放了，就这么一个细节，名震江湖。你可以想见别的细节龙湖做得有多好了，就这一个细节，足够说明问题了。

五、战胜重规模，不败重战略

第五个维度是，战胜重规模，不败重战略。战略学领域有一个教科书级别的模型，非常简单，就是说你做一家企业，要么产品领先，要么运营卓越，要么贴近客户，三角形的三个角，你总得占住一角。这个角八九十分，剩下两个角，及格就好，这个企业基本就处于不败之地了。当然，如果你的两个角、三个角都能做到八九十分，那便是非常优秀的企业了。

从财务指标上来说，产品领先对应的是高毛利，运营卓越对应的是高周转，客户贴近对应的是高聚焦。

我们熟悉的手机业，如苹果，靠产品领先；小米，靠客户贴近；华为，靠运营卓越，都不一样。

我们熟悉的服装品牌，如香奈儿、路易威登之类，是产品领先；淘品牌，是客户贴近；优衣库、盖璞之类，是运营卓越。

你要很清楚地知道，到底自己是走哪条路，想办法在哪个指标上下功夫。像现在这种经济情况，一般来讲，我们应该在哪个角上下功夫，下多大的功夫？一定要把我们核心的客户——To B的话可能就是几十个客户，To C可能就是几千个、几万个客户——服务好，所以这个角变得更加重要。

六、战胜重有为，不败重无为

第六个维度是，战胜重有为，不败重无为。这个维度我就直接引用杨杜老师的《华为公司的22个不》。一般人讲公司的战略也好，文化也好，都是讲我要做什么。但华为公司有意思的是，他们讲要做什么，同时也讲不要做什么。所以《华为基本法》最与众不同的是，它有11个“不”，这里我们只看前面几个。

第一，永不进入信息服务业，它只做“云管端”三种信息硬件的业务。

第二，不迁就有功的员工。这一点很多人都理解不了，因为绝大多数企业困在哪呢？就是困在有功劳的老员工手上。老臣居功自傲，出工不出力，天天在那里摆功劳，说风凉话，他给公司带来的伤害，远远大于他曾经给公司作的贡献。

对于创业老将，你有一百种、一万种方式对他好，但你就是不能让他带兵打仗。打仗只能靠35—45岁的人，一过45岁，上有老下有小，每天思前想后，我怎么能靠你打仗？这很残忍，但没有办法，我们不是开养老院。我可以给你钱，给你股权，我可以给你一些看起来很光鲜的工作，但是我不能让你在前线带兵打仗。

第三，不让雷锋吃亏。我在很多别的场合都阐述过，雷锋是什么人，雷锋是做事的人，主动做事的人，任劳任怨地主动做事的人。这种人在中国吃亏吗？我告诉你，吃亏，从来就吃亏，吃亏了几千年。华为要靠一套系统，靠六种评价方法，六管齐下，确保雷锋不吃亏。

华为业务投资还有五个“不”，我们只看前面几个。第一，不做应用，不碰数据；第二，不开展以财务回报为目的的产业投资；第三，不以公司风险投资部门的局部价值最大化为目标，这些都值得我们再三思考。

其实，华为还有一个更加严厉的投资方面的“不”：不允许高管在外面有投资，不管是控股还是参股，连买股票都不允许，必须利出一孔。你说我自己是老板，弄块自留地还不行？不行，你在外面有投资，就说明你有异心。这是一般人很难理解、很难做到的，我们先知道有这么高的标准，心里有把尺子就好。

华为经营理念的六个“不”：不做飞猪做象龟，跟我刚才讲的靠实力、靠72分是同一个逻辑；不做老虎做群狼，强调团队作战；不做牡丹，做薇甘菊，薇甘菊是一种生命力极强、繁殖能力极强的野草。

所以你在公司的使命、愿景、价值观里列出不做什么，表示了一种巨大的决心，很少有企业有这么大的决心，敢这么表态。当然华为也没办法，像现在他们碰到美国人打压，也被迫做一点应用以及信息服务。他们新成立的那些军团，其实都是做应用，做信息服务，没有办法，为了活命。

七、战胜重短期，不败重长期

第七个维度是，战胜重短期，不败重长期。这个世间唯一的奇迹就是复利机制，没有任何别的奇迹。每天增长1%，大家知道365天后是多少倍？37倍。每年增长20%，大家猜猜30年之后是多少倍？237倍。所以你说有点闲钱到处投资，然而，你老老实实做好本行可以达到237倍，你到哪儿去找237倍回报的投资机会？

一般人看到的是财务的复利机制，看不到组织能力的复利机制。组织能力的复利机制很难听懂，它是什么意思？用简单、通俗的语言来讲，可能就是干部梯队特别强大，其中能做司令的有多少人，能做师长的有多少人，能做团长的有多少人，一目了然。很多人很纳闷，那么多的师长、团长从哪儿冒出来的？我实话告诉你，秘诀就是一对一谈话。

一对一谈话是什么？教练式的业绩辅导谈话。一个月有四周，阿里巴巴所有的干部，每个月有一周时间用来作一对一谈话。高层基本上谈的都是个人发展的问题，中基层谈的可能是业务指标多一点，但都是教练式谈话。

管理难学一方面是因为你必须困而知之，你必须深陷其中，你必须被这个东西所困惑、所苦恼，你才会去下苦功夫；另外一方面是，管理特别慢，你就算是完全按照肖老师的这个说法，从今天开始去做一对一，去做梯队建设，一般来讲没有两到三年是看不出效果的。它与通过某个营销事件销售下个月就增长300%—400%，完全不是一个路子的东西。我们大多数中国老板不愿意等待这两三年。

为什么西方企业这么牛？因为人家不仅有你那30年，还有儿子的30年，还有孙子的30年，加起来就有90年。他的复利机制是90年的复利机制，甚至更久，你如何与人家竞争？例如，博世、百威，人家背后是200年的复利机制，一年比一年提高一点点，200年积累下来，就是难以想象的竞争实力。

历史学家们研究中西生活水平，不同的历史学家观点不一样，有的说宋朝时我们的生活水平比欧洲高，有的说明朝永乐年间我们的生活水平还是比他们高。但是后来为什么慢慢就被人家超越了？因为毕竟你不增长，或者你增长一段时间后衰落，又回到原点。他们是每年增长一点点，积累一两百年下来，就是一个难以想象的数字。其实，经济史学家们发现，中世纪的欧洲增长并不比中国快多少，只快0.25%，但是0.25%积累下来也是难以想象的巨大进步。

为什么我们强调家族传承、强调家族企业重要，它的核心的逻辑也在这里。没有这种家族的决心、毅力、梦想、价值观在后面支持，你很难用100年、200年去坚持做同一件事情，把它做得尽善尽美。职业经理人团队利润最大化的冲动可能会比家族还要更大一些，一不小心，就从A转到B，然后又转到C去了，过个三五十年，就面目皆非了，这个概率还是很大的。

所以欧洲的这些伟大的家族企业你不得不佩服，像我的母校INSEAD有一家合作的家族企业叫温德尔。温德尔的故事是它经历过两次世界大战、三次国有化，到今日为止，还是欧洲主要的家族企业之一。

过去二三十年，因为我们都是乘着东风往前走，没有经历过周期，没有经历过挫折，大家都不知道怎么去应对未来有可能出现的情况。但其实西方企业早就琢磨出一套系统，这套风险管理系统的横坐标是风险带来的损失，共4个等级，纵坐标是它可能发生的概率，也是4个等级。4×4是16，一共16宫格，然后每一格都采取相应的对策和措施，所有的预案都事先做好。不要以为人家百年基业是凭运气和偶然，背后都是严密的风险管理机制。

所以企业活下去是最低纲领，其实也是最高纲领。任正非再三强调，活下去现在是华为的最高纲领。企业的最高标准就是企业的利益，作为企业家，企业的生死存亡就是他们的信仰。

八、战胜重有限，不败重无限

最后一个维度，战胜重有限，不败重无限。战胜之道是把做企业当成一个有限游戏来玩，不败之道是把它当成一个无限游戏来玩，逻辑是完全不一样的。有限游戏有终点，有赢家，无限游戏没有终点，没有赢家，所以你要做的不是成为赢家，你要做的是永远在场。

有限游戏重视的是零和逻辑，我得的就是你失的，我失的就是你得的，无限游戏重视的是双赢、多赢的逻辑。

有限游戏重视的是取胜，无限游戏重视的是延续；有限游戏强调的是获取，无限游戏强调的是贡献；有限游戏考量短期的获益，无限游戏强调的是展望无限的愿景。

雅迪公司增发5亿元在越南建工厂，就有人问，你这5个亿多长时间能够收回投资？雅迪的老板说，为什么要收回投资？我们就是要跟越南一起成长，一起发展，一起为当地的经济作贡献，这就是无限游戏的思维。

有限游戏重视的是采取某种特定的模式，无限游戏不断地适应变化；有限游戏在顺境的时候活得很好，但是无限游戏能够在顺境和逆境同样安然渡过，这是第八个维度。

总结一下，第一个、第二个维度是偏经营者的心态，你要向内，你要为己；然后重实力、重质量、重战略，这是偏经营的实践；最后是重不为、重长期、重无限，偏经营的哲学，这就是不败之道和取胜之道的区别。

九、职业化的逻辑

我琢磨管理，从1989年到现在三十多年了，我现在只讲一个词——职业化，英文叫professionalism。职业化的逻辑可以包打天下，职业化的逻辑可以上天入地，可以创造一切神奇，理解了职业化就理解了我全部的管理理论。然而，它实在是难以理解，我也不知道我能不能讲明白。

职业化首先是科学与法治。过去三年，很多人意识到了“德先生”“赛先生”的重要性。其实，职业化不仅有科学，有法治（民主），其实还有一个维度是信仰，英文叫faith，我管它叫“费先生”。

中国人不理解职业化，或者说对职业化一知半解，只理解了一部分，其实最重要的就是不理解信仰这个维度，所以仅有“德先生”“赛先生”没有“费先生”，一切都是站不住脚的，基本上是半途而废，烧水烧到95度就停了下来。

有段时间中国企业界突然群起而攻之，大骂职业经理人，这是对职业化、对职业经理人概念的最大误解，只能说明你用的人不够职业化，不是职业化不对。

前些天我跟王石在一起聊天，聊到他于1990年代做的《万科周刊》，他在万科公司提倡简单、透明、直接的文化，什么事情都按桌面上的规则来办，整个《万科周刊》就是传递这样职业化的理念，当时影响力是非常大的。王石跟我讲了一个小细节，说当时深圳市委书记厉有为带着深圳的一批企业家去上海访问，当时是陈至立同志接待的。陈至立见到大家，第一句话就问《万科周刊》是哪家企业办的，随后拉着王石聊了半天。

王石的口才不算太好，有时候也会说错话，但其实他大方向一直是对的，他把握住了职业化的逻辑，这是王石对中国企业界最大的贡献，这个贡献也许超过了其他所有企业，时间越长，大家才能看得越清晰。

另外一家职业化做得好的企业是美的，其创始人何享健也是1990年代就旗帜鲜明地表示，我们美的未来就是三个字：职业化。因此，我们要用职业经理人，我们一开始用北滘人，后来用广东人，然后用全国的人，最后是用全世界的人，所以美的公司这些年的发展还是相对比较顺利的。

科学的维度大家容易理解，就是做事情一定要有全面的视角、长远的视角、技术的视角。就是任正非说那个话，职业化的解决问题的方式，从更长的时间维度上来看，永远是成本最小的解决方式。

一般情况下，中国人很难理解这个逻辑。洛克菲勒在北京建协和医学院的时候，就一定要用“金砖”。它不是金子做的砖，是花很多人工水磨的砖，所以他们雇了一大批人磨金砖，北京人管那些人叫“磨洋工”，这三个字就是这么出来的。其实大家知道，直到今日为止，协和医学院还是中国最好的医学院之一，协和医学院大楼巍然耸立，还是最漂亮的大楼，人家背后的逻辑是很清晰的。

顺便告诉大家，洛克菲勒建协和医学院的时候，其目标可不是建中国最好的医院，而是建全世界最好的医学院，是和约翰霍普金斯医学院一起建的，但一百多年之后，约翰霍普金斯还是世界最好的医学院之一，协和医学院离世界最好不知道差多远了。

所以你如果下定决心，请一些有大公司背景的人来做人力资源、做财务、做IT，你有时候会觉得假模假式的，怎么那么多各种各样的招数、名词、说法，哪有你说的那么复杂，你真的会烦他。

大多数公司刚接触SAP软件的时候，气得跳脚：我就买几双劳保的鞋子、手套，怎么要走七八步流程？这软件差点儿没把我公司搞死。

然而，人家是全面的视角、长远的视角、技术的视角，你一定要虚心去学习，弄明白人家为什么这样设计。当然你企业小，发展还没到那个层次，可以简化一点，可以剪裁一下，但是你要懂人家背后的逻辑。

例如，西方大公司采购为什么不容易贪污？因为它是采、购、计划、技术、质量五权分离的，这个不需要我细讲，你们都懂的。如果五权分离，你同时搞定五个人的可能性很小。我企业小，不搞五权分离，至少可以搞个三权分离、两权分离吧。

法治这个维度很难理解，因为我提到的法治是英美法系的法治，不是大陆法系的法治。英美法系的逻辑是忠于法律的精神；不是完全合同，是非完全合同，不仅完全合同要执行，非完全合同也要执行；因为它对法律的内在精神的重视与尊崇，甚至可以说，它本质上不是合同（contract），是誓盟（covenant）。

英美法系的逻辑一般人很难理解，最核心就是陪审团，陪审团是个错误的翻译，jury其实就是审判团，按身份证号码随机摇出来12个人，决定你有罪还是无罪，而且如果决定无罪，必须当庭释放，不得上诉。英美法系基本就没有留下官僚系统对法律上下其手的空间。

法国人、德国人也学英国人的陪审团制度，最后都没有学到精髓。法国、德国的陪审员号称是陪审，其实某种意义上就是摆设。因为英美法系讲得很清楚，陪审团负责事实的认定，判断有罪或无罪；法官负责法律的应用，罚多少钱，判多少年。法国、德国的陪审员名义上地位很高，与法官一起参与审判，但法官是专业的、体制内的人，陪审员是临时过来的平民老百姓，所谓参与，事实上就是做做样子，成为摆设。

最后一个维度是信仰，你不信我这个企业的使命、愿景、价值观，你到我这来做经理人、做总经理，这不是开玩笑吗？你连做一个普通员工都不合格，还能做经理或总经理吗？所以，职业经理人就蕴含着你对这个企业的使命、愿景、价值观发自内心的认同。如果说董事长的认同是100%，总经理年薪两三千万元、拥有公司3%—5%的股份，对于公司的使命、愿景、价值观至少要信到90%左右，所以职业化包含着对使命、愿景、价值观的认同。

大家知道最早的职业经理人来自哪吗？来自欧洲中世纪的圣殿骑士。当时，欧洲不论是有钱人还是穷人，他们一生共同的梦想是去哪里？是去耶路撒冷，去圣地走一圈。没钱的人一路乞讨。有钱的人怎么办？你那些大宅子、金银财宝怎么办？就交给圣殿骑士代管，然后过了三四年——那个年代从英国去耶路撒冷，你想想有多远——你回来之后，他们再把财产交回。他们履行的是上帝交给他们的代管财物的责任，是非常高尚、荣耀、神圣的任务。

职业经理人的本质是这么一种逻辑，其背后的力量就是信仰的力量，没有这种信仰力量的支持，企业内部的各种千奇百怪的矛盾是很难得到解决的。

举个例子，方洪波本科在华东师范大学历史，看起来很文弱，但“裁人”的时候，刀子比任何人都更快。有一位跟着方洪波一起进美的公司、一起住筒子间的同事——大家知道，一起进公司，二十几岁一起住筒子间，那种友谊是什么友谊——业绩不行，方洪波要把他裁掉。朋友劝他，你跟方总是多年的关系了，你找他说说情呗。那哥们儿说，不要去说，没有用的。有人问，方洪波这么无情无义？那哥们儿说，不是方总无情无义，方总跟我私人还是好朋友，哪一天他不做美的总裁，他肯定会来请我吃饭，但只要他是美的总裁，他就必须下手，必须把我裁掉，这就叫职业化。

西方的电影里，嘣的一枪，杀手把他最好的朋友杀了，然后来一句：“蠢货，这是生意。”（Stupid，it is business.）这是我的雇主要求我做的，没有办法，拿这份薪水，我就得重视人家对我的托付。

哈佛商学院最受人尊重的教授克里斯坦森——提出颠覆式创新概念的那位老先生——的最后一堂课上，他1米9的大个子，就给大家讲了一个词，信托责任，英文叫fiduciary。

十、职业化就是每个人做好自己的工作

职业化的逻辑就是每个人做好自己的工作，就这么简单。我经常讲的是特拉法尔加海战的例子。大家知道，我们中国最重要的城市是北京，北京最重要的地方是天安门广场，英国最重要的城市是伦敦，伦敦最重要的地方是特拉法尔加广场。特拉法尔加广场只纪念一个人，他叫纳尔逊。

纳尔逊12岁参加皇家海军，18岁做舰长，后来担任波罗的海舰队副司令，发明哥本哈根战法，全歼丹麦海军。1805年特拉法尔加海战，消灭了西班牙和法国的联合舰队，奠定了大英帝国150年的海上霸权——一直到二战——他靠的什么？靠的是每次决战前夕打的旗语——英格兰期望每个人做好自己的工作（England Expect Every Man Will Do His DUTY），每个人做好自己的工作，就能创造奇迹。

大多数公司很难实现这一点，容易陷入所谓的“卡普兰三角”，情况相当复杂。在这个三角中，有人充当受害者，有人充当迫害者，还有人自认为是拯救者。经常会发生团队内部争执，不断变换角色，让企业内部的故事充满紧张与戏剧性。更令人担忧的是，通常情况下，一个团队中的同一人会不断扮演这三种角色，既是受害者，又是迫害者，同时又自封为拯救者，这种情况就像好莱坞电影中多重人格的角色一样让人匪夷所思。

我所描述的情况就是：在公司中，这些挑事的人、制造麻烦的人，团队中往往有一两个这样的人存在，这会让工作环境变得难以忍受。他们不履行自己的职责，却总是抱怨别人在害他们，实际上却是他们在害别人。然后，他们又试图扮演拯救者的角色，将所有功劳归于自己。你们也许都能理解，自己的团队中是否存在这样的人，这种情况是否会令人难以忍受？

实际上，问题的根本在于每个人都没有认真履行自己的职责。如果每个人都专注于自己的工作，填弹的填弹，瞄准的瞄准，点火药的点火药（尽管现在已经有更现代的武器了），那么炮弹就会准确命中目标，战斗力也会大幅提升。这固然充满挑战，但也是必须克服的。

因此，在中国，大多数规模稍微大一点的企业都采用经营代替管理的方式，即

将业务划分成小经营单位，实行承包制，根据业绩来分配收益，这被称为以经营代管理。而真正规模庞大、正规化的大型企业则不会采取这种方式，它们通常更注重分工、合作和利润最大化，因为只有这样才能实现高额利润。

以航空母舰为例，上面需要协调管理的工种多达2 500个，而小舢板上只有几种工作，如摇船。然而，即使你有100个或10 000个小舢板，如果没有良好的分工合作，你仍然无法与一艘航空母舰抗衡。中国企业由于缺乏团队协作，往往采用独立的经营单元模式，年底根据业绩来分配利润，却自认为拥有高水平的管理。

那么，管理的关键在于什么呢？它依赖于核心职能部门。最重要的三大职能部门包括：骨干干部队伍（人力资源部门）、财务会计（资金调配）以及流程管理与信息技术系统。现在，像华为这样的企业，全球范围内拥有数十万员工，每天处理数万笔财务账目，甚至到几元钱的级别，这显示出管理的高度精细化。

我没有足够的时间详细阐述为何英美战斗力强大，但它们的实力根本原因在于法治体系的力量，这是建立在公正基础上的。每个人都相信自己的努力会得到应有的回报，例如，纳尔逊海军上将强调高度授权，告诉船长们，在战斗中不应担心做任何他们认为正确的事情。他最关注的是受伤和牺牲的士兵名单，要迅速提交给海军部，以确保适当的抚恤。

因此，你可以看到他们对牺牲士兵的待遇非常隆重，你如果看电影都知道，它有一套非常隆重的报丧流程，如果遗体运回来，流程就更是难以想象的隆重。这反映了法治体系的支持。我提到打仗实际上就是后勤，因为后勤是发财的关键。然而，后勤方面的不正当行为在战争中确实存在，但在法治系统的支持下，军队经常把人送上军事法庭审判（court-martial）。

这些逻辑的详细阐述可以在《杀戮与文化》这本书中找到，它清晰地解释了战斗力的根本源泉，即来自公正的法治体系、对个体的保护以及团队之间的无缝合作，这才是真正的战斗力所在。其他一切都是虚假的，只是在愚弄外行。

十一、好企业“三个不”：不意淫、不侥幸、不懈怠

在中国，职业化的道路上，我们面临着三种通俗文化，它们可能成为我们最大的障碍。首先，是武侠文化，这种文化追求盖世武功，强调个体通过掌握秘籍或技能就可成为天下第一高手，其中以金庸作品为代表。其次，是谋略文化，相较于西方，中国文化更强调智谋策略，但这在西方却被视为次要。《三国演义》是这种文化的代表。最后，是发迹文化，这种文化倾向于追求一蹴而就的成功，通过一招制敌或一夜暴富来实现。通俗文学作品如《水浒传》和《隋唐演义》都反映了这种文化。

这三种文化都有一个共同特点，那就是追求“爽”的感觉。武侠、谋略、发迹都

带来一种令人愉悦的满足感。然而，这种“爽”的文化实际上是一种懒惰，因为它们强调的是瞬间的成就感。

在企业领域，职业化与这种“爽”的文化相对立。在企业中，成功不是通过盖世武功、惊天妙计或一夜致富来实现的。成功需要平凡而持之以恒的努力，就像前面提到的例子，肯德基员工欢迎每位顾客，司机在出口处等待乘客，这都是日常的工作，却至关重要。此外，企业管理依赖于周密的安排和预案，而不是侥幸或大胆的策略。最后，企业的成功需要长期坚持，不会一夜之间致富。如果有迅速成功的机会，那也同样可能导致迅速失败。

综上所述，成功的关键是遵循“三个不”的原则：不意淫（平常功夫）、不侥幸（周密安排）、不懈怠（长期坚持）。这些观点可能不会在当下立即产生作用，但它们提醒我们，在职业生涯中，我们必须靠自己的努力克服困难，吃苦耐劳，就像健身一样，不仅仅依赖于教练或小册子，最终成功与否取决于个人的坚持和努力。

十二、从职业化到全球化

强调职业化的原因是只有职业化才能实现全球化。职业化是人类文明的结晶，是一种全球通用的语言，无论在哪里，都能够被理解。在企业经营中，我们可以分为国际化、多国化和全球化三个阶段。然而，遗憾的是，许多中国企业甚至还未踏出国际化的第一步，更不用说第二步和第三步了。

国际化、多国化和全球化有着不同的定义和特点，具体细节可通过查看相关资料进行了解。然而，对于企业家来说，最重要的是以企业的利益为最高标准。企业的生死存亡是最重要的信仰，不要被其他因素所迷惑。

让我们再来看一些具体的例子。戴比尔斯（De Beers）是哪个国家的公司？尽管它是钻石业的巨头，但几乎没有人知道它属于哪个国家。最初，这是由南非的一个犹太家族创立的公司，后来被英国公司控制，总部又转移到了卢森堡。这使人们难以确定其国别。

再来看红牛（Red Bull）。同样地，很少有人知道它的国别。红牛的配方最初由泰国华裔的许书标发明，后来转手卖给一个奥地利人。这位奥地利人将红牛品牌打造成了全球极限运动的代表，然后在国内将其卖给了华彬集团。这使得红牛在国内取得了巨大成功，市值甚至达到了数百亿元。

接下来，让我们看看汇丰银行（HSBC）。它的英文原名是“Hong Kong Shanghai Banking Corporation”，即香港上海银行有限公司。曾经，汇丰银行的总部位于香港和上海，然后迁至英国，如今情况已发生了很大的变化。

在这里，我要特别强调企业国际化的关键细节。首先，成功的国际化需要一个坚实的基础，就像出海需要一艘可靠的船一样。这个基础包括骨干系统、血液系统和神经系统，也就是人力资源管理、财务管理和IT管理。如果这些方面不到位，那么你的出海计划可能会以失败告终，就像拿肉包子打狗一样。

我曾在1990年代初在国有进出口公司工作，该公司在世界各主要国家都设有代表处，但通常只有三五个人。然而，经常会出现各种问题，比如巴西代表处的总代表和财务经理发生纠纷，结果携款潜逃，导致巴西代表处倒闭。这是一个典型的例子，说明了国际化过程中面临的挑战。

其次，建立强大的防火墙至关重要。在海外经营时，我们不一定需要成为国内上市公司的子公司或分公司。相反，可以以自然人的身份注册独立的公司，然后与国内公司进行业务合作和品牌合作。尽管上市公司更加复杂，但总是有办法解决问题。

除了上述几个例子外，让我再提一个例子，宜家（IKEA）是哪个国家的公司？它有意采用瑞典国旗的黄色和蓝色组合，以及瑞典风格的设计，以吸引消费者购买其产品。但实际上，宜家的业务分为两部分，一部分是门店运营，其母公司注册在荷兰；另一部分是设计与制造，其母公司注册在瑞士。这使得宜家建立了强大的防火墙。

最后，做客的艺术也非常重要。我们都知道，李嘉诚和郭鹤年等华人企业家达到了“人瑞”的级别。郭鹤年拥有北京最大的商业综合体国贸中心，以及上海的一些最大、最好的商业综合体，如静安中心和嘉里中心，还有香格里拉、嘉里物流、金龙鱼等许多品牌也属于他的企业。

然而，郭鹤年究竟属于哪个国家？他的公司又属于哪个国家？这些没人能说清楚。他在马来西亚长大，在读中学时，遇到了日本人的侵略。他和哥哥一起躲在棕榈园中，每天背诵厚厚的《英诗金库》，这本书包含200首英诗，他从头到尾都背了。这就是郭鹤年的教育背景。后来，他在新加坡莱福士书院上学，并成为李光耀的同学。因此，不管身处何地，他都是客人，但不管身处何地，他的业务都是最出色的。

总之，做客的关键是掌握做客的艺术。这包括不干涉主人的事务，与当地人多交朋友，以及更重要的是，如果你在某处不受欢迎，就前往那些对你友好的地方。这些都是做客的关键点。

十三、向植物学习生存策略

在动物王国中，尤其是纪录片《王朝》中，我们可以学到很多有价值的东西。例如，观察大猩猩是如何管理它们的社群的，其中包含一些非常值得思考的细节。最近BBC又制作了一部令人印象深刻的纪录片，名为《绿色星球》。特别是其中的第四集《荒漠世界》非常出色，深入探讨了不同植物的生存策略，这些策略都值得我们深思。

在《荒漠世界》中，涉及多种不同植物的生存策略。首先，让我们来谈谈胡杨。这种植物活了300年，倒下后还能屹立300年，堪称我们做企业的楷模。为什么胡杨如此有生命力？其中一个重要原因是它的根系发达。在干旱季节，它会生长更多的根系，而在雨季，它则会生长更多的枝叶。纪录片中提到一个鲜为人知的细节，解释了为什么胡杨林通常是成片生长的。这是非常值得我们思考的，就像我们的地域团结一样，各地的人要团结一致。在经营企业时，除了特殊情况外，一定要有人能够组织并应对突发情况，这一点非常关键。

接下来是马鞭草的生存策略。如果连续10年没有下雨，它的种子会和沙子混在一起。一旦降雨，它们会在4—5周内快速生长、开花和结果，下一代种子再次和沙子混合，留在沙漠中。这个策略实际上只需要短短的4周时间，就可以完成发芽、抽枝、开花和结果，然后一阵风吹过，新一代种子就会散落到别的地方。

卷柏也有着独特的策略。当干旱来临时，它会逐层包住自己，然后最有趣的是，它的根会自己断裂。一旦根部断裂，风吹着它就会迁徙，只要找到水源，它就会停下来，重新生根并迅速生长。卷柏的另一个名字是“还魂草”，因为它有着强大的生命力，就像是重生一般。

另一个令人印象深刻的植物是巨人柱，一种仙人掌。这些巨人柱可以高达15—16米，可以储存高达一吨的水。这是一个令人惊叹的储水能力。你可以观察到仙人掌的褶皱，就像手风琴一样，当褶皱展开时，储水容量就会增加。这也是我们可以借鉴的，有时在经营企业时，低调一点可能更明智，就像女生们在穿衣服时选择具有褶皱的款式一样，它们看起来可能更让穿着者显瘦，但也适合略微胖一些的人，因为它们能够展开。

最后，还有一种非常有趣的植物叫石生花，它属于多肉类植物。这种植物看起来完全像一块石头，伪装得非常逼真，但突然间，它会开花和结果。这也告诉我们，在中国经营企业有时候需要低调，就像石生花一样。

（领教工坊公众号首发；华夏基石e洞察公众号2023年2月24日发布）

凭焦虑，杀不出重围

周其仁

一、已知的最好答案是“不确定”

经济学常常被看作一门忧郁的学问，看未来不那么明朗乐观。亚当·斯密还比较明确，认定只要提供充分的经济自由，看不见之手就能把人类带向一个更好的经济增长。在他那个时代，英国工业革命蒸蒸日上，实践也支持着未来明确乐观的经济学。《国富论》最了不起的预见，是断定美国经济有远大前途，这一点后来得到了验证。

但是亚当·斯密以后，随着资本主义迅速展开所引发的矛盾，很多经济学家就不那么乐观了。最知名是马尔萨斯，相信人口增长会持久快于食物增长，所以未来一定麻烦，要靠饥荒、灾难，甚至战争等来重建平衡。由此也给经济学打上忧郁的印记。

苏联曾有几十年的乐观，最辉煌是二战，用计划体制动员起来的工业能力成为反法西斯的物质基础。战后更乐观，赫鲁晓夫放言“20年赶超美国”。可惜没得到验证，在和平时期满足人民不断增长的物质文化需要的竞争中不但没胜出，还弄得一个经济停滞、体制僵化，直到苏联解体。

中国在一穷二白基础上搞建设，先学苏联，也乐观过，赶不上美国也要超英国。不幸遭挫，靠调整才稳住脚跟，却又被逼到了无路可退，才有了思想解放、改革开放。1980年提出的20年翻两番目标，中国做到了，进入21世纪头10年又翻了一番，成为全球第二大经济体。不过回看20世纪80年代的出发点实在很低，像我这样大学毕业参加农村调查研究的，当时要直面的实际，是“八亿人搞饭吃，饭还不够吃”。所以非改革不可，改又不易，解决一个问题又冒出一批。怎样看未来，乐观还是悲观？老实讲，还没工夫好好想将来。

教书要讲到预期，阐明人们行为受对未来看法的影响。我知道关于未来最好的理论答案，是“不确定性”，那还是奈特教授在1921年著作里提出来的。何谓“不确定性”？就是经验概率也推不出来将来一定会是个什么样，不妨干脆译成“莫测”。按奈特的原意，不确定性比“风险”来得严重，本质上不可测，用保险机制也对付不了。这与现代物理学家或有一拼，他们说观察一个处于纠缠态粒子时，无从预知究竟是什么，根本就“测不准”——“莫测”是也。不确定世界怎么应对？经济学得出了一些今天看来还站得住脚的结论，那就是离不开一套制度——法治、市场、财产权、合约，特别是股权合约。为什么要“让市场在资源配置中起决定作用”？理论上追到底，就是未来不确定。

二、“对未来严阵以待”

以上答案靠得住，但不好说完美。首先关于未来不确定、莫测，似乎没什么更多内容可说，导致对“人们怎样看未来影响其当下决策与行为”的忽视，降低对行为的理解力和解释力。其次，莫测无非“天有不测风云”，容易让人“预后不良”——似乎不确定总意味灾难来临。其实，不确定性也可能是意外惊喜，并不是单边确定的倒霉。

所以对“不确定”还可以解析。这方面，彼得·蒂尔的《从0到1》，对我有启发。作者把人们怎么看未来，构造成一个两维对两维的矩阵（明确/不明确，乐观/悲观），得出了四个象限：明确乐观，不明确乐观，明确悲观，不明确悲观。然后他把“各国看待未来的方式”，装进了这个认知矩阵。当然不够严谨，因为“各国”都有很多人，看未来的方式不尽相同，所以顶多是对各国主流看法的概括，少不了作者自己的主观印象。只是非严谨也有启发，冲击力还不小。

譬如他认为，“从17世纪一直到20世纪五六十年代，对未来明确的乐观主义者都领导着西方世界”，而“1950—1970年的美国”，更是有史以来“明确乐观主义”的当然代表。言之成理乎？蒸汽轮船、铁路、电报、大规模机械化、化学广泛应用、跨海隧道、地铁、陆地其他基础设施建设，以及从苏伊士运河到巴拿马运河开凿，所有这些改变人类生活的壮举，难道真是“被法术召唤”出来的吗？作为得天独厚的英国在北美的殖民地，美国自然禀赋丰裕，人口又不多，开荒种地吃饱饭、买卖棉花烟草木材，对那代欧洲移民足够好了吧？为什么还要发明工厂流水线、造帝国大厦、建金门大桥、搞“曼哈顿计划”、投资洲际高速公路，还要实施“阿波罗计划”？更不要提无数民间的奇思怪想、胆大妄为之举。总之，没有哪一样是“纯自然”的，一概是人工、人为之物。人做事情之前，总受对未来看法的支配，难怪蒂尔先生把20世纪80年代以前的美国，毫不犹豫地划入看未来“明确乐观”的第一方阵。

不过，作者认为后来的美国转向了“不明确的乐观”。特征是“乐观、但又迷茫”，金融家取代科学家和工程师成为天之骄子，“财技”比科技更加耀眼，人们高估“机遇”，低估“规划”和持久努力，低储蓄、低投资、高消费，让金融、政治、哲学和人生一并蒙上不明确乐观色调，谁也不问究竟能不能持久。当然，作者以为“当下欧洲”更糟糕，受“不明确悲观”的支配，得过且过，眼看油瓶都倒了，议论半天也没见谁起来当真扶一扶。

三、让务实的明确乐观抬头

回过头来看第三世界发展中国家，要是照搬、仿制支持现有发达国家生活的技术，几亿人或许行，十几亿人、几十亿人断然不成。环境已经发出了警告。倘若把经济开发的环境成本全部“内化”为价格，那么现代享受对多数人口注定贵不可及。谁能劝说人们安于“耕地靠牛、点灯靠油”的传统生活呢？继续向前现代化，要承认现存技术再先进也还不够先进。欲满足人类不断增长的现代化需求，研发不能停、创新不能止。要让中国人——还有非洲人和其他人——普遍明确而乐观，从0到1尚不够，还要有能耐把不断冒出来的1，在环境支持限度内扩展成为N——可不是小数目的N，而是10亿、13亿、30亿。如果我没误读，这也是《富足：改变人类未来的4大力量》一书的中心观点。此书作者彼得·戴曼迪斯是工程学背景的哈佛医学博士，又是美国商业太空领域的领军人物。带着他这本书在游学路上边看边议，堪称绝配，值得推荐给各位一试。

看来我们要面对一个闭环。明确乐观的未来观，是一切经济、科技革命行为者的精神前提；可是只有当最神武的科技展示出多数人也可以过上富足生活的现实前景时，人们才可能普遍对未来抱有积极态度。先有鸡、还是先有蛋呢？老问题要新解，我们在游学中感悟到一点，愿意拿出来与大家分享：创新创业的最优主体既不是超大组织里所有人，也不是单枪匹马的先知先觉。最优创新组织是不大不小的“群”——同气相求容易达成共识，互相欣赏、互相切磋、互相鼓舞，组织成本不高就形成一致行动。群与群交互作用，行动出正果，就可以感染更多人群。这像生命一样，能够无中生有，是起于“一锅原生浓汤”，活跃分子凑到一起，闷在一块，高频互动，直到长出一个新结构。从这点看，革命、改革、建设，在发生学上是一样的。

最后，总结几点：一是发达经济体的前沿创新值得关注，中国人大可从中淘宝；二是想法比资源重要，因为每个时代的可用资源皆由想法决定；三是敢想敢做极有意义，而相信未来更好，是敢想敢干的前提；四是创新创业人群要主动对冲弥漫周遭的各种焦虑——增长焦虑、转型焦虑、教育文化焦虑，还有讲不明白的焦虑，但仅凭焦虑杀不出重围。要让务实的明确乐观在中国抬头，先从创新创业的人群开始吧。

（正和岛公众号首发；华夏基石e洞察公众号2023年7月23日发布）

华为实践：知识创新才是企业赖以生存的根基

陈珠芳

知识经济时代企业之间的竞争，归根到底是企业创新能力的竞争。换句话说，创新或者落伍，在市场激烈竞争的今天对所有企业来讲，就那么简单。正如华为公司CEO任正非指出：“我们是在竞争中学会了竞争的规则，在竞争中学会了如何赢得竞争。既竞争又合作，是21世纪的潮流，竞争迫使所有人不停地创新，而合作使创新更加快速有效。”[1]“华为自始至终以实现客户的价值为经营管理的理念，围绕这个中心，为提升企业竞争力，进行不懈的技术创新与管理创新。在实践中我们体会到，只有不断创新，才能持续提高企业的核心竞争力；只有提高核心竞争力，才能在技术日新月异、竞争日趋激烈的社会中生存下去。”[1]

企业的核心竞争力是企业集成人类现有知识进行知识创新、技术创新和管理创新，并迅速将新知识集成地应用在产品、工艺、服务及发送中的能力。世界上每个人都会有创造潜能，但为什么一些企业很富有创造力，而另外一些企业却没有？关键在于企业是否有让创新之花盛开的土壤和气候。而关键中的关键是企业知识创新管理。

《中共中央关于制定国民经济和社会发展第十四个五年计划和二〇三五年远景目标的建议》中第8条“提升企业技术创新能力”中指出：“强化企业创新主体地位，促进各类创新要素向企业集聚。推进产学研深度融合，支持企业牵头组建创新联合体，承担国家重大科研项目。发挥企业家在技术创新中的重要作用，鼓励企业加大研发投入，对企业投入基础研究实行税收优惠。”[2]又在建议的第9条：“激发人才创新活力”中指出：“贯彻尊重劳动、尊重知识、尊重人才、尊重创造方针，深化人才发展体制机制改革，全方位培养、引进、用好人才，造就更多国际一流的科技领军人才和创新团队，培养具有国际竞争力的青年科技人才后备军。健全以创新能力、质量、实效、贡献为导向的科技人才评价体系。”建议还指出：“健全创新激励和保障机制，构建充分体现知识、技术等创新要素价值的收益分配机制，完善科研人员职务发明成果权益分享机制。”[2]

中华民族具有伟大想象力和创新精神，英国史学家李约瑟博士指出：“中国文明在科学技术史上曾经起到过从来未被认识到的巨大作用”，“在现代科学技术登场前十多个世纪，中国在科技和知识方面的累积远胜于西方。”近二百年来由于帝国主义侵略和封锁的原因，致使中国科技的发展停滞。但在解放后，特别改革开放以来，中国科技获得迅速的发展，例如“两弹一星”“北斗卫星”“航天技术”“量子技术”“激光技术”“通信技术”……都有许多创新成果，有的已处于世界领先地位，因此，我们必须有创新的自信。华为的5G技术处于世界领先地位就是最好的例子。

本文试图通过华为“企业知识创新管理”的实践，讨论如何为技术创新创造良好的条件，并研究企业对知识创新过程的组织管理。

一、企业的知识资本与财务资本的关系

（一）知识资本

企业知识资本是企业员工的知识与技能和热情的总和，我们可以下列公式表示：

$$\text{知识资本}=m\cdot\sum_{N=1}^{s}\text{知能}\times\text{热情}$$

m：管理系数；s：知识工作者数量。

热情：对企业的信任与合作、创新的激情，创新思维的激活程度。这一要素与个人动机及管理相关。

知能：员工个人的知识与技能，包括员工的学习能力。

管理系数m决定员工集成起来的结果是1+1>2或者1+1<2，其大小取决于管理者能否在企业中建立一种企业与员工之间、员工与员工之间互相信任与合作的关系，这种互相信任是企业的“社会资本”。

一个企业有了高学历的人才，是不是等于这个企业就有了知识资本呢？有些公司拥有很多高学历的人才，但是如果没有加以管理，那么这些人才很可能是一种极端的傲慢的个人：他们个人意识特别强，不能共享知识，不能吸取别人的教训，不能倾听客户的意见。在这种情况下，这些人才很可能对企业的作用是毁灭性的，所以并不是有了高学历的人才就可以形成企业的知识资本。

（二）高新技术企业创造财富的模式

高新技术企业的利润主要是科技创新与管理创新带来的，知识作为重要的生产要素，在企业财富创造中的作用如图9-1所示。

从华为三十多年的经营过程中我们深刻地体会到高新技术企业创造财富模式非常贴切地反映了高新技术企业所有运作过程的本质。华为公司在《华为基本法》中明确阐述：人力资本增值的目标优先于财务资本增值的目标。

高新技术企业首要的任务是通过管理让知识资本增值，然后，又通过管理，让知识资本转化为财务资本，财务资本的增值、企业的扩张，回过头来再支持知识资本的增值，这是一种良性循环。

改革开放以来，中国经济、科学技术的发展让我们明白了一个道理：过去工业

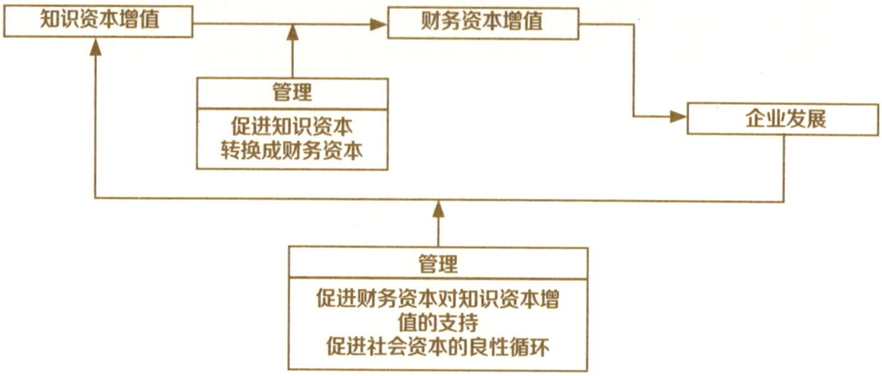

图9-1　高新技术企业创造财富的模式

经济时代是资本雇佣劳动，现在由于人们看到了知识的重要性，应该说一个企业有了具有很高知能并充满热情的员工，这个企业不愁没有资本，就是说“知识可以雇佣资本”，所以从实际上讲，管理就是有效地利用已拥有的知识，去寻求知识资本的增值。把拥有的知识最大限度地转化为生产力，这就是管理的作用。《华为人》报曾经转发一篇文章——《在马克思墓前》，作者是前中国驻英大使。其中有一个很重要的观点认为：资本主义，特别是在资本主义后期，财富的积累和增值是由于管理和技术的创新造就的。从这个观点来看，我们就非常明白“如何学会用现有的知识去进行管理的创新和知识的创新”是企业管理面临的一个重要问题。

（三）知识资本的增值依靠知识创新和技术创新

知识创新是基于推动社会进步的理论创新和基础技术的创新，这属于0—1的创新过程；技术创新是基于理论创新和基础技术成果转化为新产品、新工艺、新服务及扩展其应用领域，这属于1—N的过程。例如华为公司的5G技术就经历了0—1和1—N的过程，第一阶段0—1阶段是从事5G的理论基础和基础技术研究，申报了许多专利，提出了5G的短码标准，这个过程花了十年的时间。现在已进入1—N的阶段，不仅提供了5G的新产品、新工艺，还将5G技术推广到各个领域，例如：汽车自动驾驶、智能城市、智能家电、远程医疗、物联网……

从0—1—N的两类创新将造成知识资本的增值，并转化财政资本的增值。华为5G应用项目已获得1 000多个合同。

二、知识创新过程的动力因素

（一）人类有创新能力是源于人类有四个天赋

自我意识是让人类能主动地、有意向地、有选择地思考问题。

想象力是让人类能超越时空、超越现实想象未来场景的梦想，是理想主义者。这种能力在人类整部文明史中、在各民族的神话中彰显得淋漓尽致。例如：夸父逐日、嫦娥奔月、孙悟空大闹天宫……都是神话，但今天中国的“玉兔”真的登上月球了！人类文明史就是一部由梦想→假设→愿景→探寻→梦想实现→新的梦想……不断地螺旋上升的过程。

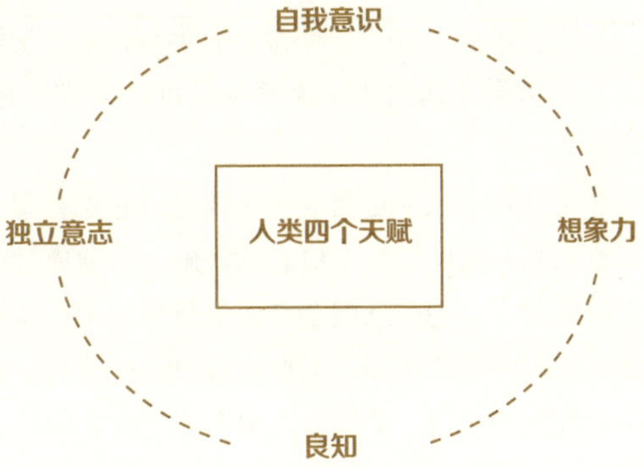

图9-2　人类有四个天赋

良知这一天赋让人类有分析解构的逻辑思维能力和建构整合的归纳能力，从而可以对事物进行判断。

独立意志的天赋让人类有选择的自由。

（二）企业的创新有赖于个体创造激情的激活

企业知识创新活动归根到底是管理者对员工创新的激活。一个企业不能不通过个人的思考而进行创新，但是如果每个员工创造性思维不被激活，那么企业从整体来讲是无法产生创新的。个人的创造性思维与集体的创新到底有什么关系？动力因素发生作用是一个怎样的过程？下面我们就研究这个问题。

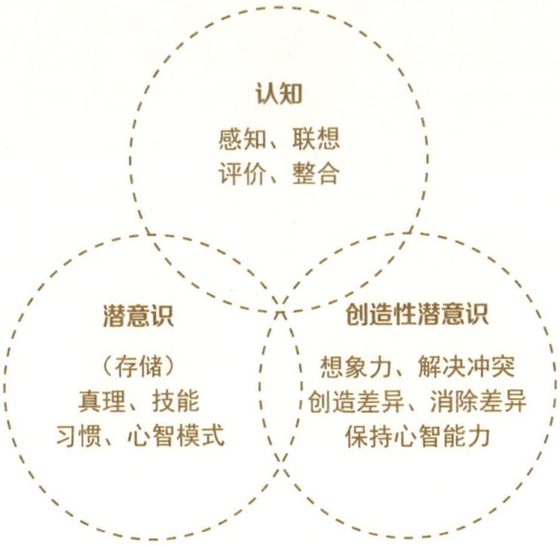

图9-3　思维过程模式

为了方便起见，我们用三个模块来描述个体创新思维过程：

第一个模块：具有认知功能（模式识别）。

通过感知、联想、评价、整合去获得信息。

第二个模块：存储（记忆）功能。

存储信息。

第三个模块：创造性潜意识。

发现差异、制造差异、消灭差异、解决问题。想象力及独立意识、保持心智能力。

人类历史的辉煌，得益于人类有认知，记忆和创造的天赋。

人类通过认知这一天赋认识世界，获得对事物的各种信息：真理、技能、假设等等。

记忆这一天赋也是非常重要的，它贮存着很多的信息，比如对一本书的体会、对事物的基本假设、一个概念的理解、每项成功的体验、每次失败的教训……当我们面对问题时，这些信息就会自然地显现出来，认知与记忆之间有着紧密的互动关系。比如人们对大象的认知，人们通过自己的感官、通过大脑，从大象每个局部的信息进行结构性思考以后，最终对大象有一个完整的认知——从大象的性格、外形、各部分的组合——认知。这种认知经过反复的强化后进入记忆中，人们一讲起大象来，脑海中就会浮现出一个完整的大象的形象，包括大象的脾性及其笨重又可爱的行为举止的画面，便栩栩如生地展现在眼前。就像存储在计算机存储系统的信息一样，一旦需要就可以让它在屏幕上显现出来。

记忆功能还可以贮存习惯的思维模式和行为模式及态度。比如开车，开始时有意识地去学，哪一个动作是管什么的，遇到什么问题应该如何操作，这个过程是有意识的，而在这个过程中，还没有把习惯的动作存到大脑中去的时候，你这时开车是战战兢兢的，不敢在开车时打手机，也不敢在车上潇洒地与别人交谈。为什么？因为这时的动作还没有形成习惯，还没有存到记忆里面成为本能式的动作，还是处于一种有意识的状态。

第三个模块的功能是什么呢？当认知模块发现了新的情况，把新的认知与记忆中的东西进行对比，在对比的过程中发现差异，或通过想象制造差异。差异促使第三模块发出张力，出现紧张情绪，心理不平衡。要消除这种紧张情绪有两种办法：一种是漠视的态度，不了了之，这是消极的态度；二是要寻根问底，这就会将紧张情绪转化为创造性张力，这一张力推动人们的思维进入创造程序。

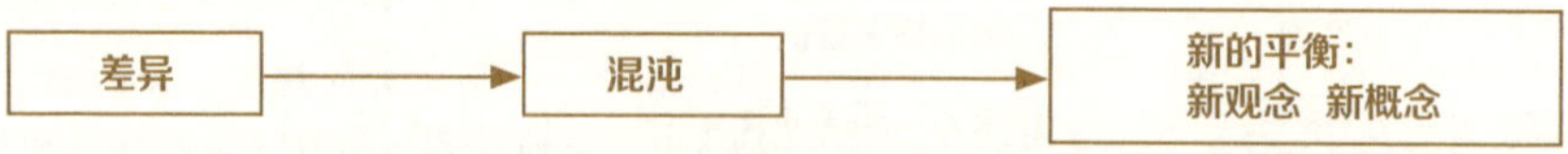

图9-4 创造程序

创造性潜意识引导人们发现差异、消灭差异，创造新的平衡。从差异到新的平衡的过程中会经过一个混沌阶段，当人们走出混沌之际，也就是到达了新的平衡之时，也是新的观念、新的概念、新的方法诞生的时候。

所以人的创造一定是在打破常规、发现差异的时候产生，发现问题就是发现差异，从差异中去寻找新的平衡，这个过程就是一种创造。比如，我们制定了一个目标，我们为之奋斗，但干了一段时间以后，发现现实要比我们预想的要艰难得多，出现了很多我们过去认识不到的问题。面对目标与现实的差异，一种态度是算了吧，根本不可能达到，把目标降下来，使它符合现实。那么这种思维虽然消除了紧张，但没有产生创造。另外一种是发现了目标与现实差距那么大，他进行思考，为什么有这个现实，为什么我们原来预计不到，我如何克服这个现实。通过对现实进行新的认识，创造出一种对付现实的新的办法，仍然朝着那个目标前进。这种方法是积极的。

由此，我们可以看到，人之所以有创造，之所以有创新，肯定是看到了问题并找到解决问题的新的东西，听到了新的观点，或者是看到了一本有新观点的书，或者通过讨论被人的不同的观点激发了。这种情况下才能够激发个人创造性思维。存到潜意识中真理，遇到了新问题，遇到了一个高手或遇到一个比较平凡的人，但他从另外一个很平凡的角度提出一个问题，在这个情况下就产生差异，这个差异就是促动人的创造性潜意识激活的过程，当然这里面有个心态的问题。

要使每个人都激活创造性潜意识，需要进行创造性潜意识的修炼。创造性潜意识有三个要素：问题意识，改进意识和机会意识。每个人都遇到问题经常问五个为什么。每个人总是抱着不断进步不满足现状的态度，他就会推动自己去破坏平衡，创造新的平衡。机会意识就是要去追随社会的需求，才能有创新、有动力，我们看如何修炼这几个意识。危机意识是问题意识，改进意识和机会意识的发动机。

一是问题意识。肖伯纳有句名言：“你看见各种东西，说为什么？但我梦想以前没有见过的东西，说‘为什么不’？”这种思想的修炼是非常重要的。二是学会系统思考，遇到问题学会问五个为什么。在日常工作中，有一个很重要的问题，就是我们思想上有一个误区，总是感觉到没有时间找问题，但是有时间没完没了救火般地解决问题。

举个例子，一个学生，一个星期里烧了一盒电阻，为什么？在实验时把电阻烧了，烧了拿下来再换上一个。他的潜意识中认为电阻烧了肯定是电阻的问题。后来，老师叫他“把电路图给我看”，发现这个位置绝对要烧电阻。这是什么原理，欧姆定律。谁都明白。但该定律并没有成为他所使用的真理。他不会用，他为什么不会用？是因为他没有建立系统的观点，一个系统任何一个部分有问题，都可能产生系统的问题，系统问题说不定是局部原因造成的。所以应处理好系统和局部的关系问题。华为提出研发人员由对技术负责，转化为对产品最后在市场成功负责。这就要求每个人都有系统最佳这种观点来思考工作。改进意识，韩愈讲过“行成于思，毁于随”。人们说人的潜意识有个格式塔，就是说人类总有一种追求完善的动机，不断地去超越。

（三）人类知识是在社会互动中由内隐、外显之间互动产生、不断发展的

1. 内隐知识和外显知识的内涵

我们现在就来分析什么是内隐知识，什么是外显知识。

内隐知识就是深居于潜意识中未被表达出来的知识，包括技能、心智模式、价值观、思维方法,等等。外显知识是由文字、图表、符号、数据表达出来的知识。

应该说，在人类的历史上，每一个人知道的比我们能说出来的要多得多。任何一个人都有很多内隐知识没有被表达出来。人类社会里被表达出来的知识是人类知识冰山的一角，可举很多例子说明。例如，1998年在秦始皇陵里出土的一个带釉彩的彩色兵马俑。通过分析，这种釉彩是现代生活中1984年才创造出来的，也就是说，在2000年以前，中国已经有制造这种釉彩的工艺，但没有被表达出来，没变成外显知识被记录下来，成为我们的遗产，失传了。一直到1984年人类才重新认识这个制造工艺，这说明人类带到坟墓中去的知识比留在人世间的知识要多得多，如果人们更多地沟通，更多地用文字表达出来，留给后人，那么我们现在的知识是很多很多的。在中国社会里，这种例子很多。

2. 内隐知识和外显知识之间的互动产生创新

人类知识绝不是单个的人创造出来的，它是由内隐知识和外显知识在社会互动中产生的。

举例：原子结构模型的建立与理论物理学科的发展

原子结构模型是卢瑟福（英国）提出来的。他认为原子是由原子核和电子组成的。原子像一个微小的太阳系组成的，原子核就是太阳，而自由电子就像太阳周围的行星（1911年）。人们认为原子时代是从卢瑟福进入原子结构模型开始的。然而，原子时代的黎明是在19世纪末。

1896年3月，法国人贝克勒尔发现某些物质发射不可见的光；居里夫妇发现镭是放射线很强的物质。原子概念随之产生：各元素最小颗粒被称为原子，原子的化合物称为分子。

1892年，荷兰科学家洛伦兹、德国人保罗·德鲁德、英国人詹姆斯金斯、J.J.汤姆逊等人共同发展了经典“电子理论”，提出了“电子”的概念。

当年，卢瑟福的隐喻既贴切，又生动，但按照经典电动力学的观念，卢瑟福的原子结构模型是无法被认同的。

因为按照经典电动力学的观点，电子运动在速度和方向发生变化时，必然会发射电磁波，这就会发生能量损失，电子必然会沿着越来越小的轨道运动，直到最后落到原子核上为止。而这与现实不符，在自然界中各种元素已存在千万年了。

此时，玻尔与卢瑟福在英国曼彻斯特大学共同探索，经过两个多月的研究，通过玻尔的反复计算，发动了物理学中历史性的一场革命！“错误的不是原子模型假说，问题是经典定律不适用于原子内部的物理现象”。从而解放了被禁锢的思想。

1900年，马克斯·普朗克提出光是由个体“量子”组成的，量子的能量单位是h称为“普朗克常数”。每一个光子具有一个与光的颜色相对应的确定的能量。

随后，爱因斯坦对“光电效应”作了解释！一种金属表面受到给定颜色的光照射时，就有电子被发射出来，而光电子的速度决定于光的颜色。

玻尔得到了启发为卢瑟福的原子模型做“公设”(公理)：引入“定态”和“基态”两个概念。

定态——在基态状态下，电子在离原子核一定距离时，沿轨道运动不会通过辐射的形式而释放能量。

基态——在基态状态下，原子是绝对稳定的，不会发射光。

玻尔把“普朗克常数”引入原子模型中，1913年，玻尔在光谱学家H.M.汉森的帮助下，采用瑞士物理学家巴耳末公式进行计算，3月玻尔就得到了一种全场景式的概念。完成了“原子结构”论文的第一部分。[3]

玻尔提出对应原理：原子理论中的量子概念和经典物理对运动的描述方式，在一种极限的情况下是相互接近的。当电子运动的轨道越来越大时，两个相邻运动的运动周期将越来越相互接近，而趋向一个同值，这时算出来的值与转动周期相关。对应原理让经典物理与量子力学共存。

玻尔和奥地利物理学家泡利合作，泡利提出不相容原理；玻尔和海森堡合作，海森堡提出“不确定性原理”，玻尔还提出：“互补原理”。

1925年，海森堡写出了《量子力学理论》第一份纲要。

当我们对理论物理、量子力学、元素周期表等科学发展历程进行梳理一遍的时候，让我们觉知到每一门科学、每一点进步，都是在集人类知识存量基础上，发现新的问题，要作新的解释。科学家们互相切磋，通过隐喻促使内隐知识转变成外显知识而共同分享，不同科学家的外显知识综合内化创造新的概念、新的理论体系。

展现在我们面前的场景是：丹麦、挪威、瑞典、荷兰、匈牙利、奥地利、法国、英国、美国等不同国籍、不同民族、不同年代的科学家们，为了探寻真理不远万里觅知音，每个人都自信满满表达自己的见解，同时又抱着“知不知”的心态为自己的假设求证。就如玻尔当年乘船去英国剑桥大学与J·J·汤姆逊相会的途中，在他给他妻子的一封信中说：“我正在离开，带着我的无知和鲁莽的勇气……他是一位非常非常伟大的人，而且我已喜欢他了，但是，我现在必须弄清楚所有我那些傻话是否使他生气了……”科学家们争的是问题，不是争强好胜，而是通过争论取得共识和获得真理。

1922年12月10日，玻尔从瑞典国王手中接受诺贝尔奖章时感言：“对我来说，特别自然地想到要强调的是：科学的国际性，而诺贝尔基金正是建筑在这一点上。这对我来说是很明显的，我曾经有幸对物理科学作出微末的贡献，就是因为我们把不同民族的研究成果与我们在自然科学方面的知识贡献结合起来的结果，而那些民族成就是建立在非常不同的科学传统上。”

1921年3月3日，哥本哈根大学校长宣布哥本哈根大学理论物理研究所成立。从此，哥本哈根成了全世界物理学家的一个麦加圣地。

丹麦人积极地捐款帮助筹建该物理研究所，有40位私人赞助人，20家大企业认捐。其实当时正逢第一次世界大战刚结束，丹麦虽然中立，也难免受到影响，经济低迷、货币贬值。但丹麦人民对科技探索非常认同。再难，也要对科学研究支持。看来一个国家的科技进步，除了科学家的热情之外，离不开国家和社会的支持。

3.内隐知识与外显知识在社会互动中交替出现四种模式：外化、共同化、综合、内化

外化：内隐知识用语言或文字表达为外显概念、观念的过程。在人们互动中交替使用、演绎、分析解构、建构归纳的思维方法，互相启发，通过隐喻、类比、概括、假设等模式走出混沌，然后将内隐知识表达出来。

共同化：互相分享经验、体验。

综合：将外显知识系统化形成知识体系的过程。从不同知识体系中发现相似之处，并把它们联系起来，把知识重新组织分类，这是人类知识创新的重要形式。例如：物理化学、生物化学等。

内化：接受一种新的外显知识通过自身的实践、验证内化到潜意识中，成为自己运用自如的知识，成为自己拥有的知识资本。

每一次知识创新的过程，上述四种模式交替出现。

三、团队是知识创新的最佳实体

（一）团队的智商远大于个人的智商

团队成员因为经常沟通，应该是新概念、新观念创新的实体，以上的例子都说明这一点。在《和谐与统一》里，玻尔的家庭有个习惯，他父亲与物理学家、化学家、文学家成立一个小组，经常在家里讨论问题，玻尔从小受到这种感染，对他的成长有很大的作用。

法国数学方面的布尔巴基学派是一个非常好的典型。他们的愿景是用一种系统的架构来把所有数学归类。这派人当时全部是在校大学生。当时定下一个规矩：新体系必须是严谨的、清晰的。任何一种新观点提出来都必须在组织内经受一次学术战争的考验。利用学术战争，搞得你遍体鳞伤以后，剩下来的重新组合，那才是经得起考验的学问，这是非常重要的。对问题一丝不苟地追究和对人的宽容，不是义气之争，这是一种非常高超的艺术，所以管理者如何能在讨论问题的时候做到对事的一丝不苟而对人是一种宽容的态度，并不是因为他提出一个谬论而对他本人进行攻击。管理者就是要去营造一种创造性组织氛围。从活动的结果来看是很成功的，布尔巴基学派在数学上有很大的贡献。通过这个例子得出一个结论：集体可以做到比个人更有洞察力，更聪明，团队的智商可远大于个人的智商。

（二）管理者的责任是让员工有伟大的想象力和创造力

团队的创新是基于个人的思维能力，一定要想到，原动力在个人的创造性潜意识里。管理者的责任事实就是刨松土壤，浇水施肥，使创新之芽能冒出来，生根、开花、结果。1980年代初我在搞激光的时候，曾请了一位美国的科学院院士到华工指导我们的研究。他是阿夫科公司的七个创始人之一。七个人都刚刚大学毕业不久，为了追赶苏联的卫星上天，成立了研究小组。他们是从读书开始，后来发展到有20万员工的跨国公司，成为全世界有名的宇航公司。当时我就问他，你是怎样使得七个人的小组变成20万员工的世界级公司。他说："我的责任就在于让我的员工有伟大的想象力和创造力，然后我为这种想象力和创造力刨土，浇水，施肥，使之生根开花结果。"当时这句话我记得非常深刻。后来我代表华工总结美国科学院院士到华工指导研究工作的体会，我就把这句话专门总结进去。从这里我们可以看到管理者的责任之所在。

（三）全脑团队更具有创造力

怎样使团队更富有创造性呢？现在有团队学习、全脑团队这些概念，事实上，以前面的分析，我们知道全脑团队更具有创造力，团队的知识创新是在不同的观念、理解力、处理和判断信息的方式发生碰撞的情况下形成的。不同的个性，不同的教育背景、职业背景，不同的经历会形成各种不同的思维方法，或者是从不同的角度去思考问题。

一般来讲思维方法有很多分类。大多数人认为人有两大类：一种是善于用左脑，一种善于用右脑。在生理上不一定左脑就是管理逻辑思维，右脑就是管理抽象思维，但从功能上讲有人善于用左脑，有人善于用右脑：有人喜欢正向思维，有人喜欢逆向思维，有人用辩证思维。比如，一般来说，"一朝被蛇咬，十年怕井绳"，这是人人都说的。如果有人逆向思维，"一朝被蛇咬，我想如何与蛇斗"。可举很多例子说明什么是正向、逆向、辩证思维。

例如，在一个团队里边，有各种专业在一起的人有利于我们的创造。比如有人赞成艺术家与软件工程师在一起，他们设计出来的虚拟世界更富有生命力。我讲自己遇到过的一个例子。当时建三峡，毛泽东提出"高峡出平湖"，解放初就提出来了。

但就靠毛泽东这样一句话也是成不了的。需要很多人去思考这个问题，比如水利系统的人就考虑大坝应该怎么建，采取什么样的结构，石头占多少比例，水泥占多少比例，采取什么方法把石头沉到江里面去。电力系统的人考虑大坝到底建75米高，135米高，还是150米高，建多高我就能发多少电，我的电就能输出到哪些省份，哪些城市，电力系统最关心这个。当时自控系的人最关心升船机采取什么方法。民政部门说我不管你那么多，你给我一个数据，你的工程建起来是淹到万县还是淹到重庆，淹到万县我移民多少，淹到重庆我移民多少。历史学家什么都不管，只管一条，白帝城淹没淹到，你的工程建设会致多少古迹被淹掉。从这里就可以看到，一个好的产品出台一定要多路人马充分发挥他们的想象力和创造力才能完成，特别是我们在科研里遇到难题时。

一个团队的创新能力很重要的一点，体现在能将不同的知识集成地用于产品开发和服务创新中去。

（四）团队的管理者要善于听取不同意见，切忌“一言堂”

团队有杰出的团队，能产生出创造；也有平庸的团队出不了创造性。评价一个团队在创新性问题上是杰出的还是平庸的，最可靠的信息是看其讨论问题时的情景，是否能看到彼此间的冲突，对事的冲突。然而，有些人追求讨论问题时没有人有意见，大家都赞成，事实上这是很危险的，方案的返工性很大，因为它没有经过学术战争，只有经过学术战争的方案才是最可靠的。一次成功的方案，杰出的团队表现出来的是有问题有冲突有混沌，人们都搞乱套了，似是而非了，管理者通过整合，通过引导，通过归纳、分析，逐步走向清晰，产生新的思想。所以创新总是由差异进入混沌走向明白。平庸的团队没有冲突，很多人认为没有冲突就等于和谐。

冲突不等于创造的活力，问题在哪里呢？就是管理者是否能整合不同的意见，有一个科研小组的头儿给我讲，工作返工很多。我说你为什么经过那么多返工呢，是因为你没有经过很好的讨论。他说讨论起来很麻烦，本来在没讨论之前我还比较明白，意见分歧才只有五个，但一讨论起来变成十个，最后还是按我自己的想法办。没有能力去整合不同意见，这是关键问题。

创新管理的责任是什么呢？就是变差异冲突为创造性磨合，这种差异、冲突经过磨合以后最终出现创新。我们首先要建立一支全脑团队，一方面倡导集体主义，但又要承认个体差异，承认个体差异在团队里面的作用。组建团队的时候真的希望有几个意见相左的人，管理者要帮助人们认识自己的思维方法，也帮助人们理解他人的思维方法。比如你这个经理很容易把握大方向，一般来讲，你提出方案你的部下很可能说方向不错，但是……你一听到“但是”情绪就来了，就觉得人家是不是反对你这个方案。事实上人家的“但是”是从精算家这个角度去思考，把你的方案具体化、完善化，可实施，可操作，事实上是个好事。但是如果你性子很急，一听到“但是”，火就来了，那你听不到别人的意见，你的方案无法完善。这是领导的一个问题。

这里我们又读到了“知人者智，自知者明”，在正确自知的基础上建立自信是一种优秀的品格。通常人们喜欢假谦虚。我们是赞成在自知基础上的自信。在自知基础上的自信与谦虚谨慎不是相左的，是相容的。“惟尽知己之所短，而后能去人之短”，“惟不恃己之所长，而后能收人之长”，我觉得古人这些话是很有用的。每个人都带着这样一种心态去参与讨论，参与团队的创新活动，那团队就有办法了。

作为管理者来讲，每一种思维方法都有其有用的一面，不同的思维方法在一个优秀的方案里边都可能作出贡献。关键就是你怎样去用他人之长。我们在团队里边一定要形成一种文化，一种氛围，不要在乎谁说了什么，在乎说出来的事情是有用还是没有用；不要在乎是谁说的，权威说的就重视一点，老百姓说的就不重视，这是不对的。所以说国外搞头脑风暴的时候有意回避资深的人参与讨论，经常采取背对背用文字的方法，就是怕权威在那里一坐，他一发表意见，其他老百姓都不敢发表意见。“愈自重者愈不敢轻薄天下人，愈坚忍者愈不敢易视天下事”，这种思想的内涵有利于我们听取各方面的意见。

（五）团队有良好的沟通氛围，才有创新

有人讲知识经济时代的工作是沟通式的工作，不善于沟通，在知识经济时代很难有成就。团队没有良好的沟通氛围，也很难有创新。如何保持团队有良好沟通氛围呢？首先是认识沟通的重要性。沟通是团队创新的主要工具。不沟通怎么能有共同化，外化，综合，内化。沟通是互相了解的必要途径，沟通能力是学习能力的重要基础因素。有效沟通有赖于双方都具有“五心二意”的心态（自信心、平常心、同理心、宽容心、感恩心；诚意、善意）。

四、如何利用外部环境激活企业知识创新潜能

华为初期的创新主要围绕客户需求产品、技术和解决方案，帮助客户增收，降低成本，增强竞争力，帮助客户实现商业成功，我们称之为创新1.0版。

案例1：华为GSM的历程[4]

2000年左右是GSM的时代，中国通信市场主要还是掌握在外商手中，华为的GSM举步维艰，迟迟打不开局面。因为在1997年9月5日华为才研制成功“中国自己的GSM”并第一次打通电话。

然而“活下去是一切根本”。华为的GSM开始重新定位自己的市场方向，把目光投向了广大农村、乡镇等边远地区。此时，中国的大中城市基本已由西方通信巨

头完成布网，余下的广大农村地区无暇顾及，很多人在城里买了手机，回到家乡却不能使用。

华为GSM瞄准了农村市场，设计了一款差异化有竞争力的产品——边际网小基站，“体积小、成本低、快速建站”。可以帮助运营商有效解决农村通信覆盖问题。当时，很多乡镇网络开通时，局方搬张桌子，百姓排长队等待放号。而这一时期中国的边远地区，也处处活跃着华为人的身影。

尽管工作条件艰苦，但这条起步于边际网市场的“农村包围城市”之路，让华为的GSM诞生之初站稳了脚跟。从农村到县城再到市区，逐步扩大范围、不断布局和突破，华为的GSM在全国移动和联通市场的局面才逐步打开。同时GSM在亚、非、拉等海外发展中国家也实现了连续突破。

2006年，华为发现我们的GSM基站成本高，产品性能、可服务性均不能让客户满意。华为首先针对降低基站成本，从整体结构从简思考，突破惯性思维，提出“GSM新双密模块”新概念，进行结构创新，“简单就是竞争力！”因为这一创新除了大大降低建基站的成本，产品综合性能及可服务性都大大提高了。华为GSM新产品突破中国移动省会城市，并得到德国运营商的接受。

GSM新双密载频模块的成功，坚定了华为人要做“一流”产品的自信。GSM多载波技术是世界当年公认的技术难题，行内人形容该技术就如同通信皇冠上的明珠。华为人决心改变自己在无线领域2G时代起步的被动局面，实现从跟随到超越的突破，无线产品线团队决定攻破GSM多载波技术难题，结果取得骄人的成功，极大地提升了GSM对频率资源的利用，在无线通信中，频率是最宝贵的资源，“频谱效率”的提升是整个无线通信产业永恒的驱动力。华为这一项目的成功使华为在无线通信领域真正站在世界的最前列，也是对世界移动通信的贡献。

2007年，华为与欧洲运营商Telefonica德国合作，开发了全世界第一个SingleRAN无线基站，把原来是分离的2G、3G以及后来的4G的基站合在一起变成一个设备，其中初期支持2G，后期通过软件升级到3G、4G、5G。其中的算法打通问题是由华为莫斯科研究所的安德烈搞定的。

2011年，华为做出了世界上宽带最宽、效率最高、体积最小的RRU平台，实现了多收发通道技术的理想。这一产品在硬件和软件上竞争力做到了世界第一。

2014年，华为突破多频段宽带技术，做出了多频段宽带平台，解决了天线和硬件数量越加越多的痛点问题，方便运营商在不同网络和频段之间共建共享，再一次领先业界。

时至今日，华为GSM已成为业界出货量最大的供应商，产品应用于全球125个国家，服务于全球10亿GSM用户。

案例2：合纵连横共建联合创新中心

一个世界级领先产品的成功，除了技术创新主体必须有强劲的创新能力之外，还必须有与之匹配的基础材料和零部件提供商具有创新能力。人们领悟到：将来企业的竞争不是单个企业之间的竞争，而是供应链与供应链之间的竞争。所谓供应链就是：供应商的供应链、供应商、本企业、客户、客户的客户。一般来讲，经营企业都有自己的供应链战略合作伙伴，有客户战略合作伙伴，还有客户的客户战略合作伙伴，供应商战略合作伙伴。

最早华为建立的合作伙伴是与广东省建立联合实验室，后来这种模式在国内外得到推广。2007年10月在西班牙马德里华为和VDF设立移动创新中心MIC，MIC华为第一任主管是华为研发部直接选派的。

MIC成立以后的第一个目标就是如何实现基站设备的5db增益以及后面大名鼎鼎的SingleRAN。越来越多的创新成果从MIC联合创新中心涌现，几个重点创新在每年的3GSM大会上获得年度创新大奖。

在接下来的两年里，华为陆续和客户成立AIC、TIC、CIC、FMC，在各领域全面合作创新，华为被共同认为是创新的领导者。

案例3：与合作伙伴联合开发项目

2011年9月，公司正式启动Single多频天线开发，过程中遇到很多难点都得与供应商合作研究，其中天线的外罩问题就是其中一个重要问题。

天线的外罩称为天线的“盔甲”，要保护天线在暴风、大雨、日晒、低温下都能安然无恙，同时又不能影响天线信号的质量，保障其良好的电磁性能，同时还要轻装。为此，华为“2012实验室”与几个合作伙伴联合开发这种轻型天线罩材料和加工工艺，最后取得成功。

华为创建以来，大多数创新成果都是围绕客户需求的产品、技术和解决方案的创新，帮助客户降低成本，增加收益，帮助客户和合作伙伴增强竞争力，实现商业成功，华为称之为创新1.0。在创新1.0阶段之所以取得如此丰硕的成果，主要是因为客户不断有新的需求，有新的期望。华为人有一颗真诚的心（以客户为中心的心），能理解客户商业上遇到的难点与痛点，能读懂客户的最高期望，同时也因为华为人信仰胜利，信仰艰苦奋斗精神，想象力和创造力得到良好发挥。

当下，华为进入创新2.0时代，这个时代整个ICT产业面临理论创新和基础技术创新的瓶颈。路在何方？愿景驱动创新。

愿景是植根于对未来经济发展趋势、人们人生观、工作方式、生活方式、消费观念、技术发展趋势等场景的假设。

华为对未来的假设是：未来社会是一个智能社会，有万物感知、万物互联、万物智能三个特征。未来的世界是智能的世界，是全无线的世界和全光的世界。

任正非曾说过：“没有正确的假设就没有正确的方向，没有正确的方向就没有正确的思想，没有正确的思想就没有正确的理论。”

进入创新2.0时代，华为设立“2012实验室”加强基础研究，加强基础理论和基础技术研究的投入。并认为基础理论创新大学是主力，从而加大对国内外大学提供大量的Gift money和Funding money支持基础理论研究。华为认为：“大学的基础研究和创新成果，照亮了世界、照亮了行业，同时也照亮了华为前进的方向。通过这些研究，他们告诉世界哪些路径是成功了，哪些路径是失败的。当然，在科学研究上没有失败一说，只能说这条路径走不通，再找另外一条路径，确认走不通的路径也是科研成果。”（徐文伟2019年3月22日与英国媒体采访实录）

企业如何充分地创造有利于我们自己的外部条件，如何利用外部条件为我们服务，这是非常重要的，现在讲供应链之间的竞争，我们也可以理解成一个生态系统与另一个生态系统的竞争。为什么要建立战略伙伴关系呢？是为了使得我们更贴近客户，容易获得关键信息。华为为了紧跟世界技术的潮流，在10所学校设立联合研究所：与客户，比如广东省邮电局也建立联合实验室，就是要研究21世纪在电信领域里客户的价值导向是什么，21世纪我们的电信会进化成什么样子。国外很多公司采取这种方法，来捕捉客户的价值导向，捕捉技术的发展趋势。这两条我们抓住了，平时我们管理搞上去了，科研投入适当，科研出效果，核心技术平台建得很好，那么我们就可以对客户进行快速响应。大家知道，西瓜早上市也能卖高价的。

五、企业知识创新管理及“共享文化”的建设

（一）知识管理的重要性

目前在世界上对知识的管理有这几方面的研究：第一是研究知识的所有权、控制权及对知识价值的测量；第二是研究知识是如何积累，如何倍增，如何流动，如何自组织，就是说知识在人类历史上怎样倍增的，知识如何随着信息流去传播的，知识又如何在传播过程中进行自组织的；第三是研究企业对知识创造过程的管理。团队、个人与公司及知识创造过程，管理者如何去进行管理。

这里主要谈知识共享的问题。

知识共享管理传统的做法是企业建立资料室、档案室、情报室等机构，建立文档分类体系和相应的配套制度，并收集不少知识文档。但是仅仅站在知识文档和IT系统角度推动的知识管理实施，与企业管理者和员工关注的问题和需求较远，贮存起来的知识文档在工作中没有发挥应有的作用。

随着信息化时代的到来，知识文档管理部门也对资源进行数字化工作，他们积累了大量的信息和知识资源，但仍然停留在保存资源的作用，没有发挥应有的作用。现

在是互联网时代，知识管理系统必须升级换代，要更多地去考虑更高层次的知识（新概念、新理论、新技术），去提供给员工“自己不知道”的知识，只有这样才能真正吸引管理者和员工注意和使用，做到精准、及时和上门服务，为企业的知识创新和技术创新助力。

从华为知识共享文化的发展历程可以看到，做这方面的工作也是不容易的。1995年我刚到华为时，关于知识共享管理方面的意识还是比较薄弱的，还没有公司级的组织去落实这方面的工作。但任正非有一个非常重要的指导思想：“不做重复的发明、不犯相同的错误。”这一指导思想成了华为知识共享文化落实的推手。

当时华为在网上提供的设备稳定性不够，而客户对客服的要求是及时有效的处理，市场越来越广，用服部门的新员工越来越多。例如有一年在开公司年终总结大会时，用服部门的财务指标最差，出差费超出了预期很大！当时用服部门的负责人感到压力很大来找我谈心，我当时给他出了一个主意：每次故障全过程事后要复盘回放，要作详细的记录的有三个重要环节：第一，故障表征要素；第二，通过什么方法诊断出产生故障的原因；第三，如何快速解决问题，建立用服资料管理部门。后来通过IT的支持做到远程故障处理信息系统，收到良好的效果。

1998年，为了推动华为知识创新和知识共享文化建设，我在华为内部给研发部门和中试部门的干部开讲《企业知识创新管理》课程（第一版），适逢公司当时推动IPD流程建设，其中也要求工作过程，要做完整的文档记录，因此，知识共享文化得到进一步推动。

随着公司IT系统建设的发展，公司建立了文档管理部门，知识文档管理部门也对知识资源进行了数字化整理工作，公司积累了大量的成功与失败的案例，其中还有不少新概念、新理论和新技术的论文。但是仍停留在传统的资料室的运营管理模式上，还存在着案例库“年久失修、无人看管”的状况。员工感叹：华为公司的最大损失就是经验和教训的流失。有关顾问曾经评价：“华为在知识管理方面与业界先进实践有10年的差距。”

为此，华为公司在2011年建立了“知识管理能力中心”，其初衷就是把公司的业务部门看成是知识管理部门的客户，特别是公司一线作战队伍是核心客户。知识管理的价值不在于知识也不在于IT，而在于组织成员对知识的使用。一线作战团队必须用组织最佳知识武装自己，不做重复的发明，不犯重复的错误，才能保证交付产品和服务是最好、成本最低、效率最高的。要达到此目的，知识管理要做到“三个一”：“一分钟内找到工作必备的知识；一天内得到求助的答案和建议方案；项目结束一个月内能获得其实战经验的总结”，全过程都要上门服务。另一方面，知识管理还要落实到每位员工，提高员工个人知识管理能力，建立个人业务知识体系架构，帮助团队合作、经验分享，促进企业创新能力的提高，塑造“共享文化”的氛围，推动企业发展壮大。

2019年1月，华为公司在各个体系都任命了首席知识官（CKO），并明确CKO的核心职责包括：“建立知识资产的界定、分级与评审机制，维护并推广应用公司统一的知识‘5C’分类标准和规则，建立与维护公司本领域的知识分类与知识体系，并落实到各业务系统；明确本领域的知识平台建设需求，基于公司统一的服务化和知识平台，协同构建本领域平台，专注知识内容运营管理和知识应用。”

（二）企业知识“共享文化”的建设

华为EMT2018年15号文件《关于加强知识管理的决议》提出，让知识管理成为员工做事基本行为模式和方法，成为工作文化的一部分。并希望员工在工作过程中自动自发地思考三个问题：

（1）我如何利用公司已有的成果来提升个人或团队的工作效率？

（2）我自己做了什么，创造了什么价值？

（3）我帮助别人或团队做了什么？

一个组织中某种文化的形成，都须经历三个阶段：首先是理性认知的广度和深度的提高；其次是遵从践行、验证；最后达到习惯性的行为模式。因此，我们首先要提高理性认知的水平。

1. 重新认识华为的假设

1998年，《华为基本法》明确提出：“人力资本增值的目标优先于财务资本增值的目标。”作为高新企业华为的员工理性上是认同的，但对其深层次的逻辑理解是不一样的。

人力资本的核心因素包括每位员工的知识、技能、价值观、心身健康、人际交往能力、工作的激情、想象力和创造力等，其中知识资本的增值是人力资本增值的核心。在实际工作中团队和员工更多地关注财务资本的增值目标。总认为对工作过程的总结是一种多余的负担，还会强调忙不过来，没时间做。其实，每项任务完成后，特别是重大项目完成后的工作总结让每个参与者对项目的知识结构有新的认识，从回顾工作过程中遇到的挑战是如何突破的分析解构和重新建构的思考过程找到为什么这样做的理论依据，对个人来讲这是一种难得的知识收获。提供给知识管理部门可供新员工、新主管、新项目极好的参考，这是对公司的人力资本增值的贡献，也是对公司长远的财务资本增值的贡献。

2. 用开放的胸怀理解“知识就是力量”的假设

“知识就是力量”的假设，推动人们持续地努力学习知识，创造知识，同时学会保护知识产权，推动社会进步。然而这种认识显然已跟不上时代发展了。

一般情况下，某种知识的价值，也是有生命周期的，其价值可能数年就被新的知识所代替。我们对“知识就是力量”观念应赋予时代新的内涵，即知识等于能力，共享的能力。

通过共享使自己的知识增长，并使之倍增，它才不会贬值；我在共享过程中既奉献也受益。知识的交换与物质的交换不同。物质的交换是按照物质不灭原理或者是等价原理。一个苹果你送别人了，你就少了一个。知识在共享的过程中绝对不是单向的输出，同时也有输入，聪明的人就明白这一条。所以说爱学才会赢，共享才会赢。

我们搞科研开发的要重视谁掌握某方面的知识，我拿到一个课题，我首先要思考，牵涉到课题的所有知识谁懂得最多，我从项目内找到项目外，从部门内找到部门外，从国内找到国外。很多知识都是公开的、外显的，要会利用已经存在的知识，去进行新的知识创新。知道谁掌握某方面的知识，这种知识也是人类很重要的一种知识。怎么样促进自己去接受知识共享这种观点呢？还要建立一种新的时间观。一种时间观认为时间等于时钟，就是说过去、现在、未来是序列的，光阴一去不复返，光阴如流水。在工业经济时代，泰勒研究竞争的实力，就在时间等于时钟问题上。对工人的操作动作进行研究，什么样的动作，怎样做才能节省零点几秒的时间，一个工位有十个动作，一个动作节约零点几秒，加起来就会节省很多时间，时间就是金钱。现在比尔·盖茨说，“知识就是金钱”，看来把时间只看作时钟是竞争不过别人的。那怎么办，要创造一个观念：人类时间。人类的时间过去、现在和未来是同步的，怎么理解？

我今天之所以能在这里与大家沟通、交流，是因为我以前学习、工作的结果，过去的我与今天的我同在。所以说人与物为什么不同？是因为人类在知识继承与创新这个问题上与动物不同，动物能繁衍，能传宗接代，但在知识问题上不能继承与创新。人类能够对人类的知识进行继承与创新。

曾经我们中国为什么落后，有一个很重要的原因，许多优秀的知识没有被留下来，没有把知识变成财富，我们缺的并不见得是有知识的人，而是一种管理，把人们的知识变成财富。如果我们要在世界上能够有一席之地，就要善于把知识变成财富，把知识变成财富一个重要的办法就是用现在的知识进行管理与技术的创新。华为为共享文化提供了保证，一个是利用IT技术构建知识共享的平台，一个是集成的开发管理，再就是组织观念的演进。我们现在的组织是资源线上的人，实际是游离于各种产品之间，是一种虚拟结构，这就是演变。集成与集合是有差别的，集合是1+1=2；集成是1+1≥2。对组织应该怎么认识，企业到底是部分集合还是组织的集成，这个观点非常重要。如果你把项目组看成部分的集合，每个人有很狭隘的责任，软件、硬件都要完成自己的任务，只有项目经理为总体负责行吗？不行。一定要每个人都理解整体最佳是什么状态，每个人都为整体最佳负责任，从整体最佳思考本部分的工作，要把组织看成是一种有神经网络的有机整体，而不是单纯只有物理联系的部分的集合。

怎样才能达到亚里士多德讲的“整体大于部分之和”？那就是要把整体看成是有

神经网络的有机整体，每一个人都要为整体负责，否则很难办。搞软件的人经常抱怨搞硬件的人，你应该理解我软件的限定条件，你应该进一步，多做一点；搞硬件的人说你软件的人应该理解我硬件的困难……互相不理解。如果把整体看成是有神经网络的整体，人们将会怎样呢？互相理解对方的立场、观点、感情、困难，如果是这样的话，那么我们很可能以最快速度一次成功，达到协调量最小。管理中协调量越多，管理者常作危机英雄，浪费时间越多，而协调则成为财富不增值的环节。

3.赋予“知识管理”新的内涵

——从资讯保管→主动服务→精准服务。

——从资料库管理→人力资本增值助推器。

——知识创新管理是企业人才成长不可缺少的组成部分。

各级知识管理主管要担负起组织知识共享文化构建和推动工作，同时提高自身的领导力，构建知识创新管理责任体系，优化相关业务流程，明确责任，打造高效的知识管理统一平台。

各级CKO身体力行帮助员工提高个人知识管理能力，主动建立个人业务知识体系架构。在完成每一项目交付时，对工作过程进行复盘、思考、总结，进行知识整理，并主动进行分享与交流。

（三）保护知识产权，就是保护创新

知识产权是指人们对其通过脑力劳动创造出来的智力成果所享有的权利。具有排他性、地域性和时间性。知识产权包括著作权、专利权和商标权，其中专利权和商标权也叫工业产权。国家利用知识产权保护人的创造力，鼓励技术发明，发展科技文化事业。

工业产权是指发明专利、商标以及工业品外观设计等方面。它包括专利、商标、服务标志、厂商名称、原产地名称，以及植物新品种权和集成电路布图设计专有权等。

知识产权由人身权利和财产权利两部分组成，也称精神权利和经济权利。人身权利包括署名、发表权利、修改权利；财产权利包括报酬和奖励。

按照“专利法”规定，发明专利权人有职务发明和非职务发明之分。执行本单位任务或者主要利用本单位的物质技术条件所完成的发明创造为“职务发明创造”。职务发明创造申请专利的权利属于单位，申请被批准后，该单位为专利权人。该单位可以依法处置其职务发明创造申请专利的权利和专利权，促进相关发明创造的实施和引用。而“非职务发明创造”，申请专利的权利属于发明人或者设计人，申请被批准后，该发明人或设计人为专利权人。

专利权人对该项发明创造拥有独占权，任何单位和个人未经权利人许可，都不

得实施其专利，即不得为生产经营目的制造、使用、许诺销售、销售和进口其专利产品。违法者，专利权人可以向法院起诉其侵权。企业员工都应清楚这些规定，特别是不允许在职或离职员工将企业的专利和创新成果窃取并在其他企业进行生产，甚至在市场上与原公司进行竞争。发现后将要承担法律责任。

华为公司在创业初期，由于制度不健全，离职员工也较多，侵犯公司专利、窃取公司创新成果的屡见不鲜，最后不得不到法院起诉这些员工，有的被判刑入狱。最严重的是“港湾公司事件”，其所有产品皆“拷贝”华为公司的产品，最后只有对簿公堂，并将港湾公司收购才算完事。

现在华为公司拥有10万件专利，90%是发明专利，例如，5G专利有5 000多项，是世界第一。华为公司的历程就是一部创新的历史，只有创新才能发展壮大。

为了保护知识产权，华为公司设立了“法务部”，负责申报、监督专利使用情况，对违法者进行调查与起诉；对友商进行专利交换或购买其专利，对专利纠纷进行协商或应诉，由法庭最后裁决。另一方面，对于使用华为公司专利的外部公司，也按规定收取专利费。例如，华为公司法务部近期宣布，使用华为5G专利手机的友商，每部手机应收2.5美元（合人民币18元）专利费；并对美国运营商威瑞森公司致函收取10亿美元专利费，如不缴纳将诉诸法律，这是国际惯例。华为公司之所以这样做，就是保护自己的知识产权，保护创新成果；因为这些成果都是华为公司历年来在研发投入数百亿元至一千多亿元的经费、十万研发人员日夜辛勤劳动的研究成果，理应收取专利费予以补偿。

六、人才创新管理和激励机制的建立

（一）人才创新管理

企业的核心竞争力是技术的创新和管理创新，而这些皆取决于人才的聚集和合作。我在《任正非：想成功的经济体，都脱不开“开放、妥协、灰度”哲学》[5]一文中已介绍了华为公司在人才聚集和合作方面的工作：在高校建立人力资源池、和高校建立联合实验室、在人才汇聚的城市和国家建立研究所、和世界各国有关的学者建立联系和合作、和运营商合作建立创新中心和培训中心等。核心就是争取人才和合作。此外，华为公司的研究院聘任了30多名学术带头人（Fellow），为他们建立团队，为公司的发展与壮大作出重要的贡献；公司还有700多名数学家、800多名物理学家、120名化学家和15 000名专家，他们都为公司的成功作出卓越的贡献。

华为公司非常重视员工的思想工作和业务能力的提高。为新员工培训和实行导师制帮助他们尽快成长，就是老员工也要定期轮流培训，提高他们的业务能力和领导力。公司还设有荣誉部，对优秀员工予以表彰、树立榜样，设有干部之家、员工生活协调委员会，为干部和员工，乃至家属排忧解难，特别是对海外工作员工在国内的家属予以更多的关怀。公司还设有“心声社区”（网站）、华为“二报一刊”，不断传递正能量、增强公司的凝聚力，激励员工团结、合作、进步起着重要的作用。让广大员工接受和践行华为公司的企业文化。

（二）激励机制的建立——员工持股制度

我国目前处在社会主义初级阶段，我国实行混合经济的制度，现在有国营企业、民营企业、合资企业、外资企业等。股份制企业在国民经济中已占主导地位。华为公司也是一个股份制企业，但是华为公司的员工持股制度与其他股份制企业有很大的不同，华为有70%的员工（国外员工除外）占有公司99%的股份，也就是约12万员工占有股份，任正非只占1%，而其他股份制民营企业只有少部分人占有股份。从本质上说，华为员工持股制度完全符合马克思在《资本论》中提出的“劳动者合作经济”。

马克思在《资本论》中主要讨论剩余价值及其分配。马克思指出：“股份制公司在资本主义关系限度内，适当地改变和调整了生产关系，以适应生产的发展。它是对资本主义的私人生产的摒弃、保留和提高。与此同时，资本的集中，也促进了工人合作工厂的产生和发展。在工人合作工厂中，一方面还不可避免地保留了资本主义工厂制度的一些缺点，但另一方面，这种工人合作工厂内部已经没有资本家和工人的对立，这是对资本和劳动对立的一种扬弃，是在旧形式内对旧形式打开一个缺口。股份制公司是向社会主义公有制的过渡点。”[6]这里表明了马克思的两个基本观点：一是劳动者在企业中占有生产资料（持股），二是劳动者应参加剩余价值的分配（分红）。因此，股份制企业其实是一种社会所有制，它应当逐步成为公有制的主体；合作经济是实现社会所有制的一种好的形式。

华为实行员工持股制度，有赖于创始人任正非对知识经济的深刻认识和“无私”的可贵品德。任正非说：“我创建公司时设计了员工持股制度，通过利益分享团结起员工。那时我还不懂期权制度，更不知西方在这方面很发达，有许多激励机制。仅凭自己过去的人生挫折，感悟到要与员工分担责任，分享利益。”“华为是科技企业，要更多的聪明人、有理想的人一起做事，所以就只能一起抱团、同甘共苦，越是老一代的创业者和高层领导干部，越要想到自觉奉献，只有不断稀释自己的股票，才能激励更多的人加入到华为的事业中一起奋斗。”[7]

华为员工的主体是具有知识的科技人员，他们都是脑力劳动者，正如马克思指出的：“在总体工人中，体力劳动者是生产工人，脑力劳动者也是生产工人。”[6]所以，华为持股的员工既是劳动者又是股东，是“工者有其股”。在这种制度下，华为员工不仅可以拿到工资、奖金，享受企业的各种福利、保险，年终还可以获得公司利润的分红，这种制度大大激发了员工们的积极性和创造性，他们把企业视为命运的共同体，从而使华为公司越做越大，使华为公司成为世界500强企业之一，2018年排在72位，2020年排在59位，成为世界通信设备制造商的领先企业。这种“劳动者合作经济组织”的社会所有制企业将会在我国发展壮大，成为公有制的主体，这也是公有制的一种创新形式。

七、结束语

华为公司的实践告诉我们，企业知识创新管理是企业生存的基础与源泉，其中最重要的是人才创新管理，因为只有大量的人才，企业才有知识资本，只有知识资本才能创造财务资本，才能使企业形成良性循环。另一方面，华为的实践还告诉我们，中华民族是富有创造性的伟大民族，我们深信在中国共产党领导下一定会实现中华民族的伟大复兴。

最后，我们还是用中央“十四五”规划建议书中的一段话来结束：

“坚持创新在我国现代化建设全局中的核心地位，把科技自立自强作为国家发展战略支撑，面向世界科技前沿、面向经济主战场、面向国家重大需求、面向人民生命健康，深入实施科教兴国战略、人才强国战略、创新驱动发展战略，完善国家创新体系，加快建设科技强国。”

国家如此，企业更应该把创新放在重要的位置。

附录：创新自信

大卫·沃尔夫（David Wolf）——一位来自美国的咨询专家的文章《建立连接——中国电信巨人的和平崛起》。“中国缺乏创新”——大卫不认同，大卫认为中国是“创新的国度”。大卫将深圳定义为：“中国特色的硅谷。”“中国是效仿式创新”大卫认为这是误解。大卫认为中国电信设备公司追求一种我们可以称为“以客户为中心的创新”，这种追求引领着他们在创新之路上越走越远……真正的突破表现在，当客户说：“你们能不能……”他们得到的回答不是“能”或者“不能”，而是“项目就交给我们吧！”

一位华为外籍员工有同样的体会：“华为的文化就是没有解决不了的问题。”

然而在有些西方人眼里，华为除了效仿，不可能有导向性的创新。一位思科电信高管曾经半开玩笑地说：“如果思科停止新技术开发，华为就会找不到方向。”这是典型的傲慢与偏见。另一些有智慧的西方人看法却不一样。美国沃尔顿商学院院长（Geoff Ney Garrett）认为：“中国是重新崛起，不是新兴国家，纵观人类历史，中国大部分时间都是处于顶端的。1820年以中国为首的亚洲占世界经济总量2/3。只不过在美国成为世界第一名的百年当中，中国有段时间不是世界上头号强国。二战后，大部分美国人认为中国是一个落后的国家，就因为他们只看到亚洲和中国处于世界比较低迷的这段历史。”

其实，自鸦片战争以来的中国人，感受最多的是国家落后、贫困、屈辱和挨打。数、理、化、生等学科的知识创新看不到中国人的名字；近代重大技术的发明也看不到中国人主导的案例。近代的知识创新、技术创新成果为什么没有中国人的份？这是为什么？多少中国人穷尽一生寻寻觅觅，追根问底，始终找不到令人信服的答案。

有人将之归罪于中国的传统文化，特别是孔孟之道。然而，在《中国古代科学思想史》一书中，英国学者李约瑟引用《论语·先进》中一段孔子与子路、曾皙、冉有、公西华等弟子对话时极有感触地写道：“这一段使我领略儒学家如何代表中国文化之特色，浪漫情绪与理智兼而有之。他们甚重视传统的礼仪，却坚决地反对不合自然的迷信。这就是前面所说的因素有利于科学世界观的进展，但是这个倾向被另一个倾向抵消了，那就是儒家坚定的态度，认为只有人与人的社会才值得研究。”丹麦理论物理诺奖者玻尔谈到古代思想家们的智慧，谈到古代以色列先知们和中国哲学家们的智慧时，用“洞察”一词表达，认为这些哲学让人有更深的洞察事物本质的能力。（《和谐与统一》第208页。）

中国最富有的资源是人力资源，中华民族炎黄子孙聪明、勤奋、学习能力强，更可贵的是中国人极富想象力，从“嫦娥奔月”“夸父逐日”的神话到张衡的《历法书》《算术书》以及他创造的“候风地动仪”都彰显出中华儿女的想象力和科学精神。人类的想象力还体现在诗词方面，诗与科学思想的基础都统一在人类的想象力之上。

昔日李白写《黄鹤楼送孟浩然之广陵》：“孤帆远影碧空尽，唯见长江天际流。”苏轼写《念奴娇·赤壁怀古》：“大江东去，浪淘尽，千古风流人物。”同样写花，苏轼：“似花还似非花，也无人惜从教坠。”杜牧：“繁华事散逐香尘，流水无情草自春。日暮东风怨啼鸟，花落犹似坠楼人。”

2019年9月，德国汉学界权威沃尔夫冈·顾彬在接受《参考消息》驻柏林记者专访时说：“我想做德国的李白。”“中国文化一直在影响着德国文化。早在19世纪，就有很多中国作品翻译成德语……20世纪维也纳的作曲家古斯塔夫·马勒曾创作《大地之歌》，用七首李白诗歌的德文版作为歌词。”而中国的哲学思想也一直影响德国哲学。著名哲学家海德格尔读了德国汉学家卫礼贤翻译成德语的《庄子》后……在他自己最重要的著作《存在与时间》里抄了卫礼贤翻译的《庄子》的段落。想象力是人类科学研究最重要的内在因素，中国人有伟大的想象力和创造力，这种素质不会因为曾经的落后和贫穷而失去。

后浪推前浪永远是人类科学发展的程序，在历史上我们曾经落后过，落后很多很多！过去已成历史，对历史我们要了解它，而且我们的眼光必须放远，我们必须上下数千年、纵横数万里，以人类全部历史和整个世界为背景去观察去思考，以史为镜。对历史我们可以了解它，我们没有选择历史的自由，但我们却有选择未来的自由，中国未来的知识创新和技术创新能否站在世界的前列，是由我们决定的，我们首先要有必胜的自信。

参考文献

[1]任正非，《创新是华为发展的不竭动力》，《光明日报》，2000年7月18日。
[2]《中共中央关于制定国民经济和社会发展第十四个五年规划和二〇三五年远景目标的建议》，《人民日报》，2020年11月4日。
[3]尼耳斯·布莱依耳，《和谐与统一》，东方出版中心，1998年。
[4]田涛、殷志峰主编，《厚积薄发》，生活·读书·新知三联书店，2017年。
[5] 陈珠芳，《任正非：想成功的经济体，都脱不开“开放、妥协、灰度”哲学》，华夏基石e洞察(2023年6月)。
[6]卡尔·马克思，《资本论》，人民日报出版社，2006年。
[7]黄卫伟主编，《以奋斗者为本》，中信出版社，2014年。

（华夏基石e洞察公众号2023年8月14日发布）

经营者是如何炼成的?

李东来

今天在这里与大家分享关于“经营者是如何炼成”的课题，严格意义上来讲这不能算是授课，因为此次所讲内容并非严谨的逻辑理论体系，只是我在多年经营管理过程中积累的一些零散心得，属于想到哪里就说到哪里，但所说的全部内容都是我自己的切身体会。

一、“致广大而尽精微，极高明而道中庸”

我是在1992年第一次看到这句话，那时候还在读高中，因为喜欢画画，买了一本徐悲鸿的画集，这句话就出现在画集的扉页上。当时我不理解这句话的意思，但那个时候没有互联网可以搜索，于是就把这句话一直记在了脑海里。

这是来自《中庸》里非常有名的一句话，它前面还有一句叫“故君子尊德性而道问学”。为什么我把“致广大而尽精微，极高明而道中庸”作为这次分享的主题？因为回顾我26年的职业生涯，体会最深的就是这句话。

首先逐一解读一下这句话：

（一）“致广大而尽精微”的解读

“致”与“极”的意思差不多，就是达到，也可以理解为追求，如“致良知”就是达到良知的状态，或者追求良知。“致广大而尽精微”的意思，就是说我们要追求更广大的格局，同时还要对局部的微小细节保持敏感和关注，正所谓从大处着眼、从小处着手，或者叫宏观上有方向，微观上有方法。

（二）“极高明而道中庸”的解读

前面七个字不难理解，基本上其他文献的释义及大家的理解差距不大，难的是后面这七个字。后面这七个字难就难在“中庸”上，因为“中庸”这个词，很多中国人都在说，误解也比较多，在现代语境中“庸”往往表示平庸、无能。其实“中庸”思想最早来自孔子，当时不叫“中庸”，而是“中用”，“用”是通假字，所谓“中用”，就是以中为用，后来慢慢流传成中庸。尤其到北宋程颐把中庸两个字分开解释——“不偏之谓中，不易之谓庸”。可以理解为：不偏不倚，不走极端。“不偏”说的是中，中也可以理解为“正”，“不易”是常，那么中庸就可以理解为“正常”，这是我的解读。

那什么是“极高明”呢？我认为，洞察规律为“高”，洞悉人性为“明”，就是说一个人要聪明智慧到能洞察规律、洞悉人性这种程度。“极”刚才说了，一个事物达到的最高程度叫极，所谓登峰造极。“极高明”就是达到这种洞察规律和洞悉人性的最高程度，但又要“道中庸”，即你同时又是一个正常人。通俗易懂的解释就是：越伟大越平凡，伟大的人都是谦卑的，伟大的人都是低调的。

这是一种解读，当然还有另一种解读，因为中庸就是告诉我们要执两用中，不能够走极端。我们日常生活当中就有很多走极端的例子，二一添作五即各50%，这叫中，动态平衡也是中。从这个角度来看，我们所说的中庸实际上有几个层面的理解：① 在思维方式上，实际上是告诉我们要有一个辩证法的思维，就是我们不能走极端，要阴中含阳，阳中含阴；② 在行为方式或者策略方式上就是追求动态平衡，这对我们管理企业尤其有帮助；③ 在领导力方面，就是要包容，要统筹兼顾，要有灰度。就像我们既有青苗又有社招人员，既有大店又有N店，很多相反的事集中在一起，才能全面动态均衡发展，但所有的困难挑战也就随之而来了。所以，“中庸”如果作为一个哲学思想，可以解决很多问题。简单一点理解就是越伟大越平凡，这个平凡并不等于你为人低调，而是你说的话别人要听得懂，这叫深入浅出、通俗易懂。如果我们洞悉的规律、道理说出来大家却听不懂，就会很麻烦。这很像正态分布，不是要让处在左边和右边长尾的人都能听得懂，而是处在中间钟形曲线的、占到七八成的大多数人，这部分都是常态的正常人，要确保这些人能够听得懂。

（三）“而”字的解读

这句话里还有两个“而”字，它实际上可以理解为并列。比如我刚才讲过，宏观上有方向，微观上有方法，实际上讲的是并列，就是把这个“广大”和“精微”并列。但这句话读多了之后就会体认到“而”可能是一个递进的意思。即你只有广大，你才能够真正体会到精微的要义；你心中装着全局，你才知道局部哪里最重要。比如毛主席心中有解放全中国的全局，他就能明白辽沈战役的重要。如果你只站在辽沈战役的这个角度，只站在锦州、塔山单个点上，你就很难知道它对全局意味着什么。为什么领导的看法往往跟大家不一样，就是因为他广大，他看的局不一样，格局大了才知道什么最重要，才能在某个局里找到关键节点。若只盯着某个局部，哪个不重要哪个重要？往往并不清楚，很难去判断。

“极高明而道中庸”也是如此，真正高明的人（高手），他一定是中庸状态。如何判断一个人是否高明？就看他处理问题能否不偏不倚，能否中道、客观、理性、务实、动态平衡，这种人是非常少的，确实也很难做到。中庸是反对极端的，做事情不要一根筋做到极致，所谓极致，那肯定走极端了。共产党从建党到建国期间，就是在不断地反左倾、反右倾，实际就是在反极端。为什么很多人都说未来的世界是东亚的世界？因为东亚人有这种中庸的文化，而西方人是效率思维，不是中庸思维。中庸这件事，对于孔子来说是至高的道德，他在《中庸》这本书里面已经说过了，这个道德是极少人能达到的。这是一种追求的状态，所以叫“致”和“极”，这种状态，你去追求就可以，但是很难达到“极致”。

我们做经营也是如此，经营上的格局要更大一些，同时还要关注细节，关注对整体全局产生关键影响的细节，而非关心无关痛痒的细节，在前一种细节上败了可能经营就全部败了。道理清楚了，怎么践行呢？这个太难了。比如我们是否清楚了家居行业的未来发展规律？但清楚了就代表这一天会自然到来吗？肯定不是！我们认为一体化整家是方向，假设这个方向是正确的，它能突然一天就到来吗？我们如何运用中庸之道去达成呢？这才叫智慧。道理告诉我们了，但是怎么走没人告诉我们，这就是经营之难，难就难在这里。所以这14个字，大家可以在实践过程中好好体会，常看常新，常思常新。当然，大家也可以有自己的一种理解，因为我不敢说我的理解一定是正确的，我只是告诉大家我理解的一个角度。

二、什么是经营者？

因为这是经营者发展计划，所以就应当搞清楚什么是经营者？我认为经营者有以下四个特征：

一是被授予权力。我的权力也是被授予的，不是法定的，所以不要一朝权在手，便把令来行，因为权力都是被授予的，相当于别人的帽子暂时戴在你的头上。

二是运用资源。对所有经营者而言，最大的浪费其实就是资源的浪费，包括我们个人的时间资源。作为经营者，我们要先盘一盘有多少资源在自己手底下掌握着，因为我们是分层授权管理的，所以每一层都拥有资源。

三是对外创造价值。创造价值指的是对外的价值创造，对于价值我们一直强调对象化的维度，而不是针对自己。价值必须是对象化的，比如为人民服务、以用户为中心等。对象化的“对象”，指的是客户和用户，比如我们外贸的客户们、国内的经销商们、最终购买和使用我们产品与服务的用户们，这些对象有没有从顾家家居（以下简称顾家）身上感受到价值？

四是对内要拿结果。大家不要把结果狭义地理解为就只是收入、利润、现金流，其实一个项目、一个系统上线、一个新的产品创新等等，只要有明确的定量和定性的成果，就都是结果。

以上四点就是我对经营者的定义，经营者的实质就是用组织授予我们的权力指挥运筹资源，从而对外创造价值，对内达成好的结果的循环往复的过程。所以，经营就是这个逻辑。没有权力你凭什么运营资源？你有权力了，但是不给你资源也不行。现在很多企业都讲放权，除了人权、财权没放其他权都放了，这是不对的。因为人权和财权才是最大的权力。没有权力是做不了事的，权力必须匹配给做事的人并让其承担相应的责任，同时要把资源运用好，要让我们的对象（客户、用户、员工等）能感受到价值，最终也是要交结果给公司的。所以，权力就意味着责任，这就是一体两面，任何事物都是如此。

三、八项修炼，成为优秀的经营者

理解了经营者的角色及定义，接下来重点讲八个话题。

（一）理念

理念是做经营者的源头和起点，我跟很多朋友交流也经常这样说，经营场就是人间道场，就是修行场。经营这件事真的是非常苦的事，而且还没有尽头，比如顾家做到了200亿元，后面还要到300亿元，还有500亿元，未来还有1000亿元等，怎么可能停下来呢？如果非要说尽头在哪里，那就是经营者最终被淘汰，就像人生的尽头就是死亡，话虽难听但道理就是如此，所以它叫人间道场。

既然是道场，就不要过于关注结果，而要关注修身、修心、修行的整个过程，让自己这一生丰富起来，这就是意义，而不是为了多少个阶段性的所谓的结果。所以，有持久追求的经营者必须持续修炼，持续修炼是良好经营的源点。如果大家真的想做好经营者，就不要跟任何外在的物、人去较劲，这没有任何意义，而是要面向自己、与自己较劲，具体来说就是要明白以下四个概念。

1.处事于公，断无私心

我经常以“处事于公，断无私心”来要求自己并持续反思检讨：我可能会判断错误，可能有能力的短板、瓶颈，甚至可能还不够努力，但是我肯定没有私心。什么是私心？一是寻求个人不当得利，比如通过经销商、供应商、广告公司给自己捞点好处，这是私心；二是建立私人的小团队，拉帮结派，封闭不开放，不接受组织原则，公司针插不进来、水泼不进来，目的是给自己营造狭隘的安全感，这也是私心。

大家须知，企业里没有一件东西是你私人的，为啥叫“公”司呢？我们必须要公，要能把话放在阳光下去讲，要于私处公（在无人监督下也能秉公处理）、于公处私（私人欲求敢于公开讲），这才叫大公无私。

同时，对待同事不要把人分成三六九等，要学会等距离沟通。我们团队中可能有相对熟悉一点的，有相对不熟悉的，有早加入公司的，有晚加入的，有来自A公司的，有来自B公司的，我们都要一碗水端平。甚至我经常和那些跟着我共事时间比较长的同事讲，“对不起，你我共事时间长，你对我比较了解，我处理问题的时候可能要亏待你一点点”，这才叫公。即便如此，肯定还是会有对你不了解的人认为你照顾了身边的人，这没有办法，只能自我要求知行合一、问心无愧。因为要改变别人的看法太难，没有一个绝对量化的标准，没有办法给大家一把考核的标尺，量一量就能直观证明你是否处事为公了。但我们又必须时刻对自己保持这样一种警醒，不断问自己，这件事我这样处理公正吗？

什么叫“修”？前面讲过，自己跟自己较劲叫“修”，你跟别人较劲不算。同时“修”没有终点，比如大家上完课拿到结业证就代表结业了，这是有明确标准的，而“修”没有标准，有些人一辈子都在“修”。但仍可能存在一种现象，哪怕你已经“修”了30年，突然间到第31年的时候出问题了，比如没忍住私欲的膨胀把手伸出去了，禁不住诱惑了，那就是说还没“修”到家，因为“修”是一辈子的事。

2. 识己之短，知人之长

这是真正领导力的开始。什么是领导力？当我们认为自己什么都很厉害的时候，是没有领导力的。只有当我们意识到很多东西自己不懂了、意识到自己的局限与无知了，这时候领导力才真正开始出现。这几年我体会非常深刻，因为顾家的业务边界在不断地扩张。比如说发展定制，我们请来很多定制企业的人才，现在还在请，因为我们把定制当成大事。但我自己不懂，那我拜你为师，我尊重你、信任你、给你平台，让专业人才去发挥；又比如我们要做跨境电商，我们现有团队都不懂跨境业务，怎么办？请懂的人！我们布局很多新业务都是如此，因为知道我们的认知是有局限的，我们的能力也是有边界的，所以要请懂的人来做。

为什么有很多家族企业的职业经理人不断地换，“习惯性流产”？原因有很多，其中一个因素就是因为老板太懂了，老板太懂了就不会有领导力。我们每个人也是如此，但我们在这方面做得怎样？我上次开玩笑跟同事讲，最近一两年突然间有一个醒悟，以前总觉得平台很重要，谁走了都无所谓，当然客观上可能也是，现在要稍微转变一点，就是平台重要，专业人才也重要，而此时此刻“你”更重要。因为有些岗位某个时间缺少了某个人还真不行，我们希望这个平台因为“你”的到来而变得更加强大，同时也相信平台使你会更加优秀。要知道人和平台是相互成就的，但平台终究是人打造的。

3. 耐烦历挫，心性坚韧

为什么最近两三年我经常讲要不断“折腾”干部？因为我也是经常被“折腾”的，我也是经受过事业曲折的，也有过一段职业生涯期是“坐冷板凳”无事可做的。我觉得职业早期一切过于顺利不一定是好事。太顺了容易心高气傲，认为一切都是自己的功劳，以为事业小有成就是自己能力强，这是错误的认知。要知道不经过“折腾”、不历挫耐烦，是不可能成大才的。

所以每次经历这种时刻，我都会咬牙坚持，这种坚持靠的是什么？不是孟夫子所讲的“天将降大任”的大道理，我没有这么高的境界。靠的实际上是我知道人间道上要修行，我要磨自己，要自我反思自己的问题，要感恩领导、感恩公司，要实现自我超越，不能有点小挫折就走极端，就辞职，而是真正让自己成熟起来。我经常和大家讲，大家要找到苏轼的黄州时刻，要找到王阳明的贵州龙场时刻，要找到毛主席的苏家坡时刻（福建省龙岩市上杭县古田镇苏家坡村）……最苦难的时刻才最能让我们自己的境界升华，从这个角度上来讲，千万不要浪费任何一次挫折。任何一个人如果没有经历过挫折，那么他就没有足够的韧性，他的性格、体质就太脆弱了，以后遇到风吹草动可能就断了。所以，要么我们就自己折腾自己，要么我们就让组织折腾自己，就和创业一样，没有九死一生，哪能有企业的一飞冲天？

4. 建立自我，追求无我

这句话大家都知道是李嘉诚说的，而且我相信他也是这样践行的。建立自我的过程可能是我们所有人在职业生涯前半段的一个追求，那就是我们要自信、要自觉、要自立、要自强。天行健，君子以自强不息。为什么我们常常对大家强调策略的主体意识、主人翁的意识？其实就是逼着大家去“建立自我”。现在我们在座的所有人其实都在干这件事，就是在“建立自我”，我们要自强才可以建立自我，如果我们自己不强，这个自我是建立不起来的。如果你都没有自我，那你这一辈子是不可能成功的。所以我希望我们每位经理人的内心要真正的无比坚强，要清楚知道自己的使命、自己的责任，把自我建立起来。

但当自我建立之后，并不是马上就能进入无我的状态。老子在《道德经》中把领导力分为四个境界，即“太上，不知有之；其次，亲而誉之；其次，畏之；其次，侮之”。

“太上，不知有之”就是领导力的最高境界，这方面做得最好的就是美的创始人何享健，经营过程完全不参与，大家也不知道他平时都在做什么，但主要情况他都了解，大的方向上也有把握，并且企业经营得非常不错。这是最厉害的，这就做到了领导力的最高境界。“其次，亲而誉之”就是你很尊重他，很敬佩他，当然也是因为他很厉害，这是第二个境界。第三个境界是“畏之”，就是害怕他。有些经销商或供应商，包括有些长期合作的老师跟我说：“李总，你们有些一级单位负责人很怕你”，这就说明我的领导力还不行，只处于第三境界，这对我是个善意的批评和提醒。第四个境界是“侮之”，就是天天说你坏话，天天抱怨、牢骚满腹，这个境界的领导者我们也是有的，需要逐步改进、提升。

任何事物都是逐步进化的，我们对自我规划、人生成长也应与时俱进。在我们职业生涯的前1/3最好能跟一个“牛人”，这可遇不可求，看命，我很幸运，我的历任领导都很牛；第二个1/3，我们最好把自己变成“牛人”；第三个1/3，如果有机缘，我们要成就一批“牛人”，这样我们的人生就完美了，这就是“建立自我，追求无我”的过程。首先，我们自己得牛才能够追求无我，不要上来就无我，正如都没有看过世界，怎么会有世界观？什么都没有得到过，就不要总说放下。事有始终、物有本末，因果前提，凡事皆有先后，不能颠倒。个人强大、自主自强、能成事才是前提，其次是成了事，建立了自我之后不能止步不前，还要去追求无我，去建立体系，去培养造就更多“牛人”。

我为什么把这四句话放在最前面去讲，就是想告诉大家经营讲的是什么，并不是我们财务上学的三张表。三张表固然十分重要，相当于是体重秤，称出最后的结果。而经营者必须回到起心动念的源头，回到经营的概念及本质，回到经营者自身这些基础问题上来，如果大家对这些概念没有基础的理解，那么做好经营其实是非常难的。

当前时代，经营环境发生了重大变化，每天都会有大量信息影响经营变量，可以说不确定性如影随形，加之社会处于变革周期中，信息的爆炸、价值观的混乱、人际关系的复杂等等压力不一而足，这很容易让人焦虑、抑郁。毫不夸张地说，我也经常焦虑，特别是以下几种情况。第一种情况是重大变革的时候，真是睡不着，满脑子全都是变革的事情，脑袋想停根本停不下来；第二种情况是作重大方向性探索的时候，比如我们做创新性项目，或者思考某个重大战略方向的时候，也是如此；第三种情况是看到竞争对手发展得非常好的时候，在反思差距和差距成因的时候。其实我可以告诉大家，遇到上面这些情况，没有一位经营者是完全不焦虑的，除非你一点责任心没有，但是有些人修炼得比较好，别人看不出来。经营者内心的煎熬和痛苦只有自己知道。当经营者们面对压力和黑暗，面对自己和企业发展的重大挫折时，能不能释然？能不能想通透？能不能走出来？这非常重要！

这是首先要跟大家分享的，清晰理念之后，我们就有了源点。

（二）方向

有了源点，我们再说说方向。实际上我想讲的，不管是叫愿景、远景、战略，还是叫策略、共识、未来，或是叫长期主义，叫什么词都不重要，重要的是“方向”这件事无比重要。

“方向”本身没有对错之分。我们现在做一体化整家，我们去墨西哥开办工厂，我们布局跨境电商，我们增加外床业务……这些业务友商可能没有做，但并没有对错之分。方向问题没有对错，不能挑战。为何不能挑战？如果大家都来挑战方向的话，那么企业就根本没办法运转。在企业里我认为有两件事是不能挑战的：一个是战略方向不能挑战，但在战略方向确定之前，如果大家参与讨论，可以并且应当提出自己的见解和建设性的意见，但决定了就要去相信，那有些同学可能会问，那我不相信怎么办？也没啥好办法，只能离开或慢慢选择相信，否则公司会被撕裂你也会很痛苦；另一个就是目标不能讨价还价，因为目标是永远不可能完全合理的。所以说方向是一种选择，可能东边也亮西边也亮，但我们，选择了东边。既然选择了，那什么最重要？就是“不容挑战，重在有信”，这个信就是相信，大家要相信它，如果不相信那就麻烦了，你相信这个他相信那个，整个企业就乱套了。大家各自所在的单位、部门内部也同样如此，领导者确定了一个方向，结果下面还有三四个不同的小方向，那就很麻烦。

1. 战略的本质是假设（洞察）和选择（道路）

我们一定要学会假设，假设能力就是洞察能力的表现。比如假设当前经济环境下消费会降级，那么这种假设的情况最终会不会出现呢？不一定！有可能假设会错，但是一旦你有了假设，你也就有选择了，就有了战略布局，这是非常重要的。正如任正非所说：“没有正确的假设，就没有正确的方向；没有正确的方向，就没有正确的思想；没有正确的思想，就没有正确的理论；没有正确的理论，就不会有正确的战略。”一个逻辑一个逻辑递进过去，实际上就是告诉我们假设等于战略。

我们进一步追问，领导者为什么一定要去做假设这件事？领导者不可能灵光一现就有某个想法，面对越大的战略抉择领导者往往越痛苦。我曾在一篇文章里写过，毛主席在思考中国是否要出兵抗美援朝的时候，决策过程是非常痛苦的，这样的重大决策将影响国运，且没有机会重新选择。所以，大家千万不要觉得作选择就是画个勾的事情，选择其实是很痛苦的过程。

在座各位跟我直接交流的时候，我经常会提问，问你为什么这样考虑？你为什么做这件事？就是想知道你是怎么思考的，背后的意思就是你是如何假设的，你是怎样洞察的，这样的交流非常重要。顾家有这样一种文化，不是领导说了你就必须干，这种知其然不知其所以然的简单的执行、盲目的执行、机械的执行我们是反对的。我们倡导学习和遵循黄金圈法则，先问为什么，再知道是什么，最后再研究怎么干！这些都是慢功夫，但是一旦群体形成了这种思维方式和文化氛围，我们将无比强大。我们所有人都是一个个小的策略主体，每个人都应有策略思考。所以，层层去理解假设与策略，这是非常重要的认知。

2. 战略思考就是时空思考，时空思考就是格局

这句话的意思就是告诉大家在务虚思考一些问题的时候，要把时间拉长、把范围拉大，“坐上直升机看城市”“站在月球看地球”，甚至穿越到2035年看看自己。但是，拉长思考即看得远本身是比较难的，它受限于我们的定位，比如我们是一位基层的业务主管，都不知道自己能干几年，肯定就不太愿意去作长期思考。所以，要训练这种思考能力就必须对自己职业有个相对长期的规划，哪怕外部环境不支持也要有，否则你越短期思考越急功近利越不可能有战略，后面的发展也就越来越有瓶颈。

3. 时间将证明长期主义一定会打败短期主义

机制、文化、考核等因素共同作用，影响一个公司是短期主义还是长期主义？短期主义的公司并不代表员工没有长期思考的能力，只是员工个体的长期思考能力受到了很多限制而没有被激发出来。如果企业特别看重短期绩效，完不成短期业绩就换人，请问这种氛围下员工怎么会有长期的思考？

长期主义是对经营者的基本要求，所以任何经营岗位，尤其是总经理级这种重要的经营岗位，必须给他至少三年的基本预期，否则谁会愿意规划未来？比如内贸分部总经理，在其任内开了一个大店，换了一个经销商，影响了两个月的短期业绩，结果被汰换，而开大店或换经销商的果实则被下一任摘取了，那么，所有人都不会去做这种长期有利但短期看上去费力不讨好的事。所以，我们《职业经理人素养十条》的第一条就是：“要有长期追求，3—5年规划是基础门槛；没有长期规划就没有正确的策略，就会目标偏移”，这个非常关键。长期思考需要一种能力，这种能力我不知道怎么去训练，多看看历史书，多看看别人的案例，多跟一些过来人聊聊天，都会有帮助。年龄越大的人说话都越来越简单、越来越常识化，因为道理就那么几个，这叫大道至简，这种能力大家是可以有意识去训练的。长期主义还需要一个耐力，就是我前面讲的坚韧之心，比如顾家现在落后于友商，你说不焦虑，那是不可能的！但是我相信基本的道理和底层的逻辑，就是我们所说的长期主义、延迟满足等。有些事你认为正确，但短期没有绩效甚至还有负面绩效，这个时候所有人都在反对你，包括你身边至亲至近的人都在反对你，你还能坚持吗？这种情况下有几个人能真正坚持得住？而且你不仅要自己坚持，你还要不断地去说服别人，让大家相信你，这就是耐力！坚韧之心非常难，有时候我也经常会留意观察我们体系里有没有这种干部，就是那种一定要把某件事干成，非常坚持方向的人。大家应该还记得我写过一篇文章《向韩先楚将军学习》，讲的就是这个道理。韩先楚认为领导说得不对，就坚持去说服领导，不断向上级反映，最后领导同意，大家意识一致，韩先楚抓住时机，一举解放了海南岛。

4. 长期主义不是坚持才能胜利，而是先看到胜利之后才能坚持

金一南老师在《心胜》这本书的扉页上写道：“战胜对手有两次，第一次是在内心中。”这句话你可以理解为勇气、觉醒、必胜斗志、精神的力量等。但我还有一种理解就是对战争规律把握后的主动的布局与前瞻的动员，让大家都看到胜利一定是属于我们的。具体到企业中，那就是我们一定要清楚自己的战略和布局，要在内心深处有个顾家未来的清晰的图景，并把这一图景给大家讲清楚，达到图景的逻辑给大家说明白。这个时候大家的内心就能看到胜利，看到胜利大家才能坚持下去，这样就能消解达成最终图景过程中的任何非议与怀疑。《孙子兵法》讲“胜兵先胜而后求战”，就是这个意思，我们先把终局图谱画出来，当我们心中有了终局的模样，我们才能笃定去坚持。如果我们心中没有这张图，就带领大家去走，然后途中不断找方向，或跟

着竞争变化盲目换方向，那胜利大概率会远离我们而去。

5. 看得远不容易，看得大其实也不容易

阅历、思维、心胸要经常升维去思考，把问题放在更大的尺度里去看，往往会更加清晰、透彻，这就是放大。以前跟青苗培训时，我跟很多毕业生讲，“你如果是经理，至少要站在总监角度去思考问题，总监要站在总经理角度去思考问题，总经理要站在总裁角度去思考问题，至少升一个维度，你就知道了你的领导在想什么，知道他的思考逻辑是怎样的”，这就是空间放大。如果你有本事可以升维两级那更厉害。现实中能够上升两维看问题的人比较少，毕竟还没有见识过太高维度的事物，而跨越维度的学习本身就非常难。但升维思考与训练，是一种能够让大家打开空间格局的比较好的方法。

6. 干什么就要研究什么，研究什么就要研究透

这个透就是马斯克讲的第一性原理，就是底层逻辑，这样的战略势能才是我们追求的。比如我们经常讲定制运营模式的本质是什么，尽管这个话题是务虚的，但十分值得思考。我们做的所有事情，都可以用“本质是什么”来启发自己的务虚思考，这就叫参透第一性原理。我比较爱问问题，前天晚上我给同事发信息，问了一个因为看到资料而引发的疑问：“为什么某友商在A品类的市场份额是后面四家的总和，而B品类却没有形成这种格局，请问背后的逻辑是什么？”然后这些问题也促使我深入思考，在床垫品类有这样的现象吗？有果必有因，那么因是什么？真正的第一性原理一定不是来自竞争的，而是你的战略势能应该在哪里建立，你有战略势能了，就可以大幅度减少对组织和管理的依赖，这就是《孙子兵法》里讲的“求之于势，不责于人”。

打造战略势能是领导者的职责和使命，是不可推卸的责任。品类没布局、渠道没打开、组织机制设计有问题，结果天天埋怨大家不努力，让大家去读《把信送给加西亚》，强调执行，这样做没有任何意义。这种情况下大家天天晚上加班，但不创造价值，大家越勤奋就越浪费资源。所以，领导者最重要的就是要建立战略势能，你的战略对才是最重要的事，战略错了，那么必定会“将熊熊一窝”。为什么我们现在呼吁战略分层，呼吁真正的经营者，为什么要办经营者发展计划？因为大家是经营者，大家不能把精力全部陷于琐碎的事务性工作中。我们要留出时间抬头看路、仰望星空。我们一定要清楚，一个企业中战略势能大于组织势能、组织势能大于经营势能。如果我们没有战略，那就得用组织来补，因为如果组织比较强大，有可能会弥补战略上的一些不足。经营势能排在最后，经营势能就是增速、毛利率、净利率、投资回报率等内容，经营势能短期会给我们带来一些资源，但是如果战略错了、组织又不强，那么衰败将不可避免。

7. 一号位必须永远给方向、定战略，也永远要记住：“求之于势，不责于人”的道理

不管大家是作为经营单位负责人，还是职能部门负责人，都不能让团队在黑暗中盲目摸索，哪怕错了也要给个方向，否则团队就是一帮乌合之众。我们不能勤于战术而惰于战略，不管大战略还是小策略，总之一定要有方向。大家也不要认为只要大领导有方向就可以了，小部门不需要方向，这是错误的认知。组织里层层都要有方向，事事都要有方向，任何事情其实都需要深入思考。

8. 能解决行业问题就会成为行业老大，能解决企业问题就会成为企业老大，你的思考和价值在哪，你的未来就在哪

对此我深信不疑。比如说家具行业整体运营效率太低，成本太高，目前而言，加价率也还非常高，一件产品中途运输次数非常多且容易破损等等这些问题，我们能解决多少？如果都能高效解决，那么我们一定会成为这个行业的老大。我们现在企业存在很多问题，你挑选其中一个，组织协调资源去解决，那么你在企业里的发展也一定会非常好。

9. 企业战略的原点有两个，一个是用户价值，一个是持续增长

我们谈战略的时候其实就关注这两件事，但我们比较多的是谈增长，我们很少去思考用户价值的事。然而现在用户价值的权重在不断地加大。我们认真想一想，我们的用户价值到底是我们自己理解的价值，还是用户真正感知并认同的价值？跟友商比，我们真正能拿得出手、远超对手的价值点或者独特优势是什么？如果没有，那么我们就只能依靠包装，包装这事不能说不行，就像“钻石恒久远，一颗永流传”这样的包装可以去做，但这是可遇不可求的。真正的用户价值就像苹果手机的创新一样，不用搞营销，苹果的战略及独特的用户价值就立在那里。大多数行业和企业很难真正做到像苹果那样卓越，但永远把用户价值放在第一位的理念意识和思维方式我们必须给予足够重视。

这几年为什么渠道的矛盾会变多？我也经常提醒大家要注意，因为现在的经销商主体和员工主体跟我们以前那个时代不一样：60后、70后甚至50后忍辱负重，他们愿意接受调解；现在很多主体都是年轻人，年轻人的价值观和思维方式可能确实跟我们不一样。所以，还是那句话，现今这个时代确实需要极致的坦诚。你不要去装，有错就认，真正去改，千万不要磨叽，而且平时不要在社会中激化矛盾。极致坦诚，极致简单，这就是站在用户价值角度去思考问题。我们往往缺少这根弦，这也是为什么我们要讲中庸，我们不能全部都是增长的思维，我们一定要腾出一部分心智带宽给到用户价值思维。大部分友商，其实本质上还是在经营渠道，但是已经有部分优秀的友商开始经营用户了，经营用户就是大逻辑。只谈增长的小逻辑一定玩不过大逻辑，这就是趋势。我们为什么要转型？因为这就是方向，尽管转型非常痛苦，但我们必须坚定地去转。

（三）组织

首先要讲的就是不要去驾驭组织，谨防被组织反噬，要学会利用组织的力量去解决问题。这里我举一正一反两个例子。

正面的例子就是毛主席的例子。我佩服毛主席的伟大之处就在于他天生就想建立体系，或者说建立组织，并且借由组织去解决问题。毛主席的组织观念胜过同时期的很多同志，比如在1931年底到1932年，毛主席遭到“残酷斗争，无情打击”，甚至被中央政治局全体委员选下台。那时他也有发牢骚，后来毛主席回忆说：“他们把我这个木菩萨浸到粪坑里，再拿出来，搞得臭得很。那时候，不但一个人也不上门，连一个鬼也不上门。”有一个细节，在金一南老师的书里也讲过，本来长征毛主席不想去了，后来周恩来冒着大雨，骑着马去找毛主席，最终说服了他上路。毛主席上路前做了一件事，就是找张闻天和王稼祥一起，史称“中央队三人团”，因为长征途中有了更多接触的时间，就不断地找张闻天和王稼祥去讲，潜移默化地去影响，与王明为代表的“左”倾冒险主义进行斗争。有人总结毛主席的成长历史，1930年之前他的个性非常强，1930—1935年是转型，1935年1月份遵义会议之后，毛主席就像彻底变了一个人，开始变得柔和、包容，学会了妥协，明白了要去说服别人，懂得了通过组织去解决问题，领导力的境界得到巨大提升。在1930—1935年期间，尤其是在1934年长征之前，就选择跟张闻天、王稼祥在一起，实际上毛主席就是想通过组织的力量去解决我们革命的方向问题。这可是了不得的，毛主席一直用组织的力量来解决问题，尽管自己多多少少有点小情绪，但是他没有让情绪影响到组织。当我们的某个观点不被认同的时候，我们如何通过组织的力量去解决问题？组织是我们个体力量的放大器，我们个人的力量终究是有限的，更何况如果我们不把力量放在组织上，哪怕我们获得了权力，将来也会被反噬。

另外一个反面的案例，我之前的文章有写过，是关于洪秀全、杨秀清和太平天国运动的。太平天国是类似政教合一的组织，这种组织本身已经是个BUG。但是后面还有更严重的问题，洪秀全一直是以天王、教主这个“上帝次子”身份自居的，而杨秀清则来了个“天父下凡”，随时可以制约洪秀全。这就是组织里最大的BUG，最后杨秀清的结局非常惨，而太平天国运动最终也以失败告终。所以，任何人都不能利用组织的漏洞去操弄组织，最后一定会被组织反噬。

其实现在大家对组织的理解，包括我对组织的理解，充其量还是幼儿园的水平，为什么呢？大家千万不要把组织简单理解为架构、流程，组织是个生命体，它一旦成立，就拥有不依赖个人主观意愿的发展趋势和能力。比如说我们为什么要进行执委会选举？为什么干部晋升要打分、要评审？这些都是在放大组织的力量，通过组织去解决问题。当然这也有可能被部分同事理解为另外一种机械主义和官僚主义，你可以这样理解，但从长远角度来看，大家是更相信领导个人的权威还是更相信组织的理性呢？没错，一定是更相信组织的理性。所以中国共产党不断完善组织，个人必须服从组织，整个组织指哪打哪，如果我们要提议改组织规则，就要走组织程序且非常复杂，所以毛主席要找张闻天、王稼祥去反复沟通，没有办法，毛主席当时连委员都不是，如果他们俩不认可，毛主席的想法不可能成为组织的方向。所以，我们今天理解组织一定要再多一个这样的逻辑，这样我们才会敬畏规则，才会建立体系，才会真正认同规则和体系，才会认为规则和体系是有价值的。否则我们就会错误地以为所谓的规则和体系不就是每个企业都有的制度嘛，这还真不完全是。

那么，关于组织的话题，具体提示以下几点。

1. 组织的本质是在有效率地解决大规模协作问题，起于人又超乎于人

这个道理大家都明白，比如阿里巴巴1+6+N这么多的独立业务，全部都要驾驭好、要把这么多人协作起来是非常难的，必须依靠组织。现在庞大的组织对于我而言也是一个挑战，所以去年就开始对于一些新兴的业务进行更大力度的放权，其实也是无奈之举。这有点像投资管控模式，比如我们天禧派，以后就应该是类董事会的管理体制，否则我们怎么去管？根本没办法管那么细，只能管战略方向，管核心干部，管一些关键机制就够了，再往下也确实管不了。未来差异化的业务会更多，因此，组织也要相应地变革，以促进有效率的大规模协作。

2. “组织战力、组织活力、组织效率、组织规范”这个顺序不能颠倒

在工作实践中，大家一定要优先激发组织的战力，即战斗力。我们还要梳理组织规范的流程、规则体系。在组织建设上，我们的关注点，一定要组织战力大于组织活力，组织活力大于组织效率，组织效率大于组织规范。

3. 责任清晰且尽可能唯一是组织设计的起点

不论我们管了多少事，不论我们读了多少关于组织架构、组织设计和组织理论的书，一旦责任不清，组织肯定就会开始出问题，就会开始互相扯皮。我们现在也有这样的情况，那么，我们化繁为简进行处理，就是能用机制解决的问题绝不用管理手段解决。什么是机制解决问题？就是责任清楚、权利清楚就够了，这是最简单的，能解决百分之七八十的问题。我们重视和强调组织的一级动力源和承重墙也都是在讲这个问题。到底是谁在给你打粮食？打粮食的这些人有没有责任？干不好他认不认？如果他都不认，管理就失控了，这就是问题根源所在。所以大家一定要思考我们这个部门到底谁是最主要的价值创造者，然后才有责、权、利、能四位一体的互相匹配，并且还要让组织上下都清楚、有共识。

4. 不要高估凝聚力和组织活力，没有胜仗一切都会逐渐消减

所有组织都是如此，真正的凝聚力不是表面和谐，而是面对某个目标时能够相互补位，能够互相协同，能够自我牺牲以成就大局。不打大胜仗，是不可能真正见到凝聚力的。任何企业一旦不打胜仗就肯定会开始出问题。为什么？这就是商业组织的宿命。因此，我们把建立组织最重要的一个抓手定义为打胜仗。打胜仗就要求“没事要找事”，当某个部门一潭死水的时候，就要“整事”，哪怕拉出去团建一下都行，哪怕没有大活动搞一场小活动也行，哪怕没有大生意促成一笔小单也行，因为不这么做的话，凝聚力和组织活力就永远建立不起来。千万不要以为领导一鼓动，登高呐喊，振臂一呼就立马应者云集，这往往是不现实的。那么多人跟着朱德、毛泽东打仗，不光是因为他们的理念先进，其实那时候的基层士兵并没有多少人能够真正理解毛泽东思想、共产主义理论，主要还是跟着他们能打胜仗，或者打的胜仗多，这才是根本。

5. 企业内部讨论员工忠诚、员工满意、个体信任、部门重要性没有意义，这样只会把组织带偏

我们永远都要活在真实世界当中，就是要接地气，就是要尊重人性，尊重人的基本需求。举例来说，我们今天认同顾家，愿意跟着顾家发展，但如果顾家不发展，我们拿什么发奖金？没钱发奖金，大家还会跟着顾家干吗？只有基本需求得到了满足才会谈其他的，古往今来都是同样的道理，人性是相同的，亘古不变。

我一直以来的观点都是如此，在企业内部不要去讨论员工忠诚，员工忠诚于企业没必要，我们最好不要去忠诚于企业，要忠诚就忠诚于我们的职业，忠诚于我们的价值。华为45周岁退休，就是不强调忠诚。然而，还有很多企业鼓吹终生忠诚，那就更麻烦，这将是企业巨大的成本。我们管理者看待人应该怎么看？总体上要把人看作这个体系中正常流动的要素，那么人员有流动就是正常的。企业内不要讨论忠诚，忠诚的成本无比高，满意度也是一样，员工满意没有标准，比上不足比下有余，所以不谈员工满意，要谈薪酬合理有竞争力，要谈人岗匹配有发展机会，要谈权责匹配有施展舞台。我们也不能谈个体的信任，要谈对组织的信任，总之就是要把组织放在第一位。其实，现今我们组织的规则，我想变也很难变。比如明天我就发个文把权力都收上来，其实也收不上来，因为运作已经形成习惯了，再收上来我也应付不了。所以，不谈个体的信任，而要谈组织的信任，个体的信任是没意义的，夫妻可以离婚，父子也可以反目，员工之间有多少真正背靠背的信任？不是说一定没有，而是说组织的信任更靠谱。

我经常和人力资源、财务部门讲，任何事情，如果你们代表组织签过字了，对方实际也达到了签约标准，那么该给的钱一定要给，该给的资源也一定要给，这就叫组织信任。即便可能不合理也要兑现，兑现之后再检讨、复盘、改善。为什么呢？举例来说，比如以前人资或财务的张三签了字但他离职了，他上面领导没签字，领导就推卸责任让张三背锅，说他走了，我不知道这件事所以我不认，这样处理行不行？不行，张三代表的是人资或财务，张三的领导就必须认。我们一定要调整到这个逻辑上来，否则大家就会天天互相猜疑与勾兑，你书面答应过的事情还算数吗？你走了怎么办？这样的话大家就没办法干事了。

此外还有一点，那就是在企业中也不能谈论部门重要性的问题，比如讨论究竟是财务重要还是人资更重要？到底是生产重要还是研发更重要？终究是营销重要还是渠道更重要？这样做很容易引起组织分裂，讨论这些事也只能说明我们不专业。这是在建立组织时非常重要的一些要点，很多教科书不会告诉我们这些，但有些人总会傻傻地拿着这些话题去讨论，越讨论越分裂，越讨论问题越大。

6. 人永远重要，尤其在非常态环境下，人就是一切

我在谈组织的时候，也是秉承中庸的思想。人永远重要，尤其在非常态环境之下，即在重大变革转型期间，或在建立创新部门的时候。因为“他”就是建立业务逻辑的，建立体系的，你说“他”不重要，那不可能。因此，在非常态的环境之下，人就是一切。找人做事、做事找人这两个工作逻辑，大家都知道。大家千万不要一说组织重要就否定人，一说人重要又去否定组织。人是组织能力中重要的生产要素，这点已经写入了顾家组织能力模型。但从总体和长远的角度看，人又必须让位于组织体系。所以，我们的理念和视角一定要与时俱进，既不能“妇人之仁”，也不能“人亡政息”。就像楚汉争霸，项羽就是“妇人之仁”，项羽出身贵族，条条框框比较多，优柔寡断；反观刘邦是流氓习气，没有规则，不按常理出牌，最后项羽自刎乌江、刘邦创立西汉。什么叫“妇人之仁”？就是领导者在该砍人时不砍人，念及这个人跟随十年，有感情了，下不了刀。但是，领导者砍完人之后也不能“人亡政息”，这人一走你就告诉我这事没法干了，这说明在杜绝“妇人之仁”和避免“人亡政息”两者之间的关系上你没处理好。

7. 做制钟者，不做报时人，哪怕作法自毙也值得

大家应该都知道商鞅是怎么死的，就是秦惠文王继位后开始捉拿商鞅，商鞅逃到一个农户家中，农户不知是商鞅，按商鞅之法，留宿要有身份证，商鞅就很痛苦，感慨自己颁发的制度体系最终把自己套住了，结果被抓回去后车裂了，然后“作法自毙”这个成语就流传了下来。即使这样，商鞅之法并没有被废弃，所以经常说秦灭六国有商鞅的功劳，他建立了整个大秦的律法体系，体系是超越人、超越时代的。所以，我们不要去做报时人，不要只看我们每天的业绩怎么样，还是要多想想我们究竟能给企业留下点什么？怎样做对组织才有战略贡献？

8. 组织大了，业务复杂就一定会产生矩阵架构，矩阵架构适合大兵团作战，是专业和价值创造的平衡

一个大型组织的生成或者组织不断长大的时候，不管叫不叫矩阵组织，矩阵架构都会天然或者自然地慢慢形成。这个形成是因为专业和价值创造需要有一个平衡。什么叫专业？比如说服务于大客户的团队是一个专业组织，服务于某个区域的团队是一个专业组织，研究某个品类的团队是一个专业组织。每个企业最终都会殊途同归，最后遇到的问题都会大差不差，因为我们的战略和业务模式都差不多，所以就必须做好专业和价值创造的平衡。价值创造依赖于价值链，而专业则依靠于专业的部门。比如你负责床垫业务，你就要天天研究床垫并真正研究透，这就是专业。但是研究清楚透彻之后怎么样才能拉通价值链创造价值？这就是我们今天所面临的挑战。

9. 结构产生能量，要发展组织，变革必不可少，组织要持续变革

老子《道德经》有很多话非常了不起，从管理角度有一句话很重要，但很少有人去讲，那就是“孰能浊以静之徐清？孰能安以动之徐生？”这句话其实是要告诉我们，比如说一杯浑水，你总折腾它摇晃它，它就永远清不了；你把它静放一段时间，杂质沉淀，水就清了，就可以喝了，这叫“浊以静之徐清”。“安以动之徐生”，就是安静太久了要折腾一下，他才有生机和活力。这句话也是中庸的思想，就是说总不折腾不行，不折腾就一潭死水；天天折腾也不行，那就太混乱，就没办法干活了。组织变革这件事，老子早在两千五百年前就已经给我们讲清楚了，但是这个度在哪里？就是动态平衡。老子这句话是非常有生命力的，我们人也是如此，你天天跑步不行，膝盖会受不了；你天天躺平更不行，身体机能会退化。那么，这个动态平衡怎么达成呢？比如可以今天跑跑步，明天散散步，后天游游泳，大后天拉拉伸，就这样不断调整变换可能是最好的，不要一条道走到黑。

（四）业务

讲到业务大家就感觉不陌生了，但是我这里讲的业务跟大家以往听到的可能有些不太一样。我们经常讲一切为了用户、一切服务业务、一切立足胜利，是因为所有业务其实都是血液，或者说是造血机能。如果业务不行了，相当造血能力不行了，那么人的气色、精神状态也就不行了。业务是我们赖以生存与发展的资源，这根链条是不能出问题的。所以，我们说求真务实根本上必须体现在业务上。如果一帮人成天不抓业务，不强健造血能力，天天玩虚的，搞商业模式、搞管理变革，那也很麻烦。

1. 业务的核心就是增长，包括规模（收入增长）和赚钱（盈利增长）

业务其实就这两件事，一是规模，一是赚钱，业务的核心就是增长。

2. 增长的所有的逻辑其实就是安索夫矩阵的供给需求逻辑

安索夫矩阵基本可以解决增长的百分之七八十的问题。供给不断细分，需求不断细分，就会产生很多的细分市场和利基市场，每一个细分市场和利基市场都可以做大。今天互联网企业发明了一个流量模型，增长不好就归咎于流量问题。其实，古往今来做生意都需要流量，两千年前卖豆腐也需要流量，这个是不变的。但是流量逻辑也是从属于供给需求逻辑的，因为流量是连接供需的，流量问题不是增长的本质，增长的本质还是要有价值，就是我前面说的像苹果一样，当你真正地把供给和需求打通了，细分好了，那么流量自然就来了。

渠道的结构就是需求结构之一，这还是在需求端进行细化。供给端如何细化，需求端如何细化？我们养成这种思维方式就行了，不增长时首先想想我们到底是卖什么的？谁在买？我们卖的这个东西还能不能细分？甚至能不能增加？买的这些用户能不能细分？有哪些我们没打通？有哪些我们就根本就没有涉及？这里把渠道和流量，理解为供给还是需求，要看每个业务的定位，但问题都不大，我们可以把渠道和流量理解为供给，也可以把它理解为偏需求，关键看企业的性质，这是增长的根本逻辑。

3.没有一项业务可以永续增长，因为用户价值是动态变化的，如果跟不上就会被淘汰

商业的本质就是把产品卖给用户。千万不要认为我们卖一个东西可以一直不变卖到老，因为用户价值是动态变化的，所以我们要么及时变革，要么提前布局，没有第三条道路。李嘉诚说过，“不要与项目（业务）谈恋爱”，也就是不要沉迷于任何一项业务。业务其实也不会嫁给你，因为业务的生命周期是无法把握的，因为用户的价值是动态的，所以该舍得舍，该切得切，该布局要布局，手里始终要有牌。

我们以前基本上靠公司高层去推动一级布局，当然公司层面也一直会坚持布局和变革，但同时我们现在也在推动二级布局，目前这些二级布局都没有对外公开，都处于“猥琐发育”阶段，有可能未来不会成功，但因为我们未来要做综合家居运营商，所以我们必须要去布局。当然，这个布局跟以前不一样了，以前都是我来推动，现在则反复强调整个顾家的战略要分层。因此，所有领导者，尤其是大部门的一级单位负责人，一定要有战略思维，要有布局能力，要去做布局和变革的事情，否则你长远的增长就一定会有问题。

4.如果接受多元化战略，理论上增长是无限的，但企业本质决定了业务规模会受制于管理成本的激增与组织熵增，也即成本与混乱会让业务增长停滞与衰退

我们什么都可以做，但不是什么都可以做好。顾家明天也可以去卖包子，甚至开个卖包子的门店都可以，但大概率不会成功，因为企业本质决定了客户的交易成本。大家都知道业务规模会受制于管理成本的激增和组织的熵增，也就是成本变高和管理混乱会导致业务停滞与衰退，就是这个道理。有的时候，我们的布局也解决不了所有的问题。到底我们能管理好多少个业务？我不知道，但是肯定有边界，而且从目前情况看我们差不多已触达这个边界了，怎么办？多元业务的加法已到极限，那就只有通过乘法来解决，比如我可以管5个业务，5个业务的领导每人再管5个业务，那就可以管25个业务，这就是乘法效应。

其实我们到底是不是在走多元化道路，这个也要看大家怎么理解。在家居行业我并不认为我们在走多元化道路，只是品类在多元化布局，业务还真不一定。但是一定会有部分业务是多元化的。那么，我们如何把组织建设好，如何把管理做到位，这些对我们是很大的挑战。我们每个部门现在都在做“多元化”，只是这个多元化要加个引号，我们某个品类可能以前只是一个产品系列，现在变成三个；我们某项服务以前可能只面向一类客户场景，现在变成五个；我们某位中层管理者以前可能只管一个市场，现在要管两个……这些都可以理解是在多元化，但多元化之后管理如何跟上？我们都要去仔细想一想，我们能不能驾驭？如何驾驭？

5. “赚钱”与“赚钱的能力”与“值钱”是不同的事情；赚钱是静态的，简单理解为收入大于成本，就是赚钱

我想告诉大家，今天看我们的友商如果很赚钱，即他的收入大于成本，也不用过于着急，因为这个是静态的，就像十几年前诺基亚的手机业务一样，明年是不是依然赚钱可能都不一定。同理，我们今天有些业务有较高利润，也绝不能太骄傲；我们现在低利润的业务，也不要过于自卑，这些都是今天这个时点上的，它代表了过去在有些要素上做对了一些事，但不代表未来，未来关键要看我们有没有赚钱能力。

赚钱能力理论上就是要搞明白三件事：我们有没有独特的资产？我们有没有核心的能力？我们有没有新型发展模式？如果都没有，那么我们的赚钱能力就只能叫比较优势，就是我们比别人更辛苦，我们管理比别人稍微强一点，这样当然也能行，但是不持久。如果我们能找到独特资产，比如我们卖水，我们控制了水源，这叫独特资产；我们做科技产品，我们购买了一个核心技术专利，这叫独特资产。那么，什么是核心能力？比如一家企业的供应链运营比较强，那么我们说它有一般能力，一般能力就是别人花10个点，我只花9个点，但是这种优势没有护城河，别人稍稍重视并加大投入后短期也能赶上来，这就不是核心能力，而是一般能力。如果别人买不走、“偷”不掉，即使花钱也追不上来，我们可以持久领先，这才是核心能力，也就是有赚钱的能力。我们今天为什么要布局仓配服？为什么要推动零售模式转型？为什么建设数字化？尽管有这样那样的困难，但是我们始终瞄准这些核心能力，就是要打造持久领先的赚钱的能力。

“赚钱”和“赚钱的能力”讲明白了，再说“值钱”的问题。所谓“值钱”，就是未来现金流的折现或者叫时间的贴现，是关于企业持续赚钱的想象力，属于资本投资的视角。一个制造型企业和一个零售型企业、一个平台型企业、一个高科技企业，它们未来现金流的折现是不一样的。就像特斯拉为什么不参加车展？因为他把自己定位为高科技企业，而不是单纯卖车的，所以特斯拉的想象空间就完全不同。想象力不同，资本市场给的价格估值也就完全不一样。

6. 好的商业模式飞轮自成，就是那种随用户量的增加或规模的增加，边际效用越来越大、边际成本越来越小的模式；两者有其一必能做大，两者都有那就具备做出超大规模体量的潜力

飞轮自成，这个更加可遇不可求。用户越多，边际效应越大；规模越大，用户价值越大，用户与用户之间形成一种网络效应，这在家居行业基本不太存在。同时，边际成本越来越小，也就是规模越大，每多生产一套产品的边际成本是逐渐降低的，亚马逊就是如此，所以才会成为超大规模体量的企业。

那么回到家居行业，用户价值可能会随着品类的增加而变多，所以我们要打造和提供一体化整家的产品与服务。但我们因此也会面临一个巨大的挑战，那就是布局了这么多的品类，我们如何保障品类越多、规模越大、成本越低？家居行业不是不能做大，而是做大背后的逻辑存在一些硬伤，现在还没法突破。我们驾驭多品类的时候，究竟是规模的朋友还是规模的敌人都还不一定。定制头部品牌之所以可以把很多手工作坊式的小定制企业给淘汰掉，就是因为他们找到了规模经济的逻辑，这个逻辑杀伤力非常大，不是说产品一定要比其他品牌的好，是因为规模经济逻辑本身的效应非常强大。这些就是我在思考的问题，我们未来到底怎么去做？我为什么赌功能未来的规模一定会越来越大？也是因为功能品类基本符合随着规模变大边际成本越来越低的逻辑，而且现在还能够把好的设计增加进去，用户价值就会更大，所以是比较好的一种商业模式。

7. 赚钱可不仅仅是比拼净利润有多少，严格意义上就是ROE重于净利润，净利润重于毛利率

我们现在都还没有考核ROE这个指标。ROE是净资产回报率，也叫股东权益回报率。股东为什么买我们的股票？如果在我们这投资能产生20%的收益，而在竞品比如只能产生10%的收益，那肯定是我们的股票更优质。我们比较关注损益表，损益是告诉我们一年的收入、利润、费用，但是我们不太关注资产负债表，而资产负债表跟损益表相结合才有了ROE。比如说布局定制同样投资了10亿元，如果竞争对手能产生20亿元的产能，而我们能产生30亿元的产能，那我们的投资收益就会增大，ROE一定会变大；还有周转影响，比如竞品用10亿元资产卖20亿元营收，而我们用5亿元资产也能卖20亿元营收，竞品周转两次，我们可以周转四次，那我们的ROE一定大于竞品，就像我们给经销商算账一样，假设他投资60万元一年后就可以回本，哪怕净利率比较低，但回报周期比较短，这就是好生意。所以好生意的本质不是净利率而是ROE。

8. 企业利润有递进线

一是零边际利润线，也叫业务决策底线；二是零会计利润线，又叫完全成本线，也叫财务决策底线；三是零超额利润线或预算利润线，也叫经营规划底线。赚钱这个概念在不同线上有不同理解。

边际利润大家都知道，就是收入减去所有变动成本的差值。什么是变动成本？比如我们生产一套沙发，材料、人工、物流运输等是变动，也就是如果不生产这套沙发就不会发生的成本，这叫变动成本。那么，比如说一套沙发我们卖5 000元，变动

成本3 000元，5 000元-3 000元=2 000元这叫边际利润。边际利润可不是真的利润，因为没有分摊固定费用，所以零边际利润线叫业务决策底线，就是比如我们外贸业务要不要接单？最差要踩在这条底线上，也就是至少必须要大于零边际利润才可以。比如我们在淡季或市场不好的时候，我们要去接单，至少有单过来，我们还可以摊摊固定费用，但是肯定是亏损的，尤其有些行业的经营杠杆比较大则亏损会更高。固定成本占总成本的比重叫经营杠杆，负债占总资产的比重叫财务杠杆。比如我们要问某款产品已经降价了，已经亏损十个点了，还能不能干？怎么判断？为什么有些业务可以亏十个点甚或二十个点也可以干，原因就在这里。如果做这个业务连变动成本都收不回来，那就麻烦了。因为只要大于边际成本就会随着规模的增加存在理论上完全覆盖固定成本的可能性，这就要看经营杠杆的高低，如果杠杆很高，那就很麻烦。就像我们坐飞机一样，飞机要起飞前五分钟，售卖的票价可以极便宜，反正固定成本肯定会发生，引擎一启动就会产生这么多的固定成本，而变动成本极低，最后几分钟多拉上一个顾客哪怕票价很低只要覆盖着变动成本就都算赚的，就是这个逻辑。

第二层是完全成本线，延续上面的例子看，除变动成本3 000元外，还需要1 500元的固定成本，那么这款沙发的完全成本就是4 500元。那么，我们按最低4 500元报价，因为财务不能亏，所以这是零会计利润线。

第三层是零超额利润线，也就是预算利润线，我们运营这款沙发要有500元利润，所以我们必须按照5 000元报价，即4 500元的成本，500元的预算利润，那么只要超过500元那就是超额利润了。所以，不管是售价卖得更高还是成本降得更低，这就是经营规划的底线。所以关于赚钱这个概念我们要有不同的理解，某个业务到底赚不赚钱，我们用不同的算账方法得出的结论是不一样的。

9. 业务增长千条线，要聚焦，一段时间只要抓住一件事即可

关于聚焦这个话题平时跟大家已经交流得非常多了，道理大家也非常容易理解，这里就不再赘述了，但聚焦、一段时间只抓一件事，且要么不抓、要抓就必须抓深抓透，对于经营者而言这确实非常非常重要！

（五）管理

关于管理可以讲的内容十分多，只讲一讲最近关于管理的一些新的思考。

管理这件事，从概念上来讲就八个字，即“借由别人，完成工作”。通过别人而不是自己亲自做，并且能把这件事完成得非常漂亮，这就是管理。

我们把这个观念扩展开来看，管理是在做什么？其实管理也是在加杠杆，个人成长的过程也是加杠杆。现在的经济状态为什么不佳？因为在去杠杆。杠杆就像我们喝的啤酒泡沫一样，没有不行，太多也不行。经济上缺少泡沫就不繁荣，泡沫并非贬义词，杠杆全部去掉，大家就不敢借钱，所有人都退到零负债状态，即我有10元钱，

那就只花十块钱，这就会出问题，因为经营企业就是用更少的资源去调动更大的资源，企业厉害之处就是可以借钱融资发展，如果没有这个杠杆，世界上是不可能有大企业的。

“借由别人，完成工作”这句话告诉我们：在所有领域的所有经营增长其实都是加杠杆。我们的渠道建设，招商就是加杠杆，而非大范围开直营，因为直营是自有资金投资，但利用社会资源就可以快速开出更多店。宜家为什么把供应链放开，实际上也是在制造资源端加杠杆。职业经理人制度也是加杠杆，自己不懂，找懂的人来管理运营，这不就是加杠杆吗？所以有杠杆则繁荣，无杠杆则衰退，这是基本的经济理论。但是只要有杠杆的地方就会有反作用力，就像小时候玩的跷跷板，坐得不好，反弹的力就会把人给撬起来。凡事过犹不及，这也是中庸。过犹不及这个成语是孔子说的，意思是过也不好，不及也不好，过是右倾，不及就左倾。太过或者不及都会让好的杠杆变成坏的杠杆，也会让好的去杠杆变成坏的去杠杆，所以凡事都要强调过犹不及就是这个道理。

1. 要么被“利用”（你是别人的杠杆），要么“利用”别人（别人是你的杠杆)

如果我们能利用“牛人”，那么我们的杠杆就加得比较大，就会更厉害。我们求贤若渴，就是在给自己的能力边界加杠杆。我们要么是别人的杠杆，要么别人是我们的杠杆，这个道理要想清楚。

2. 找到杠杆并能有效控制杠杆才能真正成事

企业做大，就是企业的杠杆比较大，我们要找到杠杆并能有效控制杠杆才能真正成事。如果我们找到的一个人是跟我们价值观不合、天天对着干的杠杆，那就麻烦了，我们终将被杠杆反噬，就会出现“安史之乱”，那就是一开始很信任，把所有的大权都放下去，杠杆加很大，但控制不住，最后唐朝被反噬了。朱元璋也是反面典型，儿子生得多其实也是加杠杆，但没想到儿子也会有反心。朱元璋把所有能用的军事干部都杀了，为江山稳固去了杠杆，但继任者建文皇帝面对朱棣谋反便无将可用了。所以，加杠杆太大不受控不行，去杠杆太多完全无杠杆也不行，还是要中庸，不能过犹不及。

3. 企业界最重大的两个里程碑事件就是资合（公司的成立）与人合（管理的诞生），这两件事都有杠杆思维的影子

资合就是公司的出现，尤其是有限责任公司的出现意义非凡。有限责任公司就是我们的钱不用承担无限责任，以投资为限承担有限责任。比如我们在这个企业里投1 000元钱就承担1 000元钱的责任，大不了这1 000元不要了，那么这时企业投资的资源理论上可以无限大。有限责任公司出现前可不是这样，以前成立的基本上都是合伙企业，都是无限责任，无限责任你敢参与吗？现在只有一些事务所是无限责任。无限责任意味着若这个企业出了问题，便要搭上你一辈子的身家。

人合就是管理的诞生，就是我们经常说的大规模陌生人的合作系统。资合、人合都有杠杆思维的影子在里面。我们说这个人能否成大事，或者企业能否进一步做大，就要有杠杆思维。企业里，杠杆无处不在，如刚才说的什么叫经营杠杆，什么叫资产杠杆，现在讲管理杠杆。管理就是要找杠杆，我们后面讲的工具化也是杠杆，比如上系统，实际就是找到一个固定可依赖的杠杆，所有人都按照这个系统来运作，原来一个人，最多管十几个人，现在有了系统就可以管上千人，甚至管上万人，杠杆不就变大了吗？

4. 文化是对象化的理念陈述，制度是内部化的规则表达，文化是反人性的，而制度建设则必须顺应人性

文化与制度两者相辅相成，相互促进。比如说以用户为中心，就是对象化的理念陈述。以用户为中心，是大多数企业的理念，因为没有哪一家企业上来就说我们是以自己为中心的。制度则是内部化的规则表达。文化都是反人性的，谁天生愿意以用户为中心呢？我们向雷锋同志学习，这是文化。没有任何好处，谁内心愿意自发自觉地向雷锋同志学习呢？所以，文化往往有违背人性的，但是制度的建立必须顺应人性，因此任正非讲，“要向雷锋同志学习，但不让雷锋吃亏”。向雷锋学习是文化，不让雷锋吃亏是制度或者机制。当一个管理者明白了文化和制度的区别，你的境界就高了一些。有些人说，文化上我们向雷锋学习，然后制度上也要向雷锋学习，结果就是雷锋越来越少。媒体上有很多人情冷漠的现象，就是因为缺少机制的匹配。在美国，如果门前雪不扫，别人在你门前要是摔倒或摔伤了，你就要承担非常大的责任，这种情况下你敢不扫门前雪吗？所以，没有天然人性是好的或坏的，人性最多是个中性词。

我们企业要想赚取价值，都是从外赚取，从客户/用户身上赚取，这都是对象化的，所以我们的文化价值观一定是对象化的。但是对象化的价值观要内部化的人来执行，内部化的人，每个个体都具有人性，当然也包括人性中的阴暗面，所以必须顺应人性，我们让他要向雷锋同志学习，我们就得给学雷锋的人加分；我们让他要有市场导向，我们就得给市场导向的人表彰。这就叫相反相成，而不是相辅相成。像拧麻花，文化往这边拧，制度朝那边拧，拧完后非常强大，就能够相互促进。

5. 管理是经营者的日常活动，其主要抓手就是政策、组织与人，再深挖就是信息的重组，通过信息重组影响人的行为来成事

经营者至少有一部分工作是管理工作，其主要抓手之一就是政策。比如确定方向，这就是政策。政策有大有小，政策也有分类，比如有激励性政策、牵引性政策、约束性政策。管理的抓手之二就是组织，抓手之三则是人。

各位经营者，请自问我们手里的牌是什么？我们管理工作的抓手有哪些？其实，“政策、组织、人”这三个抓手，深挖就是信息的重组。政策就是告诉大家什么是当前阶段最重要的，比如我们倡导什么，反对什么等；组织就是告诉大家我们的运作方式以及战略发展的重点是什么；我们用人就是告诉大家用人的导向和标准是什么？什么人是这个岗位所需要的？所有这些都是在做信息的重组。所以企业家、领导人在做什么？实际就是在经营信息，掌控信息。任正非认为“思想权和文化权是企业最大的管理权”，思想权和文化权背后是什么？就是信息，就是把信息重组的权力掌握在手里，这个非常重要。大家千万不要把思想、文化理解成是对人的控制，这不是控制，我们一旦把管理理解成控制，那我们的认知境界就降低了。无数管理实践早已证明人是控制不住的，很多事我们都控制不住，能把自己管理好就已经很不错了。

6. 一个人成长的过程是借由别人成自己的事，然后是甘愿被别人借，帮助别人成事

前面说过，完美人生就是我们先要找到一个“牛人”，跟他学，然后自己成为牛人，最后是帮助别人成为“牛人”。用杠杆的语言来表述就是：先要被别人利用，成为别人的杠杆，如果连被利用的价值都没有那就麻烦了；然后我们自己要变成一个最大的杠杆，就是这个部门有我在，能撬动更多资源，能带来更好绩效；到最后我们成为别人的杠杆，给别人加杠杆，帮助别人成长。

7. 现代社会走向数字时代，管理的基本趋势是利用数字化让管理工具化，内服务于体系迭代，外服务于人的进步

数字化管理是基本趋势，数字化让管理实现了工具化。我们现在为什么管理进步比较慢，问题就出在管理工具化上，只有管理工具化才能让我们整体内部体系不断迭代，比如说我们人力资源迭代，经营管理迭代，没有工具基本没办法实现。如果我们没有工具，PDCA这个循环就必然存在裂痕，因为找不到反馈的回路。所以，管理工具化内部是服务于体系迭代，外部则服务于人的进步。我们真正要让人进步，就要给人真正赋能，比如我们怎样让一个导购能力变强，我们直接给他输入一些价值观、思维方式，这些都比较务虚；但如果把价值观、思维方式、销售技巧、套餐方案等落实在具体的管理工具上，那就非常务实、有效。

8. 管理本质决定了形式、逻辑、理论必须让位于实践、探索、创新，不必固执己见，保持开放，追求结果最重要

知行合一，以行践知；道术相融，以术释道；德才兼备，以德御才。这方面平时也交流非常多，大家也都能理解，这里就不具体展开。

9. 管理者手上最重要的东西就是三个：名、利、权

不一定总是一体去激励，可以分开使用。老人多用名，骨干多给利，新人多放权。

好的管理者能够对名、利、权的组合及分配熟练应用。从人力资源角度看，三者不一定总要一起给到同一个人，我们一股脑把名、利、权全部给了张三，那就麻烦了，“安禄山”可能会被培养出来。我们可以分开去激励，比如让老人参加一些社会活动，给公司争取一点儿社会资源，他已经有社会地位了，也已经发过财了，所以老人多用名；但骨干可以多给利，骨干都是要养家糊口的，都毕业七八年左右，上有老下有小，挣钱不多，那肯定不行；对待新人则可以多放权，年轻人犯错误就当是历练和成长，年轻时候不犯错误，将来则可能会犯大错误。作为个体我们也要清楚，我们不能什么都要，名、利、权都想要，那就危险了，我们本身可能就会成为问题，成为领导要解决的问题。

（六）认知

总裁班学员都知道，成长就是提升心性、扩大认知的过程，今日之我不是昨日之我，因为我的价值观念组合已经发生了变化。吴伯凡老师曾说：你看到好像对面走过来一个人，其实不是的，对面走过来的是一个认知综合体，他跟你的认知组合是不一样的，所以他不是一个人，而是一个认知综合体。认知没有对错之分，没有高低之分，大家认知一定是不一样的。世界本就丰富多彩，关键是我们自己的认知如何不断地扩大、提升，这是我们要修炼的根本。

1. 夏虫不可语冰，井蛙不可语海

我们跟夏天的一只虫子谈冬天的事它没有概念，我们跟井里的青蛙谈大海它也没有概念。人类社会有没有史前文明到现在都是个未知数，我们不一定是地球上的第一批智慧生命，所以人皆夏虫，不知有冬，每个人都有局限性，要学会谦卑和敬畏。

2. 对成功不能高估单一因素的作用，充分条件无法清晰，更无法复制，学习就要就事论事

有些时候，我们容易对成功的能力夸大，对失败的因素也容易夸大。比如我让大家去向某个企业学习，你说这个企业做得还不如我们好，为什么要向他们学习？这是因为在你眼里他们做得还不够成功，所以你不想学习；如果这个企业做得很成功，你可能会把他的缺点当成优点去学习。我想说的是，我们要打破这个错误认知，就是不要扩大成功或失败的单一因素。比如，这个企业整体增长可能确实不行，但他的数字化做得非常好，那么他的数字化理念和方法就非常值得我们去学习。所以，我们脑子里不能有太多的成败与世俗观念，学习这件事一定要就事论事，这才叫“三人行，必有我师”。这就是告诉大家，成功不能高估单一因素作用，不是做到了某一点就一定成功，也不是没做到某一点就不能成功；当然也不能在他成功之后就觉得他做什么都成功，因为成功是充分条件，要具备很多因素才能成功，所以我们学习他的成功是很难的。比如说我们学习友商是如何成功的就很困难，因为那个时代已经过去了，他们当时抓住的红利现在已经没有了，所以我们只能建设自己的成功模型，但是他们成功背后的逻辑，以及做得好的地方都是我们可以学习和适应性改造后借鉴的。

3. 世人皆苦

这不是佛学用语，我想说的是每个企业都有每个企业各自的难处，每个企业都有每个企业各自的问题，每个部门也都有每个部门各自的问题，所以大家不要觉得顾家不好，也不要觉得顾家很好。你到其他企业去看，也是存在很多问题的。

人们对所有的成败都会简化、放大，也会脑补逻辑、过度解构。客观很难，所以要挺膺入局。电影是怎么形成的？胶片每帧画面都是静止的，但是只要速度一快就变成一个动态，人对静止且残缺的图片，会自动脑补成为一个完整的图形。我们对故事的理解也是这样，所以我们一定要注意自己的思维缺陷，不要觉得别人某个企业好与不好，不要过度解读。我们要客观地判断确实很难，所以我们要亲自下场去操作，要躬身入局去实践。没有实践就乱说是无意义的，我们只有自己去亲身体会一下才有真正的感知。成与败是对立统一的、相互联系的，成的背面一定潜藏着败，败的背面也同样蕴含着成。顾家也是一样，顾家的文化有它的特点，但是它的特点里就一定会有它的短板，比如我们狼性精神可能差一点，但是我们均衡则做得好一点，我们想要这个，可能就会失去那个，都是同样的道理。

4. 高人决策这件事没有那么高深

大家可能都会好奇领导为什么有这样的认知？高人为什么那样决策？其实，高人决策这件事没有那么牛，可能只在三个方面不太一样：

其一，掌握的信息面可能不一样。并不是说我掌握的信息一定比你们全面，有些事情你们掌握的信息往往比我更全面，比如战略分层和业务经营授权体制机制下面向业务的决策，你们掌握的信息一定比我更全面。当今数字时代信息越来越容易获取，这就是我们为什么要做管理数智化改革，实际上首先要把信息拉通，否则决策会变得很困难。领导不是信息的垄断者，将来在信息方面大家的差异不应该太大。

其二，价值偏好可能不一样。如果我们长期在一起共事，价值观就会趋同，比如我们遇到矛盾冲突的时候，到底是选用户的利益至上还是选企业的利益优先，大家慢慢都会选用户利益，那么我们的文化就会真正形成，这是一种潜移默化、自然而然的反应，而不是要在提醒和说服之后才会有的选择，所以价值观慢慢也会趋同。

其三，化解信息的结构可能不一样。这就需要有思考逻辑、思考深度、阅历认知，这些应该怎样提升？我不知道，我们把前两点做好，共识度就已经非常高了，就已经往前迈出了重要的一步。

所以，不要觉得高人决策多么牛、多么神秘，差距就在这三个方面，我们理解这三个方面的差距，并不断努力、逐步缩小这三个方面的差距就可以了。

5. 明天不一定比今天好

事物发展是曲折的。我们做经营的规划都是线性的，但事物发展是曲折的，这中间才是学习。

比如说我们明年增长20%，后年增长25%，大后年增长20%，我们都是这样进行线性的规划，但是实际道路肯定会有曲折和反复，我们学习的空间就在这里。为什么我们的规划与实际不一致？我们就需要进行差距分析，需要进行洞察的偏差分析，要深入找到背后的根因，这就是我们学习和成长的空间。

6. 我经常引用的一句名言：“反馈是冠军的早餐”（肯·布兰查德）

要想做好管理就一定要抓反馈，抓PDCA后面C和A这两个环节，反馈是最被低估的管理精髓，这是我最近几年认识到的。没有反馈是很多管理无效的症结所在，是人成长不够的关键所在。比如某件事领导到底什么态度？或者把这件事布置给下面的某个部门，那么到底认同还是不认同？到底执行还是没执行？到底有没有困难？所有这些都应该有反馈，这样事才能有着落，才能有闭环。

反馈这件事通过数字化的手段是可以有效解决的，所以我才反复强调管理的数智化改革。如果下属给你的报告你看都不看，就不要让大家去提交了。我也花了很多时间去批阅同事给我的报告，我会把我的想法告诉大家，虽然不一定都对，但确实是我真实的想法。这是因为我意识到反馈实在太重要了，我们一定要了解他人的想法是怎么样的。所以说，反馈是冠军的早餐，我们要想成为冠军，身体必须要好，一日之计在于晨，一晨之计在于餐，早餐一定要吃好。我们经常讲要改革、要变革，启动会、计划、项目组，都是轰轰烈烈地开始，然后戛然而止，最后不了了之。所以，总裁办将来整理文件，一个阶段要集中清理一下，我们发了多少个项目立项的文件？有多少在运行？有多少已无效？反馈实在太重要了。

7. 投机是贬义的，但所有人都在寻找投机的机会，没有人能看清辛苦与正确这两件事的相关性

我们经常用矩阵维度告诉大家，要对事物进行分类，分类这个事本身其实并不难，难的是谁能告诉我们什么是正确的事？什么是重要的事？这个问题我们每个人的判断可能都不一样。如果说有人可以把答案直接告诉我们的话，那么人人都将是优秀的经营者，因为经营水平高下的分水岭其实就是在对正确的事情、重要的事情的判断上面。所以，大家总说要坚持做难而正确的事，但我们可能只知道我们做某件事很难，就自我感动认为这件事是正确的，这种想法显然是不对的。有时候我们觉得很难可能是因为我们水平很低，可能在别人看来并没有那么困难，但至少这件事不一定就是最正确、最重要的。但我们常常会觉得这件事很难，就觉得这件事也一定是正确的，然后用天将降大任来说服自己，自我感动一番，这是没有意义的。因为没人能告诉我们，我们的辛苦跟正确的事是相关的吗？往往所有人都认为相关，我也认为相关，但很可能这是集体的自我麻醉，自我完成了逻辑闭环而已。所以，我们要真正从自我小循环中走出来，至少要有意识去警惕和防范，千万不要自我麻痹、自我陶醉、自我闭环。

（七）思维

在企业里你不要看别人做什么，而要看为何这样做，听别人讲话的逻辑，看别人做事的方式，慢慢地训练自己的思维。思维方面，我想强调三点：

1. 节奏和演化

即要有一个大致的方向，要有一个好的切入点，能看两步先走一步，分段治事，事缓则圆。就像有人问我一体化整家这么难，到底怎么办？我真的不知道，但是我有一个大致的方向，有一个好的切入点就够了，然后看两步走一步。分段治事，事缓则圆，时间会带来变化，这就是节奏感，相信事物有自己的演化逻辑，不要为未来还没发生的事过于着急。很多事我们无法判断，但我们必须要有方向，必须要有切入点，没有方向就是一盘散沙，没有切入点就没法迈出关键第一步。

2. 试点和冗余

点上的创新风险是可控的，然后我们要有底线思维，最多就是与创新相关的这个部门拿掉就行了，成本200万元废掉就打住，成就推，败则收。极致效率是创新的天敌，所以只要利润可控，就会允许组织存在一定的冗余。这就是我前面讲的，我们现在利润还行，所以还有几个部门在作一些探索，如果等哪天利润不行了，还想养几个人摸索新鲜事物是不太可能的。这跟晴天修屋顶的大逻辑是一致的，组织上我们要保持一定的冗余，但是成熟业务则要追求效率，当然也不会走极端追求所谓极致效率，而是要追求成熟业务在效率上的绝对竞争优势和相对进步态势，这就是试点和冗余的关系。

3. 关系和策略

这么多年我最深有体会的，就是关系和策略是非常非常重要的，为什么这么说？因为人是关系的产物，事也都处在关系之中，处理好了关系就清晰了策略。比如说中国的经济发展，改革、发展、稳定这三件事，包括公平和效率，小平同志用一句话就把它们之间的关系讲得很清楚：“让一部分人先富起来，先富带动后富。”这里就涉及一个重要的关系，就是公平和效率之间的关系。那么，我们今天也面对这样的问题，比如一体化整家和软体品类创新这是个关系，主动进攻/价格战和品牌向上也是个关系，对客户的要求和保证客户盈利也是个关系。没有任何一件事是单级单向发展的，所有事物都在矛盾中发展，所有一切矛盾也都蕴含在关系之中。我们把关系理清楚了，我们就有策略了，关系理不清楚就不可能有清晰的策略，所以策略不是孤立存在的，策略必然蕴含在矛盾当中。毛主席当年为什么讲《论十大关系》，就是这个道理。我们每个人都可以想一想，我们做某件事和其他事物有什么关系？我们跟中后台是什么关系？我们跟客户是什么关系？我们跟竞争对手是什么关系？然后在关系当中找到主要矛盾，找到我们的纠结点，策略就清楚了。

（八）习惯与慎独

习惯塑造性格，进而改变命运，此论尽管有夸大嫌疑但属实也的确重要。但毛姆说过，改变好习惯比改掉坏习惯容易得多，这是人生一大悲哀。但良好习惯的养成是一个人成长的关键，其方法就是有效的个人管理。

而慎独讲的就是个人管理。站在哲学的角度，我们每个人都是孤独的。因为经营者有些话是没办法逢人就说的，我们不能逢人就说我们的痛苦，逢人就把我们所有的话都抛出来，那会很麻烦，这不是说我们有无城府的问题。因为我们前面讲过经营者说的每句话都是信号，信号不能乱放，今天说这个想法，明天说那个想法，结果信息全部释放出去了，那企业就乱了，所以有时候经营者确实很孤独。这就涉及经营者如何处理与自己的关系，这也是一个人成长的关键，其方法也指向有效的个人管理。

关于习惯与慎独，我有以下几点建议供大家参考。

1. 经常动笔去记录一些事务，不要用电脑打字

心理学研究表明手指是人类的第二大脑，一定要多动手，提升动手能力，多动动手写写字，因为你在写字的时候跟打字的时候是不一样的，这是一个建议。

2. 学会自问自答或先问不答，经常让自己做思想试验

经常给自己出一些题目，哪怕暂时回答不上来也无所谓。出题的过程就是在大脑里放置一个个“小钩子”的过程，当我们读到一篇与此问题有关的文章时，植入大脑的“钩子”就会激活、就会打开，就会把这篇文章相应观点勾住，通过这样的训练，我们对每天所接触信息的敏感度就会增加，对信息针对性的捕捉能力也会更强。但如果我们平时没问题，那当我们看了一篇文章就会一掠而过，所以为什么有些人说他看文章能记得住，这跟记忆力关系不大，这跟技巧有关。因为在看书之前这些人就埋了很多“小钩子”。比如我送给你一本书，这本书没看之前你能不能先猜一猜，这个作者大概是什么观点？他会怎样论述？这样读起来效率就高了。一本书可能会告诉你曾经没有思考过的一些问题，或思考过但还没有答案的问题。如果这些问题你平时都思考过只是暂时没有答案，那么早已经埋进你脑袋里的“钩子”在你阅读这本书时就会发挥作用。所以自问自答，实际上就是把一个个“钩子”植入脑子里面，遇到相关问题或信息的时候，这些“钩子”就会不断被激活、被打开，然后把相关的信息勾出来，这就是思想试验的价值，可以不断锻炼我们的大脑。

3. 学会独处养心

丰盈自己的精神世界；看书、运动、静思、交流这四件事足够业余之选择。

八小时之外我们干什么？我们当然可以吃火锅、听音乐，但是我觉得要把八小时之外的时间用好，这是非常重要的。

我的建议就是要让自己静下来，要正定正念，学会与自己对话，学会培养一两个小兴趣，保持对生活的热爱，保持好奇心，享受孤独宁静，爱上阅读，与曾经生活在这个地球上的前辈们对话，通过看书、运动、静思、交流拓宽我们生命的厚度，提升我们生活的质感。生活可以简朴单调，但精神一定要丰盈起来。

4. 一定要有目标，再小都可以

干任何事情都要追求边际改善，今日之我要大于昨日之我就可以，不要搞特别宏大的目标，也不要急功近利。

5. 自己要去掌控自己的时间，不要被时间摆布；时间管理是个人管理的最重要的事项，所谓平衡其实都是在分配时间

做自己认为重要的事情，不要被时间摆布，学会对无效社交说NO。定期沉淀去思考，一定要“安以静之徐清”，要留点时间冥想沉淀，不能让大脑一直在转，更不能一直被别人驱动消耗自己有限的时间。

我们读德鲁克《卓有成效的管理者》、史蒂芬·柯维《高效能人士的七个习惯》，首要都是时间管理。所有讲管理的书，尤其是德鲁克大师，都把时间管理看得非常重要。很多人会问我如何平衡事业与家庭？工作和生活？怎么可能平衡呢？我们一天就24个小时，做任何事都需要时间，所谓平衡，核心就是分配时间，如果稍微再说得深一点，就是在单位时间处理事情的效率要高，那么能做的事就多一些。我们的利益关系人都在跟我们要时间，这就是最难的事情，所以没办法，没有所谓真正的平衡。当我们真正走向经营的时候，就意味着两个字——牺牲。一定会牺牲，有人牺牲了健康、有人牺牲了家庭、有人牺牲了欢聚时刻，确实是经营企业的不容易。为什么说经营是少数人干的事？为什么强调经营者要修炼？因为经常会有诱惑，也经常会有困惑，于是就需要我们自己作出选择与取舍，我们究竟想要什么？我们可以放弃什么？这些都是非常不容易的决定。

6. 规律生活本身不仅健康还有效率；而健康管理则又是个人管理的基础，须知从某种程度上你和你的状态好就是效率、就是胜利

我看过描写康德的一篇文章，康德这一辈子都没走出过他住的小镇，他把生活规律这件事发挥到极致。镇上的人说在这个小镇上，大家不用买时钟，看康德的生活就行了，他几点钟过火车站，就一定一分不差，他那么伟大的哲学家，他从没出过小镇，没看过世界，本身不仅健康还有效率，非常厉害，所以有些人确实是挺奇怪的。

所以，健康和效率不是对立矛盾的，而是对立统一的。司马懿之所以夺得天下就是他身体健康。曹丕只要稍微多活了二三十年，哪有司马家的天下？所以说健康非常重要，也是需要平衡的，这又是中庸之道。

7. 情绪管理是个人的品牌，主动积极、阳光热情、淡定理性这些是会感染人的

不管是压力大还是压力小，都尽可能地保持这种状态，把微笑留给别人，把痛苦留给自己，打掉牙和血吞，慢慢去消化。一定要把好的情绪留给别人，因为我们带领的团队会受到我们的情绪感染和影响。

8. 学习管理是个人管理的关键，永远要对一些事情有激情，永远要对世界充满好奇，永远要与年轻人交朋友

比如有次我坐车时，就问同事：你知道高速上为什么堵车吗？堵车的根源在哪？我自己也在思考，我先想了一个模型，假设高速路口上下都没问题，理论上可以装多少车，高速的里程除以车长，保持匀速就不会发生堵车的现象。其实有很多专家在研究这件事，由此诞生的很多理论成果对我们的运筹学、供应链、物流管理都有很大的启发。所以，对任何事都要保持好奇，都要去思考，不能关闭思考的大门。“拧麻花”思想从哪里来的？是任正非参观埃及金字塔，看到其他很多古埃及考古发掘的物件都腐烂了，只有麻绳的状态依旧保持很好，任总就琢磨这个现象背后的原因，最后发现是因为麻绳缠绕得很紧，所以回来就和大家讲“拧麻花”的思想。所以说任总是一位高手，能够拈叶成刀，什么都是武器。因此，我们要对这个世界充满好奇，永远和年轻人交朋友，身边要有一些零零后，能跟我们聊聊天，让我们的思维永远年轻、认知永远年轻、心态永远年轻。

9. 优秀是违反人性的，而伟大往往充满了分裂

这是我经常讲的一句话，因为我们的痛苦与不被理解都是正常的。如果我们想做一名优秀的经营者，就必须接受反人性的高标准去追求优秀，就必须接受中庸、拧麻花、动态均衡所带来的煎熬去逼近伟大。而不要因为被领导批评一声就一蹶不振，不要因为被他人质疑一句就丢失理性，不要因为不被他人理解就躺平摆烂。我们永远改变不了他人，好的经营者唯有自我反思、自我改变、自我进化，进而再去影响他人、获得支持、创造价值，并最终触达优秀、成就伟大。

以上就是这次要和大家分享的全部内容。最后，想跟大家强调三点：

第一，大家不要全部都听我说，大家要有自己的思想和判断，我给大家带来的是启发，而不是告诉大家必须全部相信我说的，我们要知道“思想改变思想是哲学，上帝改变思想是信仰，事实改变思想是科学”，我认为一个人最重要又最快乐的就是有自己的思想，实在不行也要建立自己的思维体系，再不济遇到问题也要有自己的思路。这的确很困难，但我们可以开始慢慢试，不是说我们都要成为思想家，核心是要成为自己的主人，那首先就要建立自我，这是所有力量当中最强大的，唯如此我们才能真正自信，才能找到生命的意义，才能把很多事情看穿想通透，才能真正广大和高明，这就是我们今天所讲的主题。

第二，我想告诉大家经营这件事本身不难，连乘除法都用不到，就是加减法，之所以觉得难是因为处理的变量太多太繁，尤其是处理人心和修炼己心是最大、最具挑战的变量。还有就是不是每个人都适合做经营者，大家要按照自己的规划去做，找到自己的内心喜好、找到自己的时区、找到自己的节奏才是最好的。

第三，无论我们学了多少门课程都无法回答你能不能做好一位经营者，但是我们平时多思考、多读书、多有意识地去训练和实战，那么我们至少相信“发展”这两个字，大概率会在我们身上得到体现。

最后，希望在以后的工作与学习中，大家都能带着自己的使命，带着自己的思考，带着自己的感受去逐梦！也希望我们每个人在未来的岁月中越来越好！不忘初心，不负韶华，不辜负在顾家相识相知、为共同目标携手奋进的这段时光!

（华夏基石e洞察公众号2023年8月22日发布）

价值管理的8大原则

杨杜

企业是价值创造主体，但企业在创造价值的同时，还在创造具有中国特色的价值管理机制。价值管理机制是在企业既定的价值理念前提下，通过价值评价和价值分配促进价值创造的机制。本文将讨论中国企业价值管理机制的八项基本原则，这些原则有别于美日等国传统企业的做法，具有中国式的主要特征。

一、导向高质量成长的价值评价原则

适应中国经济从高速度发展到高质量发展的转型，企业的价值评价指标也要作出适应性和开创性的调整。

首先要实现营收指标向组织成长指标转型。这就要培养组织成长力，高质量的组织成长力要根据时间轴“四看”：短期看利润，中期看核心竞争力，长期看行业技术路线趋势引领，远期看成长潜力营造和发挥——即组织资本增值优先于财务资本增值。

其次要实现企业有竞争力的业绩增长指标。不仅要和历史比、和计划目标比，还要实现业界同比指标。比如企业要保持不能低于业绩平均水平和行业主要竞争对手的成长速度等，这样才能较好地识别企业是否实现了高质量发展。

二、激发组织活力的价值评价原则

企业价值评价的核心目的之一是保证组织的持续活力。一是企业有活力，建立高绩效、高激励和高压力的“三高机制”；二是员工有活力，形成有奋斗动机、有充足动力和有高效动作的“三有队伍”；三是层层有活力，打造高层使命感、中层责任感和基层饥饿感的“三感氛围”。

三、按贡献分配的价值分配原则

我们熟知按劳分配和按资分配的原则，比如多劳多得，少劳少得，不劳动者不得食；比如要保证国有资产保值增值，保护投资者的利益，保护中小股东利益等观念，都是这两个基本分配原则的体现。

通过多年深入企业进行研究，我们认为，首先，仅遵循按劳分配原则容易导致平均主义、躺平内卷和小富则安，比如勤劳者的吃亏、偷懒者的存在、惰怠者的滋生，以及科技进步的滞后等现象，仅靠按劳分配我们很难赶上发达国家的企业。其次，仅遵循按资本分配原则容易出现悬殊主义、无序扩张、贪得无厌等问题，比如互联网金融领域的丛生乱象，义务教育领域的资本渗透，房地产领域的“房炒不住”等现象，仅按资分配无法避免资本本性带来的负面影响。

因此，我们必须更重视按劳分配和按资分配原则之外的第三种分配原则——按贡献分配。企业员工的贡献就是对客户、对企业、对社会的贡献。按贡献分配原则是中国式现代化企业的重要特征之一，有利于价值创造，做大蛋糕是分好蛋糕的目的。

贡献有很多种，我们认为，新时代的关键性贡献应该是知识和技术等创新型贡献，这就是“按知识分配”，更准确的表述是“按知识和技术贡献分配”。

四、激励“创值”的价值分配原则

价值分配是手段，价值创造是目的。企业可分配的对象分两类：一类是福利、工资、奖金、分红等物质要素，另一类是名誉、机会、分红权、股权等精神要素。实行何种分配制度体现了企业的核心价值观。我们认为，有利于激励“创值”的核心价值观有三个特征。第一个特征是把精神要素排在首要位置，把物质要素排在其次；第二个特征是在物质要素中，把分红权分红和超额贡献奖金排在首要位置，把工资和福利排在其次；第三个特征是在精神要素中，把机会和分红权排在首要位置，把名誉和股权排在其次。这三个特征的共同点都突出了“激励创值”。

五、激励“奋斗者”的价值分配原则

激励奋斗者、奖励贡献者、善待劳动者、淘汰惰怠者是员工队伍管理的总方针。奋斗的方向是成就客户，奋斗的表现是天天向上，奋斗的内涵是思想上的奋斗精神。奋斗者的分配体现于高额奖金、配股、晋升、成长机会、荣誉、特色福利、分红和资产增值。

贡献精神价值者分享精神——专业名誉，贡献物质价值者分享物质——薪酬待遇，贡献制度价值者分享权力——职位机会。以自我为中心者精神富，以客户为中心者物质富。企业不能因为员工热爱公司就付薪水，不能因为员工喜欢创新就付薪水，而是为企业创造了价值，作出了贡献才付薪水。所以，从企业管理角度看，橄榄型不一定是最合理的分配结构。贡献呈什么形状，第一次、第二次分配的结果就应该呈什么形状，这个形状应该是在激励奋斗者的大原则引导下不断进行动态调整。

比如，海信公司在改革开始时期，不是简单地让一部分人先富起来，而是动态地决定让“哪一部分人”先富起来，即让市场销售人员和产品技术研发人员先富起来，而不是让车间生产人员先富起来。这看起来更像“哑铃型”，两头大，中间小。这种价值分配形状更有利于财富创造。

比如华为公司按业绩贡献考核ABCD四档进行分配，四档人数比例呈橄榄形：10%—15%为A，不超过45%为B+，40%—50%为B，5%—10%为C或D。但奖金数量并非橄榄形：最高奖金是平均线的4—6倍，5%—10%的人奖金为零。华为公司以这种拉大距离的分配方式激励奋斗者、贡献者，拒绝平均主义，其奖金分配结果更像顶部很宽的倒三角形。

六、鼓励“转投”的价值创造原则

物质财富可以分为生活资料、生产资料和转投资料三类。

在企业管理中，我们关注的不是把物质财富“一刀切”，而是要设计出将生活资料有效转换为生产资料的“转投”机制。物质财富要“切两刀”，横切分为生活资料和生产资料，纵切则“鼓励”把分红给股东的生产资料，尽量留存为企业未来发展的生产资料。“鼓励”员工个人用不了的“多余的”生活资料回投为企业未来发展的生产或生活资料。比如，我们可以参考华为公司的核心员工虚拟持股机制，这是依据“按知分配”原则形成的员工共同富裕和企业富强的价值创造机制。

七、促进“人力资本增值”的价值创造原则

员工不仅要贡献产品、技术和业绩，还要帮助企业培养人才。比如华为公司的人才培养理念是“用最优秀的人培养更优秀的人”。这个“最优秀和更优秀”的理念，第一，意味着现在最优秀的人要拿出自己的经验为公司的人力资本增值作出贡献；第二，意味着被培养的人要超过现在最优秀的人——教出的徒弟要超过师傅，师傅不能成为组织成长的天花板。这个制度要生效，关键是第三，即必须建立“决不让带出好徒弟的师傅吃亏”的奖励制度。

人力资本或组织价值持续增值，才是实现企业持续、更多创造价值的基本保证。正如任正非所说：“经过这次美国对中国科技脱钩的打击，以及疫情影响，会使我们更加尊重知识分子，更加尊重科学。我们要对教师的地位、医生的待遇给予重视，尊重知识分子的创造性劳动，才能有丰富多彩的美好世界。”总而言之，我们要遵照“按知分配”原则，对科学家、教育家的地位和待遇给予更大的重视。

八、优秀企业的第三次分配原则

企业的第一次分配靠业绩贡献，第二次分配靠企业留存，第三次分配靠公司公益政策和员工个人的慈善行为。

关于企业的第三次分配，国际上有《考克斯圆桌商业原则》，作为有社会责任感的企业组织，要“支持所在社区，做优秀的社区成员。具体的方式有：慈善捐款、捐助文教、雇员参与民事与社区事务等行为和活动”。不少企业内部制定了公益捐赠制度，比如有股东大会或董事会授权的年度最大捐款额度、捐赠对象领域，以保证企业的捐赠活动制度化、可持续化。

中国有做好事不留名的慈善理念，比如宁波的一名捐款人，23年来已经累计捐赠1 363万元，秉承“好事不说，坏事不做”，只是落款“顺其自然”，令人敬佩。但企业是法人组织，可以要求不在媒体渠道公开，却不能不明不白地挪用资金。因此，一般采用成立慈善基金会的方式实施公益慈善活动。比如福耀集团成立何仁慈善基金会，捐赠100亿元成立福耀科技大学。曹德旺先生有个独特的“大义小义”慈善理念：“义分大义和小义。我们作为企业家来说，大义怎么理解呢？遵章纳税，诚信经营，善待天下人。赚钱不难，是你的爱好，是你的需要，但是必须在这个前提下。如果你不遵纪守法，不遵章纳税，那么就等人家在后面抓你。你如果坑蒙拐骗会做长久吗？是做不下去的，这是大义。”“小义是什么？做企业家不仅仅要向社会提供高质量的产品和优质的服务，还需要随时随刻关注社会的发展。也就是说，你想做生意，长期做下去，一定要祈求这个国家和这个社会的稳定。想把生意做好，没有购买力你也做不好，因此这叫小义。小义是在你生意做好、钱赚多了，在不影响生活质量和企业发展的前提下，力所能及把你的钱捐给别人。”他把第二次分配的遵章纳税、诚信经营、善待天下人看作企业之“大义”，把慈善公益等第三次分配看作企业之“小义”。

中国式现代化落实到企业管理，不仅是一种理念，更是一种机制。按照曹德旺先生的做法，这个机制就是要处理好创利、大义、小义三者之间的关系：第一次分配以创利为大，第二次分配以大义为准，第三次分配以小义为则。

总而言之，企业不仅要“创值”，更要为持续健康发展“创制”。中国式现代化企业的核心特征之一在于机制：小赢靠聪明，大赢靠品德，共赢靠机制；小富靠勤劳，大富靠智慧，长富靠制度。机制的进步才是真正的进步，制度的创新才是根本的创新。

（华夏基石e洞察公众号2023年4月25日发布）

战略制胜的10大赢家思维

陈明

俗话说“商场如战场”。如何活下来？如何打胜仗成为赢家？这是做企业必须时刻思考和应对的问题。

最近笔者与一些企业家朋友以及专门做商业研究的朋友交流时，总是会提到一个问题：“中国改革开放只有四十多年的时间，但中国企业参与全球竞争表现出非常强劲的竞争力，令发达国家后怕，这背后赢的道理在哪里？”

这确实是一个好问题，也是曾令无数专家学者（包括国外学者）百思不得其解的问题。如果单纯看中国某一家企业，哪儿哪儿都不怎么样啊！比如，品牌不咋样，大多数企业都没有品牌意识甚至没有品牌。产品力好像也没有强到哪里，如果与日本、德国的同类产品比起来，产品质量等都算不上好的。研发就更不要提了，到目前为止，中国的绝大多数企业对研发的投入都不多，且不固定。人员结构上也没有什么优势，大多数上市公司中工程师在总人数中的占比都小于10%。就连大家都认为的制造这一块的核心竞争力，现在也遭到越南、印度等国的挑战。供应链的优势现在遭到以美国为首的国家“脱钩”思想的影响也变得风险剧增……

照上述分析来看，我们确实有点“不得其解”，甚至感觉不可思议。中国企业为什么会赢？这确实是一个问题，但事实却摆在面前。中国经济的发展成绩确令世界为之瞩目，中国企业的竞争力谁也不敢小瞧，谁不重视谁就吃亏。难怪有人哀叹，任何产业只要有中国企业去做，很快就做“滥”了，红海一片。原本中国有不少优秀企业专门做国外市场，业绩做得蛮不错的，但受这次全球新冠疫情的影响，加之国际形势巨变、人民币升值等的影响，国外市场也没那么好做了。转到国内市场上来做，国内市场的竞争之惨烈，搞得这些原本靠参加国际展会，优雅地喝着红酒，就能把单给签了的企业苦不堪言。这些原来专门做“洋鬼子”生意的企业也搞不懂，自己企业很洋气，很高大上，却被一帮“土老乡”竞争得没脾气。

现在市面上有很多课程培训，都是复盘这个企业、那个企业如何成功的？从哪些方面可以借鉴的？中国一些优秀企业养活了非常多的专家学者、畅销书籍作者，甚至研究机构、咨询机构，这个也算一种生态吧！非常正常！专家学者和机构总得有饭吃吧！况且管理本身就是来源于实践，实践出真知。实践是检验真理的唯一标准。

君有所不知，20世纪七八十年代日本企业在全球表现出强劲竞争力的时候，据说美国有五千多名专家学者，专门研究日本企业赢的道理。当年从美国飞往日本的航班上，每一趟都有专程赶到日本本土去研究日本企业的专家学者，和服务日本企业的咨询团队。

本文并不是对一些专家观点的评述，而是笔者根据自己多年深入服务一线企业的经验，近距离接触中国诸多优秀企业，甚至亲历有些企业的发展过程，斗胆总结中国企业参与全球竞争如何成为赢家的背后的一些道理，可能挂一漏万，但不会人云亦云。笔者争取写出一些“质感”“画面感”，读者朋友能不能受此启发，就依赖读者来评判了。

有一点可以肯定，本文不是“纯办公室作品”，更不是“黑板管理学”。本文所得出的结论，基本上都被很多企业在实践中证实了。

一、时代很重要

不记得在哪一本书上看到一个观点，说的是，从宏观的历史长河来讲，财富和勤奋、勤俭持家关系不大，财富和你的出生年月关系很大。这是很有道理的。比如，比尔·盖茨，如果他不是出生在20世纪50年代（1955年），而早出生十年或晚出生十年，他成为全球首富（连续多年蝉联全球财富排行榜首位）的概率就非常小了。1975年，他与好友艾伦一起创办了微软公司，正好赶上了计算机时代的大发展，软件的大市场正在快速形成，这个时机很重要啊！当然并不是说比尔·盖茨所领导的团队和微软不厉害啊！否则怎么只有他和他的团队抓得住机会呢！

再举一个个人的例子，中国房地产市场风起云涌于20世纪90年代末期，赶上这一波的人群基本都是妥妥的中产阶级。这也和出生年月有关系，20世纪80年代出生的人基本上赶上一个“尾巴”，90年代出生的人除非你爸妈给你买好了房子，或依赖父母买房子，否则靠你自己打拼买一套房，尤其在一、二线城市，压力非常之大。你能说90后、00后的人与50后、60后、70后相比，差距有这么大吗？他们财运这么差吗？盖因出生年月的早晚造成的。

形势比人强。20世纪80年代，中国打开国门拥抱世界，那时的中国贫穷落后，物资短缺，个人只要勤奋，胆子大一点，加上信息灵通一点，基本上都会赚钱。有人甚至说，你都不用思考，懵懵懂懂随大流就行了，跟别人学，你就能赚钱，笔者称之为“捡钱时代”。中国经济几乎是高歌猛进40年，大家挣钱相对“比较容易”。

中国是个人口大国，人口众多意味着市场巨大，又因为穷，才机会巨大。有眼光的企业家无不静静关注中国，等待时机的到来。当中国打开国门的时候，全球华人企业家，尤其中国港台地区、日本、韩国以及东南亚的华人企业家，加上欧美一些“先觉者”看到机会来了，他们带来新理念、资金和技术，进来到大陆开办工厂和公司，此时全球产业机会正在转移，中国恰逢其时，中国“以经济建设为中心”，改革开放了。中国人穷怕了，中国人骨子里对财富极其渴望的追求被“点燃”了，浩浩荡荡，谁也挡不住中国人的“发财路”。这对“资本家”来说，中国无疑是个非常好的地方，中国工人经过短短几个月的培训，生产率迅速提升上去，但工资还是远较发达国家产业工人低，加上中国产业工人基数巨大，广大的农民朋友“放下锄头”“洗洗脚”，从田间走进工厂，就是合格的产业工人，可以说要多少产业工人就能供应多少产业工人。其实华为的成功，从一定角度来说，是获取人才红利的成功。大家都知道中国农民工工资低但生产率不低（托培训的福），殊不知，中国庞大的工科毕业生群体，其实工资和同类别的发达国家工程师相比，也是低的，但质量并不低（当然也是托培训的福），干出的活质量也差不了多少。

中国人从生产力低下的农业，转移到生产力较高工业领域，资本的形成率提高了，老百姓的收入得到提高，庞大的购买力形成，也就是中国市场逐步启动了。这就形成了一个良性循环：生产率提升—收入提升—购买力加强—市场规模变大—又进一步分工造成生产率提升。中国庞大的市场启动，必须匹配庞大的产能供给，包括庞大工人供应链，这就是很多产业只有转移到中国才能繁荣起来的原因。

举个例子。近几年特别火的奶茶行业，其实很早在台湾就有了，台湾区域市场很小，产能供给都是“小作坊式”，设备都是家庭手工版。一旦中国大陆市场启动了，整个供应链（包括设备工艺）都得重新设计，匹配大规模生产。富士康公司能在中国用不到几个月时间组织起20万的产线工人，这要在美国起码得好几年时间。这些都是宏观层面赢的逻辑，当然现在这个大逻辑遇到一些挑战，但规律是不变的。

企业发展一定靠的是机会。企业只有把握了机会才能得到发展。“水大鱼大”，“只有大市场才能造就大企业”。中国现在一些优秀企业，比如，华为、阿里巴巴、小米、美的、万科、福耀玻璃、海康威视、比亚迪、宁德时代……无不是抓住了时代给予的产业机会。某一个时代的机会都是相对公平的，但谁能抓住确实是“不公平”，有人抓住，有人抓不住。很多企业起个大早，却赶个晚集，跑到前面的更是寥寥无几。企业家及其团队的远见卓识、非凡勇气很重要，致力于打造一个超越个人的组织是获取更大成功的重要保障。这里不谈每个优秀企业发展的细节，每个企业的发展细节都能写满厚厚的一本书。我们既不能高估企业家团队及组织的能力，又不能低估时代所起的作用。我们要对时代保持敬畏之心，感激之情。

时代很重要。时代给予我们的机会很重要。做企业首先要深刻思考产业机会，要去思考：

这个时代有什么产业机会？

我所在产业还有哪些机会？

我的增长空间来自哪里？

这个产业的格局将发生哪些变化？

转折点将会出现在哪里？

我如何构建自己的增长曲线？（包括第一增长曲线，第二增长曲线等）

我的客户将会发生哪些变化？（客户和非客户同等重要，创新往往来自非客户）

从长期主义来说，我需要布局和打造哪些核心能力？

怎么才能不被时代所抛弃？

以上这些，都是笔者比较喜欢和企业家朋友首先探讨的问题。这些问题的思考实际上是在揭示企业发展的方向，方向和行动之间不断迭代，谁也不敢保证一定能说清楚未来。即使有人能说清楚，但做不到也是没用。企业家本质上是个乐观主义者，面向未来，坚信未来不可预测但可以创造，时刻关注和发掘机会，但不要机会主义。

现在的任何机会窗都变短了，因为全球资本是过剩的，都在苦苦寻觅新赛道。只要出现新赛道，瞬间就拥挤不堪。你看看现在的新能源汽车的赛道，新老势力激战正酣，一个刚唱罢，另一个又要登场。谁将胜出好像还不太好说。

旧时代，你可以“日出而作，日落而息”，一切按部就班。因为它比较“宽容”，你“摸着石头过河”，它会等你慢慢过。新时代是一个深思考的时代，更是一个加速前进的时代，机会稍纵即逝，一旦错过就不会拥有。顶层设计很重要，不断迭代，一旦出现机会的苗头，就要赌一把。

二、追求与定位

笔者发现一个现象，20世纪八九十年代创业的企业家，他们创业的目的，大多数都是和命运抗争，摆脱贫困。也有一部分人是无路可走，被逼无奈选择创业。他们的选择行业也具有一定偶然性。但80后、90后选择创业的时候，大多数都是有初心的，并经过一定程度的“深思熟虑”，他们的选择并非偶然性，是一批“有觉悟”的创业者。

企业家无论哪个年代创业，也无论是偶然性进入一个行业，还是有意识选择的结果，大凡优秀企业家，优秀企业，都有一个共性——自己活下来以后，目标慢慢清晰，但他们的志向始终是远大的，立足长期主义，都有一些使命在身，有事业追求，不是只图挣到仨瓜俩枣。他们立足现实，但不拘泥于现实，目标牵引，愿景驱动。老板本人成为愿景企业家，并以此吸引五湖四海的人才形成滚滚人才洪流迎着目标奋斗前行。江山代有才人出。没有大追求没有大格局，就很难吸引众多有志之士，没有一批批人才加盟，企业的人才管道就会断流，想成就一番事业必定成为“幻影”。

现在身处信息时代，也是一个“头部时代”，企业基本上只有三条路可走。第一条路是做头部企业，或细分领域冠军（或区域小霸王）。第二条路是做一个平台，提供超级链接（现在这种机会也日益稀少了）。第三条路就是被别人生态化，或被别人整合。各行各业“头部效应”越发明显，一个企业如果不做到头部的话，基本上没有多少价值，将来能否活下来都可能成为一个问题。这里必须强调的是，“小而美”“平均型”“力小任重”的企业基本上没有什么出路，除非被别人整合。

过去的旧时代，变化基本上是可预期的，朝着更大、更强、更多等线性方向发展，大家好像都有“生存空间”，“差不多就行了”，似乎都活得挺好。但随着技术进步，进入新时代，必须对自己“狠一点”，必须“偏执才能生存”，你的目标必须清晰，必须“旗帜鲜明”。

当然目标定位是一个实践过程，也一个试错迭代的过程。目标可以优化和迭代，但不能没有目标。

三、“鸡肋”是你的菜

近几年，笔者参与客户战略及路径、赛道的选择或商业模式创新等讨论比较多，总结了一个“鸡肋理论”。何为“鸡肋理论”？“大块头”看不上，“小家伙”又做不了。这就叫作“鸡肋理论”。

当年刚刚创业的美团，选择进入本地生活市场堪称经典。王兴深刻而准确地分析道，线上履约线上交付的有腾讯等，线上履约线下交付（实物）的是阿里巴巴，线上履约线下交付（异地生活服务）的是携程，线上履约线下交付（本地生活服务）是空白，但是个“鸡肋”，非标产品，苦活、脏活、累活，还不怎么赚钱，但“大块头”一般看不上。作为一个创业企业，一开始无法和“大块头”正面竞争，实力根本不允许啊！这就是美团“精明之处”。

你选择进入一个新市场、新业务或新赛道，首先要看“大块头”会不会进来。比如，华为会不会进入？阿里巴巴会不会进入？腾讯会不会进入？平安会不会进入……如果有“大块头”进来，当你好不容易熬到市场起来的时候，这些“大块头”在旁边等着呢！他们凭借着组织的优势（包括资源的优势），一把收获了市场的红利，后来者居上。而你却起个大早赶个晚集。当然也有个别在“大块头”眼皮子底下“长大成人的”，这个概率很小。

笔者的老师，中国人民大学商学院包政教授曾经说过，大企业具有“侵略性”。当时学生时代的我们一时还理解不了，但现在确实如斯——非常深刻的洞察啊！大企业他们“兵强马壮”，很多时候苦于无大仗可打，没有大赛道可选择。他们对刚刚起来的市场以及小市场不感兴趣，当出现大规模市场或大赛道的时候，大企业就非常感兴趣了。他们利用组织的力量，大举进入，这时候比拼的是实力，他们所到之处“寸草不生”。很多人还没有尝到和华为、阿里巴巴等“大块头”同台竞争的“滋味”——“苦不堪言”，但又无可奈何！这就是大企业的“侵略性”，这和企业的道德无关，而是商业竞争的真相。

你一开始进入一个“鸡肋市场”，“大块头”觉得不值得做，或实力顾及不到或无法顾及的，这对弱小者来说却是最安全的。比如，一些行业的终端场景应用，就是千差万别的。“大块头”无法“一统江湖”。

有时候市场机会来源于“非客户”，各大公司都习惯于“以客户为中心”，这是商业上颠扑不破的真理。“非客户”其实也是很重要的，往往是创新的来源。如何把市场扩大，服务那些原本不是你的客户？他们也是有需求的，只是没有合适的供给，比如原有市场存在产品或服务太贵，他们消费不起。有券商研究报告提出“中国还有13亿人没有坐过飞机”。这个看似是“段子”，但在商业上是千真万确的，是市场机会。这种机会关键在于你提供匹配于这个市场的供给而已。

四、避其锋芒，广阔的“农村天地”大有可为

有一种市场叫“农村天地”。“农村包围城市”，这是一种“空间战略”。

在商业上的创新往往从“边缘市场”“老少边穷市场”“农村市场”开始的。当年华为刚刚进入通信设备市场的时候，中国的通信设备市场基本上被跨国大公司所谓的“七国八制”所垄断，尤其是在大城市市场。有点市场机会的，恐怕就是农村市场，或大公司不愿意占领的市场，而这些恰恰是当年华为的“菜”。当年浙江义乌小商品市场创立的时候，也是定位于“老少边穷”市场。当年阿里巴巴创立的时候，基本也是“边缘人”在淘宝上开店。日本人总结的，在竞争对手比较薄弱的市场发力，其实也是这个道理。

近几年随着中美贸易战冲突，以及受全球遭受新冠疫情的影响，我国政府提出了“以国内大循环为主体、国内国际双循环相互促进的新发展格局”，这其中的市场机会在哪里呢？中国幅员辽阔、人口众多，经济发展不均衡，城乡差异大，区域差异大，加上各地文化习俗差异大，造成中国市场差异非常之大。东西南北中，东部沿海与中西部地区，一线、二线、三线、四线、五线市场（基本上是县城市场）等都有非常明显的差异。近几年下沉市场争夺得非常激烈。难怪自媒体上有人发出“万亿经济在县域”的慨叹。

以国内循环为主，实际上是指中国市场纵深广阔并且差异大，这就是巨大机会。一、二线的产品经过简化、改装和迭代，进入三、四线城市可能就有比较大的机会。正所谓“广阔农村大有作为”。城市综合体开到县城里了，酒吧也开到县城里了。拼多多先从县域市场开始发力，主攻水果、农产品等。这里需要引起大家注意的是，下沉市场的做法要与一、二线市场的做法不同，投资的资金密度需要降下来，并进行低成本运作。

从另外一个角度来看，每一个行业的优秀企业为了卓越运营，其本身也会不断优化市场结构（这里主要指地理市场），优质资源向优质市场聚集，有些不怎么赚钱的市场，可能会被主动“优化掉”。这些“让”出来的市场，可能就是一些企业的“菜”。很多跨国大公司就是这样被中国企业挤出去的。他们不断优化市场结构，不赚钱的市场主动放弃，最后他们退到“黄土高坡”上，无路可退了。他们退出的市场恰好被“小兄弟”占领，此消彼长，最后“大块头”被“小兄弟”掀下马来。当然有少数“经验非常丰富”的头部企业，也会采取“寸土不让”策略，这就比较厉害了。

当一个企业比较弱小的时候，自己实力不够，为了不惹怒“大块头”，或避其锋芒，不妨从“农村包围城市”开始，从他们不关注的地方开始，先活下来，积累小胜为大胜，积蓄能量，等待时机。

五、速度、速度、速度

“以小博大”——“小块头”在与“大块头”的竞争中如何活下来？这是商战中普遍性的问题。“小块头”与“大块头”比拼实力，显然是不现实的，胜算不大。“以快打慢”是“小块头”战胜“大块头”的密码。

中国有句俗话“天下武功唯快不破”。这个同样适用在商业竞争中。20世纪七八十年代，日本汽车行业开始在全球市场中显示出“咄咄逼人”的竞争力的时候，其实主要赢在基于时间的竞争——速度竞争。

翻开丰田公司发展史，我们发现一段有意思的记录。20世纪50年代初，丰田公司一行人去美国福特汽车公司考察。考察期间，每天晚上丰田公司一行人在福特公司附近的旅馆进行例行的讨论：福特公司有哪些值得学习的地方？如何向福特公司学习？讨论的结果令人瞠目——丰田英二带领的一行人认为，美国福特公司没有什么了不起。要知道，当时福特公司生产规模已经很大了，生产的效率也很高，一天能生产8 000辆汽车，而当时的丰田公司13年总共生产2 500辆左右汽车。

但丰田公司认为他们不能学习福特公司，因为福特公司有钱，资源太多，而丰田公司恰恰就是资金实力弱，也没有多少资源。福特公司的机械工具方面比较强，那完全是用钱堆出来的，但福特公司的浪费太严重。丰田公司不能和他们在这个层面来竞争，丰田公司需要从时间上来与他们竞争。福特公司现场上到处都是处于停止的状态的原料、配件、半成品，这些都是浪费。丰田公司必须从杜绝浪费开始，据说这就是丰田公司精益生产的最早起源。难怪有人说丰田的精益生产实际是“穷人经济学”。

丰田公司就是从时间上与美国汽车公司展开竞争，比如生产一个新车型，丰田公司需要18个月，美国汽车公司平均需要60个月。丰田公司全力缩短从订单到回款的时间，要让现场中（包括仓库、渠道等）的一切处于有效流动中。

梳理日本企业的发展史，发现以弱胜强、以小博大的成功案例中，基于时间的竞争——速度竞争，是一个普遍采取的方法，比如，通过换款式、换代产品比竞争对手快，来取得竞争优势。

美国企业史大家钱德勒写过一本书，《看得见的手——美国管理革命》，这本书中钱德勒极富洞察力地指出：“规模本质就是速度”。

大企业通常会对客户进行分层分级管理，对一般企业所反馈的问题重视不够，响应不及时，加上大企业本身的决策与流程都比较慢，又进一步加剧了这个矛盾。很多时候大企业甚至对客户很“傲慢”——漠视客户的问题。大企业“势大身沉”，总是抗拒变化，总想控制变化，不灵活、反应慢，这恰恰给了小企业机会。

跨国公司由于怕技术泄密等原因，一般不会把研发技术资源配置到中国市场，这就会造成跨国公司对待中国市场的客户响应更慢。有的跨国企业会对中国企业的客户服务收取高额的费用，甚至需要客户提前支付服务保证金。当年华为产品刚刚进入市场，质量不好，靠的就是紧贴式无时间间隔的服务赢得客户的信任。早期的华为工程师，甚至会直接睡到客户的机房中。有人总结华为产品早期的成功经验，就一个字“快”——学得快、干得快、改得快。据说有记者问过美国的发明大王爱迪生，你的成功经验是什么？爱迪生回答说：“试验得快、失败得快、调整得快。”

随着信息时代的到来，人类社会进入一个加速度状态，越来越快。所有产业的机会窗都变得越来越短，产业的赛道一经打开，“各路英豪蜂拥而至”，很快就会变得拥挤不堪，红海一片。颠覆与反颠覆，跨界与降维打击等，好像进入寻常生活中，感觉随时都会发生。企业身处这么一个现实社会中，原有的认知、思维和模式都需要升级迭代，否则都很难适应变化。过去单纯靠规模经济就能取得竞争优势，现在不行了，速度经济更为重要。赛道比较拥挤，就看谁最先跑出来。一切有利于节省时间的策略和投入，都是可以值得试试的。一家企业如果在机会窗内没能实现布局和跃迁的话，基本上想成为头部企业的可能性就不大了。因为在机会窗内，如果有企业冲出来了，产能规模足够大，只要它比竞争对手先有规模优势，它肯定主动挑起价格战，使得竞争对手的产能无法得到有效释放。比如，动力电池行业的宁德时代，它就采取速度竞争，在机会窗内，迅速布局产能，一旦形成规模优势的时候，它就会主动降价，竞争对手就会被“逼死”。它有成本优势，竞争对手却没有。

如果这种格局一旦形成，就比较麻烦了，可能结束了。一旦成为头部企业，它吸纳资源的能力就更强了，它形成了有利的正循环。此时的仗，对头部企业来说就很好打了，但对中小企业来说，就比较麻烦了，只能找细分领域生存吧！

小米公司提出的“首战即决战”，是非常有道理的。现在的机会稍纵即逝，首战不胜的话，可能就结束了。华为在基本法中提出了“席卷式销售”，不给竞争对手喘息的机会，也是机会最大化的一种办法。

有一种情况也需要提请注意，很多具有技术情结或具有“工匠精神”的企业，喜欢追求完美。你一旦追求完美，你的产品可能就会“千呼万唤”不出来，因为你总觉得自己的产品不完美，总在想“憋大招”。但“百舸争流千帆竞”，等你产品面市的时候，已经“时过境迁”了，别人已占走了先机。真是应了一句话，“完美产品带来完美的错过”。实践是检验真理的唯一标准，设计固然重要，但真正的产品是靠不停迭代做出来的。产品只有在被客户使用的过程中逐步走向完美。绝对的完美就意味着“死亡”，生物的适应实际上靠的是“错误”，基因变异才能产生选择和适应。

商战中“完美主义”是有害的，你一追求完美主义就意味你“陶醉在自我的世界中”，客户其实不需要完美的产品，客户需要的是能帮他的产品和服务。我们需要完美主义精神，这是一个理想状态，但不能绝对化。

中小企业，或实力比较弱小的企业，能战胜“大块头”的法宝之一——速度竞争，要求中小企业必须按照“时间”来组织企业，围绕时间来和“大块头”展开竞争。

但也有一种情况需要说明。管理、质量和团队磨合，往往是需要经过一定时间沉淀和时间检验的。从风险的角度来看，有时“慢就是快”。因为跑得太快的公司都死掉了，剩下来就会赢得比赛。比如，很多连锁行业，如果盲目地快是有风险的。企业发展过程中的节奏是非常重要的，该快的时候要快，需要慢下来的时候要慢下来，慢下来的目的是为下一次更大的扩张。

六、密度、密度、密度

笔者在与很多企业家交流的时候，大家共同感兴趣的一个话题，就是如何获得快速成长，如何获得战略跃迁？因为大家都觉得发展慢了可能就没机会了。要想赢得速度竞争，实现一种跃迁式发展，取决于外部市场规模爆发的程度，自身的根基牢靠程度，资源密度大小，尤其人才的密度、市场的密度和资金的密度如何。

这里借用一个物理学的概念——密度。知识也是跨界融合了，速度、密度等跨学科的概念，进入到经营管理领域来了。密度战略也是应对竞争的一个重要策略。

（一）人才的密度战略

熟悉小米、美团、华为、携程等企业成长史的读者应该知道，他们成功的一个主要的原因，就是人才密度大。在机会窗内，在短短时间内一下汇集大量的优秀人才，尤其领军人才。要想在短时间内获得爆发式成长，人才密度一定要大。这就带来一个问题，当企业比较弱小或品牌知名度不高的时候，如何大范围地获取人才，并使得人才愿意留下来奋斗。人才市场已经成为企业竞争的新领域。现在每一家公司必须琢磨，如何在人才市场上构建和发育自己的核心竞争力。

第一，老板是首席找人官。笔者经常开玩笑讲，现在的老板必须有一项能力——真诚地“忽悠”人。老板能不能“拢人”，尤其能不能找来高手入局和老板一起干，变得很重要。

第二，要先找“大脑袋”。所谓“大脑袋”，就是顶级人才、领军人物，或比自己厉害的人（至少某一方面）。

第三，找到链接人才资源的渠道。

第四，收入与“爽”最终一个都不能少。收入和“爽”可以有适度的先后顺序。比如，在短时间内，收入高，但“爽”可以慢慢改善；也可以先“爽”，但“收入”逐步提高。

第五，树立人才市场的品牌。

招聘将越来越成为一个企业的核心竞争力，组织如何一下子能承载员工人数的快速暴增而不崩溃，是检验组织弹性的一个关键。随着人才大量涌进，如何使他们上战场并奋勇“杀敌”，快速形成战斗力？更是考验决策层的智慧了。引用华为一种说法，如何使人才管道又长又粗并对照目标“冲锋”。这是一种非常重要的机制。如何使大规模的人才队伍做实，聚焦打粮食，聚焦增长土壤肥力？这些都是人力资源队伍建设的重中之重。笔者有一次与一位华为的前高管聊天，问他华为的人力资源战略有什么特点？他说，就两个字“人多”。在机会窗内，即市场规模增速非常快，或自身增速至少达到25%以上，远超行业增速的时候，就多招人。在机制设计上一定要造成人才适度“冗余”，形成内部良性竞争机制。你不好好干，随时有人可以替换你。当然所给的工资要高，高工资下不是人才的人也会变成人才。

（二）市场的密度战略

市场的密度战略是什么意思呢？企业比较小的时候，资源不丰富，就需要适度地聚焦。阿里巴巴的发展经验表明，当年靠两个半省，就能做一个市值300亿美元的公司。早期的阿里巴巴主要聚焦在广东省、浙江省和半个江苏省，做得比较透。美团公司的发展经验表明，美团早期就是围绕一个又一个方圆三公里的商圈密集开发。连锁商超的开发也是围绕一定区域密集开发。这个主要考虑规模效应的半径是多少。有的规模效应就是方圆几公里，有的规模效应就是一个城市或一个区域等等。

笔者与一些中小企业的老板交流的时候，发现他们比较喜欢贪大，其实只要围绕几个区域密集开发，就足够支撑你上市。等你上市后，资源比较多了，那时再做另外一种布局。

（三）资金的密度战略

现在商业上有一个规律——模式不轻不重。中小企业进入一个行业，如果企业做得太重，肯定风险非常之大，因为企业没有太多的资源。但如果做得太轻，也不行。尤其是一些比较新的业务，供应链、品控等核心环节还是自己控制比较踏实。另外，创新型的中小企业非常有必要形成一个试点、样板或一个闭环，这是需要一定资金投入的。太轻了，别人也不会相信你。包括连锁组织的信息系统也要适度超前投入，这也需要一定资金密度。

笔者服务一个创新型中小企业，做的是一类新的营养食品原料，这家企业就面临一个人才密度和资金密度的双考验。这家企业生产的是新产品（为食品或茶饮企业提供的原料），这就意味着必须找到更多客户用自己的产品。这本身对市场开发人员要求比较高。另一方面，新产品是通过新的技术工艺实现，这就需要在设备工艺上投入一定资金。短期时间内，如果企业资金投入过大，市场规模又没有起来的话，企业经营压力比较大（现金流压力很大）。这类企业要想成功，必须在短时间内实现发展跃迁，否则打持久战是不利发展的。要想实现发展跃迁，必须实行双密度战略——人才密度和资金密度战略。实际上作为一个创业企业选择“双密度”战略，其挑战是巨大的。

七、寻找高毛利与利润区

一个企业自身造血功能非常重要。企业增长有个比较重要的限制环节就是毛利，高毛利的企业有做大的潜质，低毛利行业除非能用融资的钱来扩张，否则增长起来难度比较大。当然了，低毛利但周转快，也可以选择。

中小企业能“长大成人”，必须在一定时间内形成正循环：投入—核心环节—高毛利—新的一轮投入。这个正循环越快形成越好。很多企业走入一个误区，就是为了做大净利润，尽量减少费用投入，因为省下来就是利润。但是费用往往与未来有关，现在如果费用投入过少的话，将来公司发展就缺乏后劲。

利润区也是经营上的一个重要概念，我们一定要研究和洞察一个行业的利润区是如何转移的，因为任何商业模式转型升级，必须在利润区富集的地方寻找突破和创新。

高毛利是可以创造的。从长远来看，支撑高毛利靠的是技术、知识。但从短期策略层面来说，可以通过创造机会窗来创造高毛利。这一点上，华为的策略堪称典范。在某个战略增长点上，你比竞争对手投入的资源要多，形成“饱和攻击”之势。你投入比较多，大概率的情况下，这个产品肯定就会先上市，谁先上市谁就能获得基于机会窗的高毛利。同时注册专利形成对这个新产品的保护。一旦竞争对手的类似产品跟进上市的时候，领先上市的企业一般就会启动“专利战略”，对竞争对手进行起诉，拖延竞争对手产品上市的速度。这样尽可能延缓窗口期关闭时间。当最后双方“握手言和”的时候，领先企业就会主动降价，后跟进企业就必须跟进。领先企业已经获得市场红利，它有实力打价格战。这样几个回合下来，后进入市场的企业基本上被打得没有脾气了。

另外一点也很重要。现在跨国公司基本遵循的是美国华尔街体制，职业经理人的薪酬主要和报表“挂钩”。一旦经济进入下行的周期的话，跨国企业一般都会为了保持报表的“靓丽”，通过减少费用投入，剥离一些资产，很多时候研发人员都会被裁撤，因为暂时无望盈利的产线肯定被剥离掉。此时那些被裁撤的工程师刚好可以被中国企业所吸纳。等到经济进入上行周期的时候，原来盈利无望的产品开始在市场热销了，而此时原有跨国企业相关产品几年前是被裁掉了。现在正好大卖的时候，跨国企业却没有东西可卖了。一旦出现这种情况，意味着跨国企业的经营节奏开始乱了，没有踏准市场节奏。几个回合下来，跨国公司的处境肯定就比较麻烦了。很多跨国企业就是这样被中国的小兄弟打得节节败退。

八、“感谢”你的竞争对手

笔者有一次参加过一个分享活动，同台的一位嘉宾说，在中国不管哪个行业，只要在市场上有跨国公司存在，那肯定是中国企业的“福气”。很多人一开始不理解这句话的意思。实际上他说的意思是，有跨国公司存在，说明这个市场是存在的，跨国公司一般定位比较高端，他们进行的是“撇脂”战略，占领“最肥”的市场，中国企业一般开始定位比较低端，做跨国企业不愿做的市场，中国企业工程化能力强，低成本运行能力强。跨国企业做了不赚钱的市场，中国企业做同样的市场却能赚钱。中国企业一般都采取替代与追赶战略，因为上面有高端的跨国企业撑开了一片天，这是行业的“标高”。中国企业采取模仿战略，从低端市场发起“攻击”，并由低端向高端进攻，逐步蚕食跨国公司市场。此时定位高端的企业就非常难受了。这也是西方发达国家认为中国不讲“武德”的地方。

如果一开始苹果手机不只是一味追求高利润，高中低产品一起做的话，中国的智能手机厂商成长起来可能就费劲了。有时候商业上的“高利润”实际上是在告诉你赶紧来，这里有钱赚啊！

中国绝大多数企业都是这样发展起来的。刚刚起步的时候，中国企业一般定位比较低端产品，或进行“OEM”。但干了一段时间后，中国企业就开始“不安分了”，就开始想“登堂入室”，逐步侵蚀“大佬”的“领地”了。难怪有人开玩笑说，中国企业的成长史其实就是一部不讲“武德”史——从模仿和替代开始，从低端市场向高端市场进攻。

还有一种情况也是值得在此分享的。中国很多行业的崛起，主要都是“拜托”跨国大佬的“傲慢”。他们条件苛刻：先打款后发货，我生产什么你就买什么。比如，电池行业，松下公司是鼻祖。中国电池行业（电子消费类）为什么会起来，就是因为松下公司不太好“沟通”，它只生产几种规格和形状的电池，客户必须听它的，在这几种当中选择。不能一会儿让它生产方形电池，过一段时间又让它生产圆形电池，这是不行的。很多客户被逼无奈，扶持中国企业“崛起”。

九、“组织之坎”必须要过

随着智能时代到来，组织其实就是一种算法，实际上起加工信息的作用。如何建立起有强大算法的组织，一直是实践中的难点。

有学者总结道，中国企业家最大弱点就是不会建组织，尤其是不会建大组织。纸上谈兵的所谓“咨询专家”很多时候也不灵，因为他们也没有多少质感，自己公司都是“个体户集中营”。商学院老师一般也不灵，他们天天在讲台上讲组织建设，讲组织利益高于个人利益，等轮到他的时候，他就要凌驾组织之上。他自己可以不服从组织，别人必须服从组织。所以有人说，学校基本上是“大牛”教授的“集中营”，是通过“停车场”把他们联系起来的。

很多一二十亿元营收规模的企业家，他们对市场的敏锐感知，对产业机会的洞察非常令人折服，但自己的企业就是徘徊在一二十亿元上下，原因就是不会建组织。

根据自己的观察和实践，我认为组织建设应从以下几点入手。

第一，从个人、团队，再到组织。建立组织一般从以企业家为核心的班子建设开始。一个企业的高管团队应该是一个真正的班子，不能是几个徒有“总裁”“副总裁”称呼的人的集合。瓶颈一定是在上面的。中国企业有一种形象比较常见，“大树底下不长草”。老板本人能力太强了反而不利于形成班子。因为老板什么都懂，他总是习惯把高管团队当成他的下属或助手。

第二，学会分权。这在实践中也是一个难点。一分就乱，一收就死。实际上权力与责任是相匹配的，先扛责任，然后赋予相应的权力，但权力的监督又是集中的。权力很多时候是争取来的，是“夺来的”，不是根据岗位说明书自动赋予的。权力是在有“为”过程中逐步赢得老板信任，逐步获得的。

第三，学会定规则。随着人数规模的增多，规则要先行，要透明。建立体系的关键牛鼻子，是评价与利益分配，其核心是建立依据。要用制度来管人。领导本人也要学会从2C到2B转变（借鉴房晟陶先生的观点）。人数少的时候，你可以点对点，现在人数多了，必须一对多，因为你根本没有那么多的时间和精力。这其中会包括流程建设，分工与组织，决策、信息传递、冲突处理、风险控制等等。这里要强调一下，基于信息的组织方式越来越重要了。

第四，一批批领导产生。这也很关键，一个组织必须能自身产生一批批组织所需要的领导人才（70%应该是自产的，尤其是经营性人才或准企业家人才，这些人才一般以自己培养为主）。

优秀的组织力量是商战中赢家背后的共性特征。这非常重要，也是非常有难点的部分，本文不作重点来阐述，随后笔者将用专门的文章来和大家分享组织建设的观察和思考。

十、变革是个永恒的主题

这是一个突变的时代，“黑天鹅”事件满天飞。组织的弹性和抗打击能力，尤其能抗住突如其来的打击的能力，非常重要。组织的变革是永远的话题。

第一，要保持敏锐触觉。文化上需要“备胎计划”。越是不确定时代，行动上越不能“整齐划一”，文化上过分的单一和纯洁，适应性反而差。文化上保持适度多样性。相对确定的事物，文化上可以强调价值观的统一性。处于不定型期的时候，实际上处于一种变化期，文化上要统一于“打粮食”或“增加土壤肥力”。面向未来的时候，文化需要统一于使命愿景。

第二，发展是第一位的。大方向基本正确，业务布局最重要，要寻找到公司主要赛道以及第二个赛道或新的增长引擎。不同业务状态，匹配不同人才团队和资源，应用不同的机制进行管理。学会不断优化架构驱动业务增长，组织结构上遵循“分久必合，合久必分”，组织结构设计的关键是“何时纵向打穿，何时横向拉通”，解决速度性与经济性的平衡。

第三，人才及机制。大方向基本正确后，组织如何充满活力？不停地“折腾干部”，必要的人才“冗余”，建立“内部良性竞争机制”，使得人才始终处于激活状态。不断优化约束与激励机制，去匹配业务发展。

第四，文化上相反相成。组织张力必须体现在文化与政策“相反相成”（这个观点来自黄卫伟老师）。比如，如果公司实行亲兄弟明算账的考核结构，公司就要提倡团队协同文化。文化上提倡忠诚的理念，我们政策上也要保护不同意见、不同见解的人，否则就会造成“愚忠”，缺乏对什么是正确的方向的追求等等。

本文从十个方面总结商战中赢家是如何形成的，仅为一家之言，希望对读者能有些许启发。若如此就不枉笔者思量，也会更加激励笔者继续思考。

（华夏基石e洞察公众号2022年10月12日发布）

顶尖高手，一定是自磨出来的

孙健敏

刚才讨论到人才的话题，有嘉宾说到组织要着力解决顶尖人才的问题。我的观点是，顶尖人才不是组织培养出来的，也不是管理管出来的，一定是自磨成才的。比如，彭剑锋全世界就一个，我一直在暗暗地追随他的脚步，但是我成不了彭剑锋第二。任正非也是一样，不是能培养出来的，组织解决不了这个问题。我的观点恰恰反过来，组织要去解决的是80%的规律性的问题，这是组织管理要去解决的问题，而不是那20%，更不是5%的顶尖人才的问题。

规律性的问题解决好了，它就是平台，是基础，有了这个“土壤”，这些顶尖人才才可以更好地发展；没有这个土壤，这些所谓的顶尖人才，领军人物也会冒出来，只是相对来讲他冒的时候可能更艰难一点，在夹缝里生存。比如褚时健、马云哪一个是学校培养出来，哪一个是组织把他打造出来的？最近我们也在反复说，中国找不出第二个美的，方洪波离不开何享健的栽培，因为一个巴掌拍不响。中国也找不出第二个华为，那些跟着任正非打拼了30年的左膀右臂现在仍然是铁杆，仍然是左膀右臂的，你找不出第二个公司来的。我们要去研究的是这个问题，即顶尖人才如何与组织相互成就的问题。而不是去研究任正非，你学不了他。

我特别要说一下这个问题，是想表达一个看法，就是我们开这种讨论会很好，很多事情可以讨论，可以有不同的说法，但是一定要有证据。观点就是一个嘴巴，每个人都有一个，甚至多个，那谁的正确呢？得拿证据来，叫实证研究也好，学术论证也好，得有证据。遗憾的是现在我们有一种文化，讲身份，不讲证据，要么“人微言轻”，或者“一言九鼎”，这是一种不好的文化风气。

这个是我的一个开场。因为今天的主题是疫情、国情、亲情，“‘三情’之中的组织与人”，我刚才在听各位老师的发言时，也在整理自己的思路，如果一定要加个“帽子”的话，我就从人的角度来谈，所以刚才谈到了顶尖人才的问题。宏观上讲也有人的问题，接下来我还是从人的角度讲一下“三怀”，对应“三情”；疫情对应的是释怀；国情对应的是胸怀或者是情怀；人情对应的是关怀。

一、释怀是对自己最好的修炼

释怀是什么意思？释怀体现在把事情看淡一点。释怀不是视而不见，而是能够放下；不要总是纠缠，而是要用科学的态度和方法看待和解释现象，而不是被动地应对或者顺其自然。要去探寻真理。或者说，要有建立在科学和真理基础上的一种认识和信念，这是现在全球都缺乏的。

比如到现在我们也说不清楚新冠疫情到底是什么、它是怎么传播的、应该怎样去预防，但是作为决策者，要制定预防措施，就不可能单纯地只从科学的角度去考虑，不可能不考虑政治的因素、经济的因素、国际环境的因素等。这里面就有怎么样去平衡的问题。这个时候企业家要淡定，要释怀，要回归本质。而回到企业的本质就需要进一步解释企业的本质到底是什么，很多人说企业的本质是赚钱，我不完全认同，企业的价值肯定不是只体现在钱上，但是企业不赚钱就是废物，跟非营利性组织就没有差异，这个不展开谈了。

释怀对所有人来说都非常重要，对于个人，我们也不要过于强调疫情的影响，或者说伤害，毕竟一些影响已经造成了，不夸张也不回避，接受它就好，尽快回归到正常，回归到平常心。

胸怀或者情怀体现在道义和责任上。迈入后疫情时代了，我个人觉得疫情告诉了我们一个非常重要的，也是老生常谈的问题是，人是离不开所处的社会环境的，小到家庭，中到社区，大到民族和国家。这次的疫情让所有人非常深刻地感受这一点。人是离不开社会环境的，这是人的社会属性，你没在家里待着的时候你觉得上班很累，等让你在家待着的时候就觉得和社会失去了联系，就会到处联系人说“我们什么时候聚一下吧”。讲胸怀，是讲人要有责任感，企业要体现责任和道义，一定要考虑这个组织、社区、国家，乃至民族，但是要防止民族化，不能过于强调或者突出国家或者民族的特殊性。虽然现在不怎么提国际化，但新冠疫情的全球蔓延也告诉我们，全球化是不可抗拒的。

关怀体现在友善和真诚。2022年末，彭老师我发了一个微信，问我身体怎么样，我才得知他感染了，但他想着的是来问候我，我心里面一下子感到很温暖……这是发自内心的、真诚的情感。越是环境艰难的时候，在同事之间，在朋友之间，人和组织之间，彼此多给予友善与真诚就越是重要，相信在疫情中每个人对此都有所体会。

二、先解决定位的问题，再解决出路的问题

面对疫情，不管是在组织层面还是个人层面，我们都要反思和总结。疫情这段经历，究竟告诉了我们什么？带给了我们什么？往后我们怎么办？

（一）定位定好了你才会有自信

这就是谈到了未来，在没有系统的研究的前提下，谈未来怎么办容易陷入空谈，

所以现在主要是看可以从中汲取什么样的经验教训。

据我自己不系统的观察，即使面对疫情，同样是餐饮企业，也有做得好的。比如中式快餐连锁店“南城香”，老板叫汪国玉，这个品牌在北京20年了，就是在社区做烤串儿、馄饨，几乎所有餐饮都在疫情期间不景气的时候它逆势而上。75平方米一家店，一个店一个店地开，就是开到社区里，满足了社区老人就餐、家庭便利就餐的需求。所以，这里核心的东西是，你做的事情当然是要赚钱，但你做的事情是不是真的是客户导向、消费者导向？首先你要通过为顾客提供服务然后再来赚钱，而不是从赚钱的角度设计服务或产品，这都是经营管理老生常谈的东西了。

疫情期间海底捞的裁员现象，以及在2022年3月上海疫情、2022年12月北京疫情最严重的时候，物流快递业出现较严重的滞后问题时，京东迅速在全国组织快递员志愿者挺进疫区做支援，等等。这些情况我们要去分析一下，环境出现大的变化时，为什么有的企业措手不及，有的企业可以坦然面对？这背后又说明了什么问题？

为什么会有这样一些人，或者这样一些组织在面临挑战的时候能做更好地应对？大家都说，挑战也是机遇，危机也是机遇，到了操作层面，怎么就有人把这个挑战真的搞成了机遇呢？能不能把它复制，放大一下呢？

具体从企业的角度来讲现在是两方面，一个是定位，一个是出路，先解决定位的问题，再解决出路的问题。

具体怎么定位不详细说了，我说一下定位背后的逻辑。刚才大家说了使命宗旨，你是谁？你为什么而来？但要定好位，还要往下走，你能干什么？比如我们6个人里面（指中国人民大学当年为华为起草《华为基本法》的六位教授，媒体称为“华为六君子”——编者注），我把彭剑锋作为兄长、师友，更是作为楷模。我分析了半天，他的优势是我不具备的，我永远赶不上，但我对他要有用，我得有价值，得能增值，他才能找我合作。那我的价值在哪里，怎么让我的价值增值？我只是举这个例子来说明定位。在企业里，道理一样的，华为也好，TCL也好，企业光说自己到底是谁还不行，光说使命和宗旨还不行，还要往下走。要想清楚你能干什么，只有把这个问题想清楚了，把自己的位定好了，你才能有自信。

（二）有核心能力就会有自信

自信是建立在对自己优势和劣势的客观评价上的，不是只看到自己的优点，而对缺点视而不见。坦然接受自己的短板，然后去扬长避短。风口上的猪也好，抓机会也好，很多企业其实并没有解决核心竞争力到底在哪里的问题。我们当时在华为虽然没有用核心竞争力这个词儿，但我们在讨论：我们为什么成功了，让我们成功的东西能不能继续下去，继续不下去的话未来我们还需要什么。其实这些都是围绕着所谓核心竞争力展开的，没有自信不行，过度自信的话不妙，容易走偏。

这个时期我认为企业要用到华为的自我批判，任正非的说法是非常深刻且有远见的，就是整个组织的自我批判应建立在旁观者的角度上，因为旁观者清，当局者迷，要从旁观者的角度来分析企业做到今天，企业家个人做到今天，究竟靠的是什么东西？在多大程度上是因为风口，在多大程度是因为我真有“飞行”的本领，然后及时纠错。及时纠错和自我批评是组织必须建立的两个基本能力，在这个基础上建立信心和信任。

刚才李志华说到了信心和信任，苗兆光用的是“信念”，我用的是“信仰”，信心、信任、信仰，建立“三信”涉及如何看待和处理“三个关系”，第一个是和自然的关系，第二个是和事业的关系，第三个是和社会、组织、政党的关系。人生的意义是从如何看待和处理这三个关系这儿来的。对组织来讲也是如此，组织的意义来自成员的志同道合，道不同则不相为谋。企业要建立“三信”，处理好这三个关系，才能解决人和组织的关系问题。

信心，从企业的角度来讲，不管是做什么产业，我们的客户可能变了，我们的市场竞争环境可能变了；不管是受美国制衡影响，还是全球化逆转的供应链问题，消费者需求中的基本规律并没有变。比如，中国人口增长减缓，老龄化加速会影响很多领域里的产业方向的选择，产品的优化，是不是从中可以抓住基本的需求，变成企业新的机会？这些企业老板并不是想不到，而是这些老板想到后是不是可以抛弃一夜暴富卷着钱就走、或才IPO一下卷了钱就走的想法？所以说，“三信”才是根本。

企业应该树立信心，强化本土化，把你服务的对象服务好，新冠疫情冲击，加上美国的“卡脖子”，让我们已经认识到了企业发展不一定就是国际化这一条路，国内市场各个领域都有可以改进的空间。技术上你可以全球领先，但是在市场和管理上必须结合本地的特色，或者说是文化、制度、政策等，把它用好。在这个基础上建立核心竞争力，做力所能及的事情，不要盲目追求创新、弯道超车、换赛道。我不是否定这些，而是这些是头部企业做的事情，大多数的企业不是头部，是腰部，那么就老老实实做好自己，做专精特新，做隐形冠军，守好你这一亩三分地。

概括一下，从企业的定位与出路来讲，如果说改革开放以来，前20年中国企业是野蛮生长，后20年是走捷径成长，那么未来20年必须是靠内功成长。你可能会成长得慢一点，但是你只要守住这一亩三分地，就像下围棋一样，你不会被斩尽杀绝的，两口气做活了，虽然你会输，但是你还活着的，活下去是前提。这是从组织能力的角度来讲。

能力的建设要靠自己的真本事，而且个人能力和组织的能力建设是一个长期的过程。观念的转变可以是一念之间，但是能力是需要长期积累的过程，个人需要积累，组织就更需要了。

三、将认识和信念建立在科学与真理的基础上

组织中的人，组织中的个体也面临着两个问题，一个是要解决心态问题，一个是改变认知。

认知有两个关键，第一是要区分开规律和特例，刚才开场时我讲了，企业家人才是特例，而我们要研究的是那80%的人的成长规律。从认知的角度要注意区分规律和特例，你能做规律的事情就做规律的事情，你能够成为特例就努力成为特例，成不了特例的话，我们还有一些政策可以让80%的人也活得比较好，也能得到成长的机会，这是我们要去做的事情。

第二要区分你的成功走到今天是靠机会，还是靠内驱力？毛泽东说，内因是根本，外因是条件，有的时候人取得一定成功后盲目自信，根本上是没有分清楚到底是外因使然，还是内因驱动。不管是在什么年代、什么条件下，只要想做成功一件事，都会面临很多困难。我们那时在华为做《华为基本法》时，其实也面临很多困难，因为北京大学、清华大学有水平的教授多的是，但是作为项目组长，彭老师从来不发牢骚，从来不抱怨，这是成功人士的共同特征。不管是个人，还是组织，成功有偶然性，但也有规律性的东西，我们要研究的是规律性的东西，然后传承下去。无论是疫情还是其他什么突发情况都是超越不了的，你必须很好地去传承。

概括一下，我的观点是，后疫情时代，组织与个人都应重塑信心，再造信任和打造信仰。信心是解决定力的问题，做力所能及的事情，信任包括对政党、对制度、对市场、对客户、对利益相关者，总会好起来，只是发展得快和慢的问题。信仰是人和自然的关系问题，我们太渺小了，还是要珍惜生命，要有科学的态度，要有敬畏之心。

在“三怀”“三信”的基础上，做认知的改变。改变认知有两个办法：第一个是辩证思维，任何事物都要一分为二，好事会变坏事，坏事会变好事，福兮祸所伏，祸兮福所倚；第二个是落地思维。想到和做到，知行合一这是需要下功夫的。

这几年我一直感慨，很多先进的理念、经验不是大家不知道，而是做不到。为什么做不到？没有往下操作，轮到自己的时候就叶公好龙，自己不能把自己先放下去。这几年大家都在传播，说任正非说了，没有退路就是胜利之路！但是这个事情不是那么容易做到的。能不能“再坚持一下的努力之中获得胜利”？能不能在艰难时刻仍然保持信念、信任？

从组织的角度来讲，没有退路就是胜利之路，任何事物都不是一帆风顺的，都是一分为二的，好的时候要想到不好，不好的时候要有乐观的心态，都不能走绝对化。

从个人，尤其是企业家的角度来讲，还是回到我们老祖宗说的两句话：格物致知，修身齐家治国平天下。要把优秀的理念在组织内落地，先把现有的知识和经验作

一个梳理和分析，我们今天的成功需要重新来评价。格物致知，真正用理性、科学的态度来说清楚；修身、齐家，企业家如果真的做得非常合规、守法，能够做到自己很坦然，走到哪儿去一定像一个磁场，像一个吸铁石，让人不由自主地想向他靠拢，这就是企业家的魅力、影响力。

（华夏基石管理评论首发；华夏基石e洞察公众号2023年4月24日发布）

国企绩效问题，是个认知问题

文跃然

一、问题的起源和讨论范围

先说一下这个问题的背景，有一次和一个企业的人力资源薪酬经理交流，她来自一个比较大的企业。她问我学院有谁做三项制度改革中的考核问题研究？我说应该没有。她说自己的确也没有收集到太多这样的资料。我认为如果要做这件事的话，是不是可以理解为，我们把考核作为一个手段来落地国有企业的三项制度改革？她说的确如此，但是需要理论支撑，这样国有企业负责三项制度改革的人，就可以在这方面寻求专业的支撑资料。

这篇演讲稿其实就是起源于这个动机。有了这个想法之后，我和用友取得了联系。他们正好在向企业推广自己的数字系统，我讲课的时候请他们的专家讲过HR Tech的课程。我和用友的刘老师说，有没有可能我们合作来做这个项目，双方一拍即合。他们也觉得现在企业里面搞三项制度改革，很缺这样的资料。如果我们能提供这样一些资料，应该对企业的管理人员非常有帮助，于是就签了合同，开始做研究。

这个合同的成果是写一本书，书名为《绩效管理与国有企业三项制度改革》。接了这个任务之后已经有几个月了，我们动了不少脑筋，思考应该从哪个角度去写，觉得很有挑战。它的挑战主要是两个方面：第一，真的理解企业的三项制度改革吗？真的理解企业三项制度改革中的考核设计的玄机和机理吗？如果对这个不理解，找的资料就是无的放矢。第二，其实更有挑战，如果把这个事定位成用考核作为一个手段来落地三项制度改革，就要把考核的相关知识全部归拢起来，至少能找得到门，找的门是正确的。如果找到了门，在这个山洞里面还放了一些东西进去，能为考核的理论中国化添砖加瓦，那就更好了。

但是大家知道，我们讲课的时候，其实讲课的水平和研究的水平是不一样的。比如我们讲本科的课，把德斯勒先生的关于考核的教材吃透就行了。事实上这一条，很多老师包括我在内，也未必做到了。在钻研这个理论的时候，我还和翻译德斯勒先生那本教材的教授，作了很多的讨论。我一字一句地问他，你翻译的这个东西到底是什么样的意思。

另外，我们经过学习之后，发现这一方面的资料，其实是一座高山一样的东西，你要爬上去很艰难的。后来我们找了一个切入点，以2017年发表在《应用心理学期刊》（*Journal of Applied Psychology*）期刊上的关于近百年绩效考核和绩效管理发展的一篇文献综述，反复进行精读，并且找到128篇参考文献，老老实实地开始看这些文献。

我们以这个知识基础再加上原来对绩效考核的认知，来为国有企业三项制度改革完善的任务提供理论基础。

所以这个课题实际上就是将两个方向合拢的课题：一个是理解绩效考核的知识；另一个是理解绩效考核的知识对三项制度改革中的考核制度设计的益处，我们正在做这件事。

为这个演讲，实际上我也想了很久。我把一篇非常重要的文献，又看了一遍，然后把它分成了一个一个的专题，比如考核中的角色、环境、方法论，试图在演讲的时候，将这些观点罗列出来。但是因为身体的原因，再加上认识还没到这一步，所以做PPT的时候就有些着急。呈现给大家的PPT是围绕两个方向讲四个问题，一个方向是三项制度改革中考核的实际做法，另一个方向是根据我们的理解，它在哪些方面可以改进。整个演讲可以称为“用绩效考核和管理理论来思考三项制度改革中的考核系统的改进”。准备讲四个问题：第一，三项制度改革中的考核办法。第二，绩效这件事，从理论上讲，它的结构是什么，往里走每一个方面到底又包含什么。第三，对国有企业三项制度改革中考核措施的一些思考和评论。第四，国有企业三项制度改革中绩效系统改进的几大建议，也就是对三项制度改革中的绩效考核系统提出我自己的建议。这个建议不是随便提的，是基于这些理论的。所以它是应该有理论框架的。

后面延伸了一个问题，国有企业的性质与三项制度改革。国有企业和民企不太一样，像中石油这样的企业其实并不靠裁掉多少人，也不靠减掉多少薪酬来获得竞争优势。它主要是靠和中石油分割中国的加油站，中石油有两万多个加油站，中石化有四万多将近五万个加油站。谁来经营这个系统，它都会有竞争优势。所以即使是它在人力资源系统方面做得比民营企业差，只要是做同样的生意，民企就做不过中石油这样的国企，这是问题的一面。另一面，就是国有企业对员工，如果裁员、降薪，干部能上能下，搞得狠了一点的话，实际上会引起很多的政治问题，会导致不平衡，用处可能不大，但后果很严重。在这样的情况下，做这个事有什么意义呢？这需要深思。

二、国企三项制度改革的实践剖析

先看考核办法，我访问了几位学生，都是大企业，也了解了一些情况。在和他们的交流过程中，对国有企业三项制度改革有一些实感，比如根据我在网上收集的资料，某集团有100家二级企业，3 000多个三级企业。100家二级企业既是集团的被考核者，也要对下属3 000多家企业进行考核。也就是说，企业既可能是被考核者，同时也可能是考核者。

所以三项制度改革这个事在国有企业推广一年以来，实际上成了一个涉及面非常大、你不做它不行、做它也是在探索过程中的这样一件事，迫切需要我们在理论上对它有深刻的、比较好的认识。

2021年，国资委相关部门发布《关于印发〈中央企业深化劳动、人事、分配三项制度改革评估办法（试行）〉的通知》，提出关于中央企业三项制度改革评估指标说明（见表9–1）。各个企业可以根据自己的实际情况，在国资委文件制度的基础上作相关扩展。根据表9–1，考核体系设计中，制度建设占10%的权重；机制运行占60%的权重；改革成效占30%的权重。这个机制其实就是三项制度，比如人员进出是不是很自由，薪酬变动、干部的上下是不是非常有弹性。

60%的机制运行又细分为六个二级指标，每个指标平均为10%左右的权重。这里就会有一个问题，考核指标到底多少个会比较合适？这些年来，我讲课经常会有人问我这个问题，都会说这个不重要吧，要多少就可以有多少。这次通过学习我才发现，

表9-1　中央企业三项制度改革评估指标说明

一级指标	权重	二级指标	权重	三级指标
制度建设	10%	制度建设情况	10%	集团公司选人用人、劳动用工、收入分配相关制度体系的完备、规范程度。完备程度指企业相关制度和管理办法等是否健全，规范程度指是否符合出资人要求和市场化导向。选人用人制度重点包括(但不限于，下同)领导人员管理、岗位职级、选拔任用、经理层成员任期制和契约化管理、职业经理人等制度；劳动用工制度重点包括用工规划、员工招聘、合同管理、员工流动、人才工作等制度；收入分配制度重点包括对所属企业经营业绩考核、全员绩效考核、工资总额管理、薪酬管理、中长期激励、福利保障等制度
机制运行	60%	制度建设情况	10%	期末实行任期制和契约化管理的经理层成员人数/期末经理层成员总数。经理层成员任期制和契约化管理，指企业对各级经理层成员实行聘期制，明确任职期限，并通过签订聘任协议和业绩合同，约定企业与经理层成员之间的责任、权利、义务，严格聘期管理和目标考核，畅通经理层成员退出机制
		制度建设情况	10%	当期退出管理人员数量/期初在岗管理人员数量。当期退出管理人员，指通过加强考核、推行末等调整和不胜任退出制度等而免职、降职、降级、调离的管理人员，不含因退休、因公调动、个人离职等原因导致的退出。管理人员指集团公司总部部门内设机构负责人(含副职)及以上人员(不含集团公司领导班子成员)、所属二级企业部门负责人(含副职)及以上人员、所属三级企业部门负责人(含副职)及以上人员
		制度建设情况	8%	当期公开招聘的人员数量/当期新进员工数量。当期新进员工不含收购或成建制转入人员，以及因公调动、军转安置等政策性新增人员

		员工市场化退出率	12%	当期解除（终止）劳动合同人数/当期平均职工人数。解除（终止）劳动合同人数，指企业按照《劳动合同法》等有关法律法规和企业相关办法，因员工不胜任岗位要求、违纪违规等主动解除（终止）员工劳动合同人数，不含退休、因公调动、个人离职、成建制转出或股权转让等原因导致的减员
		浮动工资占比	8%	企业内部各层级管理人员当期浮动工资占总工资收入比重的平均值
		收入差距倍数	12%	企业内部各层级不同岗位管理人员当期总工资收入差距倍数的平均值
机制运行	30%	全员劳动生产率	15%	劳动生产总值/平均从业人员人数
		人工成本利润率	10%	利润总额/人工成本总额
		人事费用率	5%	人工成本总额/营业总收入

西方学者在考核指标的数量维度方面，其实有自己的很深的研究。一般来说七个指标就比较合适，超过九个就记不住了，少于三个就没什么意思。比如你只考两个指标，意义不大。所以不能太多也不能太少，它的数量大概在7个，和星期的长度的设定习俗很像，上帝也说我们每周要休息一次，考核指标的数量也要人性化。还有一个考虑，凡是对绩效贡献大的部分，就要考得多一点。

30%的改革成效，看上去它强调了绩效导向，考完了就要有绩效。现在的问题是，60%的机制类考核指标能和30%的绩效结果形成因果关系吗？去掉一个，比如任期制，我不考核，全员劳动生产力会不会高呢？把干部制度搞好，全员劳动生产率会高吗？把工资这一块搞得那么弹性，今天和员工说一下要降薪，明天和员工说要怎么样，让员工心里很不踏实。这种做法它是不是就一定增加了绩效呢？

所以初步看上去，我认为这个考核制度起码有两个问题：一个是三级指标数量不合适。这个系统的二级指标在数量上还是比较合适的，但是如果再细看，这个系统的三级指标（也就是在二级指标名下要关注的点）就多了。像制度建设、集团公司用人、选人。如果第一类指标是三个，第二类指标是十个，第三类指标是几十个，数量考核指标是不是多了呢？比如“当期公开招聘人数数量，当期新进员工数量，当期新进员工不含收购或者是成建制转入人员的数量”，能想得到的全部想到了，考这么多，每一个三级指标关注点不到0.5%的权重，大家的反应能力有那么强大吗？这个东西不要在这里考，它可以是在经营系统里面做这件事就好了。1：6：3的权重结构、10个二级考核指标，再有上百个三级指标。这是初步的分析。第二个就是因果关系未经论证。因果这件事其实很难理解，西方人研究到现在，绩效考核指标和绩效之间的因果关系也没搞出一个所以然来，考什么东西就会有绩效，这个应该不光是管理问题了，它已经上升到认识论了。西方哲学里，认识论是个非常大的问题，你怎么能对世界这么一个复杂的体系搞出因果来呢？

三、理解绩效问题的三个层级对三项制度改革的意义

我们再详细讲解一下关于绩效的三个方面：绩效考核（performance appraisal，排名叫rating）、绩效管理（performance management）、绩效发生（我自己提的一个概念）。我们可以想想，那个OKR，它是不是应该在绩效发生这个层面上去理解。现在还只有很少的人理解到这一点，一个是我的理论还不成熟，一个是宣讲的面也没这么大，可能需要一点时间去发酵。

我认为绩效的事情，大概有三个层级，昨晚想了一个图，要把它形象地展现给大家。其实大家可以把绩效考核、绩效管理和绩效发生看作三个阶梯，绩效考核为最低的阶梯，中间的阶梯是绩效管理，再往上走是绩效发生。一个比一个更高。

我是想从这三个方面来分析。比较有扎实的理论基础，算是在绩效考核这一块，然后次之是绩效管理，绩效发生就更少。但是我感觉绩效这块应该分三个部分，越往上走越有用，绩效发生是最有用的，绩效管理次之，作用不那么大的是绩效考核。这不等于说绩效考核作用不大。我经常在想，中国2亿、3亿、4亿辆车，如果不是交通扣分的话，每个人最多扣12分，5亿人开车就是60亿分，一分100元钱等于是6 000亿元扣款。6 000亿元的扣款，对交通秩序是不是形成了很好的作用？我们花这个成本是值得的。比方说闯红灯这个事，就有6分扣分，可能大家对闯红灯就会比较小心，但要没有的话，那就乱了套了。但是我们的交通系统靠这个扣分是不是能到一个更加智能的系统？更加文明的系统？其实我们都不敢说。

绩效考核就是对已经发生了的东西进行精准评估，它是一个人对另外一个人的观点/判断，所以它不是客观的。它的性质如此，就是一个人站在他的角度对另一个人的review，之间就会有主观性，有主观性就会与客观世界有差别。在统计方面有个统计流派，就会研究这个事。比如100个人打分，平均分是90分，你给这个人打分的是80分，你偏离平均分10分，说明你打得不对，它就用这样的方式来判断评估者们可能的评价偏差。所以绩效考核是对已经发生的事情作精准的评估，因为是一个人对另一个人的判断，你不得不琢磨怎么把评价（rating）搞准。

和愚公移山一样，跑啊跑，跑了60年之后，美国学者终于发现攻克这个难题应该不太可能。另外也发现，我们不这么执着行不行？就不这么盯在这个绩效考核的精准性上，我们发现用一个更好的系统，没有这么严格的考核，也可能让绩效提升。法国的球星姆巴佩，小伙子才24岁，年纪大一点的梅西，他们的精彩表现一定不是在场上

考核出来的。你创造了一个环境，他会有那种激情，比如很多人去看球，裁判是非常公正的，国家的荣誉感很强等，这个时候他会忘记钱。他如果想到我踢几脚球有一个数据就能得多少奖金，这是没法踢球的。这一脚好得高分，我就踢，不得高分，我就不踢，那还能踢出什么好球来呢？踢球是连贯的过程。

绩效考核是对已经发生的绩效进行精准评估，但是我前面研究到一定程度之后，大家发现骨头太难啃了。然后才有80年代绩效问题研究的转向。这个转向的萌芽出现于一些研究者对下面一个事实的敏锐观察和反映：少数研究者发现，绩效的问题，它如果要评估准的话，是个认知问题（cognition）。

认知讲的是什么呢？它有两个意思，第一，绩效评价是个过程，参与过程的人，其实会有一个认知的精准性问题。比如这个过程里面就包含信息的收集、信息的存储、信息调出来再使用它，大概是这么三个环节。假设从年初收集信息，过程中把信息存储，到年底把信息调出来，时间已经过了365天，这365天，其实我们很多东西会忘记。所以你recall这个数据不是那么精准的。第二，在每个环节上收的数据是不是很准。所以认知和信息有关系。这个在战略学说上也有这个流派，叫战略认知学派。认知学派认为，信息是一个信息的存储、处理过程和使用。信息的真伪，决定了战略的优劣。

一些学者发现了这个苗头之后，就想我们为什么不从认知结构的角度去理解绩效呢？另外过程（process）再往前走，你们就知道绩效管理和绩效考核的最大区别就是，绩效考核主要在点上追求精确，除此思路之外，我们是否有可能在过程中追求精确。比如说目标设立，communication，绩效教练、反馈，这些事情都会跟着来。当然过程学派一开始是从认知过程的角度谈问题的。不管是什么样的过程，只要涉及过程，绩效考核它就是一个长时间的过程。在这个长时间的过程里面，到底有什么样的措施会让绩效评价变得精确了？时间拉长，精确性不变得相对不重要，但是对产生绩效因素的把握就变得很重要了。慢慢地绩效问题的研究就开始转向（redirection）。从有效性、效度、信度，转向过程研究，转向绩效管理研究。80年代是西方人绩效管理理论研究的转折点，转折的年代。这个转折是绩效的研究从注重点的评估效率转向了过程关注，进而转向了绩效管理研究。自那以后，这个趋势也没有改变。在这个转折里面，发生了很多的故事，也有很多研究成果。

绩效管理，如果要给它定义的话，本质的东西会是什么？本质的东西就是绩效管理是一个过程。在这个过程里面，除了评估这个工具之外，我们还有很多的因素可以让绩效变得更好。有人说，绩效好不好，关键在领导。绩效是在招聘环节就决定了的事情。近一二十年，特别强调从企业目标出发来决定考核的方向，这些都是可以提高绩效的因素。既然有这么多因素可以提高绩效，而rating（评估）这个东西又难研究出一个所以然，我们为何不把研究重点变通一下呢？我们再看看我上午咨询那个朋友银行里面的考核情况，他说有两个系统，一个是正式系统，七八个指标，这些指标一定是紧扣公司战略目标的，还有一套是非正式的考核。应该讲他们搞的就是绩效管理而不是绩效考核。绩效考核只是绩效管理中的一个构成部分，而不是绩效问题的全部。

绩效的第三个层级是绩效发生。绩效发生讲的是什么呢？就是把没有的东西变成有，或者无中生有。我待会儿会给大家举个例子，解释“把没有的东西变成有”是什么意思。它其实是一套结构，这个结构里面有三个东西。一个就是我就这么倒腾，比如一个企业招了很多员工来工作，支付不少工资成本，一年365天努力工作，最后能够得到多少利润呢。这个利润就是企业的成果，就是企业在一个结构下的整体性。整体性是一个结构可能的结果大小。任何结构都可能产生果子，但是有南瓜那么大的果（实），也有葡萄那么小的果，它们的生物系统是完全不一样的。为什么会这样？这个就要去研究。

绩效发生的第二个核心点就是转换，什么东西真正驱动一个组织往前走？姆巴佩，那个小孩，第一次看他踢球是四年前，就觉得他跑得太快了，而且他擅长发挥自己的长处，别人的球差不多还没有传出来他就往前跑。现在24岁了，但是他还是跑得很快。这种人是靠什么在驱动他的？那种顶级球星，像梅西能踢到35岁，C罗也能踢到37岁，他们可能每天都在吃方面很注意，这种自律很可能就是一个绩效驱动力。

绩效发生的第三个方面就是因果自洽，更学术的说法叫因果调节。比方说我做了这件事，就能产生结果。一个人接触了病毒，就大概率会被感染。再比方说做到了自律，就能踢到35岁。在社会科学领域的因果关系，不像自然科学那么非常精准地联在一起，但是大体上可以预测。社会科学主要是教我们预测，你只要自律了，就可以预测你踢到35岁没问题。

四、以理论做标杆，对国有企业三项制度改革中的绩效考核实践的一些思考

Frank和James（1980）指出，从1922年以来，绩效评价（performance rating）主要是从如下五个方面来展开研究：角色、环境、方法、过程和结果，主要观点如下：

第一，绩效考核的有效性和考评者、被考评者的特点有关。这些特点包括人口特征、性别、种族、对工作的熟悉程度、对被评估者的熟悉程度等等。

第二，环境也会影响绩效考核的展开。组织的规模、发展阶段可能会让绩效考核的方式不同；目的不同，绩效考核的效果可能也不同，比如，绩效考核分别用于调查研究和降薪的目的，被考核者可能就会据此提供不同的信息。

第三，绩效工具对绩效系统的影响。从1922年学者们发展出graphic scale 之后，又断断续续发展出来了一些方法，如排序法、配对比较法、关键事件法、行为锚定法

等等。到底哪种方法最能够让绩效考核变得有效？研究结论是每一种方法都有自己的优点和缺点，很难说哪一种方法就一定更加有效。甚至到了20世纪70年代末期，学者们从根本上怀疑这些方法的研究意义，尽管在很多方面都取得了一些不错的成绩。

第四，绩效考核的过程要素。如果绩效评分过程不够长，评估者倾向于使用较少的信息来源，并有可能在评估中使用不利信息。

第五，结果因素对绩效系统的影响。我们可以使用各种方法来让评估结果变得更加精确，如因子分析法，更好的权重分析和分组技术以及一些高级的统计技术等。

近百年关于绩效考核研究的发展历程，主要包括八个方面的问题（见表9-2），并得出了一些结论。但是在1980年代，有学者认为过去60年，我们知道的甚少。如果用一个形象的表达方式来表达，可以画一个饼图。在这个饼图中，40%的部分是已知的，还有60%是未知的。在已知的部分，我们知道的比较多的是量表（或者考核的工具）、还有培训对考核的作用、绩效评估过程，但是影响绩效的因素远远不止这么一些。比方说认知在绩效考核中的作用，我们就所知不多。

表9-2 绩效考核研究八大类别

序号	主题	研究内容
1	机制运行	评级方法的科学分析问题(Thorndike, 1920; Rugg, 1921)、改进图表评价等级或排序法的方式/绩效考核的不完整性问题(Ream, 1921)、加权清单法(Knauft, 1948; Meyer, 1951)、关键事件技术(Flanagan, 1954)、强制分布等级法(Travers, 1951; Lepkowski, 1963; Obradovic, 1970)、行为锚定等级量表(Smith & Kendall, 1963)
2	考核评级数据质量	可靠性(Rugg, 1921; Remmers, 1931; McCormick & Roberts, 1952)、有效性(Thorndike, 1920)、准确性(Mullins & Force, 1962; Wiley & Jenkins, 1964; Borman, 1977)
3	培训	评估者培训计划(Levine & Butler, 1952)、培训内容(Ivancevich, 1979; Thornton & Zorich, 1980)、参考框架培训(Borman, 1979; Bernardin & Buckley, 1981)
4	考核反应	公平感知 (Landy, Barnes & Murphy, 1978; Landy, Barnes-Farrell & Cleveland, 1980)
5	评级目的	评估目标冲突(Meyer, Kay & French; 1965)、使用评级的目的会影响所寻求的信息种类以及如何使用该信息来作出决策(例如, Williams, DeNisi, Blen-coe, & Cafferty, 1985; Zedeck & Cascio, 1982)
6	评级来源	通过同事、主管和下属制定评估标准(Ferguson, 1947)、同事和上司对相同维度的评分之间存在适度正相关关系(Springer, 1953)、多来源评级结果的有效性(London & Smither, 1995; Greguras & Robie, 1998; DeNisi & Kluger, 2000)
7	人口效应	种族差异(Dejung & Kaplan, 1962; Bass & Turner, 1973)、性别(Bowen、Swim & Jacobs, 2000)、实际人口效应差异通常很小(Wendelken & Inn, 1981; DeNisi, 2017)
8	认知过程	评级目的(Kinicki, Hom, Trost, &Wade, 1995; Williams, Cafferty, &DeNisi, 1990)、评级者影响(Robbins&DeNisi1994)以及个体差异(如Bernardin, Cardy, & Carlyle, 1982)在认知过程中的作用；记录行为日记可以帮助回忆编码(DeNisi、Robbins & Caffetty, 1989)；实际观察和回忆的内容可能会影响准确性(Lord, 1985)；参考框架培训可以提高回忆和评估的准确性(e.g., Athey&McIntyre, 1987; Woehr, 1994)；行为记忆受到一般印象和总体评价的强烈影响(例如, Murphy&Balzer, 1986)，甚至还受到基于行为的评级量表中使用的锚的影响(Murphy&Constans, 1987)

如果把这个图变成国有企业对绩效问题的认识情况，大概我们可以肯定地说20%—30%的影响绩效的因素我们认识到了，还有60%到70%我们没认识到。所以道路就摆在我们面前，对我们而言，讲这个东西就很有意义。我们在空白的区域看看能不能添砖加瓦。我们量力而行，看看能不能在空白区域加上个1%，大概是这样。

表9-2呈现了发表在JAP上近百年绩效考核（1922—2017）的观点。在绩效考核方面，学者们研究了八个方面的问题：评级方法、数据的质量、培训、考核反应、绩效评价目的、评级来源、人口效应和认知过程。

表9-3是国有企业三项制度考核细则与理论原理的对照表（为便于展现，只呈现了部分内容）。从表的第二列中我们看到，国有企业三项制度改革中的考核系统基本上把考核的一些要素都包含在里面了，如考什么，谁来考，考了之后如何使用在员工的奖惩和企业管理方面，对考核指标的达标标准和打分方法也作了说明。

表9-3的第三列，是我对于国有企业三项制度改革考核问题对应的理论点的确认。在此之前，我和我的学生们写过一个理论结构，大概包括五大方面、26个考核点，再回头看，经过这段学习之后，我们发现有些点我们抓住了，有些点我们并没有把握到。再来看这个表的第四列，我们把对应的知识点相关的主要观点是什么把它标记出来了。这些观点是经过学者们几十年研究，遵循猜想与反驳模式得出来的，在理论上具有一定的科学性。我们把这些结论的东西当成基准（benchmark），把国有企业在三项制度改革考核中的做法与它们对照，最后提出改进建议。第六列和第七列是关于绩效管理和绩效发生的，为了结构完整，我也写了一点。

我们先看国有企业三项制度改革中第一条“原则”。对应“原则”的知识点主要是环境（context），主要观点是组织环境不同，考核的目标可能也不同。目标不同，考核方式可能也要调整。你告诉员工说这一次是研究，你就填问卷吧，他可能会瞎填一气。你告诉他降薪，他就非常认真地对待，但是你如果不告诉他结果，他也瞎填写，他就去猜。

在环境这个知识点上，对应的主要观点是如何把个人的绩效和组织绩效联起来。个人绩效和组织绩效之间是一个什么样的链条，是一个什么样的因果呢。以这个原理来做判断的话，我觉得国有企业的三项制度改革里面的考核问题，就是原则有些抽象，比方说要坚持市场导向。原则的话，不能原则说，原则就是准则，是规律（law或者 role）。

再说绩效管理，我说三项制度改革，必须和企业的经营目标挂钩，注重领导力的作用。现在的考核是自上而下的考核。它更多地强调传统办法，可能对目标设定，过程管控，并不那么强调。比方说不用考核的办法，而是动员基层经理，给他们责任，把不好的员工辞退掉，不好的干部换掉，工资一定要和绩效做最好的联系，是不是比一年一度的自上而下的考核能更好地落地三项制度改革的目标呢？常言道，绩效好不

表9-3 三项制度改革考核系统解析（基于学者们长期讨论的观点）

章/制度条数	考核内容	对应讨论的主题	主要观点	以文献研究结果来做出判断	改进建议	绩效管理	绩效发生
第一章原则	市场导向； 突出难点和重点； 注重量化评估； 强化激励约束	Context，purpose	1. 不同的目的，绩效考核的效果不一样 2. 把个人的绩效和组织绩效联系起来	原则有些抽象，如坚持市场导向	根据每一个企业的实际情况，用很好的程序，把考核的目的写出来。务必求真务实	三项制度改革必须和企业的经营目标挂钩。注重领导力的作用	考核目标要有牵引性，长远性找到绩效驱动力；在指标和企业绩效之间建立因果关系
第二章评估内容	制度建设机制运行该给成效	Format，Dimension，Anchor，Process，Number	1. 需要通过一套严格的程序来提出考核的维度 2. 考核的指标数量不能多于9个，少于3个，否则就不会引起注意 3. 考核者对要考核的内容是否熟悉，会影响到考核的效度和信度 4. 一种是矢量指标，一种是速率指标 5. 通常的考核方式有几何式的表达方式，还有非几何式的表达方法。有锚（横轴是等级，纵轴是得分）、有刻度和坐标点（一个员工在某一个维度上的坐标点）。几何式的表达方式的考核方法有图形刻度法（graphic scale），有关键事件法、有行为锚定法。行为锚和对应的等级刻度相对准确，但是行为锚的开发很耗时间，而且不同企业的行为锚也不一样 6. 经过60年的研究，美国学者发表在JAP上的文章证明量表没有哪一种比另外一种更加优越 7. 所以，到1980年代，西方学者不再拘泥于研究哪一种方法最好，而是转向什么样的措施可以提高绩效	1. 考核维度之间有重叠，如制度建设和实际的工资能上能下的指标之间有重叠。考核指标的区分度不够好 2. 考核指标中的锚设定不科学。有的时候是行为锚，有的时候是关键事件锚，有的时候是图形尺度法中的形容词锚 3. 考核指标在分解的时候会有过细的风险	1. 用非常严格的程序来找出考核的维度 2. 科学地限定考核指标的数量	把绩效考核上升到绩效管理的层面，强化在交流中设定评估指标	寻找关键绩效驱动力
第三章计分方式	1. 三项制度改革评估满分计100分 2. 各项指标的分数根据指标的权重确定，如制度建设权重为10%，则该项指标的分数为10分 3. 分档计分，每一档都有标准 4. 各单位可以根据自己的情况制定指标权重和每档的计分标准 5. 对一些关键指标，采取扣分制	Scale Anchor Purpose	1. 有两种计分的方法，一是可以加总的分数；二是不能加总的等级 2. 有行为锚，关键事件锚和形容词锚（数字锚，如直接用销售额做锚） 3. 考核结果的不同会导致考核者对信息的收集的偏好不同。如用于研究目的的研究，会更加宽松	制度改革的目的是制度完善本身，不会涉及到个人利益；而薪酬变动、人员变动和干部变动会涉及到个人利益，明显地有着不同的目的	区分不同类别的考核指标，赋予不同的目的	考核指标值的讨论程序，如要花时间把绩效标准搞得更加科学。如工资差别两倍？干部轮换率10%？员工轮换率15%？要和员工讨论	建立用数字表达的因果关系链，如裁员10%可以导致多少利润的增长。这需要大力研究
结果运用	对连续两年及以上为四级的企业，视情况采取从严管控工资总额	Purpose Halo 宽松 leniency 居中	1. 不同的使用目的，会导致不同的偏差 2. 加工资可能会导致宽松的评估、更多的人居中和晕轮 3. 绩效评价的效率受三个因素的影响：晕轮（一件事情的看法影响整体）；宽严适度：有的严格，有的宽松；居中趋势：很多人的绩效都落在中间。强制分布法有助于解决居中趋势，但是锚的准确性会有问题，同时，会导致绩效并不是实际结果决定，而是一个企业的有关分布的比例决定				
组织实施	负责部门为国资委；一年评估一次；有过程（通知部署、自评、实施评估、结果反馈和诊断改进）		1. ROLE：考核者和被考核者的人口特征、知识水平、对工作的了解程度、心理特征如自信与否等等都会影响绩效评估结果 2. 要特别注意在考核中下岗的员工和干部，以及工资降低了的人，他们的感知非常重要	1. 国资委委派人员去考核下属企业。涉及1000人的规模。是否合适？如72人要考核两千家三级企业的高管或部门，是否合适？ 2. 人员是否要培训	1. 增加企业自评的比率 2. 培训考核者 3. 特别关注效率和不满意之间的平衡	增加基层经理的考核作用，从而形成一个落地三项制度的平台	管理变革

好，关键在基层领导。这个话是否有现实意义呢？

我们再来看表9-3第一行的最后一列——绩效发生。绩效发生要考虑到企业的长远目标，然后要在长期的管理措施和预期结果之间建立长期的因果自洽。我们要思考，国有企业三项制度改革本身是一个长期的有益于企业绩效的事情，这一点应该不用怀疑，但是我们的这些原则目标和具体考核系统的做法是不是会有助于长期目标的实现呢？

以上我们用表9-3的第一行说明了如何用理论作为标杆，来判断国有企业三项制度改革中的考核系统要如何改进的基本思路。关于这个表的其他行的内容我再与大家交流一下。比方说第二列，我把关键词找出来了，如format（考核量表）、dimension（考核指标）和anchor（锚）。这个锚我们讲过多少次了，行为锚定法，锚到底是什么东西呢？它是头发吗？不是。我后来搞明白了，锚有三种类型，一个叫行为锚，就是我用行为做锚定的点，最好的销售员不是顾客到这边问一下，说没有他要的东西，最好的销售员是知道他背后的原因，手里也有钱，最后说服他买别的东西，这就是最好的销售员。还有一种锚，是关键事件法里面的关键事件，比如今年要让人民大学的教学质量提高5%，后面一定会有一个案例，说通过更多的给学生发资料，可以提高教学质量。通过将沟通的时间从五小时一个学期，变成八小时，可以提高5%的教学质量。大家知道它会举出这么一个关键事件，这个叫关键事件锚。还有一个最早的1922年搞出来的东西，它就是一个图标、图形，分成了五级。然后每一级用描述性的东西，它既不是行为，也不是关键事件，就好比说我们老师写通知书一样，说这个学生怎么样，那个是叫形容词的锚。有的叫数字锚，这个我还没太搞清楚。它说这三种锚是我们在绩效考核里面，翻来覆去要解决的问题。

到底用哪一种锚？后来很多人就做研究，有的说行为锚是最好的，有的说关键事件锚是最好的，有的说图形刻度法是最好的。大家知道图形刻度法是在1922年搞出来的，到1960年代大家还在研究它。在思考这个问题的间隙，一个偶然的机会我正好看到了莱布尼茨的小传记里面关于一组概念的介绍：速度和速率。

莱布尼茨说，伽利略搞错了这组概念。速度是一个矢量指标，速率则没有方向。我突发灵感，和我的学生说锚就是方向性指标。比方说你要好好学习到这样一个程度，就是一个锚，它代表你努力的方向。这个方向性指标是没有边界的，可以越做越好。这样就形成了一个几何图形的横轴。这个我还没想到特别好，但是我感觉横轴就是锚，是方向，然后纵轴就是刻度。在行为上我们可以无止境地好，但是需要一个节奏，一开始做到第一级，然后不断进步，到最高级，比方说第七级。在形式上我们可能永远在第七级，但是我们的锚的标准却可以不受限制地重新界定。有了这个几何图形之后，我们对员工的评估的结果其实就可以表示为一个坐标点。我请一个学生用他们的班组管理实践做了这样的图，我看了之后很受启发。我就这个思路还请教了一位中学同学，他是大学数学教授，他说绩效评估系统是可以变成数学语言的。

锚是导致各种绩效考核工具不同的中心。比方说图形标记法是以数字锚或者形容词锚为中心的，关键事件法是以关键事件为锚的，行为锚定法则用的是行为锚。所以理解了锚的不同，就基本理解了几种常用的考核方法的不同。就目前我们的程度而言，我们的理解可能还不到位，也请大家在这个方面提出批评意见。

后来的一些绩效有效性的研究，就走到统计方向上去了，就不从锚这些角度研究了。这里不细谈。

谈到这里，大家就可以带着对绩效考核方法论的新理解，看看我们央企的三项制度改革的考核办法，到底用的是哪一种锚呢？对这个问题的回答，会导致我们对考核制度的更加深入的理解。一个学生听了我的演讲之后，跟我说，在国有企业，对考核指标做锚，做更加细致的界定，大有潜力。我说是的，管理人员可以用行为锚定。生产人员、研发人员和销售人员可以关键事件锚定。如果真的是这样，我们对考核制度中的考核标准的界定就会科学很多，但是可以做的工作也会有很多。

依照有关锚的理论讨论，我们来看一下，国有企业三项制度改革中用的考核办法是用的哪一种锚呢？我个人认为它是一个混搭的模式。比方说，他用十个指标，在某个指标上打5分。如何打出来这个5分呢？一定是有些标准，或者锚定。看上去用了行为锚、数字锚、关键事件锚。mix方法也是可以的，这个创新没有对错，它只要能搞成事就可以。但是我们可能并没有在理论上明白这其中的道理，因此，可能做对了，但是那是碰对的。

下面我们看看计分方式，涉及的概念是Scale。计分方式中有的是核分，有的是等级。核分方式这个就和微积分很像了。graphic scale是可以核分的，这个项目得5分，那个项目得4分，加起来是9分。但是等级是不能核分的，它只能分等。到底用核分的方法还是用等级的方法，美国学者们研究了60年。我们对这些学者的科学精神不得不佩服。实际上绩效管理的学者们一出道的时候，就高举起科学研究的大旗。

绩效考核中有三个主要偏差，分别是光晕（Halo），宽严适度（lenlency），还有居中趋势。学者们在20世纪20年代到80年代的60年里面，一直想解决这三个偏差。Halo指的是什么？比方说一名员工，气质很好，上司给他打分，可能因为他长得好，就对他工作中的其他因素也给予较高的分数。这名员工具有长相光晕。宽松呢，见到一个你喜欢的人就很松地打分；见到你不喜欢的，就非常严格地打分。还有一个就是居中，这个大家知道了，居中就是所有的考核结果都往中间去跑，最高、最低都没有多少。

后来西方人研究者又发明了一个方法叫强制分布法，最差的必须有15%的比重，然后最高只能有10%，剩下75%是在中间。说韦尔奇一辈子有几个方法论，其中有一个方法论叫区分，他就是用这个方法搞的。

我们国有企业作三项制度改革考核的时候，有没有Halo呢？这个可以研究。我算了一下，可能国资委有30个人去给100个企业打分。它的确是有很多Halo的。比方说被考核企业的接受考核的人是名牌大学科班毕业的，写的硕士或者博士论文就是关于考核的，这个被考核对象就具有知识光晕，那好，他其他方面也会不错。还有一个就是宽松，关系好了，给出的分数就高一点。居中趋势是国有企业在评估的时候最容易犯的一个错误。这些情况可能并不实际存在，但是在理论上是可能存在的。

组织实施这里面讲到考核者、被考核者。考核者有没有那个知识，考核者是不是非常的公正，考核者是不是很耐烦，表面上会做得好，但实际上可能就随它去了。这是可能存在的问题。它还有很多问题，人口特征、性别特征、种族，你的知识的高低，都会影响到评估者的特点。我们必须根据理论指导，在设计制度的时候，就尽可能想到这些问题，并避免它们。

还有被评估者的感受也是非常重要的知识点。考核结果落到人身上的时候，谁做的好呢？谁降工资呢？降了工资的人都不好。所以国有企业三项制度改革，从表面看，它不会伤筋动骨，但是你真正要往那个方向走，也就是动真格的，薪酬降，人员出，然后特别是干部动。这会涉及员工的利益。谁会去打破呢？谁都不会去打破。但是你还得搞，在这样的情况下，我特别提出来这一点，就是你怎么去注重员工的感知。如要真搞，就要公正、公平，让人服气。这不容易，需要勇气，更需要理性知识。

国有企业的三项制度改革，应该以人为中心，以人为本。我看过一本书，讲德国工业4.0，就讲了这么一个事。说工业4.0会把很多人赶走，让人没饭吃了，这个工业4.0就没有意义了。所以他们研究下来，发现4.0一定是以人为本的。三项制度改革要以人为本，要以绩效提升为主，而不是以古老的惩罚为主。

现在只是给大家一个分析框架。更多的内容，如知识点、对应的观点、国企考核中的问题和改进建议，可能还有很多内容可以添加。在这个表格里添加的知识点越多，理论观点越精准，我们对标国企三项制度改革中考核措施就越有的放矢。

五、用新方法创造新世界

最后分享一个观点——西方人研究绩效考核的转向问题。上面说到80年代是绩效考核向绩效管理转向的年代。2000年是绩效管理向OKR转向的年代，OKR就是我说的绩效发生的意思。在2015年前后，我们听说过很多企业取消绩效考核的说法，其实是他们取消最传统的rating。我们不要用一个在理论上已经脱离了时代的方法去评估新时代，更不能指望用过时的思维去考核，从而创造出一个我们甚至不能想象是什么样子的时代。万事万物中，对未来的创意，最为重要。绩效考核也好，绩效管理也罢，还是绩效发生也行，不管你把管理叫什么，我们必须用管理创造未来。绩效考核考核旧世界，绩效管理和绩效发生创造新世界。已经有的就是旧世界，维持我们的成果和运行固然重要，但是一些今天的成果，都是靠人们向着未来努力而达成的。成果靠绩效考核测度，世界靠绩效发生而被创造出来！“考核”量世界，“发生”创未来！

（华夏基石e洞察公众号2022年12月20日发布）

褚时健“经营14条”：功夫到了，事就成了

王祥伍

如果找一个中国式的稻盛和夫，我感觉非褚时健莫属。褚时健一生做过三个企业，戛洒糖厂、玉溪卷烟厂、褚橙庄园，其中玉溪卷烟厂超越日本烟草公司，成为当时的亚洲第一；褚橙庄园成为中国最有名的果园，橙子的质量和亩产均超越世界顶级品牌——美国新奇士。如果加上褚时健少年时期经营过的酒坊，曾经出手救活过的涪陵卷烟厂、延安卷烟厂，共六个企业，没一个不成功的。

在褚时健的人生中，似乎没有做不成的企业，只要给他足够的时间，他就能把一个企业做好，战争、动乱、牢狱、年龄、疾病等，都不是什么约束。在大部分人的经验中，做成一个企业是偶然，但到褚时健这里，做成功一个企业成为一种必然！为什么？除了经常讨论的企业家精神层面的因素之外，褚时健经营的企业之所以能够成功，跟褚时健的方法体系有关，就像京瓷、KDDI、日航的成功与稻盛和夫的“经营12条”，当年法国的高芒特里——福尔尚布德煤矿、布利萨克煤矿、德卡斯维尔的矿井与工厂、朱得莱维尔矿的成功跟法约尔的“14条管理原则”有很大关系一样。

褚时健的经营体系并不复杂，大概包括以下14条。

一、做企业就要盈利

在褚时健眼里，无论私营企业还是公有企业，盈利是根本目的，是企业的本分。用他自己的话讲：做企业不挣钱那你做什么？这是本分和天职。给国家管企业，挣了钱交国家，给自己做企业，挣了钱归自己，这是天经地义的事情。不盈利、没有经济效益的企业，就没有存在价值，就会给家庭或者政府带来负担，甚至灾难。

褚时健做酒坊的时候就深知这一点，酒坊赚不赚钱，决定着家里的日子能不能过得下去，决定着弟弟妹妹能不能上学。妈妈把酒坊交给他，也就是把一家人的命交给了他，如果他没有经济效益概念，没有盈利意识，把家里土地的主要产出——苞谷都投放进去却赚不了钱，随之而来的就是灾难，就是饥饿和死亡。他知道赚钱就是酒坊的使命，就是设立酒坊的初心。

在做糖厂的时候，他也很明白，政府之所以自己成立糖厂是为了给地方财政带来税收和盈利，政府要用公有企业的利税去支持政府的教育、医疗、卫生、交通等其他公共事业，公有企业如果不盈利，就像他去之前的糖厂那样，还要财政拨款，这个国

家怎么能富起来？

到烟厂的时候，他更加深刻地明白这个道理，利税贡献是烟草企业存在的最主要依据。褚时健认为，“做企业不是为了钱”这句话简直就是天大的假话，做企业不挣钱，做老总的就该辞职下台。

二、企业盈利要靠做好产品

企业要盈利，不能靠坑蒙拐骗，不能靠违法打擦边球，这些方式不会被社会所允许，也不能够持久。

企业唯一光明正大的、持久的盈利方式，是向社会贡献好产品或（好服务也是一种好产品），持续地向社会贡献好产品。为什么？因为只有好产品才能够使企业所有利益相关主体受益，才能够得到企业所有利益相关主体的支持。好产品能够帮助客户改善生活品质，能够帮助客户实现美好生活的愿望，所以客户愿意为之买单；好产品能够让创造好产品或好服务的员工“兜里有钱，脸上有光”，大家有持续做好产品的意愿；好产品能够让产业链的上下游合作伙伴赚到钱，有发展前途，大家愿意跟着干；好产品能够让股东有持续稳定的投资收益，资本愿意投……做好产品是褚时健小时候坐在滇越铁路米轨上的米其林火车里形成的根深蒂固的观念，那时候他见识到现代工业文明所带来的美好生活就是以各种精致的好产品为代表的。

在做糖厂的时候，褚时健带领大家生产出了优质的红蔗糖。在文革时期，优质的红蔗糖作为一种紧俏物资，甜蜜了很多人的生活；在做烟厂的时候，褚时健造出了比欧美万宝路、骆驼牌香烟更好的红塔山系列香烟，使得当时的人们上衣兜里装一盒红塔山成为一种时髦；种橙子的时候，褚时健种出了让全世界都称奇、人人都爱吃的顶级冰糖橙。

无论什么时代，无论什么行业，生产好产品的企业总是能够得到社会的认同，总是能够找到自己的生存之地。现在很多企业关注经营模式和组织建设更甚于关注产品，在褚时健的眼里，这是在舍本逐末，无论如何优化经营模式或组织结构，最终目的都是为了向社会持续地提供好产品，否则，就是无效的管理。

三、好产品一定要同时做到高质量和低成本

在一般人的眼里，好产品无非就是好质量，稳定的质量，但在褚时健的眼里，好产品要具备两个关键特点，一是好质量，二是低成本。低质量低成本的产品对社会价值不大，不能算是好产品。企业用宝贵的社会资源生产出一些低质量的产品或服务，无论成本多低，都是一种浪费。高成本高质量的产品对社会价值也不大，也不能算是

好产品，因为资源是稀缺的，需求是大量的，太高的成本对社会资源是一种浪费，客户未来也消费不起。

单纯做到好质量不难，单纯做到低成本也不难，难的是把高质量和低成本同时做到，这样才是好产品。

高质量、低成本是好产品的两个标志，也是企业管理者应该持续追求的两个根本性的管理目标。企业家头脑里应该始终紧绷两根弦，一是提高质量，二是节约成本。

褚时健在糖厂每天想的就是如何把出糖率提高一些，如何降低熬糖过程中的能耗，如何能够提高产品中一级品的比重，其他事他基本不操心；在烟厂的时候，他整天想的也是两件事，一是如何提升玉溪卷烟厂的产品质量，改变原来烟厂产品的“辣、苦、呛”的现状，二是如何降低产品成本，提升设备、人员的生产效率；在橙园，褚时健关心的依然是两件事，一是如何让橙子更好吃，酸甜度、化渣率更可口，二是如何降低每斤橙子的综合成本，亩产量更高。

质量和成本是企业的任督二脉，只要打通这两个关键点，企业管理就会很快走向正道，无论什么行业，都是这样。正是抓住了企业管理的任督二脉，褚时健到任何一家企业，无论原来熟不熟悉，基本上都能用很快的时间，少则半年，多则一年，抓出明显的成效。当初褚时健在上任烟厂之前，给玉溪市委书记胡良恕立的军令状，时间就是一年，可见他多有把握。

四、技术是创造好产品的第一要素

褚时健是一个极度迷恋技术的人。他从骨子里相信，技术是创造好产品的关键，是提升质量和降低成本的关键，然后才是其他。

在糖厂时，褚时健痴迷于榨糖和煮糖环节的技术提升。1964年，为了获得技术，褚时健竟然让技术员陈尚芝和耿家昌坐着飞机去福建学习，一时成为轰动全县的大新闻。他通过甘蔗渣里喷温水的技术把甘蔗的出糖率提高到了12%，通过真空蒸汽锅煮糖技术把熬糖的能耗从一斤糖5.8斤燃料降低到一斤糖0.8斤燃料，差不多只是原来的七分之一。

到烟厂的时候，褚时健抓的第一件大事就是现有设备的技术改造，他重奖和重用技术员邱建康，因为他改造了一台机器，使玉溪卷烟厂的年产量突破30万箱。1981年，他与卷包车间的副主任乔发科一起，苦口婆心说服厂领导班子贷款261万元引进英国莫林公司的MK9-5型卷接机，使玉溪卷烟厂的技术一下子提升了好几个大台阶。1984年，褚时健更是立下军令状说服云南省主管烟草行业的副省长朱奎，豪掷2300万美元从欧洲引进世界一流成套设备，这个钱在当年几乎是当年云南省各行业、各地区所有外汇的总量。这次设备的引进使得玉溪卷烟厂的生产能力一下子跃居全国领先。

先进的设备激发了先进的技术，先进的技术带来了先进的生产力，先进的生产力带来了领先的效益。褚时健深谙其中的逻辑。

在种橙时，褚时健从种苗开始，到水源、肥料、农药、种植、采摘、选果等各个环节，都比较注重技术的引进和使用，褚时健也许是中国农业种植行业聘用专业科技人员和使用专业科学技术最多的人，在褚橙庄园你可以遇到中国农业大学的土壤肥料专家、华中农业大学的植物保护专家、河海大学的卫星遥感专家……

五、好产品一定要有好原料

原料不好，再怎么好的加工技术也做不出好产品。企业要做出好产品，必须想办法持续保证原料的质量，必须通过管理上游供应商把好原料关。

褚时健在做糖时就开始重视甘蔗的质量，重视蔗农的管理，他深知要造出好的蔗糖必须要有好的甘蔗。当地的农民因为不会科学种植，很多蔗田的甘蔗长得不好，甘蔗含糖量低，褚时健研究发现，主要是因为甘蔗脚叶太密，通风、光照不足。于是他教会蔗农给甘蔗疏叶，即打掉一些脚叶，使甘蔗的含糖量明显提升。他还帮助蔗农修理和科学使用农药喷雾器，及时为甘蔗除虫，提高产量。

在烟厂的时候，褚时健更是提出第一车间的概念，把烟农的烟田当作了玉溪卷烟厂的第一车间。他认为一流的卷烟，必须一流的烟叶！为提高烟叶质量，褚时健大大扩展了烟厂管理的范围，把种子的选择、烟田的建设、烟叶的种植等等环节都纳入烟厂管理的范围，同时，又为云南的烟农引进了美国弗吉尼亚的优良种子，制定了烟草种植“十条规范”，帮助烟农购买国内紧缺而烟田急需的钾肥，支持烟田的道路灌溉设施建设、指导烟农科学收割和烤制……在原料上的持续努力是玉溪卷烟厂与国内其他烟厂拉开距离的关键。有了持续的高质量烟叶作为后盾，玉溪卷烟厂从此一骑绝尘。

在种橙的时候，褚时健依然如此，他认为好肥好水是褚橙提升品质的关键。为了保证水质，他不惜投入上百万引南恩瀑布之水进入褚橙庄园，同时提出坚决不用化肥，代之以塘泥、鸡粪、烟梗为主的有机肥。好水好肥出褚橙，事实果然如此。

六、好产品的制造过程要尽可能做到标准化

好产品是一个结果性指标，企业要做出好产品，必须把控好过程，把控好生产的每一个关键环节。怎么把控？褚时健认为仅仅凭主观感觉是不够的，一定要有一个客观的、明确的、系统的标准，最好能有准确的数字界定，这样才有保证。

褚时健在做酒的时候总结出在苞谷蒸煮环节要每两个小时添一次水、调一次火的标准，在发酵环节，发酵箱的温度要保持不低于正常体温（37—38℃）的标准，从而

大大提高了出酒的质量和出酒率。

在种烟的时候，褚时健借鉴美国烟农种植烟叶的经验，提出了烟草种植的十条规范，对于如何育苗、种植、施肥、浇水等等，都有着明确而详细的规定，特别在种植的行距间距方面，直接规定每亩地种植不得超过1 300株。在烟草收割方面，原来烟农总是在8月份就急于收割兑换现金，褚时健则要求必须等到9月、10月才能收割，因为只有那个时候，烟叶才会足够成熟，成为高等级烟叶的可能性才大得多。由于实现了烟叶种植的标准化，玉溪卷烟厂1988年从烟叶基地收获的上等烟叶已经能够占到全部烟叶的四成以上，中上等烟叶比例超过85%，这已经是国际先进水平。

在种橙时，褚时健根据每个基地的土壤营养情况精确配置了适于不同基地的有机肥标准，有机肥中对于塘泥、烟梗、鸡粪的含量都有着明确的标准和数字化的表达。在施肥过程中，对于施肥的深度、数量、时间也都有着严格的规定。选果更是如此，对于橙子的颜色、大小、酸度、甜度、化渣率、有没有内伤、有没有花斑都有着严格的标准，C8、珍品、特级、优级、一级，每一级都代表着明确、系统的标准和数字。

七、好产品一定要让产业链各环节都受益

好的产品一定要让客户喜欢，这是毋庸置疑的，但是褚时健认为，仅仅让客户喜欢还不够，好的产品一定要让产业链的各个参与者都喜欢，要让产业链的上下游都能够从好产品中收益，这样大家才会有持续的动力持续地、大规模地做好产品，才不会造假。

这就牵涉到产品的定价问题。褚时健认为，好产品一定要优质优价，只有优质优价，企业才有空间给原料供应商以优质的价格，鼓励他们供应优质的原料；只有优质优价，企业才有空间给好产品的生产者以激励，让好产品的生产者“兜里有钱，脸上有光”；只有优质优价，企业才能够给经销商以足够的利润空间，让他们做好销售及售后的服务；只有优质优价，社会资本才会有合理的投资回报，才会有持续投资的积极性。

褚时健认为，好产品一定要代表各方的综合利益，是各方都认为都喜欢的好产品。褚时健在做烟的时候，让云南省通海、宜良、陆良等地的几十万烟农收入成倍提升，烟草公司、烟草销售终端点、烟草辅料供应商、卷烟设备供应商等等，无不跟着受益，烟厂员工的收入和自豪感也大幅提升，当然，受益最大的是国家财政。因为照顾到了各方利益，所以褚时健在烟厂时期做成了当时很多人认为不可能成功的事情，比如烟草公司、烟厂、专卖局三合一改革，这是要动到很多人奶酪的事情，但是，由于利益分配照顾到了各方诉求，依然得到从省领导到基层职工的上下一致的支持。

褚时健经常讲，好的利益分配比思想工作更管用。

八、敢于放权，让专业的人干专业的事

褚时健做任何企业，都喜欢抓大放小，对于下属能做的事情，他一般不会过多干预，会放权让下属去干。这一点他最早是从他母亲那里学来的。在褚时健做酒的时候，妈妈看他做什么事情都有模有样，除了晚上害怕他睡过头偶尔会起来到酒坊看看外，其他都很放心让褚时健自己做。

褚时健在烟厂搞设备改造的时候，他会放手让邱建康等年轻的技术能手去尝试；在1980年代中期花2 300万美元巨资引进国际先进设备的时候，他会放心让烟厂的总工程师李振国进行测算选型；在搞第一车间建设的时候，他会把上亿的资金交给更懂得农田基本建设的技术人员赵德才等人进行处理；在烟叶采购方面，他只是给出一个基本原则——要敢于掏高价购买优质烟叶，基本的收购参考价格——每一等级烟叶的收购指导价，具体采购工作就放权让吴仕祥这样的一线采购人员根据情况自己把握，有时候采购人员作出了超出规定的决策，比如说以超出规定的高价收购了一些顶级烟叶，不用事事向褚时健汇报，基本可以自己做主，只要烟叶质量真的好，他向来是认账的。

在种橙子的时候也是这样。在日常的种植方面，王学堂和郭海东几个作业长很有经验，褚时健就放权让他们管理，几乎从来不会越权指挥农户做这个做那个；在营销方面，特别是互联网营销上，外孙女任书逸和外孙女婿李亚鑫很有想法，就授权让他们放手去做。

由于敢于放权，褚时健做任何企业都不是显得太忙，他的主要精力都放在关键环节、关键问题上，别人解决不了的问题、环节，才是他需要用心的地方，别人能做得了的事情，他会放手让别人去做，让下面的人获得成就感。

九、领导要内行，外行永远不可能指挥得了内行

褚时健无论做什么企业，会想办法使自己尽快从门外汉成为行家里手，他坚信，外行管不了内行，只有领导自己明白，才不会瞎指挥，下属工作才会有效。

在做酒的时候，没有相关的书可以看，他就观察三伯家师傅的做法，记下关键操作要点照着做，并思考背后为什么这么做的道理。不久之后，他自己就成了烤酒行家，而且在出酒率上很快超越师傅。

做糖的时候，他不像很多厂长经理习惯坐在办公室，而是大部分时间跑到现场观察、询问、讨论、试验，跑到邻近或外地同业那里学习，不到半年，他就弄明白了制糖过程中的所有环节，所有技术和所有设备。

刚到烟厂的时候，也是一样，他几乎每天一早就到卷烟车间，这儿看看，那儿瞅

瞅，他很快对卷烟生产所涉及的原料、工序、设备、技术等了然于胸。为了引进先进设备，褚时健亲自到欧洲各大设备制造企业以及卷烟厂现场去参观、学习，别人去学习基本上是大部时间去旅游，小部分时间去学习，而褚时健正好相反，在欧洲期间，他几乎每天都在观察学习和交流，根本没有兴趣去逛街和购物。为了提高烟叶质量，他在美国弗吉尼亚州的烟田待了几乎一个月，大部分时间是在和烟农以及烟草专家在交流学习。

种橙子的时候他去华宁县牛山柑橘厂学习、去大理宾川学习，请云南农业大学、云南农科院、华中农业大学的专家到橙园指导工作，枕边一直放着各类介绍柑橘种植、病虫害防治的书籍。

褚时健曾经说过，做任何一个企业，你不一定要成为每个环节的专家，但你必须做到内行，要深入了解好产品创造的关键环节所在，否则，你就是外行，外行是管不好内行的，既抓不住工作关键点，也无法进行有效控制。

十、按照多劳多得的原则进行内部分配

员工是做好产品关键决定因素，必须做好员工激励。怎么做？褚时健认为，按照多劳多得的原则进行分配，坚决摒弃平均主义和大锅饭！谁在做好产品的过程中贡献大，就给谁更多的回报，这样员工才有动力持续地自觉地做好产品。

褚时健在糖厂的时候，虽然那个时候的国家政策基本属于大锅饭性质，干好干坏一个样，但他还是尝试着让个人收入与工作贡献挂钩。由于得到了大家的衷心认可和拥护，褚时健多劳多得的差异化工资政策在戛洒糖厂默默地执行了好多年，竟然没有一个人告密，简直是个奇迹。

等去了玉溪卷烟厂，有了一定的改革空间，褚时健提出了把工人工资奖金与每大箱卷烟挂钩的薪酬激励政策，即车间工人的工资奖金总额按其生产的卷烟的数量（大箱为单位）和质量进行按比例提取，生产得越多，质量越好，提得就越多，否则就会越少。这种制度后来在其种橙的时候，又被沿用到农民种植户的激励，每年每家农户的工资奖金和自己管理橙子树的挂果量以及等级标准挂钩，产量越高，高等级果越多，收入就越高，否则就会越低。在褚时健的橙园里，最牛的农户夫妻两个每年收入可以达到二十几万，是原来单干时期收入的十几倍，是周边橙园员工收入的三四倍，甚至更多。

褚时健的分配政策给每一个员工带来了致富的机会，也带来了工作的热情，长期看，还带来了能力的持续增长。在褚时健手下干过几年的人，无论是邱建康（现在红河卷烟厂的厂长），还是王学堂、郭海东（褚橙庄园的作业长），等等，都成了所在领域的顶尖人物。

十一、搞好员工生活，员工生产会更有劲头

褚时健不是一个只会管生产的厂长，用他的老伴马静芬老师的话讲，他还是一个搞生活的高手，无论在哪里，无论在什么年代，他都能够把大家的生活搞得比周围更好一些。

在戛洒糖厂的时候，因为整个社会的物质都比较匮乏，国家统一供应标准是每人每月一公斤肉，为了让员工吃得更好一些，褚时健就发动员工在戛洒江边的滩地上种菜，用糖厂的下脚料拌些米糠养猪，过去糖厂的员工甚至一个月都吃不上一次肉，也很少吃到新鲜的蔬菜，褚时健却做到了让糖厂员工每星期都有肉吃，每天都有足够的蔬菜吃。戛洒糖厂员工的好生活在文革时期的玉溪远近闻名，甚至让整个玉溪市的人都有点眼红。

在烟厂的时候，员工的居住环境极差，每家都是20多平方米的小房子，有的甚至两家人住在一间房子里，中间用一个布挡隔着，生活极不方便，这种情况几十年都没人管。褚时健去了烟厂以后就开始想办法给员工盖房子，持续十几年，直到他最后离开，整整盖了5 000多套宽敞的房子。褚时健当年建造的员工住宅到现在都是玉溪市质量环境上乘的房子，员工的居住条件可以说一步登天。

在褚橙庄园，褚时健为最基层的农户每家免费配备了带院子的两室一厅的砖混房子，一亩地的菜地，使橙农的生活一步就达到了小康水平。褚橙庄园的食堂也是我见过的最好吃的食堂之一，虽然很简单，菜也不多，但每一个菜都做得有滋有味，不亚于很多星级酒店。

生活好才能安心工作，才能把工作做好，这是褚时健一直坚持的信念。关注员工生活，给企业带来了向心力和忠诚度，带来了稳定性，凡是褚时健管理过的企业，员工都是发自内心地把企业当作自己的家一样热爱，正如稻盛和夫所讲，好的企业是员工经济的来源、心灵的归宿、精神的寄托，这几点，褚时健几乎都做到了。

十二、企业要主动承担社会责任，同时积极争取政府支持

在褚时健的观念里，企业要做好，离开政府的支持是不可能的，同样，企业发展的过程中，积极承担社会责任也是义不容辞的。一方面，作为纳税主体，企业要尽可能为政府多贡献税收，为政府的经济政策落地承担相应责任；另一方面，企业要尽可能主动和政府沟通，积极争取政府的政策支持和资源支持，互相支持才是一种良性的政企关系。

褚时健烟厂的时候，玉溪卷烟厂（后来改名为红塔卷烟厂）17年累计向政府缴纳利税991亿元，平均每年递增43.93%。同时，烟厂每年拿出数亿的资金补贴，支持通

海、江川、泸西、石屏、师宗等地的政府帮助农民改善农田水利、交通设施，带领几十万农民发家致富。

烟厂期间，褚时健还帮助重庆市救活了濒临倒闭的涪陵卷烟厂、帮助陕西省救活了延安卷烟厂、帮助云南省救活了红河卷烟厂，这些企业都从原来的政府负担变成现在的利税大户。

褚时健一方面带领企业主动承担社会责任，一方面也在向政府积极争取企业发展需要的政策和资源。在与政府官员建立个人交情方面，褚时健向来不擅长，但是，作为一个企业的领导，褚时健却非常擅长代表企业与政府官员打交道，他很主动，很富有煽动性。为了争取云南省政府对于烟草、烟厂、专卖局三合一改革的支持，褚时健把工作做到了当时的省委书记和主管工业的副省长那里；为了争取财政部允许玉溪卷烟厂把每年数亿的支持烟农补贴税前列支的政策，褚时健把工作做到了当时的财政部部长那里；为了争取烟厂进口先进设备所需的外汇额度，褚时健把工作做到了当时国务院常务副总理那里。

十三、做好当下的工作，就会有未来

褚时健对于未来，并不是热衷于规划的战略大师，相反，他觉得未来有很多不确定因素，在不确定的基础上进行太多的规划没有多大必要，做好当下的工作，抓住当下的机会，才可能会有未来，才更重要。

褚时健的这种观念是在战争年代形成的，在解放战争时期，褚时健参加了共产党的地下组织，并加入了共产党组织的云南地区反对国民党政权的游击队，在路南、西山、陆良、师宗、泸西、罗平等地打游击，天天出生入死，漂泊游荡，经常是打一枪换一个地方，过着明天不知道会在哪里、明天不知道还能不能活着的日子。在这种环境中，作长期的规划毫无意义，抓住当前出现的任何机遇，活下去，才是最重要的。褚时健几个堂兄弟、亲弟弟相继在战争中死去，更加强化了他的这种观点，想尽办法过好现在，专注于解决当下的问题，不去思考明天如何。

很多人认为，褚时健在做烟的时候就有一个成为亚洲烟王的愿景，在做橙子的时候就有一个成为世界橙王的规划，其实这是一种误读，真正的褚时健并不是这样，他只是专注于解决好当下的一个个问题，把每一个当下的问题作为考试，一关一关地闯过去，他并不知道到底有多少关，有多少困难险阻，但是当他几年，甚至十几年解决了一个个现实问题，越过了一个个关隘，猛一抬头，却发现已经到了大部分人难以企及的高度，这种高度甚至原来想都没有想过。

十四、做成一件事需要时间，不能急于求成

从1963年5月到1979年10月，褚时健在曼蚌糖厂做了十六年零五个月，把一个连年亏损的企业做成了新平县效益最好的企业之一；从1979年10月进玉溪卷烟厂，到1996年10月在红河州边境口岸河口被扣，褚时健在玉溪卷烟厂干了整整17年，把一个原来盈利不足一个亿的地区小烟厂做成了亚洲第一，做成了中国500家最大的工业企业利税总额第二名；从2001年上山种橙，到2019年3月去世，褚时健用了18年时间，在偏僻的哀牢山种出了中国最有名的橙子。

做糖16年，做烟17年，种橙18年，褚时健用51年时间，做成了三件事。几乎每一件事，在做成之前，都是历尽艰辛，排除万难。

褚时健在做任何一件事情的时候，并没有给自己画出一个明确的成功时间表，实际上也画不出来，他也说不清楚中间要经历多少磨难，要克服多少困难。但褚时健是一个有耐性的人，他用耐性在三个企业克服了重重困难，最终都迎来了水到渠成的成功。

当褚时健在世的时候，很多企业家和年轻人去庄园拜访他，请教他，为什么他能够做什么成什么，而自己毕业多年，却一事无成？褚时健总是这样告诫企业家和年轻人，做事情，不能太急功近利，要耐得住性子，功夫到了，自然会有好的结果。

褚时健的经营14条，不是褚时健自己总结出来的，是在他一生的经营活动中，反复实践证明了的，是褚时健儿子褚一斌和笔者长时间反复讨论辨析出来的。

经营14条指出了经营企业的14个关键点和褚时健处理这14个关键点的原则，遵循这14条，并不能保证企业的绝对成功，但是可以帮助企业避开经常致死的大部分误区，大大增加企业的成活率。如果管理者同时是一个有企业家精神的人，外部环境又不是太恶劣，遵循褚时健经营14条几乎可以使成功成为一种必然的大概率事件。

（华夏基石e洞察公众号2022年11月16日发布）

从金融视角看中国式现代化的发展逻辑

吴晓求

党的二十大报告对未来的中国做了很好的战略部署，内容丰富，高瞻远瞩，需要花很长的时间去理解。因为内容丰富，我不可能对党的二十大报告作全方位解读，我也没有这个水平。我重点是从金融的角度对中国式现代化中金融的作用，谈谈个人的认识。我主要讲三个问题。

一、如何理解中国式现代化

党的二十大报告对中国式现代化有了准确而全面的概括：是人口规模巨大的现代化，是全体人民共同富裕的现代化，是物质文明和精神文明相协调的现代化，是人与自然和谐共生的现代化，是走和平发展道路的现代化。报告定义了中国式现代化这五个要点，同时又指出，中国式现代化既体现了世界各国公认的现代化的基本内涵，同时更具有中国的特点。这如同我们的市场经济一样，走的是有中国特色的社会主义市场经济道路。这其中，既体现了市场经济的一般原则，具有现代市场经济的基本内涵，又是人类社会探索市场经济道路的一种新探索。我们不是模仿、照抄以美国为代表的西方发达国家所走过的市场经济道路，而是根据中国的国情进行创造性探索。中国式现代化和有中国特色的社会主义市场经济一样，既体现了人类社会的共识和人类社会的文明成果，又走了一条中国的发展道路。实践表明，把普遍原理与中国实际相结合，是我们成功的法宝。

中国式现代化如同有中国特色的社会主义市场经济一样，体现了中华民族的智慧——勤于学习、善于改造、敢于创新，同时又充分吸收人类文明的优秀成果。人类文明的优秀成果是我们前行的基石，是我们创新的起点。创新不是空穴来风，不是海市蜃楼，是基于人类已有文明成果的积累和丰富的实践基础。为什么提出中国式现代化这一概念，就是基于这样的思考。

中国式现代化首先要体现国际社会一般认知的现代化内涵。国际社会所认知的现代化，有多重指标体系。在这多重指标中，有一个核心指标，那就是现代化国家首先应是一个发达国家，是发达国家当然也就是高收入国家。所以，高收入国家、发达国家是中国式现代化的基础内涵。我们要实现中国式现代化，首先就要进入高收入国家行列并成为发达国家。

联合国、国际货币基金组织、世界银行等权威国际机构对发达国家标准都有自己的定义。一般认为，高收入发达国家的基本门槛是人均GDP应超过12 500美元。2021年中国GDP114万亿元人民币，当时的汇率是6.29（1美元兑换人民币6.29元），按照这个汇率计算，2021年底中国人均GDP已经超过12 000美元，离12 500美元的基础标准只差一点点。最近一个时期，股市和汇市波动很大，人民币出现了较大幅度的贬值，1美元兑换人民币曾经一度突破7.3元人民币，之后央行进行了干预，人民币兑换美元的汇率有所回落。长期看，人民币有稳定的信用基础。在计算人均GDP时，汇率波动是要考虑进去的。有人会问，我们为什么会要用美元做计量货币？这是因为国际上在衡量一国经济发达程度和富裕水平时通行的计量货币单位，易于比较分析。如果都用各国货币计量，则难以比较。从这个指标看，我们与高收入国家现在还是有一些差距的。考虑汇率因素影响，2022年人均GDP用美元计算可能会略有减少，当然用人民币计算则是增加的。

这只是一种短期现象。按照党的二十大报告对未来中国两步走的战略安排，到2035年要把中国建设成现代化国家，到2050年要建设成繁荣富强的社会主义现代化强国。党的二十大报告重提了未来中国两步走的战略目标。小平同志在20世纪70年代末改革开放之初就提出了四个现代化的目标，以及到21世纪中叶，成为中等发达国家。

四十多年过去了，因为我们走了改革开放的路，走了市场经济的路，中国经济发展非常顺利。小平同志期待的到21世纪中叶，也就是2050年成为中等发达国家的目标，在党的二十大报告中提前到2035年实现，提前了15年。我确信，在“十四五”时期，我们完全可以达到被认为是高收入国家经济指标的基本门槛，到2035年成为中等发达国家。

一般认为，国际上现在共有36个发达国家。这36个发达国家首先当然跨越了人均GDP这一基本门槛.除此之外，成为发达国家，还必须实现相关社会性指标，包括生态环境、人均预期寿命、教育水平、法治基础、贫富差距、创新能力和国际影响力等一系列社会指标。所以，中国式现代化的实现过程，也就是经济社会全面发展的过程，不是单一指标的突进。

过去，从我们赖以生存的环境包括土地、空气、水资源、河流、海洋都受到了不同程度的污染。改善环境，走绿色发展之路是我们未来面临的艰难任务。

中国的人均预期寿命现在处在世界先进行列。新中国成立以来，我们在这方面取得了举世瞩目的成就。在新中国成立之前，中国人的人均预期寿命很短，大约40岁。那个年代战争频发、经济发展水平低、粮食供应不足、医疗卫生体系落后，人们的预期寿命很短。2021年，中国人均预期寿命78.2岁，女性比男性略高一些。在人均预期寿命这一指标上，我们进入了发达国家行列。

我们一直在努力提高教育水平、改善教育条件，但中国的教育状况离中国式现代化的要求还有较大差距。让适龄儿童和青少年接受很好的教育，仍然是中国教育面临的最大任务。我们要着力改善中国的基础教育，应该逐步把九年义务教育延长到十二年，这是现代化国家的重要内涵。我们要对农村偏远地区的基础教育加大投入，让每个适龄儿童和少年都能上得起学。

虽然人均预期寿命较高，但中国的医疗资源短缺，医疗体系是脆弱的。要大力改善医疗卫生体系，提升人们的健康水平，让所有人得到他们应该得到的医疗保障。

法治要进一步改善。党的十八大以来，中国法治建设取得了长足进步，颁布了《中华人民共和国民法典》，这是中国法治建设的重大进步，对保护人们财产权，保障市场主体的平等性有了坚实的法治基础。十八大以来反腐取得了重要成果，清洁了我们的社会环境，把原来扭曲的价值观给扭回来了。但中国的法治观念、法治水平离中国式现代化的标准还有很大差距。一些地方乱作为、胡作为的现象屡屡出现，出台一些和法律相抵触、相违背的政策。中国式现代化一定是法治的现代化，是法治国家的现代化。

中国式现代化还必须要有极强的创新能力。没有创新能力经济社会就会停滞，经济增长和社会发展就缺乏源源不断的动力。创新是一个国家现代化的重要保障。有些国家曾经接近、达到甚至超过发达国家的标准，但是由于创新能力不足，腐败严重，加上政策严重失误，不少国家停留在或退回到中等收入国家，学术界把这种现象称之为“中等收入陷阱”。

历史上，在迈向现代化国家过程中，有些国家要么迈不过去，进入“中等收入陷阱”，要么短期跨越了“中等收入陷阱”，一度成为高收入国家，但在较短时间内又退回到中等收入国家。我们要总结这些国家的教训，避免走弯路、进“陷阱”，防止出现他们的失误和曲折。

从一个低收入国家到发达国家，只有少数国家成功了，韩国是个典型的案例。韩国在20世纪50年代是一个贫穷落后的国家，通过近七十年的努力，跨越了中等收入陷阱，成为发达国家。1998年亚洲金融危机给韩国经济带来了前所未有的挑战，韩币大幅贬值，经济萧条，一方面接受国际货币基金组织救助的严苛条件，渡过难关；另一方面积极创新，坚定不移地走开放之路，韩国从危机中走出来了，成为发展国家。创新对一个国家迈向发达国家极为重要。这里的创新，是多方面的创新。

首先是技术创新。中国要建成现代化国家，经济结构转型、基于技术进步的产业迭代是基本路径。我们不可能停留在低端产业，也不可能通过资源性企业把中国带入现代化。我们必须进行技术创新，推动产业的升级换代，提升经济竞争力。中国经济的竞争力在于技术进步和高科技产业发展。

除了技术创新外，制度创新、模式创新、观念创新、组织创新都非常重要。我们面对的是越来越不确定的未来，高科技企业的商业模式、组织模式需要创新。试图用传统产业的模式去发展高科技产业，那肯定是行不通的。

不少人只意识到了技术创新的重要性，没有意识到观念创新、制度创新、组织创新、模式创新的重要性。实际上，这些创新都是中国式现代化创新的重要内涵。

中国是一个人口规模巨大的国家，其现代化一定会改变全球格局，会对全球带来巨大而深远的影响。所以，中国式现代化，包含国际影响力。

我们所追求的现代化是中国式的，有鲜明的中国特征。党的二十大报告把中国特征概括为五点，这五点中最引起人们关注的是全体人民共同富裕的现代化。

实现全体人民共同富裕是社会主义的本质特征，是中国共产党人的初心。从中国共产党成立那天起到1949年新中国成立，再到1978年改革开放，再到党的二十大，每个时期，实现全体人民共同富裕都是我们的目标，这个目标从来没有动摇过。1955年毛主席说，富是共同的富，强是共同的强。1990年小平同志说，共同富裕，我们从改革第一天开始就讲，未来总有一天要成为中心话题。共同富裕一开始就在小平同志改革开放的战略设计中。习近平总书记说，共同富裕是中国特色社会主义的根本原则，必须使发展成果更多更公平惠及全体人民，朝着共同富裕的方向稳步前进。

让中国人民富起来，实现共同富裕，是中国共产党人的初心和使命，这个初心从来没有动摇过。今天我们所要实现的中国式现代化，一定是共同富裕的现代化，我们一直都在追求这个目标。

二、中国式现代化的经济基础

要实现中国式现代化，首先必须成为高收入国家，成为发达国家，所以，保持经济的可持续增长就成了当期乃至未来的重要任务。只有保持经济的可持续增长，财富才能源源不断地创造出来，才可能实现中国式现代化。

这里有一个基本判断：什么样的制度、体制和政策能使经济处在可持续增长中？我认为，有中国特色的社会主义市场经济制度，继续深化改革，不断扩大开放，是中国经济可持续增长最重要的制度和政策基础。有中国特色的社会主义市场经济，是现代市场经济的一种业态、一种新的探索形式，体现了市场经济的一般原理。财富是怎么创造出来的？在今天这是一个常识。但在亚当·斯密之前，人们并不知道这一问题的答案。在亚当·斯密之前，世界经济的增长在相当长时间里是一条平行线，财富几乎没有增长。亚当·斯密时代，他观察到财富在增长，并开始研究财富的起源，继而有了《国富论》。

《国富论》第一页第一句话讲的就是分工。分工是市场经济存在的前提，没有分工就没有市场，没有市场就没有公允的价格，也就没有公平交易。没有分工、没有市场、没有交易，那就是自然经济。自然经济不可能让人类社会富裕起来，只有分工以及基于分工和自由市场的交易，才能大幅度提高劳动生产率，才能源源不断地创造出新的财富。

只要我们继续坚持有中国特色的社会主义市场经济，就能够把财富源源不断地创造出来，因为它是基于分工的，交易是平等的，市场是自由的，价格是公允的，这里不应有强买强卖。同时，又是法治的，市场主体是平等的。

改革开放前的中国，经济上是一个贫穷落后的国家。大多数人处在贫困状态。改革开放后，我们选择了一条市场经济道路，中国开始富裕起来了。我们所走的市场经济之路，不是自由市场经济，而是赋予了中国特色的市场经济。中国过去太贫穷了，贫穷的时间太长了。数百年来，中国都处在贫困落后的状态。1921年中国共产党成立时，就想改变这种落后的局面，让中国强起来，让中国人民过上幸福生活，这是中国共产党人的伟大理想。由于中华民族贫困落后的时间太长了，改革开放之后，我们急于摆脱贫困，让老百姓能够吃饱饭，按自然演化的市场经济模式难以迅速摆脱贫困。后发达国家有其后发优势，可以学习、借鉴发达国家的经验，实现经济的跨越式发展。一个时期以来，我们重视引进外资，重视引进国际先进技术，重视国际先进经验的学习和借鉴，在此基础上，探索自己的发展之路，这就是中国特色。

要实现跨越式发展，除了必须尊重分工、自由的市场、公允的价格、公平的交易和市场主体的平等性外，一个很重要的机制就是要发挥并优化政府的作用。在改革开放四十多年中，各级政府在中国经济社会的发展过程中起到特别重要的作用，这是中国经济发展模式的重要探索。举例来说，中国的地方政府在经济发展和现代化建设中，起到了重要的承上启下的作用。地方政府招商引资，高度重视经济建设，甚至有一个时期还有GDP竞争、财政收入增长速度竞争，被称为“GDP主义”“财政收入至上”。这个说法，可能失之偏颇。在当时的情境下，急于摆脱贫困，走上发展之路，实现中国式发展，地方政府作用很大。再如，工业园区、开发区的设立也是中国特色。存量改革阻力很大，要对老工业城市和老工业基地进行存量改革，非常困难。地方政府根据中央的精神，制定自己的发展战略，建立各种工业园区、开发区，引进新资本和新技术，以增量活力引导存量改革。再如，中央政府的“五年规划”，对中国经济发展发挥了顶层设计和引领的作用。上述特征，都是中国特色社会主义市场经济的重要体现。

对于有中国特色的社会主义市场经济模式，国外有识之士都有高度评价。2019年3月24日，杰弗里·萨克斯教授访问中国人民大学时，我与他曾有过两个多小时的对话。我们共同高度评价中国在市场经济模式中所作的新探索，其中，专门谈到中国政府的作用，还专门谈到国家发改委的作用。我们对这些问题的看法几乎完全一致。实践证明，有中国特色的社会主义市场经济模式是有效的，是实现中国式现代化的重要制度基础。

在中国式现代化实现过程中，我们必须进一步推进市场化改革、扩大对外开放。

市场化改革和有中国特色的社会主义市场经济模式在方向上是完全一致的。只有不断深化市场化改革，才能不断完善有中国特色的社会主义市场经济模式。

我们制定了“双循环”发展战略，这是基于中国国情和中国实际情况以及全球形势的变化而作出的战略转型。“双循环”战略强调内循环为主，内循环和外循环协调发展，但这决不否认外部需求对中国经济发展的重要作用。实际上，扩大开放在今天仍然至关重要。过去我们很穷，经济发展缺乏金融资源。过去对外开放很重要的是引进外资。1978年底，10亿中国人城乡居民储蓄存款只有210亿元人民币，外汇储备1亿6 700万美元。我们就这么点金融“家底”，从金融资源上讲，是非常匮乏的。经济发展需要金融资源转化成资本，这样才能让潜在的生产要素形成现实生产力。没有金融资源转化成资本，地下的自然资源、庞大的劳动力，只能是潜在生产要素。我们必须通过资本和企业家精神，把各种生产要素优化组合在一起，潜在的生产要素才能变成现实生产力。所以，在当时金融资源匮乏的条件下，重点放在吸引外资上多么重要。

1982年，小平同志专门宴请西方石油公司董事长哈默博士，欢迎他来中国投资。我们当时确实资本严重匮乏，需要大量引进资本。今天，中国已经发展起来了，资本充盈且有些过剩，但对外开放仍然是很重要的，要高度重视外资和外国先进技术的引进，重视外部市场的拓展。

2001年12月加入WTO，是中国经济在近现代第一次全面融入国际经济体系。这种对外部世界的开放和融合，使中国经济发生了根本性变化。从中国加入WTO就能认识到开放对中国意味着什么。习近平总书记说，改革开放是中国共产党的一次伟大觉醒，不仅深刻改变了中国，也深刻影响了世界。中国的实践表明，对外开放对中国式现代化多么重要。

在中国式现代化过程中，必须实现全体人民共同富裕。共同富裕一直是我们追求的目标，从未动摇。在我的理解中，共同富裕要处理好三个关系。

第一，要保护并优化财富创造机制。要让社会财富不断地丰盈起来，就必须共同奋斗，不存在“等靠要”式的“躺平”。“等靠要”与共同富裕毫无关系。共同富裕一定是每个人都很努力，共同创造可以分配的增量财富。没有新增财富，存量财富很快就会枯竭了。每个人都要努力地创造增量财富，不能只盯着存量财富。中国还不是高收入国家，只是中高收入国家，刚刚解决了温饱，刚刚进入小康社会，要让人民越来越富裕，社会财富越来越多，高效率的财富创造机制是关键。

第二，要进一步规范收入分配制度。收入分配制度改革的基本着力点是，适度提高劳动者报酬，在再分配环节，注重公平性。我们要让低收入阶层、贫困家庭过上正常的生活，通过转移支付、救济等方式保障他们的基本生活。政府要对所有的人包括中低收入阶层和贫困家庭提供高品质的公共产品。国家要重视公共产品的供给。公共产品不存在富人和穷人之分。转移支付、困难补助、救济以及公共产品都是再分配的重要内容。党的二十大报告专门强调要规范收入分配制度，意义深远。

第三，要形成有效的财富积累机制。有效的财富积累是下一轮经济增长和财富创造的重要前提。没有财富和资本的积累，就难以推动下一轮经济增长。所以，要进一步规范并优化财富积累机制。党的二十大报告提出要规范财富积累机制，蕴含了深刻的含义。

财富积累除了另类投资外，主要有四种方式：

一是将现期收入减去现期消费之后的剩余收入，以居民储蓄存款的方式存入银行。这是大多数人财富积累的主要方式。

二是投资于风险性金融资产，比如股票、债券、基金等。投资风险性金融资产是现代社会财富积累的重要方式，未来应是财富积累的主流业态。

三是创业。创业的风险比前两种财富积累方式要大得多，存在巨大的不确定性。创业不成功，投资就失败。创业一旦成功，财富就会以几何速度增长。在这里，收益与风险是平行的。

四是投资不动产。2004年以后，中国房地产业发展速度惊人，房价飞涨。十年左右的时间，一线城市的房价涨了20倍以上。投资不动产，一个时期成了人们财富积累的重要渠道。

如何理解规范财富积累机制？我认为，过去一个时期通过投资大量不动产增加财富积累的机制是需要规范和调整的。这种畸形的房地产化的财富积累机制，给未来中国经济和金融体系带来了潜在的巨大风险和危机。中国居民资产结构中，67%都在房地产上，这是不正常的。房地产价格这么高，创业要租房子，房价贵，房租就贵，小微企业如何生存？加上疫情的冲击，小微企业举步维艰。高房价给创业带来很大困扰，也给年轻人的未来留下了阴影。我们要正确认识房地产业在国民经济中的地位和作用。政策的连续性和稳定性很重要。基本方向对了，政策基本上不能大变，不能经常变。社会只要朝着正确的方向前行，规则总体上应是稳定的。当然，这不排除政策基于经济周期而实行的微调，比如货币政策，根据经济周期的变化，上调或下调利率，都是正常的。但一会儿鼓励房地产业大发展，一会儿又严重压制房地产业的发展，这样巨大摇摆的政策，很不正常。

在如何规范财富积累机制方面，我认为，财富积累的前三种形态是正常的，通过过度投资于房地产以实现财富的积累，应是规范的重点。

三、中国式现代化中金融的作用

在中国，在现代化实现过程中，金融的作用非常重要。我们知道，中国式现代化首先是要确保经济的可持续增长，新增财富源源不断地被创造出来，这就意味着经济发展要有可持续性。

要实现中国经济的可持续增长，就必须推动经济结构的转型，推动科技进步、产业升级和产业迭代。基于科技进步的产业迭代是未来中国进入现代化的先导力量，寄希望于传统产业和资源性企业把中国带入现代化，那是不可能的。我们必须着力推动科技创新、技术进步、产业升级和产业迭代。但是，从新技术到新产业的转化，中间充满了不确定性或风险。这是因为，一方面，新技术、新产业没有既成足够的需求，没有确定的市场，另一方面，又会受到传统产业的打压和阻挠，所以，新技术变成新产业的过程充满了不确定性。这种不确定性，超出了单个资本的承受能力，更超过了创业者的承受能力，社会需要一种机制来分散从新技术到新产业过程中的巨大风险。分散风险就是有效的资源配置，这就需要金融进行创新和进行结构性调整。金融没有创新和结构性改革，新技术到新产业的转化速度就会减缓、效率也低。1980年代以来，美国经济为什么大幅度超越了日本，很重要的是金融的作用。回望1980年代，美国和日本的产业竞争力差不多，后来美国之所以大幅度超越日本，金融起了重要作用。硅谷的成功与其说是科技和产业结合的典范，不如说是金融创新的成功。没有金融创新就不太可能有硅谷。大家只看到高科技，新产业，没有看到金融在其中所起的孵化和促进作用，起着分散风险的功能。所以，中国金融面临重大的结构性改革。如果我们只停留在传统金融占主导的金融模式中，实现中国式现代化将是困难的。

在中国，金融必须承担起推动科技进步、产业升级和产业迭代的责任。所以，金融创新呼之欲出、应运而生。无论是基于脱媒力量的金融变革，还是基于科技进步的金融创新，资本业态、金融业态的多样性出现了。金融创新的结果是金融的结构性变革，金融功能全方位地提升，金融功能由单一走向复合。与此相适应，金融的业态也是多样的。金融功能的多元性和金融业态的多样性是现代金融的基本特征。

金融服务于实体经济，很重要的是要服务于代表未来的实体经济。金融的使命不是复制历史，而是创造未来。如果金融只是复制传统、复制历史，这种金融就是落后的金融。如果金融关注的是未来，金融业态的多样性就会有助于产业的升级换代。一个现代化国家经济的竞争力，在于科技的力量、金融的力量，而不在其他。资本业态的多样性是金融业态多样性最富有生命力的表现。从天使投资、VC/PE，到各种功能多元的私募基金，多种新资本业态蓬勃发展。这是金融创新的重要表现。

金融服务于实体经济，不仅仅要完成实体经济对融资的需求，还要满足社会多元化的财富管理需求。随着居民收入水平的提高，社会对资产管理、财富管理的需求日益多样，需要有与其风险偏好相适应的资产类型。越来越多的人希望有合适的资产组合，以获得超过无风险收益率的风险收益率。所以，金融体系必须创造具有成长性的风险资产，风险资产的背后是风险收益。所以，满足居民日益多样化的财富管理需求，也是金融服务于实体经济的重要内容。

中国式现代化有一个基本元素就是金融的现代化。如果金融是传统的，那么说中国实现了现代化，恐怕要打折扣。所以，中国式现代化当然包括中国金融的现代化。金融的现代化有很多指标，比如功能的多样性。融资、财富管理、便捷支付、激励机制、信息引导等，这些都是金融的功能。金融体系必须充分体现这些功能。

金融的现代化意味着金融普惠性的提高。一个缺乏普惠性的金融，很难说是现代化的金融。如果金融只为富人、大企业服务，忽略小微企业的融资需求，忽略中低收入阶层的财富管理需求，那么这种金融仍然还是传统金融。

要实现中国金融的现代化，我们必须着力推进以下三方面的改革：

（1）进一步深入推进市场化改革。市场化改革最重要的是完成金融结构的改革和转型，其中金融资产结构的改革最为重要。我不太关注金融机构的结构，我关注金融的功能结构。商业银行的传统业务是存、贷、汇，但现代商业银行也有其新的功能，比如说财富管理。处在传统利差阶段的商业银行是没有竞争力的，市场定价很低。为什么我们的上市银行在资本市场上定价很低，3—4倍市盈率，0.5倍左右的市净率，全世界最低，是因为功能单一，创新不足。这种定价水平表明，中国商业银行的创新和转型迫在眉睫。市场化改革最大的任务，就是要实现金融功能的多样性。

（2）大幅度提高科技水平。没有科技水平的提高，中国金融的发展只能走老路，只能步发达国家之后尘。我们仅靠脱媒和市场化机制去改革金融体系是不够的，还必须通过技术的力量去推动中国金融的变革和发展。我们要高度重视科技对中国金融的作用，因为科技可以从根本上改变信用的甄别机制。金融的基石是信用。防范金融风险的前提是信用甄别。在实践中，传统的信用甄别手段识别不了新的风险，通过技术创新提升信用甄别能力，就变得非常重要。互联网金融，本质上说有其存在的价值，但为什么在中国几乎全军覆灭？是因为它没有解决相应的信用甄别问题，用传统的信用甄别方式去观测线上风险，那肯定是死路一条。

（3）开放和国际化。一个封闭的金融肯定不是现代化的金融。现代化的金融，一定是开放的金融、国际化的金融。所以，中国金融的开放和国际化，是未来最重要的改革。这其中有两个基本支点：第一，人民币的自由化和国际化。人民币的可自由交易的改革，是必须要迈过的坎，是人民币国际化的起点。在世界前十大经济体中，只有中国没有完成本币的自由化。第二，中国资本市场的对外开放。在中国资本市场，境外投资者的占比只有4.5%，美国是18.5%，东京、伦敦市场超过30%。目前，中国金融市场或资本市场实际上只是一个半封闭、半开放的市场。中国金融未来改革的重点就是开放和国际化，这是中国金融现代化的核心内容。唯有这样的金融，才能有效推动中国式现代化的实现。

（华夏基石e洞察公众号2022年11月23日发布）

附录一　编委理事介绍

（以赞赏先后为序）

邵来民

正大投资股份有限公司（首席建设官）、正大机电企业（董事长兼CEO）

个人介绍/管理感悟：企业的有效管理，道、法、术、器缺一不可。道，是你处理事物时符合事物运行规律的基本原则；法，是你处理事物时所采取的一般方法；术，是你面对事物特殊性时所采取的应变措施；器，是按照你的道、法、术去处理事物时需要的工具。

毛丽艳

南京硅基智能科技有限公司（董事、联合创始人） m8998215

个人介绍/管理感悟：工学硕士，清华五道口、康奈尔大学MBA，在华为工作十多年，2017年加入硅基智能。硅基智能是AI电话机器人发明人、全球首创AIGC数字人。硅基时代已来，企业拥有大量硅基劳动力会成为新常态，企业管理需要创新以适应新常态。

何绍茂

中茂梁科技（深圳）有限公司（创始人） heshaomao

个人介绍/管理感悟：中茂梁科技（深圳）有限公司、知凡叶茂创始人，中欧创业营&创投营导师，标普云首席战略财务专家，华夏基石高级合伙人、副总裁兼首席战略财务专家，战略财务研究咨询中心总经理，原华为海外CFO，华为大学高研班金牌讲师。

附录二　特别鸣谢

特别鸣谢 A（以赞赏先后为序）

王军悌

董事长　石家庄鹿泉农村商业银行股份有限公司 bdx1970

个人介绍/管理感悟：二十大报告为中小银行高质量发展指明了方向：坚持一个中心，两个基本点。一个中心就是坚持以客户为中心；两个基本点就是为了满足客户需求，必须不断创新产品、必须不断提升管理和服务效率。

袁刚

高级副总裁　深圳麦克韦尔科技有限公司 YuanGang9595

个人介绍/管理感悟：人力资源是业务战略的核心组成部分；建设与业务发展需求相匹配的组织能力，是人力资源管理的价值所在；以人为本，让价值创造者得以分享价值、不断成长，是做好人力资源管理的关键。

姜明

总经理 青岛捷顺信息科技有限公司 15336395577

个人介绍/管理感悟：深圳市捷顺科技实业股份有限公司（股票代码：002609）创立于1992年，是领先的智慧停车服务提供商和智慧城市数字生态运营商。

杨艳

总经理 新蓝管理咨询服务（常州）有限公司 13815089641

个人介绍/管理感悟：人力资源管理的功能不仅仅体现在行为上，更体现在思想意识和信念追求上，要让利益共同体变成命运共同体，好的客户和好的服务商一定是一个相互成就的过程，慢慢地也就长在了一起。

王德超

董事长 北京优企长青科技有限公司 BJ01280405

个人介绍/管理感悟：一息尚存当尽全力，万难犹进岂敢分心。硅基时代，更要懂得碳基人的“人性”，更要提升碳基人的“人效”，更要谋求碳基人的“福祉”。

郝惠文

总经理 深圳市鸿博睿文企业管理顾问有限公司 haohuiwen001

个人介绍/管理感悟：深圳市鸿博睿文企业管理顾问有限公司创始人。北京经济学院硕士、中欧国际工商学院EMBA（2007级）。管理感悟：“学然后知不足，教然后知困，然后能自强也”。

特别鸣谢 B（以赞赏先后为序）

杨雪琳 河南建业教育产业有限公司

顾峰毓 人力总监 朗坤环境集团（股票代码：301305） 18682266787

赵砚青 联合创始人 智洋创新技术股份有限公司 zhao-yanqing

逄增新 董事长 山东新兰特精密机械有限公司 michaelpang722

李　婷 副总裁 威胜集团有限公司 Mandy-TT

宋新安 总经理 河南省金太阳精密铸业股份有限公司 13513732858

钟肇新 董事长 南充天下网络发展有限公司 tianjiao

李　楠 赛鼎工程有限公司 13546350358

官　勇 董事长 鹰企认证服务（上海）有限公司 york217322

黄和荣 总经理 中山长虹电器有限公司 13928118621

黄忠尧 总经理 惠州沃睿科技有限公司 StevenHuang7505

陈晓吾 董事长 镃辰集团 chenzai756836

曹后平 总经理 广州为实光电医疗科技有限公司

郭将杰 总经理 杭州选巷植物科技有限公司 18605718978

邓昕才 教授 贵州师范大学经济与管理学院 janusdxc

姚文宏 总经理 杭州西南检测技术股份有限公司 loyal800366

罗　冀 执行合伙人 北京深泉私募基金管理有限公司 Llyodluoji

马万平 总经理 大理来思尔乳业有限公司 mwp13608720522

张光明 总经理 东莞市亚马电子有限公司 zhangda4378

附录三　赞赏鸣谢

（以赞赏先后为序）

叶兆军（总经理，四川源通达电力工程有限公司，yzj9874）；周碧溪（人力资源部部长，北京航天嘉诚精密科技发展有限公司，ziwan_Zhou）；何建平（园长，广东省肇庆市端州区斯美剑桥幼儿园，scfiona）；罗芬（总经理、资深顾问，达智人力资源有限公司，13925129029）；万君伟（董事长，江苏高正健康产业集团有限公司，bye9hbltwz9n22）；罗章敏［副总监，重庆太极实业（集团）股份有限公司营销管理中心组织人事部，18602390417］；苏庆铎（总经理，山东众妙管理咨询有限公司，Vulture007）；杨建平（副总工程师，中国能源建设集团湖南火电建设有限公司，ydtxcn）；卢伟（人力资源总监，中电建振冲建设工程股份有限公司，13601353068）；金卫国（浙商银行，shusheng2800）；邢立民（总经理助理，北京中关村科技融资担保有限公司，13910831201）；梁金宁（总经理，北京欣康宁科技有限公司，13911615297）；容绍波（总经理，一砖一瓦科技有限公司，arong66688）；张江生（副总经理，高密市南洋食品有限公司，JS19740405）；郑晨侠（负责人，太原字金文化发展有限公司，18834141291）；尹若飞（副总经理，山东万川环保科技有限公司，371204791）；王伟杭；齐宝鑫（知识产权律师，锦天城律师事务所，dabaosogood）；李文君（主席，中国黄河商会招投联盟，felix5199）；庞雷保（人事行政总监，吉利汽车－万物友好 & 阳光铭岛，pheonixlevo）；陈昊（智能网联中心 HRBP 北京汽车研究总院，15651781870）；万俊杰（红领品牌总经理，青岛酷特智能股份有限公司，18806390059）；李婷婷（高级人事行政经理，视微影像，qidaixiayike）；周小高（总经理，江西众一智慧科技有限公司，maimaita）；刘慧明（总经理，深圳星联，pxt0y8wpyu8h21）；秦犁［人力资源部副主任（主持工作），中煤科工集团重庆研究院有限公司，LeeCeon］；刘辉武（综合办公室主任，清控人居控股集团有限公司，liuhuiwu_china）；张建军（总经理，陕西钜篪城配速运有限公司，F5-2030）；伍疆（合伙人，深圳诺辉投资 & 咨询，kingguid）；何凡（总裁，金州水务集团股份有限公司，18807109116）；苏仲博（总经理，中信期货中南分公司，yiran_hs300）；王宝龙（党支部书记，中国航信华东研发中心，blessed-0829）；周霞光（人资部部长，老百姓大药房连锁股份有限公司，ZXG18670015278）；李中平（供应链管理总监，长沙市伊尔特流体技术有限公司，AndrewColorsofwinD）；刘道洋（执行院长，广东华联云谷科技研究院，TheOne622）；于三宝（副秘书长，新疆生产建设兵团企业联合会，hsd_100）；王海刚（总经理，上海美仑香精香料有限公司，gwgleow）；梁文军（总经理，南阳中农高盛生物工程有限公司，15000299995）；林德民（信息中心主任科员，福建中烟工业有限责任公司，lindemin003）；赵洪福（人力资源总监，赛莱克斯微系统科技（北京）有限公司，zhaohongfu2020）；田添（人力资源行政中心经理，南昌矿机集团股份有限公司，tt790541）；李娟（物流仓储部总监，杭州聚英光科技有限公司，18664906949）；苏天明（欧洲财务总监，九牧厨卫，EDSU86）；沈祥丰（首席专家，美立方智业机构，13868632908）；王一休（人力资源总监，白云电气集团，yixiu609727）；卢国建［董事长，芯海科技（深圳）股份有限公司］；赵光豪（加工玻璃板块南方总经理，上海耀皮玻璃集团股份有限公司，13827466398）；付学军（传播星球 APP 联合创始人，北京启思利民信息服务有限公司，fuxuejun1234）；曹远金（总经理，江西远平鑫盛管理咨询有限公司，18870910791）；陈林（副总裁，江苏神通阀门股份有限公司，ultraman_001）；张明亮（总经理，苏州大宇宙信息创造有限公司，zhangmingliangsh1972）；周正炯（总经理，北京胜策企业咨询有限公司，wx76548838）；彭波（总经理，厦门市周正餐饮管理有限公司，13600955319）；胡德军（创始人、董事长，成都德君智成企业管理有限公司，Hudejun1103）；张桂香（人力资源管理专家，启明信息技术股份有限公司）；许万才（董事长，启明信息技术股份有限公司）；方圆；冯晓军［创始人，无际生命科技（上海）有限公司，15921185009］；孙海涛（党委办公室主任，中国移动河南公司开封分公司，haitao8833）；付胜国（大健康事业部总经理，江西艾叶草药业有限责任公司，fsg 126）；祁彬（部门负责人，广西西江开发投资集团有限公司，love1348108520）；刘昊芸（财务总经理，正中集团，13424487519）；单振广（总经理，承德大金星食品有限公司，s13705362690）；王毅（总经理，中信建投证券股份有限公司浙江分公司，jack_19830716）

特别声明：感谢参与本书赞赏出版的各位朋友，以上信息均征询同意后发布，请谨慎交流！此外，以上个人提供的信息，我们无法一一甄别真伪，鉴于社会行骗行为无孔不入，特提醒谨防上当受骗。

附录四 “华夏基石·管理思想文库”书系及其他

“华夏基石·管理思想文库”书系

“华夏基石·管理思想文库”是华夏基石新媒体实验中心（负责运营华夏基石管理咨询集团官方公众号“华夏基石e洞察”，ID：chnstonewx）重磅打造的经典管理思想及管理案例书系，总结“中国式管理”思想及经验，注重管理本源思想探讨，结合成功企业案例深度研究，每一部著作都给予中国企业家和企业管理者们实实在在的参考、学习和借鉴意义。

图：华夏基石新媒体实验中心编纂的“华夏基石·管理思想文库”——《“+时代管理”：人的一场革命——“华夏基石e洞察”公众号大师讲堂100期精选》《黑天鹅在咖啡杯中飞起——影响中国管理的54篇杰作（2016“华夏基石e洞察”管理大师文选）》《经验的末日：不确定时代的管理熵变——2017“华夏基石e洞察”管理大师文选》《认知革命：数字生存时代的管理——2018“华夏基石e洞察”公众号管理大师文选》《激荡2019：从思想的云到实践的雨——“华夏基石e洞察”2019年度管理大师文选》《穿越周期：向企业的自发趋势说不——“华夏基石 e 洞察”2020 年度管理名家文选》《迷航的灯塔：逆增长年代的生存智慧——“华夏基石e洞察”2021年度大师文选》《滚烫2022：从胜利走向胜利——2022“华夏基石e洞察”公众号管理大师文选》，每年一部中国管理学研究重磅著作，从“华夏基石e洞察”公众号发布的原创文章中编选。

“华夏基石e洞察”新媒体（公众号ID：chnstonewx）

“华夏基石e洞察”由我国人力资源管理泰斗、咨询业开拓者、《华为基本法》起草人之一的彭剑锋教授领衔创办，华夏基石高级合伙人宋劲松老师架构运营。致力于打造中国顶尖管理智库平台和中国原创管理思想策源地，形成了包括彭剑锋、周其仁、吴晓求、施炜、黄卫伟、吴春波、杨杜、孙健敏、朱武祥等20位中国顶尖管理学家、5位著名经济学家、50位著名企业家在内的智库撰稿人阵容。公众号以提供最具原创性、思想性和实践意义的管理文章，深度剖析经典实战案例而著称。

“洞察”管理思想高级群：企业家及企业高管专属社群（微信群），线上线下相结合，为“洞察”微刊读者粉丝提供缔结信任、个人学习成长及互帮互助的创新型服务平台。以知识为盛宴，以精神为纽带，以纯洁的思想为动机，提高心性，互助成长！入群者可线上与彭剑锋、孙健敏、吴春波、杨杜等管理大师互动！添加群主个人微信号（mysoul3或宋劲松：szy20121014）申请入群。

华夏基石是中国管理咨询的开拓者和领先者

管理咨询业务合作

华夏基石是中国最专业、规模最大的专业管理咨询机构之一，《华为基本法》是我们团队的第一个经典案例。华夏基石服务过包括华为、联想、海尔、美的、三星、温氏、京东、百度等在内的数千家企业。

咨询产品和服务包括：企业文化、人力资源（人力资源战略、素质模型与测评、绩效薪酬、任职资格、合伙人机制与股权激励等）、战略管理、治理与组织设计、市场营销。

案例传播及其他合作

我们坚持跨界整合、开放、合作原则，积极响应客户及读者需求，提供高附加值产品与延伸服务：① 华夏基石最佳案例实践研究与传播；② 企业案例开发与服务（包括案例准备、案例撰写、案例课程教学、案例库建设、案例增值服务等）；③ 企业家思想研究与传播（含企业管理研究书籍写作、高端管理思想文章写作）；④ 经典管理丛书出版；⑤ 论坛合作、广告及线下活动、标杆企业（华为、海尔、温氏）游学等。

合作咨询：宋老师，15967150643（微信：szy20121014 或 mysoul3）。

华夏基石商学研究院

中国最实战的商学研究院

彭剑锋教授领衔，最权威的导师团队，最实战的课程学习

当前环境下，企业生存与突破遭遇巨大困境，无论是已经成功的大企业还是亟待转型升级的成长型企业，企业家们普遍关心如下命题：战略与商业模式重构、组织变革与转型、平台化与事业合伙人模式、人力资源升级与人才赋能等。华夏基石商学研究院应运而生，以华为、温氏、美的、小米等优秀企业为研修学习标杆，做中国最实战的商学研究院，旨在为具有强烈奋斗精神和变革激情的企业家和企业提供最实战的学习课程。

学员企业（单位）有：华为、万科、格力电器、H3C、国家邮政局、京东集团、小米集团、中铁四局集团、西贝餐饮、盾安集团、顾家家居、温氏集团、腾讯、影儿时尚集团、好莱客、绿城集团、蓝城集团、江西正邦、华夏幸福基业、维也纳酒店集团、安徽新华传媒、老百姓大药房、新安化工集团、华孚集团、武汉当代集团、美好集团、中国人民银行、新凤祥集团、北京汽车集团、传化集团、招商证券、威卢克斯（中国）、天风证券、方回春堂、特步（中国）、爱康集团、中国葛洲坝集团、中石化、海亮集团、科大讯飞、奥飞娱乐、乐凯披萨、同方药业、远洋集团、韵达快递、鹏博士、深信服科技、中国中车、百果园、中国农业产业发展基金会、中国燃气、顺丰快递、德邦快递、真功夫、用友网络、上海细胞治疗集团、国药投资、陕西医药、东风汽车、伊泰集团等。